Das Buch

Wie sich Körpergefühl, Sexualität und die Ideen von der Natur des Menschen, die sozialen Verhältnisse, staatliche und gesellschaftliche Institutionen und die neue Lehre des Christentums in den ersten Jahrhunderten zueinander verhielten, beschreibt dieses Buch mit großer Genauigkeit.
Die Geschichte der Askese im 2. bis 4. Jahrhundert entwickelte sich in einem Nebeneinander von spätrömischen Moralvorstellungen über die Mäßigung in der Ehe und radikaler Asketik des missionierenden Christentums. Angesichts der Erwartung des baldigen Endes, auch mit Blick auf den Sündenfall Adams und Evas suchten die Christen in der Askese und im Kult der Jungfräulichkeit die Nähe zu Gott, wollten sie – bis zur Trennung von Laien und Klerus – die überkommenen Familienstrukturen auflösen und forderten eine neue Lebensform, die von Enthaltsamkeit und dem Streben nach Erlösung geprägt sein sollte. Auf diese Weise hat das Frühchristentum die Sexualität und die Körperlichkeit aus der umfassenden menschlichen Ordnung herausgerissen und die heute noch bestehenden Konflikte heraufbeschworen. So wurde die »Niederlage des Körperlichen« (Jacques LeGoff) besiegelt, die das Ende der antiken Welt und den Beginn des christlichen Abendlandes markierte.
»Nicht nur mit der erstaunlichsten Gelehrsamkeit, sondern auch mit Charme, Witz und Anmut geschrieben, besitzt dieses Buch über ein ewig menschliches Thema größte Aufklärungskraft und ist dank seines Reichtums an neu erschlossener Überlieferung nahezu enzyklopädisch.«
(The Times Literary Supplement)

Der Autor

Peter Brown, geboren 1935 in Dublin, lehrt antike Geschichte an der Princeton University und befaßt sich insbesondere mit der Geschichte des frühen Christentums. Von ihm liegen in deutscher Sprache vor: ›Augustinus von Hippo‹ (1972); ›Die letzten Heiden. Eine kleine Geschichte der Spätantike‹ (1985); ›Die Heiligenverehrung‹ (1990); ›Die Gesellschaft und das Übernatürliche‹ (1992).

Peter Brown:
Die Keuschheit der Engel
Sexuelle Entsagung, Askese und
Körperlichkeit im frühen Christentum

Deutscher
Taschenbuch
Verlag

Die Originalausgabe erschien 1988 unter dem Titel ›The Body and Society. Men, Women and Sexual Renunciation in Early Christianity‹ in der Columbia University Press, New York.

Aus dem Englischen übersetzt von Martin Pfeiffer

Juni 1994
Deutscher Taschenbuch Verlag GmbH & Co. KG, München
© für die deutsche Ausgabe: Carl Hanser Verlag, München · Wien
1991 (ISBN 3-446-15839-1)
Umschlagtypographie: Celestino Piatti
Gesamtherstellung: C. H. Beck'sche Buchdruckerei, Nördlingen
Printed in Germany · ISBN 3-423-04627-9

Inhalt

Vorwort 7

ERSTER TEIL
Vom Apostel Paulus zum Wüstenvater Antonius

ERSTES KAPITEL. Leib und Stadtgemeinschaft 19

ZWEITES KAPITEL. Vom Apostel zum Apologeten:
Sexuelle Ordnung und sexueller Verzicht in der Frühkirche 47

DRITTES KAPITEL. Martyrium, Prophetie und Enthaltsamkeit:
Von Hermas zu Tertullian 80

VIERTES KAPITEL. »Den Werken des Weibes ein Ende machen«:
Marcion, Tatian und die Enkratiten 98

FÜNFTES KAPITEL. »Wenn ihr die beiden eins werden laßt«:
Valentinus und gnostische geistliche Führung 118

SECHSTES KAPITEL. »Ein schwaches Abbild göttlicher
Vorsehung«: Clemens von Alexandrien 137

SIEBENTES KAPITEL. »Eine promiske Bruderschaft
und Schwesternschaft«:
Männer und Frauen in den Frühkirchen 155

ACHTES KAPITEL. »Ich bitte euch also, ändert euch«:
Origenes 175

NEUNTES KAPITEL. »Auf Erden wandeln, das hohe
Himmelsgewölbe berühren«:
Porphyrius und Methodius 193

ZEHNTES KAPITEL. Kirche und Leib:
Cyprian, Mani und Eusebius 205

ZWEITER TEIL
Asketizismus und Gesellschaft im Ostreich

ELFTES KAPITEL. Die Wüstenväter:
Von Antonius zu Johannes Climacus   227

ZWÖLFTES KAPITEL. »Baut euch Einzelhütten«:
Mönche, Frauen und Ehe in Ägypten   254

DREIZEHNTES KAPITEL. »Töchter Jerusalems«:
Das asketische Leben von Frauen im 4. Jahrhundert   271

VIERZEHNTES KAPITEL. Ehe und Sterblichkeit:
Gregor von Nyssa   296

FÜNFZEHNTES KAPITEL. Die Sexualität und die Stadt:
Johannes Chrysostomus   315

SECHZEHNTES KAPITEL. »Das sind unsere Engel«:
Syrien   332

DRITTER TEIL
Von Ambrosius zu Augustinus:
Die Entstehung der lateinischen Tradition

SIEBZEHNTES KAPITEL. Aula Pudoris:
Ambrosius   349

ACHTZEHNTES KAPITEL. »Lerne von mir einen heiligen Stolz«:
Hieronymus   373

NEUNZEHNTES KAPITEL. Augustinus:
Sexualität und Gesellschaft   395

EPILOG. Leib und Gesellschaft:
Das frühe Mittelalter   438

Anmerkungen   459

Bibliographie   553

Namenregister   601

Vorwort

In diesem Buch schildere ich die Praxis beständigen sexuellen Verzichts – Enthaltsamkeit, Zölibat, lebenslängliche Jungfräulichkeit im Gegensatz zur Einhaltung begrenzter Fristen sexueller Abstinenz –, eine Praxis, die sich unter christlichen Männern und Frauen in einem Zeitraum entwickelt hat, der kurz vor den Missionsreisen des Paulus, zwischen 40 und 60 n. Chr., beginnt und bald nach dem Tod des Augustinus im Jahre 430 n. Chr. endet. Mein Hauptanliegen war es, die Begriffe vom Menschen und von der Gesellschaft klarzustellen, die mit solchen Verzichtsleistungen verbunden waren. Und dann wollte ich im Detail die Betrachtungen und Kontroversen verfolgen, zu denen diese Begriffe christliche Schriftsteller bei der Behandlung solcher Themen wie der Natur der Sexualität, des Verhältnisses zwischen Männern und Frauen sowie der Struktur und Bedeutung der Gesellschaft bewogen.

Meine Darstellung beginnt im 2. Jahrhundert n. Chr. in einer heidnischen Welt, in der das Christentum bereits ein gewisses Maß an öffentlicher Sichtbarkeit gewonnen hatte. Das zweite Kapitel kehrt zeitlich in das Palästina Jesu zurück, zum Apostel Paulus und zur Rolle der Enthaltsamkeit im dunklen und stürmischen ersten Jahrhundert der christlichen Bewegung. Etwa um das Jahr 150 hatte sexueller Verzicht für viele christliche Gruppen vielerlei Bedeutungen angenommen. Aus diesem Grund werden die Kapitel 3 bis 6 das Mittelmeer und den Nahen Osten, von Lyon und Karthago bis Edessa in Kleinasien, behandeln. Ich hoffe, auf diese Weise dem Spektrum von Alternativen gerecht zu werden, vor die sich Christen in den bemerkenswerten fünf Jahrzehnten gestellt sahen, die von der Generation Marcions, Valentinus' und Tatians bis zu der des Tertullian und des Clemens von Alexandrien reichten.

Das überragende Genie des Origenes beherrscht dann die gesamte weitere Entwicklung, die die Begriffe von Sexualität und vom Menschen in der griechischen Welt durchmachten. Doch die zunehmende Faszination, die das eigentümlich majestätische Jungfräulichkeitsideal des Origenes ausübte, ist schwer verständlich, wenn wir nicht eine Einschätzung der Rolle wagen, die Enthaltsamkeit in den Geschlechterbeziehungen zwischen Männern und Frauen im Rahmen der sich wandelnden Strukturen der Kirchen seiner Generation spielte. Kapitel 7, das diesem Thema gewidmet ist, geht unserer Darstellung des Denkens von Origenes voran. Kapitel 9 umreißt, wie sich die Wege der heidnischen Vorstellungen von Enthaltsamkeit und des christlichen Jungfräulichkeitsideals gegen Ende des 3. Jahrhunderts trennen. Der erste Teil des Buches schließt in Kapitel 10 mit einem Überblick, der einige der vielfältigen Bedeutungen vorführt, die praktizierter sexueller Verzicht in den verschiedenen Regionen der christlichen Welt angenommen hat, und betrachtet dann die Beziehungen, die sich in der Zeit von Antonius und Konstantin zwischen enthaltsamen und verheirateten Mitgliedern der Kirchen herausgebildet hatten.

Der zweite Teil des Buches beginnt mit den Traditionen geistlicher Führung, die sich mit den Wüstenvätern verbinden, die die Kirchen des bewohnten Landes in Ägypten und anderswo von der Regierungszeit Konstantins an bis zu den letzten Tagen des Römischen Reiches im Osten umgaben. Die darauffolgenden Kapitel greifen im Detail, Thema für Thema und Region für Region, die Auswirkungen auf, die asketische Ideale auf das Denken und die Praxis der Kirchen des Ostreichs im 4. und zu Beginn des 5. Jahrhunderts hatten.

Der dritte Teil behandelt die lateinische Welt, die in mancher Hinsicht den Traditionen nähersteht, mit denen sich viele moderne Leser der westlichen Welt identifizieren können. Ich stelle die Haltungen dreier herausragender Autoren – Ambrosius, Hieronymus und Augustinus – den für ihren Ort und ihre Generation charakteristischen Konfliktsituationen gegenüber und bestimme das Ausmaß, in dem sich die katholische Tradition, zu der sie so entscheidend beigetragen haben, von den Traditionen unterschied, denen wir in der Welt der Ostkirche begegnet sind. Der Epilog bildet ein Gegenstück zum ersten Kapitel: Er faßt die Wandlungen im Begriff vom Menschen und von der Gesellschaft zusammen, die zwischen der Zeit der Antonier und dem Beginn des Mittelalters stattgefunden hatten.

Ein Buch dieses Umfangs und dieser Spannweite verlangt

gewisse Erklärungen und vor allem eine offene Darlegung der Beschränkungen und Verzichtleistungen, denen es im Laufe seiner Abfassung unterworfen werden mußte. Es ist ein Buch über das frühe Christentum. Es ging mir darum, die eigentümliche Atmosphäre jener Epoche in der Geschichte des Christentums einzufangen, die sie von allen späteren Jahrhunderten unterschied. Jedem Leser wird schnell klar werden, daß sich die Vorstellungen von sexuellem Verzicht, die in diesem Buch behandelt werden, grundlegend von denen unterscheiden, mit denen wir aus unserer Kenntnis des mittelalterlichen Katholizismus und des Christentums der Neuzeit vertraut sind. Dies ist ein Buch, in dem die Verehrung der Jungfrau Maria erst gegen Ende auftaucht. Der Zölibat der Kleriker wurde zwar schließlich von einigen befürwortet, aber er wurde auf eine Weise praktiziert, die völlig anders war als die, die heute in der katholischen Kirche üblich ist. Die asketische Bewegung war zwar für große Teile dieser Epoche eine beständige, faszinierende Erscheinung, aber ihr fehlte das klare und geordnete Profil, das sich später mit dem benediktinischen Mönchtum des lateinischen Westens verbindet. Selbst die Vorstellung beständiger Jungfräulichkeit, die allerdings viele Schriftsteller im späten 3. und im 4. Jahrhundert blendete, nahm erst nach mehreren Anläufen klarere Konturen an: Vor allem gewann sie nie die unzweideutige Assoziation mit spezifisch weiblicher Keuschheit, die sich in anderen Zeiten sowohl in der heidnischen Welt als auch in späteren Formen des katholischen Christentums an sie knüpfte. Die frühe Kirche ist noch immer eine Zeit, die für viele Leser mehr als nur akademisches Interesse besitzt. Stereotypen, mal gelassen sanft, mal theatralisch, halten sich in ihrem Umfeld mit bemerkenswerter Leichtigkeit. Wenn mein Buch den Christen und Christinnen der ersten fünf Jahrhunderte wieder ein wenig von der beunruhigenden Seltsamkeit verleiht, die ihre wesentlichsten Anliegen kennzeichnet, so werde ich sagen können, daß ich das Ziel, das ich mit seiner Abfassung verfolgte, erreicht habe.

Der Leser muß sich jedoch über die Beschränkungen dieses Buches im klaren sein. Es wurde ein Buch speziell über die frühe Christenheit und nicht über die Spätantike allgemein. Das war ein Verzicht, der mir schwerfiel. Er war nicht nur auf meine eigene eingestandene Vorliebe für frühchristliche Texte von Paulus bis Augustinus zurückzuführen, sondern teilweise auch auf meine eigene Wahrnehmung des Forschungsstands zu den Themen Sexualität und Familie in der Antike. Da mir meine mangelhafte Kompetenz auf dem Gebiet der Judaistik und der Geschichte der griechischen und römischen Familie schmerzlich bewußt war, hielt ich es für weiser, mich nicht allzuweit auf ein Terrain vorzuwagen, das, wie ich im Laufe meiner Lektüre feststellte, selbst von den Experten weitgehend unerkundet gelassen worden war. Ich habe mein Bestes getan, um in Anmerkungen und in der Bibliographie diejenigen Untersuchungen zu nennen, auf die ich mich dankbar verließ. Die Leser sollten sie als Türen nutzen, die ich bewußt angelehnt gelassen habe, um sie dazu zu verlocken, von Raum zu Raum zu wandern, weit über die Grenzen hinaus, die ich selbst diesem Buch gesetzt habe. Nichts wäre betrüblicher, als wenn der Leser den Eindruck bekäme, daß meine bewußt und mit Bedauern geübte Zurückhaltung die Vorstellung stützte, die Erfahrung der Christen sei irgendwie (auf eine privilegierte Weise) anders als die ihrer jüdischen und heidnischen Nachbarn. Um ehrlich zu sein: Ich habe häufig festgestellt, daß das scharfe und gefährliche Aroma vieler christlicher Auffassungen von sexuellem Verzicht, sowohl in ihren individuellen als auch in ihren gesellschaftlichen Folgen, dadurch zahm und fade gemacht wurde, daß man es als bloße träge Entlehnungen aus einem angeblichen heidnischen oder jüdischen »Umfeld« wegerklärte. Doch eine Bemühung, der Besonderheit gewisser Züge christlichen Denkens und Handelns gerecht zu werden, sollte nicht als Rechtfertigung für das systematische Außerachtlassen der komplexen und spannungsgeladenen Umwelt moralischer Begriffe verstanden werden, die die damaligen Mittelmeerkulturen kennzeichnete; noch weniger sollte sie uns dabei unterstützen, die tiefgreifenden Veränderungen zu ignorieren, die die Struktur der antiken Gesellschaft in dieser Epoche durchmachte. Wenn ein erneutes Studium der tatsächlichen sexuellen Praktiken und Einstellungen des Judentums in Palästina wie in der Diaspora und der Veränderungen in der Familienstruktur und in der moralischen Haltung der Heiden im Laufe der langen Jahrhunderte, die sich von Trajan bis zu Theodosius II. erstrecken, dieses Buch korrigieren, Teile davon veralten lassen oder meine Schilderung in einen überzeugenderen sozialen Rahmen stellen sollten, so wäre niemand darüber erfreuter als ich.

Noch vor hundert Jahren hätte ich jede Untersuchung, die sich mit Sexualität und mit sexuellem Verzicht befaßt, mit einer

Entschuldigung beginnen müssen. Als William Lecky seine *Sittengeschichte Europas von Augustus bis auf Karl den Großen* schrieb, sah er sich genötigt, seine Leser warnend darauf hinzuweisen, daß Teile des Buches den Begriff der Keuschheit und daher auch seine mutmaßliche Antithese – sexuelle Erfahrung – behandelten:

Im Verlaufe des vorliegenden Werkes werde ich umständlicher, als ich es wünschte, bei den Fragen verweilen müssen, die mit dieser Tugend [der Keuschheit] zusammenhängen. ... So unangenehm mir die Besprechung dieses Gegenstandes ist, so kann er doch in einer Sittengeschichte nicht umgangen werden.[1]

Für ein humanes Individuum der Neuzeit ist es dagegen angemessener, dem Leser klarzumachen, wie wenig sich über diese wichtigen Themen sagen läßt. Die mahnenden Worte, die erforderlich sind, lassen sich kurz fassen: Vom Anfang dieses Buches bis zu seinem Ende werden wir es mit Material zu tun haben, das ganz überwiegend normativer und theoretischer Natur ist und ausschließlich Männer zu Verfassern hat. Wie derartiges Material verwendet werden kann und ob es sich überhaupt verwenden läßt, ist eine Frage, über die die akademische Diskussion andauert. Es ist wichtig, einen Punkt klarzustellen. Angesichts der strengen Wertvorstellungen der griechisch-römischen Welt ist es eine bequeme und gefährliche Illusion, wenn man annimmt, daß in einem großen Teil der Texte die Gegenwart von Frauen von den männlichen Autoren auch nur wahrgenommen wird, wie es in späteren Epochen der europäischen Geschichte durchaus der Fall sein mag. Wenn man von der Lektüre der Kirchenväter zu einem Buch wie Caroline Walker Bynums Untersuchung eines zentralen Aspekts weiblicher Frömmigkeit im Spätmittelalter[2] übergeht, so wird einem bewußt, daß das Christentum des hohen und späteren Mittelalters – ganz zu schweigen vom Christentum unserer eigenen Epoche – vom Christentum der römischen Welt durch einen Abgrund getrennt ist, der fast so tief ist wie der, der uns heute noch von den moralischen Horizonten eines islamischen Mittelmeerlandes zu trennen scheint. Trotz der Faszination, die das Römische Reich und die Ursprünge des Christentums für den abendländischen Leser noch immer besitzen, müssen wir ihre nicht aufzulösende Besonderheit akzeptieren, und das gilt nirgends mehr als bei den starren Begrenzungen, durch die die Beziehungen zwischen Männern und Frauen in einer spätrömischen Gesellschaft stillschweigend und nachdrücklich definiert wurden. Bynums beispielhafte Untersuchung hat eine Welt überraschenden Reichtums zutage gefördert, in der es zwischen Männern und Frauen bedeutsame Unterschiede in den Anschauungen über zentrale Fragen christlichen Glaubens und christlicher Praxis gab. Ein derart scharfsinniges Buch, das auf das reichhaltige Material des spätmittelalterlichen katholischen Europa zurückgreifen kann, ist geeignet, uns, die wir die Frühkirche erforschen, daran zu erinnern, daß es unser Privileg und zugleich unser verfluchtes Los ist, den steinigen Boden einer längst vergangenen und zutiefst schweigsamen Welt zu bearbeiten. Wir werden es mit einem Christentum zu tun haben, das uns entschlossen den Rücken zukehrt, unberührt durch unsere eigenen drängendsten und legitimen Fragen.

Diese warnenden Worte sind nicht nur oberflächlich. Sie wurden bei der Arbeit gelernt. Vor zehn Jahren hätte ich dieses Buch nicht geschrieben, und wenn ich es geschrieben hätte, hätte ich es nicht mit einem derart anhaltenden Gefühl heilsamen Schwindels getan. Ich beginne allmählich von den Ergebnissen einer bemerkenswerten neueren Entwicklung in der Erforschung der religiösen Welt der Frauen zu profitieren, und ganz besonders von der nachdenklich stimmenden Differenziertheit der Perspektive, die diese Forschung jetzt bieten kann. In einem entscheidenden Augenblick meiner Arbeit hatte ich das Glück, mich auf die beschämende Heiterkeit und die unaffektierte Kompetenz Michel Foucaults stützen zu dürfen, in Jahren, von denen ich nicht wußte, daß es seine letzten sein sollten. Gegenüber Lesern, für die die Sexualität vermutlich ein angenehmeres Gesicht zeigt als für William Lecky und sein viktorianisches Publikum, möchte ich Foucaults Worte gebrauchen, um sie zu warnen, wie er es, mit einer noch klareren Stimme als ich, getan hätte, daß sie nicht in die gemütliche, ja schelmische Vertrautheit verfallen dürfen, zu der sich ein moderner Mensch oft berechtigt fühlt, wenn er sich den sexuellen Belangen von Männern und Frauen einer fernen Zeit zuwendet:

Was sollte die Hartnäckigkeit des Wissens taugen, wenn sie nur den Erwerb von Erkenntnissen brächte und nicht in gewisser Weise ... das Irregehen dessen, der erkennt? Es gibt im Leben Augenblicke, da die Frage, ob man anders denken kann, als man denkt, und anders wahrnehmen kann, als man sieht, zum Weiterschauen und Weiterdenken unentbehrlich ist.[3]

Dies führt mich zur letzten und vielleicht ernstesten Warnung. Bei aller knarrenden Striktheit unserer antiken Quellen und bei allem intellektuellen Geschick, das ein moderner Wissenschaftler aufbringen muß, um sie verständlich zu machen, wäre es zutiefst unmenschlich, wollte man leugnen, daß in diesen Jahrhunderten wirkliche Männer und Frauen vor verzweifelten Entscheidungen standen, daß sie Entbehrungen und physische Schmerzen erduldeten, Zusammenbrüche und bittere Enttäuschung herausforderten und sich selbst häufig mit einer Sprache von sengender Gewaltsamkeit wahrnahmen, in der sie sich auch an andere wandten. Es beunruhigt, wenn man liest, wie die heilige Eupraxia, ein Mädchen aus vornehmer Familie, das daher besser genährt und kräftiger war als ihre Mitschwestern in einem großen ägyptischen Kloster, zu der Zeit, als ihre Periode einsetzte, auf harter Asche schlief, um ihren Körper zu zähmen. Schon allein die nüchterne Art und Weise, in der monastische Quellen von blutigen, mißlungenen Versuchen zur Selbstkastration berichten, die von verzweifelten Mönchen unternommen wurden, schockiert uns durch das Fehlen von Erstaunen. Auch bei der Lektüre gemessener und wohlbekannter Äußerungen wie der Predigten des Augustinus über das tägliche Martyrium des christlichen Lebens werden wir für einen Augenblick von der Kühle angerührt, die »einem Tag von Schwermut des Septembers«[4] eignet. Die Texte konfrontieren uns mit Schmerzen und Trauer, die uns so nahe liegen wie unser eigenes Fleisch. Die Verpflichtung, die der Historiker gegenüber der Wahrheit hat, zwingt uns zur Anstrengung, diese Texte mit allem Geschick und aller Gelassenheit verständlich zu machen, die wir mit einer lebenden, modernen Kultur verbunden sehen möchten. Doch der Leser darf nicht vergessen, daß Verständnis kein Ersatz für Mitleid ist. Dieses Buch wird sein tiefstes Ziel verfehlt haben, wenn die komplizierten und unbedingt erforderlichen Strategien, die mit der Wiedergewinnung einer fernen Zeit verbunden sind, so verstanden werden, als seien dadurch die brutalen Kosten des Engagements in jedem Zeitalter, das der Frühkirche eingeschlossen, wegerklärt, verkleinert oder, schlimmer noch, übersehen worden.

Der vorliegende Text wuchs aus der Reihe von Vorlesungen zur Religionsgeschichte heraus, die ich in den Jahren 1982-83 hielt und die vom American Council of Learned Societies gefördert wurde. Vom American Council of Learned Societies und vom History Department der University of California in Berkeley erhielt ich Mittel für das Freistellungsjahr 1980-81, in dem ich die ersten Arbeiten für dieses Vorhaben begann. Im Jahre 1982 eröffnete mir die John D. and Catherine T. MacArthur Foundation die unvorhergesehene Möglichkeit und zugleich Verpflichtung, dieses Buch in einem Rahmen und mit einer Geschwindigkeit zum Abschluß zu bringen, die unter allen anderen Umständen undenkbar gewesen wären. Mit den verschiedenen Arbeitsumgebungen, in denen dieses Buch geschrieben wurde, habe ich mehr als Glück gehabt. Auf den Weg gebracht wurde das ehrgeizige Unternehmen mit einem Gefühl von Freude und ruhiger Entschlossenheit, das ich immer mit der University of California in Berkeley verbinden werde. Ich vollendete es am History Department der Princeton University, unter neuen Freunden, ernüchtert von den Beständen neuer Bibliotheken und durch regelmäßige Kontakte zu Gastwissenschaftlern am benachbarten Institute for Advanced Study belehrt. In all diesen Jahren wußte ich, daß ich mich auf die stillen und angemessenen Reichtümer der Biblioteca Marciana in Venedig und auf das nie erlahmende Entgegenkommen und Interesse von Marino Zorzi verlassen konnte. Als Gastprofessor und Kollege von Giorgio Cracco am Istituto di Storia Medioevale e Moderna der Universität Padua im Jahre 1986 brachte ich einen Teil dieses Buches in Form von Vorlesungen und äußerst hilfreichen Seminaren in nahezu endgültige Fassung. In diesem ganzen Zeitraum habe ich die Bedeutung intellektueller Freundschaft wie noch nie zuvor kennengelernt. Die Namen, die ich jetzt nenne und die so unpersönlich in alphabetischer Reihenfolge angeordnet sind, gemahnen mich alle an die verwickelten Bande von Gemeinschaft, Aufrichtigkeit und gemeinsamen Interessen, die das langsame und weitgehend unvorhersehbare Wachstum dieses Buches mit Lebensatem erfüllt haben: Caroline Bynum, Han Drijvers, Elizabeth Gilliam, Susan Harvey, Tom Laqueur, Glenn Most, Elaine Pagels, Carol Quillen, Susan Watkins, Michael Williams und Froma Zeitlin. Die beiden Bibliographien (der Primärquellen und der Sekundärliteratur), der Index und die Zeittafel – also alles, was einen Text für Wissenschaftler benutzbar und für seine Leser handhabbar macht – sind das Werk eines Menschen: Catherine Peyroux. Ich bin sicher, daß alle, die dieses Buch verwenden, auch etwas von meiner eigenen tiefen Dankbarkeit für ihren lebhaften Enthusiasmus und ihre beharrliche

Präzision empfinden werden. Sie müssen jedoch bedenken, daß die Bibliographien trotz ihres Umfangs keine Vollständigkeit anstrebten: Vor allem die Liste der Primärquellen verzeichnet nur diejenigen Ausgaben und Übersetzungen, die ich selbst verwendete oder der Empfehlung für Studenten wert fand, als ich an dieser Untersuchung arbeitete. Meine Verwendung von Bibelzitaten war ebenso flexibel.

Niemand, den ich kenne, hat mit so unablässigem Nachdruck auf der Notwendigkeit der Wahrheit in der historischen Forschung beharrt wie Arnaldo Momigliano. Sein Wahrheitssinn und die in großartiger Weise uneingeschränkte Spannweite und menschliche Wärme seines Interesses für die Rolle von Judentum und Christentum in der Geschichte der antiken Welt haben mir für nunmehr volle dreißig Jahre als Vorbild und Inspiration gedient. Es ist ehrenvoll für mich, dadurch, daß ich ihm dieses Buch widme, die Tatsache deutlich werden zu lassen, daß er mein Lehrer und mein Freund gewesen ist.

Arnaldo Momigliano starb, nachdem er die nahezu endgültige Fassung dieses Buches gelesen hatte, doch noch vor der Drucklegung. Es gibt wenig Trost für einen solchen Verlust. Man kann zumindest seine Gefühle in die Form fassen, die seine eigenen Worte bieten, die er für einen anderen erstaunlichen Kenner der antiken Welt, für Michael Rostovtzeff, fand: »Wer ihn kannte, hat Größe gekannt. Er wird immer das Andenken an einen mutigen und aufrechten Historiker bewahren, für den Kultur schöpferische Freiheit bedeutete.«[5]

Es wäre auch nicht unangebracht, zu seinem Gedenken eine rabbinische Weisheit zu zitieren, die bei aller antiken Feierlichkeit noch immer, wie Arnaldo Momigliano so gut wußte, ihren Platz in den ganz anderen Verhältnissen unserer eigenen Zeit hat: »Ein Richter, der ein richtiges Urteil der Wahrheit wegen fällt, veranlaßt, daß die Gottheit unter Israel weile.«[6]

Princeton, 25. März 1987   *Peter Brown*

ERSTER TEIL

Vom Apostel Paulus
zum Wüstenvater Antonius

ERSTES KAPITEL

Leib und Stadtgemeinschaft

»Ein Bollwerk für die Stadt«

In der Mitte des 5. Jahrhunderts n. Chr. beschloß ein christlicher Priester des Schreins der heiligen Thekla in Seleukia (heute Meryemlik in der Nähe von Silifke an der türkischen Südküste), eine verbesserte Fassung der Legende der jungfräulichen Heiligen zu schreiben. Er schilderte, wie Thamyris, der abgewiesene Verlobte Theklas, den heiligen Paulus vor dem örtlichen Statthalter verklagte, weil er in der Stadt immerwährende Jungfräulichkeit gepredigt habe und damit den Verzicht auf die Ehe.

Dieser Mann hat eine neue Lehre eingeführt, welche absonderlich ist und zur Zerrüttung des Menschengeschlechts führt. Er verunglimpft die Ehe: ja, die Ehe, von der man sagen könnte, sie sei der Anfang, die Wurzel und die Quelle unserer Natur. Ihr entspringen Väter, Mütter, Kinder und Familien. Städte, Dörfer und Landwirtschaft sind durch sie in Erscheinung getreten. Ackerbau, Seefahrt und alle Fertigkeiten dieses Staates – Gerichte, das Heer, das Oberkommando, Philosophie, Rhetorik, der ganze summende Schwarm der Redner – beruhen auf ihr. Mehr noch, aus der Ehe gehen die Tempel und Heiligtümer unseres Landes hervor, das Opfer, die Riten, Initiationen, Gebete und feierlichen Tage der Fürbitte.[1]

Wir sollten die Rede des Thamyris nicht sofort als bombastische Worte abtun, die lediglich einen Blick auf das Selbstverständliche werfen lassen. Unser Buch spielt in einer Gesellschaft, die dem Tode hilfloser ausgeliefert war als selbst das geplagteste unterentwickelte Land der modernen Welt. Bürger des Römischen Reiches wurden auf seinem Höhepunkt, im 2. Jahrhundert n. Chr., mit einer durchschnittlichen Lebenserwartung von weniger als 25 Jahren geboren. Der Tod fiel grausam über die jungen Menschen her. Wer die Jahre der Kindheit überlebte, blieb gefährdet. Nur vier von hundert Männern und noch weniger Frauen wurden älter als 50 Jahre.[2] Es war eine Bevölkerung, die

»vom Tode abgegrast«[3] war. In einer derartigen Situation konnten sich nur die Privilegierten oder einige Exzentriker die Freiheit leisten, mit ihren Sexualtrieben zu tun, was sie wollten. Wie wenig streng in sexuellen Fragen die antike Stadt in so vieler Hinsicht auch sein mochte, sie erwartete von ihren Bürgern, daß sie einen angemessenen Teil ihrer Energie darauf verwandten, eheliche Kinder zu zeugen und aufzuziehen, um die Toten zu ersetzen.[4] Ob durch gezielte Gesetzgebung wie die des Kaisers Augustus, die Junggesellen bestrafte und Familien dafür belohnte, daß sie Kinder hervorbrachten, oder einfach durch das unbestrittene Gewicht der Gewohnheit – junge Männer und Frauen wurden unaufdringlich dazu mobilisiert, ihren Körper zur Fortpflanzung einzusetzen. Der Druck auf die jungen Frauen war unerbittlich. Damit die Bevölkerung des Römischen Reiches auch nur konstant blieb, mußte, wie es scheint, jede Frau durchschnittlich fünf Kinder in die Welt gesetzt haben.[5] Junge Mädchen wurden früh zu ihrer Aufgabe herangezogen. Der Mittelwert des Heiratsalters römischer Mädchen lag vielleicht nicht höher als 14 Jahre.[6] In Nordafrika waren fast 95 Prozent der Frauen, die in Grabinschriften genannt sind, verheiratet gewesen, mehr als die Hälfte von ihnen in einem Alter von weniger als 23 Jahren.[7]

Die Einwohner eines antiken mediterranen Gemeinwesens wie der kleinen Stadt Seleukia oder des im Landesinnern gelegenen Ikonium (das moderne Konya), wo Thekla so unglücklich mit Thamyris verlobt worden war, wußten nur zu gut, daß eine fruchtbare Mittelmeerlandschaft, die von alten Städten und ehrwürdigen Tempeln übersät war, an Mangel an Menschen sterben konnte. Sie wußten, daß sie wenige Hilfsmittel für Kontinuität und Zusammenhalt hatten, die verläßlicher waren und für die sie unmittelbarer verantwortlich waren als ihre eigenen Körper.[8] Wenn ihre kleine Welt nicht aus Mangel an Bürgern ein Ende finden sollte, dann mußten sie sie, Generation für Generation, durch Ehe, Geschlechtsverkehr und das Zeugen und Aufziehen von Kindern reproduzieren. Wie die Gegner von Paulus und Thekla ausführten, war Fortpflanzung und nicht die frostige Lehre, die der heilige Paulus eingeführt hatte, der einzige Weg, eine »Auferstehung der Toten« zu sichern. Die wahre Auferstehung war

die, die durch die Natur des menschlichen Körpers selbst stattfindet und die mit menschlichen Mitteln jeden Tag stattfindet..., die Nachfolge von

Kindern, die uns geboren werden, durch welche das Bild derer, die sie zeugten, in ihrer Nachkommenschaft erneuert wird, so daß es scheint, als ob die, die vor langer Zeit dahingegangen sind, noch unter den Lebenden wandeln, so als seien sie von den Toten auferstanden.[9]

Außerhalb der Stadtgemeinschaft riefen die Grabinschriften den Lebenden unaufhörlich zu, daß die Kette des menschlichen Lebens vom Tod nicht unterbrochen worden sei. Die Toten blieben für die Lebenden »Vorbilder der Tugend«. Sie waren »mit den Tugenden ihrer Vorfahren geschmückt« gewesen. Ihre *eutaxia* – das makellose Verhalten der wohlhabenden Männer und Frauen, die die Städte des Reiches wirksam kontrollierten – würde von den Lebenden genau nachgebildet und wiederum an ihre Kinder weitergegeben werden.[10] Es war eine Welt, die entschlossen war, keinen Bruch in dem gemächlichen Fluß des zivilisierten Lebens von einer Generation zur nächsten zuzulassen.

Junggesellen gab es weiterhin in oberen Klassen, auch wenn sie gelegentlich von öffentlichkeitsbewußten Kaisern zurechtgewiesen wurden. Philosophen war es als professionellen Individualisten erlaubt gewesen, ihre wohlbekannte Exzentrizität dadurch zur Schau zu stellen, daß sie ohne eheliche Erben blieben oder sogar lebenslängliche Enthaltsamkeit praktizierten. Doch selbst ein Philosoph konnte aufgefordert werden, der Nachwelt »eine Kopie von sich« zu hinterlassen:[11] Man drängte ihn, zu heiraten, sich um seinen Staat zu kümmern und zum Nutzen dieses Staates eine Familie zu gründen.[12]

Jungfräuliche Frauen jedoch waren ein Teil der zeitlosen religiösen Landschaft der klassischen Welt gewesen. Soranus, ein griechischer Arzt, der im 2. Jahrhundert in Rom schrieb, versicherte seinen Lesern, daß die seltsame Keuschheit dieser Frauen ihrer Gesundheit keinen Abbruch tue: Einige »haben Menstruationsbeschwerden und werden dick und unförmig«, aber das beruhte auf Mangel an Bewegung infolge ihres abgeschlossenen Lebens in den Schreinen, wo sie als ständige Wächterinnen lebten.[13]

Der Reichtum von Assoziationen, die sich durch die Jahrhunderte hindurch an solche Gestalten geknüpft hatten, ist nicht zu leugnen. Viele dieser Assoziationen verbanden sich später mit christlichen Jungfrauen. Wir sollten jedoch darauf achten, einige entscheidende Unterschiede zwischen heidnischen jungfräulichen Priesterinnen und christlichen Nonnen der späteren Zeit nicht zu übersehen. Die Botschaft, die von solchen Frauen wie den vestalischen Jungfrauen in Rom und den jungfräulichen Priesterinnen und Prophetinnen der klassischen griechischen Welt vermittelt wurde, war, daß ihr Zustand gerade darum entscheidende Bedeutung für die Gemeinschaft hatte, weil er anomal war.[14] Sie fügten sich in einen klar umrissenen Raum in der städtischen Gesellschaft ein.[15] So außergewöhnlich und bewundert sie waren, sie galten nicht als Exempel menschlicher Natur in ihrer Vollendung. Ihre Jungfräulichkeit sprach nicht zur Gemeinschaft als ganzer von einer vor langer Zeit verlorenen Vollkommenheit. Sie repräsentierte nicht den Urzustand der Menschheit, der von Männern wie von Frauen wiedergewonnen werden konnte und sollte. Die Keuschheit kündete nicht von der Morgenröte der Endzeit, nach Jahrtausenden verfehlten Gepänkels mit dem Tode durch ehelichen Verkehr – wie sie der Paulus unserer Legende in unmißverständlichen Worten der Thekla gepredigt hatte. Die Keuschheit vieler jungfräulicher Priesterinnen war für sie keine Sache der freien Entscheidung. Keine heroische Freiheit des individuellen Willens wurde von ihrer Entscheidung, nicht zu heiraten, zum Ausdruck gebracht. Die Stadt rekrutierte ihre Jungfrauen, indem sie sie dem Dienst der Götter weihte. Viele jungfräuliche Priesterinnen, wie etwa die Vestalinnen in Rom, waren frei, in späterem Alter zu heiraten. Das, worauf es bei ihnen angekommen war, war eine kunstvoll erdachte Unterbrechung des normalen Prozesses, der ein Mädchen ohne große Übergangszeit von der Pubertät zum Gebären von Kindern führte. Dadurch, daß sie erst mit dreißig Jahren heirateten, traten die vestalischen Jungfrauen als eklatante Anomalien hervor. Sie waren die Ausnahmen, die die Regel bestätigten. Die Tatsache, daß es in einigen Städten eine Handvoll junger Mädchen gab, die von anderen dazu auserwählt waren, auf die Ehe zu verzichten, erhöhte das Bewußtsein der Zeitgenossen dafür, daß Ehe und Gebären das fraglose Schicksal aller anderen Frauen war:

Die Frauenzimmer werden vom 14. Altersjahr an von den Männern Herrinnen genannt. Da sie sehen, daß sie kein anderes Verdienst haben, als Bettgenossinnen der Männer zu sein, so fangen sie an, sich auf den Putz zu legen und alle ihre Hoffnung auf den äußern Reiz zu setzen.[16]

Ein junges Mädchen ins Haus zu bringen und Kinder mit ihr zu zeugen, warf für wohlhabende Männer Probleme auf, bei denen ihre gebildeteren Altersgenossen und Mentoren mit bemerkenswerter Ausdauer zu verweilen beliebten.[17] Sehen wir uns die Welt von Ehe und Sexualität der Oberklassen – leider die einzige, in die unser Material einen Einblick zuläßt – in der spärlichen Beleuchtung durch diese umfangreiche Sammlung normativer Schriften an. Wir müssen derartiges Material bei der Rekonstruktion der Realitäten von Ehe und sexuellem Verhalten in der römischen Welt mit äußerster Vorsicht verwenden. Es macht jedoch deutlich, was bei den Wohlhabenden als wünschenswert, ja als dem gesunden Menschenverstand entsprechend galt: Es gestattet uns, die Horizonte abzustecken, über die hinaus die Mehrheit der gebildeten Männer in diesem und in den darauffolgenden Jahrhunderten nicht zu denken geneigt waren. Wie altvertraute Musik füllten die *idées reçues* der antiken Welt die Seelen gebildeter Christen, als sie ihrerseits darangingen, über Ehe und über sexuelles Begehren zu schreiben.

Im 2. Jahrhundert n. Chr. wuchs ein junger Mann aus den privilegierten Klassen des Römischen Reiches mit einer Weltsicht auf, die durch einen Standpunkt von unbestrittener Dominanz gekennzeichnet war. Frauen, Sklaven und Barbaren waren unabänderlich anders als er und standen unter ihm.[18] Die auffälligste aller Polaritäten, die zwischen ihm und den Frauen, wurde ihm mittels einer Hierarchie erklärt, die auf der Natur selbst beruhte. Biologisch, so sagten die Ärzte, waren Männer diejenigen Föten, die ihr volles Potential verwirklicht hatten. Sie hatten in den frühen Stadien ihrer Entwicklung in der Gebärmutter einen entscheidenden Überschuß an »Hitze« und glühendem »Lebensgeist« angesammelt. Die heiße Ejakulation des männlichen Samens war der Beweis dafür: »Der lebendige Samen ist es eben, der uns zu Männern macht, der uns Wärme und Gelenkigkeit in den Gliedern verleiht, infolgedessen wir Bart, eine schöne Stimme und Mut bekommen und kräftig werden zum Denken und Handeln.«[19]

Frauen dagegen waren mißglückte Männer. Die kostbare Lebenshitze war ihnen in der Gebärmutter nicht in genügender Menge zuteil geworden. Ihr Mangel an Hitze machte sie weicher, feuchter, kälter, überhaupt formloser als Männer. Die periodische Menstruation zeigte, daß ihr Körper die reichlichen Überschüsse, die sich in ihnen zusammenballten, nicht verbrennen konnte. Doch gerade solche Überschüsse waren erforderlich, um den heißen männlichen Samen zu nähren und aufzunehmen und so Kinder hervorzubringen. Wäre dies nicht so, fügte der Arzt Galen hinzu, könnten die Männer denken, daß »der Schöpfer absichtlich die eine Hälfte des ganzen Geschlechts unvollkommen und sozusagen verstümmelt gemacht habe«.[20]

Die Empfindungen eines modernen Lesers werden von solchen Behauptungen verständlicherweise verletzt. Wir müssen daran denken, daß sie zu diesem Zeitpunkt schon seit über einem halben Jahrtausend aufgestellt worden waren und bis in dieses Jahrhundert hinein weiter aufgestellt wurden. Sie wiesen Frauen in einer unwiderlegbaren »natürlichen« Hierarchie wirksam eine tiefere Stellung zu als Männern. Im 2. Jahrhundert wurde diese Vorstellung allerdings auch dazu verwendet, um Männer selbst einem unaufhörlichen Prozeß der Feinabstimmung zu unterwerfen. Auch Männer konnten sich ihrer selbst nicht ganz sicher sein. Ihre Überlegenheit über Frauen beruhte nicht auf einer »Physiologie der Inkommensurabilität«, wie sie im 19. Jahrhundert entwickelt wurde, die da behauptete, Männer seien von Frauen unwiderruflich verschieden.[21] Die medizinischen Gebilde Hitze und Lebensgeist waren Imponderabilien in der Ausstattung des Mannes. Es war zu vermuten, daß Männer immer mehr von dieser kostbaren Hitze besaßen als Frauen. Doch diese Hitze konnte, wenn sie nicht aktiv mobilisiert wurde, abkühlen, was selbst einen Mann dazu brachte, sich dem Status einer Frau zu nähern. In der römischen Welt dienten die physische Erscheinung und der bekannte Charakter von Eunuchen als ständige Mahnung daran, daß der männliche Körper ein schrecklich bildsames Ding war. Wie Galen in seiner Abhandlung *Über den Samen* behauptete, konnte Mangel an Hitze von Kindheit an dazu führen, daß der männliche Körper in einen Zustand urtümlicher Undifferenziertheit zurückfiel.[22] Kein normaler Mann konnte wirklich zu einer Frau werden; aber jeder Mann mußte ständig befürchten, er könne »weibisch« werden. Seine flackernde Hitze war eine unsichere Kraft. Wenn sie wirksam bleiben sollte, mußte ihr Schwung bewußt aufrechterhalten werden. Es genügte nie, daß man männlich war: ein Mann mußte bestrebt sein, »viril« zu bleiben. Er mußte lernen, aus seinem Charakter und aus der Haltung und der Konstitution seines Körpers alle verräterischen Spuren von »Weichheit« zu tilgen, die an ihm den halbfertigen Status einer Frau verraten könnten. Die Kleinstadthonoratioren des 2. Jahrhunderts beobachteten sich gegenseitig mit harten, klaren Blicken. Sie achteten auf den Gang eines Mannes.[23] Sie reagierten auf den Rhythmus seiner Sprache.[24] Sie horchten aufmerksam auf den verräterischen Klang seiner Stimme.[25] Jede dieser Äußerungen konnte den verhängnisvollen Verlust eines heißen, temperamentvollen Schwungs verraten, ein Nachlassen der klar umrissenen Selbstbeherrschung und ein Erlahmen der gestrafften Eleganz von Stimme und Gestik, die aus einem Mann einen Mann machte, den gelassenen Herrn einer untergebenen Welt.

Die Einhaltung dieser anspruchsvollen Verhaltensnormen war für die Männer des 2. Jahrhunderts keine Kleinigkeit. Von der furchteinflößenden römischen Regierung mit der Aufgabe betraut, ihre eigenen Städte zu kontrollieren, lernten die Eliten der griechischen Welt (für die und von denen der Großteil unseres Materials geschrieben wurde) schnell und gut, ihresgleichen und ihren Untergebenen die »sanfte Gewalt« eines Regierungsstils beizubringen, der von eifriger Selbstkontrolle und Wohlwollen gekennzeichnet war: »Vermeidung von Zwietracht, sanfte, aber feste Kontrolle über das gemeine Volk« waren ihre wichtigsten politischen und sozialen Ziele.[26] Die Qualitäten, die sie aneinander priesen, waren Sanftmut, Umgänglichkeit, Selbstkontrolle und Mitgefühl. Sie erwarteten, auf diese höfliche Weise auch vom Kaiser und von seinen Vertretern behandelt zu werden, und sie waren bereit, diese sanften Tugenden auf ihre loyalen Untergebenen auszudehnen: Ein Mann hatte »gerecht und menschlich« zu seinen Sklaven zu sein, »ein Vater« für seine Hausdiener und immer »ungezwungen« seinen Mitbürgern gegenüber.[27] Selbst ihre Ammen mußten derartige Qualitäten haben: sie mußten die kleinen Männer sorgfältig wickeln, »wie es griechische Frauen tun«, so daß sie schon im Alter von einem Jahr lernten, eine korrekte Haltung einzunehmen.[28]

Jeder Bruch der Gefaßtheit, mit der sie Befehlsgewalt über andere ausübten, verursachte heftige Angstgefühle. Zorn und nicht sexuelle Leidenschaft beschäftigte die Mentoren der oberen Klassen. Männer, die ohne Skrupel das Gemetzel der Gladiatorenspiele zu besuchen pflegten und die die römische Regierung dabei unterstützten, den unteren Klassen ein immer brutaleres und herrischeres Bestrafungssystem aufzuerlegen,[29] gerieten in Sorge darüber, daß Wutausbrüche und irrationale Grausamkeit in ihre eigenen Beziehungen zu Abhängigen Eingang finden könnten. Das Sklavensystem der antiken Welt beruhte auf Zwang und Grausamkeit. Doch direkte physische

Gewalttätigkeit, die Herren an Sklaven verübten, wurde häufig kritisiert. Galens Vater schalt Männer, die »sich eine Sehne verletzt hatten, als sie ihre Sklaven auf die Zähne schlugen. ... Ich habe gesehen [fügte Galen hinzu], wie ein Mann einem Sklaven eine Rohrfeder ins Auge stieß«.³⁰

Galen wußte von einem Grundbesitzer auf Kreta – »sonst ein schätzenswerter Mensch« –, der »mit den Händen und manchmal sogar mit den Füßen, weit häufiger aber mit einer Peitsche oder einem Stück Holz, das gerade greifbar war«, über seine Diener herfiel.³¹

Galen lernte früh in seiner eigenen Familie, nicht über die von alters her behauptete Polarität erstaunt zu sein, die man zwischen »männlicher« Selbstkontrolle und ihrem Gegenteil, einer krampfhaften Gewalttätigkeit, sah, die mit einem »weibischen« Mangel an Zurückhaltung in Verbindung gebracht wurde: sein Vater war »der gerechteste, der aufopferungsvollste und freundlichste aller Männer [gewesen]. Meine Mutter dagegen neigt so stark zum Zorn, daß sie manchmal ihre Mägde biß.«³²

Beziehungen zu Sklaven waren fast ausnahmslos schroff. Mit Frauen dagegen konnten die Dinge anders liegen. Mit einer jungen Ehefrau einen Hausstand zu gründen, wurde als eine besonders beruhigende Übung darin geschildert, wie man einen tieferstehenden »Anderen« auf sanfte Weise lenkt und schließlich in die eigene Welt einbezieht. Die Griechen mißbilligten die Kinderehen der Römer. Gewöhnlich verheiratete man die Mädchen im Alter zwischen 15 und 20 Jahren an junge Männer, die ihre Ausbildung beendet hatten und etwa fünf Jahre älter waren als sie. In der lateinischen Welt scheinen Männer noch später geheiratet zu haben: sie konnten ihre jungen Frauen fast wie Töchter behandeln.³³ Für ein griechisches Paar, Pollianos und Eurydike, schrieb Plutarch etwa im Jahre 100 n. Chr. seine *Ratschläge über die Ehe*. Er löste die Probleme von Hierarchie und Bindung zwischen einem Mann und einer Frau durch den Kunstgriff, daß er den Ehemann zum philosophischen Mentor seiner Braut machte. Plutarch warnte Pollianos, daß Frauen eigensinnige Geschöpfe seien. Sich selbst überlassen, »entwickeln sie viele widerspenstige Gedanken, niederträchtige Pläne und Empfindungen«.³⁴

Doch er drängte den gewissenhaften jungen Mann, nicht aufzugeben. Pollianos konnte Eurydike in seine eigene ernste Welt einbeziehen. Sie mußte mit ihm und seinen Freunden essen.

Andernfalls würde sie lernen, »sich vollzustopfen, wenn sie allein war«.³⁵ Sie mußte dieselben Götter mit ihm teilen und durfte sich nicht zu den unstet umherirrenden Mächten zurückziehen, die die Frauengemächer beherrschten.³⁶ Ihr Eigentum würde stillschweigend im gemeinsamen Vermögen verschwinden, und mit ihm alle anderen Aspekte ihres Lebens, die sie ihr eigen nennen mochte.³⁷ In der Zwischenzeit hatte Pollianos bereits Eleganz und bedachtes Wohlwollen im öffentlichen Umgang mit Männern seines Ranges und mit seinen Untergebenen praktiziert. Eine Beziehung zu einer Frau war für ihn gerade deshalb eine größere Herausforderung, weil sie sich nicht in der harten, klar geregelten Welt des öffentlichen Lebens abspielte. Sie führte ihn so nahe, wie es je in seinem Leben möglich sein würde, an eine unmotivierte Freundschaft heran, die auf seinem eigenen Talent als moralischer Berater seiner Frau beruhte. Dank seines Takts und seiner stillen Autorität würde Eurydike »ihm in Wohlwollen verbunden sein«, so wie der geschmeidige Körper an der alles kontrollierenden, besonnenen Seele hing.³⁸

Uns begegnen solche Frauen auf den Sarkophagen Italiens und Kleinasiens im 2. und 3. Jahrhundert. Auf ihnen wurde die Gattin dargestellt, wie sie aufmerksam vor ihrem Gatten stand oder saß, während er die Rechte erhob, um ein Argument vorzubringen, während er in der Linken die Schriftrolle entfaltete, die die überlegene literarische Kultur repräsentierte, auf die er seinen Anspruch auf völlige Dominanz in der Gesellschaft als ganzer wie in seiner Ehe gründete.³⁹ Die Frau, die auf solchen Sarkophagen dargestellt wurde, war nicht mehr das kleine Geschöpf, das ein leidenschaftlicher junger Mann abrupt entjungferte, um Erben zu erhalten, was ihm von seiner jungen Frau »Haß und Furcht« eintrug, weil ihr wider die Stimme der Natur Gewalt angetan wurde.⁴⁰ Sie würde nicht sich selbst überlassen bleiben und unbemerkt in den Frauengemächern verwahrlosen können. Von ihrem kultivierten Gatten war sie in den Bannkreis einer gemeinsamen Vortrefflichkeit gezogen worden.

Besonders schöne Exemplare solcher Sarkophage stehen heute im archäologischen Museum von Konya, der Heimatstadt der legendären Thekla. Hätte Paulus nicht, wie in der Legende von Paulus und Thekla, dramatisch interveniert, um die Rolle des männlichen Mentors der jungen Frau an sich zu reißen, hätte es dazu kommen können, daß Thekla in dieser Haltung vor Thamyris gesessen hätte. Für diejenigen, die derart kostspielige Denkmäler errichteten, hätte ihre eheliche Eintracht eine Botschaft gütiger Ordnung ausgestrahlt, die ganz natürlich aus ihrem häuslichen Kreis in die Öffentlichkeit übergegriffen hätte. Einem Mann, der sein häusliches Leben mit solcher Eleganz und Autorität »harmonisiert« hatte, konnte man zutrauen, daß er »Staat, Forum und Freunde harmonisieren« würde.[41]

Plutarchs *Ratschläge über die Ehe* waren ein gestelzter Traktat, dem eine lange Zukunft in christlichen Moralpredigten beschieden sein sollte. Doch er hatte die Realität des 2. Jahrhunderts auf seiner Seite. Wir haben es mit festgefügten regionalen Oligarchien zu tun. Die Mädchen kamen aus derselben Klasse wie die Knaben; manche waren vielleicht Cousin und Cousine, und viele waren Töchter oder Schwestern von Freunden und Verbündeten.[42] Sie waren in den verhältnismäßig freien Jahren, die der Pubertät vorausgingen, gemeinsam in großen Haushalten aufgewachsen. Gelegentlich konnten Mädchen diskrete Liebesaffären mit ihren künftigen Verlobten genossen haben.[43]

Die Romane der damaligen Zeit entdeckten mit ganz neuem Respektsempfinden das Thema der Liebe auf den ersten Blick unter jungen Leuten. Man schilderte, wie Held und Heldin dramatische Prüfungen durchmachten, um ihre Keuschheit für eine vorbestimmte Ehe zu bewahren. Die klarste Botschaft dieser Romane war, daß in den oberen Klassen edle Seelen füreinander bestimmt waren: Es war kein Genre, in dem Prinzen Bettlermädchen heirateten.[44]

Sobald das Paar verheiratet war, trat es in der Öffentlichkeit auf. Die Stadt brauchte den Reichtum ihrer führenden Frauen und war bereit, die Frauen, die als Wohltäterinnen der Gemeinschaft auftraten, mit öffentlichen Ehren zu überhäufen.[45] In seinem *Traumbuch* schrieb Artemidoros von Daldis, »daß es für freie und reiche Jungfrauen Gutes bedeutet, [im Traum] mit einem Wagen durch die Stadt zu fahren; es verschafft ihnen angesehene Priesterämter.« Armen Mädchen dagegen, fügte er hinzu, konnte eine solche Entblößung vor öffentlichen Blicken nur Hurerei ankündigen.[46]

In höherem Alter würde ein Mann erwarten, in seiner Gattin das eine zu finden, das er von seinesgleichen nicht erwarten konnte – Ehrlichkeit. *Parrhésia*, unerschrockene Aufrichtigkeit gegenüber Gefährten und Höhergestellten, war ein unendlich seltenes und kostbares Gut. Es war nur von den einzigen beiden maßgeblichen Gestalten zu haben, die am Rande des politischen

Lebens standen – von einem Philosophen und von der eigenen Frau. Wir sollten nicht unterschätzen, wie schwer das Bedürfnis nach Vertrautheit dieser Art auf Männern der Antike lastete.[47] Praetextatus, ein Heide aus dem 4. Jahrhundert, schrieb von seiner Gattin Paulina:

> Dir konnte ich die fest verschlossenen Tiefen meiner Seele anvertrauen. ... / Und so sind wir als Freunde in Vertrauen verbunden gewesen, / Durch lange Bekanntschaft, durch gemeinsame Initiationen der Götter, / Alles in einem Band des Vertrauens, einem einzigen Herzen, in einem Sinn vereint.[48]

Als Theodora im 6. Jahrhundert Kaiser Justinian dafür schalt, daß er während des Nika-Aufstands die Nerven verloren hatte, wurden ihre entscheidenden Worte – »der Purpur ist ein schönes Totenkleid« – vor dem vollständig anwesenden Staatsrat gesprochen. Bei dieser Gelegenheit machte Theodora Gebrauch von der *parrhésia*, der privilegierten Redefreiheit, die eine römische Ehefrau ihrem Mann gegenüber besaß.[49] Es muß viele solche Frauen in den geschäftigen Oligarchien des 2. Jahrhunderts gegeben haben. Mit Männern verheiratet, für die politische und kulturelle Aktivitäten endlose Reisen in die Zentren der Macht mit sich brachten, wurden diese Frauen von ihren Gatten zurückgelassen, um das Miniaturreich eines aristokratischen Besitztums zu verwalten:

> So träumte die Frau des Diognetos [möglicherweise des Erziehers von Mark Aurel], sie habe nur auf der rechten Wange einen Bart. ... [Hier war es so, daß die Frau] lange Zeit, während ihr Mann verreist war, sich in der Heimatstadt auf sich allein gestellt sah und das Haus besorgte.[50]

Es scheint, daß die Kernfamilie und mit ihr eine Tendenz zur Betonung der affektiven Bindungen zwischen Mann und Frau und zwischen Eltern und Kindern bereits eine feststehende Einrichtung der römischen Gesellschaft zumindest im Westen war.[51] Bedeutsam wird das 2. Jahrhundert durch die Häufigkeit, mit der die häusliche Eintracht, die man mit der Kernfamilie assoziierte, symbolisch hochgespielt wurde, als Teil eines öffentlich zur Sprache gebrachten Bestrebens, die mühelose Harmonie der römischen Ordnung hervorzuheben. Kaiser Mark Aurel ließ seine Gattin Faustina die Jüngere auf Münzen abbilden, die das Motto *concordia* trugen. Von jungen Ehepaaren wurde erwartet, daß sie zusammenkamen und zu Ehren der »außerordentlichen Eintracht« des Kaiserpaars Opfer darbrachten. Sarkophage zeigen die Karrieren bedeutender Römer, die in Szenen präsentiert werden, mit denen man die spezifischen traditionellen Tugenden illustrierte, die sich bei verschiedenen Anlässen im Leben ihrer Helden manifestierten – Opferszenen stellten seine *pietas* dar, Schlachtszenen und die Unterwerfung von Barbaren repräsentierten seine *virtus* und seine *clementia*. Der Zeitpunkt der Ehe wurde jetzt gewählt, um die so überaus wichtige soziale und politische Tugend der *concordia* darzustellen.[52]

Der Kaiser selbst hatte eheliche Schicklichkeit auszustrahlen. In Musterreden für kaiserliche Anlässe sollte der Rhetor einflechten:

Wegen des Kaisers sind die Ehen keusch, und die Väter haben legitime Kinder.... Die Dame, die er bewundert und geliebt hat, hat er auch zur Teilhaberin seines Throns gemacht. Was die übrigen Frauen betrifft, so weiß er nicht einmal, daß sie existieren.[53]

Die römische Auffassung von der Ehe als freier Übereinstimmung von Mann und Frau ist als »Idee von bemerkenswertem theoretischen Potential für den Ausdruck einer umfassenden und befriedigenden Liebe« gelobt worden.[54] Zu Beginn der spätantiken Epoche hatte jedoch das gewaltige Gewicht des Reiches sichergestellt, daß das römische Ideal ehelicher Eintracht eine kristallene Härte angenommen hatte: Das Ehepaar wurde nicht so sehr als ein Paar von gleichen Liebenden dargestellt, sondern vielmehr als beruhigender Mikrokosmos der gesellschaftlichen Ordnung.

»Eine Schule des gesitteten Verhaltens«

Was immer solche Männer in der Praxis taten, es war für sie nicht leicht, ihre Erfahrungen mit Frauen in schriftlicher Form niederzulegen. Es war schwer auszudrücken, wie der Akt des Geschlechtsverkehrs, auf den sie ihre Hoffnungen auf vornehme Kinder gründeten, in ihre gesittete Welt paßte. Galen räumte ein, es sei seltsam, daß die Götter beschlossen hätten, die menschliche Spezies mittels eines so heftigen und potentiell so antisozialen Vergnügens zu erhalten, denn »eine sehr große Lust ist mit dem Gebrauch der Zeugungsorgane verbunden, und ein rasendes Begehren geht ihrem Gebrauch voran«.[55]

Diese Lust ließ sich auch nicht umgehen. Die gelehrten Abhandlungen der damaligen Zeit versahen in Übereinstimmung mit Vorstellungen antiker Alltagsvernunft die Männer und Frauen der Spätantike mit Leibern, die ganz anders waren als die moderner Menschen. Hier waren kleine feurige Universen, durch deren Herz, Hirn und Adern dieselbe Hitze und derselbe Lebensgeist pulsierten wie die, die in den Sternen leuchteten. Sich körperlich zu lieben bedeutete, daß man sein Blut zum Kochen brachte, wobei der feurige Lebensgeist die Venen durchflutete und das Blut in den weißgefärbten Schaum des Samens verwandelte. Das war ein Vorgang, bei dem der Körper als ganzer – Hirnschale, Rückenmark, die Nieren und der Unterleib – ins Spiel kam »wie in einem gewaltigen Chor«.[56] Die Genitalien waren nur Durchgangspunkte.[57] Sie waren die Ventile einer menschlichen Espresso-Maschine. Der Körper als ganzer und nicht nur die Geschlechtsorgane machten den Orgasmus möglich. Tertullian, der düstere, aber belesene Christ, schrieb:

Dadurch, daß beide [Körper und Seele] mit einem einzigen Antrieb den ganzen Menschen in Erregung versetzen, tritt schäumend sein gesamter Samen hervor, der von der körperlichen Substanz die Feuchtigkeit, aus der seelischen die Wärme besitzt. ... Endlich – um eher die Schamhaftigkeit als den Beweis in Gefahr zu bringen –, eben in jener Glut der höchsten Lust, in der die Zeugungsflüssigkeit hinausgedrängt wird, fühlen wir da nicht, daß auch die Seele einen Verlust erleidet?[58]

Die Ehefrau war zwar ein kälteres Geschöpf, durch das feuchte Nebel wirbelten, doch auch sie mußte sich ganz hingeben, wenn ihr Samen in die Gebärmutter abgegeben werden sollte, um den ihres Gatten zu umschließen. Auch sie mußte kurz nach dem Augenblick der Ejakulation des Mannes »ein ungewohntes, zitterndes Gefühl« empfinden.[59] Wohlgeborene Kinder, vorzugsweise ein männlicher Erbe, der beiden Eltern ähnelte (so tief war ihre Bindung im Liebesakt gewesen), konnten aus einer derartigen Verbindung hervorgehen.[60] Man betrachtete es als völlig angemessen, daß Venus, Aphrodite, ihren Namen von dem heißen Schaum – dem *aphros* – herleitete, der in dieser Form an die Küsten der Liebe brandete.[61] Kurzum: das junge Paar wurde von seinen klugen Beratern ausdrücklich ermutigt, die Seele mit einem gehörigen Vorrat von Phantasien beträchtlicher Wärme zu füllen, wenn sie zu Bett gingen.

Doch die Ärzte beeilten sich, ein bedeutsames Wort der Warnung für den Mann hinzuzufügen.[62] Erfolgreicher Geschlechtsverkehr war ein krampfartiger Akt, der sich in seinen Ursachen und physischen Wirkungen wenig von einem plötzlichen Wutausbruch unterschied. Er hatte schreckliche Ähnlichkeit mit der Fallsucht: der Orgasmus war »eine kleine Epilepsie«. Ließ nicht der Mund des Epileptikers Schaum hervortreten, der aus demselben sprudelnden, weißgefärbten Blut bestand, wie es der Penis hervorbrachte?[63] Wir haben es mit Herren zu tun, deren Gang gemessen sein mußte, deren Gesten kontrolliert waren und die von Plutarch in seiner Schrift *Über die Bewahrung der Gesundheit* den Rat erhielten, sie sollten zur Erhaltung ihres Wohlbefindens laut aus harmonisch verfaßten Deklamationen vorlesen und »leidenschaftliches und krampfhaftes Geschrei«, gleich welcher Art, vermeiden.[64] Es überrascht kaum, daß man dem jungen Paar nahelegte, dieser, »der heiligsten aller Aussaaten«, mit gebührender Umsicht näherzutreten.[65]

Die Sorge um Anstand und die medizinische Wissenschaft kamen beim Thema Geschlechtsverkehr zu denselben Ergebnissen. Der feurige Körper war ein zerbrechliches Reservoir, aus dem Lebensenergie entweichen konnte. Seine Feuer mußten sorgfältig eingedämmt werden, wenn sie von Dauer sein sollten. Häufige sexuelle Aktivität wurde mißbilligt. Sie setzte die Fruchtbarkeit des männlichen Samens herab und verringerte daher für den Vater die Chance, Kinder zu haben. Die Ejakulation führte zu einer merklichen Verringerung der Hitze, die den Schwung eines virilen Mannes aufrechterhielt. Die »zwanghaft virile Moralität«[66], die seit langem in der griechisch-römischen Welt verbreitet war, wurde von den medizinischen Handbüchern bestätigt. Der Liebhaber und der seiner Frau ergebene Gatte fielen nicht nur in einen verdächtigen Zustand emotionaler Abhängigkeit von einer Frau; physiologisch drohte der zunehmende Verlust an Hitze, der bei ihnen stattfand, sie »weibisch« zu machen.

Eine mächtige »Phantasievorstellung vom Verlust des Lebensgeistes« lag vielen spätklassischen Einstellungen zum männlichen Körper zugrunde. Sie ist eine der vielen Einstellungen, die männliche Enthaltsamkeit fest in der Volksweisheit der Welt verankerten, in der bald danach der christliche Zölibat gepredigt wurde.[67] Der virilste Mann war derjenige, der am meisten von seinem Lebensgeist bewahrt hatte – also der, der wenig oder keinen Samen verlor. Daher die Ambivalenz, die den postpubertären Eunuchen – wie etwa den Attis-Verehrer, der sich selbst kastriert hatte – umgab. Weit davon entfernt, sich in eine präsexuelle Gestaltlosigkeit aufzulösen, wie es mit denen geschah, die als Kinder kastriert worden waren, wurde der ausgewachsene Mann, der sich zum Eunuchen machte, indem er sorgfältig seine Hoden abband, ein *asporos*, ein Mann, der kein Lebensfeuer an andere verschwendete.[68] Galen war der Meinung, wenn man olympische Athleten auf eine solche Weise kastrieren könnte, daß ihre Hitzereserven durch die Operation keinen Schaden litten, würden sie stärker sein.[69] Soranus stimmte dem zu: »Männer, die keusch bleiben, sind stärker und besser als andere und verbringen ihr Leben bei besserer Gesundheit.«[70]

Um die männliche Stimme, die der römische Rhetoriker Quintilian so gerne in den Gerichtssälen um das Forum erschallen hörte, »stark, voll, geschmeidig und fest« zu bewahren, mußte der geschäftige Rechtsanwalt unter anderem »Enthaltung vom Geschlechtsverkehr« praktizieren.[71] Artemidoros schrieb von einem Athleten:

Er träumte, er habe, nachdem er sich das Geschlechtsglied abgeschnitten und mit einem Ölzweig den Kopf umwunden hätte, den Siegeskranz erhalten. ... Solange er jungfräulich [*aphthoros*] lebte, errang er als Athlet glänzende Erfolge und Ruhm; als er sich aber den Freuden der Liebe ergeben hatte, mußte er ruhmlos seinen Beruf aufgeben.[72]

Wir sollten uns hüten, aus diesen Warnungen zu schließen, daß Männer im 2. Jahrhundert von Sexualängsten geplagt wurden. Weit davon entfernt: Sie betrachteten den Geschlechtsakt als einen der vielen Aspekte ihres Lebens, die sie durch Vernunft und gute Manieren unter Kontrolle bringen konnten. Sie lebten in angenehmen Verhältnissen, hatten einen trainierten Körper, waren gut ernährt und wußten, wie man den Gefahren, die mit ihren periodischen und ausnehmend lustvollen Verausgabungen von Lebensgeist verbunden sein konnten, durch klug gewählte Diät und körperliche Bewegung begegnen konnte. Bisweilen rieten Ärzte sogar zur Ejakulation, um den Körper von den überschüssigen Ablagerungen von Samen zu befreien, die Kopfschmerzen und Trägheit verursachten: Herren, die auf ihre Gesundheit bedacht waren, so schrieb Galen, übten den Beischlaf aus, auch wenn ihnen der Akt kein besonderes Vergnügen bereitete.[73]

Geschlechtsverkehr war eine Sache, die der wache Mann glaubte kontrollieren zu können. Das Ehepaar wurde in dem Glauben bestärkt, daß der Geschlechtsakt selbst, wenn er in der richtigen Geistesverfassung – und das heißt, in korrekter Schicklichkeit – durchgeführt wurde, positive Auswirkungen auf den

Charakter und das Geschlecht des daraus hervorgehenden Kindes haben würde und daß zweifellos die Mißachtung solcher Schicklichkeit zu Nachkommen führen würde, die Anlaß zu Scham und Mitleid gäben. Der Mythos der eugenischen Sexualität war weit verbreitet, auch wenn Belege dafür vor allem in jüdischen Quellen zutage getreten sind. Der Mythos lieferte dem jungen Paar einen schrecklich zweischneidigen sexuellen Freibrief. Er besagte, daß die junge Braut bewußt als bereitwillige Partnerin am Geschlechtsakt beteiligt sein mußte. Ihr Geist mußte im Augenblick der Empfängnis wenn schon nicht gerade in Hochstimmung, so doch jedenfalls gelassen sein.[74] Dieser Glaube schützte das Mädchen vor den schlimmsten Auswirkungen brutalen und gefühllosen Verkehrs: Nur die Ungebildeten, sagten die Rabbiner, würden es unterlassen, zu einer Frau »zärtlich zu sein«, bevor sie versuchten, ein Kind mit ihr zu zeugen.[75] Doch der eugenische Mythos erlegte ihr auch eine eigentümlich intime und unterschwellige Disziplin auf. Als der flüssigere und labilere Teil, dessen Samen die feuchte Nahrung für das Kind bereitstellte, hatte die Ehefrau die besondere Pflicht, sich während des Verkehrs zu konzentrieren. Unangemessene Vorstellungen und Gefühle zu diesem Zeitpunkt konnten das Temperament des Kindes ihres Gatten beeinflussen: denn

Oftmals, wenn eine Frau mit ihrem Gatten gezwungenermaßen schläft, ihr Herz aber bei dem Ehebrecher ist, mit dem sie Verkehr hat, gebiert sie den, den sie gebären wird, indem er dem Ehebrecher gleicht.[76]

Die Tatsache, daß dieses besonders unerfreuliche Stück gelehrter Folklore in einem gnostischen Traktat auftaucht, in dem es um spirituelle Anleitung geht, zeigt, wie beherrschend und wie kontrollierend solche Glaubensvorstellungen sein konnten.

Die Idee des eugenischen Sex verpflichtete den Mann ebenso wie die Frau auf Anstandsregeln im Bett, die eine Fortsetzung der öffentlichen Persönlichkeit darstellten. Wenn die Stoiker darauf beharrten, daß der Verkehr nur »der Natur entsprechend« stattfinden sollte, so stand das im Einklang mit dieser mächtigen Phantasievorstellung.[77] Für die Stoiker sollte der Geschlechtsverkehr nur ausgeübt werden, um Kinder hervorzubringen. Das Paar durfte sich nicht bloß zum Vergnügen lieben; selbst die Positionen, die sie einnahmen, sollten nur diejenigen sein, in denen der Samen am wirksamsten »gesät« werden konnte. Alle anderen Formen der körperlichen Liebe waren ein *tolméma*: sie waren »unberechtigte Akte«.[78] Die Philosophen betrachteten sie als etwas, worin Menschen in bedrückender Weise eine willkürliche Freiheit geltend machten, mit ihrem Körper zu tun, was sie wollten. Das Einnehmen einer Vielzahl sexueller Positionen bedeutete, im Widerspruch zur »Natur«, der großen Mutter der Menschheit, herumzuspielen: Die Menschen ersannen »alle übrigen Stellungen aus Übermut, Zügellosigkeit und Unbeherrschtheit«.[79]

Stoische Einstellungen zum ehelichen Verkehr übersahen bewußt die Möglichkeit erotischer Befriedigung zugunsten der würdevollen und zielbewußten Gesten des öffentlichen Menschen. Selbst das Ehegemach sollte eine »Schule des gesitteten Verhaltens« sein.[80] Im Augenblick des Verkehrs durfte es den Leibern der Elite nicht gestattet werden, auch nur einen einzigen willkürlichen Strudel in dem feierlichen Strom aufzuwühlen, der von Generation zu Generation durch das Ehebett floß.

Trotz ihrer offensichtlichen Beschränkungen stützen die Belege, die wir bisher behandelt haben, kaum die weitverbreitete romantische Auffassung, daß die vorchristliche römische Welt ein sonniges »Paradies der Repressionsfreien« gewesen sei.[81] Noch weniger ist es möglich, die Strenge christlicher Sexualethik und das Neuartige der christlichen Verhärtung in Richtung auf totalen sexuellen Verzicht so zu erklären und damit zu entschuldigen, als seien diese Dinge nicht mehr als eine verständliche, wenn auch übertriebene Reaktion auf die Zügellosigkeit, die in den gebildeten Klassen des Reiches herrschte.[82] Was wir vor uns haben, ist vielmehr ein Reich, dessen Mentalität schon lange von melancholischen und umsichtigen Menschen festgelegt worden war. Ihre Mentoren schrieben in solcher Ausführlichkeit über Frauen und Ehe und sogar über den Geschlechtsverkehr, um einen Weg zu finden, Mitglieder der Oberklasse dazu zu befähigen, mit ihresgleichen über die gewichtigen Fragen von Macht, angemessener Ordnung und ungestörter Kontinuität laut nachzudenken.

Die herrschenden Klassen hatten keine Neigung, ihren Zugriff auf eine Welt zu lockern, die sie mit so unumstößlicher Gewißheit betrachteten. Die Instabilität des 3. Jahrhunderts brachte in dieser Hinsicht wenig Änderung: sie verstärkte nur ihre Entschlossenheit, an der Selbstdisziplin festzuhalten und die Symbole der öffentlichen Ordnung aufrechtzuerhalten, die in friedlicheren Tagen hervorgetreten waren. Eine *severitas*, eine verbissene, männliche Strenge, die wenig Zugeständnisse an Frauen oder an die Lust machte, war die gängige Münze des öffentlichen Ausdrucks des 3. Jahrhunderts. Die Bekehrung Konstantins zum Christentum machte die Verhärtung der öffentlichen Stimmung nur unwiderruflich. Die Oberklassen des Römischen Reiches in seinen letzten Jahrhunderten, Heiden wie Christen, lebten nach Regeln sexueller Zurückhaltung und öffentlichen Anstands, die sie sich gern als kontinuierliche Fortsetzung der virilen Strenge des archaischen Roms dachten. Sexuelle Toleranz war im öffentlichen Bereich fehl am Platz. In der Mitte des 4. Jahrhunderts n. Chr. war Kaiser Jovian, obwohl demonstrativer Christ, übermäßig dem Wein und den Frauen zugetan gewesen; doch das waren Fehler, die er (wenn er länger gelebt hätte) »vielleicht mit kaiserlicher Zurückhaltung gebessert« hätte.[83]

Eine lateinische Schularbeit aus derselben Zeit, die aus Gallien überliefert ist, gibt die Worte eines Vaters wieder, dessen Sohn sich durch ungebührliches Benehmen bei einem Bankett in Schande gebracht hatte:

Was würden die Leute sagen, wenn sie sähen, daß du dich so benimmst? ... Jemand, der anderen Ratschläge gibt, muß sich zu beherrschen wissen. ... Du hast schwere Schande auf dich geladen.[84]

Der Vater des jungen Mannes brauchte kein Christ zu sein, um darauf zu bestehen, daß sich sein Sohn in der Öffentlichkeit mit einer puritanischen Korrektheit benahm, die der Einstellung von Männern in einem modernen fundamentalistischen muslimischen Land näher steht als unseren neuzeitlichen romantischen Phantasievorstellungen von einem »dekadenten« römischen Reich.

Diese Regeln galten jedoch nicht für alle. Selbst unter den Eliten waren sie eine Sache der Entscheidung. Es war schließlich durchaus möglich, seinen Bereich zu beherrschen, wohlgestaltete Söhne zu zeugen und mit einer Reputation für unerschütterliche eheliche Eintracht ins Grab zu sinken, ohne sich den Kopf mit allen möglichen gelehrten Spinnweben zu füllen. Gewisse Einschränkungen, die in christlichen Kreisen befürwortet wurden, hatten für Männer der Oberklasse geringes Gewicht. Der wohlhabende Grieche oder Römer war Sklavenhalter. Männer besaßen die Körper ihrer männlichen und weiblichen Diener. In den Mauern eines großen, weitläufigen Hauses voller junger Sklaven, über die der Herr uneingeschränkt herrschte, blieb Treue zur eigenen Gattin eine persönliche Entscheidung. Es gab zwar strenge Gesetze, die verheiratete Frauen für Ehebruch bestraften, aber Untreue ihrer Ehemänner war keiner gesetzlichen Strafe unterworfen und stieß auf sehr wenig moralische Mißbilligung. Man hielt es für ausreichend, die Treue »auf die Mauern rings um das Haus zu beschränken, sie aber nicht an das Ehebett selbst zu binden«.[85] Der Ehemann wurde nicht dazu ermutigt, in den Bordellen zu leben, sich ein auswärtiges Verhältnis zuzulegen oder neue Frauen ins Haus zu bringen. Doch Untreue mit Bediensteten war »ein Verhalten, das manche geradezu für unschuldig halten, da doch jeder Herr (von Sklaven) völlig souverän gilt bei dem, was er mit seiner Sklavin machen will«.[86]

Die Führer der christlichen Kirche in der Spätantike folgten den Philosophen darin, daß sie die Anomalie der römischen »doppelten Moral« verurteilten, die die Frau für Ehebruch bestraft hatte, während sie Untreue beim Mann akzeptierte. Doch die Geistlichen zeigten sich ebensowenig geneigt, die Institution der Haussklaverei umzustürzen, wie es die Philosophen gewesen waren. Durch ihr Zögern in diesem Punkt verdammten sie sich von Anfang an zu einer ehrenwerten Wirkungslosigkeit in Sachen eheliche Treue. Die meiste Untreue bestand darin, daß man mit seinen Sklaven schlief: das war lediglich eine von zahlreichen Varianten, in denen der Herr seine Macht über die Leiber der von ihm Abhängigen behauptete. Ein halbes Jahrtausend nachdem Musonius Rufus untreue Ehemänner verurteilt hatte, dröhnte durch die Höfe der Kirche von Arles noch immer das schallende Gelächter der Söhne eines christlichen Adels, die sich ihrer sexuellen Abenteuer mit Dienstmädchen brüsteten.[87]

Die Autoren des 2. Jahrhunderts n. Chr. faßten ihre Vorschriften in universelle Begriffe. In Wirklichkeit schrieben sie für die privilegierte Minderheit. Die Regeln für sexuelles Verhalten, die wir beschrieben haben, wurden von den Empfängern moralischer Ratschläge geschätzt, weil man sie im Einklang mit der Kultiviertheit und Selbstkontrolle sah, durch die sich die Vornehmen von ihren unbotmäßigen Untergebenen unterschieden. Solche gehobenen Regeln für Vortrefflichkeit, in der Ehe wie in allem anderen, brauchte man nicht mit anderen zu teilen.[88] Daher die eklatanten Inkonsequenzen der Epoche, auf die christliche Polemiker und Prediger ständig die Aufmerksamkeit lenkten. Männer, die um sich und ihre Frauen einen Panzer moralischer Strenge legen wollten, waren durchaus bereit, ihre Position in den Städten durch große Verzeihungsmomente bei den öffentlichen Spielen zu festigen, bei denen Grausamkeit und sexuelles Vergnügen als ganz normal betrachtet wurden. Auch hier bedeutete die Bekehrung Konstantins nichts. Noch im 6. Jahrhundert n. Chr. waren die Honoratioren von Gerasa (Jerash in Jordanien) stolz darauf, für ein Wasserfest zu sorgen, bei dem Scharen nackter Mädchen vor einer Volksmenge herumtollten, die zu dieser Zeit schon ganz aus Christen bestand: es war, wie sie sagten, »ein ganz entzückendes Schauspiel«.[89] Die Körper solcher Frauen zählten wenig. Während die Frauen von Schenkenbesitzern als so ehrbar galten, daß gegen sie von ihren Ehemännern Anklage wegen Ehebruch erhoben werden konnte, wenn sie Sex mit durchreisenden Gästen hatten, war dies bei Barmädchen nicht der Fall:

Denn von den Frauen, auf die das Gesetz Anwendung findet, sollte Keuschheit erwartet werden; aber diejenigen Mädchen sind frei von der Strenge des gerichtlichen Verfahrens, deren wertloses Leben sie so tief stellt, daß sie das Gesetz nicht zu beachten brauchen.[90]

So ließ sich die öffentliche Stimme Konstantins, des ersten christlichen Kaisers, vernehmen.

All dies ist eine Welt, die wir von einem entschieden männlichen Standpunkt aus kennen. Es gab vieles auf der Welt ringsum, was gebildete Griechen und Römer nicht zu sehen oder nicht zur Sprache zu bringen wünschten. Das erlesene Ideal ehelicher Eintracht übersah bewußt den Kummer, die Schmerzen und die Krankheit, die mit dem Gebären von Kindern verbunden waren. Es zielte darauf, die Ehe in die größere Ordnung der Stadtgemeinschaft zu integrieren. Doch in deren hartnäckigem Kampf mit dem Tode kämpften die Frauen im Alter von 20 bis 30 Jahren in vorderster Front.[91] Viele Männer lernten früh zu trauern:

Was nützte dir, Probina, dein fruchtbarer Schoß?
Du empfingst Zuneigung; doch Grauen ist dein einzig Kind.[92]

Quintilian, der große römische Rhetoriklehrer, verlor seine Frau, als sie 18 Jahre alt war. Sie hatte ihm bereits zwei Söhne geboren: »ihr Tod war wie der Verlust nicht nur einer Frau, sondern einer Tochter.«[93]

Christlichen Abhandlungen über Jungfräulichkeit blieb es überlassen, in der Öffentlichkeit über die physische Verfassung der verheirateten Frau zu sprechen – über ihre Gefährdung im Kindbett, über ihre Schmerzen in der Brust beim Säugen, über ihre Bedrohung durch Infektionen der Kinder, über die schreckliche Schande der Unfruchtbarkeit und über die Erniedrigung, wenn Dienerinnen an ihre Stelle in der Zuneigung der Gatten traten: »und alles dies erdulden sie, ohne ein Ende ihrer Mühen zu sehen.«[94] Hätten sie nicht geheiratet, »so wären sie gesegnet, selbst wenn es kein Himmelreich gäbe, das ihnen zuteil werden könnte«.[95]

Das ist ein Einblick in das gewaltige Leid, das jede unterentwickelte Gesellschaft den Körpern ihrer gebärfähigen Frauen auferlegt. Die herrschenden Klassen des Römischen Reiches besaßen zwar eine hochentwickelte medizinische Tradition und waren bereit, Empfängnisverhütung und Abtreibung zu praktizieren, aber sie konnten wenig tun, um Schmerzen und Tod bei ihren Frauen zu lindern.[96] Was die christlichen Geistlichen anbelangte, so war die Mehrzahl von ihnen ebensowenig geneigt, die Institution der Ehe umzustürzen, wie sie es im Falle der Haussklaverei gewesen waren. Wie die heidnischen Moralisten, an deren Vorstellungen sie anknüpften, begnügten sich die christlichen Autoren im wesentlichen damit, die schrofferen Aspekte des Ehelebens auszubügeln. Wenn sie mit größter Leidenschaft von den Übeln der Ehe sprachen, so wandten sie sich nicht an Ehefrauen, sondern an unverheiratete junge Menschen. Christliche Mahnungen zur Jungfräulichkeit trugen wenig dazu bei, die Leiden derjenigen zu verringern, die durch die Ehe bereits zum Gebären von Kindern verpflichtet waren.

»Kunstvoll zusammengefügter Lehm«

Es ist nicht möglich, in einer so gedrängten Übersicht und aus derartigen Dokumenten den moralischen Geist einer Gesellschaft herauszufiltern, die so ausgedehnt, so vielfältig und uns in ihrem alltäglichen Leben so wenig bekannt ist, wie es das Römische Reich auf dem Höhepunkt seiner Entwicklung war. Wir haben es mit einer Gesellschaft zu tun, in deren Oberklassen Bereiche extremer Strenge neben solchen stehen, die einem modernen Leser unmittelbar einen Eindruck von einer Leichtigkeit, einer Toleranz und einer Nüchternheit vermitteln, die im mittelalterlichen Byzanz und im katholischen Westen verlorengingen. Dieses eigentümliche Nebeneinander von Strenge und Toleranz ließ sich für den nachdenklichen Heiden im Rahmen eines Menschenbildes interpretieren, das auf einem Konzept beruhte, das sich am besten als »wohlwollender Dualismus« bezeichnen läßt. Die Seele begegnete dem Körper als dem untergeordneten »Anderen« des Ich. Der Körper war von der Seele ebenso verschieden, und er war ebenso eigensinnig, wie es Frauen, Sklaven und die unverständigen und unruhigen Volksmassen der Städte waren. Nicht einmal die Götter konnten daran etwas ändern.

Was sagt Zeus? »Epiktet, wäre es möglich gewesen, so hätte ich diesen armseligen Körper, dies dein kleines Besitztum, frei und ungehindert geschaffen. Doch wie er ist – das sollst du nicht übersehen –, ist dieser Leib nicht dein eigen, sondern er ist nur kunstvoll zusammengefügter Lehm.«[97]

Es war ein Lehm, dem Alter, Krankheit und Tod unerbittlich anhafteten. Nach so viel langem Leid war es für die Seele am besten fortzugehen – vielleicht zu den Sternen –, »unbeschwert von einem Körper«, wenn das kranke Fleisch endlich von der Seele abgeschmolzen war.[98]

Doch die Seele war für eine Zeitspanne vom Himmel herabgesandt worden, um als Verwalterin der ruhelosen und fruchtbaren Provinz des Körpers zu wirken. Ein weiser Mann hatte zu seinem Körper eine Beziehung, die in wohlwollender Rücksichtnahme bestand. Seine Lenkung verlangte eine verfeinerte *sprezzatura*. Die wahrnehmbaren physischen Bedürfnisse des Körpers konnte man nicht tyrannisch durch »übergenaue und strenge Kontrolle« zurückweisen.[99] Die Seele mußte lernen, sanfte Gewalt über den Körper auszuüben, »indem sie sich in seine Gefühle versetzte, wobei sie ihm in Gutwilligkeit verbunden war« – ähnlich wie der Ehemann seine junge Frau veredelte.[100]

Eine natürliche Symbiose von Leib und Seele war das Ziel der Medizin wie der philosophischen Belehrung. Dem Körper durfte es nicht gestattet werden, der gelassenen Seele seine Bedürfnisse aufzuzwingen: Er sollte wohlgestimmt nach seinen eigenen inneren Gesetzen gehalten werden. Die Seele ihrerseits mußte sich ständig läutern, damit sie nicht durch Schwäche und Unsicherheit so weit käme, an der Labilität des Fleisches teilzuhaben.[101] Ein Mann, der sich im Übermaß mit seinem Körper beschäftigte, war ein würdeloser Anblick. Es war ganz einfach »ein Zeichen eines unedlen Charakters«, wenn man zu lange damit verbrachte, zu essen, zu trinken, den Körper zu entleeren und Geschlechtsverkehr auszuüben.[102] Von seiten eines vornehmen Griechen hätte kein Urteil vernichtender sein können. Aber der prahlerische Asket war ebenso unangenehm. Ein junger Mann konnte sich dafür entscheiden, vor der Ehe keine Liebesaffären zu haben: »Sei aber nicht unwillig oder tadelsüchtig gegen die, welche sich [des Geschlechtsverkehrs] bedienen, und prahle nicht damit, daß du dich seiner enthaltest.«[103]

Der Körper hatte seinen rechtmäßigen Platz in einer großen Kette des Seins, die den Menschen sowohl mit den Göttern als auch mit den Tieren verband. Er war aus dem gewaltigen Ozean einer ewigen Natur zur Seele aufgestiegen wie die höchste Krone einer tanzenden Welle. Selbst die gleichgültige Erde, die den Körper gab und auch wieder zurückforderte, war nicht neutral: Sie konnte als göttlich angesprochen werden, eine majestätische Gegenwart, in der sich ständig neues Leben regte.[104] Die Männer, denen wir in der Literatur des 2. Jahrhunderts begegnen, gehörten noch dem rauschenden Universum des spätklassischen Polytheismus an. Sie wußten, daß sie durch die listige Kunst der Götter an die Tierwelt geknüpft worden waren. Sie fühlten, wie in ihren eigenen Leibern derselbe feurige Geist pulsierte, der die Berge jedes Jahr mit neugeborenen Lämmern bedeckte und der die Ernten in jahreszeitlichem Liebesspiel reifen ließ, wenn die Frühlingswinde die fruchtbaren Ähren umarmten.[105] Über ihnen glühte dasselbe Feuer in den funkelnden Sternen.[106] Ihre Körper und ihre sexuellen Triebe hatten unmittelbaren Anteil an der unerschütterlichen Unaufhörlichkeit eines unermeßlichen Universums, in dem die Götter ihr ausgelassenes Spiel spielten.[107]

Da der Körper ein Ding der natürlichen Welt war, erwartete man von ihm, daß er von seinen Bedürfnissen mit ehrwürdiger, gebieterischer Stimme sprechen würde. Es war nur klug, von Zeit zu Zeit auf ihn zu hören. Die Toleranz, die dem Körper in spätklassischer Zeit entgegengebracht wurde, beruhte auf einem Gefühl, daß der Staat, die Antithese zur Tierwelt, so stark sei, daß seine Ansprüche, einmal angemeldet, unerbittlich seien. Die Familie und der Staat bestimmten den Umfang, in dem die Ergebnisse der Verbindung des Körpers mit der natürlichen

Welt in der organisierten Gesellschaft annehmbar waren. Die bloße Tatsache der physischen Geburt beispielsweise machte ein römisches Kind noch nicht zu einer Person. Sein Vater mußte es erst vom Boden aufheben. Tat er das nicht, so mußte das kleine Bündel aus beseelter Materie, das weiterhin ein Embryo blieb, so als sei es noch im Schoß seiner Mutter, darauf warten, daß andere es von einer Stelle außerhalb des Hauses des Vaters aufsammelten. Der Embryo konnte im Mutterschoß umkommen; und er konnte immer noch sterben, wenn ihn keiner aufhob und zum Teil der eigenen Familie machte, nachdem man ihn an einem öffentlichen Ort hingelegt hatte, wo Vorübergehende Anspruch auf ihn erheben konnten.[108]

Junge Männer befanden sich in einer analogen, wenn auch weniger gefährlichen Situation. Die Natur unterschied ihre Körper von denen von Kindern, lange bevor sie für den Staat von Nutzen sein konnten. Die erste Ejakulation des Knaben wurde von seiner Familie beim Fest der Liberalia am 17. März gefeiert.[109] Einige Jahre lang war er frei, »sich verwildern zu lassen«.[110] Die aus dem Gleichgewicht bringende Hitze der Jugend (oder, unter anderen Umständen, die schleichenden feuchten Säfte, die sich in der schwankenden Stimme eines Knaben verrieten) mußte etwas abgebrannt werden, bevor der junge Mann die hartgesottene Rolle eines städtischen Würdenträgers übernehmen konnte.[111] Das war die Zeit des *ludus*.

Die Natur selbst beschenkt die Jugend verschwenderisch mit Trieben – wenn die sich so ausleben, daß sie nirgends eine Existenz ins Wanken bringen, nirgends eine häusliche Gemeinschaft zerstören [durch Ehebruch], dann hält man sie gewöhnlich für belanglos und nimmt sie hin.[112]

Der Ruf des Staates kam noch früh genug; nur »weiche« Männer – darunter die großen erotischen Dichter des augusteischen Rom![113] – zögerten, der Stimme der Pflicht Folge zu leisten und das Leben des Liebhabers aufzugeben:

Zu guter Letzt: wenn er den Lockungen des Vergnügens gefolgt ist, ... dann sollte er eines Tages einhalten und sich dem Hauswesen, dem Gerichtswesen, dem Staatswesen zuwenden.[114]

Selbst Mark Aurel, ein Muster an öffentlicher Nüchternheit, war für eine angemessene kurze Zeit »in Liebesleidenschaften« gefallen.[115] Obwohl er ein Mann von großer Strenge war, fühlte er sich keineswegs an dauernde sexuelle Enthaltsamkeit gebunden.

Anstatt sich erneut zu verheiraten, verbrachte er seine späteren Jahre mit einer Konkubine, der Tochter eines Gutsverwalters seiner früheren Frau, um so seine Kinder nicht mit einer Stiefmutter zu belasten.[116]

Die junge Frau wurde oft in ähnlich nüchterner Weise behandelt. Da sie ein Geschöpf war, das zu labil war, als daß man ihr die Zeiten sexueller Freiheit hätte zubilligen können, die man jungen Männern zugestand und selbst bei Ehemännern tolerierte, mußte ihre Familie sie sorgfältig bewachen. Doch die physische Unversehrtheit ihres Körpers war noch nicht zu dem aufgeladenen Symbol geworden, das wir jetzt mit mediterranen christlichen Gesellschaften assoziieren.[117] Der Verlust der Jungfräulichkeit war für das Mädchen einfach ein schlechtes Omen für ihr zukünftiges Verhalten. Ein Mädchen, das schon flüchtige Liebesaffären genossen hatte, würde vielleicht dasselbe tun, wenn sie verheiratet wäre. Sie war kein »wohlerzogenes« Mädchen.[118] Für einen Autor des 2. Jahrhunderts war ein strengeres Urteil nicht nötig.

Die Auswirkungen eines derartigen wohlwollenden Dualismus sollten die spätklassischen Einstellungen zum Körper für spätere christliche Augen und daher für moderne Betrachter der antiken Welt zutiefst fremdartig erscheinen lassen. In der heidnischen Welt des 2. Jahrhunderts n. Chr. wurde Männern ein ausgesprochenes Maß an Toleranz sowohl in der Frage der Homosexualität als auch im Hinblick auf ihre vor- und außerehelichen Liebesaffären entgegengebracht. Doch wenn man diese Tatsache für sich allein hervorhebt, trivialisiert man die Bedeutung der Veränderungen, die in späteren Jahrhunderten stattfanden. Es genügt nicht, vom Aufstieg des Christentums in der römischen Welt einfach so zu reden, als habe es hier einen Übergang von einer weniger repressiven Gesellschaft zu einer repressiveren gegeben. Das, worum es ging, war ein allmählicher Wandel in der Wahrnehmung des Körpers selbst. Die Männer und Frauen späterer Jahrhunderte wurden nicht nur durch eine Reihe anderer und strengerer Verbote eingeengt. Sie waren auch dahin gekommen, ihren Körper in einem anderen Licht zu sehen.

Durch die Linse des voll entfalteten Christentums des frühen Mittelalters gesehen, erschien das Körperbild der Menschen des 2. Jahrhunderts seltsam verschwommen. Es flackerte darin eine diffuse Sinnlichkeit. Dem sexuellen Begehren fehlte das charakteristische Aroma, das es bald in christlichen Kreisen annahm. Kein Bedürfnis nach Befriedigung der Sinne wurde stärker hervorgehoben als ein anderes. Keines galt als besonders tief verwurzelt oder enthüllend für menschliche Schwachheit. Und es wurde auch kein einzelnes Begehren als außergewöhnlich tadelnswert herausgegriffen. Das sexuelle Begehren selbst war unproblematisch: Es war eine vorhersagbare Reaktion auf körperliche Schönheit; seine Befriedigung wurde als ein Ereignis akzeptiert, das intensive körperliche Lust vermittelte. Man konnte es getrost dem Staat überlassen, die weiteren Folgen der Tatsache zu beurteilen, daß jemand den süßen Freuden »der Dinge der Venus« nachgegeben hatte. Daß Männer den Wunsch haben konnten, andere schöne Männer zu liebkosen und in sie einzudringen, war zumindest für die Griechen kaum überraschend.[119] Was streng verurteilt wurde, war die Tatsache, daß manche Männer in Verfolgung ihrer Lust den Wunsch entwikkelten, die weibliche Rolle zu spielen, indem sie sich von ihren Liebhabern penetrieren ließen: Ein solches Verhalten stellte die Ärzte vor ein Rätsel und war für die meisten Leute schockierend.[120] Kein freier Mann sollte sich von der Begierde so schwach machen lassen, daß er sich erlaubte, aus der grimmig aufrechterhaltenen Hierarchie herauszutreten, die alle freien Männer in all ihren Beziehungen über Frauen und Sklaven stellte.[121]

Was auf den ersten Blick als Toleranz erscheinen könnte, offenbart in Wirklichkeit den umfassenden Charakter der von den Eliten angenommenen Regeln. Sie überlagerten den ganzen Körper des öffentlichen Mannes. Und das mußte auch so sein. Die städtischen Honoratioren waren reich und ständig den Blicken der Öffentlichkeit ausgesetzt, sie hatten Macht über Leib und Leben anderer und standen Gestalten nahe, die solche Macht über sie selbst ausüben konnten. Zorn, irrationale Grausamkeit, die überschwengliche und bedrohliche Körperlichkeit des gierigen Essers und die unstete Wildheit des Säufers waren für sie weit besorgniserregendere Themen als die sanfte Leidenschaft der Begierde. Jenes waren die Leidenschaften, denen Moralisten ihre ernsteste Aufmerksamkeit widmeten.

Der Bereich, in dem Heiden des 2. Jahrhunderts sich am grundlegendsten von den Ansichten unterschieden, die schon in christlichen Kreisen in Umlauf gekommen waren, war ihre Einschätzung der Horizonte des Möglichen für den Körper selbst. Als potentiell gestaltlose und ewige Materie wurde der Körper nur mühsam für die Spanne eines kurzen Lebens von der lebhaften Seele des vornehmen Mannes zusammengehalten. Seine feste Substanz konnte sich ebensowenig ändern, wie der kristalline Marmor einer scharfgeschnittenen und vorzüglich polierten Statue magisch in seinen Tiefen zu einer geläuterteren und geschmeidigeren Substanz erblühen konnte. Wie die Gesellschaft war der Körper dazu da, verwaltet, nicht verändert zu werden. Andere hatten begonnen, dieser Ansicht zu widersprechen. Clemens von Alexandrien, ein Christ, der gegen Ende des 2. Jahrhunderts schrieb und der seine heidnischen Schriftsteller gut kannte, faßte mit bewunderungswürdiger Klarheit und Gerechtigkeit den Kern der hier beschriebenen Erwartungen an den Körper zusammen. Heidnische Philosophen vertraten, das wußte er, ein strenges Menschenbild:

Die menschliche Enthaltsamkeit nun, ich meine die von den Philosophen der Griechen gelehrte, verlangt, daß man mit der Begierde kämpft und ihr nicht zu ihren Taten willig ist.

Christen dagegen, fügte er hinzu, gingen weiter: ihr Ideal war, »daß man überhaupt nicht begehrt«.

Moses hatte 40 Tage auf dem Sinai gestanden – ein Mann, der von der nahen Gegenwart Gottes verwandelt worden war. Die Bedürfnisse des Körpers waren während dieser ganzen Zeit in ihm gestillt.[122] Durch die Fleischwerdung Christi hatte der höchste Gott sich hinabbegeben, um sogar den Leib einer Verwandlung fähig werden zu lassen. Wenn Clemens diese Möglichkeit einräumte, so bedeutete das, daß die von heidnischem Denken vorausgesetzte stabile Umgebung, ein eigensinniger Körper und eine Gesellschaftsordnung, die an seine unwandelbaren Bedürfnisse angepaßt war, ihre überkommenen Beschränkungen sprengen konnte. Sexueller Verzicht konnte den Christen dazu führen, den Körper zu verwandeln und auf diesem Wege mit der unaufdringlichen Disziplin des antiken Staates zu brechen.

Clemens war unter den Christen ein Gemäßigter. Er stand Plutarch, Musonius Rufus und den Ärzten seiner Zeit näher als vielen seiner Glaubensgenossen. In kleinen Gruppen, die über die östlichen Mittelmeerländer verstreut waren, hatten sich andere Christen den Körper vorgenommen. Sie hatten ihn als handgreifliche Darstellung des Endes des »gegenwärtigen Zeitalters« hingestellt. Sie glaubten, daß das Universum selbst mit der Auferstehung Christi in Stücke gefallen war. Durch den Verzicht auf alle sexuelle Aktivität konnte der menschliche Körper am Sieg Christi teilhaben: Er konnte das Unerbittliche abwenden. Der Körper konnte sich dem Griff der Tierwelt entwinden. Dadurch, daß sie sich weigerten, den jugendlichen Regungen der Begierde nachzugeben, konnten Christen Ehe und Geburt ein Ende setzen. War die Ehe zu Ende gegangen, so würde das gewaltige Gewebe der organisierten Gesellschaft wie eine Sandburg zusammenfallen, weggespült von der »Meeresflut des Messias«.[123]

Dies waren die Anschauungen von Menschen, die zu genau derselben Zeit lebten wie Galen und Mark Aurel. Ihre Auswirkungen hätten für die heidnischen Eliten Roms und der Ägäis kaum erschreckender sein können und kaum gezielter in der Stoßrichtung darauf, den durchschnittlichen Familienvater in jeder beliebigen Gemeinde der Mittelmeerländer oder des Nahen Ostens in Aufruhr zu versetzen. In dem Jahrhundert, das auf den Tod des Jesus von Nazareth folgte, wurde die Frage des sexuellen Verzichts in christlichen Kreisen als eine drastische Alternative zu der moralischen und gesellschaftlichen Ordnung entwickelt, die so unangefochten zu sein schien und so sehr dazu neigte, sich über ihre Grundwerte in Traktaten zu ergehen, in medizinischen Werken und auf den warmen Steinen so vieler Monumente in so vielen kleinen Städten. Wenn wir das Aufkommen dieser Alternative verstehen wollen, müssen wir uns jetzt der ganz anderen Welt des Judentums, dem Palästina des Jesus, zuwenden und den Schwierigkeiten der Gemeinden, die der Apostel Paulus in vielen großen Städten der griechisch-römischen Welt gegründet hatte.

ZWEITES KAPITEL

Vom Apostel zum Apologeten: Sexuelle Ordnung und sexueller Verzicht in der Frühkirche

»Wandelt in Einfalt des Herzens«

Irgendwann in der zweiten Hälfte des 2. Jahrhunderts kam der Arzt Galen beiläufig auf Christen zu sprechen:

Ihre Todesverachtung steht uns täglich vor Augen und ebenso ihre Zurückhaltung vom Geschlechtsverkehr. Denn zu ihnen gehören nicht nur Männer, sondern auch Frauen, die sich ihr ganzes Leben lang des Verkehrs enthalten.[1]

Galen war im Jahre 162, aus Ephesus kommend, in Rom eingetroffen, etwa zu der Zeit, als Justin, ein christlicher Lehrer, hingerichtet wurde. Justin, der seit 140 n. Chr. in der Stadt gelebt hatte, war ein bekehrter Heide aus einer griechischen Siedlung in Samaria. Als halsstarriger Intellektueller legte er immer Wert darauf, das *pallium*, den dunklen Mantel des professionellen Philosophen, zu tragen.[2] Als Philosoph, der sich an einen anderen Philosophen wendet, schrieb er seine *Apologie* des christlichen Glaubens in Form einer Petition an den Kaiser Antoninus Pius, den »Wächter des Rechtes, Philosophen ... und Freund der Bildung«.[3] Justin wußte, wie er sich die Achtung jenes kleinen, aber wortgewaltigen Kreises von Honoratioren und kaiserlichen Beamten verschaffen konnte, deren Beschäftigung mit moralischer Veredelung ein gewisses Maß an Achtung für sexuelle Beherrschtheit einschloß. Er stellte ihnen das Christentum als eine Religion dar, die sich von allen anderen durch die Härte der sexuellen Regeln unterschied, die von ihren verheirateten Anhängern beachtet wurden. Mehr noch:

Gar viele Männer und Frauen, die von Jugend auf Schüler Christi gewesen sind, bleiben mit sechzig oder siebzig Jahren keusch. ... Es ist unser Stolz, daß wir solche der Menschheit vorweisen können.[4]

Dadurch, daß er für das Christentum die sexuelle Disziplin der Vielen und die heroische Selbstverleugnung der Wenigen hervorhob, versuchte Justin, mit einem »philosophischen« Kaiser eine gemeinsame Verständigungsbasis zu finden. In Wirklichkeit aber war die christliche Auffassung von sexuellem Verzicht aus einer Welt hervorgegangen, die sich von der eines Kaisers wie Antoninus Pius und eines griechischen Arztes wie Galen grundlegend unterschied. Sie trug das deutliche Aroma ihrer radikalen Ursprünge im Judentum.

Wir müssen mit einem anderen Menschenbild beginnen und zugleich mit einer ganz anderen Sicht von der Gesellschaft als der, die unter den städtischen Eliten des Reiches den Ton angab. Im Judentum hatte es wenig Raum für den wohlwollenden Dualismus gegeben, der die moralische Alltagsvernunft der herrschenden Klassen der heidnischen Welt so angemessen zusammenfaßte. In der heidnischen Sicht vom Menschen hatte man sich die Seele als Instanz gedacht, die den Körper mit derselben wachsamen, wenn auch gelegentlich toleranten Autorität regierte, mit der der vornehme Mann diejenigen beherrschte, die unter ihm standen und die ihm fremd waren – seine Frau, seine Sklaven und die Volksmassen seiner Stadt. Vielen rechtschaffenen und wohlhabenden Juden, die selbst Aristokraten waren, kamen derartige dualistische Einstellungen entgegen. Der Körper war deutlich schwächer als die Seele. Die Seele würde im Tode von ihm getrennt werden; und das konnte als Segen begrüßt werden.[5] Der Körper hatte physische Bedürfnisse, die die Frommen beunruhigten. Aufrechte Juden wie frühe Christen gingen davon aus, daß sexuelle Versuchung im Leben junger Männer eine große Rolle spielte. Sie billigten nicht die »Vergnügungssucht«, die mit »der Kraft der Fortpflanzung« verbunden ist, denn sie »führt den Jüngling wie einen Blinden zur Grube und wie ein Vieh zum Abgrund«.[6]

Doch für Juden war der beständige Konflikt zwischen Leib und Seele von einem mächtigeren und bedeutsameren Dualismus überschattet. Die ganze Menschheit stand vor der Majestät Gottes als von ihm verschieden und ihm untergeordnet. Leib und Seele standen ihm gemeinsam gegenüber: Er hatte beide geschaffen und würde beide richten. Jeder Gläubige trat Gott nicht als Seele gegenüber, der für gewisse Zeit die notwendige, wenn auch undankbare Aufgabe übertragen worden war, Ordnung in einen fremdartigen Körper zu bringen, sondern als der Besitzer eines »Herzens«, das heißt, eines verborgenen Kerns der Persönlichkeit, der den Willen seines Schöpfers annehmen oder ablehnen konnte. Das menschliche Herz konnte sich verhärten: Es konnte ein *steinernes Herz* werden, zusammengepreßt in einem Zustand stummer Auflehnung gegen Gottes Willen. Oder es konnte sich weit öffnen, um seine Gebote zu empfangen und ohne Zögern auf seine väterliche Liebe zu reagieren. Der Kummer der Frommen war genau dies: Während eine »gute Neigung« sie dazu drängte, Gott zu gehorchen, lag eine »böse Neigung«, eine tiefsitzende Tendenz, sich der Befolgung seines Willens zu entziehen, ihren Herzen gleichfalls so sehr nahe.[7] Die böse Neigung schien den Menschen als Ganzes zu durchziehen, wie eine »böse Hefe«, die tief im Teig der menschlichen Natur wirksam war:

Herr der Welten! Offen und bekannt ist es vor dir, daß es unser Wille ist, deinen Willen zu vollziehen; wer aber verhindert dies? – das Saure im Teig ... die Knechtschaft der Regierungen. Möge es dein Wille sein, daß du sie vor und hinter uns unterwirfst, und daß wir zurückkehren, die Gesetze deines Willens mit ganzem Herzen auszuüben.[8]

Wahrer Frieden würde den Gläubigen zuteil werden, nicht wenn die Seele den fremden Lehm des Körpers abstreifte, sondern wenn ein unpersönliches Zögern endlich im Herzen dahingeschmolzen war: »*Und ich will euch ein neues Herz und einen neuen Geist in euch geben und will das steinerne Herz aus eurem Fleisch wegnehmen.*«[9]

Der religiöse Begriff des »ganzen Herzens« hatte unmißverständliche soziale Untertöne. Nur zu viele Juden zeigten untereinander dasselbe Zögern, sich rückhaltlos den Forderungen zu öffnen, die ihre Mitmenschen an sie stellten, wie sie es zeigten, wenn sie mit den Forderungen Gottes konfrontiert wurden. Solche Menschen wurden als »doppelzüngig« gebrandmarkt. Sie trugen ein Herz in ihrem Herzen: im hintersten Winkel der Persönlichkeit lauerte eine dunkle Enklave, die Arglist, Aufsässigkeit, Groll und verborgene Lust beherbergte. Das religiöse Ideal des »ganzen Herzens« war eng mit Hoffnungen auf eine ideale Gesellschaft verbunden, die sehnsüchtig in jüdischen und frühchristlichen Texten wiederholt wurden. Der wahre Gläubige sollte lernen, »in Einfalt des Herzens zu wandeln«.[10]

Das Herz sollte ganz aus einem Stück sein. Keine verborgenen Motive sollten sich darin verstecken. Der Gläubige sollte anderen mit einem Herzen entgegentreten, das für ihre Bedürfnisse ebenso durchsichtig war wie für den Willen Gottes. Der Gedanke der »Einfalt des Herzens« verdichtete ein warmes und überaus soziales Ideal. Er faßte die moralischen Horizonte des Durchschnittsmenschen zusammen. Er bildete die Grundlage für eine Moral der Solidarität, die den Akzent auf natürliches geradliniges Verhalten und bereitwillige Loyalität gegenüber Verwandten und Nachbarn legte. Das war eine Tugend, die den selbstbewußten und schroffen Hausvätern der Kleinstädte und Dörfer im östlichen Mittelmeerraum besonders angemessen war. Der Akzent auf der Beherrschung von Gewalttätigkeit gegenüber Untergebenen und auf der Notwendigkeit, die körperlichen Begierden in Schach zu halten, die die Inhaber der Macht mit einer »weibischen« Sinnlichkeit anstecken konnten – was in der moralischen Erziehung der heidnischen herrschenden Klassen des Reiches eine so große Rolle spielte –, das war für sie ohne Bedeutung. Diese Männer brauchten ihren Körper nicht durch peinlich genaue Regeln für öffentliches Auftreten und durch beständiges Sicherinnern an die Überlegenheit des Geistes über die Materie zu disziplinieren. Ihr bitterster Kampf bestand darin, Schlauheit und Arglist in ihren Beziehungen zu ihren bescheidenen Brüdern unter Kontrolle zu halten.

Arglist war nicht in meinem Herzen.
Lüge kam nicht über meine Lippen.
Mit jedem betrübten Menschen seufzte ich,
und den Armen gab ich mein Brot.[11]

In Palästina dagegen führte das Ideal der Einfalt des Herzens eine drängendere Botschaft mit sich. Viele fromme Juden blickten auf ein Israel, das sich Gott entfremdet hatte und von inneren Streitigkeiten zerrissen war:

Alle sind sie Empörer, ... rachsüchtig und voller Groll ..., und indem jeder seinen Nächsten haßt, und sie entzogen sich ein jeder seinen Blutsverwandten und näherten sich schändlicher Tat und zeigten sich tüchtig in bezug auf Besitz und Gewinn.[12]

Dokumente, die 1947 in einer Höhle im Wadi Qumran in der judäischen Wüste nahe dem Toten Meer entdeckt wurden (und die daher als »Schriftrollen vom Toten Meer« bezeichnet wurden), zeigen eine selbsternannte »Gemeinschaft« frommer Männer, die unter sich ein »Haus der Vollendung und Wahrheit in Israel« errichten wollten.[13] Ob dieses »Haus der Vollendung und Wahrheit« tatsächlich in einem Wüstenkloster lag (wie einige Gelehrte daraus schlossen, daß die Ruinen einer Art Siedlung in

Khirbet Qumran in der Nähe der Höhlen entdeckt wurden) oder ob wir es mit einer weniger physisch abgeschlossenen Organisation von Frommen zu tun haben, die über die Städte und Dörfer Judäas verstreut waren, wissen wir nicht.[14] Wie es sich damit auch verhalten mag, die Dokumente zeigen die Art und Weise, in der in den engen Grenzen einer geplagten religiösen Gruppe die Sehnsucht nach Einfalt des Herzens zu nichts Geringerem führte als zu der Forderung nach totaler Durchlässigkeit für den Willen Gottes, bewirkt durch die Durchlässigkeit des Willens jedes Mitglieds für seine Brüder in der Gemeinschaft. Jedes Mitglied der Gemeinschaft hatte gelobt, »Gott mit ganzem Herzen und ganzer Seele zu suchen ..., aber nicht länger zu wandeln in der Verstocktheit eines sündigen Herzens«.[15]

Die Mitglieder der Gemeinschaft glaubten, daß Gott am Ende des unruhigen Zeitalters, in dem sie lebten, Israel befreien würde. Er würde sein Volk so, wie es sein sollte, neu erschaffen. Die Gemeinschaft würde in einem neuen Israel vor ihm stehen: »Er wird sich einige aus den Menschenkindern reinigen, indem er allen Geist des Frevels aus dem Innern ihres Fleisches tilgt.«[16]

Das war keine entfernte Aussicht. Jedes Jahr wurde die Qualität »der Gesinnung und der Taten« jedes Mitglieds von einem kundigen Berater beurteilt.[17] Das war eine gründliche Prüfung der genauen Beschaffenheit des Herzens, die einen Vorgeschmack auf eine Zukunft bot, in der die dunklen Schatten der Falschheit und des Eigenwillens für immer aus dem Herzen verschwinden würden: »ihnen gehört alle Herrlichkeit des Menschen, und Frevel wird nicht mehr sein.«[18]

Viele jüdische Gruppen reagierten auf die Situation, in der sie sich befanden, indem sie eine »Radikalisierung« der sexuellen Regeln unter ihren Anhängern förderten.[19] Die Gemeinschaft, die in den Schriftrollen vom Toten Meer zutage tritt, scheint verlangt zu haben, daß eine Anzahl ihrer männlichen Mitglieder auf unbegrenzte Zeit unter einem Zölibatsgelübde lebte. Es scheint, daß sie sich als Krieger Israels betrachteten, die den Enthaltsamkeitsgelübden unterworfen waren, die Männer für die Dauer eines heiligen Krieges banden. Der ehelose Stand dieser Wenigen stand für den kampfbereiten Charakter der Gemeinschaft als ganzer. Sie waren das wahre »Lager« der Kinder Israel, das von neuem im Gelobten Land aufgeschlagen worden war. In dem Lager sahen sich männliche Fromme neben den »heiligen Engeln« stehen.[20] Die Engel dachte man sich nicht primär als geschlechtslose Wesen. Man stellte sie sich vielmehr als die dichten Reihen einer erwartungsvollen Heerschar vor, die sich nicht in die ungeordnete Verfassung bloßer Zivilisten auflösen durfte, deren Samen ungehindert floß, wenn sie ungeniert mit ihren Frauen schliefen.[21]

Wir wissen nicht, ob andere Gruppen enthaltsamer Männer ihre Abstinenz in so drastischen Kategorien sahen. Wir wissen allerdings, daß römische Beobachter davon beeindruckt waren, daß es in Palästina Kolonien von Zölibatären gab. Plinius der Ältere, ein jüngerer Zeitgenosse des Jesus von Nazareth, hatte von der bekannten Sekte der Essener gehört, die in Engeddi nahe dem Toten Meer ansässig war. Hier gab es eine überraschende Suspendierung des anhaltenden Fortpflanzungsrhythmus, der das griechisch-römische Mittelmeergebiet mit seßhaften Gemeinden überzogen hatte: »[Die Essener sind] ein vor allen anderen Menschen sonderbarer Menschenschlag. Sie leben ohne alle Frauen, haben der Liebe völlig abgesagt. ... So erhält sich, es klingt unglaublich, durch Jahrtausende fort und fort eine Gemeinde, in der kein Mensch geboren wird.«[22]

Zwei jüdische Schriftsteller, Philo in Alexandrien und Josephus in Palästina, fanden es leicht, solch exotisches Verhalten zu rechtfertigen. Sie stellten den Heiden den Zölibat der Essener als bloß folgerichtiges Ergebnis einer langen misogynen Tradition dar, für die man bei Griechen Sympathie erwarten konnte. Die Essener, sagten sie, hatten ein durch und durch männliches Utopia geschaffen. Wie die heidnische so betonte auch die jüdische Volksweisheit die Verführungskünste der Frauen und die zerstörerischen Folgen der Ansprüche, die Frauen als die Gebärerinnen ihrer Kinder und als ihre Bettgenossinnen an Männer stellten.[23]

Einfalt des Herzens war, daran müssen wir denken, eine zutiefst männliche Tugend: rechtschaffene Männer neigten dazu, Frauen als die Ursachen *par excellence* für ein »doppelzüngiges« Verhalten zu sehen. Frauen stachelten, so meinte man, die Lust und die Eifersucht an, die Männer gegeneinander aufbrachten. Um die *philallélia*, die kostbare wechselseitige Loyalität männlicher Gefährten, sicherzustellen, hatten die Essener, so versicherte Philo seinen Lesern, sowohl Frauen als auch das Eigentum an Sklaven aufgegeben. Sklaven waren der zweite untergebene Andere in der Welt des freien Mannes; ihre Gegenwart in einer freien Gemeinschaft förderte Hochmut bei ihren

Herren und trug ein Element manipulativer Servilität in die Beziehungen zwischen unfreien und freien Mitgliedern der Gruppe.[24] Nur außerhalb von Alexandrien gab es eine Gruppe, die der Therapeuten, zu der auch enthaltsam lebende ältere Frauen gehörten.[25]

In Palästina selbst sprach Josephus liebevoll von der ehrfurchtgebietenden Stille der gemeinschaftlichen Mahlzeiten der Essener und von den feierlichen kleinen Gruppen, die in den Städten und Dörfern von einer Unterkunft zur anderen zogen, alle weiß gekleidet, gemessenen Schrittes »wie disziplinierte Schuljungen«.[26] Diese Skizzen sollten dem ausgeprägten »Appetit auf Ordnung« entgegenkommen, den wohlhabende Juden wie Philo und Josephus mit den förmlichen und selbstdisziplinierten Eliten der griechischen Welt teilten.

Es führt jedoch in die Irre, wenn man das Interesse ausschließlich auf die kleinen Gruppen erklärter männlicher Zölibatäre konzentriert. Wenn wir die Essener und die geheimnisvollen Verfasser der Rollen vom Toten Meer als direkte Vorgänger der christlichen Mönche begrüßen, laufen wir Gefahr, die präzise Eigenart ihres Beitrags zum Leben im jüdischen Palästina in der Zeit Jesu nicht mitzubekommen. Wir wissen sehr wenig über die Gründe, weshalb sich militante Juden für ein Leben in beständiger Enthaltsamkeit entschieden.[28] Was wir wissen, ist, daß die Enthaltsamen Mitglieder von Vereinigungen waren, die zum größten Teil aus Familienvätern bestanden. Sie bildeten keine isolierten Gemeinschaften. Die Reform Israels als Ganzen stand auf dem Spiel. Aus diesem Grund lag es den Militanten fern, das jüdische Eheleben in Frage zu stellen. Ganz im Gegenteil: Die Strukturen des Haushalts wurden dadurch gestärkt, daß sie zu ihrer ursprünglichen, gedachten Reinheit zurückgeführt wurden.[29] Sexuellen Regeln wurde schwerwiegende Bedeutung beigemessen. Das Verbot der Heirat mit Nichtjuden,[30] die Verdammung von Ehen zwischen nahen Verwandten,[31] das Beharren auf der sorgfältigen Einhaltung der Reinheitsgebote, die für den Menstruationszyklus bei der Frau und für den Samenerguß beim Mann galten,[32] ein sorgfältig gehegter Abscheu vor Promiskuität, vor öffentlicher Nacktheit und der homosexuellen Liebe, die man dem jungen Mann in heidnischen Städten zugestand:[33] all das waren Unterscheidungsmerkmale, die das Gefühl für die Absonderung Israels von der heidnischen Welt verstärkten. Die Verfasser der Rollen vom Toten Meer gingen sogar so weit, die Reform der Ehe als eine Rückkehr zu der einfältigen Solidarität Adams und Evas, des ersten Menschenpaars, darzustellen. Wer eine andere Frau nahm, solange die erste noch lebte (wohl durch das Praktizieren von Polygamie), sündigte gegen »die Grundlage der Schöpfung ... *Als Mann und Weib hat er sie erschaffen.*«[34]

Alle radikalen Gruppen glaubten, daß das neue Israel der Zukunft eine Gemeinschaft der Verheirateten sein würde, »fruchtbar an Samen«, ein Israel, das berühmt wäre für seine disziplinierte Sexualität, in der die Abnormitäten, die mit dem gegenwärtigen Zeitalter assoziiert wurden, beseitigt wären.[35]

Als Jesus von Nazareth nach 30 n. Chr. in Galiläa und Judäa predigte, waren die Alternativen, die ihm und seinen Anhängern offenstanden, auf der Landkarte Palästinas bereits klar vorgezeichnet. Zum Toten Meer hin beherbergte die Wildnis von Judäa ansehnliche Siedlungen von unzufriedenen Männern. Asketische Gestalten, deren prophetische Berufung in der jüdischen Folklore seit langem mit sexueller Enthaltsamkeit in Verbindung gebracht worden war, tauchten ständig aus der Wüste auf, um den nahegelegenen Städten Buße zu predigen. Eine derartige Gestalt, Johannes der Täufer, war angeblich ein Vetter Jesu. Daß Jesus selbst im Alter von 30 Jahren noch nicht geheiratet hatte, war kein Anlaß zu irgendeinem Kommentar. Es dauerte fast ein Jahrhundert, bis einer von seinen Anhängern den Anspruch erhob, mit seiner eigenen Ehelosigkeit seinem Beispiel zu folgen.[36] Zur damaligen Zeit stand die prophetische Rolle Jesu im Mittelpunkt der Aufmerksamkeit, nicht seine Enthaltsamkeit. Sein Zölibat war eine belanglose Zugabe zu seiner Berufung als Prophet.[37]

Wir wissen seltsam wenig von Jesu eigenen Hoffnungen auf die Ankunft dessen, was er »das Himmelreich« nannte, außer daß er dieses Reich mit der Erneuerung Israels identifizierte und daß er diese Erneuerung in naher Zukunft erwartete.[38] Er scheint nicht an das völlige Verschwinden von Familienstrukturen gedacht zu haben. Wie die Verfasser der Rollen vom Toten Meer bestand er vielmehr auf der monogamen Ehe als einer Erneuerung der ungeteilten Einheit von Adam und Eva. In einer seiner sehr seltenen Abweichungen von jüdischer Sitte ging er sogar so weit, die Möglichkeit der Scheidung auszuschließen. Die »Härte des Herzens«, die in den mosaischen Gesetzen die Scheidung erforderlich gemacht hatte, würde in dem erneuerten Israel der Zukunft einfach nicht mehr vorkommen.[39] Das »Joch«, das er seinen Zuhörern auferlegte, lag auf den üblichen Adressaten jüdischer Mahnreden – auf verheirateten Männern, guten Juden und anständigen Hausvätern, die nach Kräften bestrebt waren, in Einfalt des Herzens zu wandeln:

Ich sage euch: wer eine Frau ansieht, sie zu begehren, der hat schon mit ihr die Ehe gebrochen in seinem Herzen.[40]
Denn von innen, aus dem Herzen der Menschen, kommen heraus böse Gedanken, Unzucht, Diebstahl, Mord.[41]

Jesus wurde um 30 n. Chr. gekreuzigt. Als man seine Reden und die Geschichte seines Todes und seiner Auferstehung in den Schriften sammelte, aus denen später die Evangelien hervorgingen, hatte sich das jüdische Palästina grundlegend geändert. Jerusalem war im Jahre 70 n. Chr. von den Römern erstürmt worden. Der Tempel lag in Trümmern. Judäa war verwüstet. Die exzentrischen Siedlungen am Toten Meer lagen verlassen. In den Evangelien begegnen wir nicht der Welt Jesu, sondern der ganz anderen, spannungsvolleren Welt seiner Jünger. Die Geschichten in ihnen waren in jener schrecklichen Periode zusammengetragen worden, um die Bedürfnisse einer Gruppe von Wanderpredigern, die die wahren Anhänger Jesu zu sein behaupteten, zu erfüllen und ihre Aktivitäten zu rechtfertigen.[42] Dieser speziellen kleinen Gruppe hatte Jesus keine Einfalt des Herzens im ehelichen Leben gepredigt. Er hatte gesagt: »Folge mir nach. ...« Sein plötzlicher Ruf hatte einen Bruch mit den normalen Mustern seßhaften Lebens bedeutet. Selbst die stärksten Bande jüdischer Frömmigkeit wurden verworfen: Söhne durften nicht länger verweilen, um ihre Väter zu begraben.[43] Verheiratete wie Petrus konnten behaupten: »Siehe, wir haben, was wir hatten, verlassen und sind dir nachgefolgt.«[44]

Viele hatten »Haus oder Frau oder Brüder oder Eltern oder Kinder [verlassen] um des Reiches Gottes willen«.[45]

Es gab sogar einige junge Männer, die »sich selbst verschnitten haben um des Reiches der Himmel willen«. Die Intensität ihrer Mission machte sie ungeeignet zur Ehe.[46] Solche Menschen waren auf die Straßen Galiläas und Judäas ausgesandt worden:

Geht und predigt und sprecht: Das Himmelreich ist nahe herbeigekommen. ... Wahrlich, ich sage euch: Ihr werdet mit den Städten Israels nicht zu Ende kommen, bis der Menschensohn kommt.[47]

Im Jahre 70 n. Chr. wirkten wandernde Prediger als Geistliche für Gruppen verheirateter Gläubiger, die in einem weiten Bogen von Jerusalem und Judäa über Syrien bis hin nach Antiochien verstreut waren. Ihre Enthaltsamkeit war nicht mehr als ein Aspekt – und keineswegs der herausragendste – einer drastischen Verschiebung des normalen Ablaufs ihres Lebens. Die Wanderer fanden für sich in der sozialen Landschaft Palästinas einen klar abgegrenzten Ort. Dies war eine Welt, in der der Mann mit Unternehmungsgeist immer vor starren Alternativen gestanden hatte. Einige wenige konnten »Haus oder Frau oder Brüder oder Eltern oder Kinder« aufgeben. Doch die, die keinen derartigen Ruf erhalten hatten, blieben als Verheiratete in den Dörfern. In dieser festgefügten Umgebung kämpften sie mit dem widerspenstigen Herzen nach den traditionellen Normen des jüdischen Lebens. Das Nahen des Reiches bedeutete für sie, daß diese Normen allenfalls verstärkt und nicht gelockert wurden: es war eine Zeit strenger Entschlossenheit, eine Zeit für eine Gerechtigkeit, die »besser ist als die der Schriftgelehrten und Pharisäer«.[48] Die dagegen, welche predigten, daß »das Himmelreich nahe« sei, bewegten sich in einer anderen Welt. Sie hatten die offene Straße gewählt. Dieselben Straßen führten von den Dörfern zu den Räubern in den Bergen und wurden bereits von den vagabundierenden Armen bevölkert.[49] Frauen konnten sich sogar den umherstreifenden Gruppen anschließen und denen, die Jesus »nachgefolgt« waren, so dienen, wie sie einst Jesus selbst gedient hatten.[50] Die relativ wohlhabenden ländlichen Gegenden von Galiläa und Syrien und die dorfähnlichen Armenviertel einer großen Stadt wie Antiochien hatten genügend landwirtschaftliche Überschüsse, um kleine Gruppen von Menschen zu ernähren, die durch ihre religiöse Berufung von ihrer Familie und ihrem Land losgerissen worden waren.[51]

Christliche Gemeinden mußten bald Regeln dafür aufstellen, wie berühmte Wanderer mit prophetischen Gaben zu behandeln waren. Ein Prediger des Reiches, der zu Besuch kam, mußte begrüßt werden, »als ob er der Herr selbst sei«; aber er konnte von den ortsansässigen Hausvätern nur drei Tage lang Verpflegung und Unterkunft beanspruchen. Wenn er sich auch nur ein besonderes Mahl bestellte, sollte man ihm die Tür weisen: er war ein falscher Prophet![52] Es war eine Welt bescheidener Männer, in der die, die ihr Leben ändern wollten, dies nur tun konnten, indem sie unwiderruflich mit der eisernen Disziplin des kultivierten Landes brachen. Selbst um so viel Geld beiseite zu legen, daß sie den Armen Almosen geben und ihre wandernden Berater unterstützen konnten, mußten die Hausväter tagelang fasten.[53] Als Kaiser Domitian um 90 n. Chr. nach der noch lebenden Verwandtschaft des Jesus von Nazareth forschte, fand er zwei Enkel des Bruders Jesu: Ihr einziges Vermögen bestand

im Werte eines Feldes von nur 39 Morgen, die sie mit eigener Hand bewirtschafteten, um davon die Steuern zu zahlen und ihren Lebensbedarf zu decken. Hierauf zeigten sie ihm ihre Hände und bewiesen durch die Härte ihrer Haut und durch die Schwielen, ... daß sie Handarbeiter waren. ... Domitian verachtete sie als gemeine Leute [und] setzte sie in Freiheit.[54]

Sechzig Jahre nach dem Tod Jesu war das Profil der christlichen Gruppen in Palästina und Syrien alles andere als deutlich ausgeprägt. Es war durchaus nicht sicher, wer beim Predigen des Reiches die Führung übernehmen würde und wer die »Kirchen Christi« am wirksamsten gegenüber einer zunehmend erzürnten jüdischen Bevölkerung und einer mißtrauischen römischen Regierung vertreten würde. Einerseits waren da diejenigen, die Jesus »nachgefolgt« waren. Seine radikaleren Aussprüche lieferten ihnen einen klaren Freibrief für ihren eigenen Bruch mit der etablierten Welt. Die Geschichte seiner Auferstehung von den Toten und seiner Himmelfahrt wurde unauflöslich an die Vorstellung geknüpft, hier sei die Gewalt des Todes über alle Menschen erschüttert worden, also an eine überwältigende Suspendierung der unbeugsamen Gesetze des Normalen.

Die Verkündigung der Auferstehung Jesu war mit jahrzehntelanger wachsender Entfremdung zwischen seinen Anhängern und ihren jüdischen Mitbürgern zusammengefallen. Viele Anhänger verloren das Gefühl, daß es eine natürliche, ungebrochene Kontinuität zwischen den gegenwärtigen Gesellschaftsstrukturen Israels und denen des neuen Reiches geben würde. Anstelle einer wunderbaren Rückkehr zu einer Beständigkeit im ehelichen Leben, wobei alle »Härte des Herzens« aus der Gesellschaft verbannt wäre, sahen viele Jünger jetzt einen scharfen Kontrast zwischen »jener [künftigen] Welt« und dem Leben der »Kinder dieser Welt«, welche »heiraten und sich heiraten lassen«.[55] Die Lebensläufe der wenigen Prediger des Himmelreichs galten in ihrer offen demonstrierten Außerordentlichkeit allmählich als Beispiel fü. die Natur des Lebens selbst in diesem Reich: in einem solchen Reich war selbst der vertraute Meilenstein der Ehe nicht vorhanden.

Andererseits bestand die schweigende Mehrheit derjenigen, die die Ankunft des Königreichs erwarteten, aus wohlanständigen, verhärmten Familienvätern, die seit langem die pedantischen Rhythmen des jüdischen Lebens gewohnt waren. Sie hatten festgefügte moralische Horizonte und waren nicht in der Lage, das mühsam erarbeitete Gefüge ihrer sozialen Existenz – ihre Frauen, ihre Kinder, ihre Angehörigen und die wenigen Äcker ihrer Vorfahren, die sie erbten, wenn sie ihren Vater begruben – auf den Ruf einer wandernden Minderheit hin sich in Luft auflösen zu lassen. Christliche Gemeinden, in denen solche Männer an die Spitze traten, sahen die Welt, die sie umgab, mit ganz anderen Augen als die, die sich einbildeten, daß sie auf der freien Landstraße schon die berauschende Luft des Königreichs atmeten.

»Eine neue Schöpfung«

Der aufsehenerregendste und seltsamste von allen Anhängern Jesu, die wir kennen, kam aus einer Welt, die kaum irgendwo Berührungspunkte mit den Erfahrungen derer aufwies, die in den beengten und explosiven ländlichen Gegenden Palästinas predigten. Paulus von Tarsos war ein griechischsprachiger Diaspora-Jude. Er war anscheinend sogar römischer Bürger. Seine Missionsreisen führten ihn in Städte im tiefen Hinterland des westlichen Kleinasien. In den frühen fünfziger Jahren hielt er sich jeweils jahrelang in den großen heidnischen Städten der Ägäis auf – in Ephesus, Thessaloniki, Philippi und Korinth. Er wurde um 60 n. Chr. in Rom, in der fernen Hauptstadt des Reiches, hingerichtet. Seine Mission war gewesen, Heiden in das Himmelreich zu führen:

... die Heiden zum Gehorsam zu bringen durch Wort und Werk, in der Kraft von Zeichen und Wundern und in der Kraft des Geistes Gottes. So habe ich von Jerusalem aus ringsumher bis nach Illyrien [der Grenze der Griechisch und Latein sprechenden Welt auf dem Balkan] das Evangelium von Christus voll ausgerichtet. ... *Denen nichts von ihm verkündigt worden ist, die sollen sehen, und die nichts gehört haben, sollen verstehen.*[57]

In einem um 54 n. Chr. geschriebenen Brief an die Galater machte Paulus reichlich klar, wie wenig er den »christlichen Gemeinden in Judäa«[58] verdankte. Jesus war ihm erschienen, lange Zeit nachdem er den anderen Jüngern erschienen war.[59] Paulus hatte einen besonderen Auftrag erhalten: er war

ein Apostel, nicht von Menschen, auch nicht durch einen Menschen, sondern durch Jesus Christus und Gott, den Vater, der ihn auferweckt hat von den Toten. ... Das Evangelium, das von mir gepredigt ist, ... [kam] durch eine Offenbarung Jesu Christi, der mich von meiner Mutter Leib an ausgesondert ... hat, ... damit ich ihn durchs Evangelium verkünden sollte unter den Heiden.[60]

Kraft dieser direkten, persönlichen Offenbarung und der ihr folgenden Gabe des Heiligen Geistes erklärte Paulus, daß das Himmelreich auch für Heiden erreichbar sei, also für Menschen, die keine Beschneidung erhalten und keine Verpflichtung auf sich genommen hatten, Unterschiede zwischen reiner und unreiner Nahrung zu beachten, wie es diejenigen taten, die Israel auf die normale Weise betreten hatten. Viele solche Heiden wurden vielleicht unter denen rekrutiert, die sich bereits von den eindrucksvollen jüdischen Synagogen ihrer Städte angezogen fühlten. Das Judentum und seine Anforderungen waren ihnen möglicherweise nicht völlig unbekannt. Paulus jedoch nahm von dieser Tatsache keine Notiz. Für ihn waren sie ganz einfach »Heiden«. Infolge seiner Predigttätigkeit hatten sie sich

bekehrt ... zu Gott von den Abgöttern, zu dienen dem lebendigen und wahren Gott und zu warten auf seinen Sohn vom Himmel, den er auferweckt hat von den Toten, Jesus, der uns von dem zukünftigen Zorn errettet.[61]

Die Teilhabe am Heiligen Geist, die sich wahrnehmbar in ekstatischen Rufen – »Abba, lieber Vater« – ausdrückte, machte sie zuversichtlich, daß sie jetzt Kinder Gottes waren. Gemeinsam mit den Juden waren sie die Erben der Verheißungen Gottes an Abraham und die Empfänger seiner unerschöpflichen Liebe.[62] Sie waren »das Israel Gottes«.[63]

»Denn in Christus Jesus gilt weder Beschneidung noch Unbeschnittensein [des Heiden] etwas, sondern eine neue Kreatur.«[64]

Paulus erhob den Anspruch, durch die Bekehrung der Heiden Israel gerettet zu haben. Denn nur wenn sich die Heiden zu Gott bekehrten, würde die schreckliche Härte, die Paulus wie viele andere radikale Juden im Herzen Israels schlummern zu sehen geneigt waren, fortgenommen werden. Unter Einschluß der Heiden würde Israel sein *steinernes Herz* verlieren, und das Himmelreich würde kommen:[65]

Denn er selbst, der Herr, wird, wenn der Befehl ertönt, wenn die Stimme des Erzengels und die Posaune Gottes erschallen, herabkommen vom Himmel, und zuerst werden die Toten, die in Christus gestorben sind, auferstehen. Danach werden wir, die wir leben und übrig bleiben, zugleich mit ihnen entrückt werden auf den Wolken in die Luft, dem Herrn entgegen; ... So tröstet euch mit diesen Worten untereinander.[66]

In Paulus begegnen wir einem Mann, dessen ganzer Körper sich nach dem Wandel sehnte, der ihn wohl bald überkommen würde. Er verbrachte sein Leben in einer Spannung zwischen Offenbarung und Auferstehung. Über seine erste, entscheidende Vision des auferstandenen Jesus schrieb er:

Ich kenne einen Menschen in Christus; vor vierzehn Jahren – ist er im Leib gewesen? ich weiß es nicht; oder ist er außer dem Leib gewesen? ich weiß es auch nicht; ... –, da wurde derselbe entrückt bis in den dritten Himmel. ... Und ich kenne denselben Menschen ..., der wurde entrückt in das Paradies.[67]

In ebenso naher Zukunft, so hoffte Paulus, würde Christus wiederkehren. Die Leiber derer, die in sein Reich aufgenommen waren, würden dann an der Herrlichkeit seines auferstandenen Leibes teilhaben. Die Toten würden aus der Erstarrung des Grabes auferstehen, und auch die Lebenden würden mit der Macht Gottes angetan werden. Gewaltige Kräfte des Widerstands gegen den Willen Gottes, die im ganzen Universum lauerten – in Paulus' Briefen nur flüchtig auftauchend, sozusagen am Rande seines gespannt fixierten Gesichtsfeldes –, würden die Waffen strecken. Jesus wird »unsern nichtigen Leib verwandeln ..., daß er gleich werde seinem verherrlichten Leibe nach der Kraft, mit der er sich alle Dinge untertan machen kann«.[68]

In den Paulusbriefen wird uns der menschliche Körper wie auf einer Photographie vorgeführt, die gegen die Sonne aufgenommen ist: er ist eine pechschwarze Silhouette, deren Kanten von Licht umstrahlt sind. Vergänglich, schwach, »gesät in Niedrigkeit«,[69] in seiner Anfälligkeit für physische Gefährdung und bittere Enttäuschung »allezeit das Sterben Jesu« an sich tragend,[70] war der Körper des Paulus in starkem Maße ein »irdenes Gefäß«. Doch er glänzte schon mit einem Anteil desselben Geistes, der den unbeweglichen Leib Jesu aus dem Grab hatte auferstehen lassen: »damit auch das Leben Jesu an unserm Leibe offenbar werde.«[71]

Das Nahen dieses hellen Lichts warf dramatische Schatten. Kein jüdischer Schriftsteller hat je ein so gequältes Empfinden für die nackte Gewalt angestauten Widerstands gegen den Willen Gottes, der im Herzen erhalten blieb, gezeigt wie Paulus im berühmten siebenten Kapitel seines Römerbriefs. Er stellte das Menschenherz als verhärtet dar in einem Ausmaß und in einer Intensität, wie es im damaligen Judentum beispiellos war.[72] Die Verleihung des Gesetzes hatte keine andere Wirkung gehabt als die, die dunklen Kräfte der Auflehnung zu noch heftigerer Aktivität auf allen Ebenen der Persönlichkeit zu veranlassen.[73] Und was den fröhlichen Gehorsam gegenüber dem Gesetz angeht, den viele fromme Juden zeigten: Der spontane Gehorsam des aufrechten Geistes diente nur dazu, das Ausmaß deutlich werden zu lassen, in dem tiefsitzende Feindschaft gegen Gott auf die menschliche Person als ganze verteilt war und die Wünsche der Frommen mit einem Gewicht spiritueller Ohnmacht blockierte, das ebenso schrecklich war wie die Schwere, mit der der sterbliche Körper die Seele niederdrückte:

> Denn ich weiß, daß in mir, das heißt in meinem Fleisch, nichts Gutes wohnt. ... Ich sehe aber ein anderes Gesetz in meinen Gliedern, das widerstreitet dem Gesetz in meinem Gemüt. ... Ich elender Mensch! Wer wird mich erlösen von diesem todverfallenen Leibe?[74]

Das so brutal dualistische Bild, das Paulus hier verwendet, ist der schärfste Ausdruck, den er je in seinen Briefen seinem Gefühl für eine schreckliche Finsternis verlieh, die sich vor dem Aufleuchten der Auferstehung Christi im Herzen angesammelt hatte.

Der Gedanke einer Antithese zwischen *dem Geist* und *dem Fleisch* war eine besonders verhängnisvolle »theologische Abkürzung«.[75] Paulus stopfte in den Begriff des Fleisches eine Unmenge von sich überschneidenden Vorstellungen. Die gesättigte Undurchsichtigkeit seiner Sprache stand vor allen nachfolgenden Epochen wie ein Rorschach-Test: An der wiederholten Exegese von nicht mehr als hundert Wörtern der paulinischen Briefe läßt sich der zukünftige Verlauf des christlichen Denkens über die menschliche Person ermessen. Zu seiner Zeit hatte Paulus Assoziationen ineinandergleiten lassen, die ein weniger eiliger Denker vielleicht getrennt gehalten hätte. Der Krieg des Geistes gegen das Fleisch und des Fleisches gegen den Geist war ein verzweifeltes Bild für den menschlichen Widerstand gegen den Willen Gottes. Er sah den menschlichen Körper an sich nicht als die alleinige Ursache eines so schrecklichen Übels. Doch wir müssen daran denken, daß Paulus ein gebildeter Jude war, der in seiner Geisteshaltung Philo und Josephus ähnelte. Ganz gleich, was der Grund dafür war, der schmerzliche Konflikt zwischen Leib und Seele war eine Tatsache des Lebens: Viele der Sünden, die er am meisten verabscheute – vor allem Wollust und Trunkenheit –, rührten offensichtlich daher, daß man den Verlockungen des Körpers nachgab.[76] Solche Sünden erschöpften seinen Begriff des Fleisches nicht. Doch wir sollten den halbbewußten Impuls der paulinischen Ausdrucksweise nicht übersehen. Der Körper, der an sich ein schwaches Ding war, wurde als etwas dargestellt, das im Schatten einer mächtigen Kraft, der Gewalt *des Fleisches,* lag: Die physische Schwachheit des Körpers, die Tatsache, daß er dem Tode unterworfen war, und der unleugbare Hang seiner Instinkte zur Sünde dienten Paulus als Synekdoche für den Zustand der Menschheit in Gegnerschaft zum Geist Gottes.[77] Diese düsteren Anklänge blieben beunruhigend an ihm hängen. »Das Fleisch« war nicht einfach der Leib, nicht einfach ein untergeordnetes Anderes für das Ich, dessen undisziplinierten Regungen zeitweise sogar eine gewisse nachsichtige Toleranz entgegengebracht werden konnte, da sie die natürlichen Ansprüche eines physischen Wesens repräsentierten. In aller späteren christlichen Literatur überzog der Begriff »des Fleisches« den Körper mit beunruhigenden Assoziationen: irgendwie sprachen, als »Fleisch«, die Schwächen und Anfechtungen des Körpers von einem Zustand der Hilflosigkeit, ja der Auflehnung gegen Gott, der größer war als der Körper selbst.

Die Hierarchie von Leib und Seele, die den Menschen in der gütigen und differenzierten Ordnung eines ewigen Universums mit den Göttern über ihm wie mit der Tierwelt unter ihm verknüpfte, interessierte Paulus nicht im geringsten. Das Universum selbst war im Begriff, durch die Macht Gottes verwandelt zu werden. Paulus sprach vom »Stachel« des Todes,[78] vom hartnäckigen Krieg des Fleisches, vom dunklen Gegen-Gesetz »der Sünde, das in meinen Gliedern ist«.[79] Das waren für ihn überragende Kräfte; aber dadurch, daß er ihnen ein wahrnehmbares Gesicht gab, konnte er sie als ebenso viele »Feinde« darstellen, die Jesus bei seiner Auferstehung aus dem Grab endgültig besiegt hatte. Ihre Niederlage würde bald offenbar werden, wenn Jesus Gott das Königreich eines Universums zurückgab, in dem jede Kraft des Bösen ausgetilgt war.[80] Der Mensch, der zwischen *dem Geist* und *dem Fleisch* schwankt, war also nicht primär ein Wesen, das zwischen Leib und Seele hin- und hergerissen wurde. Vielmehr sehen wir mit Paulus Menschen in einem flüchtigen Augenblick gefangen, wie sie dramatisch von einem *im Fleisch* gelebten Leben, das sich gegen das Gesetz stemmte, weil es der Tyrannei halb-gesehener Mächte unterworfen war, die sich im Aufstand gegen Gott erhoben hatten, zu einem Leben glorreicher Freiheit übergehen, das sie *in Christus, im Geiste* leben: »Wenn nun der Geist dessen, der Jesus von den Toten auferweckt hat, in euch wohnt, so wird er ... auch eure sterblichen Leiber lebendig machen.«[81]

Das Problem, vor dem Paulus stand, war, in welcher Weise denn die Heiden, die er auf diese abrupte und hochherzige Weise in das »Israel Gottes« mit eingeschlossen hatte, ihr Leben in der unbestimmten Zeit »vor der Ankunft unseres Herrn Jesu mit all seinen Heiligen« führen sollten. Das waren Leute, die von ihren Nachbarn durch dramatische ekstatische Erfahrungen und durch das Sprechen in unverständlichen Zungen abgesondert worden waren.[82] In ihren Versammlungen erlebten sie einen Vorgeschmack des neuen Zeitalters, das ihnen die Ankunft Jesu bald bringen würde. In dem hohen Augenblick der Prophezeiung wurden die Wände, die die sichtbare von der unsichtbaren Welt trennten und die jedes Herz vor dem anderen verborgen hielten, beiseite gefegt: »Wenn sie aber alle prophetisch redeten und es käme ein Ungläubiger oder Unkundiger hinein, ... was in seinem Herzen verborgen ist, würde offenbar, und so würde er niederfallen auf sein Angesicht, Gott anbeten und bekennen, daß Gott wahrhaftig unter euch ist.«[83]

Die neugebildete Gruppe war auch keine geschlossene Vereinigung freier Männer, wie es die Essener gewesen waren. Juden und ehemalige Heiden, Männer und Frauen, Sklaven und Freie kamen in ihren Versammlungen zusammen. Wenn die Gruppe in irgendeinem realen Sinn eine »neue Schöpfung« sein sollte, mußte man sich den Problemen stellen, die durch überkommene soziale Schranken aufgeworfen wurden, und nicht nur der brennenden Frage nach der religiösen Grenze zwischen Juden und Nichtjuden.[84] Der Ritus des Eintritts in die Kirche, die Taufe, war anscheinend schon mit Ritualen verbunden, die ein ausdrückliches Abstreifen der Unterscheidungsmerkmale ausagierten, auf denen die Hierarchie der antiken Gesellschaft beruhte. Wenn die Gläubigen diese Kennzeichen abgelegt hatten, hatten sie, so glaubte man, eine urtümliche, undifferenzierte Einheit wiedergewonnen:

Denn ihr alle, die ihr auf Christus getauft seid, habt Christus angezogen. Hier ist nicht Jude noch Grieche, hier ist nicht Sklave noch Freier, hier ist nicht Mann noch Frau; denn ihr seid allesamt einer in Christus Jesus.[85]

Wäre Paulus durch die Dörfer Palästinas und Syriens gezogen, so hätten derartige Ansichten keine so heftigen Ängste erregt. In dieser weniger differenzierten Umgebung sagten sich einige wenige vom Dorf los, um ein Leben »im Geiste« zu führen, das genauso grenzenlos war wie eines, das Paulus vor Augen hatte. Der Rest war eindeutig auf ein in Einklang mit hergebrachten jüdischen Normen verbrachtes eheliches Leben festgelegt. Paulus dagegen hatte Heiden in das »Israel Gottes« eingelassen, die vom Judentum wenig oder keine Kenntnis hatten. Die Familienväter, an die er sich wandte, waren außerdem alles andere als arm. Einige besaßen Sklaven.[86] Einige Frauen standen eigenen Haushalten vor und waren erfolgreiche Schirmherrinnen der neuen Kirchen. Männer und Frauen in Städten wie Ephesus und Korinth waren ebenso weit gereist wie Paulus. Sie waren genauso gebildet und streitlustig. Ihre Häuser hatten Platz für jede Menge rivalisierender Lehrer, von denen jeder so exzentrisch war wie Paulus selbst.[87] Für sie bedeutete Freiheit nicht einfach den strengen Ruf der freien Straße an eine geisterfüllte Minderheit. Da sie Zeit hatten und wohlhabend genug waren, waren sie in der Lage, den Gang ihres Lebens von Grund auf zu ändern. Weder der Permafrost ländlicher Armut noch die unaufdringlichen Vorschriften langgeübter jüdischer Praxis hielten sie von wagemutigen Experimenten in gesellschaftlichem Leben zurück.

Paulus wollte nichts dergleichen. In seinen Briefen an die Kirchen begegnen wir einem Mann, der in Eile Sandsäcke am Ufer eines potentiell vernichtenden Stroms auftürmt, dessen Gewalt, das wußte er nur zu gut, seiner Botschaft und seinem Beispiel viel verdankte. Paulus hatte Heiden in Israel gesammelt und hatte ihnen versichert, daß sie Kinder Gottes geworden seien, indem er außerordentliches, geisterfülltes Verhalten ermutigte. Seine Vorstellung von der Auferstehung war ebenso exaltiert wie die irgendeines palästinensischen Militanten. Das neue Leben des auferstandenen Jesus stand für eine herausfordernde Diskontinuität zwischen dem Alten und dem Neuen. Es war keine Auferstehung mehr, die einfach als die wunderbare Wiederherstellung einer von Streit zerrissenen Gesellschaftsordnung gesehen wurde: »das Alte ist vergangen, siehe, Neues ist geworden.«[88]

Wenn aber Heiden das »Israel Gottes« betreten hatten, dann war Paulus fest entschlossen, sie dem zu unterwerfen, was er offenbar als den normalen Anstand jüdischen Lebens betrachtete: »Laßt euch nicht irreführen! Weder der Unzüchtige noch Götzendiener, Ehebrecher, passive oder aktive Homosexuelle ... werden das Reich Gottes ererben.«[89]

Paulus war ein Jude, der darauf brannte, Heiden zu Kindern des wahren Gottes zu machen. Er blickte mit unverhülltem Abscheu auf die öde Landschaft der Sünden der heidnischen Welt. In dieser dunklen Landschaft bedeckten sexuelle Sünden den Vordergrund. Indem sie sich der äußersten Anomalie verschrieben, geschaffene Dinge zu verehren und nicht ihren Schöpfer, hatten Heiden sexuelle Anomalien aller Art über sich gebracht. Alle Grenzen waren vor ihrem ignoranten Stolz und ihrer Gier zusammengebrochen:

Darum hat Gott sie in den Begierden ihrer Herzen dahingegeben in die Unreinheit, so daß ihre Leiber durch sie selbst geschändet wurden. ...

Ihre Frauen haben den natürlichen Verkehr vertauscht mit dem widernatürlichen; desgleichen haben auch die Männer den natürlichen Verkehr mit der Frau verlassen und sind in Begierde zueinander entbrannt.[90]

In den Gemeinden, die Paulus gegründet hatte, sollte der Körper – und ganz besonders der Körper des jungen Mannes – keinen der sorglosen Augenblicke von Unbestimmtheit genießen, die ihm die Heiden zubilligten. Der Körper war kein neutrales Ding, das zwischen Natur und Staat angesiedelt war. Paulus gab ihm einen festen Platz als »Tempel des Heiligen Geistes«.[91] Er war eine deutlich sichtbare Stätte der Ordnung, Beschränkungen unterworfen, deren Überschreitung ein Sakrileg darstellte. Er gehörte dem Herrn. Ja, er war ein physisches Objekt, das ebenso total von seinem Geist durchdrungen war wie das Glied eines Körpers: »Wißt ihr nicht, daß eure Leiber Glieder Christi sind?«[92]

Mit einer Prostituierten zu schlafen, war für einen jungen Mann in Korinth ganz natürlich. Juden räumten ein, daß ein Junggeselle, der in einer großen Stadt keusch blieb, ein außerordentlich frommer Mann sein mußte.[93] Für Paulus bedeutete das Schlafen mit einer Prostituierten nichts Geringeres, als »ein Fleisch« mit ihr zu werden, ebenso sicher, wie Adam mit Eva ein Fleisch geworden war. Es war ein überraschender Gebrauch eines Bildes physischer Vereinigung, das gewöhnlich nur auf Ehemann und Ehefrau angewendet wurde.[94]

Wenn Paulus über die genaue Art und Weise schrieb, wie sich seine Gemeinden gefälligst als heiliges, von der Heidenwelt abgesondertes Volk zeigen sollten, dann hatten insgesamt Regeln des Sexualverhaltens, die direkt aus der Praxis des jüdischen Ehelebens übernommen waren, das Hauptgewicht seiner Auffassung von »Heiligung« zu tragen: »Denn Gott hat uns nicht berufen zur Unreinheit, sondern in Heiligung.«[95] Für die, die im Begriff waren, Christus »in der Luft« entgegenzugehen, war das eine trostlos realistische Botschaft.

Im Frühjahr des Jahres 54 n. Chr. beantwortete Paulus von Ephesus aus eine Reihe von Briefen seiner Helfer in Korinth. Dieser Brief wurde als der berühmte Erste Brief des Paulus an die Korinther bekannt. In ihm gewinnen wir Einblick in eine Kirche, in der Fragen der sexuellen Kontrolle und des sexuellen Verzichts Befürchtungen über die gesamte Struktur der Gemeinden, die Paulus hatte gründen wollen, zusammenfaßten.

Die »Kirche der Heiligen« in Korinth war gesellschaftlich ein Tollhaus. Unterschiede zwischen Reich und Arm, Herren und Sklaven, Männern und Frauen waren in Gestalt von Streitigkeiten zwischen den verschiedenen Haushalten, aus denen die Gemeinschaft bestand, explodiert. Die rituelle Einheit des Abendmahls war in konkurrierende Zurschaustellung von Familienmahlzeiten zersplittert. Die Reichen hatten so intensive Kontakte mit ihren heidnischen Freunden aufrechterhalten, daß sie an städtischen Banketten teilnahmen, auf denen Opferfleisch gereicht wurde.[96] Die Frauen weigerten sich, bei den feierlichen Sitzungen, auf denen Propheten und Prophetinnen zu den Gläubigen sprachen, Schleier zu tragen, was Paulus zu einer ausführlichen Abhandlung über Haare und über die natürliche Hierarchie veranlaßte, welche Männer über Frauen stellte –

Ausführungen, die so verzerrt und so voller unausgesprochener Ängste sind, daß moderne Gelehrte noch immer nicht wissen, wie sie sie entwirren sollen.[97] Entweder Paulus selbst (oder einer seiner Anhänger, der ihm so nahe stand, daß er die Passage in einem sehr frühen Stadium seiner Verbreitung in den Text von Paulus' Brief einfügen konnte) versuchte das Dilemma dadurch zu lösen, daß er verheiratete Frauen brüsk anwies, in der Kirche zu schweigen: »denn es ist ihnen nicht gestattet zu reden, sondern sie sollen sich unterordnen, wie auch das Gesetz sagt. ... Denn Gott ist nicht ein Gott der Unordnung, sondern des Friedens.«[98]

Von soviel Unordnung betrübt, suchte eine Gruppe frommer Familienväter anscheinend eine radikale Lösung. Ihr Eintritt in die Kirche war außerordentlich gewesen. Sie sahen keinen Grund, weshalb die neugegründete Gemeinschaft dazu bereit sein sollte, in ihrem Innern die spannungsgeladenen Kompromisse der gewöhnlichen Welt zu reproduzieren. Sie würden die Grundbausteine der konventionellen Gesellschaft zunichte machen. Sie würden der Ehe entsagen. Einige würden sich von heidnischen Gattinnen trennen;[99] andere würden sich zu fortwährender Abstinenz von sexuellen Beziehungen verpflichten. Die heranwachsenden Kinder, für deren Verheiratung sie verantwortlich waren, würden jungfräulich bleiben.[100] Ebenso konsequent wie die Essener, würden sie auch ihre Sklaven freilassen. Ungefähr wie die kleinen Gruppen außerhalb von Alexandrien, die Philo beschrieb, würden Männer und Frauen gemeinsam die Ankunft Jesu erwarten, »heilig ... am Leib und auch am Geist«.[101] Nur durch Auflösung des Haushalts war es möglich, die unschätzbare Transparenz zu erlangen, die sich mit einer neuen Schöpfung verband. Das ist die große Hoffnung, die in allen kommenden Jahrhunderten an den Rändern der Kirche beunruhigend weiter flackern sollte.

Paulus wollte im Jahre 54 n. Chr. an solcher Hoffnung nicht teilhaben. Die vierzig stark verdichteten Verse, die das siebente Kapitel seines 1. Korintherbriefs bilden, sind zu Recht als »die wichtigsten Verse in der ganzen Bibel zur Frage der Ehe und verwandter Themen« bezeichnet worden.[102] Doch es ist unmöglich, sich des Eindrucks zu erwehren, daß sich »das Kapitel vollkommen als Rückzugsgefecht verstehen läßt«.[103] In den anderen Briefen des Paulus spielte sexueller Verzicht keine Rolle, weder für seine Botschaft noch bei der Darstellung seiner apostolischen

Mission. Keine heilige Thekla hätte Worte »über Enthaltsamkeit und die Auferstehung« gehört, die ihr durch das offene Fenster von einem benachbarten Hof zugetragen wurden, als der wirkliche Paulus (und nicht der Paulus, wie man sich ihn nur ein Jahrhundert später vorstellte) in Ikonium predigte. Allenfalls fällt auf, wie wenig Gewicht Paulus darauf legte, daß er anscheinend unverheiratet war oder seine Frau verlassen hatte. Als aktiver Mann, der über Gelehrsamkeit verfügte, machte er seinen Anhängern gegenüber vor allem geltend, daß er auf die handfesten sozialen Vorteile, die mit einer öffentlichen Karriere verbunden waren, verzichtet hatte. Geburt, rhetorisches Geschick oder Weisheit – Mittel, die es einem Mann gestatteten, in seiner Gemeinschaft etwas darzustellen – waren für Paulus nichts als »Stärke nach dem Fleisch«: sie waren in ihm durch den Ruf Jesu »gekreuzigt« worden.[104] Nur ein galiläischer Bauer hätte die relativ unbedeutende, weil auf das Hausleben bezogene Entscheidung, »Weib und Kind« zu verlassen, in den Vordergrund gestellt. Als Paulus von den Korinthern herausgefordert wurde, stimmte er mit ihnen in der Feststellung überein: »Es ist gut für den Mann, keine Frau zu berühren.«[105] Er ging sogar so weit zu sagen: »Ich wollte ..., alle Menschen wären, wie ich bin.« Doch er schränkte diese Bemerkung sogleich durch den Hinweis ein, daß nicht alle von Gott seine spezifische Gabe der Keuschheit erhalten hätten.[106]

Paulus war sogar entschieden dagegen, daß sein eigener Stand der Ehelosigkeit von der Kirche von Korinth als ganzer übernommen würde. Das hätte die Strukturen des frommen Haushalts hinweggefegt. Und die Beseitigung des Haushalts hätte Paulus' eigene Autorität in der fernen Stadt untergraben. Sie hätte die subtile Befehlskette unterbrochen, über die seine Lehren durch die Autorität der örtlichen Familienväter jeder einzelnen Gemeinschaft weitergereicht wurden.[107] Eine Gemeinschaft absoluter Zölibatäre, besonders wenn es eine Gemeinschaft wäre, in der Frauen und Sklaven ein wenig von der ihnen rituell bei ihrer Taufe versprochenen Gleichheit realisierten, wäre eine Gemeinschaft gewesen, die tatsächlich von der Außenwelt abgeriegelt gewesen wäre. Doch Paulus hatte gehofft, die Heiden in großer Zahl in Israel zu sammeln, bevor Jesus vom Himmel wiederkehrte. Eine Gemeinschaft, die durch Gruppenzölibat scharf von ihren Nachbarn abgesondert gewesen wäre, hätte kaum viele Heiden als Mitglieder angezogen.

Indem sich Paulus eindeutig auf die Seite derer schlug, die den Fortbestand der Ehe in der Kirche zuließen, verfuhr er, wie er es gewöhnlich tat, wenn seine Konvertiten versucht waren, übermäßig starre Barrieren zwischen sich und der Außenwelt aufzurichten. Wie in seiner toleranten Einstellung zum Essen »verunreinigter« heidnischer Nahrung stellte sich Paulus auch in seiner Haltung zur Ehe auf die Seite der wohlhabenden Familienväter, die durch eine totale Absonderung von der heidnischen Welt am meisten zu verlieren hatten.[108] Denn sie waren diejenigen, die seine ehrgeizige Mission bei den Heiden am wirksamsten unterstützen würden.

Paulus mußte daher seine Briefpartner von einem so radikalen Heilmittel für ihre Leiden abschrecken. Daher der deutlich einseitige Charakter des einen Kapitels, das das gesamte christliche Denken über Ehe und Ehelosigkeit für mehr als ein Jahrtausend bestimmen sollte. Es war Paulus nicht darum gegangen, die Ehe zu loben; er bemühte sich vielmehr zu zeigen, daß die Ehe sicherer war als unbedachte Ehelosigkeit. Vieles in dem Brief bestand daher im Aufbau von Hindernissen. Ehepaare sollten nicht auf den Geschlechtsverkehr verzichten, weil Schlimmeres zu befürchten war – »um Unzucht zu vermeiden«, die durch Enthaltsamkeit hervorgerufen werden könnte.[109] Nach längeren Perioden der Enthaltsamkeit, vergleichbar denen, mit denen zeitgenössische jüdische Propheten sich darauf vorbereiteten, ihre Visionen zu empfangen, mußten Mann und Frau den Verkehr wieder aufnehmen, »damit euch der Satan nicht versucht, weil ihr euch nicht enthalten könnt«.[110] Für die leidenschaftlichen jungen Leute war es keine Sünde zu heiraten: »denn es ist besser, zu heiraten, als sich in Begierde zu verzehren«.[111] Diese Bemerkungen sollten das bleierne Gewicht des Selbstverständlichen tragen. Parallelen zu jeder von ihr kehren in der reichen Folklore wieder, die von den Rabbinern zugunsten einer frühen Verheiratung herangezogen wird.[112] Was im Brief des Paulus deutlich fehlte, war der von zeitgenössischen Heiden und Juden vertretene warmherzige Glaube, daß der Sexualtrieb zwar unbotmäßig war, sich aber sozialisieren ließ und sogar geordneten, selbst herzlichen Ausdruck in der Ehe finden konnte. Die Gefahren der *porneia*, der potentiellen Unmoral, die durch sexuelle Frustration verursacht wurde, ließ er die Hauptrolle spielen. Mit dieser im wesentlichen negativen, ja panikmacherischen Strategie hinterließ Paulus den kommenden Epochen ein fatales Erbe. Eine Argumentation gegen das Aufgeben des Geschlechtsverkehrs in der Ehe und zugunsten der Erlaubnis für die jüngere Generation, Kinder zu haben, glitt unmerklich in eine Einstellung ab, die die Ehe selbst lediglich als Schutz gegen Begierde sah. Von nun an lag ein Gefühl für die Gegenwart »Satans« in Gestalt einer beständigen und unklaren Gefahr der Wollust wie ein dumpfer Schatten im Winkel jeder christlichen Kirche.

Damals jedoch beschäftigten die Unzucht und ihre Vermeidung Paulus nicht besonders. Ihm lag vielmehr daran, die fortdauernde Gültigkeit aller sozialen Bindungen zu betonen. Es ging um die Struktur des Haushalts als ganzen. Dazu gehörte die Institution der Haussklaverei. In diesem Punkt war Paulus eisern: Sklaven mußten wie Ehefrauen an ihrem angestammten Platz bleiben:

Nur soll jeder so leben, wie der Herr es ihm zugemessen, wie Gott einen jeden berufen hat. Und so ordne ich es an in allen Gemeinden. ... Bist du als Knecht berufen, so sorge dich nicht.[113]

Was für das zukünftige Schicksal seiner Anschauungen am wichtigsten war, Paulus neigte dazu, die Frage der genauen Stellung der Ehelosigkeit in der christlichen Kirche dadurch zu lösen, daß er sie in die hohe Bahn seiner apostolischen Berufung hineinzog. Er akzeptierte die Ansichten seiner Briefpartner bereitwillig: »Es ist gut für den Mann, keine Frau zu berühren.« Doch das kam daher, daß Paulus von Gott die prophetische Gabe der Enthaltsamkeit erhalten hatte. Nicht alle konnten diese Gabe erwarten, denn nicht alle waren berufen worden, wie Paulus berufen worden war. Wir wissen einfach nicht, wie viele andere in seinen Augen eine Rolle spielten, bei der Enthaltsamkeit ein Element war. Wahrscheinlich gab es in Korinth mehr von ihnen als in der durchschnittlichen christlichen Gemeinde in Palästina. In Korinth akzeptierte Paulus jedenfalls die Möglichkeit von Gruppen, zu denen erwachsene enthaltsam lebende Frauen gehörten. Er dachte sogar an einige junge, jungfräuliche Kinder, die auf eine Zukunft dauernder Keuschheit verpflichtet waren. Diese Enthaltsamen hatten Teil an einer Gabe, von der er mit ehrlicher Begeisterung zu sprechen bereit war:

Die Zeit ist kurz. ... Denn das Wesen dieser Welt vergeht. ... Wer ledig ist, der sorgt sich um die Sache des Herrn. ... Und die Frau, die keinen Mann hat, und die Jungfrau sorgen sich um die Sache des Herrn, daß sie heilig seien am Leib und auch am Geist.[114]

Sie waren besser auf die große Pein, die der Ankunft Jesu vorangehen würde, vorbereitet, als es die Verheirateten waren.[115] Die Ehe dagegen war keine »Gabe«. Die Tatsache, daß jemand verheiratet war, verriet vielmehr das Fehlen von Gottes Ruf zur Enthaltsamkeit. Den Verheirateten fehlte die überragende Qualität des ungeteilten Herzens: »Wer aber verheiratet ist, der sorgt sich um die Dinge der Welt, wie er der Frau gefalle, und so ist er geteilten Herzens.«[116]

Kai memeristai: Für Paulus, einen Mann, dessen höchstes Lebensideal darin bestand, dem Herrn anzuhängen, ein Geist mit ihm zu werden,[117] war das eine vernichtende Disqualifizierung. Der Verheiratete, dessen Herz unweigerlich geteilt war, war fast zwangsläufig ein »Halbchrist«.[118] Asketen in der Spätantike, die Paulus lasen, deuteten seinen Tonfall nicht falsch. Die apostolische Gabe des Zölibats war etwas zu Kostbares, als daß sie der Kirche als ganzer gewährt werden konnte. Paulus stellte das klar. Doch ihm war nicht besonders daran gelegen gewesen, die Ehe zu verteidigen. Er ließ die Welt des verheirateten Familienvaters eine weite Strecke hinter sich, wo sie im stürmischen Kielwasser seiner eigenen drängenden Berufung, bis zur Ankunft des Herrn ein Leben »unabgelenkten« Dienstes zu führen, auf und nieder tanzte. Die Ehe war wie die Haussklaverei eine »Berufung«, der der Glanz fehlte. Sie zog keine besondere Aufmerksamkeit auf sich, da das gegenwärtige Zeitalter still auf sein Ende zurollte. Die »Verkürzung der Zeit« selbst würde sie bald hinwegfegen.

»Ein Gesetz gegen ein Gesetz«

Etwa im Jahre 60 n. Chr. war Paulus tot. Selbst unter seinen loyalsten Anhängern gab es viele, die zu der Ansicht gelangt waren, daß seine geisterfüllten Reisen den Mittelmeerraum auf fröhliche und sorglose Weise mit Gemeinden übersät hatten, die sich nicht handhaben ließen. Viele dem heiligen Paulus zugeschriebene Briefe wurden in Wirklichkeit von seinen Anhängern in den zwei Generationen nach seinem Tod zusammengestellt. Bei ihnen können wir die Stärke des Sogs spüren, der sich unter der mächtigen Welle seiner Heidenmission aufgebaut hatte. Es ist auffällig, wie viele von ihnen den Wunsch hatten, Paulus, einen Apostel, der besonders von dem Ideal eines »unabgelenkten«

Lebens in Christus beflügelt wurde, als einen Mann darzustellen, dem es darum ging, die Strukturen des Ehelebens zu bestätigen. Der Epheserbrief korrigierte geschickt den frostigen Ton, in dem Paulus den Korinthern geantwortet hatte. Er stellte die Beziehungen zwischen Ehemann und Ehefrau als Reflex der ursprünglichen Solidarität dar, die durch Christus dem Universum und der Kirche wiedergegeben worden war:

> Ihr Männer, liebt euere Frauen, wie auch Christus die Gemeinde geliebt hat und hat sich selbst für sie dahingegeben, um sie zu heiligen, ... [daß sie] heilig sei und keinen Flecken oder Runzel oder etwas dergleichen habe. ...
>
> So sollen auch die Männer die Frauen lieben wie ihren eigenen Leib. ... Denn niemand hat ja sein eigenes Fleisch gehaßt, sondern er nährt und pflegt es, wie auch Christus die Gemeinde. Denn wir sind Glieder seines Leibes.[119]

In Verbindung mit der ungewöhnlichen Ablehnung der Scheidung durch Christus lieferte diese kühne Erweiterung des Mythos von Adam und Eva den Christen ein Bild unzerbrechlicher Ordnung, das die Heidenwelt verstehen konnte. In der Kirche wie im Staat hatte die Eintracht eines Ehepaars als Ausdruck der idealen Harmonie einer ganzen Gesellschaft zu dienen.

Andere pseudo-paulinische Schriften machen deutlich, daß diese wenn auch sanfte Ordnung ebenso hierarchisch sein sollte wie die, die in der Schrift *Ratschläge über die Ehe* von Plutarch gepriesen worden war, der, wie wir uns erinnern sollten, zu genau derselben Zeit lebte wie die späteren Anhänger des Paulus.

> Eine Frau lerne in der Stille mit aller Unterordnung. Einer Frau gestatte ich nicht, daß sie lehre, auch nicht, daß sie über den Mann Herr sei. ... Denn Adam wurde zuerst gemacht, danach Eva. ... [Die Frau] aber wird selig werden dadurch, daß sie Kinder zur Welt bringt.[120]

Zu der Zeit, in der die Bücher, die wir heute als das Neue Testament lesen, in Umlauf kamen, ungefähr in den Jahren, in denen Justin seine *Apologie* schrieb, begegnete den Lesern in vielen der dem Paulus zugeschriebenen Briefe ein völlig »gezähmter Apostel«[121].

Die Widersprüche, die moderne Gelehrte zwischen den echten Paulusbriefen und den pseudo-paulinischen Schriften aufgedeckt haben, lassen auf einen gedämpften Dialog zwischen einer militanten, »apostolischen« Auffassung von der Kirche und einer zunehmend selbstsicheren lokalen Führung schließen. Die *episkopoi*, die Bischöfe, und die *presbyteroi*, die Priester oder Ältesten, kamen aus den örtlichen christlichen Gemeinden. Viele rekrutierten sich aus den Reihen der verheirateten Familienväter, und die meisten hatten mehr Sinn für die Bedürfnisse der Verheirateten und der Respektablen als die geisterfüllten Wanderer der vorangegangenen Generation.[122] »Enthaltsamkeit« und »Keuschheit«, *enkrateia* und *hagneia*, tauchen in den Briefen christlicher Führer in der Generation nach Paulus auf; aber es scheint, als würden sie nur mit ausgesprochener Kühle erwähnt. Als Ignatius, der Bischof von Antiochien, zwischen 110 und 117 n. Chr. auf dem Weg nach Rom zu seiner Hinrichtung durch Kleinasien kam, waren seine Briefe großartige Darstellungen der idealen Einheit jeder lokalen christlichen Kirche: »Sorge für die Einheit, das Beste von allem.«[123]

Der heilige Ignatius war nicht gewillt, diese Einheit durch meisterhafte Praktiker der Enthaltsamkeit zerstören zu lassen. Mitglieder einer Gemeinde konnten in Keuschheit leben, »zur Ehre des Fleisches unseres Herrn«, aber wer sich dessen rühmte, würde sicher zugrunde gehen.[124] Als Ignatius den Kirchen praktische Ratschläge gab, war die Welt, die er sich wünschte, eine, die auf geordnete Sexualität gegründet war. Es war eine Kirche, die sich aus großzügigen Familienvätern, wohlerzogenen Kindern, unterwürfigen Ehefrauen und zuverlässigen Sklaven zusammensetzte. Letzteren war es sogar verboten, ihre Glaubensgenossen um wohltätige Beiträge zu der Summe zu bitten, die sie brauchten, um sich die Freiheit zu erkaufen. Ehen sollten vom Bischof selbst arrangiert werden, »damit die Ehe sei im Sinne Gottes und nicht nach sinnlicher Begierde«.[125] Das mystische Ziel einer ungeteilten Kirche sollte durch seltsam prosaische Familienarrangements erreicht werden.

Die apostolische Mission des Paulus hatte den christlichen Gemeinden eine entscheidende *lacuna* hinterlassen. Er hatte allen bekehrten Heiden strenge moralische Regeln auferlegt; aber er hatte sich erbittert jedem Versuch widersetzt, Heiden die Übernahme der klaren Abzeichen einer besonderen Identität nahezulegen, die denen zur Verfügung standen, die zum Judentum übertraten. Sie sollten kein physisches Zeichen an ihrem Körper tragen – keine Beschneidung. Sie sollten sich mit keiner sorgfältigen Unterscheidung zwischen reiner und unreiner Nahrung abgeben – das hätte zu einer klaren Auswahl von Tischgenossen geführt und sogar zu getrennten Einkaufsmöglichkeiten (kein *kashrut*). Sie sollten keine klaren Unterscheidungen zwischen profanen und heiligen Tagen beobachten – kein Sabbat und kein Neumond. Viele andere Christen hatten das Gefühl, daß sie das ehrwürdige Gesetz des Moses nicht so leicht nehmen konnten.[126] In den Städten der Diaspora hatte das Judentum gerade deshalb weiterhin eine Anziehungskraft für Heiden, weil es eine alte Religion war, die ebenso strengen Regeln unterworfen war wie ihre eigene. Juden beobachteten den feierlichen Rhythmus hoher Festtage. Sie hielten sich an Reinheitsgebote. Sie gaben Männern und Frauen Gelegenheit, sich auf disziplinierte und bedachte Weise den Dingen zu nähern, »die – halb wild, halb zivilisiert – zwischen Natur und Kultur liegen«.[127]

In der antiken Welt hatten zeremoniell bewußte Menschen Geschlechtsverkehr, Geburt und Tod immer als angemessene Bereiche für eine Tabuisierung betrachtet. Viele jüdische Vorschriften in diesen Dingen (mit Ausnahme der Beschneidung) stießen Heiden durchaus nicht ab, sondern ernteten bei ihnen den Respekt, der den Wahrern einer feierlichen und althergebrachten Religion gebührte.[128] Bekehrte Heiden und nicht die ortsansässigen Juden waren es, die Paulus drängten, jüdische Bräuche zu übernehmen. Sie hatten den Wunsch, wie Juden zu werden und nicht Geschöpfe, die zu ritueller Unsichtbarkeit verdammt waren.[129] Paulus' Idee einer »neuen Schöpfung«, einer Gemeinschaft, die plötzlich ohne die handgreiflichen, körperlichen Attribute einer unverwechselbaren religiösen Regel gebildet wurde, erschien vielen als düstere und heimatlose Perspektive. Die Zeit war weitergegangen. Jesus war nicht gekommen, um ihre Leiber aus der Welt, in der sie lebten, fortzuholen. Am Ende des 1. Jahrhunderts waren Christen zu der Ansicht gelangt, daß sie gezwungen waren, sich ein Äquivalent zum jüdischen Gesetz zu schaffen, wenn sie als erkennbare Gruppe, die sich von Heiden und Juden unterschied, überleben sollten. Wie Justin behauptete, hatte Jesus ihnen »ein Gesetz gegen ein Gesetz« gebracht, welches das frühere aufhob.[130]

Das war die Situation, die Justin zur Zeit seiner Bekehrung, in den ersten Jahrzehnten des 2. Jahrhunderts, vorfand. Wie seine *Apologie* deutlich machte, sollten vor allem strenge Regeln sexueller Disziplin die Funktion erfüllen, die christliche Kirche mit einem charakteristischen Verhaltenskodex zu versehen. Sexuelle Verbote hatten von jeher – zumindest in ihren eigenen Augen – Juden von der unheilvollen Unbestimmtheit der Heiden unterschieden. Sie wurden jetzt mit außerordentlichem Nachdruck zur Geltung gebracht. Die christlichen Ehevorschriften wurden noch schärfer abgegrenzt, indem man ihnen einige neue Besonderheiten hinzufügte, so die Abkehr von der Scheidung und eine zunehmende Voreingenommenheit gegen die Wiederverheiratung von Witwen und Witwern. Über dem soliden Konglomerat alter jüdischer Vorstellungen erhob sich jetzt der Gipfel totaler Keuschheit. Ganz gleich, welche exotischen Assoziationen die Geste der Enthaltsamkeit für die Christen selbst gehabt haben mochte, Außenstehende konnten sie als eine Form von physischem Heroismus bewundern, der der beobachteten Fähigkeit von Christen gleichkam, der kalten Todesfurcht zu trotzen. Der Zölibat berief sich bereits auf den Glauben, »daß ein Ausnahmemensch in diesem Punkte auch in anderen Punkten eine Ausnahme sein wird«.[131]

Indem sich die Christen der Epoche Justins zielstrebig auf sexuelle Einschränkung und auf sexuellen Heroismus konzentrierten, hatten sie ihren Weg gefunden, sich als die Träger einer wahrhaft universellen Religion darzustellen: indem sie die Anfälligkeit aller Menschen für sexuelle Begierde hervorhoben, waren sie in der Lage gewesen, »eine gemeinsame menschliche Befindlichkeit zu entdecken oder zu erfinden, die der Komplexität ... zugrunde lag ..., [wodurch sie] Einfachheit von Verwirrung ableiteten«.[132]

Das Gefühl einer gemeinsamen menschlichen Befindlichkeit, definiert durch sexuelle Begierde, war in den Kirchen des 2. Jahrhunderts sehr notwendig. Die christlichen Gemeinden waren heterogene Gruppen. Männer und Frauen und Menschen ganz verschiedener sozialer und religiöser Herkunft standen sich in den winzigen Versammlungsräumen der Kirchen verlegen gegenüber. Eine sexuelle Natur war das eine, was sie verband. Es ist nicht völlig überraschend, daß wir genau zu dieser Zeit von entsetzten Gerüchten erfahren, wonach sich esoterische christliche Gruppen der freien Liebe zugewandt haben sollten. Ihre Gegner behaupteten, daß diese auf dem Weg über Promiskuität die Natur »wahrer Kommunion« erkundeten. Das Gerücht paßte durchaus in das Bild. Es ist nicht völlig undenkbar, daß einige Gläubige, die von soviel Verschiedenheit verwirrt waren, die Grundlage ihrer gemeinsamen Sexualität dazu verwendet haben mögen, das machtvolle Ideal einer vollkommen ungeteilten und wahrhaft universalen religiösen Gemeinschaft zu erforschen.¹³³ Die weniger wagemutige Mehrheit entschied sich einfach für Regeln sexueller Disziplin, von denen sie wußte, daß jeder sie teilen konnte, unabhängig von Geschlecht, Bildungsniveau und sozialem Status.

Insbesondere die Enthaltsamkeit erweckte Assoziationen von elementarer Einfachheit. Sexueller Verzicht war eine *carrière ouverte aux talents*. Als Christen konnten sich Frauen und Ungebildete durch sexuelle Abstinenz einen Namen machen und auf diese Weise ebenso berühmt werden wie jeder gebildete Mann. Totale Keuschheit war eine Geste, die das seidene Gewebe der Schicklichkeit durchschnitt, das den öffentlichen Mann einhüllte: Hier gab es eine »philosophische« Zurückhaltung von drastischster Art, die jetzt allen offenstand. In den Jahren, in denen Justin in Rom lehrte, war die erste Version der Legende der heiligen Thekla in Kleinasien in Umlauf gekommen. Die Legende zeigte, daß sich ein behütetes Mädchen genau wie jeder aktive Mann dem Aufruf eines imaginären Apostels anschließen konnte: »Selig sind, die ihr Fleisch rein bewahrt haben, denn sie werden ein Tempel Gottes werden. ... Selig sind die Enthaltsamen, denn Gott wird zu ihnen reden.«¹³⁴

Im Jahre 150 n. Chr. stehen wir an einem Punkt, an dem sich die Wege unwiderruflich zu trennen beginnen. Zwischen dem Charakter der Führung, die im Judentum annehmbar war, und der Natur derjenigen, die in den christlichen Kirchen üblich war, war es zu Divergenzen gekommen, und dabei ging es genau um die Frage von Ehe und Enthaltsamkeit. Mit der Zerstörung des Tempels und der Stärkung der Synagoge und des Lehrhauses war das Judentum weit auf dem Wege fortgeschritten, eine Religion des Buches und des geheiligten Familienverbandes zu werden.¹³⁵ Von gelehrten Männern an eifrige heranwachsende Knaben weitergegeben, in Unterrichtshäusern, die sich von den benachbarten Akademien heidnischer Philosophen nicht allzusehr unterschieden, sprach das Gesetz noch immer mit altehrwürdiger Feierlichkeit zu der Welt:

Denn wir alle sind *ein* Volk, das einen berühmten Namen trägt, die wir von Einem ein Gesetz empfangen haben. Und jenes Gesetz, das unter uns weilt, hilft uns, und die vortreffliche Weisheit, die in uns ist, wird uns unterstützen.¹³⁶

Im Judentum lag das Gesetz gleichmäßig auf allen Aspekten der menschlichen Person. Es erforderte ehrfürchtige Aufmerksamkeit auf die Dinge, die als allen Menschen gemeinsam galten – Nahrung, Zeit und Ehe. Sie hielten Gottes Welt in Gang und lieferten dabei das dauerhafte Material, mit dem der fromme Jude die Unterscheidungen traf und die Verzichtleistungen auf sich nahm, die inmitten einer blinden und gestaltlosen Welt Israel als »heilig« abgrenzten. Allein aus diesem Grund ließ sich auf keinen einzigen Aspekt des normalen Lebens verzichten. Jedem mußte nach dem erklärten Willen Gottes Form verliehen werden.[137] Eine spätere Legende erzählt, wie die Weisen von Palästina einst den Geschlechtstrieb gefangengenommen hätten. Da sie sich über seine aufrührerische Natur völlig im klaren waren, waren sie zuerst geneigt, ihn hinzurichten. Doch sie ließen sich erweichen. Sie verstümmelten ihn, so daß er niemals einen Israeliten gegen seinen Willen dazu zwingen konnte, Inzest oder Sünden gegen die Natur zu begehen. Doch den Impuls selbst mußte man in Israel fortbestehen lassen, denn »wenn ihr diesen tötet, geht die Welt unter«.[138] Die fast zeitgenössische Legende von Paulus und Thekla hätte keine endgültigere Widerlegung erfahren können.

Als die frühen Rabbiner nach 132 n. Chr. auf der Flucht vor der letzten und schrecklichsten Verwüstung Judäas durch die Römer nach Galiläa einsickerten, waren sie für die ansässige Bevölkerung ebenso entwurzelte, exzentrische und randständige Gestalten, wie es die wandernden Prediger des Reichs von Jesus von Nazareth einst gewesen waren.[139] Doch selbst zu dieser Zeit hatten sie sich verbissen für den Fortbestand Israels entschieden. Sie hatten nicht die Absicht, durch Bruch mit der Ehe, dem normalen Mittel, mit dem eine Gemeinschaft ihr Überleben sicherte, das Ende der Welt in die Gegenwart zu bringen. Das ganze 2. Jahrhundert hindurch waren sie außergewöhnliche Menschen, die kampfbereit waren und die Unwissenden herzlich haßten.[140] Doch sie gaben die eine Institution nicht auf, die sie mit allen anderen Juden teilten. Sie waren der festen Ansicht, daß das Leben des Familienoberhaupts, des Vaters von Kindern, das einzige Leben war, das sich für einen geistlichen Lehrer in Israel ziemte:

Wenn jemand die Fortpflanzung nicht übt, so ist es ebenso, als würde er Blut vergießen.[141] Als Adam sah, daß seine Nachkommenschaft [durch seinen Fall] dazu verdammt war, der Gehenna zu verfallen, enthielt er sich der Fortpflanzung. Als aber sah, daß ... Israel das Gesetz annehmen würde, machte er sich daran, Nachkommen zu zeugen.[142]

Die Rabbiner waren sich über den radikalen Asketizismus, der viele Bewegungen im Judentum in der jüngsten Vergangenheit gekennzeichnet hatte, durchaus im klaren. Sie waren bereit, für die Ansicht Verständnis aufzubringen, daß eine so schreckliche Katastrophe wie die Zerstörung des Tempels einige fromme Juden dazu bringen konnte, sich für ein Leben in fortwährender Enthaltsamkeit und Trauer zu entscheiden. Doch sie vermieden diese äußerste Alternative. Statt dessen hoben sie die Solidarität Israels hervor. »Man lasse Israel gewähren.« Es war besser, wenn sich alle Menschen für begrenzte Zeit enthielten, als wenn nur einige wenige Leute für immer fasteten und sich von ihren Frauen zurückzogen.[143]

Selbstdiszipliniert, fähig zum Ertragen beträchtlicher Entbehrung beim Erwerb von Gelehrsamkeit und von legendär abruptem Verhalten im Umgang mit Frauen, gelangten die Rabbiner von Palästina hauptsächlich deshalb zu Einfluß im Judentum, weil sie für eine Welt standen, die nicht die Absicht hatte zu verschwinden. Sie erhielten sich als gelehrte Klasse, indem sie die Töchter ihrer Lehrer und ihrer Kollegen heirateten.[144] Ihr herzlicher Segen ruhte auf den Verheirateten:

Über den Mann, der seine Frau wie sich selbst liebt, der sie mehr ehrt als sich, der seine Söhne und Töchter auf dem rechten Wege leitet und der dafür sorgt, daß sie zur Zeit ihrer Pubertät verheiratet werden, von ihm steht geschrieben: *Du sollst wissen, daß dein Zelt in Frieden ist.*[145]

Die selbsternannten Führer des Judentums und ihre weniger gelehrten Schirmherren, die örtlichen jüdischen Honoratioren und die Förderer der Synagogen überall in der Diaspora, kamen dahin, es als eine Selbstverständlichkeit anzusehen, daß sie in einer Welt lebten, die nicht verschwinden würde. Vieles in dieser Welt war nicht in Ordnung; aber alle ihre Aspekte ließen sich steuern, und daher durfte keiner verworfen werden: »Den [Geschlechts]trieb, ein Kind und ein Weib soll man mit der Linken fortstoßen und mit der Rechten an sich ziehen.«[146]

Dies war, ob zu ihrem Besten oder nicht, eine Entscheidung, die die Führer der neuen Religion nicht zu treffen bereit waren. Eine kleine Anzahl führender Christen und Christinnen gebrauchte ihren Körper, um mit der drastischen Geste lebenslanger Keuschheit der Lebenskontinuität zu trotzen. Sie glaubten, daß die Zeit knapp würde. Ihr Leben verbreitete eine Botschaft, die anders war als die der aufstrebenden Führer des

Judentums. Sie sprachen nicht von dem Glauben einer Gesellschaft, sie könne den ununterbrochenen Fluß einer menschlichen sexuellen Natur, der das Leben von Generation zu Generation weitergehen ließ, einspannen und disziplinieren. Ganz im Gegenteil: Für sie stand der enthaltsame Körper für ein Prinzip der Umkehrbarkeit; der Fluß des Lebens selbst konnte zum Stillstand gebracht werden. Der Verzicht auf die Ehe legte die Zerbrechlichkeit einer scheinbar unwandelbaren Ordnung bloß. Auf die Mittel, mit denen sich die Gesellschaft fortsetzte, konnte verzichtet werden. Die Keuschheit verkündete das nahe Bevorstehen einer »neuen Schöpfung«.

Nichts ist jedoch für einen Betrachter der christlichen Kirchen des 2. Jahrhunderts auffälliger als die Vielfalt der Bedeutungen, die sich hier bereits an das stumme Faktum sexuellen Verzichts angelagert hatten. Christliche Gemeinden lagen zu dieser Zeit über die ganze römische Welt verstreut, so weit voneinander entfernt wie Lyon im Westen und die Grenzstadt Dura Europos am Euphrat im Osten.[147] Diese Gemeinden waren durch mindestens 80 Tagereisen voneinander getrennt. Varianten des Christentums, die heute so ordentlich nebeneinander in Büchern auf den Regalen einer modernen Bibliothek stehen, waren füreinander zur damaligen Zeit oft unbekannt. Jede verriet die schweigende Gegenwart einer charakteristischen religiösen und sozialen Landschaft. Der großen Vielfalt von Bedeutungen, die in frühchristlichen Kreisen der Enthaltsamkeit beigelegt wurden, müssen wir uns jetzt zuwenden, um die Neuheit der Ideen zu ermessen, die sich hinter dem etwas faden Lob der christlichen Keuschheit angesammelt hatten, mit dem der exzentrische Intellektuelle Justin sich an einen philosophischen Kaiser zu wenden für klug gehalten hatte.

DRITTES KAPITEL

Martyrium, Prophetie und Enthaltsamkeit: Von Hermas zu Tertullian

Prophetie war in der Frühkirche etwas Alltägliches. Zur Zeit des Paulus hatte die Gegenwart des Geistes Gottes unter bekehrten Heiden verkündet, daß die Wiederkehr Christi nahe bevorstehe.[1] Ein Jahrhundert später, als Justin schrieb, wurde die Existenz von Propheten in den christlichen Kirchen als schlüssiger Beweis dafür gewertet, daß Gott Israel verlassen hatte. Sein mächtiger Geist wohnte jetzt im »Neuen Israel« der Kirche:

Und nach diesem will ich meinen Geist ausgießen über alles Fleisch, und eure Söhne und Töchter sollen weissagen, eure Alten sollen Träume haben, und eure Jünglinge sollen Gesichte sehen.[2]

Die Alltagskultur einer christlichen Gemeinde – ihre Gebete, ihre Psalmen, ihre Lieder, die Schlichtung persönlicher Differenzen und das Bild, das sie von sich selbst in einer unruhigen Zukunft hatte – blühte unter dem Atem des Geistes Gottes:

Jedermann befleißige sich, zur Kirche zu gehen, an den Ort, an dem der Geist blüht ..., und ihr werdet dort hören, was euch nicht in euren eignen Sinn gekommen war, und ihr werdet Fortschritte machen in den Dingen, die der Geist euch geben soll durch den Propheten, der den Menschen Belehrung bietet.[3]

Die aktive Gegenwart des Geistes eines hohen Gottes in ihrer Mitte war für jede Gruppe von Menschen, die aus Fleisch und Blut bestanden, eine erdrückende Last, und das galt besonders für die Christen, die sich selbst als die Erben des Gefühls ansahen, das der jüdischen Erfahrung von der exklusiven Majestät und Transzendenz des Gottes Israels innegewohnt hatte. Christen des 2. Jahrhunderts lebten in einer Welt, die von unsichtbaren, lügnerischen Geistern bevölkert war. Sie hatten ein klares Empfinden – zumindest bei ihren Feinden – für die Macht der Betrügerei und der Selbsttäuschung.[4] Um Autorität zu besitzen, mußte Prophetie als eine Erfahrung des Mitgerissenwerdens, die fast notwendig krampfhafter Natur war, gesehen werden –

eine, die sich der bewußten Kontrolle des Propheten entzog. Jene, die wie Paulus selbst in fremden »englischen« Zungen beteten, beteten »im Geiste«, während ihr bewußtes Denken »ohne Frucht« blieb.[5] In angespannten Situationen sprach der wahrhaftige Prophet am wirksamsten, wenn er einen großen unbeabsichtigten Schrei ausstieß.[6] Gottes Geist war kein gelegentlicher Besucher in der Kirche. Er war Gläubigen immer als Zeichen seiner ausschließlichen Gegenwart in ihrer Mitte verfügbar. Doch in jeder Gemeinde zeichneten sich einige Christen als besonders zuverlässige Überbringer göttlicher Botschaften aus. Es wurde erwartet, daß ihr Leben das Zeichen außergewöhnlicher Nähe zum Geiste Gottes trüge. Sexuelle Abstinenz war ein derartiges Zeichen. Sie spielte in vielen Kirchen des 2. Jahrhunderts eine bedeutende Rolle für die Begründung der Autorität von Propheten. So schrieb der Apologet Athenagoras:

Indes kann man unter unseren Glaubensgenossen viele finden, Männer und Frauen, die alt werden, ohne zu heiraten in der Hoffnung auf um so innigeren Verkehr mit Gott. [Denn] das Verharren im jungfräulichen Stande und im Stande eines Eunuchen [bringt einen] Gott näher.[7]

Eine derartige Bemerkung wäre für jüdische und heidnische Zeitgenossen unmittelbar verständlich gewesen. Beide glaubten, daß Abstinenz von sexueller Aktivität und besonders Jungfräulichkeit den menschlichen Körper zu einem angemesseneren Vehikel für den Empfang göttlicher Inspiration machte. Besessenheit war eine intime und in dramatischer Weise physische Erfahrung. Dabei kam es zu einer Überflutung des Körpers durch einen fremden, göttlichen Geist. Es überrascht kaum, daß man der Meinung war, eine derartige Erfahrung schließe das heiße Stürmen von Lebensgeistern durch denselben Körper, das man traditionell mit dem Geschlechtsverkehr in Verbindung brachte, aus. Philo von Alexandrien hatte Moses in diesem Licht dargestellt: nach seiner Begegnung mit Gott auf dem Sinai war er dahin gelangt, Sex zu verabscheuen:

fast seitdem er seine Wirksamkeit als Prophet und gotterfüllter Seher begonnen hatte, da er es für seine Pflicht hielt, sich stets für die Offenbarungen bereit zu halten.[9]

Spätere jüdische Legenden hießen diese Anschauung gut. Nachdem Moses vierzig Tage in der Gegenwart Gottes verbracht hatte, hatte er das Interesse an »dem Werk« verloren; seine Frau fühlte sich vernachlässigt, und als sie erfuhr, daß der Geist Gottes auch auf andere gefallen war, konnte sie nur sagen: »Wehe den Frauen dieser Männer!«[10]

Trotzdem wissen wir sehr wenig über das, was Enthaltsamkeit im Leben der Propheten selbst und der Gemeinden, denen sie dienten, bedeutete. Einige Christen des 2. Jahrhunderts sahen sich als »von Kindesbeinen an« zum Propheten berufen und bewahrten daher einen ehelosen Stand auf Dauer. Die starke Betonung der jungfräulichen Geburt Christi im Lukasevangelium verweist auf eine Mentalität, in der Jungfräulichkeit und die Gabe der Prophetie eng miteinander verknüpft waren.[11] Ein Mann konnte mit Hochachtung »ein Eunuch« genannt werden.[12] Jungfräuliche Mädchen erscheinen als Prophetinnen.[13] Doch wie auffällig solche jungfräulichen Gestalten auch gewesen sein mögen, sie blieben Ausnahmen. Üblicher war es, daß Propheten in höherem Alter ihre Berufung antraten. Sie waren der christlichen Gemeinde bekannt. Sie hatten Kinder gezeugt, die sie als Christen erzogen hatten. Sie führten einen Haushalt und besaßen persönlichen Reichtum, mit dem sie die Kirche unterstützten. Anders als die wilderen »Nachfolger« Jesu oder selbst des heiligen Paulus waren sie keine geisterfüllten Wanderer geworden. Sie waren auch keine Einsiedler, die versucht waren, sich in die Wüste zurückzuziehen.

Die Männer und Frauen, denen wir in diesem Kapitel begegnen werden, blieben fest in den Städten des Mittelmeerraums verwurzelt. Viele bewahrten die sozialen und sexuellen Vorurteile älterer Menschen, die früher verheiratet gewesen waren. Auch wenn sie dahin gelangt waren, sexuelle Aktivitäten aufzugeben, und sich als verhältnismäßig immun gegen sexuelle Begierden betrachteten, erwarteten sie doch von den jungen Leuten, daß sie heirateten, und sie reagierten (wie der Fall Tertullians am Ende des Jahrhunderts zur Genüge deutlich machte) heftig auf die sexuellen Gefahren, die mit der Anwesenheit von Frauen in den Versammlungen der Heiligen in Verbindung gebracht wurden. Sie glaubten nicht, daß die Ankunft des Geistes ihren Körper abrupt von sexueller Aktivität und von sexueller Begierde befreien würde, wie das andere Christen taten. Männer wie Irenäus in Lyon und Tertullian in Karthago, die in der zweiten Hälfte des 2. Jahrhunderts schrieben, neigten vielmehr zu der Annahme, daß der Körper eine langsame, aber sichere Vorbereitung durchmache, um das ehrfurchtgebietende Gewicht des Geistes Gottes auf sich zu nehmen. Irenäus beispielsweise glaubte fest, daß der Zustand, den er gelegentlich an einem christlichen Propheten erlebte, derjenige war, in den alle Christen bei der Auferstehung gelangen würden. Der Geist Gottes würde sich sicher auf dem zerbrechlichen Lehm des Körpers niederlassen, wie er es hätte tun können, wenn Adam nicht von Gott abgefallen wäre.[14]

Prophetie kam in diesem Zeitalter nur einer auserwählten kleinen Schar zu, weil der Mensch durch den Fall Adams des Geistes beraubt worden war und jetzt der Feindschaft des Todes ausgesetzt war. Von Melito von Sardes, einem Zeitgenossen des Irenäus, sprach man mit großem Respekt als »[enthaltsamem] Eunuchen, welcher stets im Heiligen Geiste wandelte«.[15] Für ihn wie für Irenäus war der Tod das Zeichen einer tragischen Auflösung der ursprünglichen, geisterfüllten Einheit der menschlichen Person:

Auflösung fand statt der schönen Verbindung,
und der wohlgefügte Leib wurde zerstückt.
Es wurde nämlich der Mensch durch den Tod geteilt.[16]

Die Frage, wie der zerbrechliche, sterbliche Körper ein zuverlässiges Gefäß für den Geist Gottes werden konnte, stand im Mittelpunkt der Überlegungen von Christen wie Melito und Irenäus. Das schrittweise Nachlassen sexueller Aktivität in der Ehe war ein anerkannter Teil dieses Prozesses. Doch die Aufgabe des Geschlechtsverkehrs folgte den normalen Rhythmen des Lebens: sie verband sich gewöhnlich mit Witwenschaft und dem Einsetzen des Alters. Nicht jeder Gläubige konnte jedoch darauf warten, Witwe oder Witwer zu werden. Die Abberufung durch gewaltsamen Tod war für Christen des 2. Jahrhunderts ebensosehr eine Realität wie das Kommen des Geistes. Für den Gläubigen war es eine Sache von entscheidender Bedeutung, daß ein Körper, welcher fähig war, in Friedenszeiten den Geist Gottes in den christlichen Versammlungen zu ertragen, durch Christus und seinen Geist auch befähigt werden sollte, die verheerende negative Besessenheit zu erdulden, die mit den Qualen eines Märtyrerschicksals verbunden war. Nur Christus und sein Geist, die tief in ihnen wohnten, konnten Männer und Frauen dazu befähigen, der Überwältigung ihrer Seele und ihres Körpers durch den erdrückenden Schmerz der Folter und durch die kalte Todesfurcht zu widerstehen.

So war Enthaltsamkeit zwar ein ausgeprägter Zug christlicher

Prophetie, aber sie blieb sekundär; sie war ein Verhalten, das in der christlichen Literatur tendenziell in solchen Zeiten in den Vordergrund rückte, in denen keine so unmittelbare Aussicht auf einen gewaltsamen Tod bestand. Nur langsam kam es in gewissen Kreisen dazu, daß Prophetie und sexueller Verzicht unzweideutig miteinander verknüpft wurden, so als hinge das eine vom anderen ab. Wir können die Komplexität der Situation am besten würdigen, wenn wir auf den einen christlichen Propheten eingehen, dessen visionäres Leben uns bekannt ist – auf Hermas, den Verfasser einer Sammlung von Visionen, die er etwa im Jahre 120 n. Chr. in Rom erlebt hatte. Die Visionen des Hermas, die unter dem Titel *Der Hirte* weite Verbreitung fanden, erlauben uns einen Blick auf einen Propheten, der zwar selbst enthaltsam war, sich aber nie weit vom Leben und von den Werten des Familienvaters entfernte.[17]

Wenige Gestalten in der Frühkirche sind so erfreulich oder so offenherzig wie Hermas (oder, um vorsichtiger zu sein, wie die *persona*, die Hermas anzunehmen beliebte, als er sich an die römische Gemeinde wandte). Er überzeugte, weil er mit solcher Aufrichtigkeit die Spannungen seines eigenen Herzens beschrieb. Er war ein Prophet der »Einfalt des Herzens« in einer intellektuell anspruchsvollen städtischen Gemeinde. Er kannte die Sorgen, die das Herz spalten konnten. Er machte sich kaum Illusionen darüber, daß solche Sorgen in Rom von Dauer sein würden. Die Gemeinde genoß die finanzielle Unterstützung und den Schutz reicher Mitglieder. *Dipsychia*, ängstliche »Doppelzüngigkeit der Seele«, war die eingefleischte Sünde reicher Schutzpatrone, die zwischen dem Glauben an Gott und dem Bedürfnis, ihren Familienbesitz zu sichern und Kontakte zu heidnischen Freunden aufrechtzuerhalten, hin- und hergerissen wurden.[18] Hermas war keine Ausnahme. Er regte sich ständig über seine Familie auf, und er war davon überzeugt, daß sich das Wohlwollen Gottes am weltlichen Erfolg seines Haushalts zeigen würde.[19]

Bevor Hermas christlicher Prophet wurde, war er ein aufstrebender Freigelassener gewesen. Sein Herr hatte ihn an die christliche Dame Rhode verkauft. Hermas, der Enthaltsame, der geduldig war, nicht zum Unwillen neigte und immer lächelte, wußte, was es bedeutete, sich die Kontrolle des widerspenstigen Herzens zu erkämpfen.[20] Die Tatsache, daß die christliche Besitzerin des Hermas (der damals nur ein Sklave war, dessen sexuelle Empfindungen kaum zählten) ihn einst, als sie splitternackt im Tiber badete, gebeten hatte, ihr aus dem Fluß zu helfen, war nicht dazu angetan gewesen, den Seelenfrieden unseres Propheten zu erhöhen. »Ich wäre gesegnet«, hatte er gedacht, »wenn ich eine Frau von solcher Schönheit und Eleganz zur Gattin hätte.«[21] Der Vorfall, an den er später von Rhode selbst in einer Vision erinnert wurde, war eine Erinnerung an sexuelle Versuchungen, die seine prophetische Gabe zu beeinträchtigen und den Zorn Gottes über ihn zu bringen drohten. Wollust und private Sehnsüchte waren fehl am Platz bei einem Mann, dessen Herz sich für den Geist öffnen sollte.[22]

Doch dies war der Makel eines verheirateten Mannes, der in einer Welt von Verheirateten lebte. Hermas war darauf bedacht, denjenigen, die wie er selbst zur Begierde nach einer anderen Frau verlockt worden waren, den Rat zu geben, sie sollten bei solchen Gelegenheiten an die Reize ihrer eigenen Frauen denken.[23] Er und seine Frau hatten vor, infolge der erneuten Berufung zur Vision, die zur Abfassung des *Hirten* geführt hatte, in Enthaltsamkeit zu leben; aber die Zeit, da seine Frau für ihn eine »Schwester« sein würde, lag noch in der Zukunft.[24] Sein tiefstes moralisches Bestreben war nicht gewesen, die sexuelle Versuchung zu überwinden. Es hatte der Erlangung eines kostbaren Zustands kindlicher Einfalt – *nēpiotēs* – gegolten und der Ermahnung an andere, diesen Zustand anzustreben.[25] Dies war der Grundpfeiler eines ganzen Komplexes moralischer Anschauungen, die in dem Verband christlicher Haushalte, aus denen die römische Kirche bestand, offensichtlich von großer Bedeutung waren. Hermas verweilte liebevoll hierauf. Das Kind vor der Pubertät war »untadelig«. Es genoß ungebrochen die kostbare Gabe der »Einfalt des Herzens«, des »Fehlens von Bosheit«.[26] Es war noch nicht so weit, daß sexuelle Triebe und sexuelle Vorstellungen sein »Gesicht« von seinem »Herzen« trennten. Die Welt der erwachsenen Klugheit, der erwachsenen Selbstsucht und der erwachsenen Heuchelei – für die das Aufsteigen sexueller Empfindungen in der Pubertät ein erstes warnendes Symptom war – war noch nicht über es hereingebrochen. Es konnte mit ganzem Herzen vertrauen und hatte nicht gelernt, in seinem Herzen Böses zu sinnen. Nach Hermas' Willen sollte die Kirche aus »kindlichen«, redlichen Menschen bestehen. »Ein Mann von strahlendem Antlitz«, offen zu seinen Nachbarn und voller Vertrauen auf Gott, so wollte Hermas selbst gern sein, und so wünschte er sich seine Mitmenschen.[28] Nur in eine Gruppe, die aus solchen Menschen bestand, würde das Wort Gottes vom Himmel herabfallen, voller Autorität, weil es nicht von persönlichem Eigeninteresse entstellt war.[29]

Hermas erwartete nicht, daß viele seiner Leser Unverheiratete, enthaltsam lebende »Eunuchen« oder Jungfrauen wären. Wenn er von Jungfräulichkeit schrieb, dann hatte er die unverbrüchliche Loyalität der Kirche zu ihrem Herrn im Sinn und nicht die Keuschheit einzelner Gläubiger. Jungfräulichkeit war in der Tat eine zu ernste Angelegenheit für bloße Menschen. Für Hermas, einen Mann aus jüdischem Milieu, war Jungfräulichkeit weniger mit einem Zustand physischer Intaktheit vor der Ehe verbunden als mit einer gefährlichen Unterbrechung im Leben eines Mädchens im heiratsfähigen Alter – einer Phase, die für das Mädchen mit dem Einsetzen der Pubertät begann und bis zum »Öffnen des Schoßes« durch die Geburt des ersten Kindes andauerte.[30] Das war ein Bild, das den Gedanken von Gefahr heraufbeschwor, nicht den von Unversehrtheit. So verglich Paulus die Kirche in Korinth mit der jungfräulichen Eva, die vor einer weiteren potentiellen Verführung durch die kluge Schlange in Gestalt von Paulus' Feinden zitterte.[31] Später schrieb Hegesippus mit einem Seufzer: »Da die Kirche noch nicht durch eitle Lehren befleckt war, wurde sie als Jungfrau bezeichnet.«[32] Nicht alle Jungfrauen kamen in jenen gefahrvollen, unbeständigen Jahren im Leben einer jungen Frau zu Fall. Die gute Jungfrau blieb ihrem Verlobten und Gatten treu. Er war ihr einziger Herr. Das waren die Konnotationen, mit denen der Begriff »Jungfrauen« vom Propheten der Offenbarung verwendet wurde: das Wort wurde dort nicht für Individuen gebraucht, sondern für ganze Gruppen von Gläubigen, die sich in ihrer Treue zu Christus nicht hatten irre machen lassen.[33]

Für Hermas war die einzige Jungfrau in Rom, die der Erwähnung wert war, die Kirche selbst. Unter ihr waren die »jungfräulichen« Kräfte der Seele versammelt.[34] Der liebliche Einfluß dieser jungfräulichen Geister auf sein Herz versetzte Hermas in die Lage, seiner Gemeinde die bescheidenen, alltäglichen Tugenden zu vermitteln, die sich für Verheiratete ziemten – kindliche Ungeheucheltheit, Vertrauen und Aufrichtigkeit. Sie rauschten in seiner geräumigen Seele, leichtfüßige Mädchen, die auf den grünen Wiesen eines christlichen Arkadien tanzten.[35] Sie küßten und umarmten unseren Propheten. Er tanzte mit ihnen »so fröhlich wie ein kleiner Junge«.[36] Als die Nacht hereinbrach, legten sie ihre linnenen Gewänder ab und breiteten sie auf dem Boden aus, um sich in seiner Gesellschaft zum Schlaf niederzulegen, während Hermas, »der Enthaltsame«, pflichtbewußt die ganze Nacht hindurch an ihrer Seite betete.[37]

Hermas war ein Prophet, der sich *l'ombre de jeunes filles en fleur* gebildet hatte. Die Verbindung zu den jungfräulichen Geistern half ihm, mit seiner Frau in Enthaltsamkeit zu leben; aber sie machte ihn nicht zu einem Prediger der Jungfräulichkeit. Was er kraft seiner Visionen anbot, war vielmehr die letzte Gelegenheit für römische Christen, Vergebung für ihre Sünden zu erlangen. Dies waren die Sünden einer geistig anspruchsvollen Gemeinde, die keine Enthaltsamkeit brauchte, sondern die geselligere und elementarere Tugend der Einfalt des Herzens. Wir begegnen in Hermas' Schrift erfolgreichen Geschäftsleuten, die in Immobilien investieren,[38] wetteifernden und statusbewußten Priestern,[39] selbsternannten Lehrern[40] und Männern, die für Hermas selbst professionelle Rivalen in der hohen Kunst der Prophetie waren.[41] Vermittelt wird ein lebendiger Einblick in das, wozu eine christliche Gemeinde in jeder großen römischen Stadt werden konnte. Die städtischen Christen, an die sich Hermas wandte, ähneln bereits denen, auf die dann Tertullian in Karthago mit geflissentlicher Mißbilligung reagierte und für deren komplexe Bedürfnisse Clemens von Alexandrien ganz am Ende des Jahrhunderts mit liebenswürdiger Umständlichkeit schrieb.

Eine Generation nach Hermas fiel im westlichen Kleinasien und später noch in Lyon der Schatten des Todes auf die Sprecher der Kirchen. Als Knabe hatte sich Irenäus an Polykarp, den schon älteren Bischof von Smyrna, erinnert.[42] Als dieser um 156 im Alter von 86 Jahren hingerichtet wurde, hoben die, die sein Martyrium aufzeichneten, die unzerstörbare Schönheit seines »heiligen Fleisches« hervor.[43] In der schrecklichen Szene, in der Polykarp durch Verbrennen gelyncht wurde, beschrieb der Autor des Martyriums nur den süßen Duft, der von seinem verkohlten Leichnam aufstieg, als er im Feuer aufstand, »nicht wie bratendes Fleisch, sondern wie Brot, das gebacken wird, oder wie Gold und Silber, das im Ofen geläutert wird«.[44]

Eine Generation später schrieb Irenäus von der künftigen Herrlichkeit aller Christen, die in eine Welt versetzt wurde, welche von Gott zu ihrem körperlichen Genuß neu geschaffen worden war, als gerechte Belohnung dafür, daß sie auf Erden so viele Qualen erduldet hatten. Die unheimliche Schönheit, die sich über Polykarps entsetzlichen Tod gelegt hatte, war ein Abglanz jener Zukunft. Der neue Leib, der nicht mehr vom Geist getrennt war, würde in einer völlig materiellen Welt leben, die so voller Güte war wie der berauschende Duft eines Feldes in voller Blüte.[45]

Möglicherweise war es Irenäus, der den Tod der Märtyrer von Lyon in den Jahren 177-178 n. Chr. beschrieb.[46] Das Sklavenmädchen Blandina war mit einer Gruppe ihrer Glaubensgenossen gefoltert worden. Sie hatte mit ausgestreckten Armen an einem Pfosten gehangen, so daß ihre Gefährten »in ihrem Kampfe ... so mit ihren fleischlichen Augen in der Schwester den [schauten], der für sie gekreuzigt worden war«.[46] Blandina starb schließlich nach erneuten Peinigungen, wobei sie »infolge ihres Verkehres mit Christus gar kein Empfinden mehr« dafür hatte, daß ein wilder Stier sie mit den Hörnern durchbohrte.[47]

In Irenäus' Augen stand ein solcher Mensch für nichts Geringeres als die menschliche Natur auf ihrem Höhepunkt. Blandina die Märtyrerin war der Gipfel jener langen Zeitalter seit der erstmaligen Erschaffung Adams und seinem Fall, in dem das Menschengeschlecht sich nach und nach daran gewöhnt hatte, »das gewaltige Gewicht Gottes zu empfangen und zu tragen«.[48] Nur ein sehr trivialer Mensch hätte in der Tat zu einem solchen Zeitpunkt gefragt, ob sich Blandina für die Gegenwart des Geistes durch das Praktizieren sexueller Abstinenz vorbereitet hatte. Irenäus war kein solcher Mensch.

Vibia Perpetua war eine junge verheiratete Frau aus guter Provinzfamilie. Die Gabe des Geistes befähigte sie dazu, als Sprecherin und moralische Führerin der Märtyrer im Gefängnis von Karthago im Jahre 203 n. Chr. aufzutreten. Ihre Visionen und ihre Darstellung ihrer Empfindungen zu jener Zeit besitzen eine packende Frische und persönliches Gewicht. Als gebildete und mutige Frau wurde Perpetua vom Geist in die Lage versetzt, eine neue, hohe Berufung anzutreten, und sie vertraute darauf, daß ihrer Kirche ein »Übermaß an Gnade« gewährt worden war, mit dem sie den grausamen Verhältnissen der »modernen Zeit« begegnen konnte.[49]

Perpetua war keine Frau, die sich zu Enthaltsamkeit verpflichtet hatte. Sie war bereits der Vorstand eines Haushalts in einer kleinen nordafrikanischen Stadt. Möglicherweise war sie die

Vorsteherin und Beschützerin der Gruppe von Christen, die mit ihr verhaftet worden waren. Als 22jährige Mutter, nach römischen Maßstäben eine voll erwachsene *matrona*,[50] war sie froh, ihr Kind im Gefängnis säugen zu können, bevor es ihr fortgenommen wurde:

Ich fühlte mich erleichtert durch die Mühe und die Sorge um das Kind; das Gefängnis wurde mir auf einmal zum Palast, so daß ich dort lieber als anderswo sein wollte.[51]

Ihr Einzug in das Gefängnis von Karthago war ein Einzug in die Welt des Heiligen Geistes:

In dieser Frist von wenigen Tagen wurden wir getauft, und mir gab der Geist es ein, um nichts anderes zu bitten nach der Taufe als um das Ausharren des Fleisches.[52]

Dies waren angsterregende Wochen:

Ich entsetzte mich, da ich noch nie eine solche Finsternis erfahren hatte. ... Eine gewaltige Hitze; denn in ganzen Haufen wurden die Leute von den Soldaten hineingeworfen, und zuletzt quälte mich auch noch die Sorge um mein Kind daselbst.[53]

Doch Perpetua war jetzt eine Frau, auf der sich die große Gunst Gottes niedergelassen hatte.[54] In einer Reihe ausführlicher Jenseitsvisionen führte Perpetua ihre Anhänger mit offenen Augen in ihren schrecklichen Tod.

In ihrem ersten großen Traum war es das Drachenhaupt des schieren physischen Entsetzens, das sie zertrampelte, und darauf stieg sie auf einer Leiter von scharfen Schwertern zum lieblichen Garten des Paradieses empor.[55] Später träumte sie, sie werde »zu einem Mann gemacht«, um mit einem gewaltigen Ägypter zu ringen. Solch ein Traum war ihr ein tiefer Trost.[56] Die armen Wesen, die man dazu verurteilt hatte, wilden Bestien vorgeworfen zu werden, konnten nicht einmal auf einen menschlichen Gegenspieler hoffen. Der surreale Schrecken der *damnatio ad bestias*, der Verdammung zu den wilden Tieren, bestand darin, daß das Menschliche total dem Tierischen preisgegeben wurde.

Es träumte jemand, er habe sich verwandelt und sei zu einem Wesen mit Bärentatzen geworden. Zum Tod verurteilt, mußte er in der Arena mit wilden Tieren kämpfen und wurde, an einen Pfahl gebunden, von einem Bären zerrissen. [Daher der Traum von der Hand:] Denn wenn der Bär in der Höhle liegt, steckt er die Tatzen in den Rachen, saugt sie aus, als ob er sie verzehren wollte, und nährt sich so.[57]

Der Priester Saturus, Perpetuas Begleiter, war bis zum letzten Augenblick entsetzt über die Aussicht auf einen solchen Tod geblieben; aber

als man ihn dann für einen Bären an die Brücke band, wollte der Bär nicht aus seiner Höhle heraus.[58]

Hinter dem gesichtslosen Alptraum, der vor ihr lag, die festen Umrisse eines Kampfes mit dem Teufel, Mann gegen Mann, in Gestalt eines menschlichen Athleten, wie er den Volksmassen von Karthago vertraut war,[59] zu spüren, das war für Perpetua ein Triumph ihres Willens: »Ich wußte, daß mir der Sieg bevorstand.«[60]

Eine *matrona* bis zum letzten, »heiteren und schönen Antlitzes«, »durch den hellen Blick ihrer Augen die Blicke aller niederschlagend«,[61] wandte sich Perpetua sogar um und bat um eine Nadel, um damit ihr Haar zusammenzuhalten, das sich bei dem ersten Anprall der wilden Kuh, die man auf sie losließ, aufgelöst hatte. Sie wollte nicht, daß man sie mit offenem Haar sähe, so als sei sie in Trauer »aufgelöst«.[62] Denn dies war der Tag ihrer Hochstimmung, der Tag ihres Triumphs im Herrn. Sie hatte ein *munus*,[63] eine öffentliche Darstellung. Ihr geisterfüllter Mut machte sie fähig, die Stimmung der ernsten Feierlichkeit zu besiegen, in der sich die Bürger Karthagos am Geburtstag des rechtmäßigen Erben versammelt hatten, um ihre Feinde mit einer spielerischen Ausgelassenheit zu demütigen und zu vernichten, die einen besonders bedrückenden Aspekt der römischen Ordnung darstellte.[64]

Es ist möglich, aber nicht sicher, daß Perpetua an der Wiederbelebung des Glaubens an die fortwährende Gegenwart des Geistes in der Kirche beteiligt war, die mit dem Aufkommen der »Neuen Prophetie« des Montanus eingesetzt hatte.[65] Der Montanismus kam zwischen 150 und 170 im fernen Phrygien auf. Er beinhaltete dramatische Manifestationen christlicher Prophetie und wurde zu einer der ersten Graswurzelbewegungen in der Geschichte der Kirche.[66] Das römische Karthago war jedoch weit von den Hochtälern des westlichen Anatolien entfernt. Zu derselben Zeit, in der Perpetua in der Stadt das Martyrium erlitt, wurde die prophetische Autorität, die die Montanisten beanspruchten, aus sehr persönlichen Gründen von dem begabten und überaus redegewandten Tertullian anerkannt. Tertullian, ein Mann von starker Eigenart, war auch einer der geschicktesten Rhetoren seiner Zeit.[67] Er wußte genau, wie er sich für seine zugegebenermaßen extremistischen Ansichten dadurch ein Publikum schaffen konnte, daß er an die unbestrittenen Vorurteile und die gemeinsamen Befürchtungen gebildeter Christen appellierte. Tertullians Schriften repräsentieren also durchaus nicht die grämlichen Ergüsse eines einsamen Genies, sondern sie erlauben uns, einen Blick auf das zu Beginn des 3. Jahrhunderts in einer großen lateinischen Kirche umlaufende Konglomerat widerstreitender Auffassungen von Sexualität und von den Bedeutungen zu werfen, die sich an den Verzicht auf sie knüpfen konnten.[68]

Wenn es die »Neue Prophetie« nicht gegeben hätte, so hätte Tertullian sie vermutlich erfinden müssen. Im Jahre 205 war er zu der Überzeugung gelangt, daß die *disciplina* Gottes, die präzisen und unbeugsamen Regeln für das Verhalten, das von ernsthaften Christen erwartet wurde, durch direkte, neue Aufträge auf den neuesten Stand gebracht werden mußte – Aufträge, die den Gläubigen in Visionen und ekstatischen Prophezeiungen vermittelt wurden. Erneute Befehle vom Himmel würden die wachsende Selbstzufriedenheit, die Unmoral und die Feigheit der Mehrzahl von Tertullians Mitchristen eindämmen. Nur Christen, die beständig für den Atem des Geistes offen waren, wie Montanus und seine Anhänger es gewesen waren, würden ihr Leben so zu führen wissen, daß das Perpetua zuteil gewordene Schicksal auch für sie ein Augenblick erhabenen Triumphes werden konnte.[69]

Das Problem war jedoch, daß das Martyrium auf sich warten ließ. Tertullians Musterchristen waren ernste Privatphilosophen, gebildet und in der karthagischen Gesellschaft vergleichsweise gut gestellt. Eben aus diesem Grund neigten die römischen Behörden dazu, sie zu übergehen.[70] Zwar konnte die Zelle des Märtyrers die wahre »Wüste« sein, nach der der Christ streben mußte, um mit Gott von Angesicht zu Angesicht zu sprechen,[71] aber Tertullian und seinen Lesern blieb das Schicksal Perpetuas erspart. Tertullian mußte sich anderswo nach einem Kriterium für wahre Prophezeiung umsehen, das für diejenigen gelten konnte, die noch nicht so weit waren, um unter dem majestätischen Schatten eines Märtyrertodes zu leben. Seine Antwort war von großartiger, eindringlicher Einfachheit. Enthaltsamkeit, das Einstellen aller künftigen sexuellen Aktivitäten, ließ die Gabe des Geistes auf sie herabkommen: »Durch die Enthaltsamkeit wirst du dir nämlich einen großen Gewinn an Heiligkeit erwerben, durch die dem Fleische auferlegte Einschränkung ein Geistesmann werden.«[73]

»Schau auf den Körper.« Das war Tertullians brillant und täuschend einfache Formel. Der Körper war ein »einheitlicher Organismus«.[73] Tertullian war Stoiker und wie so viele seiner Zeitgenossen ein eifriger Leser medizinischer Literatur. Er war in keiner Weise »Dualist«. Ja, sein Beharren auf der Kontrolle des Körpers war eben darum so rigoros, weil er glaubte, daß direkt durch den Körper und seine Empfindungen die Seele in die hohe Stimmung versetzt wurde, die sie brauchte, um mit dem Geist Gottes mitschwingen zu können. Die Seele war ein feiner, unsichtbarer, aber konkreter »Körper«, der »in die Form des äußeren Körpers gefaßt« war.[74] Daher die packende Unmittelbarkeit, mit der die Seele die andere Welt wahrnahm. Im Augenblick der Vision stieß diese andere Welt mit voller, spürbarer Kraft auf sie. So hatte ihm eine Prophetin einmal versichert, sie habe selbst gerade eine Seele gesehen; diese sei »nicht von leerer und hohler Beschaffenheit [gewesen], sondern vielmehr so, daß sie sich sogar festhalten zu lassen versprach«.[75] Als Perpetua im Gefängnis von Karthago von ihrer ersten Vision erwachte, hatte sie das Gefühl, sie kaue noch auf einer süßen Substanz, welche Christus selbst ihr zu essen gegeben hatte, als sie in ihrer Vision zum Paradies aufgefahren war.[76] Für diejenigen, denen ein grausamer Tod bevorstand, erklärte Tertullians Auffassung von der Seele die packende Unmittelbarkeit ihrer Visionen – da sich der innere Mensch gegen den festen, wahren Trost der Gegenwart Gottes drängte. Das war eine Lehre für die damalige Zeit, wie bizarr sie auch in späteren Jahrhunderten erscheinen mochte.[77]

Doch die Lehre hatte ihre Schattenseite. Das instinkthafte Leben des Körpers und die willkürlichen, quälenden Phantasien des Herzens machten sich in der Seele mit ungedämpfter, beklemmender Intensität bemerkbar. Das Herz war ein Seismograph, der sofort bei der geringsten sexuellen Regung, bei dem flüchtigsten sexuellen Bild zitterte. Zunehmende sexuelle Begierde registrierte die geringste Nahrungsmenge, die über die festgesetzte Norm hinaus verzehrt worden war. Tertullian sprach für die Neue Prophetie, die mit unerbittlicher, medizinischer Präzision zu langen Fastenzeiten und zu Enthaltsamkeit riet. Fasten war notwendig, andernfalls

> wird die ganze Wohnung des inneren Menschen von Nahrung verstopft. ... Ein Gedankenfluß, der danach lechzt, seine Ladung Exkremente abzubrennen, wird zu nichts anderem als einer Besessenheit vom Ort der Notdurft. Es bleibt nichts anderes, als von hier zu Gedanken der Wollust fortzuschreiten.[78]

Das war die Stimme eines unnachahmlichen Meisters lateinischer Rhetorik, den Hieronymus dann zwei Jahrhunderte später mit Vergnügen und, so muß man befürchten, mit nur zu großem Gewinn las. Bei Tertullian haben wir die erste einflußreiche Formulierung des Glaubens, daß Enthaltung von Sex die wirksamste Technik sei, um Klarheit der Seele zu erzielen – Worte, die für gebildete Christen geschrieben waren und denen in der lateinischen Welt eine lange Zukunft beschieden sein sollte:

> Betrachten wir unser eigenes Innere, wie ganz anders sich der Mensch fühlt, wenn er zufällig von seiner Frau getrennt ist! Er denkt geistlich. Wenn er zum Herrn betet, so ist er dem Himmel nahe. Wenn er sich mit der heiligen Schrift beschäftigt, so ist er ganz darin versenkt. Wenn er einen Psalm singt, so findet er Geschmack daran. Wenn er einen Dämon beschwört, so hat er Vertrauen auf sich.[79]

Tertullians Rezept für visionäre Klarheit war streng; aber gleichzeitig war es zutiefst konservativ. Er isolierte den Körper mit medizinischer Präzision. Er unterwarf ihn einer Reihe harter Enthaltsamkeitsübungen, die die Seele zur Erlangung visionärer Kraft läuterten. Doch er ließ nicht zu, daß die Praxis der Enthaltsamkeit die Grundstrukturen des Haushalts irgendwie schwächte: Selbst wenn der Herr und die Herrin des Hauses in Keuschheit lebten, um klare Anleitung vom Geist zu erhalten, würde ihr Haushalt doch seinen Reichtum und seine Sklaven behalten; Frauen würden ihren Männern gehorchen und Kinder ihren Eltern. Die christliche Gemeinde, an die Tertullian in Karthago seine Worte richtete, unterschied sich wenig von der römischen, wie sie sich uns im *Hirten* des Hermas offenbart. Sie war ein Verband gläubiger Haushalte, in dem Verheiratete dominierten.

In Tertullians Augen war eine geisterfüllte Gerontokratie die ideale Form der Kirchenführung. Die, die auf den für den Klerus und die Führer der Gemeinde reservierten Bänken saßen, waren ältere Witwen und Witwer. Sie hatten lange Lebenserfahrung.[80] In den fernen, leidenschaftlichen Jugendjahren, bevor der Geschlechtstrieb mit dem Einsetzen des Alters »verpufft« war, hatte zu dieser Erfahrung das Zeugen und Aufziehen von Kindern gehört.[81] Der Adressat seiner *Ermahnung zur Keuschheit* war ein solcher Witwer. Er sollte kein charismatischer Wanderer sein. Er mußte vor Versuchungen gewarnt werden, die nicht schauerlicher waren als ein Verlangen nach Wiederverheiratung. Ohne eine Spur von Angst ging Tertullian daran, ihm den Rat zu geben, er solle sich eine christliche »Schwester« ins Haus nehmen, die als Gefährtin bei ihm leben sollte, um ihm den Haushalt zu führen. Daß sexuelle Antriebe, die bei den jungen Leuten unnachgiebig unterdrückt werden mußten, einen älteren Herrn mit prophetischen Neigungen heimsuchen könnten, war für Tertullian unwahrscheinlich.[82]

Mochte sein Atem auch noch so machtvoll sein, der Geist respektierte die häuslichen Strukturen, ohne die es dem Christentum nicht möglich gewesen wäre, in einer Stadt wie Karthago zu überleben. In den kleinen Städten des kleinasiatischen Hochlands war es dasselbe. Nanas, eine Prophetin in Kotiaeon in Phrygien, wurde als Frau beschrieben, die ausdauernd und inbrünstig beten konnte. Sie war bekannt für ihre »Heimsuchungen durch Engel und mächtig in der Gabe des Zungenredens«. Doch Nanas galt weiterhin als verheiratete Frau, die von der Nachbarschaft offen akzeptiert wurde: Es war ihr Gatte, der ihren einfachen Grabstein mit einer vielzeiligen Inschrift in blumigem Griechisch bedeckte. Auch wenn Nanas nicht unbedingt Montanistin war, hat man den Verdacht, daß sie eine Prophetin nach Tertullians Geschmack gewesen wäre.[83]

Tertullians Schriften fassen eine Strömung christlicher Anschauungen über den Menschen und über die Verbindungen zwischen Individuum und Gesellschaft zusammen. Für Christen seiner Denkungsart durfte an den normalen Schranken der Gesellschaft vom Wind des Geistes nicht gerüttelt werden. Tertullian dachte noch instinktiv in den Begriffen einer starren Hierarchie von Altersgruppen und einer Kirche, die sich um den christlichen Haushalt herum gruppierte. Die Sexualität mußte unter den heiratsfähigen und verheirateten jungen Leuten streng kontrolliert werden. Doch das Alter würde ihre Hitze bald abkühlen lassen. Sie mußte am Ende des Lebens unterdrückt werden, so daß der Geist ungehindert in die Herzen von Witwen und Witwern einströmen konnte. Was die sexuelle Begierde betraf, so konnte sie bei den Alten nachlassen; aber sie konnte nie vollständig abgeschafft werden. Sexuelle Triebregungen waren eine nicht zu beseitigende und gefährliche Komponente der menschlichen Person. Wer glaubte, daß die Gnade, die den Christen durch das Kommen des Heiligen Geistes verliehen war, ihn dazu befähigen könne, die mit sexueller Anziehung verbundenen Gefahren zu transzendieren, war seiner Meinung nach völlig im Unrecht.

Tertullians zorniger Traktat *Über die Verschleierung der Jungfrauen* wurde in denselben Jahren geschrieben wie seine *Ermahnung zur Keuschheit*.[84] Er machte tiefgreifende Abweichungen in christlichen Einstellungen zur Sexualität und zu den möglichen Bedeutungen, die sich an den Akt des sexuellen Verzichts knüpfen konnten, offenbar. Eine Gruppe junger Mädchen in der karthagischen Kirche etwa hatte beschlossen, unverheiratet zu bleiben. Wegen dieser Entscheidung ermutigten ihre Glaubensgenossen sie dazu, in der Kirche mit unverschleiertem Kopf und unbedecktem Gesicht aufzutreten. Sie haben das vielleicht sogar in einer besonders festgelegten, auffälligen Position getan.[85] Durch den Verzicht auf sexuelle Aktivität hatten sie, so glaubte man, die »Schallgrenze« sexueller Scham durchbrochen, auf der die traditionelle Verschleierung von Frauen angeblich beruhte. Obwohl diese Frauen voll erwachsen waren, betrachteten sie sich als frei, den Schleier aufzugeben, der als Manifestation der sexuellen Scham galt, die sich mit Frauen verband, welche alt genug waren, den »gemeinen Makel« des Ehebetts zu erdulden.[86] Viele Mitglieder der karthagischen Kirche waren von dieser Geste durchaus nicht schockiert, sondern fanden daran ausgesprochenen Gefallen. Der unheimliche, nicht normale Status geweihter jungfräulicher Mädchen, die über Scham erhaben waren und wunderbar unverschleiert blieben, stand für einen Tupfer göttlicher Herrlichkeit in einer dunklen Welt.

Tertullians Reaktion auf diese Situation offenbart eine Auffassung vom Charakter der christlichen Kirche, die deutlich die künftige Entwicklung der lateinischen Christenheit ahnen ließ. In anderen christlichen Gemeinden, besonders in Syrien, knüpften sich große Hoffnungen an die Geste des sexuellen Verzichts: Sexuelle Aktivitäten aufgegeben zu haben bedeutete mehr, als sexuelle Regungen durch strenge Selbstdisziplin unter

Kontrolle gebracht zu haben. Die Entsagung und die Aufnahme in die Kirche durch die Taufe erklärten die Macht des Sexus für null und nichtig. Das durch die Taufe vermittelte Erfülltsein vom Heiligen Geist erhob, wie man glaubte, Männer und Frauen über die große »Scham« der menschlichen Verfassung. Unverschleiert vor den Gläubigen zu stehen bedeutete, die Fülle der Erlösung, die Christus gebracht hatte, zu bezeugen. Das waren symbolische Gesten, auf die Versammlung der Gläubigen beschränkt und nur enthaltsamen Frauen gestattet. Sie haben vielleicht keine nennenswerten Auswirkungen auf das Alltagsverhalten des durchschnittlichen Christen und der durchschnittlichen Christin gehabt. Doch zumindest in der Kirche war eine unverschleierte, enthaltsam lebende Frau ein verblüffender Anblick. Ihr offenes Gesicht und ihr freies Haar faßten die Hoffnung aller Gläubigen zusammen: »Ich bin nicht verhüllt, weil die Hülle der Schande von mir genommen worden ist; … ich schäme mich nicht …, da das Werk der Scham … sich weit von mir entfernt hat.«[87]

Tertullian bestritt kategorisch, daß Christen derartige Hoffnungen hegen konnten. Für ihn war die Kirche eine trübsinnige Versammlung. Niemand darin, und viel weniger noch eine Frau, konnte es wagen, als Ausnahme gelten zu wollen. »Gnade« strömte für Tertullian allein aus der Hand Gottes. Und sie strömte, um den oberflächlichen Schein menschlicher Initiative in die Schranken zu weisen.[88] Der Eintritt in die Kirche bedeutete, daß man den Griff der dämonischen Kräfte, die die heidnische Welt außerhalb ihrer Mauern regierten, ein wenig gelockert hatte. Er bedeutete aber nicht, daß man dadurch auch nur für einen hochstilisierten Moment der gewaltigen Anziehungskraft der menschlichen Natur entkommen wäre. Das hieß in der Praxis, daß kein Christ den Anspruch erheben konnte, von den gesellschaftlichen Konventionen frei zu sein, die die menschliche Schwachheit verlangte.[89] Ein Mädchen, das über sexuelle Scham erhaben war, war schlicht und einfach »ein drittes und monströses Geschlecht«.[90]

Tertullian war der erste, aber keineswegs der letzte lateinische Schriftsteller, der mit der Meisterschaft eines Rhetors in der Argumentation *ad hominem* das listige Artefakt einer sich nicht wandelnden und unwandelbaren menschlichen Natur schuf, die auf ewig den Gegebenheiten des Sex unterworfen wäre. Er versenkte die Sexualität tief in den menschlichen Körper. *Mulieritas*, der Status einer Frau, die sich ihrer eigenen sexuellen Empfindungen bewußt war und sexuelle Empfindungen in anderen wachrufen konnte, war ein Zustand, der unentrinnbar mit der Pubertät begann.[91] Für ein Mädchen, das die Reife erlangt hatte, war es nicht möglich, sich einfach dadurch »zur Jungfrau zu machen«, daß sie ihr Haupt in der Kirche unbedeckt ließ.[92] Die soziale Konvention war daher im Innern der Kirche dieselbe wie in der Außenwelt. Sie beruhte auf einer Reaktion des gesunden Menschenverstands, den Heiden und Christen gemeinsam hatten, auf die spürbare Bedrohlichkeit der sexuellen Begierde bei allen Menschen und ganz besonders auf das bekanntermaßen verführerische Wesen von Frauen. Der Frauenhaß, an den Tertullian so hartnäckig appellierte, beruhte seiner Ansicht nach auf unveränderlichen Naturtatsachen: Frauen waren verführerisch, und die christliche Taufe änderte hieran nichts. Die Vorsichtsmaßregeln, die in der heidnischen Welt ergriffen worden waren, um den Frauen Sittsamkeit aufzuzwingen, wurden unter den Heiligen nur auf ein Höchstmaß gesteigert. Die Verschleierung von Frauen war an eine gemeinsame menschliche Natur gerichtet, und kein noch so drastischer Taufritus konnte den Anspruch erheben, dem Menschen diese Natur abzustreifen.[93]

Der Geist mochte dem menschlichen Körper die entscheidende Gabe der Standhaftigkeit im Angesicht des Todes geben. Doch die Gnade Gottes nahm Männern und Frauen nicht die bleibenden Schwächen, die mit ihrer sexuellen Natur zusammenhingen. Das war eine klare Botschaft, in zwingendem Latein geschrieben. Sie sollte ihren Eindruck auf die Kirchen, die später Cyprian, Ambrosius, Hieronymus und den großen Augustinus hervorbrachten, nicht verfehlen.

Wir müssen uns jetzt an das andere Ende der christlichen Welt begeben, in die Ostprovinzen des Römischen Reichs, in das Gebiet zwischen Antiochien und dem nördlichen Mesopotamien, um zu verfolgen, wie im Laufe des 2. Jahrhunderts christliche Gruppen aufkamen, die von Einstellungen zur Sexualität, zum Verzicht auf sie und zur menschlichen Person ausgingen, welche sich merklich von denen Tertullians und seiner späteren Leser im lateinischen Westen unterschieden.

VIERTES KAPITEL

»Den Werken des Weibes ein Ende machen«: Marcion, Tatian und die Enkratiten

Die Frage, die viele christliche Gemeinschaften im 2. Jahrhundert beschäftigt hatte, war verblüffend einfach:

Was hat denn der Herr durch seine Ankunft uns Neues gebracht?[1]

Die Antwort war klar:

Eine mächtige Tat allein genügte unserem Gott – dem Menschen Freiheit zu bringen.[2]

Wie dies geschehen sei und, vor allem, woran man in der eigenen Gemeinde, in der eigenen Zeit erkennen konnte, daß es geschehen sei – das war die Frage, bei der viele christliche Lehrer und ihre Schüler zu erstaunlich radikalen Schlußfolgerungen kamen.

Man glaubte, daß die Ankunft Christi auf Erden »dem gegenwärtigen Zeitalter« ein Ende gemacht habe. Jeder Christ hatte die Pflicht, Seinen Sieg offenbar zu machen und den Zusammenbruch der Macht der »Herrscher dieses Zeitalters« zu beschleunigen. Das »gegenwärtige Zeitalter« war das Produkt einer überwältigenden dämonischen Tyrannei, der die Menschen, ja, das Universum als Ganzes, jetzt unterworfen waren. Christi Sieg über den Tod hatte zu einer erstaunlichen Umkehr des zermalmenden Flusses unumkehrbarer negativer Prozesse geführt, die die Tyrannei der Dämonen auf Erden scheinbar unwiderstehlich machten. Es ergab sich nun die Frage, wo genau das äußerlich sichtbare Zeichen für die gewaltige innere Wandlung anzusiedeln war, die einer im Griff gigantischer Kräfte des Bösen gefangenen Menschheit die Freiheit gebracht hatte. Tertullian stellte den Radikalen die Frage mit der ihm eigenen brutalen Klarheit. Wie konnten gewöhnliche Menschen, Männer und Frauen, die »des Arztes bedürfen und beim Gläubiger in Schuld stehen«, den Anspruch zu erheben wagen, sie hätten im engen Umkreis ihres beengten Lebens die neue Freiheit errungen, die ihnen, wie sie sagten, mit dem Kommen Christi zugänglich geworden sei? »Wie könnt ihr wohl daran denken, daß ihr vom Herrscher dieses Zeitalters befreit seid, wenn selbst seine Fliegen noch auf euch herumkriechen?«[4]

Doch es gab einen potentiell umkehrbaren Prozeß, der allen Menschen gemeinsam war. Die Sexualität beruhte auf einem Trieb, den man vielfach als unwiderstehlich bezeichnete – ein gängiger griechischer Euphemismus für den Penis war »das Notwendige«.[5] Dieser Trieb war überdies die bekannte Ursache für den einen unleugbar in einer Richtung verlaufenden Prozeß, zu dem Menschen frei beitrugen – die Fortpflanzung. Ohne menschliche Beteiligung würde sich zumindest diese Schicht des düsteren Erdrutschs des »gegenwärtigen Zeitalters« nicht fortsetzen. Wenn sexuelle Aktivitäten unter den Menschen aufhören könnten, würde die stürmische Kaskade des Menschengeschlechts von Begattung über Geburt bis zum Grab zum Stillstand kommen: »der Jordan« würde »rückwärts fließen«.[6] Die sexuelle Vereinigung aufzugeben war bekanntlich menschenmöglich (manche glaubten sogar, das gelte auch für die Überwindung des Sexualtriebs). In Anbetracht der Art und Weise, in der die Befreiung vom »gegenwärtigen Zeitalter« dargestellt wurde – als ein Anhalten von in einer Richtung verlaufenden Prozessen –, ließ sich die Einstellung sexueller Aktivitäten als symbolisch verblüffende Geste betrachten.

Das war die vollendete Antwort auf Tertullians Frage. Das »gegenwärtige Zeitalter« mochte eine große Maschine sein, die zu groß war, als daß man sie sehen konnte. Ihre anonyme Energie war für den Durchschnittsmenschen zu gefährlich ungreifbar, ihre Tyrannei zu verschlungen, um sie in all ihren Verzweigungen zu verfolgen. Doch zumindest ein Teil jenes mächtigen Stroms ließ sich symbolisch im Sexualtrieb und in seinen manifesten Konsequenzen, dem endlos wiederholten Kreislauf von Geburt und Tod, verdichten. In einer Welt, die scheinbar von eisernen Zwängen regiert wurde, konnte der menschliche Körper als ein klar bezeichneter Ort freier Wahl bestehen. Der Verzicht auf Geschlechtsverkehr bedeutete, einen im Menschen liegenden Schalter herumzuwerfen, und durch die Betätigung eben dieses Schalters war es, so glaubte man, möglich, den Strom zu unterbrechen, der das unheilvolle *perpetuum mobile* des Lebens im »gegenwärtigen Zeitalter« in Bewegung hielt.

Seit dem 2. Jahrhundert und fast mit Sicherheit schon von

einer früheren, weniger gut dokumentierten Periode an gab es verstreut über die christlichen Gemeinden im östlichen Mittelmeerraum und im Nahen Osten bis hin zu den Vorgebirgen des Iran kleine Gruppen von Männern und Frauen, die danach strebten, durch ihre Einfalt und ihre bemühte Isolierung von der Ehe die ungeheure Stille des bevorstehenden Endes des Zeitalters nahezu hörbar zu machen. Dies war der Grund, so behaupteten sie, weshalb Christus auf die Erde gekommen war. Er kam, um

> uns von dem Irrtum [zu befreien] und von der Gemeinschaft der Geschlechtsteile.[7]
>
> Als Salome den Herrn fragte: »Wie lange wird der Tod Gewalt haben?«, antwortete er: »Solange ihr Weiber gebärt.«
>
> Sie behaupten, der Heiland selbst habe gesagt: »Ich bin gekommen, den Werken des Weibes ein Ende zu machen«, des Weibes, das heißt der Begierde, den Werken, das heißt dem Entstehen und dem Vergehen.[8]

Bis zum 2. Jahrhundert hatten Christen wie andere Menschen der Antike, Heiden und Juden, dazu tendiert, die Tatsache des Todes als privilegierten Orientierungspunkt zu betrachten, an dem das Ausmaß menschlicher Schwachheit zu ermessen sei. Die Anfälligkeit des Menschen für sexuelle Triebregungen dagegen war zwar eklatant und für die Aufrechten Gegenstand der Besorgnis, aber das war ein Thema von relativ beschränktem Interesse geblieben. Es schien keinen Betrachtungspunkt zu liefern, von dem aus sich das überschauen ließ, was an der menschlichen Verfassung wahrhaft universal war. Wenn von seinen Gefahren die Rede war, so bezog sich das immer auf einzelne Gruppen und bestimmte Gelegenheiten. Die sexuelle Begierde hielt man für etwas, das die »leidenschaftlichen« Jungen mehr betraf als die Alten. Wenn sich Männer über sie Gedanken machten, waren sie geneigt, sie im Lichte der Gefahr zu sehen, die ihnen aus dem anhaltend verführerischen Wesen der Frauen erwuchs. Der Tod dagegen war das Teil aller. Er war für beide Geschlechter und für alle Altersgruppen eine wahrhaft unentrinnbare Mahnung an die allgemeinste, innerste und beständigste Schwäche des Menschengeschlechts.

Weil der Geschlechtsverkehr eng mit dem Bedürfnis zusammenhing, den Tod durch das Zeugen von Kindern zu überwinden, hatte er immer einen Anflug von Traurigkeit enthalten. Für viele Griechen und Römer der Antike war schon allein ihr Bedürfnis, mit Frauen zu schlafen, um Nachkommen zu erlangen, eine düstere Mahnung an Vergänglichkeit und Grab.[9] Doch die neue Denkweise, die im 2. Jahrhundert in christlichen Kreisen aufkam, verschob den Schwerpunkt des Denkens über die Natur menschlicher Schwachheit vom Tod auf die Sexualität. Denn sexuelle Begierde wurde nicht mehr als freundliches Mittel gegen den Tod dargestellt. Einige christliche Denker stellten sie als die erste Ursache des Todes hin. Andere sahen sie weniger drastisch als die erste, eklatanteste Manifestation dessen, daß Adam und Eva die Unsterblichkeit verloren hatten, die ihnen mit dem Erfülltsein vom Geiste Gottes zuteil geworden war. Für alle drängte sich die Sexualität in den Mittelpunkt der Aufmerksamkeit – als privilegiertes Symptom dafür, daß die Menschheit in Knechtschaft gefallen war. Folglich geriet der Verzicht auf den Geschlechtsverkehr auf einer tiefen symbolischen Ebene in eine Verknüpfung mit der Wiederherstellung einer verlorenen menschlichen Freiheit, mit der Wiedergewinnung des Geistes Gottes und daher mit der Fähigkeit des Menschen, die Macht des Todes zunichte zu machen.

Es ist jedoch wichtig, die große Vielfalt der radikalen Gruppen hervorzuheben, die sich im Laufe des 2. Jahrhunderts herausgebildet hatten. Und wir sollten sie auch nicht als Neuerungen behandeln, die dem ursprünglichen Geist des Christentums wenig verdankten. Im Gegenteil: Diese Ansicht zu vertreten hieße, ein einzigartig friedliches Bild vom Leben der Frühkirche zu malen. Viele Christen betrachteten Gewohnheiten rigoroser sexueller Abstinenz bereits als selbstverständlich und hatten seit langem Riten einer Initiation durch die Taufe praktiziert, die den Anfang des wahren Lebens eines Christen mit dem lebenslangen Verzicht auf sexuelle Aktivitäten verband.[10] Selbst hinter den extremsten Aussagen vieler Führer des 2. und 3. Jahrhunderts – zum größten Teil sehr redegewandter Männer – können wir gewöhnlich die stumme Zustimmung ganzer Kirchen, ja ganzer christlicher Regionen spüren.

Die Laufbahnen Marcions und Tatians illustrieren die Zähigkeit der Verbindungen zwischen Gestalten, denen wir erstmals als isolierte Lehrer in Rom begegnen, und ihrem spirituellen »Wahlkreis« in weit entfernten Regionen des Reiches. Marcion war der Sohn eines Bischofs aus Pontus. Er traf im Jahre 140 in Rom ein. Er konnte den Anspruch erheben, der authentische Verfechter der Botschaft zu sein, die Paulus der Heidenwelt gebracht hatte: *Siehe, es ist alles neu geworden.*[11] Die Einstellung zum

Schöpfergott, zum fehlgeleiteten Untergebenen des wahren Gottes der Liebe, die er von seinen Anhängern erwartete – eine Haltung freudloser Verweigerung gegenüber allen Zielen des Schöpfers –, war eine emotionale Kopie der Einstellung früherer christlicher Gruppen dem »gegenwärtigen Zeitalter« gegenüber.

Um das Jahr 80 stellten die Christen von Antiochien das Lukasevangelium zusammen. Dieses Evangelium enthielt einige der entschiedensten Worte Jesu zur Rolle seiner Jünger im »gegenwärtigen Zeitalter«. In solchen Worten waren es »die Armen« *tout court* – die Heimatlosen, die Entwurzelten, die Unterdrückten –, die »gesegnet« genannt worden waren.[12] Die »Seligpreisungen« der Bergpredigt, wie sie im Lukasevangelium in dieser extremen Form berichtet werden, wirkten als Freibrief für die wandernden Anhänger Jesu, die als erste die Ankunft seines Reiches in Palästina, Syrien und dem südlichen Kleinasien gepredigt hatten. Sie wurden von Marcion und seinen Anhängern dahingehend gedeutet, daß jene Jünger, welche »weder heirateten noch verheiratet wurden«, »*schon* den Engeln gleich« werden konnten und bereits »die jenseitige Welt und die Auferstehung« erlangt hatten.[13]

Ein solcher Stand der Anschauungen in vielen örtlichen Kirchen erklärt, warum die Marcioniten in vielen Teilen Syriens den Anspruch erheben konnten, das »wahre« Christentum darzustellen.[14] Ähnlich blieb Tatians Bruch mit der Kirche in Rom im Jahre 172 zwar im griechisch-römischen Mittelmeerraum lange im Gedächtnis, er aber reihte sich kommentarlos wieder in ein syrisches Christentum ein, das vielleicht immer so radikal gewesen war wie er.[15] Seine größte Leistung war die Abfassung des *Diatessaron* – eines einzigen Evangeliums in Griechisch und Syrisch, das die vier Evangelien in eine einheitliche Fassung brachte. Obwohl dieses Evangelium durchgängig seine eigenen scharfen Ansichten zugunsten sexueller Abstinenz verriet,[16] wurde es in der syrischen Welt als selbstverständlich hingenommen. Noch im 5. Jahrhundert waren in einer einzigen Diözese mindestens zweihundert Abschriften davon in Umlauf.[17]

Ganz allgemein waren Anschauungen und Einstellungen, die in der auf uns gekommenen polemischen Literatur als das Werk auffallend eigenartiger Innovatoren dargestellt werden, in vielen Kirchen Palästinas, Syriens und mancher Teile Kleinasiens als lediglich eine von mehreren Varianten eines etablierten

»radikalen Konsensus« in Umlauf. Ganz ähnlich wie im 19. Jahrhundert in regelmäßigen Abständen Erweckungsbewegungen wie Feuerstürme über die »Burned Over«-Regionen des Staates New York fegten – jede von ihnen brachte eine charakteristische Variante einer gemeinsamen sektarischen Religiosität hervor –, müssen wir uns vorstellen, daß die christlichen Gemeinden des Hinterlandes der östlichen Mittelmeerküste im 2. und 3. Jahrhundert die Tendenz gemeinsam hatten, daß christliche Militanz ihren klarsten Ausdruck im Verzicht auf eheliches Leben fand.

Wir haben es mit einer Welt zu tun, die ganz anders ist als die des Polykarp in Smyrna, des Hermas in Rom, des Irenäus in Lyon und des Tertullian in Karthago. Die riesigen, vehement heidnischen Städte des Mittelmeerraums traten weniger stark in Erscheinung. Weiter entfernt vom Mittelmeer, östlich von Antiochien, war Verfolgung für Christen ein verhältnismäßig unwichtiges Thema: ein Martyrium von seiten der kaiserlichen Behörden wurde erst nach 300 n. Chr. zu einer Realität. Statt dessen lebten die syrischen Christen »vor der Tür der Juden, wie arme Verwandte, mit denen man nicht spricht«.[18] Die Mobilität der Frühphasen der »Jesusbewegung« in Palästina setzte sich in dieser östlichen Christenheit fort. In einer Landschaft von Dörfern und kleineren, nur lose zusammenhängenden Städten flackerte der Gedanke, daß das Erfülltsein vom Heiligen Geist einen dramatischen Bruch mit der gesamten sozialen Identität des Gläubigen herbeiführen könnte, verlockend ganz im Mittelpunkt der christlichen Imagination – in einer Weise, die den strengen Tertullian entsetzt hätte.

Auch wenn sich die Lehren Marcions und Tatians vielleicht vor einem gemeinsamen Hintergrund verbreitet haben und einer gemeinsamen religiösen Sensibilität ihre eigenen Bedeutungen verliehen haben, unterschieden sie sich doch stark voneinander. Beide verlangten von allen getauften Christen völlige sexuelle Abstinenz; aber die Bedeutung dieser Abstinenz war in beiden Gruppen nicht dieselbe.

Für Marcion war das »gegenwärtige Zeitalter« die sichtbare Welt, die in ihrer Gesamtheit der Herrschaft eines Schöpfergottes unterworfen war, dem der wahre Gott der Liebe unbekannt war. Ein Abgrund trennte die gegenwärtige Welt vom Himmel, aus dem Christus kam, um die Menschheit zu retten. Die kosmische Dimension, die Marcions Denken hatte, war klar. Sie wurde von seinen Gegnern im 2. wie auch in späteren Jahrhunderten hervorgehoben. Das gegenwärtige Universum war seiner Ansicht nach von einer formenden Macht zustande gebracht worden, die weit von der strahlenden Ruhe des höchsten Gottes entfernt war.[19] Menschliches Leben wurde unter dem Schatten einer unzuverlässigen und grausamen Kraft verbracht, die die materielle Welt erhielt und lenkte. Doch anders als viele seiner ebenso düsteren Zeitgenossen gab Marcion diesem schroffen Dualismus von Geist und Materie eine ausgeprägt soziale Dimension. Der Schöpfergott war der Gott des jüdischen Gesetzes. Seine unheimliche Macht zeigte sich weniger in der Spannung zwischen Leib und Seele als in den verzweifelten Zwängen der konventionellen Gesellschaft. Dieser Gott hatte dem Menschengeschlecht dumpfe Regeln und einengende Abtrennungen auferlegt, die die Menschen voneinander abschnitten. Die Menschheit als ganze und nicht nur die Juden lebten »unter dem Gesetz«. Um diese schweren Riegel aufzustoßen, war Christus plötzlich als völlig Fremder in einer eingeengten und überholten Welt erschienen. Seine Person strahlte eine neue, beunruhigende Offenheit aus. Wo der Schöpfer den Menschen befohlen hatte, Leprakranke zu meiden, hatte Christus sie angerührt.[20] Wo der Schöpfer menstruierende Frauen zu einer Quelle von Unreinheit erklärt hatte, hatte Christus der Frau mit einem Blutfluß gestattet, ihre Hand auf ihn zu legen.[21] »Dies ist die grundlegende und ganz absolute Güte Christi, daß solche Güte auf völlig Fremde ausgegossen werden sollte, auf die, welchen gegenüber wir keine verwandtschaftlichen Verpflichtungen haben, als ein freier Willensakt.«[22]

Die christliche Botschaft war unvertraut, und sie war gegen die Familie gerichtet: sie war eine Botschaft, von der diejenigen, die in den engen Grenzen der Familie befangen waren, keine Ahnung haben konnten. Nur dadurch, daß man Männer und Frauen einander zutiefst »unfamiliär« machte, daß man verlangte, sie sollten die Ehen aufgeben, die sie zuvor zusammengehalten hatten,[23] und selbst die Bindungen auflöste, die Kinder an ihre Eltern banden,[24] konnten wahre Christen in einer frei gewählten Gemeinschaft zusammenkommen, die nicht durch vorgegebene Familienbindungen, Loyalitäten und Gewohnheiten bestimmt war.

Das war für die durchschnittliche christliche Kirche eine eigentümlich beunruhigende Botschaft. Bis in die Mitte des

2. Jahrhunderts hinein hatten die christlichen Gemeinden nach Art der meisten religiösen Gruppen in der antiken Welt zu zögernder Expansion geneigt. Familiäre Bindungen, Ehen und Loyalitäten gegenüber Haushaltungsvorständen waren die wirksamsten Mittel zur Rekrutierung von Kirchenmitgliedern gewesen und hatten die fortgesetzte Anhänglichkeit des Durchschnittschristen an den neuen Kult sichergestellt.[25] In vielen Gegenden lag die Kirchenführung in den Händen von Dynastien Altgläubiger. Um 190 konnte Bischof Polykrates von Ephesus behaupten, daß sieben seiner Verwandten bereits Bischöfe der Stadt gewesen seien![26] Die Ehe preiszugeben bedeutete, den von Haushalten getragenen Kern der Kirche zu untergraben. Eine Gruppe, die die christliche Gemeinde als Vereinigung getaufter Zölibatäre definierte, mußte sich tatsächlich auf andere Formen der Führung festlegen, die mit einer aggressiven missionarischen Strategie verknüpft waren, wie sie in der antiken Welt ganz ungewöhnlich war.

Anstatt langsam von einem Kern etablierter altchristlicher Familien aus nach außen hinzuzubauen, rissen die marcionitischen Kirchen das Individuum bewußt aus den Familienstrukturen der Gesellschaft heraus. Tertullian warnte seine Leser: die Ansicht Marcions, wonach Christus in die Welt gekommen sei, um die Seinen der bestehenden Herrschaft des Schöpfergottes zu entwinden, drohte Söhne ihren Vätern, Schüler ihren Lehrern und Sklaven ihren Herren zu entreißen.[27] Auch wenn solche Gruppen klein gewesen sein mögen, so verbreiteten sie sich doch mit ungewöhnlicher Schnelligkeit. Marcionitische Kirchen wetteiferten auf gleicher Ebene mit den anderen christlichen Gemeinden in Kleinasien und Syrien. Jenseits der römischen Grenzen, im Irak und in den Vorbergen des Iran, gelang es den Marcioniten bis zum Ende des 6. Jahrhunderts, das Monopol auf die Bezeichnung »christlich« zu bewahren.[28]

Tatians Interessen führen uns in eine andere Gedankenwelt. Marcion hatte die Gesellschaft aus einer »horizontalen« Perspektive betrachtet. Den Schöpfergott aufzugeben bedeutete, die engen Grenzen einer auf Familien beruhenden Gesellschaft in Richtung auf die unerwartete Offenheit einer missionarischen, ehelosen Kirche zu überschreiten. Tatian dagegen betonte die »vertikale« Dimension der menschlichen Person. Die Verbindung des existierenden, unzulänglichen Menschen mit dem Heiligen Geist bildete den Schwerpunkt seines Denkens.

Sein Beharren auf sexueller Abstinenz entsprang diesem vorrangigen Interesse.[29]

Der Mensch im »gegenwärtigen Zeitalter« war ein kopfloser Torso.[30] Seitdem sich Adam im Paradies von Gott »getrennt« hatte, hatte eine Schicht der Seele, die die Person wahrhaft menschlich machte, gefehlt. Denn

der Mensch ist nicht, wie die Rabenkrächzer [die Philosophen] lehren, ein vernünftiges Tier. ... Der Mensch allein ist Ebenbild und Gleichnis Gottes, und ich nenne nicht den einen Menschen, der wie die Tiere handelt, sondern den, der über sein Menschentum hinaus zu Gott selbst gelangt ist.

[Denn] der Geist Gottes ist nun nicht mehr bei allen Menschen; bei einigen aber, deren Wandel gerecht war, ist er eingekehrt und vermählte sich mit ihrer Seele ... und die Seelen, die der Weisheit folgten, zogen den verwandten Geist an sich.[31]

Die menschliche Seele an sich war nichts. Sie existierte, um mit dem Geist »vermählt« zu werden. Seelen, die sich nicht an den Geist »klammerten«, mußten in einen ebenso innigen und alles verschlingenden Zustand der Besessenheit durch die Geister des Bösen verfallen.[32] Ungetaufte Menschen lebten in der Gewalt von »zehntausend Tyrannen«.[33]

Eine Überflutung der Person durch den Heiligen Geist, die auf einer so dauerhaften und so intensiven Vereinigung beruhte, wie es die unentwirrbare Verbindung zweier Leben war, die von zeitgenössischen heidnischen Schriftstellern an einer idealen menschlichen Ehe bewundert wurde, stellte den Kern des Lebens des Christen dar.[34] Eine solche »Vermählung« mit dem Geist war etwas anderes als die mächtige Inspiration, die hin und wieder über die einzelnen Propheten kam, die wir in unserem letzten Kapitel beschrieben haben. Was Tatian im Sinn hatte, war vielmehr ein gutartiger Zustand andauernden Erfülltseins, der vom Christen im Augenblick der Taufe erlangt wurde. Dazu gehörte eine Auffassung vom Wirken des Geistes tief im Innern der Seele des getauften Gläubigen, die sich am angemessensten in der gemessenen Ekstase von Gesang und Dichtung ausdrückte:

Wie der Wind durch die Zither wandert
und die Saiten tönen,
so tönt in meinen Gliedern der Geist des Herrn,
und ich ertöne in seiner Liebe.[35]

Was Christus der Welt gebracht hatte, war die Möglichkeit der Vermählung mit Seinem Geist.

Wie der Arm des Bräutigams auf der Braut,
so (liegt) mein Joch auf denen, die mich kennen.[36]

Der Heilige Geist war eine Quelle nicht versiegender Nahrung. Im Syrischen war das Wort für Geist weiblich. Der Geist war die Mutter der Seele:

Ich habe ihre Glieder hingestellt,
und meine eigenen Brüste habe ich für sie bereitet,
daß sie meine heilige Milch trinken könnten, um davon zu leben.[37]

In Tatians Denken waren Bilder von ehelicher Bindung und von Nahrung so stark, daß sie die Möglichkeit sexueller Vereinigung in einer gewöhnlichen Ehe ausschlossen. Eine so gewaltige innere Realität ließ keinen Rivalen zu. In seinem *Diatessaron* interpretierte Tatian geschickt die Passage der *Genesis* um, auf die sich Christus als Grundlage seiner Forderung nach monogamer Ehe berufen hatte. Für Tatian wurde Adam, sobald er eigensinnig beschlossen hatte, seinen Vater und seine Mutter, Gott und Seinen Geist, zu »verlassen«, dem Tode unterworfen und war daher gezwungen, durch körperlichen Verkehr einer Frau »anzuhängen«, indem er Eva heiratete.[38] Um den Geist Gottes, der einst Adam über den Tod und damit über die Notwendigkeit der Ehe erhoben hatte, wiederzugewinnen, mußten die Menschen den ehelichen Verkehr aufgeben, der das klarste Zeichen für Adams Schwachheit und das entschiedenste Hindernis für das Verweilen des Geistes in ihm war.

Zeitgenossen gebrauchten für die Ansichten Tatians und der zahlreichen Gruppen, die mit ihm in loser Verbindung standen, die allgemeine Bezeichnung »enkratitisch« – von *enkrateia*, Enthaltsamkeit.[39] Die Enkratiten erklärten, daß die christliche Kirche aus Männern und Frauen zu bestehen hatte, die im strengen Sinne »enthaltsam« waren: sie hatten den Trieb gezügelt, miteinander Geschlechtsverkehr zu haben. Dieser grundlegenden Enthaltsamkeit fügten die Enkratiten Einschränkungen der Diät, die Enthaltung vom Fleisch- und Weingenuß hinzu. Diese Enthaltungen waren eng mit dem grundlegenden Akt des sexuellen Verzichts verbunden: denn das Essen von Fleisch verband Menschen angeblich mit der wilden, fleischfressenden Natur der Tiere, so wie der Verkehr sie mit der sexuellen Natur roher

Bestien verband. Überdies war Wein eine bekannte Quelle sexueller Energie – »denn der Wein erhitzt die Nerven, erschlafft den Geist, erregt Sinnenlust, erzeugt Samen und ruft Begier nach Liebesgenuß hervor.«[40]

Es machte kaum einen Unterschied, ob getaufte Gläubige von Geburt an jungfräulich geblieben waren oder ob sie beschlossen hatten, sich des Geschlechtsverkehrs zu enthalten, nachdem sie bereits verheiratet waren. Das, worauf es ankam, war, daß die Herrschaft der Dämonen über die menschliche Person bei der Taufe durch die ausschließliche, intime Nahrung des Heiligen Geistes ersetzt worden war, der von nun an keine weitere sexuelle Vereinigung zulassen würde.

Die Enkratiten entwickelten ihre Ansicht von der Ursache der allgemeinen Knechtschaft der Menschheit durch Auslegung der Geschichte vom Fall Adams und Evas, wie sie in den ersten Kapiteln des Buchs der *Genesis* erzählt wurde. Besessen, wie er vom Sieg Christi über den Tod in der Auferstehung war, hatte bereits Paulus »den Adam-Mythus aus seiner Lethargie wachgerüttelt«.[41] Vom 2. Jahrhundert an sollte der Mythus allerdings ganz hellwach bleiben. Für Tatian und seine Anhänger standen Adam und Eva für die Menschheit, wie sie ursprünglich von Gott geschaffen worden war. Sie waren im strengen Sinne »heilige« Wesen gewesen: sie waren Wesen, die ausschließlich der einen Kategorie, der des Nicht-Tiers, angehörten; sie waren im Besitz des Geistes Gottes und sollten ewig leben.[42] Die grundlegende Anomalie der menschlichen Existenz, durch welche menschliche Wesen, obwohl einst geistbegabt, jetzt wie die nichtmenschlichen Tiere sterben, hatte begonnen, als Adam und Eva ihre Vermählung mit dem Geist Gottes preisgaben und sich durch ihre Sterblichkeit gezwungen sahen, in Beziehungen zueinander auf eine Weise einzutreten, die für sie von Gott ursprünglich nicht vorgesehen war. Durch diese Handlung schlossen sie den Geist noch weiter aus und verwischten die klare Grenze, die die menschliche Person in einer Verfassung bewahrte, die sich von der der Tiere abhob.

Es gab sogar radikale Jünger Tatians, die den ursprünglichen Verlust des Geistes durch Adam und Eva direkt einem Geschlechtsakt zuschrieben. Sie behaupteten, daß Eva die Schlange, die die Tierwelt vertrat, getroffen habe und daß die Schlange Eva gelehrt habe, das zu tun, was die Tiere tun – Geschlechtsverkehr zu haben.[43] Durch ihre »Sexualisierung« mit dem Tierreich vereint, sahen sich Adam und Eva auf einem schlüpfrigen Abhang, der über Sexualität zum Tierreich und von dort zum Grab führte.

Ein Mensch in seiner Herrlichkeit kann nicht bleiben, sondern muß davon wie das Vieh.[44] *Denn es geht dem Menschen wie dem Vieh: wie dies stirbt, so stirbt auch er, und sie haben alle* einen *Odem, und der Mensch hat nichts voraus vor dem Vieh.*[45]

In beiden Auffassungen zeigte sich der Verlust des Vorrangs vor dem Vieh, den der Mensch erfahren hatte, mit brutaler Deutlichkeit dadurch, daß der Mensch, als er sterblich wurde, zum Teilhaber der Tierwelt an den Fakten des Sex wurde.

Das war eine düstere Vision. In ihr wurde die alte Kontinuität zwischen Mensch und natürlicher Welt unterbrochen und mit ihr die Annahme, daß die menschliche Gesellschaft organisch aus natürlichen Trieben herausgewachsen sei. Durch sexuelle Vereinigung kamen Adam und Eva nicht dazu, die Gesellschaft zu gründen und fortzusetzen; sie verfielen in eine falsche Gesellschaft. Die menschliche Gesellschaft, wie sie jetzt verfaßt war und durch die Ehe am Leben erhalten wurde, entwickelte sich nicht natürlich; sie war vielmehr eine Gesellschaft, die durch einen stillschweigenden »sexuellen Gesellschaftsvertrag« geschaffen war. Um sie aufrechtzuerhalten, gaben die Menschen die unveräußerlichen, ursprünglichen Eigenschaften preis, die sie im Anfang von den Tieren unterschieden hatten, als Wesen, die durch die Gegenwart des Geistes Gottes unsterblich gemacht worden waren, und sie mußten fortfahren, diese Eigenschaften preiszugeben. Dadurch, daß sie weiter zu einer Gesellschaft beitrugen, die durch Ehevereinbarungen aufgebaut und mit körperlichem Verkehr verbunden war, verdammten sich die Menschen selbst dazu, an dem anderen Aspekt des Lebens der Tiere teilzuhaben – sie blieben sterbliche Geschöpfe, die vom lebenspendenden Geist Gottes nicht erreicht wurden. Durch Eintritt in die Ehe mit Sex zu beginnen bedeutete daher, direkt zum Kreislauf der Sterblichkeit beizutragen: »Und die Ehe folgte der Frau, und die Fortpflanzung folgte der Ehe, und Tod folgte der Fortpflanzung.«[46]

Das war eine Auffassung, die die soziale Landschaft der römischen Welt einebnen sollte. Eine Gesellschaft, die von heitereren Zeitgenossen gern als eine geschildert worden war, die von Generation zu Generation durch den natürlichen Fortpflanzungstrieb junger Männer und Frauen in Blüte stand, wurde jetzt als eine dargestellt, die unwiderruflich ins Grab hinabglitt: »Die Welt ist erschaffen, Städte sind geschmückt, und die Toten werden weiter hinausgetragen.«[47]

Mit einem Schlag wurde die Sexualität von der Gesellschaft losgelöst. Die heidnische und die jüdische Gesellschaft hatten beide einen festgegründeten Glauben an die Fähigkeit des Menschen gehabt, jene körperlichen Triebe, die Männer und Frauen mit der Tierwelt teilten, zu sozialisieren. Sie glaubten, daß die Sexualität in den Bannkreis der Gesellschaft gezogen werden könne. Ganz gleich, wieviel Besorgnis unbotmäßige sexuelle Gefühle den Frommen verursachen mochten, diese Besorgnis wurde durch die Gewißheit in Schach gehalten, daß es so etwas wie »guten«, d.h. gesellschaftlich nützlichen Sex gab: nur den antisozialen Aspekten der Sexualität hatte man zu entsagen. Die Enkratiten verwarfen einen solchen Optimismus als selektive und willkürliche Unterteilung. Sex war Sex, ganz gleich, wo, wann, mit wem und wie er stattfand: in jeder Form, ob erlaubt oder nicht, machte er die gegenwärtige Trennung der Menschheit vom Geiste Gottes deutlich.

Jüdische Exegeten hatten die Ansicht geäußert, Adam und Eva hätten sich von der Schlange penetrieren lassen, um durch einen solchen Mythos Varianten sexuellen Verhaltens wie Sodomie und Analverkehr, die ihnen besonders bizarr und anomal erschienen, zu erklären. Die enkratitische Exegese stellte die Sexualität selbst, als solche, als das bleibende Zeichen einer unnatürlichen Verwandtschaft mit der Tierwelt dar, die die Schlange Adam und Eva aufgezwungen hatte.[48]

Die Sexualität war ein unverändertes Zutagetreten der fremden, »tierischen« Welt, in die die Schlange Adam und Eva erstmals geführt hatte. *Ein jeder wiehert nach seines Nächsten Weibe wie die vollen, müßigen Hengste* – Jeremias Brandmarkung des Ehebruchs im alten Israel wurde von enkratitischen Autoren so gedeutet, als beziehe sie sich auf ehelichen Verkehr jeder Art.[49] Das komplizierte System disziplinierter Sexualität, das die christlichen Gemeinden vom Judentum geerbt hatten und auf dessen Einhaltung sie ihren Anspruch auf Bewunderung in der Heidenwelt gegründet hatten, wurde bedeutungslos gemacht. Die Sexualität war nicht dazu da, um in disziplinierter Weise gebraucht zu werden: sie war nur dazu da, daß man ihr entsagte.

Doch in dieser schrecklichen Symphonie läßt sich ein hochgestimmter Refrain von Freude und Freiheit vernehmen. Auf diesen Refrain scheinen die Anhänger der enkratitischen Bewegung gelauscht zu haben. Es ist wichtig, daß wir das gleiche tun. Geschlechtsverkehr und das kalte Gift des Grabes faßten die menschliche Schwachheit zusammen. Doch dem Verkehr konnte man ein Ende setzen, wie man es beim Tod nicht konnte. Das unheimliche Kontinuum, welches das Menschengeschlecht mit dem Tierreich und mit dem Grab verband, war einst durch eine Reihe freier Entscheidungen konstruiert worden. Der fatale Schritt Adams und Evas konnte vom freien Willen rückgängig gemacht werden. Es stand in der Macht jedes oder jeder einzelnen, die ursprüngliche unvermischte »Heiligkeit« wiederzugewinnen, die das Erfülltsein vom Geist Adam und Eva verliehen hatte: »Denn es ist bestimmt, daß ein jeder seinen eigenen Fall wieder gut mache.«[50]

Junge Männer und Frauen konnten beschließen, jungfräulich zu bleiben: dadurch, daß sie die Pubertät ohne Geschlechtsverkehr durchmachten, konnten sie die sexuellen Versuchungen überwinden, denen Adam und Eva schließlich erlegen waren. Junge verheiratete Frauen konnten nichts Geringeres als einen »Boykott des Schoßes« in Gang setzen; sie konnten ihren Körper dem Geschlechtsverkehr verweigern und dadurch den Tod um weitere Beute betrügen.[51] Gatten und Gattinnen konnten sich nach der Taufe vom Ehebett zurückziehen; hierdurch gewannen sie einen Status der »Heiligkeit« zurück – dieser Begriff wurde in der syrischen Kirche praktisch gleichbedeutend mit »Enthaltsamkeit«, wenn von enthaltsamen Ehepaaren die Rede war.[52] Außerdem wurde die Taufe als ein Ritus wirksamer Desexualisierung dargestellt. Die Initiaten stiegen nackt in das Taufbecken. Man nahm an, sie hätten die sexualisierten »Kleider« ihres alten Leibes abgelegt.[53] Sie standen an dem Becken wie kleine Kinder.

Kinder waren, so glaubte man, von sexueller Scham der Erwachsenen und daher von dem Erwachsenenbedürfnis nach Kleidern nicht berührt; sie waren noch nicht voll in die Strukturen der Erwachsenengesellschaft einbezogen und unterlagen daher noch nicht der Verpflichtung eines Erwachsenen zu heiraten.[54] Das kalte Wasser löschte das heiße Feuer aus, das ihnen das Leben gegeben hatte.[55] In dieses Wasser senkte sich der Heilige Geist und hüllte den Menschen in ein Gewand der Herrlichkeit, so zart wie die durchsichtigen Wasserströme, die den nackten

Körper umfingen, wenn er aus dem Becken auftauchte.[56] Die Enthaltung von Fleisch und Wein grenzte die Mitglieder der getauften Gruppe zusätzlich als unzweideutig »heilige« Personen ab. Jeder, dem eine solche Gruppe entgegentrat, wußte eindeutig, wofür sie stand. Als Manis Vater um 214 im fernen Ktesiphon in einem heidnischen Tempel stand, hatte er den geheimnisvollen Ruf gehört: »O Futtuq, iß kein Fleisch! Trink keinen Wein! Heirate kein menschliches Wesen!« Sehr oft war dies die Form, in der die Bewohner des Nahen Ostens (und, soviel wir wissen, auch anderer Orte) ihre erste Bekanntschaft mit dem Christentum machten.[57]

Die legendären *Thomasakten* erlauben uns, in die Vorstellungswelt der enkratitischen Christenheit in Syrien einzudringen. Sie wurden um 220 in Edessa auf syrisch geschrieben. Die Probleme, die Hermas, Irenäus und Tertullian in den Städten des römischen Westens beschäftigten, scheinen sehr weit entfernt von dieser bemerkenswerten Darstellung der Wirkung, die ein idealer Missionar in der enkratitischen Tradition auf die ihn umgebende Gesellschaft ausübte.[58] Wir werden dazu gebracht, durch die stillen Augen Christi auf »das gegenwärtige Zeitalter« zu blicken. Dieser Christus hatte in den Abgrund einer Welt hinabgegriffen, die von dämonischen Mächten beherrscht war.[59] Thomas war der »Zwilling« Christi. Er setzte als der ideale Militante in der syrischen Tradition die Mission Christi auf Erden fort.[60] Er bewegte sich als ein herausfordernder Fremder in einer Gesellschaft, die auf den Kopf gestellt werden mußte, um endlich richtig herum zu stehen. Er griff in das Schlafzimmer, um den Erdrutsch der Sexualität an seiner Quelle zum Stillstand zu bringen. In keinen anderen legendären Akten begegnen wir in so lebendiger Anschaulichkeit dem klassischen asketischen Szenario sexuellen Verzichts in der Hochzeitsnacht:

Und der Herr [der wie Thomas aussah] setzte sich auf das Bett, ihnen aber befahl er, sich auf die Sessel zu setzen …, [und so] enthielten sie sich der schmutzigen Begierde und brachten so an dem Orte die Nacht hin.[61]

Frauen, die bereits verheiratet waren, wurden gedrängt, ihren Gatten abzuweisen:

Charîs aber trat, nachdem er gegessen hatte, neben sie. Sie aber schrie: Hinfort hast du keinen Platz bei mir, denn mein Herr Jesus, der mit mir ist und in mir ruht, ist besser als du.[62]

Charîs beschloß die Nacht von seiner resoluten Gattin Mygdonia gefesselt, welche ihm entfloh und dabei in nichts anderes gehüllt war als den Vorhang, der über dem Ehebett hing.[63] Armer Prinz Charîs! In seiner Erniedrigung im Schlafzimmer konnte man den großspurigen Stolz des »gegenwärtigen Zeitalters« zerfallen sehen:

Ich bin dein (Ehemann) Charîs, den das ganze Volk ehrt und fürchtet. ... Blicke mich an (und sieh), daß ich (um vieles besser und schöner bin) als jener Zauberer! Ich habe Reichtum und Ehre, und alle erkennen an, daß niemand eine solche Familie hat wie ich.[64]

Daher die bleibende Bedeutung der Auffassung von Sexualität, die in den *Thomasakten* vorgeführt wird. Ehelicher Verkehr wurde als die Stütze des gewaltigen Gebäudes des »gegenwärtigen Zeitalters« behandelt. Den Zauber des Bettes zu brechen bedeutete, den Zauber der Welt zu brechen. Dies war eine Welt, deren gesellschaftliche Strukturen unter Verdammung standen. Wir blicken hier nicht nur auf die Sexualität, sondern auch auf eine Gesellschaft, deren Werte verkehrt waren – eine Gesellschaft, in der die Armen im Winter hungrig herumliefen, während die Könige riesige Paläste planten;[65] in der Diener große Damen in gewaltigen Sänften trugen und auf ihren Mitgeschöpfen herumtrampelten, um ihren Herrinnen den Weg zu bahnen.[66] Es war eine Gesellschaft ohne Kenntnis von einem Himmel, in dem alles wieder richtig herum gekehrt werden würde, für diejenigen, die in diesem gegenwärtigen Leben Reichtum und Familie aufgaben und die das gewöhnlich zur Schaustellung angehäufte Geld in der Fürsorge für die namenlosen Armen anlegten.[67] Thomas' Himmel war ein Ort, an dem es keinen Hochmütigen, der die Demütigen unterwirft, mehr geben würde.[68]

Thomas wurde als jemand dargestellt, der eine verständnislose Welt eine neue Lehre der Reinheit lehrte,

indem er sagt, daß niemand leben könne, wenn er sich nicht von all seinem Besitz befreie und wie er selbst verzichtet. Und er bemüht sich, viele Anhänger für sich zu gewinnen.[69]

In der enkratitischen Tradition sollte das Ende des gegenwärtigen Zeitalters durch den Boykott des weiblichen Schoßes herbeigeführt werden. Und der Boykott des Schoßes war entscheidend, weil die Sexualität nicht so sehr als Trieb dargestellt wurde, sondern vielmehr als das Symbol unentrinnbarer Prozesse, das klarste Zeichen menschlicher Knechtschaft. Thomas' Ruf erging daher an die Frauen, ihre Männer abzuweisen, und nicht mehr einfach an die Männer, der Verführung durch die Frauen zu widerstehen. Das kennzeichnete eine wesentliche Verschiebung des Schwerpunktes. Die anderen christlichen Traditionen hatten sich völlig damit begnügt, die Sexualität nur so zu betrachten, wie sie ein Mann erfahren konnte. Sie war ein gefährlicher, verborgener Trieb, der häufig in Männern von Frauen erregt wurde. Dadurch, daß sie die Aufmerksamkeit auf die verallgemeinerte Schwachheit des Menschengeschlechts als ganzen lenkten, führten die Enkratiten in alle künftigen christlichen Darstellungen der Sexualität eine quälendere, gedämpftere Note ein. So etwas wie eine »beidäugige Sicht«, ein Versuch, männliche und weibliche Wahrnehmungen dessen, was Sexualität im gesamten Lebenslauf von Mitgliedern beider Geschlechter bedeuten konnte, miteinander zu verbinden, deutet sich hinter der gehobenen Rhetorik der *Thomasakten* an. Wir sind nie weit von einem Gefühl für die Verwundbarkeit der ganzen Menschheit für die Katastrophe des gesellschaftlichen Lebens, wie es üblicherweise im »gegenwärtigen Zeitalter« organisiert war. Dies war eine Katastrophe, die sich am deutlichsten in dem gewaltigen Druck offenbarte, dem der Körper der verheirateten Frau von seiten der Gesellschaft unterworfen war.

Konkret stellte man Ehe und Geburt als etwas dar, das Familien dazu verpflichtete, den Stolz und die Gewalttätigkeit aufrechtzuerhalten, von denen die Stabilität der Gesellschaft abhing.[70] Die *Thomasakten* sagten aber noch mehr. Der Fortbestand der Gesellschaft wurde dadurch erreicht, daß man das Leben der Frau in flüchtige Bruchstücke aufteilte. Vom Standpunkt der Frau aus gesehen offenbarte der Übergang von der Jungfräulichkeit zum Kindbett am eklatantesten den Abgrund, der die Ewigkeit von einer Menschheit trennte, die jetzt in dem grausamen Fluß der Zeit gefangen war. Die stille Ruhe des früheren Zustands des Mädchens, der von ihrem unberührten Körper symbolisiert wurde, wurde durch das hohe Zeremoniell ihres Hochzeitstages in eine Reihe kurzer Akte verwandelt, die rasch vorbeischossen. Jede Handlung hob ein quälendes Moment von Verlust und Diskontinuität hervor. Der Schleier wurde als ein Zeichen neuer sexueller Scham angelegt.[71] Das prächtige Goldtuch des Hochzeitszelts wurde aufgerichtet, nur um wieder abgenommen zu werden. Das Ende all dieses Glanzes war Verfall, die Vorahnung langer Jahre voller Sklavendienste für den Körper als Gebärerin und Ernährerin von Kindern.[72] In dieser Weise ließ man die Verdammung der Frau zum Ehebett für alle menschliche Knechtschaft im gegenwärtigen Zeitalter stehen, und die Ablehnung des ehelichen Verkehrs war wie ein Fenster, das plötzlich zur Ewigkeit aufgestoßen worden war, denn »es vergeht aber auch die Gemeinschaft des Kinderzeugens, da sie eben ein Gegenstand der Verachtung ist. Jesus allein bleibt immer.«[73]

Bei aller aufwühlenden Rhetorik ihrer erdachten Helden machen die durchschnittlichen Praktiker der Enthaltsamkeit in Syrien einen bemerkenswert heiteren Eindruck auf uns. Zu den Anhängern Tatians gehörten asketische Wanderprediger, für die die Taten von Aposteln wie Thomas weiterhin als Modell wirkten. Mit ihren »apostolischen« Reisen von Stadt zu Stadt und von Dorf zu Dorf verbanden sie stille kleine Gruppen von Männern und Frauen. Diesen Männern und Frauen hatte die christliche Taufe eine Fähigkeit gebracht, unbefangen miteinander zu leben. Die Gegenwart des Heiligen Geistes sorgte dafür, daß der furchterregende Strom der Sexualität, der einst durch ihren Körper geflossen war, mit Sicherheit abgeschaltet war. Kein verräterischer Funke sprang jetzt zwischen den einst geladenen Polen von Männlichem und Weiblichem über.[74]

Männliche und weibliche Missionare reisten sogar gemeinsam – die härteste Probe auf sexuelle Gutgläubigkeit in einer Gesellschaft, die die seßhafte Abschließung der meisten ihrer Frauen gewohnt war.[75] Vom Heiligen Geist erfüllt, wie es Adam und Eva einst gewesen waren, konnten Männer und Frauen erneut als Paare zusammen stehen, in einer keuschen Gemeinschaft verbunden, welche Beobachter in diesem und in allen nachfolgenden Jahrhunderten erstaunte und entsetzte.[76] Als beispielsweise im späten 4. Jahrhundert Hieronymus aus Italien in ein syrisches Dorf kam, um eine Zeitlang dort zu leben, erfuhr er von einem älteren unverheirateten Paar, einem Mann und einer Frau, die jeden Tag zur Kirche gingen und gemeinsam nach Hause zurückkehrten. Das Phänomen faszinierte ihn und erregte seine Phantasie stark. Die Dorfbewohner jedoch bezeichneten das Paar ohne irgendwelche Umschweife als die »Heiligen«.[77] Der Fall ist eine Mahnung, daß sexueller Verzicht, wie er in einer Gegend praktiziert wurde, auf Christen aus einem anderen Teil der römischen Welt ganz anders wirken konnte.

Die Ehelosigkeit der Enkratiten war ein Gruppenzölibat, nicht eines, das abgeschieden lebende Einsiedler begünstigte. Durch das Gefühl, einer klar definierten heiligen Gruppe anzugehören, gewann das Individuum ein Gefühl der Sicherheit, das seinen oder ihren Verzicht stützte. Enkratitische Gemeinschaften und die Kirchen der Marcioniten hatten die für die nahöstliche Landschaft selbst typische Tendenz, sich in festgefügten Sektendörfern niederzulassen. Diese Gemeinschaften ähnelten vielleicht den Shaker-»Familien« im Amerika des 19. Jahrhunderts. Sie hielten sich sehr lange Zeit, indem sie Konvertiten anzogen und als Ersatz für Findelhäuser bei der umwohnenden Landbevölkerung dienten. Sie gediehen in den Bergregionen Syriens und Kleinasiens, wo es, gemessen an den knappen Nahrungsressourcen des Hochlands, immer einen Bevölkerungsüberschuß gab und wo viele Kinder anzunehmen waren.[78]

Doch dies war nicht die einzige Lösung, die die Enthaltsamen wählten. Gegen Ende des 3. Jahrhunderts standen kleine Gruppen enthaltsam lebender Männer und Frauen – »Die Söhne und Töchter des Bundes« genannt – im Mittelpunkt der Gemeinden verheirateter Christen in den syrischsprachigen Gebieten des Nahen Ostens.[79] Das waren keine Siedlungen wilder Asketen, sondern Arbeitsgemeinschaften, getragen von der stillen Zuversicht, daß der Geist auf denen ruhte, die durch Taufe und Enthaltsamkeit die volle Menschlichkeit Adams und Evas wiedergewonnen hatten. Ihre Gegenwart badete die christliche Gemeinde als ganze in dem Gefühl, eine Gruppe zu sein, die durch unversehrte Heiligkeit ausersehen war. In die kleinen Kirchen Syriens und Nordiraks gedrängt, standen sie wie die Tiere in Noahs Arche, und ihre sexuellen Triebe waren auf wundersame Weise durch die Gegenwart Gottes zum Schweigen gebracht. Der Heilige Geist stieg in ihnen auf beim Singen der Psalmen und der selbstkomponierten Lieder, die der Stolz der syrischen Kirche sind.[80] Unvereint im Leib wurden junge Männer und Frauen wahrhaft durch die ätherische Harmonie ihrer Stimmen vereint, die dadurch wohltönend gehalten wurden, daß es zu keinen sexuellen Aktivitäten kam, von denen man in der Antike wußte, daß sie sich nachteilig auf die Stimme auswirkten,[81] in den geistlichen Liedern, die den asketischen Lehren, die wir beschrieben haben, Dichte und menschliche Wärme verliehen:

Außerhalb der Arche waren furchterregende Wellen,
aber innen liebliche Stimmen;
Zungen alle in Paaren,
gemeinsam ertönend in keuscher Weise
zur Andeutung unseres Festtages,
da unverheiratete Mädchen und Knaben
miteinander in Unschuld
dem Herrn der Arche Lob singen.[82]

Wir müssen jetzt nach Rom und Alexandrien zurückkehren, zu Valentinus und den anderen gnostischen Lehrern des 2. Jahrhunderts, um eine weitere, deutlich andere Art und Weise zu untersuchen, in der in verschiedenen christlichen Zirkeln die Einstellung sexueller Aktivitäten als Zeichen der Erlösung vom »gegenwärtigen Zeitalter« betrachtet wurde.

FÜNFTES KAPITEL

»Wenn ihr die beiden eins werden laßt«: Valentinus und gnostische geistliche Führung

Irgendwann zwischen 161 und 168 stand der Apologet Justin (dessen Anschauungen über den moralischen Heroismus der Christen uns schon begegnet sind) in einem Gerichtsverfahren vor Rusticus, dem Präfekten der Stadt Rom. Es traf sich gut, daß Rusticus selbst Philosoph war. Ja, er war es gewesen, der den Kaiser Mark Aurel gelehrt hatte, nicht »dem auffallenden Auftreten als Asket« zu verfallen.[1] In Rusticus und Justin begegneten sich zwei sehr verschiedene Vertreter der großen Klasse geistlicher Führer. Justin war nur einer der vielen exzentrischen Weisen, die sich in der wuchernden, allesverschlingenden Hauptstadt des Reiches niedergelassen hatten:

Ich wohne oberhalb des Timothinischen Bades in dieser ganzen Zeit...; ich kenne außer diesem keinen anderen Versammlungsort; wer da mich besuchen wollte, dem teilte ich die Lehren der Wahrheit mit.[2]

Für einen modernen Leser ist es schwierig, sich in die Intensität des *didaskaleion*, des kleinen Studienkreises männlicher und weiblicher Schüler, hineinzuversetzen, das sich auf Jahre hinaus um einen einzigen geistlichen Führer scharte.[3] Doch wohlhabende Christen des 2. Jahrhunderts nahmen es als selbstverständlich hin, daß ihr spirituelles Wachstum von enger persönlicher Beratung durch geliebte Lehrer abhing. Ein christlicher Bischof reiste regelmäßig von Kappadokien in Anatolien bis nach Palästina – »zur besseren theologischen Ausbildung« beim großen Origenes.[4] Es gab viele ernsthafte Christen, die davon überzeugt waren, daß nur durch langanhaltenden innigen Kontakt mit einem geistlichen Führer und nicht durch die etwas trockene Predigt der Geistlichen in der Kirche die erloschenen Kohlen der heiligen Weisheit im Herzen wieder zu glühen anfangen würden.[5]

Kleine Studienkreise waren die Machtzentren der christlichen Kultur im 2. und 3. Jahrhundert. Die außerordentliche intellektuelle Gärung der Epoche ist ohne sie undenkbar. Die Schattenseite dieser Kreativität war eine spürbar wachsende Polarisierung. Der Begriff der Häresie entwickelte sich früh unter den Christen. Ja, Justin, ein Mann, der mit den intellektuellen Auseinandersetzungen zwischen heidnischen Philosophenschulen vertraut war, mag durchaus der erste gewesen sein, der diesen Begriff in die christliche Literatur einführte. Sein Modell für den Aufstieg der Häresie ging davon aus, daß sie eine Abweichung von den ursprünglichen Wahrheiten des Christentums sei, die auf einen Entartungs- und Wucherungsprozeß zurückzuführen war. Der Konkurrenzgeist einzelner Lehrer verband sich mit schon existierenden heidnischen und jüdischen Sekten, um fremde Lehren in die Kirche einzuführen.[6]

Ein neuzeitlicher Leser sollte sich durch das einflußreiche Klischee der Häresie nicht irreführen lassen. Es wurde entwickelt, um eine akzeptable Erklärung für die schmerzliche Tatsache zu liefern, daß Christen seit den Tagen des heiligen Paulus untereinander tiefgreifende Meinungsverschiedenheiten gehabt hatten. Doch seine Anerkennung durch viele Christen des 2. Jahrhunderts reflektiert eine Verhärtung der Grenzen zwischen rivalisierenden Traditionen der christlichen Lehre. Eine Gruppe, die mit den Bischöfen und Geistlichen verbunden war, wollte sich als Vertreterin der »Großen Kirche« darstellen. Sie erhob nicht nur den Anspruch, allein die wahren Lehren Christi bewahrt zu haben – das behauptete jede Gruppe –, sondern sie behauptete auch, die Ansichten einer überwältigenden Mehrheit rechtgesinnter Gläubiger zu vertreten.

Die *didaskaleia* als kleine Studiengruppen, die von einzelnen Lehrern geleitet wurden, wurden zu Hauptleidtragenden des Anspruchs des Klerus, für die Hauptströmung des christlichen Glaubens zu stehen. Sie waren die Minderheit, die leiden mußte, wenn die »Große Kirche« sich als Sprecherin der Mehrheit betrachten sollte. Es gab wenige christliche Studiengruppen, deren Leiter nicht zum einen oder anderen Zeitpunkt von der örtlichen Geistlichkeit als häretisch verdammt wurden. Doch spirituelle Führer und Lehrer blieben unentbehrlich. Im frühen 3. Jahrhundert mußte ein Bischof von Alexandrien verfügen, daß man von denen, die an Studienkreisen teilnahmen, nicht sagen könne, sie hätten sich von der Kirche losgesagt, denn »sie wurden immer noch als Mitglieder der Gemeinde betrachtet, selbst wenn es von ihnen hieß, daß sie reguläre Schüler eines heterodoxen Lehrers seien«.[7]

In den folgenden Kapiteln werden wir uns nie weit von der konzentrierten, innerlichen und verhältnismäßig gebildeten Welt christlicher Lehrer und ihrer Schüler entfernen.

Valentinus kam im Jahre 138 aus Alexandrien nach Rom und lehrte dort bis 166. In einer Generation, die Lehrer vom Kaliber Marcions, Justins und Tatians hervorbrachte, entwickelte er sich zu einem der größten geistlichen Führer in der christlichen Gemeinschaft.[8] Man glaubte, er sei als möglicher Kandidat für das Amt des Bischofs von Rom in Erwägung gezogen worden.[9] Wie viele seiner christlichen Zeitgenossen war er stolz auf den Titel »Gnostiker«. Zur damaligen Zeit hatte der Begriff nicht die exotischen Nebenbedeutungen, die sich seither an ihn geheftet haben. Er bezog sich auf diejenigen, welche »Gnosis«, wahres Wissen, besaßen: Sie wußten mehr als andere Christen über die Lehren, die Jesus im Anfang dem innersten Kreis seiner Jünger mitgeteilt hatte.

Ein gnostischer Studienkreis des 2. Jahrhunderts war eine Gruppe von Männern und Frauen, die zu Füßen ihres Leiters den ersten Augenblick befreiender Präzision nachlebten, als der Erlöser selbst zu einer auserwählten kleinen Schar gesprochen hatte. Es waren ernsthafte Seelen, die aus Beunruhigung über eine Welt zusammengekommen waren, die den Kontakt zu Gott verloren hatte:

Das Nichterkennen brachte Angst und Furcht hervor.
Die Angst aber verdichtete sich wie ein Nebel.

Der Lehrer lebte unter ihnen die Rolle Christi im Kreise seiner Jünger nach. Hier war ein »ruhiger und Muße habender Lehrer«.[10] Wie Christus entwickelte er eine Darstellung des Ursprungs der Welt und der Natur der Seele, welche allen, die sie hörten, intellektuelle Gewißheit und moralische Entschlußkraft vermittelte.

Was die Gnostiker in den Augen ihrer Gegner auszeichnete, war, daß sie Mythen als auserwähltes Medium religiöser Unterweisung verwendeten. Ihre Lehre bestand aus Aussagen, die ein heutiger Leser als mythische Darstellungen des Ursprungs der materiellen Welt und der Prozesse betrachten würde, durch die mythische Gestalten zur Erlösung gelangt waren. Polemiker im Dienste der Großen Kirche fanden Freude daran, gnostische

Mythen zu entschleiern, als seien es grandiose und pseudowissenschaftliche Spekulationen, die mit der strengen Einfachheit des Evangeliums absolut nichts zu tun hätten. Sie stellten die Gnostiker als Geschöpfe aus einem »fabelhaften Bestiarium« dar, deren Lehren bizarre und oft unmoralische Abweichungen von der orthodoxen Wahrheit darstellten.[11] Hierbei rissen sie die gnostischen Mythen bewußt aus dem ursprünglichen Zusammenhang, der ihnen eine spezifisch christliche Bedeutung gegeben hatte. Tatsächlich folgten gnostische Mythen demselben Rhythmus wie die Evangelien und die Lehren des Paulus: die Erlösung, die Christus der Welt gebracht hatte, war in ihnen zentral.[12] Das, worin sie anders waren, war die Reichweite dieser Erlösung. Sie stellten Erlösung in kosmischen Begriffen dar: die ganze menschliche Person und das ganze Universum waren durch die Ankunft Christi verwandelt worden.

Angesichts des intellektuellen Klimas der damaligen Zeit war das nicht überraschend. Denker des 2. Jahrhunderts betrachteten den Menschen durchgängig als Mikrokosmos des Universums. Nur eine Erlösungslehre, die die Errettung der menschlichen Seele, im Hinblick auf den Ursprung und das Ziel der geschaffenen Welt, deren Teil sie war, erklärte, konnte sie zufriedenstellen. Dieses dringende Bedürfnis, den Ursprung der Dinge zu erklären, war es, das ein gnostischer Lehrer wie Valentinus ansprach.

Von den zahlreichen gnostischen spirituellen Führern, die im 2. Jahrhundert auftraten, war Valentinus der am wenigsten esoterische. Er erhob den Anspruch, ein privilegierter Exeget der existierenden christlichen Tradition zu sein. Die Paulusbriefe und das Johannesevangelium waren für seine Lehre und die seiner Anhänger zentral.[13] Er behauptete, daß nur er und seine Jünger das Ausmaß der unsichtbaren Verwandlung der gesamten Schöpfung verstanden hätten, die der Menschheit durch den kurzen Dienst Christi auf Erden verkündet worden sei. Gewöhnliche Gläubige begnügten sich damit, nach den täuschend einfachen Anekdoten, vertrauten Gleichnissen und banalen ethischen Verfügungen zu leben, die in den Evangelien enthalten waren. Der valentinianische Eingeweihte dagegen hatte Ohren, um in diesen bescheidenen Zeichen das schwache, aber unverkennbare Echo der Botschaft von einem zur Ruhe gebrachten Universum zu hören.

Für viele Gnostiker waren der Bischof und seine Geistlichen

»Kanäle ohne Wasser«.[14] Unter ihrer Leitung schleppte sich der Gläubige gewissenhaft im Kreise herum, ohne irgendwohin zu gelangen, wie ein Esel mit verbundenen Augen, der an ein Mühlrad geschirrt war.[15] Valentinus und seine Jünger machten kein Hehl daraus, daß sie meinten, der engagierte Gläubige habe ein Anrecht auf mehr. Das *didaskaleion* des Valentinus wandte sich an Männer und Frauen, die von der metaphysischen Wildheit angerührt waren, die für alle Intellektuellen des 2. Jahrhunderts charakteristisch war. Für sie waren Zweifel und moralische Ungewißheit spirituelle Gefahren. Ein Mangel an Wissen von der göttlichen Welt und vom Schicksal der Seele wurde in der zeitgenössischen Literatur als Quelle von Scham und heftiger Unruhe dargestellt (und zweifellos von vielen auch so empfunden). Solche Menschen erwarteten von einem christlichen geistlichen Führer dasselbe wie jeder gebildete Heide – ein Ende des quälenden Zweifels und die Hoffnung auf persönliche Verwandlung.[16]

Das erklärt die bewußte Entscheidung für den Mythos als bevorzugtes Medium der Lehre des Valentinus. Die gnostische Bewegung ist als einer der großen Momente gepriesen worden, in denen der Mythos in der antiken Welt seine Macht wiedergewann.[17] Auch wenn uns solche mythischen Erzählungen zutiefst fremdartig erscheinen könnten, war es doch so, daß die gnostischen Mythen auf einen Schmerz eingingen und eine Not zum Ausdruck brachten, die zu tief waren, als daß sie von den abgestandenen Worten philosophischer Beweisführung hätten erreicht werden können.[18] Indem sie mit majestätischer Präzision eine Darstellung der fernen Ursprünge der physischen Welt und der unheilvollen Kette von Ereignissen entfalteten, die zum gegenwärtigen Elend der Seele in ihr geführt hatten, ermöglichten es gnostische Lehrer ihren Schülern, so etwas wie eine Heilungsséance durchzumachen: Wie in einem Heilungsritual präsentierten ihre Mythen »ein System von Interpretationen, welche Phasen der Krankheit von der Diagnose bis zur Heilung als Erdichtung einer an sich unbekannten Realität strukturieren«.[19] Das heißt, der gnostische Mythos entwarf die zukünftige Bahn eines Prozesses, der seinen Hörern spirituelle Gesundheit bringen würde. Ihre Geschichte war die Geschichte einer Heilung.

Aus diesem Grunde war der Mythos vom Fall, von der Reue und der Rückkehr Sophias für das valentinianische System zentral. In diesem Mythos hatte das mächtige, allumfassende Prinzip der Weisheit Gottes, in der nährenden, vertrauten, ewig fruchtbaren Sophia personifiziert, einst vor Gott am »Ort der Fülle«, dem *Plérôma*, gestanden. Sie war eine von einer Vielzahl ewiger, unerschütterlicher Kräfte gewesen, die über ein rein spirituelles Universum geboten. Dies war ein Universum ohne Teilung gewesen, in dem man von niederer Materie nichts wußte. Sophia hatte Gott kennen wollen, wie er sich selbst kannte, und ihn als den Schöpfer anderer Wesen aus eigener Machtvollkommenheit ersetzen wollen. Die Folge war, daß die frühere, mühelose Fülle, mit der sie einst die Herrlichkeit der Weisheit Gottes an alle anderen Wesen weitergegeben hatte, zu einer falschen Kreativität wurde. Die rebellische Weisheit wurde zu einer hemmungslosen Macht bloßer Vermehrung. Aus Verzweiflung über ihre Trennung von Gott zum Schaffen getrieben, bildete Sophia ein überflüssiges Universum. Die Materie entstand und mit der Materie das traurige Gefühl, welches viele Denker des 2. Jahrhunderts mit Valentinus teilten: daß die materielle Welt ein mißlungener Versuch sei, ein unendlich fernes, unsichtbares und nie zu erreichendes Vorbild nachzuahmen. Die von Sophia geschaffene Welt sprach nur von dem Abgrund, der das, was war, von dem trennte, was sein sollte. Die physische Welt war bestenfalls ein grotesk verzerrter Spiegel des spirituellen Reichtums des »Ortes der Fülle«; im schlimmsten Fall war sie ein bedeutungsloser Auswuchs, den man vom Geist ablösen mußte.

Der gegenwärtige Mensch spiegelte mit schrecklicher Klarheit die Verwirrung, die dem physischen Universum zugrunde lag. Der Körper war dem wahren Ich zutiefst fremd. Er war nicht einfach ein untergeordnetes Anderes, das von der tatkräftigen Seele zur Ordnung gebracht werden konnte. Er stammte von der Materie, von *hylé*, einer Substanz, die überhaupt nicht existiert hätte, wenn es nicht zum tragischen »Überfließen« Sophias gekommen wäre. Selbst die Seele, die *psyché*, das bewußte Ich, war als nachträglicher Einfall aufgetreten. Sie hüllte den klaren Geist in einen dichten Nebel von Zweifel, Angst und Leidenschaft. Die Unerlösten lebten wie in einem wachen Alptraum. Alles menschliche Denken, selbst die tiefste religiöse Suche, war von Ungewißheit und deplaziertem Ehrgeiz zerrissen. Nur der Geist hatte ein Recht zu existieren. Er regte sich in den Tiefen des Eingeweihten mit einer blinden, beharrlichen »Gärung«, die ihren fernen Ursprung im Ort der Fülle verriet.

Der Geist, das *pneuma*, war die wahre Person. Er war der beständige Knochen, das beständige Mark, an die sich der Körper und die Seele als unbeständiges, tragisch verletzliches »Fleisch« angelagert hatten, das dazu verdammt war, mit dem Dahinschwinden der Zeit zu vergehen.

Der Zerfallsprozeß war durch das Kommen Christi zum Stillstand gebracht worden. Sophia hatte »bereut«. Sie war zu Gott zurückgekehrt, indem sie sich der Umarmung ihres Heilands hingab. Wenn der Mensch ihrem Beispiel folgte, würde er schrittweise von den schmerzlichen Teilungen zwischen Geist und Seele, zwischen Seele und Leib geheilt werden. Der Gläubige, dessen Geist wie Sophia wieder in seine rechtmäßige Vorrangstellung eingesetzt worden war, würde eingehen in »das Königreich, das in Christus ist ... befreit von aller Vielheit der Stimmungen und von Disharmonie und Wandel«.[20]

Gerade weil seine Auffassung von der physischen Welt so düster war, bot Valentinus seinen christlichen Gemeindegliedern eine Erlösungshoffnung, die drastischer war als die aller seiner heidnischen Zeitgenossen. Das physische Universum würde nicht ewig harmonisch, vom sanften Spiel des Geistes beherrscht bleiben. Es war ein Fehler, der berichtigt werden mußte. Teile des Universums, darunter der menschliche Körper, würden schließlich als mißlungene und irrige Schöpfungen abgeworfen werden. Alles, was blieb, würde jedoch in den Geist zurücksinken. Die sichtbare Welt würde wieder der vollkommenen geistigen Ordnung einverleibt werden, aus der sie in einem kurzen Augenblick der Verwirrung unruhig aufgeflackert war. Der Erlöste war ein winziger Mikrokosmos eines Universums, das begonnen hatte, eine gigantische Mutation durchzumachen. Nicht länger zwischen widerstreitenden Schichten des Ich gespalten, deren ungelöste Spannungen eine Verwirrung verrieten, die so alt und so hartnäckig war wie der verhängnisvolle Ursprung der Welt, genossen gnostische Eingeweihte im gegenwärtigen Leben einen Hauch der *Anapausis*, des *Friedens Gottes, der höher ist als alle Vernunft*.[21] Ihr Geist wurde wieder mit ihrer wahren Quelle verbunden, ihre geängstigte Seele kam zur Ruhe; selbst ihr Körper wurde beruhigt, um bald für immer von ihnen zu scheiden. Die Erlösten waren »in das Pleroma eingegangen«; sie waren in den ersten Augenblick ausgeglichener Verzückung zurückgetreten, da sich die Weisheit ungestört der Gegenwart Gottes erfreute.[22] Auf dieselbe Weise hatte Christus seine Jünger angehaucht, wie ein Mann auf die verlöschenden Kohlen eines Feuers haucht. Er hatte die lose Asche der Verwirrung von ihrem Geist geschüttelt und das ganze Ich dazu gebracht, in einem einzigen Strahlenglanz zu erglühen.[23]

Valentinus' drastischer Begriff von Erlösung fügte der Praxis sexuellen Verzichts unter Christen noch eine weitere Variante hinzu. Die Anhänger des Valentinus lebten nicht in einer Welt, die von den anderen Exponenten des radikalen Konsensus im Christentum des 2. Jahrhunderts abgeschlossen war. Sie hatten reichlich Gelegenheit, ihre eigene Erfahrung von Enthaltsamkeit denen gegenüberzustellen, die bei ihren Gefährten verbreitet waren. Eine Enthaltsamkeit, zu der man sich im Augenblick der Taufe entschloß, wie es bei den Enkratiten der Fall war, kam ihnen etwas äußerlich vor: es war durchaus möglich, »ins Wasser hinabzusteigen, ohne etwas empfangen zu haben«.[24]

Das heftige Gefühl einer Gruppenidentität, das Marcioniten und Enkratiten in Gegensatz zum »gegenwärtigen Zeitalter« brachte, fehlte in valentinianischen Kreisen. Der valentinianische Erlöste bewegte sich anscheinend nicht in einer »heiligen« Gruppe, die durch feste Grenzen wie Ehelosigkeit und Enthaltung von bestimmten verbotenen Speisen von der Außenwelt abgeschirmt war. Die Tragödie menschlicher Knechtung durch das gegenwärtige Zeitalter ließ sich nicht so leicht konkretisieren. Die Befreiung konnte nicht allein durch die kategorische Ablehnung konventioneller sozialer Bindungen wie der Ehe manifest gemacht werden. Die gewaltige Agonie des Universums ließ diese hastigen Gesten klein erscheinen. Der Körper hatte ja als Träger einer Proklamation wenig Wert. Er war im Vergleich zum tief in ihm verborgenen Geist eine unnötige und täuschende Hülle, und seine sichtbare Stellung zur Gesellschaft zählte kaum.[25] Er brauchte nicht die Last eines öffentlichen Verzichts auf die Ehe auf sich zu nehmen; und er brauchte auch nicht die öffentliche Pein des Martyriums zu ertragen.[26]

Das Universum selbst war gefallen und mußte durch schwierige Arbeit am tiefsten Grunde der Seele wiederhergestellt werden. Daher die gnostische Tendenz, die Erlösung mit nichts Geringerem als einer endgültigen Umwandlung des Geschlechtstriebs zu verbinden. Die Männer und Frauen, die durch valentinianische Lehre und Einweihung erlöst worden waren, erwarteten die Beruhigung des sexuellen Gefühls als das äußere, sichtbare Zeichen eines gewaltigen Nachlassens, das zuerst in den geistigen Bereichen des Universums stattgefunden hatte. Wie Christus konnte das Individuum wieder von den Toten auferstehen, wenn die verborgenen Tiefen des Ich mit der Macht ihres Geistes überzogen wurden: »Solange wir in dieser Welt sind, ziemt es sich für uns, uns die Auferstehung zu erwerben.«[27]

Die gnostischen Lehrer des 2. Jahrhunderts boten ihren Gemeinden ein breites Spektrum mythischer Systeme, in denen eine von den Beziehungen zwischen den Geschlechtern und von Wahrnehmungen des Sexualtriebs abgeleitete Metaphorik immer eine wichtige Rolle spielte; aber die Bildersprache wechselte von Gruppe zu Gruppe stark.[28] Diese Bildvorstellungen, die am häufigsten in der valentinianischen Tradition verwendet wurden, haben ein ganz charakteristisches Gepräge. Valentinus griff auf die Polarität von Mann und Frau zurück, um einen Erlösungsprozeß zu predigen, der sich in zwei Abschnitten vollzog. Die geistigen Prinzipien, deren Verwirrung alles hervorgebracht hatte, was am Universum unnötig war, würden ihre Festigkeit wiedergewinnen. Sie waren das flüssige Weibliche, dem das dominierende Männliche Gestalt verleihen würde. Doch das war nicht alles. Alles, was nicht mit dem Geist identisch war, mußte ihm wieder einverleibt werden: die Polarität von Männlichem und Weiblichem selbst würde abgeschafft werden. Das Weibliche würde männlich werden. Daher die charakteristische Art und Weise, in der Valentinus die zu seiner Zeit verbreitete Ehemetaphorik verarbeitete.

Wir beginnen mit direkten Anknüpfungen an die Themen Hierarchie und Kontrolle in der idealen Ehe, die im 2. Jahrhundert verbreitet waren. Plutarch hatte den Ehemann aufgefordert, beim Formen des Denkens und Handelns seiner Braut unaufhörliche Wachsamkeit walten zu lassen:

Es heißt, daß keine Frau je ein Kind ohne die Mitwirkung eines Mannes hervorbrachte, doch es gibt ungestalte, fleischige Gewächse der Gebärmutter..., die sich entwickeln und Festigkeit und Dichte annehmen.... Man muß sehr darauf achten, daß sich etwas Derartiges nicht in der Seele der Frauen ereignet. Denn wenn sie nicht den Samen guter Lehren erhalten und mit ihren Gatten an intellektuellem Wachstum teilhaben, entwickeln sie, sich selbst überlassen, viele ungefügige Gedanken und niedrige Absichten und Gefühle.[29]

Für Valentinus wie für Plutarch stand die Frau für alles, was offen und ziellos war, was keine Form und keine Richtung hatte. Sie stand für alles, was geformt werden mußte, indem es den harten, klaren Umrissen des Mannes unterworfen wurde. Schon im Akt der Empfängnis war es der männliche Same, der dem unbeständigen, unstrukturierten Ausfluß der Frau Form und Festigkeit verliehen hatte.[30] So lieferten sowohl die gelehrten Mythen der zeitgenössischen Medizin als auch die damaligen Einstellungen zur Ehe Valentinus eine völlig angemessene Sprache für seinen eigenen Mythos vom Ursprung der Störung im Universum und ihrer schließlichen Wiedergutmachung. Das Universum als ganzes war ein »ungestaltes, fleischiges Gewächs«, das sich in der Weisheit entwickelt hatte, als sie sich aus eigener Halsstarrigkeit des formenden Samens Gottes beraubte.[31]

Die Beziehungen zwischen Mann und Frau beschworen starke Assoziationen von Formung und Disziplinierung des Unbotmäßigen und Untergeordneten herauf. Doch das war nicht alles. Ehemetaphorik hatte zu den Zeitgenossen auch von einem seltenen Ereignis gesprochen – der Eintracht, die zwischen zwei potentiell fremdartigen und schlecht zueinander passenden Wesen, einem Mann und einer Frau, erzielt worden war. Für Valentinus würde das Universum erlöst sein, wenn die Weisheit die eheliche Harmonie ihrer ursprünglichen Beziehungen zu Gott wiederhergestellt hätte. Sie würde in der formenden Umarmung Christi, ihres männlichen Erlösers, zur Ruhe kommen.[32] Die Seele jedes Gläubigen konnte dasselbe tun:

Diese Hochzeit hat sie nun wiederum miteinander vereinigt, und die Seele vereinigte sich mit ihrem wirklich geliebten, ihrem naturgemäßen Herrn, so wie geschrieben steht, *Der Herr nämlich der Frau ist ihr Gatte.*[33]

Doch die Bildersprache ehelicher Einigkeit nahm in Valentinus' Denken einen dringenderen Klang an. Plutarch hatte es genügt, daß sich potentiell unlenkbare Materie liebend an ihren Gatten, den formenden Geist, klammerte:

Sie hat von Natur eine Liebe zu dem ersten und vornehmsten unter allen Dingen …, so neigt sie sich doch immer von selbst zum Guten … und freut sich höchlich, wenn sie [von der organisierenden Seele] mit dergleichen Geburten befruchtet und angefüllt wird.[34]

Bei Valentinus dagegen mußte das Element der Andersheit selbst, das sich in der Polarität von Mann und Frau wie in der zwischen dem Geist und seinen Gegensätzen, der Materie und der bloßen Seele, verdichtet hatte, verschwinden. Die Andersheit der Materie war kein ewiger Aspekt des Universums, wie heidnische Philosophen zu denken geneigt waren. Die Materie war ein vergänglicher Zufall: Sie war aus einer tragischen Verschiebung der geistigen Welt hervorgegangen. Die Andersheit von allem, das nicht reiner Geist war, würde geheilt werden: Das Weibliche würde dem Männlichen einverleibt werden. Es würde nicht einfach vom Männlichen diszipliniert werden; es würde männlich werden. Im heidnischen Denken war die Intimität von Gatte und Gattin immer als eine Beziehung gewertet worden, durch die zwei ursprünglich ungleiche Personen langsam dazu kommen konnten, eine gemeinsame Vorzüglichkeit zu teilen. Man betrachtete es als etwas Gutes, wenn eine Frau träumte, ihr sei ein Bart gewachsen: denn dann werde sie »einen so herzensguten Mann bekommen, daß es ihr vorkommt, als ob beider Antlitz eins geworden sei«.[35]

Gnostische Kreise schätzten die Episoden in den Evangelien, die die engen Beziehungen Christi zu den Frauen seines Kreises und ganz besonders die zu Maria Magdalena beschrieben hatten. Für einen Autor des 2. Jahrhunderts waren solche Anekdoten ein Bild für die leichte und unwiderstehliche Einverleibung der Frau, des beständigen untergeordneten Anderen, durch ihr Leitprinzip, den Mann:

Simon Petrus sprach zu ihnen: »Maria soll uns verlassen, denn Frauen sind des Lebens nicht wert.« Jesus sprach: »Ich selbst werde sie führen und sie zu einem Mann machen.«[36]

Nichts Geringeres als die Erlösungshoffnung hing an diesem Moment. Einmal wieder mit seinen männlichen Bildungsprinzipien vereint und nicht länger von der unberührbaren Reinheit der Welt des Geistes ausgeschlossen, würde das Universum die disziplinierte Festigkeit einer wiederhergestellten ehelichen Verbindung genießen. Mehr noch: es würde durchlässig für den Geist werden. Die letzte Spur von Andersheit, die im Begriff des Weiblichen lag, würde verschwinden. Das *Plérôma* würde wieder zusammenkommen, nachdem es das Weibliche durch Aufnahme in seine perfekte Ordnung männlich gemacht hätte. Eva, die gequälte Seele, würde in den harten, sicheren Knochen Adams, des Geistes, zurücksinken:

Geh ein durch die Rippe, woher du kamst, und
verbirg dich vor den Tieren.[37]

Anders als ihre heidnischen Zeitgenossen hatten die valentinianischen Gnostiker letztlich nicht den Wunsch, einem untergeordneten Anderen, das sie überzeugen und disziplinieren konnten, gegenüberzutreten: »Die Trennung ist das Problem, die Wiedervereinigung die Lösung. Trennung ist Tod, Wiedervereinigung ist das Leben.«[38]

Idealerweise würden alle Dinge wieder in die geistige Welt aufsteigen, aus der sie gefallen waren. Nur *hylé*, der letzte, ruheloseste Feind des Geistes, würde übrigbleiben. Als Fehler von Anfang an würde sie aus dem Blickfeld verschwinden. Geist und Seele, »Männliches« und »Weibliches«, würden in einem einzigen strahlenden Ganzen wiedervereinigt werden. Alle Erscheinungen, die der Begriff des »Weiblichen« im Bewußtsein eines männlichen Denkers der antiken Welt wachrief, also alles, was für die Antithese des »Männlichen« stand – »weibliche« Unbeständigkeit, die mit Zeit und Flüchtigkeit assoziiert wurde, »weibliche« Willensschwäche, »weibliche« Formlosigkeit, die zu Zweifel und Unwissenheit führte –, würde ein Ende finden. Die Tragödie eines gefallenen Universums würde aufhören.

Eine Sehnsucht nach Überwindung von »Andersheit« aller Art zieht sich durch das Denken des Valentinus. Die bloße Existenz zweier verschiedener und entgegengesetzter Geschlechter verdichtete mit einer Intensität, die im zeitgenössischen heidnischen und jüdischen Denken weitgehend fehlte,[39] das Gefühl, daß eine tragische und unnötige Spaltung die Ursache des Elends sei, unter dem alle Schöpfung zu leiden hatte:

An dem Tage, da ihr eins wart, wurdet ihr zwei. Aber wenn ihr zwei geworden seid, was werdet ihr tun?[40]

Das Bewußtsein dieses ursprünglichen Moments der Spaltung war es, das Christus am Kreuz hatte rufen lassen:

Mein Gott, mein Gott, warum, o Herr, hast du mich verlassen? Er sprach dieses am Kreuz, denn dort war er gespalten.[41]

Die Überschreitung aller Teilungen, selbst einer Teilung, die so unabänderlich erschien wie die zwischen Mann und Frau, war das sicherste Zeichen dafür, daß die von Christus angebotene Erlösung dem Gläubigen zuteil geworden war:

Sie sprachen zu Ihm: »Sollen wir denn als Kinder in das Himmelreich kommen?« Jesus sprach zu ihnen: »Wenn ihr die beiden eins werden laßt ... und wenn ihr den Mann und die Frau zu ein und demselben macht, so daß der Mann nicht männlich und die Frau nicht weiblich sein soll ..., dann werdet ihr ins Himmelreich kommen.«[42]

Daher die Bedeutung seiner Lehre von den Syzygien für Valentinus' Auffassung von der Erlösung des Individuums. In seinem gegenwärtigen unerlösten Zustand war das Ich ein gefallener Miniaturkosmos. Es hatte sich in Schichten abgesondert, die ursprünglich gemeinsam einer Reihe von Ehepaaren innegewohnt hatten. Der Geist jedes Individuums war männlich gegenüber der ziellosen, weiblichen Seele. Doch selbst der Geist war weiblich gegenüber dem beherrschenden Schutzengel, der noch unentdeckt in seiner Nähe schwebte. Die Erlösung nahm die Gestalt einer Wiedervereinigung mit diesem Schutzengel an. Die gnostische Taufe stellte die abgebrochene Verbindung zwischen der bewußten Person und ihrem Engel, einem Wesen, das für das verborgene, wahrste Ich stand, wieder her. Sobald dies geschah, machten die Spaltungen in der Seele einer neuen Einheit Platz. Die vielen Schichten des Ich würden nicht mehr miteinander kollidieren, wie sie es in den Unerlösten taten. Selbst das schwere Fleisch würde auf der »geistigen« Person leichter wiegen. Wie ein geöffneter Umhang würde der Körper dann sanft am Geist hängen, bereit, im Tode für immer abgestreift zu werden.[43] Für Valentinus und seine Anhänger war die einzige Taufe, auf die es ankam, die Taufe »zu den Engeln«. Sie band das Individuum an eine seit langem verborgene, unerschütterliche Identität: »Denn hierdurch wird das Weibliche, so sagt man, in ein Männliches verwandelt, und die Kirche auf Erden wird zu einer Gesellschaft von Engeln.«[44]

Mit seinem üblichen sarkastischen Humor machte Tertullian viel Aufhebens von der valentinianischen Auffassung der Erlösung. Man denke sich Marcus und Caius, schrieb er, »gestandene, bärtige Männer«, wie sie in die Brautkammer kommen, um die leidenschaftliche Umarmung jener durch und durch männlichen Engel zu empfangen![45] Was Tertullian bewußt ignorierte, war, daß für Valentinus die Taufe zu den Engeln als Zeichen für das endgültige Verschwinden aller Andersheit galt. Das peinigende Gefühl der Spaltung, das den Geist von seinem engelhaften Ich und die Seele vom Geist getrennt hatte, verschwand, wie sich ein Schatten in der aufgehenden Sonne verflüchtigt. Das war ein Prozeß, der in jedem Mann, in jeder Frau stattfinden konnte.[46]

Es ist nicht leicht festzustellen, was die gnostische Auffassung von Erlösung für die Wahrnehmung bedeutete, die die Eingeweihten von ihren eigenen sexuellen Trieben hatten. Viele Schichten von Einstellungen überschneiden sich in gnostischen Texten. Die gnostische Ermahnungsliteratur beispielsweise verlangte, daß die Gläubigen als erstes ihren Geist von einem gefallenen Universum losreißen sollten. Der Mensch war ein Mikrokosmos in einem wahrhaft furchterregenden Sinn: Leib und Seele hatten teil an den Eigenschaften eines Universums, das von den rasenden Energien gefallener Mächte aufrechterhalten wurde. Das lebhafte Feuer, das der Römer Cicero einst mit Vergnügen als eines wahrgenommen hatte, das durch die Adern der Liebenden flackert, wie es in den fernen Sternen schimmert, wurde von den Gnostikern als unheilvolle, alles verschlingende, blindwütige Flamme dargestellt.[47] Geschlechtsverkehr zu haben bedeutete, den menschlichen Körper dem Feuersturm zu öffnen, der durch das Universum tobte. Sexuelle Begierde wurde in scharfen Umrissen als bleibendes Merkmal des unerlösten Menschen herausgearbeitet: sie stand für die ungestüme Energie eines Universums, das der kühlen Ruhe des Reichs des unbewegten Geistes entgegengesetzt war. Wer sexueller Leidenschaft frönte, »zeigt, daß er die Welt unterstützt«.[48] Kein Prozeß konnte eine stärkere Antithese zu den ätherischen Banden sein, die Geist mit Geist verbanden, als es körperliche Fortpflanzung war: Sex war »das unreine Reiben, das von dem schrecklichen Feuer ist, das aus dem fleischlichen Teil kam«.[49]

Doch die Gnostiker und ganz besonders die Valentinianer schrieben gewöhnlich für die Erlösten. In den Texten, die vom Zustand der Erlösten handeln, wurde das Ausströmen des Feuers der sexuellen Begierde als Zeichen einer tiefgreifenden Umwandlung behandelt, die dem Gläubigen langsam zuteil werden konnte. Dadurch, daß die gnostische spirituelle Führung in der Schule des Valentinus sexuelle Versuchung lediglich als Symbol tiefsitzenderer Übel behandelte und das Transzendieren der sexuellen Begierde als nichts Geringeres denn eine »Auferstehung« des Ich pries, sah sie in direkter Erwartung der Weisheit der Wüstenväter entgegen. Das Steigen und Fallen der sexuellen Begierde ermöglichte es dem spirituellen Führer, die weiten inneren Räume der Seele des Eingeweihten zu ergründen.

Für Valentinus war die menschliche Seele von einer Schar aufsässiger Geister, der *pneumata*, bevölkert. Das waren unvollständige, bedürftige Geschöpfe, die die Person dazu benutzten, in Form eines dauernden, halbbewußten Besessenheitszustands ihre eigene Erfüllung zu suchen. Die *pneumata* waren sozusagen falsche Syzygien. Wie die Syzygien strebten sie auch nach ursprünglicher Ungeteiltheit. Doch das war eine Einheit, die nicht durch innige Bindung an den Geist erreicht wurde, sondern durch das Gegenteil: Sie banden die Seele noch enger an das Fleisch. Die ruhelose Gegenwart dieser *pneumata*, von denen jedes ständig Erfüllung in einem unsichtbaren Partner sucht, erklärte die Stärke des verkehrten Triebs zu Einheit, der in sexueller Liebe Ausdruck suchte. Die sexuelle Begierde verriet die Sehnsucht von Teilen der Seele selbst nach Vervollständigung.[50]

Nicht alle Hörer des Valentinus konnten hoffen, die Strudel, die in den unbeständigen Regionen der Seele herumwirbelten, in eine ruhige Einheit bringen zu können. Die Valentinianer akzeptierten anscheinend die Tatsache, daß viele Gläubige noch im niederen Leben der Seele gefangen lebten: sie hießen *psychikoi* im Unterschied zu den *pneumatikoi*, Menschen, die schon fest von ihrem dominierenden Geist beherrscht wurden. Der Verzicht auf sexuelle Aktivitäten genügte für sich allein nicht, um die Verwandlung herbeizuführen, die die geistige Person hervorbrachte: das Problem lag tiefer. »Möge jeder von uns nach der Wurzel der Schlechtigkeit graben, die in ihm ist, und [sie] mit ihrer Wurzel in seinem Herzen ausreißen.«[51]

In den apokryphen Johannesakten kastrierte sich ein junger Mann dramatisch mit einer Sichel und erklärte: »Hier habt ihr das Muster und die Ursache von alledem!« Er wurde von dem Apostel gewarnt, daß er noch tiefer hätte greifen müssen, um die ungesehene Triebfeder auszulöschen, »durch die jedes schändliche Gefühl aufgereizt wird und ans Licht kommt«.[52]

Man hielt es für klug, eher die lange, halbbewußte Mühe des Geistes in der Seele zu respektieren, als sich zu übereilter Enthaltsamkeit zu verpflichten. Verheiratete Gläubige wurden von den Valentinianern toleriert. Sie sorgten für die physische Kontinuität, die notwendig war, wenn das Menschengeschlecht Christus die volle Ernte seines spirituellen »Samens« in Gestalt von vielen Generationen von Gläubigen darbieten sollte, die zur rechten Zeit am Ort der Fülle gesammelt werden würden.[53] Weit davon entfernt, eine kämpferische Gruppe getaufter Enthaltsamer zu sein, wie es selbst die Besonnensten und Seßhaftesten unter den Enkratiten waren, waren die Valentinianer ein Schattenbild der normalen städtischen Kirche des späten 2. Jahrhunderts. Verheiratete erhielten angemessene Belehrung. In einer zeitgenössischen gnostischen Gruppe gewinnen wir einen Einblick in die Realitäten einer Situation, in der sich viele christliche Eingeweihte befunden haben müssen: Wenn einer »jung oder arm oder hinfällig« war und aus diesem Grund keine Braut bekommen konnte, riet man ihm, sich an seinen geistlichen Lehrer zu wenden und zu sagen: »Bruder, lege mir die Hand auf, daß ich nicht sündige!«[54] Die Valentinianer lösten das Problem verheirateter Mitglieder und derer, die den dringenden Wunsch hatten zu heiraten, indem sie die Herausbildung einer Hierarchie von »spirituellen« und »psychischen« Personen in ihrer Gemeinde zuließen.[55]

Doch innerhalb dieser lockeren und differenzierten Gruppe blieb die Autorität des inneren Kerns der Führer unerschütterlich. Sie war in nichts Geringerem als der Stabilität eines Universums verankert, das wieder in seine ursprüngliche Ordnung gebracht worden war. Der gnostische Erlöste strahlte eine unermeßliche Heiterkeit aus, in der sexuelle Begierde zusammen mit allen anderen Anzeichen innerer Spaltung unterdrückt war. Selbst ihre Leiber lasteten leicht auf ihnen: das Fleisch brauchte weder gefürchtet noch geliebt zu werden; es würde bald von ihnen abfallen.[56] Solche Menschen konnten männlichen und weiblichen Jüngern gegenüber in gleicher Weise die einnehmende Intimität nachvollziehen, mit der Christus die Seele Maria Magdalenas »besessen« hatte.[57] Die Anklagen wegen sexueller Unmoral, die gegen fast alle gnostischen Lehrer erhoben wurden, machten deutlich, daß das in der christlichen Kirche des 2. Jahrhunderts eine Sache von nicht geringer Bedeutung war.

Die valentinianischen Studienzirkel treten als intime Versammlungen hervor, in denen sich spirituelle Männer und Frauen in der alten und autoritativen Form eines Philosophenkreises zu Füßen eines Weisen treffen konnten. Im Judentum hatten Rabbiner, wie man wußte, erklärt, daß Frauen in der dichten und intimen Atmosphäre, in der männliche Studenten das Gesetz studierten, keinen Platz hatten: Die eigene Tochter die Thora zu lehren war gleichbedeutend damit, ihr Unmoral beizubringen.[58] In Karthago war Tertullian gewillt, sich über die Gefahren für ein unverschleiertes Mädchen in der Kirche zu verbreiten:

Sie muß doch ... in Gefahr kommen, wenn sie von neugierigen und häufigen Blicken durchbohrt, von Fingern, die auf sie zeigen, gekitzelt, wenn sie im Übermaß geliebt wird und sie bei den Umarmungen und häufigen Küssen Hitze in sich aufsteigen fühlt.[59]

Die Valentinianer waren Zeitgenossen Tertullians und der Rabbiner. Da die Gnostiker den Anspruch erhoben, daß die Erlösten die sexuelle Begierde überwunden hätten, waren sie in der Lage, Frauen als gleichberechtigte Partner im intensiven Gruppenleben einer christlichen Intelligenzija zu akzeptieren.

Die valentinianischen Studienzirkel warfen in akuter Form die Probleme spiritueller Freundschaft und spiritueller Kontinuität auf, mit denen man sich in anderen christlichen Gruppen beschäftigt hatte. Für ihre Eingeweihten bildeten die Fäden von Lehrer-Schüler-Beziehungen und das von gemeinsamer spiritueller Leitung gestiftete unsichtbare Band gleichgesinnter Seelen die wahre Einheit der Kirche. Alle anderen Bindungen erschienen ihnen schwach.[60] Sie verfügten über eine unzerbrechliche »Einheit des vollkommenen Denkens«, so leicht, doch auch so durchdringend wie die sich mischenden Düfte eines Rosengartens.[61] »Geistige« Menschen bewegten sich mühelos in einem Gedankensystem, in dem alle Teile der materiellen Welt nach innen auf die lebendige Realität des spirituellen Ortes der Fülle wiesen. Für die Erlösten war der Körper nicht länger ein Ort der Gefahr, an dem das ruhelose Feuer lauerte: er war vielmehr ein durchsichtiger Schirm, auf welchem Schatten spielten. Die eindringlichsten Beziehungen in dieser Welt – Ehe, Liebe und Elternschaft – waren für sie nicht schockierend oder abstoßend. Solche Dinge waren nichts als bloße »Namen«. Der Gläubige las sie als Zeichen, die gnädig über die sichtbare Welt verteilt waren. Sie verwiesen auf Prozesse und Empfindungen, die mit wahrer Intensität an ihrer »Wurzel«, im vibrierenden Leben einer rein spirituellen Welt, stattfanden.[62] Liebe, »für immer heiß und der Erfüllung harrend«,[63] die glückliche Verschmelzung zweier Wesen, eine üppige Fruchtbarkeit: all das wurde vom Gläubigen nicht abgelehnt. Man suchte diese Dinge vielmehr am ungeteilten Kern des Universums, am Ort der Fülle. Sie waren nicht über den Körper zu finden und auch nicht an den zerstörten Randgebieten der physischen Welt.

Diese stark symbolische Mentalität ließ die physische Welt für mächtige spirituelle Ereignisse durchscheinend werden. Aus diesem Grund leisteten die Valentinianer einen direkten Beitrag zur Herausbildung eines subtilen Elements in der Sensibilität enthaltsamer Christen aller Schattierungen. Gemeinsam mit den Christen der Großen Kirche stellten sie die intime Weitergabe einer unersetzlichen, errettenden Weisheit als die wahrste Form der Fortpflanzung dar. Lehre und Taufe und nicht das Zeugen von Kindern stellten die beste Vorsorge für die Zukunft dar. Der natürliche, in der Gesellschaft lebende Mensch errang Kontinuität durch körperlichen Verkehr; aber solcher Verkehr produzierte nur Futter für den Tod. Wahrhaft dauernde Kontinuität kam durch spirituelle Geburt, die auf spirituellem Verkehr beruhte.[64]

Um wiedergeboren zu werden, hing der Eingeweihte an den Lippen eines inspirierten Führers: »Jeder, der von meinem Mund trinken wird [hatte Christus gesagt], wird werden wie ich.«[65] Daher die aufgeladenen Assoziationen, die der Akt des Küssens in christlichen Lehrzirkeln hatte. Die Valentinianer gaben ihre eigene Interpretation des traditionellen christlichen Bruderkusses: Durch die leise Berührung von Mund und Atem und nicht durch die heißen Genitalien wurden die festesten Verbindungen in der Kette wahrer Menschheit hergestellt: »Denn durch einen Kuß empfangen und gebären die Vollendeten.«[66]

Genau aus diesem Grund konnte der Geschlechtsverkehr aufgegeben werden. Körperliche Heirat, der *gamos*, verlor durch seinen mächtigen spirituellen Archetyp an Bedeutung. Der *pastos*, das heimliche, teppichbehangene Brautzelt, das in Licht erstrahlte, überschattete jetzt die soziale und physische Vereinigung bloßer Ehe. Die Ehe war eine dunkle und schattenhafte Angelegenheit im Vergleich zu dem intimen und immateriellen Augenblick, da der Eingeweihte durch Initiation nach langer Lehrzeit auf dem spirituellen Ehebett der Taufe seinen oder ihren Geist mit dem Engel und Führer verband.[67] Durch Lehre und durch feierliche Initiation auf dem Weg der Taufe hatte die christliche Kirche als ganze – und nicht nur die behüteten Studiengruppen in ihr – ein seltsames, hoch überwölbendes Mittel der Kontinuität gefunden, das über Ehe und Grab hinausblicken konnte. Sie hatte die Quellen ihrer eigenen Kontinuität entdeckt. Anders als die antike Stadt, in der durch Geschlechtsverkehr die eine Generation die andere ablöste, besaß die Kirche eine Kontinuität, die »nicht zur Begierde gehört, sondern zum Willen«.[68]

Es lag eine gewisse symbolische Wahrheit in der bizarren heidnischen Verleumdung gegen die Christen, die besagte: »Andere erzählen, sie verehrten sogar die Genitalien ihres Vorstehers ... und beteten so gleichsam ihres Vaters Schöpferkraft an.«[69]

Durch die Bemühungen einer Generation großer Lehrer war die christliche Kirche praktisch eine Institution geworden, die das ätherische Geheimnis beständiger Selbstreproduktion besaß. Dieses Geheimnis wurde um so deutlicher, als die öffentlichen Führer der Kirche, die Bischöfe und Geistlichen, daran gingen, den normalen demographischen Pflichten zu entsagen, die verheirateten Hausvätern zukamen. Die Enthaltsamkeit ihrer Geistlichen und ihrer spirituellen Führer verkündete der römischen Welt des späten 2. Jahrhunderts, daß die Kirche eine neue Form von öffentlicher Körperschaft war, die darauf vertraute, daß sie über ihre eigenen Mittel verfügte, um sich eine dauernde Existenz zu sichern.

Rühme, du Unfruchtbare, die du nicht geboren hast! Freue dich mit Rühmen und jauchze, die du nicht schwanger warst! Denn die Einsame hat mehr Kinder, als die den Mann hat, spricht der Herr.[70]

Wir müssen uns nun einer jüngeren Generation von Lehrern zuwenden, erst Clemens von Alexandrien und dann, eine Generation später, dem großen Origenes. In ihren Werken können wir sehen, was für Alternativen, wenn überhaupt, andere Teile der christlichen Kirche zu den von den Enkratiten und den Jüngern des Valentinus erörterten Anschauungen zu bieten bereit waren.

SECHSTES KAPITEL

»Ein schwaches Abbild göttlicher Vorsehung«: Clemens von Alexandrien

Als Clemens um 180 in Alexandrien eintraf, war er noch auf der Suche nach einem geistlichen Führer. Er war schon durch die Hände vieler christlicher Lehrer gegangen, die aus so weit voneinander entfernten Gegenden wie Sizilien und Syrien stammten.[1] Eine Aura von Geheimnis und weitgespannten »apostolischen« Horizonten umgab den Mann, dem er sich endlich anschloß. Pantaenus war ein Philosoph, der als »Zierde der stoischen Schule« galt. Als frommer Christ war er eingesetzt worden, »daß er als Verkünder des Evangeliums Christi unter den Völkern des Ostens auftrat und sogar bis Indien zog« – möglicherweise, um Kontakte zu christlichen Gruppen unter den Händlerkolonien am Persischen Golf und der Malabarküste anzuknüpfen.[2] Pantaenus hatte sich in Alexandrien als Presbyter und Leiter einer Schule, in der Konvertiten unterrichtet wurden – der sogenannten »Katechetischen Schule« –, niedergelassen, und seine Nachfolge trat Clemens an, dem er als erstem seine Lehre in der erwarteten Weise weitergegeben hatte.[3] Das heißt, er »zeugte« seinen Schüler »durch den Mund« – durch intensive mündliche Kommunikation, von der nicht ein Wort schriftlich überliefert ist oder zur schriftlichen Überlieferung bestimmt war.[4] Für Clemens hatten seine eigenen umfangreichen geschriebenen Werke etwas bemüht Trauriges an sich. Sie waren, schrieb Clemens, kraftlos »im Vergleich mit jenem begnadeten Geiste, den zu hören wir gewürdigt wurden«.[5] Als trockne Flußbetten, durch die ein Sturzbach lebensspendender Worte einst von den Lippen des Pantaenus gerauscht war, liegen Clemens' eigene Werke jetzt schwer auf den Regalen moderner Bibliotheken. Für Clemens waren sie »ein Hilfsmittel gegen das Vergessen, geradezu ein Bild und Gemälde jener anschaulichen und lebensvollen Reden«.[6]

Trotz seiner hauptsächlichen Rolle als intimer Seelenführer war Clemens einer der fruchtbarsten Schriftsteller in der vorkonstantinischen Kirche. Er ist sicher derjenige, den wir am besten zu kennen glauben. Die unermüdliche, sanfte Präzision seiner Skizzen christlichen Betragens macht uns glauben, wir könnten mit ihm im Alexandria des 2. Jahrhunderts sein – er nimmt seine Mahlzeiten ein, hält *conversazioni*,[7] schreitet mit lebhaften Schritten über den gepflegten Rasen einer hellenistischen Vorstadtvilla[8] und zieht sich sogar gelegentlich diskret mit seiner Gattin ins Bett zurück –, wo er sich unter anderem für das »natürliche Gymnasium« eines harten Bettes ausspricht, das eine unübertreffliche Kur für Rückenschmerzen darstellt.[9]

Doch das ist nur der Clemens, der überliefert ist: Es ist der Eindruck, den wir aus seiner *Mahnrede an die Heiden*, seinem *Paidagôgos*, seinen *Stromateis* oder *Vermischten Schriften* und seiner Predigt über das Thema *Welcher Reiche wird gerettet werden?* gewinnen. Der andere Clemens ist uns fast völlig verlorengegangen: Clemens der Kirchenmann; Clemens der Autor verlorener Werke wie *Über das Pascha*, *Gegen die Judaisierenden*; Clemens der Kompilator der *Hypotyposis*, des ersten vollständigen Bibelkommentars in der Kirchengeschichte.[10] Das, woran sich spätere Generationen erfreuten und was sie bewahrten, indem sie die Schriften abschrieben, die wir heute besitzen, war die gewaltige kulturelle Heiterkeit des Mannes. Er stellte sich als Gärtner Christi dar. Er schnitt Zweige von den verwilderten, eingetrockneten und brüchigen Büschen der heidnischen Literatur und pfropfte sie auf den saftigen Wurzelstock der Wahrheit Christi. So aufgepfropft würden sie reichere, kräftigere Frucht im Garten der Kirche tragen.[11] Unter Clemens' sanften Händen gediehen die Reiser mit erstaunlicher Leichtigkeit.

Bei alledem dürfen wir nicht vergessen, daß andere Christen und nicht Heiden die wahren Schrittmacher von Clemens' entzückendem Klassizismus waren. Als Lehrer in Alexandrien, der weit gereist war, wußte Clemens, daß seine Gemeindeglieder Interpretationen des Christentums ausgesetzt waren, die weit radikaler waren als seine eigenen. Aller Wahrscheinlichkeit nach waren sie durch die Hände strenger spiritueller Führer gegangen – enkratitische Anhänger Tatians, Gnostiker aus der Schule des Valentinus. Die engen Verbindungen zwischen Alexandrien und Palästina führten die Frömmigkeit enkratitischer Kreise in Syrien bis an Clemens' Schwelle.[12] Die Rolle, die gnostische Lehrer in der katechetischen Schule von Alexandrien spielten, stellte die Auffassungen von Valentinus und seinen Anhängern in den Vordergrund seiner Erwägungen.[13]

Diese Gruppen schienen Clemens – wenn auch jede auf eine ganz andere Weise – ein Christentum der Diskontinuität, ein Christentum der »Wiedergeborenen« zu predigen. Sie hatten für sich die Fähigkeit in Anspruch genommen, »wiedergeborene« Gläubige aus dem Gefüge des normalen Lebens herauszureißen. Die Enkratiten behaupteten, daß sie die natürlichen Prozesse, aus denen Gott in seiner Vorsehung durch ehelichen Verkehr das bescheidene und notwendige Gewebe des Menschengeschlechts gewoben hatte, zum sofortigen Stillstand bringen konnten. Die Gnostiker hielten sich für fähig, durch einen Augenblick sofortiger »Erlösung« die lange moralische und intellektuelle Disziplin, die von jedem Christen gefordert wurde, zu umgehen.

Wir haben es hier mit einer frontalen Konfrontation zu tun. Während Clemens die Enkratiten verachtete, nahm er das valentinianische Bild des »Erlösten« tatsächlich immer sehr ernst.[14] Er glaubte leidenschaftlich, daß die langsame und geduldige Bemühung Christi um die Seele Männer und Frauen hervorbrachte, die ebenso tiefgreifend verwandelt waren wie nur irgendeiner, der die mit einer gnostischen Konversion verbundene »Umwandlung« durchgemacht hatte. Für ihn waren dies die »wahren Gnostiker«. Das ist ein Begriff, der für Clemens selbstverständlich war: für ihn wie für seine Gegner faßte eine solche Bezeichnung Menschlichkeit in ihrer höchsten Vollendung zusammen. Als vollkommene christliche »Weise« (und ich werde diesen wertfreieren Begriff im folgenden durchgängig gebrauchen) blickten solche Menschen über eine gewaltige Umwandlung ihres inneren Wesens hinweg auf die Welt. Doch anders als die Konvertiten radikalerer Gruppen schauten die christlichen Weisen des Clemens heiterer auf ihr vergangenes Leben und auf die Gesellschaft und die Kultur, in der sie gelebt hatten. Ihre Vergangenheit breitete sich unter ihnen wie eine freundliche Landschaft aus, deren einst vertraute Orientierungspunkte von ihrem hochgelegenen Aussichtspunkt aus jetzt zu winzigen Proportionen zusammengeschrumpft waren. Sie waren zwar durch die Distanz kleiner geworden, aber nicht fortgewünscht. Die Einverleibung einer konventionellen Kultur in den heidnischen Schulen, die feierlichen Pflichten des Ehebetts, die mikrokosmische »Vorsehung«, die mit der Sorge für

Kinder und Haushalt verbunden war: all das hatte eine notwendige Rolle in den früheren Entwicklungsstadien des geistlich reifen Christen gespielt. Die Sorgen des aktiven Lebens und sogar der Akt des ehelichen Verkehrs selbst bildeten keineswegs eine unüberwindliche Schranke für spirituelle Vervollkommnung, sondern sie hatten dazu gedient, die Saiten zu stimmen, die im Alter den wohltemperierten Klang eines vollendeten Weisen hervorbringen würden.

Daß Clemens so ausgedehnten Gebrauch von heidnischen griechischen Quellen machte, war das Ergebnis eines sorgfältig erwogenen Bündnisses. Er griff auf Regeln für diszipliniertes Betragen zurück, die von Philosophen den griechischen Eliten seiner Zeit empfohlen wurden, um den Gäubigen in ein Netz minutiöser, anscheinend unbedeutender Muster des täglichen Lebens einzuhüllen. Doch jede Einzelheit dieser Regeln vermittelte unaufdringlich eine Auffassung von der Welt, dem Menschen und der Gesellschaft, die für die schrillen Ansprüche der »Wiedergeborenen« undurchlässig war. Ein instinktives Formgefühl, eine wache Sensitivität für andere und ein tiefer Glaube, daß der Körper Botschaften ebenso präzise vermitteln konnte wie irgendwelche Worte, hatten der heidnischen Auffassung von moralischer Vervollkommnung zugrunde gelegen. Die Regeln, die von Philosophen gelehrt und von einer gebildeten städtischen Aristokratie auf die Bedürfnisse des öffentlichen Mannes angewendet worden waren, wurden von Clemens übernommen und umgestaltet. Sie wurden aus der angespannten und machtbewußten Welt städtischer Honoratioren herausgenommen und auf die beschützteren Bedürfnisse des gläubigen Haushalts angewendet. Auf diese Weise wurde der christliche Gläubige mit einem Äquivalent (in seinen Auswirkungen, wenn auch nicht in den zugrundeliegenden Annahmen) zu der *halacha* versorgt, die die Rabbiner für gewissenhafte Juden auszuarbeiten begonnen hatten. Clemens' Schriften vermittelten ein Gefühl für die gottgegebene Bedeutung jedes Augenblicks im täglichen Leben und besonders im Leben des Haushalts. Durch freie Akte bewußten moralischen Geschicks konnte der Gläubige in seinem Haus einen ruhenden Pol umständlicher Ordnung inmitten einer unordentlichen Welt schaffen.

Der *Paidagôgos* wurde geschrieben, um zu erklären, »wie sich jeder einzelne von uns zu seinem eigenen Körper verhalten oder vielmehr wie er ihn in die richtige Bahn lenken muß«.[15]

Das Buch war ein Triumph der »pädagogischen Vernunft«. Clemens, der begabte Lehrer, »erzwingt das Wesentliche, während er das Unbedeutende zu verlangen scheint«.[16] Auf den ersten Blick macht der *Paidagôgos* auf uns einen unerhört pedantischen Eindruck. Wenige Einzelheiten bleiben uns erspart. Wir begegnen dem Christen bei Tisch; er muß »sich davor hüten, etwas auf die Hand, auf das Tischtuch oder den Bart zu verschütten, den anständigen Gesichtsausdruck unverändert erhalten und auch beim Essen selbst sich nicht unanständig benehmen«.[17]

Er muß sanft aufstoßen,[18] korrekt sitzen[19] und darf sich nicht die Ohren kratzen.[20] Die vollkommene Stimmung von Leib und Seele muß sich in dem zartesten aller Instrumente, in der Stimme, widerspiegeln. Griechische und vorderorientalische Ohren hatten eine Sensibilität für die menschliche Stimme, zu deren Verständnis die moderne westliche Phantasie einiges an bewußter geistiger Anstrengung aufbringen muß.[21] Clemens fürchtete sich vor der rauhen Explosion des Lachens. Dessen plötzliche, instinktive Auslösung erschien wie ein absichtlicher Versuch, den gemessenen Fluß bewußter menschlicher Worte zu sabotieren, die in kontrollierten, verständlichen Lauten die stille, bleibende Ordnung des göttlichen Wortes, die Ordnung Christi, in der Seele nachahmten.[22] Er schrieb mit ehrlichem Zorn von denen, die Sklaven zu sich zitierten, indem sie mit den Fingern schnippten: Wenn man Sklaven den Kontakt durch die sanften Harmonien der menschlichen Stimme verweigerte, so verweigerte man ihnen ihre Menschlichkeit.[23]

Um den Tisch versammelt, mit langen silbrigen Bärten, die »dem Greisenalter durch die Überlegenheit der reichen Erfahrung seine besondere Bedeutung geben«,[24] mußten die friedlichen Patriarchen, die Clemens so innig liebte, unter anderem lernen, wie man sprachlose Knaben und Mädchen mit einem passenden, sanften Scherz von ihrer Verlegenheit befreit (Clemens konnte natürlich einen solchen Scherz vorschlagen).[25] Sie mußten lernen, nicht in frommem Gemurmel zu tauben Menschen zu sprechen, denn das wäre »ein Zeichen von Rücksichtslosigkeit«.[26] Mit einem Charakter, der fest in ihrem Alter verankert war, konnten sie es sich leisten, das gelegentliche Schlückchen Glühwein gegen die Winterkälte zu nehmen.[27] Ihre geordnete Heiterkeit würde in harmonischem Glucksen aufperlen.[28]

Ruhig soll auch der Blick sein und gesetzt die Drehung und Bewegung des Halses und die Bewegung der Hände bei der Unterhaltung. Denn überhaupt liebt der Christ Gelassenheit und Ruhe und Stille und Frieden.[29]

Wenn man Genie als die unendliche Fähigkeit definieren kann, sich Mühe zu geben, offenbart insgesamt der *Paidagôgos* seinen Autor als moralisches Genie. Denn solche Einzelheiten trugen das Gewicht seiner Botschaft: Der Mensch »erlangt sein vorbestimmtes Ziel durch den Körper, den Gefährten und Verbündeten der Seele«.[30] Denn es soll »bei uns geheiligt sein nicht nur der Geist, sondern auch die Gesinnung und die Lebensführung und der Leib«.[31]

Das Endprodukt einer derartigen Veredelung war in vieler Hinsicht eine beruhigend altmodische Gestalt. Unter der reizenden attischen Verkleidung von Clemens' kultiviertem Christen lag der »einfältige« Gläubige der frühchristlichen Gemeinden. »Der jungfräuliche Logos, sanft und schlicht«, war es, den sich Clemens in seinen gütigen Hausvätern wünschte, ganz ähnlich wie es Hermas zwei Generationen früher in Rom getan hatte.[32] Kopien des *Hirten* des Hermas waren in den Provinzkirchen Ägyptens im Umlauf.[33] Die Christen, die den *Hirten* lasen, lebten wahrscheinlich ein Leben, das solchen althergebrachten, schlichten Auffassungen nahekam. Ihnen bedeuteten sie mehr als den wilden Intellektuellen Alexandriens.[34] *Népiotés*, die ungekünstelte Einfachheit, Offenheit und Natürlichkeit des Kindes, das waren die Qualitäten, die Clemens von Herzen liebte.[35] Für ihn faßte der Begriff ein ganzes ethisches und soziales Programm zusammen. Er ging davon aus, daß der christliche Gläubige ein vollgültiges Mitglied der Gesellschaft geblieben war. Ob verheiratet oder unverheiratet, männlich oder weiblich, jung oder alt, diejenigen, die in ihrem Herzen Kinder geblieben waren, brachten in eine verschlagene und schroffe Welt eine Spur der ursprünglichen, ungekünstelten Liebenswürdigkeit Adams, des »Gentlemans der Natur«, und Christi, des neuen Adam, der mit kindlicher Sanftheit unter den Menschen gewandelt war.

Clemens' Ideal des christlichen Lebens war von einem tiefen Gefühl für den Dienst an Gott als Schöpfer des Universums durchzogen, verbunden mit einem Bewußtsein für die Gegenwart seines Wortes, Christi, in der Seele des Gläubigen – ein vertrauter Gefährte, auf den jede Einzelheit im Leben des Gläubigen bezogen werden mußte:

Der durchscheinend klare und reine Jesus, das sehende Auge im Fleisch, der durchsichtige Logos ...,[36] der mit uns wohnt, unser Ratgeber, unser Begleiter, unser Hausgenosse ist, der mit uns fühlt, der für uns leidet.[37]

Um diesem Begriff und dem Programm lebenslanger moralischer Veredelung, das damit einherging, gerecht zu werden, griff Clemens instinktiv auf die stoischen Anschauungen zurück, die zusammen mit platonischer Metaphysik ein untrennbarer Bestandteil der intellektuellen *koiné* der damaligen Zeit waren.[38] Der Stoizismus lieferte Clemens genau die Sprache, die er brauchte. Der stoische Weise war auch als Mensch dargestellt worden, der dem bedingungslosen Dienst an einer höheren Macht verpflichtet war, der durch ein lebhaftes Gefühl der Vertrautheit mit dieser Macht ermöglicht wurde. Der Weise war frei, freudig und bereitwillig an dem verborgenen Handeln des Höchsten Geistes mitzuwirken, wie er triumphierend Schönheit und Ordnung aus dem scheinbaren Wandel der materiellen Welt heraufbeschwor.[39] Die Stoa war keineswegs eine Philosophie, die Inaktivität förderte; vielmehr zeigte der Stoiker seine Tugenden in einem aktiven Leben. Der Monarch, der die Sorgen der Staatsordnung als »edle Sklaverei« annahm;[40] der Athlet, dessen gewandter, fein abgestimmter Körper im fortwährenden Boxkampf zwischen dem Geist und den unberechenbaren Schlägen des Schicksals tanzte und schwankte;[41] der Freiwillige, der ständig bereit war, noch eine weitere gefährliche Mission zu übernehmen, noch einem weiteren Ruf zu folgen, sich den vielfältigen Erfahrungen dieser Welt zu stellen, und der die Gelegenheit zur Erfahrung von Freude, Trauer, Triumph oder Tod in gleicher Weise als »vom Himmel gesandt« behandelte – das waren die Bilder, die das Leben des gewissenhaften Stoikers zusammenfaßten.[42]

Um einen Zustand hochgesinnter Bereitschaft zu erreichen, mußte das individuelle Ego »eine totale Verwandlung seiner Art und Weise, die Welt wahrzunehmen,« durchmachen; das »innere Klima« des Bewußtseins selbst mußte sich ändern.[43] Jede Situation mußte als das wahrgenommen werden, was sie wirklich war – nicht als Gelegenheit zum Erfahren von Furcht, Enttäuschung oder unangemessener Hoffnung, sondern als Möglichkeit eines freudigen Dienstes.[44]

Was einem derartigen Zustand klarer und wacher Verfügbarkeit im Wege stand, war das, was in modernen Darstellungen des

Stoizismus irreführend als »die Leidenschaften« bezeichnet wird. Die »Leidenschaften« lassen sich am besten als im Ego aufgebaute Tendenzen ansehen, die den Weisen dazu zwingen konnten, auf eine Situation im Übermaß zu reagieren, sie mit einer Ladung persönlicher, egoistischer Bedeutung zu besetzen, die ihre wahre Bedeutung verzerrte. Die »Leidenschaften« färbten Wahrnehmungen der Außenwelt mit nichtexistierenden Quellen von Furcht, Angst und Hoffnung; oder aber sie badeten sie in einem falschen Glanz von Lust und potentieller Befriedigung.[45]

Dies war eine streng introspektive Lehre. Die Leidenschaften hatten vielleicht ihren fernen Ursprung im Körper; doch erst wenn sie einen Wandel im inneren Klima des Geistes herbeigeführt hatten, mußte man sie ausrotten. Als Naturwesen konnten Menschen »Triebe« – *orexeis* – nicht vermeiden. Hunger, dumpfe Furcht vor Auslöschung, die Empfindungen, die notwendig mit dem sexuellen Begehren verbunden waren: das waren die unvermeidlichen, gedämpften Knarrgeräusche des biologischen Ich. Sie konnten nie aufgegeben werden. Das Bewußtsein von ihnen stieg im Geist wie dünne Dämpfe auf.[46] Wenn solche Dämpfe nicht durch wachsame Reflexion zerstreut wurden, konnten sie das gesamte innere Klima des Geistes umwölken und ihn in einen dichten Nebel von »Leidenschaften« hüllen. Nur ein peinlich genauer Lebensrhythmus, in dem die Regungen des Körpers sorgfältig danach beurteilt wurden, ob es sich um legitime oder um illegitime Äußerungen seiner instinktiven Bedürfnisse handelte, würde es dem Weisen ermöglichen, die unendlich kostbare Klarheit und Heiterkeit der Sicht zu bewahren, die mit dem »leidenschaftslosen Zustand« verbunden war.

Clemens identifizierte sich rückhaltlos mit dem stoischen Gedanken der *apatheia*, mit dem Ideal eines von den Leidenschaften befreiten Lebens. Angesichts einer so strengen Lehre, die in der christlichen Kirche eine derart lange Zukunft vor sich hatte, müssen wir darauf achten, genau zu definieren, was sich Clemens in einem solchen Leben vorstellte. Das war nicht so drastisch, wie es auf den ersten Blick aussehen könnte. Clemens' Sprache war wie die seiner heidnischen Zeitgenossen bewußt ästhetisch. Der Weise war ein Künstler, der mit liebevoller Sorgfalt an Geist und Körper arbeitete. Ein Leben zu »formen« bedeutete in Clemens' Kreisen kein schroffes Ankämpfen gegen den Körper. Es war vielmehr ein Prozeß, der ebenso akribisch, ebenso streng und ebenso liebevoll war wie die Sorgfalt, die ein Literat (wie Clemens selbst einer war) der richtigen Stellung jedes Wortes, dem korrekten Tonfall und der Ausgewogenheit jeder Wendung widmen mußte.[47] Es war ein Abschleifen jener häßlichen Auswüchse, die die wahre, scharfumrissene Form des Menschen entstellten.[48] Clemens zweifelte kaum daran, daß dies ein anspruchsvoller Prozeß war. Doch es war ganz sicher kein Prozeß, der die Unterdrückung des Gefühls verlangte. Leidenschaften waren nicht das, was wir Gefühle zu nennen geneigt sind, sondern vielmehr Komplexe, die den wahren Ausdruck von Gefühlen verhinderten. Clemens' zarteste Bilder vom christlichen Leben waren Bilder einer unerschütterlichen, eifrigen Aktivität, die sich darauf richtet, den Herrn zu lieben und ihm zu dienen:

Zaum ungezähmter Füllen,
Flügel nicht irrender Vögel,
Untrügliches Steuer der Schiffe.[49]

Nichts könnte daher irreführender sein, als wenn man Clemens' Auffassung vom Endziel des Christen so behandelte, als sei es ein Zustand, in dem Gefühl und selbst Aktivität stillgestellt seien. Wenn man Clemens »fast die Karikatur eines Puritaners« nennt, so karikiert das sowohl Clemens als auch seine stoischen Quellen.[50] Was Clemens im Ideal der *apatheia* vorschwebte, war ein Zustand endgültiger Klarheit des Ziels. Nicht mehr von den durch die Leidenschaften hervorgebrachten Befürchtungen und Ungewißheiten zurückgehalten, konnten gute Handlungen richtigem Wissen so zwanglos entspringen, wie ein Schatten von einem Körper geworfen wurde.[51] Christus liebte es, sich herabzuneigen, um solch heiteres »Spielen« bei seinen Heiligen auf Erden zu hören: »zu spielen und sich mit der Geduld der Guten und der Verwaltung der Guten zu freuen und mit Gott Feste zu feiern. ... [Denn] ein Spiel dieser Art läßt Herakleitos seinen Zeus spielen.«[52]

Das letzte Zitat floß Clemens ohne eine Spur des Zweifels aus der Feder. Wie Gott zu werden hieß, an der gewaltigen Gutmütigkeit eines olympischen Zeus teilzuhaben, der fröhlich in einem schönen Universum herumspielt.

Der heitere christliche Weise des Clemens sollte kein Einsiedler sein. Er war ein aktiver Lehrer, ja ein »Verwaltungsmann«.

Sein »Spiel« war die Sorge für Seelen und sogar die Leitung der Kirche. Wie Moses trug der Weise eine »königliche Seele« in sich.[53] Der christliche Weise war auch keine fleischlose Abstraktion, kein bloßes frommes Ideal. Im heidnischen Denken wurde der heitere Zustand der *apatheia* als ein »Kanon der Vortrefflichkeit« spezifiziert, an dem der vollendete Weise zu beurteilen war, »wenn ein Kandidat zur Verfügung stand«.[54] Für Christen war der Kandidat für Vortrefflichkeit in der Gestalt Christi bereits vorhanden. Die Diener Christi, die Folge von Aposteln, Lehrern und Märtyrern bis in Clemens' eigene Tage hinein, machten deutlich, daß die bleibende Gegenwart Christi in der Seele tatsächlich das Leben des Gläubigen zu einem klaren Spiegelbild Seines Lebens schliff. Wenn dem jemand widersprach, wurde Clemens sehr zornig.[55]

Nirgends ist die überwältigende Bemühung des Clemens um Hervorbringung des vollkommenen christlichen Weisen offenkundiger als in seinen Anschauungen über Sexualität und Ehe. Sein *Paidagôgos* und die Erörterung von Ehe und Sexualität im 3. Buch der *Stromateis* waren für den »gemäßigten« Christen, den *metriopathés*, geschrieben – für Gläubige also, die noch nicht die gewaltige Heiterkeit erreicht hatten, die sich mit dem Weisen verband, dessen Leidenschaften keiner bemühten Kontrolle mehr bedurften.[56]

Für solche gemäßigten verheirateten Christen – wahrscheinlich junge Ehepaare und Kinder, die sich dem heiratsfähigen Alter näherten – stellte das enkratitische Bild der Sexualität die größte Gefahr dar. Die Enkratiten hatten die Sexualität mit schwerwiegenden Assoziationen aufgeladen. Sie hatten sie als vorrangigen Indikator für den gefallenen Zustand der Menschheit dargestellt und hatten *enkrateia* – praktisch einen abrupten Verzicht auf die Ehe – als das Hauptinstrument dargestellt, mit dem Christen der schrecklichen Not des Grabes ein Ende bereiten konnten. Keine Einstellung hätte Clemens in höherem Maße zuwider sein können: »[Sie] setzen ihre eigene Hoffnung auf den ... Gebrauch der Geschlechtsteile.«[57] Als Mann der antiken Welt durch und durch sah Clemens noch immer den Tod, nicht die Sexualität als beständigste Not des Menschengeschlechts. *Alles Fleisch ist Gras, und alle seine Güte ist wie eine Blume auf dem Felde*: das bedeutete für ihn nicht, daß der Geschlechtsverkehr Zeitverschwendung war, sondern das genaue Gegenteil – daß das schwache Fleisch, das der Tod so leicht verwelken ließ, in jeder Generation durch Fortpflanzung erneuert werden mußte; sonst würde *des Herrn Wort* nicht *bleiben*. »Wie könnte ohne den Körper der göttliche Heilsplan mit unserer Kirche zur Verwirklichung kommen?«[58]

Clemens, unser Meister der »pädagogischen Vernunft«, war nur zu bereit, christlichen Paaren genau zu verraten, wie sie ihren ehelichen Verkehr gestalten sollten. Moderne Leser wünschten sich verständlicherweise, er hätte das nicht getan. Zu Beginn des Jahrhunderts fand man, unser Pädagoge habe viel zu viel gesagt:

Er führt seine Leser bisweilen in die intimsten Details der Beziehung zwischen den Geschlechtern, eine Erörterung, die wir nur in einer medizinischen Abhandlung als natürlich empfinden würden. ... Was er im Vorlesungssaal und dem veröffentlichten Buch zu versuchen für richtig hielt, wäre vielleicht unter modernen Bedingungen am besten im Sprechzimmer des Arztes durchzuführen.[59]

Heute dagegen wird er gewöhnlich eher dafür gescholten, daß er zu wenig zuließ.[60] Wir bemerkten schon die Tendenz der griechischen Schriftsteller im Römischen Reich, in den ehelichen Verkehr verhängnisvolle Untertöne einer idealen Ordnung hineinzutragen. Sie neigten dazu, von der sexuellen Vereinigung der Paare in einer Weise zu sprechen, als sei das ein Akt, aus dem erotische Befriedigung verbannt werden müsse. Clemens griff nach solchen Schriften und karikierte sie dabei. Die spätklassische Neigung, Ordnung selbst im Liebesakt zu verlangen, erreichte in der Behandlung der Ehe in Clemens' *Paidagôgos* ihren Höhepunkt. Moses, schrieb er, hatte weise gehandelt, den Kindern Israel den Genuß von Hyänenfleisch zu verbieten. Denn die sexuellen Gewohnheiten der Hyäne ließen sehr zu wünschen übrig: Das übel beleumdete Tier, erklärte er, hatte häufig Geschlechtsverkehr, in einer Vielzahl von Positionen und manchmal sogar dann, wenn das Weibchen trächtig war.[61] Seine verheirateten Christen sollten sich im Bett keine derartigen Freiheiten erlauben.

Das, worauf es Clemens ankam, war, daß der eheliche Verkehr nach stoischer Manier angegangen wurde, als bewußte Handlung, die im Dienste Gottes unternommen wurde. Aus diesem Grund ließ er sich nicht von der harmonischen Ordnung des christlichen Lebens trennen. Das Ehebett durfte nicht wie Penelopes Webstuhl sein. Die seidenen Fäden des christlichen Betragens, die so sorgfältig in den Tagesstunden um den Menschen gewoben waren, durften nicht bei Nacht zerrissen werden.[62] Bei Clemens wurde die disziplinierte Sexualität des Judentums und der frühchristlichen Gemeinden untergründig verhärtet, indem sie mit der scharfen ästhetischen Sensibilität eines Griechen gefüllt wurde. Die Steigerung von »Lust« am Geschlechtsakt durch das Einnehmen verschiedener Positionen und durch die Fortsetzung sexueller Aktivitäten über die Zeit hinaus, die für die Empfängnis eines Kindes unbedingt notwendig war, galt als »gemein und gewöhnlich«.[63] Unordentliche Turnübungen paßten nicht zu den wohlabgestimmten Gestalten potentieller Weiser, für die selbst ein Wort oder eine Geste nicht fehlgehen sollten.[64] Und was die *charis* betraf, die durch den Verkehr hervorgerufene »Freundlichkeit« – jene undefinierbare Qualität gegenseitigen Vertrauens und gegenseitiger Zuneigung, die durch die Lust des Bettes selbst gewonnen wurde –, die selbst der würdige Plutarch für selbstverständlich hielt: Clemens' eigensinniges Beharren darauf, daß der Verkehr nur zum Zeugen von Kindern stattfinden sollte, führte dazu, daß die zarte Blüte eines derartigen Gedankens für immer aus dem spätantiken christlichen Denken verschwand.[65]

Die heidnischen Moralisten waren so klug gewesen, die Haltung, in die Clemens sich hatte hineinmanövrieren lassen, zu vermeiden. Für sie waren die Normen des Sexualverhaltens etwas marginale Fragen geblieben. Doch Clemens konnte sich nicht leisten, ihrer Zurückhaltung zu folgen. Er war ein Christ, der für Christen schrieb, die sich Angriffen von ganz beispielloser Ausführlichkeit auf den ehelichen Verkehr ausgesetzt sahen. Enkratitische Argumente gegen den Sex verlangten Antworten, die mitten aus dem Ehebett genommen waren. Clemens erklärte seinen Lesern in konkreter und anspruchsvoller Weise, daß eine wohlgeordnete Sexualität nicht an sich ein »tierischer« Akt sei. Doch dabei verschob er den Schwerpunkt antiker Einstellungen zur Veredelung und Kontrolle des Körpers aus ihrem gewohnten Tageslichtrahmen. Er ruhte nun auf dem christlichen Paar im Bett.

In einer solchen Situation wäre das für jeden eine schwere Last gewesen. In heidnischen Kreisen hatten die Kriterien der kultivierten Person einen außerordentlich öffentlichen Charakter gehabt. Die Zeitgenossen betrachteten Individuen in ihren öffentlichen *personae*, wie sie sprachen, standen, bei Tisch saßen, wie sie, gewöhnlich in der Öffentlichkeit, auf Trauer, Furcht und Zorn reagierten. In solchen Kontexten war es legitim gewesen, vom Weisen zu erwarten, daß er auch nicht einen Finger ohne wohlbedachte Überlegung bewegte. Solches Betragen konnte jedoch kaum von seinem Penis erwartet werden.[66] Doch Clemens tat diesen fatalen Schritt. Das entscheidende Kriterium der »wohlgestimmten« Seele verschob sich aus seinem alten Rahmen – dem Gastmahl, der Gerichtsverhandlung, dem äußerst öffentlichen Totenbett – auf ein intimeres, mehr im strengen Sinne sexuelles Szenario. Im Bett selbst wurde nun der alte Kampf zwischen der Vernunft und den Leidenschaften am klarsten und mit der größten Ausführlichkeit ausgetragen.

Clemens erwartete von seiner Gemeinde jedoch nicht, daß sie an solchen Themen so intensiv litt, wie sie es nach dem Willen späterer christlicher Moralisten in bestimmten christlichen Gegenden tun sollte. Sein Gefühl für den feierlichen Dienst Gott gegenüber war stärker als seine Kasuistik. Wir wissen einfach nicht, mit was für Ritualen – mit was für Gebeten, was für Gesten, was für okkulten Vorsichtsmaßnahmen – das christliche Paar des 2. Jahrhunderts daran ging, mit seinem Schöpfer zusammenzuarbeiten. Bruchstücke jüdischer Überlieferung aus dieser und aus späteren Zeiten lassen vermuten, daß der christliche Verkehr nicht der antiseptische Akt der Vernunft war, als der er im gedruckten Text erscheinen könnte.[67] Die »Übereinkunft einer kontrollierten Ehe«[68] braucht keine gänzlich blasse Angelegenheit gewesen zu sein. Wir wissen, was Clemens über jenen anderen Punkt dachte, an dem sich Geist und physischer Reflex im menschlichen Körper treffen – über die Stimme. Das liefert vielleicht eine Analogie, mit der wir uns seiner Einstellung zur Erfahrung der körperlichen Entspannung im Geschlechtsakt nähern können. Das unkontrollierte, schallende Gelächter entsetzte ihn. Doch er verweilte gern beim langsamen, klangvollen Glucksen der Heiligen, bei dem sie »das Herbe und Übertriebene [ihres] Ernstes in maßvoller Weise mildern«.[69] Nach dem, was wir wissen, hat es Clemens vielleicht für selbstverständlich gehalten, daß das junge christliche Paar im Bett in einer ähnlich entspannten Stimmung zusammenkam.

Was Clemens' grauhaarige Weise anging, so gab es nichts, was sie daran hinderte, einst in dieser gemessenen Weise ihre ehelichen Pflichten erfüllt zu haben. Die sexuelle Aktivität an sich war von keinem Stigma belastet, das den Christen daran hindern konnte, Vollendung in Christus zu erlangen. Ob ein solcher Mensch, nachdem er einmal vollendet war, weiterhin sexuell aktiv sein würde, war eine andere und etwas akademische Frage. Clemens' »gemäßigte« Christen waren die sexuell aktiven jüngeren Gemeindeglieder. Da die vollkommene Heiterkeit des Weisen kein Ergebnis einer plötzlichen Mutation war, wurde diese Heiterkeit dem Gläubigen gewöhnlich in höherem Lebensalter zuteil. Und Geschlechtsverkehr war nichts für alte Männer. Clemens war durch und durch unempfindlich für die Emphase, mit der viele seiner Zeitgenossen die fortwährende, bedrohliche Qual der sexuellen Begierde behandelten. Für ihn war diese Begierde kein greifbares Symbol, das im menschlichen Körper vom unheilvollen *perpetuum mobile* einer gefallenen Welt sprach. Sein Denken kreiste nicht um »die Bitterkeit des Feuers, das in den Leibern der Menschen brennt, das sie Nacht und Tag brennt«.[70]

Sexuelle Differenzierung und das Wachstum einer aufgeladenen sexuellen Wahrnehmung anderer bei jungen Menschen waren bloße Risse, die sich für eine gewisse Zeit zwischen der herrlichen Unbestimmtheit der Kinder vor Eintritt der Pubertät und der Heiterkeit eines Alters öffneten, das »von der Begierde befreit« war.[71] Es gab keinen Grund, warum der Weise, der in mittlerem Alter das Bedürfnis überwunden hatte, Kinder zu haben, sie nicht als getaufter Christ in seiner Jugend gezeugt haben konnte.

Worauf es Clemens viel mehr ankam, war, daß der spirituell reife Christ sich oft an der Spitze einer großen Familie befinden konnte. Wie ein hellenistischer Monarch en miniature einem Haushalt vorzustehen, sollte »ein schwaches Abbild göttlicher Vorsehung« sein.[72]

Das war ein Punkt, der unter den Umständen des späten 2. Jahrhunderts einige Bedeutung hatte. Die Kirche des Clemens war wie die Gemeinde, an die sich Hermas in Rom wandte, ein lockerer Zusammenschluß gläubiger Haushalte geblieben. Clemens neigte dazu, die Welt aus der Perspektive dieser Hausväter zu betrachten. Viele müssen seine Schüler gewesen sein, viele andere hatten ihm wohl ihre Kinder anvertraut. Anders als andere, radikalere spirituelle Väter scheint Clemens von der Furcht vor der Familie bemerkenswert wenig berührt zu sein. *Wenn zwei oder drei in meinem Namen versammelt sind*, bedeutete für Clemens Vater, Mutter und Kind, die in einem christlichen Haus beteten.[73] Clemens beharrte darauf, daß Mann und Frau gemeinsam »ohne Zerstreuung« Christus dienen konnten. Wenn Clemens Paulus auf diese Weise zitierte, bewies er großartige Gleichgültigkeit gegenüber der ursprünglichen Intention der Apostelworte.[74]

Clemens war sich durchaus im klaren, daß er durch das Akzeptieren der Ehe und mit ihr der bleibenden Strukturen des christlichen Haushalts auch für eine besondere und notwendige Form des christlichen Mutes eintrat. Sollte Gott es verlangen, mußte der christliche Weise zum christlichen Märtyrer werden. Für Clemens war der Märtyrer »der wahre Mensch in unserem Geschlecht«.[75] In der Praxis bedeutete das, daß der Weise dem Tod ins Auge sehen mußte – wie es mancher Heide in der Antike getan hatte –, ohne vom schrecklichsten aller Schmerzen erschüttert zu werden: von der Angst um das Schicksal seiner Gattin und seiner Kinder. Petrus hatte gesehen, wie seine Frau zur Hinrichtung geführt wurde, und hatte ihr zugerufen: »Gedenke des Herrn.«[76] Das war keine ferne Legende. In dem Jahr, in dem Clemens Alexandrien verließ, war Leonides, Vater von sieben Kindern aus einer ägyptischen Provinzstadt, vom kaiserlichen Präfekten hingerichtet worden. Sein eigenes Kind, der junge Origenes, hatte an ihn geschrieben, er solle sich durch Sorge um seine Familie nicht wankend machen lassen. Leonides hatte die Gewohnheit gehabt, jede Nacht seinen Sohn, wenn er im Schlaf lag, auf die Brust zu küssen.[77]

Der verheiratete Christ hatte zu lernen, wie man nicht nur *ahédonôs*, unberührt von undisziplinierter Lust, lebt, sondern auch *alupétôs*, unerschüttert von Leid.[78] Nur diejenigen von uns, die in einer wirklich sehr geschützten Welt, umgeben von ihren Büchern, leben, können es sich leisten, sich auf Clemens als abschreckenden Kontrolleur sexueller Lust zu konzentrieren und das zu ignorieren, was bei Clemens die düstere Folge hiervon darstellt – den stillen Mut, der von gewöhnlichen verheirateten Männern und Frauen verlangt wurde, die unter den Bedingungen des späten 2. Jahrhunderts noch aufgerufen werden konnten, Märtyrer zu werden. Das war ein Mut, der um so größer war, weil man ihn trotz der Bindungen an Gattinnen und Kinder, »der Liebsten in unserem Leben«,[79] zeigen konnte.

Clemens wurde Priester. Im Jahre 202 oder 203 verließ er Alexandrien, um dem Bischof von Jerusalem zu dienen, und er starb vielleicht um 215. Seine Stelle in Alexandrien wurde von dem erstaunlichen jungen Origenes eingenommen – einer Seele, die bereits durch die Hinrichtung des Vaters gestählt war. Clemens mag im Klerus die aktivere Rolle des Weisen gesucht haben, der aufgerufen ist, seinen Verfolgern entgegenzutreten, sie zu bezaubern und sogar zu erziehen. Wir begegnen solchen Personen in den Akten vieler Märtyrerbischöfe in der griechischen Welt des darauffolgenden Jahrhunderts: manche waren verheiratet, viele waren wohlhabend, alle beriefen sich auf das Leitbild des Sokrates, um ihre eigene heroische Haltung und die ihres Vorbilds Christus zu rechtfertigen.[80] Doch es gibt kein *Martyrium des Clemens*. Nur Clemens *ho Stromateus*, Clemens, der Verfasser der *Stromateis*, ist auf uns gekommen.[81]

Das Werk des Clemens warf Fragen auf, die ein Jahrhundert nach seinem Tod kaum gelöst waren. Sein christlicher Weiser war eine Gestalt von ehrfurchtgebietender Heiterkeit. Doch er war undenkbar außerhalb der konventionellen Strukturen der Gesellschaft. Das von Clemens aufgestellte Ideal ist von einem seiner einfühlsamsten Erklärer mit dem eines hesychastischen Mönchs verglichen worden.[82] Doch es ist ein Mönch ohne Kloster und ohne Wüste. Er konnte über seine Gegner spotten:

Und in ihrer Hoffart behaupten sie, daß sie selbst den Herrn nachahmen, der weder geheiratet noch sich in der Welt irgendwelchen Besitz erworben habe; dabei rühmen sie sich, besser als die anderen das Evangelium verstanden zu haben. ...

Wer von ihnen geht in einen Schafpelz gekleidet und mit einem ledernen Gürtel umher wie Elias? Wer hüllt sich in einen Sack, ohne irgendein anderes Kleidungsstück zu benützen, und geht barfuß wie Jesaias? ... Und wer wird die gnostische Lebensweise des Johannes nachahmen?[83]

Doch ein Jahrhundert später wurde Clemens' Spott durch das Leben des heiligen Antonius unwiderruflich überholt. Antonius hatte das Evangelium in genau dieser drastischen Weise verstanden, und dadurch war er in seinem Alter »ein Lehrer für ganz Ägypten« geworden.[84]

Die Schriften des Clemens führen uns für einen willkommenen Augenblick aus den engen Grenzen der radikalen Gruppen heraus, die wir in den letzten beiden Kapiteln beschrieben haben. Sein Werk verdankte seine Menschlichkeit dem Geschick, mit dem er die schimmernden Zweige griechischer *paideia* einem bescheidenen Wurzelstock christlicher Ehemoral aufpfropfte. Hinter dieser eleganten Fassade können wir einen

Blick auf Christen werfen, deren Regeln für das alltägliche Leben sich vielleicht wenig von denen ihrer jüdischen Nachbarn unterschieden. Clemens' kühnster Akt in einer Zeit eines immer lautstärkeren Radikalismus lag darin, daß er sich in dieser genialen und eleganten Form für die verheirateten christlichen Laien einsetzte. Seine gelehrten Abhandlungen erreichten nicht alle Mitglieder der christlichen Gemeinde; aber zumindest stärkten seine Schriften implizit die Rolle, die die wohlhabenden Familienväter, die die christliche Gemeinde schützten und unterstützten, in der Kirche spielten. Sie sind es, die die Radikalen bei ihrem Versuch, einen ganz anderen Typ von Führung in den Kirchen zu schaffen, hatten beiseite schieben wollen.

Es ist vielleicht sogar möglich, die Umrisse einer sozialen Auseinandersetzung in Clemens' alexandrinischem Milieu zu erkennen, die über die Fragen von Ehe und Enthaltsamkeit in der Kirche ausgetragen wurde. Ein Beharren auf Enthaltsamkeit hätte ganz anderen Gestalten den Zugang zur Kirchenführung eröffnet als denen, für die Clemens schrieb. Unter gewissen Umständen hätte die Ablehnung der Ehe den Klerus zu einer *carrière ouverte aux talents* gemacht, in der die ehrgeizigen und ärmeren Mitglieder der christlichen Gemeinschaft durch Keuschheit auf Kosten etablierterer Gestalten, reicher und gebildeter Familienoberhäupter, die durch die bloße Tatsache ihrer Verheiratung befleckt waren, aufsteigen konnten. Unter anderen Umständen hätte sie kleine Gruppen enthaltsam lebender »spiritueller« Personen, die nach Klassenzugehörigkeit und Bildung ihren Nachbarn überlegen waren, dazu ermutigen können, auf die langweilige verheiratete Geistlichkeit ihrer Stadt herabzublikken. Beide Situationen muß es im 3. Jahrhundert gegeben haben. Clemens schrieb teilweise zu dem Zweck, das Aufkommen einer gefährlichen Enthaltsamkeitsmystik abzublocken. Er versicherte den Verheirateten, daß sie sich nicht für ihre verheirateten Führer zu schämen brauchten und sich auch als Verheiratete nicht außerstande zu sehen brauchten, nach christlicher Vollkommenheit zu streben. Auch sie konnten sich um die Führung in den christlichen Gemeinden bemühen. Selbst Paulus war ein Ehemann gewesen, so mutmaßte Clemens ziemlich genial.[85] Auf jeden Fall war Petrus verheiratet gewesen.[86]

Wir sollten nie vergessen, daß es in den großen Kirchen des Ostens eine »schweigende Mehrheit« Verheirateter gab. Im Jahre 300 n. Chr. gab es möglicherweise schon fünf Millionen

Christen, die über die römische Welt verstreut lebten.[87] Doch sie sind schattenhafte Gestalten, die am Rand des grellen Scheinwerferlichts, in dem die lebhaften und wortgewandten Wenigen so heftig und mit so tödlicher Konsequenz disputierten, kaum zu sehen sind. In den oberen Rängen der Kirche wurde Clemens' Stimme bald übertönt. Die zahlreichen Werke, die die Bischöfe und Geistlichen des 3. und 4. Jahrhunderts schrieben, werden für die Geschichte des spätantiken Christentums gehalten. Sie sind es, die jetzt die Regale unserer Bibliotheken füllen. Diese Schriften gaben Clemens' Mission stillschweigend auf. Eine jüngere Generation von Führern war einfach nicht daran interessiert, noch einmal über das Problem der Heiligung der Verheirateten nachzudenken, wie es Clemens einfach als seine Pflicht betrachtete. Ihr Motto hieß »Jungfräulichkeit«. Der Aufstieg der christlichen Kirche in der römischen Gesellschaft im Laufe des 3. Jahrhunderts war ein Prozeß, der mit überraschender Geschwindigkeit an Schwung gewann. Ihn begleitete die Herausbildung einer Tendenz, die man am besten als eine »Sensibilität«, fast eine »Ästhetik« der Jungfräulichkeit bezeichnen kann. Das Ideal des unberührten menschlichen Körpers trat in den Vordergrund. In der Vorstellung der damaligen Zeit fungierte es als aufgeladener Verbindungspunkt zwischen Himmel und Erde und auf der Erde selbst als der symbolische Sammelpunkt für eine rasch expandierende Kirche. Wir müssen uns einen Augenblick nach den Beziehungen zwischen Männern und Frauen in den christlichen Kirchen des späten 2. und frühen 3. Jahrhunderts umsehen, um die Bedingungen zu verstehen, unter denen dieser entscheidende Wandel stattfand.

SIEBENTES KAPITEL

»*Eine promiske Bruderschaft und Schwesternschaft*«: Männer und Frauen in den Frühkirchen

In den Augen seiner heidnischen Kritiker war das Christentum eine Religion, die für enge Verbindung zu Frauen berüchtigt war:

Sie erkennen sich an geheimen Merkmalen und Zeichen und lieben sich gegenseitig fest, bevor sie sich kennen. Allenthalben üben sie auch unter sich sozusagen eine Art von Sinnlichkeitskult; unterschiedslos nennen sie sich Brüder und Schwestern.[1]

Die heidnische Überzeugung, daß die Christen zusammenkamen, um sexueller Promiskuität zu frönen, war zählebig. Das war kaum überraschend: Im Jahre 200 hatte jede christliche Gruppe ihre eigenen christlichen Rivalen bizarrer sexueller Praktiken beschuldigt.[2] Zur Zeit Justins richtete ein junger Mann in Alexandrien sogar ein Gesuch an den kaiserlichen Präfekten, in dem er um Erlaubnis dafür bat, sich kastrieren zu lassen. Nur dadurch, daß er diese drastische Operation auf sich nahm, konnte er hoffen, Heiden davon zu überzeugen, daß unterschiedsloser Geschlechtsverkehr nicht das war, was christliche Männer bei ihren »Schwestern« suchten.[3] Noch zwischen 320 und 330 schikanierte Kaiser Licinius die Kirchen in den Ostprovinzen mit einem Gesetz, »das den Männern verbot, zugleich mit den Frauen beim Gottesdienst zu erscheinen; das weibliche Geschlecht sollte die ehrwürdigen Lehrstätten der Tugend nicht mehr besuchen dürfen; auch sollten die Bischöfe die Frauen nicht mehr in den Heilswahrheiten unterrichten.«[4]

Solche Reaktionen verraten uns mehr über traditionelle mediterrane Phantasien von der verkehrten Welt als über die tatsächlichen Beziehungen zwischen Männern und Frauen in den christlichen Gemeinden. Die Berichte der Märtyrer dagegen liefern eine grausame Statistik. Im Jahre 177 starben in Lyon 24 Männer und 23 Frauen;[5] 180 waren es in Scilli sieben Männer und fünf Frauen;[6] im Jahre 303 drangen die Behörden in

Abitina in eine christliche Versammlung ein und verhafteten 31 Männer und 17 Frauen.[7]

Die klarste und beunruhigendste Stimme, die aus der römischen Welt auf uns gekommen ist, ist die einer Christin, der Vibia Perpetua. Nicht nur begannen die Akten ihres Martyriums mit einem langen autobiographischen Bericht von Perpetuas Erfahrungen während ihres Prozesses und im Gefängnis; der Verfasser, der ihre Darstellung zu Ende führte, stellte sich als jemand dar, der lediglich Perpetuas Willen dadurch vollstreckte, daß er die Beschreibung einer ganz und gar öffentlichen Demonstration von Heroismus, den Perpetua, *generosa illa*, »jene edle Frau«, der christlichen Kirche hinterlassen hatte, zu ihrem bedrückenden Abschluß brachte.[8]

Perpetua war nicht die einzige Frau, die in Karthago zu leiden hatte. Im Jahre 259 erwartete Quartillosa ihr Martyrium. Ihr Gatte und ihr Sohn waren bereits hingerichtet worden. Sie und ihre Freunde litten Hunger:

Ich sah, wie mein Sohn, der gelitten hatte, zum Gefängnis kam. ... Hinter ihm trat ein junger Mann ein, der in jeder Hand zwei Schalen voller Milch trug. ... Und er gab jedem zu trinken aus den Schalen, die er trug, und sie waren niemals leer.
Plötzlich wurde der Stein, der das Fenster teilte, fortgenommen, und das Fenster wurde hell, und wir sahen die Fülle des Himmels.[9]

Vielen wurde sogar die Würde eines öffentlichen Todes verweigert. Vier Frauen gehörten in Rom im Jahre 250 zu einer dreizehnköpfigen Gruppe: »alle verhungerten durch den Willen Gottes im Gefängnis.«[10] Wenigstens im Gedenken an ihren Mut bewahrte das Gedächtnis Männer und Frauen in der christlichen Kirche als gleich.

Zwischen den Verleumdungen durch Heiden und Mitchristen und dem geisterfüllten Heroismus der Märtyrer wissen wir überraschend wenig von den Beziehungen zwischen Männern und Frauen in den christlichen Gemeinden des 2. und des frühen 3. Jahrhunderts.[11] Das Alltagsleben von Christen ist eine in Dunkel gehüllte Landschaft, die hier und da durch die Blitze eines polemischen Feuerwerks erhellt wird, das in großer Höhe explodierte. Der größte Teil des Materials, das erhalten ist, stammt von den Führern der Kirche, aus den heftigen Debatten, die sie miteinander führten. Es war nie dazu bestimmt, auf diejenigen Fragen zu antworten, die ein moderner Mensch gerne an eine frühchristliche Gemeinde stellen würde.

Eines ist jedoch sicher: Das 2. und das 3. Jahrhundert erlebten zwei stille Revolutionen, die die zukünftige Entwicklung der Religion in Europa und im Nahen Osten bestimmen sollten – den Aufstieg der Rabbiner zu einer dominierenden Position im Judentum[12] und die Schaffung einer strikten Trennung zwischen Klerus und Laien in der christlichen Kirche.[13] Beide Revolutionen warfen in aller Schärfe das Problem der Beziehungen zwischen dem Fußvolk einer religiösen Gemeinschaft und seiner Elite auf. Die Rabbiner beispielsweise hegten an ihrer einzigartigen Bedeutung in Israel nicht den geringsten Zweifel: Sie und ihre Schüler waren es, die »alle ihre Tage damit verbringen, die Welt aufzubauen«.[14]

Doch der ätherische Faden aus Worten, den die Weisen spannen, war zu seiner Fortsetzung vom soliden Fleisch und Blut normaler ehelicher Beziehungen abhängig. Synagogen und Gelehrte wurden von Juden mit hohem sozialen Status unterstützt, die reiche und verheiratete Gönner waren. Die Weisen selbst waren verheiratet und hatten ein großes Interesse daran, die Ehen anderer zu regeln.[15] Frauen fragten sie oft um Rat in sexuellen Fragen.[16] Sie widerstanden einer starken Versuchung, ihre Abhängigkeit vom weniger regelstrengen Fußvolk, dem ʿam haaretz, zu leugnen. Israel war eine einzige, ungeteilte Gemeinschaft, in der Gebildete und Ungebildete zusammenarbeiten mußten: »Mögen die Trauben für die Blätter beten, denn ohne die Blätter könnten die Trauben nicht bestehen.«[17]

Die Führer der christlichen Kirchen sahen sich in einer ähnlichen Position. Jeden Sonntag häuften die Laien am Altar Reichtum auf, der, wie man wußte, aus Aktivitäten stammte, die sie in täglichen Kontakt mit einer verdorbenen, heidnischen Welt gebracht hatten.[18] Auch wenn viele von ihren Geistlichen, Propheten und spirituellen Führern enthaltsam lebten, sicherte die durchschnittliche christliche Gemeinschaft ihren zahlenmäßigen Fortbestand durch Kinder, die von den Laien gezeugt waren. Die Trennungslinie zwischen den Erhaltern des Christentums der »Großen Kirche« und denjenigen Gruppen, die als »Häretiker« gebrandmarkt wurden, wurde in dieser außerordentlich praktischen Frage deutlich. In der Großen Kirche wie im Judentum galt das Fußvolk als fähig, sich durch Unterstützung der auserwählten Minderheit verdient zu machen. Es tat dies, indem es der christlichen Gemeinde viele von den Dingen lieferte, auf die die Elite für sich ausdrücklich verzichtet hatte:

es lieferte Wohlstand und Kinder. Man hat den Verdacht, daß die orthodoxe Lehre von Gott als dem Schöpfer der materiellen Welt im Laufe des 2. Jahrhunderts nicht so heiß umstritten gewesen wäre, wenn diese Lehre nicht auch eine Rolle dabei gespielt hätte, den unauffälligen Zufluß der »Güter dieser Welt« in die Kirche für rechtmäßig zu erklären. Wie in jeder wohlausgestatteten Synagoge wurde persönlicher Reichtum von reichen Christen als eine der vielen »Gaben« angesehen, die ein gütiger Schöpfer über seine Welt ausgeschüttet hatte: Er konnte ihm in Dankbarkeit dargebracht werden, indem man ihn für die Kirche ausgab.[19]

In radikaleren Gruppen wurde der Austausch von Verdienst zwischen Elite und Basis kurzgeschlossen. In einer Kirche, in der alle getauften Mitglieder enthaltsam lebten, war der Unterschied zwischen enthaltsamem Klerus und sich fortpflanzenden Laien verwischt. Auch Reichtum ließ sich nicht in genau derselben klugen Weise verwenden. In seiner Kritik an Marcion legte Irenäus dar, daß der Reichtum, wenn er insgesamt dem bösen Schöpfergott gehörte, nicht in Dankbarkeit der Kirche als Teil einer guten Schöpfung dargebracht werden konnte. Er konnte nicht vom Bischof in Gestalt von Almosen und ähnlichen frommen Werken umverteilt werden. Wenn man Reichtum als eine Gabe Gottes akzeptierte, so bedeutete das als natürliche Folge, daß man die Strukturen der Gesellschaft akzeptierte, die die Anhäufung von Reichtum ermöglichten. Tatsächlich bedeutete es, den Frieden des heidnischen Römischen Reiches als etwas zu akzeptieren, das selbst eine der vielen Gaben Gottes an seine Geschöpfe war.[20] Dieses Argument war bezeichnend. Von Marcion wußten seine Kritiker, daß er sich in die Kirche von Rom eingekauft hatte, indem er eine fürstliche Summe bot (die dem entsprach, was ein Kleinstadtnotabler nach allgemeiner Erwartung auf seine Stadt zu verwenden hatte). Diese Summe stellte den Gewinn aus seinem Familienbetrieb dar: Er trieb als Reeder Handel zwischen dem Schwarzen Meer und Italien.[21] Die Orthodoxen konnten solchen Reichtum mit gutem Gewissen annehmen. Der langsame Aufstieg des Christentums der Großen Kirche auf Kosten radikalerer Gruppen wurde durch diese grundsätzliche Entscheidung ermöglicht. Wenn Reichtum wie die Ehe als Teil eines bösen »gegenwärtigen Zeitalters« betrachtet worden wäre, dem man abrupt entsagen mußte, anstatt damit sorgfältig als einer Gabe der Vorsehung Gottes hauszuhalten, dann hätte es keine

Möglichkeit gegeben, Ressourcen für die Kirche anzusammeln und Generationen von Kindern, die in christlichen Familien erzogen waren, hervorzubringen. Im 3. Jahrhundert hatte sich die Kirche in den römischen Städten gerade deshalb fest etabliert, weil sie reich genug war, um für ihre eigenen Armen zu sorgen, und weil sie auf die loyale Unterstützung von wohlhabenden Familienvätern wie denen zählen konnte, für die Clemens von Alexandrien geschrieben hatte.

Was die Geschichte der christlichen Kirche deutlich von der anderer religiöser Gruppen unterschied, war die dauernde Sorge ihrer Geistlichkeit, ihre eigene Position gegenüber den bedeutendsten Wohltätern der christlichen Gemeinde zu definieren. Frühe Christen lebten in der Erwartung, daß ihre Führer erkennbare und dauerhafte Zeichen von Überlegenheit über die Laien besitzen sollten: man konnte von ihnen erwarten, Zeugnis von einer charismatischen Berufung abzulegen; sie wurden, wenn möglich, dazu ermutigt, lebenslange Enthaltsamkeit zu praktizieren; und sogar wo diese beiden Kriterien fehlten, hatten nur sie die gebührende Priesterweihe durch das »Handauflegen« erhalten. Dies wiederum verlieh ihnen eine exklusive Rolle beim Feiern der Eucharistie, die den zentralen Ritus der christlichen Gemeinde darstellte. Durch diese Vorkehrungen stellte der Klerus sicher, daß die Führung der Kirche nicht gedankenlos in die Hände seiner reichsten und mächtigsten Laienwohltäter abglitt.[22]

Die christlichen Geistlichen verteidigten daher ihre privilegierte Position den Laien gegenüber. Sie unternahmen darüber hinaus einen Schritt, der sie von den Rabbinern von Palästina und (soweit wir wissen) von der jüdischen Führung der Diaspora unterschied: Sie hießen Frauen als Schirmherrinnen willkommen und boten Frauen sogar Rollen an, in denen sie als Mitwirkende tätig sein konnten. Im Jahre 200 n. Chr. war die Rolle der Frauen in den christlichen Kirchen schon ganz unverkennbar ausgeprägt.

Der entscheidende Faktor war hier, daß man Frauen dazu ermutigt hatte, enthaltsam zu leben, und sie dazu gedrängt hatte, nach dem Tod ihres ersten Gatten Witwe zu bleiben. Es ist höchst unwahrscheinlich, daß sie ihre Bedeutung in einer Gemeinschaft erlangt hätten, in der von jeder Frau erwartet wurde, daß sie heiratete. Im Judentum dagegen waren Frauen von der zentralen Aktivität der Rabbiner ausgeschlossen: Mit wenigen hervorragenden Ausnahmen beteiligten sich Frauen nicht an der Weitergabe der Tradition durch das intensive Studium der Thora.[23] Dafür sorgte die verheiratete Frau für die biologische Kontinuität Israels. Sie besorgte das Haus, aus dem die Gelehrten und die Söhne der Gelehrten auszogen.[24] Das war eine Rolle, die von den Rabbinern unzweideutig als Teil der Güte der Schöpfung Gottes gesegnet wurde. Doch sie stellte eine unüberwindliche Schranke für weiteren religiösen Dienst dar. Das Thorastudium setzte das kostbare Privileg freier Männer in einer antiken Gesellschaft voraus – die Freiheit, über ihre Zeit zu verfügen. Für eine Frau ergaben sich die Pflichten des Kindergebärens in genau den Jahren, in denen ihre Gatten als Männer in der Spätadoleszenz die Freiheit hatten, ihre lange Lehrzeit zu Füßen der Weisen zu absolvieren. Die biologische Tatsache der Menstruation führte zum Ausschluß von der Teilnahme an so vielen Ritualen, daß es für eine erwachsene Frau fast unmöglich war, den Fahrplan ihres Lebens so einzurichten, daß sie mit dem der ungebundenen Männer Schritt halten konnte.[25] In Palästina zumindest, wenn nicht in der Diaspora, wurde die Rolle von Frauen als Gönnerinnen der Gemeinschaft auf ein Mindestmaß beschränkt.[26] Die notorische Bemerkung, daß es besser sei, die Thora zu verbrennen, als sie von einer Frau berühren zu lassen, war eine Brüskierung einer reichen *matrona* durch einen Rabbiner. Wenn die Weisen dazu gezwungen waren, von ungelehrten Patronen abhängig zu sein, wollten sie zumindest die Erniedrigung vermeiden, daß es so aussah, als hingen sie von einer Frau ab.[27]

Wie sehr die christlichen Geistlichen der Spätantike auch manchmal das Bedürfnis verspürt haben mögen, ihren eigenen Beschützerinnen in derselben brüsken Weise über den Mund zu fahren, sie fanden, daß sich einflußreiche Frauen in ihrer Gemeinde einen festen Platz erobert hatten. Das war keine Entwicklung, die wir als selbstverständlich ansehen sollten. Die pseudopaulinischen Briefe zeigen uns christliche Gemeinden, die ganz zufrieden mit der Lösung gewesen waren, die die Rabbiner vertraten.

Eine Frau lerne in der Stille mit aller Unterordnung. Einer Frau gestatte ich nicht, daß sie lehre, auch nicht, daß sie über den Mann Herr sei, sondern sie sei still. ... Sie wird aber selig werden dadurch, daß sie Kinder zur Welt bringt, wenn sie bleiben mit Besonnenheit im Glauben und in der Liebe und in der Heiligung.[28]

Um 200 war diese herablassende Haltung jedoch nicht mehr möglich. Enthaltsamkeit war für Männer wie für Frauen aktiv gefördert worden. Als weniger verdienstvoll wurde die Mutterschaft eingeschätzt. Das Gefühl für Verunreinigung durch Blut, das dazu tendiert hatte, Frauen als Quelle von Menstruationsunreinheit auszuschließen, wurde in christlichen Kreisen nicht vollständig aufgegeben. Ein unbekannter Autor in Syrien verwandte in der Mitte des 3. Jahrhunderts viele Seiten darauf, Männer und Frauen davon zu überzeugen, daß sie keine Rücksicht auf die in den jüdischen Reinheitsgesetzen enthaltenen Disqualifizierungen nehmen sollten. Die Menstruation, der Geschlechtsverkehr oder der nächtliche Samenerguß wurden von ihnen immer noch als Grund dafür angesehen, sich nicht der Eucharistie zu nähern, nicht zu beten und keine heiligen Bücher zu berühren.[29] Ein Bischof von Alexandrien konnte dessen sicher sein, daß keine Christin während ihrer monatlichen Regel zur Eucharistie gehen würde.[30] Doch diese gutmeinend präzisen Tabus waren in einem allgemeinen Gefühl untergegangen, daß der Verkehr an sich (und nicht nur Blut und Samen, die formlosen Produkte des menschlichen Körpers) den Heiligen Geist ausschloß. Männer waren es, an die Clemens von Alexandrien ausführlich schrieb, um ihnen zu versichern, daß Geschlechtsverkehr in der Ehe den Christen nicht automatisch von der Vollkommenheit ausschloß. In christlichen Kreisen hatte die lautstarke Befürwortung extremer Ansichten über Enthaltsamkeit, die sich über mehr als ein Jahrhundert erstreckte, zu einer Situation geführt, die im Judentum ohne Beispiel war. Verheiratete Männer zitterten vor einer Degradierung auf die Position von Frauen: Ihre physiologische Beteiligung an Sex machte sie für Führungsrollen in der Gemeinschaft untauglich. Manche Frauen dagegen rückten näher an den Klerus heran: Enthaltsamkeit oder Witwenschaft befreite sie von den Disqualifizierungen, die mit sexueller Aktivität zusammenhängen.

Wir haben nur wenige lebendige Eindrücke davon, was es in den christlichen Gemeinden der damaligen Zeit bedeutete, eine Frau zu sein. Sie lassen vermuten, daß in Wirklichkeit Enthaltsamkeit oft die einzige Alternative war, die einem jungen Menschen blieb. In einer kleinen Gruppe, in der eine Ehe mit Heiden strikt verpönt war und in der doch Statusüberlegungen unter den Heiligen keineswegs außer Kraft gesetzt waren, war es für viele Familienoberhäupter außerordentlich schwierig, passende Gatten und Gattinnen für ihre Kinder zu finden. Viele Gläubige vermieden einfach Mesalliancen, indem sie ihren Kindern nahelegten, jungfräulich heranzuwachsen. Clemens hatte von dem Diakon Nikolaos gehört,»von seinen Kindern seien die Töchter als Jungfrauen alt geworden und der Sohn sei unverdorben geblieben«.[31]

Es ist möglich, daß einige der exotischeren gnostischen Lehren, die sich anscheinend für »Kommunion« durch freie Liebe aussprachen, als ein Weg dienten, christliche Eltern dazu zu veranlassen, ihre Mädchen ungehinderter unter den Brüdern als Bräute zirkulieren zu lassen:

> Es wird erzählt, einer von ihnen sei an ein schönes Mädchen von uns herangetreten und habe zu ihm gesagt: »Es steht geschrieben: Gib jedem, der dich bittet!« Dieses aber habe ... würdig geantwortet: »Aber über die Ehe sprich mit der Mutter!«[32]

Zu Beginn des 3. Jahrhunderts erntete Papst Calixtus I. die Verachtung seines Rivalen Hippolytus, weil er den Frauen aus den oberen Klassen in der römischen Kirche gestattete, im Konkubinat mit Gläubigen niederer Klassenzugehörigkeit zu leben. Als Frauen, die einem bewußt heidnischen Adel entstammten, waren sie nur dann bereit, Männer innerhalb der Kirche zu heiraten, wenn diese »Bürgerlichen« nicht als völlig legale Gatten zählten.[33] Angesichts dieser Schwierigkeiten überrascht es kaum, daß viele Christen lieber enthaltsam blieben, als sich den komplexen Problemen der Partnersuche auszusetzen, und daß man Männer wie Frauen sehr dazu drängte, diese Schwierigkeiten nicht noch dadurch zu verschärfen, daß sie sich nach einer Verwitwung um Wiederverheiratung bemühten.

Ein »Orden« von Witwen kam in allen Kirchen schon in früher Zeit auf.[34] Die meisten von ihnen waren hilflose Geschöpfe, mittellose alte Damen, die nur zu froh waren, aus den Händen der Geistlichen Nahrung und Kleidung zu empfangen. Was wir von anderen Gruppen, in denen eine Wiederverheiratung mißbilligt wird, wissen, läßt darauf schließen, daß verwitwete Frauen ein zahlenmäßig bedeutsames Element in jeder christlichen Kirche wurden. Um die Mitte des 3. Jahrhunderts unterstützte die römische Kirche 1500 Witwen und mittellose Personen.[35] In einer afrikanischen Kirche, in Cirta, beschlagnahmten im Jahre 303 die heidnischen Behörden 38 Schleier, 82 Damentuniken, 47 Paar Frauensandalen und nur 16 Stück Männerkleidung.[36]

Gegen Ende des 4. Jahrhunderts unterstützte die Kirche von Antiochien 3000 Witwen und Jungfrauen.[37] Nicht alle diese Witwen waren jedoch von niedrigem Stand. Hochgestellte Frauen waren es schließlich, die die größten Schwierigkeiten hatten, innerhalb der Kirche einen Ehemann zu finden. Viele reiche und gebildete junge Frauen fanden sich nach dem Tod ihrer Männer mit der Aussicht konfrontiert, den Rest ihres Lebens im Dienste der Kirche zu verbringen. Hieronymus wußte von drei Damen in Gallien, von denen die eine bereits 40, die andere 20 und die dritte zwölf Jahre als Witwe verbracht hatte.[38] Die Mutter von Johannes Chrysostomus war im Alter von 20 Jahren Witwe geworden. Seine künftige Seelengefährtin, die ungewöhnliche Olympias, war mit Mitte 20 verwitwet und verbrachte die verbleibenden 20 Jahre ihres Lebens damit, die Kirche in Konstantinopel zu unterstützen.[39]

Einflußreiche und fromme Witwen waren beunruhigend amphibische Wesen. Sie waren einerseits nicht eindeutig als verheiratete, sexuell aktive Menschen disqualifiziert, andererseits waren sie aber auch nicht völlig in den Reihen des Klerus zu Hause. Sie waren die einzigen Laien, die alle Attribute wirklicher Mitglieder der Geistlichkeit auf sich vereinigt hatten, ausgenommen das entscheidende Vorrecht des geweihten Altardienstes. Die einflußreiche Witwe stand für Laien beiderlei Geschlechts in ihrer größten Aktivität in der Kirche. Die Rolle, die Mitglieder des Klerus einer solchen Witwe einzuräumen bereit waren, war ein klares Anzeichen dafür, wie hoch oder wie gering sie die aktive Teilnahme von Laien beiderlei Geschlechts schätzten.

Im Jahre 200 haben wir es immer noch mit einem Christentum zu tun, das von Familienvätern dominiert wurde. Alle Diskussionen über sexuellen Verzicht fanden im Hinblick auf einen stillschweigenden Fahrplan statt, der im Haushalt von den Alten für die Jungen festgelegt wurde. Die Sexualität wurde nicht als Problem für die jungen Leute betrachtet. Sie war vielmehr ein Problem für ihre Eltern: Die Eltern würden am Tage des Jüngsten Gerichts dafür verantwortlich gemacht werden, wenn ihre Kinder in Unzucht verfielen, weil sie ihnen nicht in angemessenem, frühem Alter einen Ehepartner besorgt hatten.[40] Die Ehe, die dann im Alter von etwa 15 Jahren geschlossen wurde, galt als unauflöslich und ausschließlich. Nur nach dem Tode eines Ehepartners konnten daher ein Christ oder eine Christin Enthaltsamkeit im Sinne einer persönlichen Entscheidung ins Auge fassen. Anders als die römische *univira*, die von ihrem Gatten dafür gepriesen wurde, daß sie ihm allein treu geblieben war, und das in einer Gesellschaft, in der sie frei war, ihn auf dem Wege der Scheidung oder des Ehebruchs zu verlassen, erlangte die christliche Witwe erst nach dem Tode ihres Mannes die Freiheit, die Tugend zu wählen. Zu jener Zeit wurde die *fides*, deren Bezeugung durch den Verzicht auf Wiederverheiratung Römer gelegentlich von einer Frau auch gegenüber ihrem toten Gatten erwarteten, in eine immerwährende Treue zu Christus verwandelt, die gute christliche Witwen für den Rest ihres Lebens zu bewahren hatten.[41]

Die Enthaltsamkeit erwuchs daher für Männer wie für Frauen aus der Ehe. Ja, für einen Rigoristen wie Tertullian war die Ehe selbst nicht mehr als eine Schule der Enthaltsamkeit. Sie war eine triste Vorbereitung auf lange Jahre der Witwenschaft. Wenn Tertullian von *castitas* sprach, meinte er nicht Jungfräulichkeit; er meinte sexuelle Aktivität, die in der Ehe auf ein Minimum herabgesetzt und nach der Ehe völlig aufgegeben wurde.[42] Eine solche Auffassung war auch nicht unrealistisch. Diejenigen Männer und Frauen, die sich mit größter Wahrscheinlichkeit gegen eine Wiederverheiratung entschieden, waren die, die bereits engagierte Mitglieder der Kirche waren. Leonides beispielsweise, der Vater des Origenes, wurde hingerichtet, als Origenes, sein ältester Sohn, knapp 17 Jahre alt war. Er hatte in weniger als 17 Jahren sechs weitere Kinder gezeugt. Wenn Leonides die langen Enthaltsamkeitsperioden eingehalten hatte, die ein Mann wie Clemens von Alexandrien als selbstverständlich betrachtete – das bedeutete Enthaltung von seiner Frau während einer Schwangerschaft und in der Stillzeit –, hat er vielleicht nur in jedem zweiten Jahr ihrer Ehe mit ihr geschlafen.[43] Er muß es als Beruhigung empfunden haben, daß er tatsächlich den Verkehr mit seiner Frau nur genossen hatte, um die sechs Kinder zu zeugen, die aus in solchen feierlichen Abständen stattfindenden Begegnungen hervorgingen. Aus dem Kreise der Witwer und Witwen, diesem asketischen Reservoir ehemals verheirateter Zölibatäre, und nicht aus den Reihen derer, die sich von der Pubertät an einem besonderen, jungfräulichen Leben verschrieben hatten, bezogen die christlichen Kirchen gewöhnlich ihre Führer.

Infolgedessen sahen sich Männer und Frauen im Hinblick auf

die Natur der Enthaltsamkeit, für die sie sich entschieden hatten, in derselben Position. Die normale enthaltsam lebende Frau war kein jungfräuliches Mädchen, das sich von Kindheit an früher Abgeschlossenheit geweiht hatte. Sie war vielmehr eine Frau, die an der Spitze eines christlichen Haushalts gestanden hatte und Mutter christlicher Kinder geworden war. Oft verfügte sie über Besitz. Ihr Reichtum ermöglichte es ihr, als Wohltäterin auf die örtliche Kirche in einer Weise Einfluß auszuüben, die in heidnischen und jüdischen Kreisen normal war.[44] Sie war kein zurückhaltendes Wesen, das wieder ins Elternhaus zurückkehrte. Enthaltsame erwachsene Frauen, die als Witwen »von Haus zu Haus liefen«, genossen etwas von der beneidenswerten Mobilität, die sich mit der apostolischen Berufung verband.[45] Die christliche Witwe, die in reiferem Alter stand, finanziell unabhängig war und schon über Einfluß verfügte, hatte eine Entscheidung für ein enthaltsames Leben getroffen, die ebenso formal und ebenso heroisch war wie die ihrer verwitweten Glaubensbrüder, die die durchschnittlichen Mitglieder der Geistlichkeit darstellten.

Es überrascht nicht, daß die im Laufe des 3. Jahrhunderts zusammengestellten Beschreibungen der richtigen Leitung einer Kirche eine wachsende Spannung im Hinblick auf die Stellung der Witwe verraten. Witwen übten häufig »paraklerikale« Funktionen aus. Sie empfingen Bitten um Rat und Unterweisung. Eine Kirchenordnung sorgte sogar für den Unterhalt zweier Witwen »um ihrer Gebete und Offenbarungen willen«.[46] Obwohl Prophetie aus der feierlichen klerikalen Versammlung des Abendmahls in den meisten Kirchen außerhalb der montanistischen Gemeinden Phrygiens ausgeschlossen war, setzte sich weibliche Prophetie in mehr privatem Rahmen fort.[47] Im Phantasiehaushalt der meisten christlichen Gruppen war die prophetische Gabe der Frau praktisch nicht auszurotten. Die Auffassung von Männern, wonach Frauen »offener« für das Unbekannte waren, sorgte dafür, daß sie im 2. und 3. Jahrhundert weiterhin männliche Klienten und Bewunderer anzogen.[48] In Krisenzeiten nahmen Prophetinnen dramatischen Aufschwung. Im Jahre 234 hatten in Kappadokien Erdbeben und wiederholte Verfolgungen stattgefunden;

> da tauchte hier auf einmal ein Weib auf, das in Verzückung geriet und sich als Prophetin ausgab und sich gebärdete, als wäre sie des Heiligen Geistes voll.... [Sie lief] im strengsten Winter barfuß durch den eisigen

Schnee ..., wodurch sie so viele betrogen hatte. ... Unter keineswegs verächtlicher Anrufung stellte sie sich, als ob sie Brot heilige und das Abendmahl feiere ...; auch nahm sie viele Taufen vor unter Benutzung der gewöhnlichen und rechtmäßigen Frageformel.[49]

Der Vorfall, an den sich 22 Jahre später der Bischof von Cäsarea in einem Brief an Cyprian, den Bischof von Karthago erinnerte, war eine ernüchternde Mahnung, wie leicht die Gewalt des Klerus über seine Schäfchen, die auf dem männlichen Vorrecht der Ordination beruhte, beiseitegefegt werden konnte.

Die Geistlichkeit besaß auch keine ausschließliche Kontrolle über das intellektuelle Leben der Kirchen. In jeder christlichen Gemeinde, die auf Mitglieder und Gönner aus den oberen Klassen stolz war, waren Frauen führend. Die Welt der großen christlichen Lehrer stand der der vornehmen Studienzirkel heidnischer Philosophen nahe. Wie die Philosophen gingen christliche Lehrer davon aus, daß Frauen bei ihren Zusammenkünften anwesend sein konnten, daß sie Fragen stellten und Anspruch auf sorgfältige Antworten hatten. Im frühen 3. Jahrhundert stellte das *didaskaleion*, dem Hippolytus in Rom vorstand, zu seinem Gedenken eine wiederverwendete Statue einer sitzenden Figur auf. Die Liste seiner Werke, die auf der Seite des Throns angebracht ist, enthält eine Abhandlung, die einer Frau gewidmet war.[50] Weibliche Empfänger christlicher Lehre waren in der römischen Gesellschaft oft gut gestellt: Hippolytus hat möglicherweise einmal an eine Kaiserin geschrieben, und Origenes wurde später von einer als Ratgeber herangezogen.[51] Solche Frauen konnten ihre Gatten dazu veranlassen, als Beschützer der Kirche aufzutreten. Hippolytus' *bête noire*, der künftige Papst Calixtus, war durch die Vermittlung Marcias, der Konkubine des Kaisers Commodus, von harter Arbeit in den Bergwerken Sardiniens zurückgeholt worden:

Marcia, die ein gutes Werk tun wollte – sie war fromm, Konkubine des Commodus –, ließ einige Zeit darauf den seligen Victor, der damals Bischof der Kirche [von Rom] war, zu sich kommen und frug nach, was für Bekenner in Sardinien seien. ... Marcias Wunsch ward durch Commodus erfüllt; sie gab also das Freilassungsdekret einem Eunuchen, dem Priester Hyacinthus; der nahm es an sich [und] fuhr nach Sardinien hinüber.[52]

Fast genau zur selben Zeit wuchs in Alexandrien der junge Origenes unter dem Schutz christlicher Frauen heran. Nach dem

Tod seines Vaters fand er »Aufnahme und Unterhalt bei einer sehr reichen und vornehmen Frau«. Seine Beschützerin nahm sich auch eines berühmten gnostischen Lehrers an, bei dem »eine sehr große Menge nicht nur von Häretikern, sondern auch von den Unsrigen ... zusammenkam«.[53]

Ambrosius, der spätere Gönner des Origenes, war ein ehemaliger Valentinianer. Er hatte wohl begonnen, mit seiner Frau enthaltsam zu leben, als er noch Anhänger des Valentinus war. Marcella, »seine fromme Gefährtin«, und Tatiana, die Schwester des Ambrosius, gehörten untrennbar mit zu dem Haushalt, ohne dessen Unterstützung die gewaltige exegetische Tätigkeit des Origenes unmöglich gewesen wäre.[54] Insgesamt war für die christliche Intelligenzija der damaligen Epoche die Gegenwart von Frauen als Schülerinnen und Gönnerinnen absolut selbstverständlich.

Selbst in einfacheren Gemeinschaften war es schwierig, eine strikte Rollentrennung aufrechtzuerhalten. In einer idealen Kirchenordnung, deren Regeln sich auf Nordsyrien bezogen, wurde von der Witwe erwartet, daß sie sich auf moralische Ermahnung über häusliche Pflichten, vermutlich für jüngere Frauen, beschränkte. Der pseudopaulinische Titusbrief war in diesem Punkt klar gewesen: Ältere Witwen sollten

Gutes lehren und die jungen Frauen anhalten, daß sie ihre Männer lieben, ihre Kinder lieben, besonnen seien, keusch, häuslich, gütig, und sich ihren Männern unterordnen, damit nicht das Wort Gottes verlästert werde.[55]

Doch ein Heide des Jahres 250 hätte durchaus miterleben können, wie ein Mitglied des christlichen Witwen-»Ordens« von einem gemischten Publikum direkt aufgefordert wurde, über die großen Themen der Erlösung zu predigen, »über das Ende der Götzen, die Ruhe der Heiligen und die Ordnung der Ankunft Christi«. Das waren Themen, über die sich »weder eine Witwe noch [wie der Autor bezeichnenderweise hinzufügt] ein Laie verbreiten sollte«. Wie der Verfasser mit einnehmender Selbsteinschätzung hinzufügte: Das Evangelium war wie ein Senfkorn; es schmeckte tatsächlich sehr scharf, wenn es nicht in kompetenter Weise von einem Mitglied des Klerus zubereitet war![56] Das ist die Stimme eines Klerikers nur zwei Generationen vor dem Triumph seiner Kirche im Römischen Reich.

Die Existenzbedingungen für das Christentum im späten

2. und im 3. Jahrhundert brachten ein bemerkenswertes literarisches Genre hervor: die apokryphen Apostelakten. Enthaltsame Frauen spielen in diesen Erzählungen eine zentrale Rolle. Doch die apokryphen Akten sollten nicht als Zeugnisse für die tatsächliche Rolle von Frauen im Christentum gelesen werden. Sie spiegeln vielmehr die Art und Weise wider, in der christliche Männer der damaligen Periode an der tiefverwurzelten Tendenz aller Männer in der antiken Welt teilhatten, Frauen zu gebrauchen, »um mit ihnen zu denken«.[57] Es besteht kein Zweifel, daß Frauen im Phantasiehaushalt der Kirche eine bedeutende Rolle spielten. Ihre Gegenwart verdichtete die tiefe Konzentration männlicher Christen auf ihre eigenen Beziehungen zur »Welt«, zur ständig gegenwärtigen Realität einer verdorbenen und verführerischen heidnischen Gesellschaft, die gegen die Türen ihrer Häuser drängte und an die umschlossenen Räume ihrer neuen Versammlungsorte angrenzte.[58]

In dieser ganzen Periode gebrauchten christliche Männer Frauen, »um mit ihnen zu denken«, um ihre eigene nagende Besorgnis wegen der Haltung, die die Kirche der Welt gegenüber einnehmen sollte, in Worte zu fassen. Denn antike Männer neigten dazu, Frauen als Wesen zu betrachten, die weniger klar definiert waren und weniger sicher durch die Strukturen eingeschränkt waren, die die Männer in der Gesellschaft an ihrem Ort hielten. Die Frau war ein »Tor«. Sie war ein schwaches Kettenglied und zugleich ein Brückenkopf. Frauen ließen Dinge ein, denen Männer den Eintritt verweigerten. Der grämliche Tertullian meinte, Frauen müßten daran erinnert werden, daß sie Eva sein konnten, »die dem Teufel Eingang verschafft hatte«.[59]

Mit ihren bezaubernden Frisuren und beunruhigend unverschleierten Gesichtern wurden die Frauen der Kirche von Karthago von Tertullian als eine Bresche in den Verteidigungsanlagen der Kirche betrachtet, durch die die Welt Einlaß in die düsteren Versammlungen der männlichen Heiligen finden konnte.[60] Doch ebenso oft waren Frauen ein »Tor« in einem positiven Sinn. Sie konnten sich heidnischen Familien anschließen, ohne wie ein Mann dadurch verdorben zu werden. Sie waren die Gattinnen, Dienerinnen und Kindermädchen von Ungläubigen.[61] Männliche Sklaven konnten dieselbe Rolle spielen, aber die Bindung zwischen Frauen und Kindern, ihre Rolle als Mutter, Kindermädchen oder Amme, machte die Frau stärker als einen männlichen Sklaven für die Gesundheit von Kindern und daher für die übernatürlichen Heilmittel verantwortlich, die man benutzen konnte, wenn sie krank wurden. Tertullian konnte sogar von einem Kaiser sagen, er sei »mit christlicher Milch aufgezogen« worden.[62]

Die Unmittelbarkeit der Bindungen, zu denen Frauen für fähig erachtet wurden, wurde von einer Gemeinschaft geschätzt, die Loyalität bitter nötig hatte. Als Frau, die für ihr eigen Fleisch und Blut verantwortlich war, und nicht einfach als geisterfüllte Visionärin war Perpetua in der Lage gewesen, in die andere Welt zu reichen, um ihren Bruder vor der Marter zu retten.[63] In Karthago waren anscheinend die Frauen in der christlichen Gemeinde die Führerinnen der intensiven, physischen Verehrung für die Märtyrer, die den späteren Heiligenkult vorwegnahmen. Als Frauen konnten sie leichter in das schreckliche Gefängnis vordringen, als es die christlichen Männer konnten. Die Frauen, die die Ketten der Märtyrer küßten und zu ihren Füßen weinten, brachten ihren eingeschüchterten Männern, die in Zeiten der Verfolgung ihr Gesicht in der Öffentlichkeit einer heidnischen Stadt nicht zu zeigen wagten, den Segen der Helden der Kirche zurück.[64]

Frauen konnten daher von Christen, die mit dem entscheidenden Problem der Loyalität in einer heidnischen Umgebung konfrontiert waren, gebraucht werden, »um mit ihnen zu denken«. Sie waren auch von zentraler Bedeutung für eine Sorge, die christliche Schriftsteller mit ihren heidnischen Zeitgenossen teilten. Frauen konnten sich verlieben; und die Körper von Frauen, die in Verfolgung ihrer Liebe unzähligen Unglücksfällen ausgesetzt waren, waren potentiell die verletzlichsten aller Körper, und ihre Widerstandsfähigkeit war aus diesem Grund am eindrucksvollsten. Die apokryphen Akten kamen in der Mitte des 2. Jahrhunderts in der Provinz Asien (an der türkischen Küste der Ägäis) in Umlauf. Sie widmeten sich diesem Thema auf zwanghafte Weise. Sie sprachen zu den christlichen Kirchen als Ganzem. Die Thomasakten dienten dann im frühen 3. Jahrhundert den Bedürfnissen enkratitischer Gruppen in Syrien. Doch nicht alle Akten gehören einem identifizierbaren radikalen Milieu an. Ihr lockeres Gefüge machte sie wie eine Rorschach-Testfigur offen für ganz verschiedene Interpretationen. Generation für Generation von Christen las sie mit Vergnügen und überarbeitete sie mit Begeisterung.[65]

Diese Akten offenbaren uns ein Christentum, das ganz anders

geartet ist als das eines Tertullian oder auch eines Clemens von Alexandrien. Es ist ein episches Christentum, ein auf Wirkung abzielendes Christentum. Wandernde Apostel ziehen durch stolze Städte und bringen Vernichtung über die bestehende heidnische Ordnung – Altäre explodieren, Tempel brechen zusammen, Stürme bringen das böse Gebrüll des Zirkus zu unrühmlichem Stillstand.[66] Regelmäßig wurde geschildert, wie sie unverheiratete Mädchen aus ruhiger Abgeschlossenheit zogen und Frauen aus den Betten ihrer Ehemänner: »Aber auch viele andere Frauen wurden von der Predigt über die Keuschheit ergriffen ..., und (manche) Männer trennte ihr Lager von dem der eigenen Frauen.... Es entstand nun in Rom ein gewaltiger Aufruhr.«[67]

Die apokryphen Akten verfolgten mit Begeisterung und Aufmerksamkeit die Fragen der Berufung, der Verletzlichkeit und des Überlebens in einer dramatisch feindseligen Umgebung. Deshalb war die Wahl des spätklassischen Romans als Modell für so viele Akten ein Geniestreich. Denn die heidnischen Romane hatten bereits eine narrative Form entwickelt, die sich mit den zentralen Belangen eines Christentums des Einflusses und der Berufung überschnitt. Sie hatten oft mit dem Augenblick einer Liebe auf den ersten Blick angefangen. Die Zeit stand still, als zwei Seelen, die füreinander bestimmt waren, sich zum erstenmal begegneten.[68] Der Rest des Romans war eine kunstvoll in die Länge gezogene Verzögerungshandlung.[69] Das offenkundige Schicksal der Liebenden wurde immer wieder durch Abenteuer verzögert, die die Verletzlichkeit aller Menschen durch die Launen des Schicksals hervorhoben und insbesondere die Verletzlichkeit der Jungen und der Schönen für die sexuellen Gelüste der Mächtigen, der Brutalen und der Verführer. In all ihren Heimsuchungen hatten das Mädchen und manchmal sogar der Knabe ihre Jungfräulichkeit unter Umständen bewahrt, in denen Standhaftigkeit als so unwahrscheinlich galt, daß sie sich nur einem Wunder verdanken konnte.[70] Liebe und die durch Liebe hervorgerufene Treue wurden als die einzig bleibende Kraft in einer chaotischen und bedrohlichen Welt dargestellt.

Die christlichen Autoren der apokryphen Akten brauchten nur eine manifeste Bestimmung für das Ehebett, mit dem jeder heidnische Roman geendet hatte, durch den Ruf des Apostels zu Enthaltsamkeit zu ersetzen. Wie in den Romanen ergab sich Gefahr aus jenem ersten Moment. Denn nach dem Augenblick der

Konversion wurde den Lesern der Akten eine dramatische Schilderung der überragenden Gewalt der Welt geboten, wie sie sich auf ihre Helden und Heldinnen stürzte. Der Eindruck ihrer brutalen Macht wurde dadurch verstärkt, daß sie aus dem Blickwinkel des verletzlichsten aller ihrer potentiellen Opfer, der schutzlosen Jungfrau, gesehen wurde.[71]

In den Akten des Paulus und der Thekla standen gespannte Beziehungen zwischen den Geschlechtern im Vordergrund. Thekla, das verlobte Mädchen, schaute in bescheidener Abgeschlossenheit aus ihrem Fenster in Ikonium hinaus auf das Haus eines Nachbarn und sah »viele Frauen und Jungfrauen zu Paulus hineingehen ... , [und sie] hatte ... das Verlangen, auch sie möchte gewürdigt werden, vor dem Angesicht des Paulus zu stehen«.[72] Von den Worten des Paulus über Jungfräulichkeit und Auferstehung überwältigt, die ihr aus einem Nachbargarten zuflogen,[73] wurde Thekla aus dem Haushalt in die Gefolgschaft des Paulus mitgerissen. Sie wurde die vorbildliche christliche Bittstellerin an den Zellen der Märtyrer. Sie verbrachte die Nacht in der Zelle und betrachtete die ruhige Gestalt des Paulus: »Und ihr Glaube nahm zu, und sie küßte auch seine Fesseln.«[74] Sie »wälzte sich auf der Stelle«, an der er gelehrt hatte.[75]

Später wurde die Verbindung zwischen Thekla und Paulus noch ergreifender: »[Sie] suchte, wie ein Lamm in der Wüste nach dem Hirten umherschaut, nach Paulus.« In ähnlicher Weise wollte sich im Smyrna des 3. Jahrhunderts eine wirkliche Frau nicht von ihrem spirituellen Vater, dem Priester Pionius, trennen: Als sich Sabina »aus Furcht vor dem Volksgedränge ... fest an seiner Seite hielt, sagte jemand: ›Du hältst dich so an ihn, als ob du fürchtetest, von deiner Amme weggerissen zu werden.‹«[77]

Thekla war sogar bereit, sich als Mann zu verkleiden, um Paulus auf seinen Reisen zu begleiten.[78] Ihre heidnischen Eltern hatten keine Zweifel, was das alles zu bedeuten hatte. Sie »sexualisierten« sogleich Theklas Verhalten. Das alte Szenario übernatürlicher Gewalt, die durch Liebeszauber ausgeübt wurde, war ein Muster, das von allen Schriftstellern im 2. Jahrhundert mit Begeisterung ausgeschlachtet wurde.[79]

[Ich wundere mich,] wie eine Jungfrau, die von so großer Schüchternheit ist wie sie, sich so peinlich belästigen läßt.... Es wird ... meine Tochter, die wie eine Spinne am Fenster klebt, durch seine Worte (bewegt und) von einer nie gekannten Begierde und unheimlichen Leidenschaft ergriffen. ... Kehre zurück zu deinem Thamyris und schäme dich![80]

Weg mit dem Zauberer! Denn er hat alle unsere Frauen verdorben![81]

Doch hinter den unverfroren sexuellen Szenarien der Akten steigt bedrohlich die schrecklichere Gegenwart der »Welt« auf. Diese nahm in Asien die Gestalt einer selbstgerechten römischen Ordnung an, die ihren lokalen Göttern überschwengliche Treue hielt.[82] Es mag durchaus sein, daß die kleinen Kreise, die sich zusammendrängten, um Lesungen der Akten von Paulus und Thekla zu hören, die Szenen, in denen die Helden mutig den Verfolgungen entgegentraten, als die packendsten Stücke der Erzählung empfanden. Thekla, die schutzlose, jungfräuliche Reisende, widerstand nicht nur den Avancen des edlen Alexander von Antiochien; sie ohrfeigte ihn mit solcher Kraft, daß die große goldne Krone eines Priesters des kaiserlichen Kults, die über und über mit Bildern der Kaiser selbst bedeckt war, ihm vom Kopf rollte.[83] »Die fremde, die einsame« Thekla,[84] ein jungfräuliches Mädchen, das in einer fremden Stadt ausgesetzt und so absolut verletzlich war, war mehr als ein Objekt sexueller Gewalt; sie wurde dem Volk von Antiochien als »Tempelräuberin« vorgeführt.[85] Für den christlichen Leser war Thekla dort, wo sie am schutzlosesten war, das privilegierte Medium für die unzerstörbare Macht Christi. »Wie sie nun [in Ikonium] nackt hereingeführt wurde, weinte der Statthalter und bewunderte die Kraft, die in ihr war.«[86] Im Amphitheater von Antiochien sprang sie in einen Teich voller Haie mit dem Ruf: »Jetzt ist der Zeitpunkt gekommen, mich zu waschen.«[87] Sie empfing auf diese Weise den großen Ritus der Taufe. Eine Wolke von Feuer umgab sie, »so daß weder die Tiere sie anrühren konnten noch sie in ihrer Nacktheit gesehen werden konnte«.[88]

Diese triumphale Szene sollte mehr vermitteln als einen Sieg über sexuelle Scham. Für den Verfasser der Akten war die Taufe ein »Siegel«; sie verlieh Thekla den Schutz, den der Gläubige brauchte, um die schrecklichste aller »Versuchungen« durchzustehen – hilflose Passivität gegenüber der ritualisierten Erniedrigung eines Märtyrertodes.[89] Thekla war die ideale Christin in einem Zeitalter der Verfolgung. Ihre Geschichte stand für

eine Vision menschlicher Integrität, die in einer Welt eingekerkert ist, in der, aber nicht von der sie ist ..., der es immer gelingt, dem einen Schicksal zu entgehen, welches schlimmer ist als der Tod, nämlich der Vernichtung der eigenen Identität.[90]

Wie das rasche Anwachsen ihres Kults zeigt, war Thekla, die imaginierte unversehrte Jungfrau, und nicht Vibia Perpetua, eine wirkliche Frau, *matronaliter nupta* und Mutter eines Kindes, dazu ausersehen, die Heilige der Zukunft zu werden.[91] Die Verbreitung einer Legende wie der von Thekla fügte dem Konglomerat von Vorstellungen, die sich in christlichen Kreisen mit dem Keuschheitsideal verbanden, noch eine weitere, höher gestimmte Note hinzu. Tertullian und Clemens von Alexandrien hätten den Mut Perpetuas verständlicher gefunden.[92] Als Männer, die um das Jahr 200 in die mittleren Jahre kamen, standen Tertullian und Clemens für Formen des Christentums, die bereits einer früheren Epoche angehörten. Wie sehr sie sich auch voneinander unterschieden, beide hatten die menschliche Person im wesentlichen als Teil der Gesellschaft in ihrer normalen Verfassung betrachtet. Für beide mußte die Sexualität so diszipliniert und schließlich eingestellt werden, daß der menschliche Körper dabei noch an seine unmittelbare Umgebung gebunden blieb. Weder von den christlichen Weisen des Clemens noch von den älteren Propheten Tertullians wurde verlangt, daß sie den stabilen Haushalt aufgaben, wie das Thekla in der erdachten Geschichte getan hatte. Thekla gab auch nicht ihre Identität zugunsten der einer heiligen Gruppe auf, wie es tendenziell bei den Enkratiten der Fall war.

Theklas junger Körper stand überwältigend allein. Ihre Jungfräulichkeit zu bewahren bedeutete, eine individuelle Identität zu bewahren, die in ihrem physischen Körper wurzelte, weil sie sich im Zustand physischer Intaktheit ausdrückte, den sie von Geburt her an sich hatte. Thekla war kein Rollenvorbild, dessen Imitation nur von christlichen Frauen erwartet wurde. Ihr intakter Körper sprach zu Männern wie zu Frauen. Er war ein verdichtetes Bild des ständig von Vernichtung bedrohten Individuums, das von Geburt an über den drohenden Zwängen der Welt schwebt.

Daß es gerade diese Form von Heroismus in Verbindung mit einer bestimmten Form sexuellen Verzichts – der Bewahrung der Jungfräulichkeit im strengen Sinne – sein sollte, die in zunehmendem Maße die Vorstellungskraft aller Christen beschäftigte, ist eine Entwicklung, die wir nicht einfach deshalb für selbstverständlich halten sollten, weil sie mit scheinbar unangefochtener Geschwindigkeit stattfand. Die nächsten Kapitel werden den Versuch unternehmen, Aspekte des Aufkommens eines vollentwickelten Begriffs von Jungfräulichkeit in dem entscheidenden Jahrhundert nachzuzeichnen, das sich von der Jugend des Origenes bis zum Auftauchen des heiligen Antonius aus der Wüste erstreckte.

ACHTES KAPITEL

»Ich bitte euch also, ändert euch«: Origenes

Zwischen dem Mai des Jahres 200 und der Mitte des Jahres 203 hob Laetus, der Präfekt Ägyptens, eine Gruppe von Christen aus Alexandrien und aus dem eigentlichen Ägypten aus. Der Vater des Origenes hatte zu ihr gehört. Origenes, der damals 16 oder 17 Jahre alt war, war der älteste Sohn einer Familie mit sieben Kindern. Seine Mutter versteckte seine Kleidung, damit er nicht hinausstürze und sich den Behörden stelle, um so zu seinem Vater zu gelangen. »Es war«, schrieb Eusebius von Cäsarea ein Jahrhundert später, »ein für sein Alter ungewöhnlich großes Sehnen.«[1] Origenes trat durch die Nähe des Todes gestählt ins Erwachsenenalter. Für ihn war die aufgeladene Antithese von »wahrer« und »falscher« Vaterschaft, der Kontrast zwischen durch spirituelle Führung geschaffenen Kontinuitäten und bloßer physischer Reproduktion, der in christlichen Lehrzirkeln im 2. Jahrhundert so geläufig gewesen war, zur bitteren Lebenstatsache geworden. Die Treue des jungen Mannes zu einem Vater, der so viel von ihm erwartet hatte, war durch den brutalen Schlag der Hinrichtung aus ihrem normalen Lauf herausgerissen worden. Alle Kontinuität, alle Loyalität, nach der Origenes jetzt verlangte, lag in den feineren, dauerhafteren Bindungen von Seele zu Seele, die zwischen einem Lehrer und seinen Schülern in der christlichen Kirche geschaffen wurden.

Nachdem sich Origenes in Alexandrien niedergelassen hatte, wurde er in überaus frühen Jahren zu einem geistlichen Führer. Ein Kern von engagierten jungen Christen und Neukonvertiten sammelte sich um den glänzenden jungen Lehrer und »Sohn eines Märtyrers«. Als die Verfolgung zwischen 206 und 210 wieder aufflackerte, zeigte die Gruppe um Origenes überraschende Zähigkeit. Der Klerus von Alexandrien verschwand unauffällig und überließ es Origenes, die Moral seiner geistlichen Schutzbefohlenen aufrechtzuerhalten.[2] Der feindlichen Menge trotzend – ein Akt von nicht geringer Tapferkeit in einer Stadt, die für ihre Lynchjustiz berüchtigt war –, trat der junge Lehrer vor, um seinen geistlichen »Kindern« den feierlichen Kuß zu geben, der verkündete, daß sie ihres Märtyrertodes würdig geworden waren.[3]

Wir wissen aus Origenes' eigenen Werken überraschend wenig von dem Verlauf der verbleibenden 40 Jahre seines Lebens in Alexandrien und an anderen Orten. Seine Karriere als Lehrer in Alexandrien ging 234 mit praktischer Verbannung und der Verlegung seiner Schule nach Cäsarea an der palästinensischen Mittelmeerküste zu Ende.[4] Er lehrte dort, predigte regelmäßig als Priester und legte in der Kirche die Schrift aus, bis er irgendwann um 253 oder 254 an den Folgen der Martern starb, die ihm im Jahr zuvor im Gefängnis von Cäsarea zugefügt worden waren.[5]

Bei Clemens waren wir ermutigt worden, uns umzusehen, jede Einzelheit des Lebens eines Christen in einer großen Stadt zu betrachten; bei Origenes ist diese geschäftige Welt verschwunden: Wir atmen schon die unveränderliche Luft der Wüste.[6] Die Zeit steht still auf einem geistlichen Sinai, wo Origenes, der Exeget, 40 Jahre lang aus der Heiligen Schrift das süße Brot der Engel gesammelt hatte.[7] Origenes sah sich selbst vor allem als Exeget. Angesichts des unveränderlichen Wortes Gottes strebte er danach, ikonengleiche Ruhe zu erlangen, sein *Angesicht hart zu machen vor dem Volk*.[8] Als Mann, dessen Herz mit dem verborgenen Feuer der Schrift brannte,[9] brachte Origenes mit seiner gemächlichen, zeitlosen Gelehrsamkeit einen Hauch von Unwandelbarkeit in die christlichen Gemeinden von Alexandrien und Cäsarea, gerade als diese Gemeinden begonnen hatten, sich kopfüber in ein neues blühendes Zeitalter zu stürzen, voller Anlässe zum Kompromiß mit der Welt und von intellektueller Streitbarkeit und dem flagranten Streben nach Macht in der Geistlichkeit gekennzeichnet.[10] Was Origenes die Bewunderung christlicher Intellektueller aller späteren Jahrhunderte eintrug, war nicht so sehr das, was er gelehrt hatte, wie aufregend und oft beunruhigend das auch sein mochte; es war die Art und Weise, in der Origenes als Exeget und spiritueller Führer das Leben eines christlichen Lehrers als über Zeit und Raum erhaben dargestellt hatte. Das machte ihn zu einem Rollenvorbild, einem »Heiligen« der christlichen Kultur, einem Mann, der mehr als ein Jahrhundert später als »der Prüfstein von uns allen« gepriesen werden konnte.[11]

Von Anfang an war Origenes' Botschaft stark und zuversichtlich gewesen: »Ich bitte euch also, ändert euch; seid bereit zu lernen, daß es von euch abhängt, euch zu ändern.«[12] (In diesen Worten können wir tatsächlich Origenes reden hören: Sie stammen aus einer Kurzschriftaufzeichnung einer Diskussion zwischen Origenes und einer Gruppe etwas verwirrter Bischöfe, die sich auf einem Papyrus erhalten hat, der 1941 in Tura, südlich von Kairo, entdeckt wurde.)[13]

Um die Jahreswende 229/230 fühlte sich Origenes frei, sich seinem bemerkenswertesten Buch, der Schrift *Peri Archôn (Über die Grundlagen)*, zu widmen. Er war damals Ende vierzig, ein Alter, in dem man von einem ernsthaften Philosophen erwarten konnte, daß er in Jahrzehnten der Meditation und direkten Erfahrung mündlicher spiritueller Unterweisung so hinreichend verankert war (und genug Kritik bei seinen Kollegen erregt hatte), daß es sich lohnte, seine Gedanken zu Papier zu bringen. In diesem Buch ergriff er die Gelegenheit, die Annahmen über die Stellung von Menschen im Universum bloßzulegen, die seiner persönlichen Alchemie als Exeget und Seelenführer zugrunde gelegen hatten.

Das Problem, das Origenes aufwarf, war einfach: »Auf welche Weise ist es zur Entstehung einer so großen und mannigfachen Vielfalt von geschaffenen Wesen gekommen?«[14]

Das war das alte platonische Problem – wie ging die in der materiellen Welt beobachtete Vielfalt aus der ursprünglichen Einheit der Welt der Ideen hervor? Seine Antwort auf die Frage jedoch war von großartiger Eigenständigkeit. Seiner Ansicht nach hatte sich jedes geschaffene Wesen frei dafür entschieden, anders zu sein als seine Mitwesen; und jeder Unterschied spiegelte ein präzises Ausmaß an Verschlechterung oder Verbesserung im Hinblick auf eine ursprüngliche, gemeinsame Vollkommenheit wider. Ursprünglich gleich geschaffen, als »engelhafte« Geister, von Gott dazu bestimmt, auf ewig in verzückter Betrachtung Seiner Weisheit zu verharren, war jeder Geist dadurch »gefallen«, daß er sich aus freiem Willen dafür entschied, die lebensspendende Wärme der Gegenwart Gottes, und sei es in noch so geringem Maße, zu mißachten oder gar, wie im Falle der Dämonen, zu verschmähen.[15]

Was wir jetzt die »Seele« nennen, das subjektive Ich, war nur das Resultat einer subtilen Abkühlung der ursprünglichen Glut des anfänglichen tiefsten Ich: des »Geistes«. Wie Origenes ausführte, war das Wort *psyché* für »Seele« von *psychros*, »kalt«, abgeleitet. Im Vergleich zu dem feurigen Geist, der in die Höhe flakkerte und immer danach strebte, wieder im anfänglichen Feuer Gottes aufzugehen, war das bewußte Ich ein dumpfes Ding, das durch die kalte Abwesenheit von Liebe erstarrt war.[16] Die verwirrende Vielfalt des gegenwärtigen Universums, das zwischen Scharen unsichtbarer Engel und Dämonen geteilt war und auf der Erde von einer anscheinend unendlichen Vielfalt menschlicher Schicksale gekennzeichnet war, war das Endprodukt zahlreicher Einzelentscheidungen, in denen jeder Geist frei gewählt hatte, das zu sein, was er jetzt war.

Das offensichtlichste Merkmal einer solchen Anschauung war ein unbesänftigtes Gefühl »göttlicher Unzufriedenheit« mit den gegenwärtigen Beschränkungen der menschlichen Person. Eine gewaltige Ungeduld zog sich durch das Universum. Jedes Wesen – engelhaft, menschlich oder dämonisch – war so oder so durch die heimtückische, verhängnisvolle Sünde der Selbstzufriedenheit von Gott abgefallen. Jeder mächtige Geist hatte eine schreckliche Wahl getroffen, konnte sie immer noch treffen: nämlich sich mit seinem gegenwärtigen Zustand zufriedenzugeben und die Gelegenheit zu versäumen, sich dem verzehrenden Feuer der Liebe Gottes auszusetzen.[17] Für Origenes war Christus das einzige Wesen gewesen, dessen ursprüngliches tiefstes Ich »ungekühlt« durch Trägheit geblieben war. Allein der mächtige Geist Christi war in untrennbarer Verbindung mit Gott geblieben, ähnlich wie sich die Weißglut eines Eisens mit der Glut des Ofens vermischte, in der es lag.[18] Alle anderen Wesen mußten ein unablässiges Gefühl von Traurigkeit und Enttäuschung erfahren: Die anfängliche, wahrste, umfassendste Definition ihres Ich reichte über die Grenzen der beengten Umstände ihrer gegenwärtigen Seinsweise hinaus. Ein Schatten des Bedauerns fiel immer auf den Körper. Ob dieser »Körper« die ätherische Hülle eines Engels war oder das schwere Fleisch eines menschlichen Wesens, der Körper war immer eine Grenze und eine Quelle der Enttäuschung. Doch er war auch eine Herausforderung; er war eine Grenze, die danach verlangte, überschritten zu werden. »Zelte«, führte Origenes aus, fanden im Alten Testament durchgängig positive Erwähnung. Sie standen für die grenzenlosen Horizonte jedes geschaffenen Geistes, waren ständig bereit, abgebrochen und immer weiter vorwärts aufgeschlagen zu werden. »Häuser« dagegen standen als Symbole für schreckliche

Sattheit, »verwurzelt, beständig, von festen Grenzen umschrieben«.[19] Selbst die glänzendsten Wesen wurden von dieser Traurigkeit berührt: Origenes glaubte, daß die gewaltige Seele der Sonne unaufhörlich gegen ihre glänzende Scheibe drängte und daß ihr Geist seufzte, wie es der heilige Paulus getan hatte: *Ich habe Lust, aus der Welt zu scheiden und bei Christus zu sein, was auch viel besser wäre.*[20]

Wenn der Druck, die gegenwärtigen Grenzen des Ich zu überschreiten, der lebhafteste Aspekt der Auffassung war, die Origenes von der menschlichen Person hatte, so war er doch der am wenigsten originelle. Was ihn am meisten beschäftigte, war die Frage, wie ein Trieb nach Verwandlung – ihn teilten viele Platoniker und christliche Gnostiker aus der Schule des Valentinus, mit dem er in ständigem Dialog blieb[21] – mit einem Gefühl der unergründlichen Verfeinerung der Gerechtigkeit Gottes zu vereinbaren sei, die den »gefallenen« Geist in die zeitlichen Grenzen eines bestimmten materiellen Körpers versetzte. Das materielle Universum als Ganzes war seiner Ansicht nach *ohne seinen Willen der Eitelkeit unterworfen* worden; aber es war *unterworfen in Hoffnung*.[22] Für Origenes war der Fall jedes individuellen Geistes in einen bestimmten Körper keineswegs eine Katastrophe gewesen; in einen Körper versetzt zu werden bedeutete, einen positiven Akt göttlicher Gnade zu erfahren. Er distanzierte sich von vielen seiner Zeitgenossen, indem er darauf beharrte, daß der Körper für die langsame Heilung der Seele notwendig war.[23] Nur dadurch, daß der Geist gegen die von einer bestimmten materiellen Umgebung auferlegten Beschränkungen andrängte, würde er lernen, seine früheste Sehnsucht danach zurückzugewinnen, sich über sich selbst hinaus zu strecken, sich »immer glühender und vollkommener« der Liebe Gottes zu öffnen.[24] Der Körper stellte eine Herausforderung dar, die der tauben Sünde der Selbstzufriedenheit entgegenwirkte. Aus diesem Grund »wurde die Welt vor unseren Augen eine materielle Welt um jener Geister willen, die eines in physischer Materie verbrachten Lebens bedürfen.«[25] Allenfalls die Dämonen, glaubte Origenes, waren bemitleidenswert: Durch ihre unendliche Selbstzufriedenheit von der Liebe Gottes abgewandt, waren ihre Körper vollkommen unter der Kontrolle ihres stolzen Willens geblieben; ihr schauriges Fleisch war so geschmeidig wie ein kühler Nordwind.[26] Sie wurden unwürdig »jener Erziehung, die das Menschengeschlecht durch das Fleisch mit Hilfe der himmlischen Mächte erfährt«.[27]

Daher die tiefe Ambivalenz des Origenes hinsichtlich des menschlichen Körpers. Wenn Origenes den Körper aus der Nähe betrachtete, als Quelle von Versuchung und Enttäuschung, dann bot er seinen Lesern wenig Trost:

Ihr habt feurige Kohlen, ihr werdet auf ihnen sitzen, und sie werden euch von Nutzen sein.[28]

Doch in den Augen Gottes war jedem einzelnen menschlichen Geist eine bestimmte körperliche Konstitution als passender Sparringspartner zugewiesen worden. Das *Fleisch und Blut* jedes Menschen war diesem Menschen eigentümlich und war von Gott, »der allein die Herzen der Menschen sieht«, sorgfältig geeicht worden, den potentiell mächtigen Geist jedes einzelnen dazu herauszufordern, sich über sich selbst hinauszustrecken.[29] Origenes betrachtete den Körper also keineswegs als ein Gefängnis der Seele, sondern er gelangte vielmehr zu einer unerwarteten Vertrautheit mit ihm. Es schien ihm immer, daß der Geist jedes Menschen ebenso lebhaft gezeichnet sein mußte wie die Züge seines oder ihres Gesichts. Die sanfte Präzision der Gnade Gottes sorgte dafür, daß jeder Körper bis in die feinsten Einzelheiten auf die besonderen Bedürfnisse seiner Seele zugeschnitten war, ähnlich wie die Linien der Handschrift jedes Menschen unverkennbar seine eigenen blieben. Die Beziehungen jedes Menschen zum Körper hatten daher ihre eigene, unergründlich besondere Geschichte: Für das Auge Gottes war die »Keuschheit« eines Petrus von der »Keuschheit« eines Paulus ebenso verschieden wie die Namenszüge beider Apostel.[30] Mit ihrem eigenen, irreduzibel besonderen *Fleisch und Blut* konfrontiert, kämpften alle Gläubigen darum, in sich den gewaltigen Impuls der Sehnsucht ihres Geistes nach Gott aufrechtzuerhalten.

Origenes' Auffassung vom geistigen Kampf fand Eingang in den Blutkreislauf aller nachfolgenden Traditionen asketischer Belehrung in der griechischen und der nahöstlichen Welt. Sie verwickelte die menschliche Person in einen feierlichen und fortwährenden Dialog mit den immateriellen Mächten, die das Bewußtsein streiften. »Wenn wir nämlich Herren unserer Entscheidung sind, so können uns wohl vielleicht irgendwelche Mächte anfechten und zur Sünde drängen und andere uns zum Heil unterstützen.«[31]

Engel und Dämonen waren dem Christen des 3. Jahrhunderts so nahe wie benachbarte Zimmer. Die freie Seele entfaltete sich in Liebe oder fiel in erstarrte Sattheit zurück, wenn sie in den mächtigen, unsichtbaren Geistern, die jedem Menschen so nahe standen, »Berater zu suchen« beschloß.[32] Im Augenblick des angespannten Gebets beispielsweise konnte der Gläubige in der ungestörten Heiterkeit des Bewußtseins eine Spur des beruhigten Schweigens der engelhaften Geister spüren, die neben allen Christen standen, liebevoll darum besorgt, daß es ihnen die Menschen in ihrer ungebundenen Verehrung Gottes nachtun sollten.[33]

Auf allen Seiten von unsichtbaren Helfern und unsichtbaren Versuchern umgeben, konnte der Gedankenstrom des Christen selten als neutral behandelt werden. Frömmigkeit und Entschlußfestigkeit stiegen ins Bewußtsein durch die Bereitschaft der Seele, mit ihren engelhaften Führern zusammenzuarbeiten. Diese schützenden Erscheinungen zogen die gesunden Eigenschaften der Person in den Vordergrund, so geheimnisvoll und so innig, wie die Berührung von Heilumschlägen die Energien von Säften mobilisierten, die tief unter der Haut lagen.[34] Die Themen der Meditationen eines Christen stiegen im »Herzen« mit einer Kraft auf, die oft Ressourcen verriet, die tiefer waren als die des isolierten Bewußtseins:

Selig der Mann, dessen Begreifen von dir ist, Herr; Stufen des Aufstiegs sind in seinem Herzen.[35]

Mit der Versuchung war es dasselbe. Einwilligung in böse Gedanken, von denen viele ursprünglich durch das dumpfe Knarren des Körpers veranlaßt waren – durch sein Bedürfnis nach Nahrung und seine organischen, sexuellen Triebe[36] –, beinhaltete eine Entscheidung, mit anderen unsichtbaren Geistern, den Dämonen, zusammenzuarbeiten, deren durchdringende Gegenwart nahe der menschlichen Person im »Herzen« in Gestalt von ungehörigen Bildern, Phantasien und Zwangsvorstellungen registriert wurde. Denn diese dämonischen Einflüsterungen hatten auch eine Dynamik, die sich nicht mit dem normalen Strom des bewußten Denkens erklären ließ. Daher war für Origenes wie für alle späteren asketischen Schriftsteller das »Herz« ein Ort, an dem bedeutsame unpersönliche Entscheidungen gnädig in Form von bewußten Gedankengängen – *logismoi* – verdichtet wurden. Kein Wunder also, daß der weise Salomo gesagt hatte: *Behüte dein Herz mit aller Wachsamkeit.*[37] Denn in solche *logismoi* einzuwilligen bedeutete, sich dämonischen Partnern zu

»weihen«.[38] Es bedeutete, sich selbst auf weitaus mehr Ebenen des Ich als der der bewußten Person einer alternativen Identität auszuliefern: Es bedeutete, sich an die Kräfte der Erstarrung zu verlieren, die noch in den verborgenen Bereichen des Universums lauerten, und den Charakter kalter dämonischer Geister anzunehmen, die bereit gewesen waren, ohne die brennende Suche nach Gott zu existieren.

Origenes hinterließ seinen Nachfolgern eine Auffassung vom Menschen, die nicht aufhörte, alle späteren Generationen zu inspirieren, zu faszinieren und zu bestürzen. Er vermittelte vor allem ein tiefes Gefühl für das Flüssig-Unbeständige des Körpers. Grundlegende Aspekte menschlicher Wesen wie Sexualität, sexuelle Unterschiede und andere anscheinend unzerstörbare Attribute der Person, die mit dem physischen Körper zusammenhingen, kamen Origenes nur als etwas Vorläufiges vor. Der gegenwärtige menschliche Körper spiegelte die Bedürfnisse eines einzigen, etwas beengten Augenblicks im Fortschritt des Geistes zurück zu einer einstigen grenzenlosen Identität.

Ein Körper im Sinne eines begrenzenden Rahmens für den Geist würde allen geschaffenen Wesen während ihrer ganzen langen Heilungsperiode verbleiben. Doch Origenes vergaß nicht, darauf hinzuweisen, daß dieser Körper nicht unbedingt in Kontinuität zu dem gegenwärtigen physischen Organismus stand. Auch er würde gemeinsam mit dem Geist »in unbegrenzten, unendlichen Zeiträumen«, in denen das gegenwärtige Leben nur ein kurzes Zwischenspiel darstellte, verwandelt werden.[39] Die Verwandlung des Körpers in den künftigen Zeitaltern seiner Existenz war mit einem langen, geheimnisvollen Prozeß verbunden, der so strahlend in seinem Endergebnis war wie die reine, »geheilte« Materie, die aus dem Tiegel des Alchimisten als Gold hervorging.[40] Der Körper selbst würde weniger »dick«, weniger »geronnen«, weniger »verhärtet« werden, wenn die erstarrende Trägheit des Geistes in der wachsenden Hitze seiner Sehnsucht nach der Weisheit Gottes auftaute.[41] Wie unter der herrlichen Wirkung frischen Weins würden die Schranken, die die Person einengten, durchbrochen werden.[42] Das »Tongefäß« des gegenwärtigen Ich würde zerschmettert werden, um immer wieder in Behälter von größerem und noch größerem Fassungsvermögen umgeformt zu werden, in Lebensstadien, die sich weit über das Grab hinaus erstreckten.[43]

Das war eine Auffassung von den Körpern wirklicher Männer

und Frauen, die von einem beunruhigend weit entfernten Bezugspunkt ausging. Sie bedeutete, daß Origenes bereit war, die Sexualität im Menschen so zu betrachten, als sei sie eine bloße Durchgangsphase. Sie war eine entbehrliche Beigabe der Persönlichkeit, die beim Definieren des Wesens des menschlichen Geistes keine Rolle spielte. Männer und Frauen konnten selbst in dieser gegenwärtigen Existenz ohne sie auskommen. Das menschliche Leben, das in einem mit sexuellen Merkmalen versehenen Körper verbracht wurde, war nur die letzte dunkle Stunde einer langen Nacht, die mit der Morgenröte verschwinden würde. Der Körper stand vor einer Verwandlung, die so gewaltig war, daß sie alle gegenwärtigen Auffassungen von einer an sexuelle Unterschiede gebundenen Identität und alle auf Ehe, Fortpflanzung und dem Gebären von Kindern beruhenden sozialen Rollen so fragil erscheinen ließ wie Staubkörnchen in einem Sonnenstrahl.

Man nahm weithin an, daß Origenes auch praktizierte, was er predigte. Es hieß immer von ihm, er sei um das Jahr 206, als junger Mann von etwa 20 Jahren, heimlich zu einem Arzt gegangen, um sich kastrieren zu lassen.[44] Zur damaligen Zeit war die Kastration eine Routineoperation.[45] Die Befürworter des Origenes waren bereit zu glauben, er habe sich der Operation unterzogen, um verleumderischen Gerüchten über die Vertraulichkeit zu entgehen, die er mit Frauen hatte, die seine geistlichen Schutzbefohlenen waren.[46] Zwei Generationen früher war ein junger Alexandriner bereit gewesen, dieselbe Operation aus demselben Grund durchzumachen.[47]

Als Origenes als Priester in Cäsarea gegen diejenigen predigte, die die Worte Christi zu buchstäblich nahmen, mit denen er die gesegnet hatte, welche *sich selbst zu Eunuchen gemacht [haben] um des Himmelreichs willen*, behandelte er die Angelegenheit in so gelassener Weise, daß hier eine Kluft zwischen einem Publikum des 3. Jahrhunderts und uns Heutigen sichtbar wird.[48] Angesichts der lebhaften Phantasien, die den erwachsenen Eunuchen umgaben, war es alles andere als sicher, daß jeder geglaubt hätte, Origenes habe durch eine solche Operation Immunität gegen sexuelle Versuchung erlangt. Eine Kastration nach der Pubertät machte den Mann lediglich unfruchtbar; sie war in sich keine Garantie für Keuschheit.[49] Was Origenes zur damaligen Zeit vielleicht anstrebte, war etwas, das tiefere Beunruhigung auslöste. Der Eunuch war berüchtigt (und für viele abstoßend), weil er es gewagt hatte, die massive Grenze zwischen den Geschlechtern zu verschieben. Er war aus seinem Männlichsein ausgestiegen. Durch den Verlust der sexuellen »Hitze«, von der man annahm, sie lasse seine Gesichtshaare wachsen, war der Eunuch nicht mehr als Mann erkennbar.[50] Er war ein Mensch, der »aus beiden Geschlechtern verbannt« war.[51] Ohne wallenden Bart – den üblichen Berufsausweis eines Philosophen in spätantiken Kreisen – erschien Origenes in der Öffentlichkeit mit glattem Gesicht wie eine Frau oder wie ein Knabe, der im Zustand vorpubertärer Unschuld erstarrt war. Er war eine wandelnde Lektion für die elementare Unbestimmtheit des Körpers.

Dieser Körper brauchte nicht durch seine sexuellen Komponenten definiert zu werden und noch weniger durch die sozialen Rollen, die üblicherweise von diesen Komponenten abgeleitet wurden. Vielmehr sollte der Körper als Sinnbild der Freiheit des Geistes dienen. Die Seele von Johannes dem Täufer war so riesig gewesen, daß sie seinen winzigen Körper im Schoße seiner Mutter hatte hüpfen lassen. Der Körper eines so großen Geistes mußte notwendig Jungfrau geblieben sein.[52] Die Ehe und sexuelle Aktivitäten jeder Art zu verwerfen bedeutete, das »manifeste Schicksal« des feurigen Geistes deutlich zu machen. Die Jungfräulichkeit bewahrte eine Identität, die sich bereits in einer früheren, glänzenderen Existenz gebildet hatte und zu noch weiterer Herrlichkeit bestimmt war.

Mit einem Schlag hörte die Enthaltsamkeit auf, das zu sein, was sie in der Frühkirche weitgehend gewesen war – eine nacheheliche Angelegenheit für Leute mittleren Alters. Origenes war wirklich ungewöhnlich gewesen in seinem frühen Engagement als Christ und in der Faszination, die er in den ersten Jahren seiner Karriere auf junge Leute in Alexandrien ausgeübt hatte. Seine ersten Jahre in Alexandrien bieten uns einen seltenen Einblick in so etwas wie den Radikalismus einer »Jugendkultur«, die in einer Kirche wirksam ist, die sonst gewöhnlich von nüchternen Graubärten dominiert wird.[53]

In mittleren Jahren neigte Origenes dazu, die Jungfräulichkeit als einen Zustand darzustellen, der die Vereinigung eines »unbefleckten« Geistes mit seiner wohltemperierten, materiellen Hülle verkündigte. Infolge dieser Verschiebung der Perspektive ließ sich die Jungfräulichkeit nicht länger als ein gefährdeter Zustand aufgehobener Sexualität betrachten, der den lebhaften Jungen in der relativ kurzen Periode zwischen Pubertät und Ehe von ihren Eltern auferlegt wurde. Sie war auch keine durch die Aufhebung einer natürlichen Bestimmung zur Ehe deutlich gemachte Anomalie, die in der heidnischen Welt einige wenige Prophetinnen und Priesterinnen auf sich nahmen. Die Jungfräulichkeit stand für den ursprünglichen Zustand, in dem sich jeder Körper und jede Seele verbunden hatten. Sie war eine durch den unberührten Körper stattfindende physische Konkretisierung der präexistenten Reinheit der Seele. In den Worten eines von Origenes geschätzten Autors war der enthaltsame Körper ein wächsernes Siegel, das den genauen »Abdruck« der unbefleckten Seele trug.[54] Auf diese intime Weise mit der unverdorbenen Seele identifiziert, trat das intakte Fleisch eines jungfräulichen Menschen beiderlei Geschlechts auch als zerbrechliche Oase menschlicher Freiheit hervor. Die Weigerung zu heiraten spiegelte das Recht eines Menschen und Besitzers einer präexistenten, zutiefst freien Seele, seine Freiheit nicht den Zwängen preiszugeben, die von der Gesellschaft auf die Person ausgeübt wurden.

Origenes war durchaus bereit, diese Konsequenz zu ziehen. Gesellschaftliches und Körperliches mischten sich in seinem Denken unentwirrbar. Hinter der dem Geist vom Körper aufgezwungenen Definition lag die, die der Person über den Körper von der Gesellschaft auferlegt wurde. Origenes betrachtete einen Körper immer als etwas, das mehr war als der isoliert gesehene physische Körper. Der Körper war ein »Mikroklima«. Er war ein Medium, über das sich der Geist an seine gegenwärtige materielle Umgebung als ganze anpaßte.[55] Zahllose feine Fasern führten den Geist über den Körper zum Umgang mit anderen und so zur Verwicklung in die Gesellschaft. Wenn Origenes von sexuell aktiven Verheirateten sprach, bezog er die Worte des Paulus von *der gegenwärtigen Notwendigkeit* (oder *dem gegenwärtigen Zwang*) nicht auf den Druck, den die Sexualtriebe des Körpers auf die Seele ausübten. Er verstand *Zwang* in einem viel weiteren Sinne. Er glaubte, daß Paulus von den sozialen Fesseln gesprochen hatte, die den Gläubigen an die Ehe und über die Ehe an das *Wesen dieser Welt* banden – an den großen, ausgebreiteten Gesellschaftsleib, in den der Christ durch die Ehe unweigerlich eingepflanzt wurde.[56] Die Sexualität zu verschmähen bedeutete daher für Origenes nicht einfach, die Sexualtriebe zu unterdrücken. Es bedeutete die Behauptung einer so starken grundlegenden Freiheit, eines so tiefverwurzelten Identitätssinns, daß sich daneben die normalen sozialen und physischen Zwänge verflüchtigten, die den Christen an sein oder ihr Geschlecht banden. Die Gesellschaft mochte die christliche Jungfrau, den enthaltsamen Knaben oder die junge christliche Witwe als Personen sehen, die durch ihre sexuelle körperliche Natur definiert waren, und somit als potentielle Haushälter und Gebärerinnen von Kindern. Origenes war weniger sicher: Der menschliche Geist brauchte sich nicht unbedingt in eine so selbstbeschränkende Definition zu fügen.

Nicht zur verheirateten Gesellschaft zu gehören bedeutete, stärker zu anderen zu gehören. Die unsichtbare Welt war herrlich gesellig. Sie war eine »große Stadt«, die von engelhaften Geistern bevölkert war. Die Ahnung einer unsichtbaren alternativen Gesellschaft, einer großen Gemeinschaft menschlicher und engelhafter Wesen, stand im Mittelpunkt der Auffassung, die Origenes vom jungfräulichen Stand hatte. Bindungen, die auf physischer Vaterschaft beruhten, auf körperlicher Liebe und auf gesellschaftlichen Rollen, die in der physischen Person ihren Ursprung hatten, schienen eigentümlich vergänglich im Vergleich zur volltönenden Einheit eines Universums, das der Umarmung Christi zustrebte. Im Lichte solcher künftiger Intimität erschienen die bescheidenen, physischen Bindungen der menschlichen Ehe, die ja auf einer zeitweiligen Anpassung des Geistes an das drückende Klima der Erde beruhten, seltsam unwirklich.[57] Eine Zeit würde kommen, da alle auf physischer Verwandtschaft beruhenden Beziehungen verschwinden würden. Da seine gewaltige Identität nicht länger in so engen Grenzen zu definieren wäre, würde selbst Abraham – das »wagte« Origenes, der Sohn von Leonides dem Märtyrer, zu behaupten – nicht mehr »Vater Isaaks« genannt werden, sondern einen anderen, tieferen Namen erhalten:

Gedenket nicht der früheren Dinge, und betrachtet auch nicht, was einstmals war. Sehet, ich will etwas Neues tun.[58]

Mit dieser Denkweise hatte sich Origenes auf ausgesprochen eigenwillige Weise einen charakteristischen Zug des Platonismus seiner Zeit angeeignet, dem er vielleicht erstmals in den Schülern des Valentinus begegnet war.[59] Die platonische Ideenlehre war ein wesentlicher Bestandteil der Auffassung des Origenes von der Person. Der Gedanke, daß alle Schönheit und alle Ordnung in der sichtbaren Welt ein fernes Echo einer noch majestätischeren, unsichtbaren Harmonie war, beschäftigte seine Zeitgenossen. Für Origenes ließ sich alles, was mit den Sinnen wahrgenommen wurde, als etwas denken, das in ungetrübter Intensität in Gott, der Quelle alles Seins, existierte. Der geistige Bereich war von Freuden erfüllt, deren sinnliche Wonne vor den Frommen nur durch die gegenwärtige Erstarrung ihres Geistes verhüllt war. Diejenigen, die ihr gefrorenes Herz auftauen konnten, würden erneut den scharfen, präzisen Eindruck eines Reichtums geistiger Empfindungen wahrnehmen. Die Propheten und Evangelisten hatten die ursprüngliche Freude der Weisheit Gottes »gefühlt«. Auf eine Weise, die sich normaler Erfahrung entzog, hatten sie sie wirklich »geschmeckt«, »gerochen« und »getrunken« und den süßen Geschmack der Weisheit Gottes mit einer Sensibilität gekostet, die nicht durch lange Gleichgültigkeit abgestumpft war.[60]

Es war Origenes' Lebenswerk als Exeget und Seelenführer gewesen, die »geistigen Sinne« seiner Schutzbefohlenen wieder in ihrer ursprünglichen Intensität lebendig werden zu lassen. Indem sich die Seele des »geistigen« Menschen von der dumpfen Empfindungslosigkeit gewöhnlicher physischer Wahrnehmung zurückzog, konnte sie die durchdringenden Wonnen einer anderen, eindringlicher freudigen Welt wiedergewinnen. Der Geist des Gläubigen würde völlig bloß, aller sinnlichen Freuden ledig, vor dem Bräutigam stehen, um auf einer »nackten« Sensibilität die köstliche Berührung Seiner Pfeile zu empfangen.[61]

Origenes schrieb die *Homilien über das Hohelied* um 240, als besonders konsequenter Vertreter einer Richtung, die man treffend als den »wilden« Platonismus seiner Generation bezeichnet hat.[62] In einem solchen Platonismus konnte Sinnlichkeit nicht einfach aufgegeben oder unterdrückt werden. Vielmehr wurde der Eindringlichkeit sinnlicher Erfahrung ihre ursprüngliche Intensität wiedergegeben: Sie wurde im Herzen des Mystikers auf ihrer wahren Ebene wiedererweckt – auf der Ebene des Geistes. Physische Lust dagegen war eine schale und fade Verdrängung wahren Gefühls, eine Vorgang, in dem die gewaltige Kapazität des Geistes zu Freude auf die abgestumpften Empfindungen des Körpers umgelenkt wurde. Der Geist mußte lernen, in seinem tiefsten Innern zu »brennen«, sich nach der unbestimmbaren Präzision des Duftes Gottes zu sehnen, auf die köstliche Besonderheit des Geschmackes Christi tief im Mund zu hoffen und sich auf die schließliche Umarmung des Bräutigams vorzubereiten. Das bedeutete praktisch – für Origenes und für seine Nachfolger – eine Disziplin der Sinne, die um so durchdringender war, weil das, worum es ging, nicht mehr einfach Enthaltsamkeit war, sondern das zögernde, gefährdete Wachstum eines geistigen Gefühls übernatürlicher Eindringlichkeit. Physischer Genuß, übermäßiges Essen, ungehörige Freude an Gesehenem und Gehörtem, die physischen Freuden sexueller Bindung in der Ehe: all das wurde zu Gegenständen der Wachsamkeit. Sinnliche Erfahrungen brachten eine Gegensensibilität hervor. Sie führten dazu, daß die wahre Fähigkeit des Geistes zur Freude abgestumpft wurde. Sie waren ein »Puffer«, der die Wirkung jener tieferen, lebhafteren Freuden dämpfte, die wie Küsse auf den entblößten Geist fallen konnten.[63]

Origenes' Einstellung zur Ehe war vor allem wegen des Anflugs von »wildem« Platonismus, der sein Denken durchzog, um vieles schärfer als die des Clemens. Ein subtiler Verdacht ruhte jetzt auf den Freuden und Pflichten des ehelichen Standes, für den Clemens noch die göttliche Vorsehung zu preisen bereit gewesen war. Die Freuden des Ehebetts, die Vertrautheit und die Loyalität des ehelichen Lebens waren undeutliche Echos der klareren Freuden, die den nicht durch sinnliche Erfahrung erstarrten und gedämpften Geistern vorbehalten waren. Die geläuterte Seele war wohlberaten, sie zu meiden: Sie konnten eine Schwächung des geistigen Gefühls herbeiführen, die um so subtiler und angsterregender war, weil sie sich nicht mit irgendwelcher Genauigkeit definieren ließ. Origenes und viele seinesgleichen in späteren Jahrhunderten empfanden es mit der immateriellen Gewißheit einer verfeinerten, fast ästhetischen geistigen Sensibilität tatsächlich so, daß ehelicher Verkehr den Geist vergröberte. Der Geist war zu einem Augenblick bestürzenden, unvorstellbar präzisen »Erkennens« Christi bestimmt, von dem das subtile »Erkennen« eines Partners, das durch körperliche Liebe gewonnen war, nur ein verschwommenes und – davon war Origenes überzeugt – ablenkendes und unpassendes Echo darstellte.[64] Die Küsse Jesu, des wahren Bräutigams, würden nur im leeren Studierzimmer empfangen werden:

Wir finden da eine gewisse Empfindung einer Umarmung durch den Geist ..., und, ach, könnte ich doch derjenige sein, der noch sagen könnte: *Seine Linke liegt unter meinem Haupte, und seine Rechte herzt mich.*[65]

Eine solche Sicht warf einen eisigen Schatten über das Ehebett. Als soziale Institution sah Origenes die Partnerschaft des Ehepaars – ihre Vertrautheit, ihre Treue zueinander, die geordnete und wohlwollende Hierarchie von Mann und Frau (Themen, von denen der Verfasser des pseudopaulinischen Epheserbriefs mit solcher Wärme geschrieben hatte) – als gültige Symbole der unsichtbaren Eintracht einer erlösten Schöpfung. Doch selbst sie waren vergängliche Symbole.[66] Und was die Fakten des Ehebetts anging, so gab es daran etwas deutlich »Ungehöriges«.[67] Kein noch so großer Anstand beim Geschlechtsakt konnte die Unvereinbarkeiten ausräumen, die mit ihm zusammenhingen. Origenes teilte den Optimismus des Clemens in dieser Frage nicht. Mit hochplatonischen Augen gesehen ließ sich vom ehelichen Verkehr vielmehr nur unter dem Gesichtspunkt dessen reden, was ihm fehlte. Er machte schmerzlich das Ausmaß der Kluft deutlich, die zwischen ihm und »wahrer« geistiger Vereinigung lag. Hierin ähnelte das Denken des Origenes dem der valentinianischen Gnostiker. Ehelicher Verkehr fand in einer »Kammer« statt, das heißt, »in der Dunkelheit«. Ein nicht zerstreuter Verdacht der »Lüsternheit« blieb an ihm hängen. Die Erfahrung ehelicher Liebe konnte kein Sprungbrett sein, von dem aus sich die Seele über physische Erfahrung zu einem höheren, geistigeren Gefühl für Partnerschaft mit Gott erheben konnte. Die Erfahrung der Sexualität selbst in der Ehe wurde vielmehr mit düsterer Präzision als verdunkelte Antithese zu der flammenden, lichterfüllten Umarmung Christi im Geiste beschrieben.[68]

Doch derselbe »wilde« Platonismus, der Origenes dazu brachte, einen dunklen Schatten auf die körperlichen Begleiterscheinungen der Ehe zu werfen, veranlaßte ihn dazu, sich mit vollendeter Befriedigung an den isolierten jungfräulichen Körper zu klammern. Hier war endlich ein physisches Symbol, das ohne Verzerrung die Reinheit der geistigen Welt widerspiegelte. Feierlich von der verheirateten Gesellschaft abgesondert, stachen die Leiber der Enthaltsamen – Männer und Frauen in gleicher Weise – als privilegierte materielle Objekte hervor: Sie waren »Tempel Gottes«:

Glaubt nicht, daß genau wie *der Bauch für Nahrung und Nahrung für den Bauch* gemacht ist, daß in derselben Weise der Leib für den Verkehr gemacht sei. Wenn ihr den Gedankengang des Apostels verstehen wollt, aus welchem Grund der Leib gemacht wurde, dann hört: er wurde gemacht, daß er ein *Tempel für den Herrn* sein sollte; daß die Seele, die heilig und gesegnet ist, darin wirken sollte, als ob sie ein Priester sei, der vor dem Heiligen Geist zelebriert, welcher in euch wohnt. Auf diese Weise hatte Adam einen Körper im Paradies; aber im Paradies »kannte« er Eva nicht.⁶⁹

Solche Aussagen hatten praktische Auswirkungen. Im Jahre 248 war deutlich, daß eine allgemeine Verfolgung der Christen bevorstand. Das Einsetzen der Verfolgung war in vielen Städten mit einer positiven Wiederbelebung eines Gefühls für das Heilige in heidnischen Gemeinden verbunden gewesen: Volksmassen hatten auf Anstiftung von heidnischen Priestern randaliert, die über Angriffe auf die alten Tempel erzürnt waren; und Kaiser Decius war zu dem Glauben gelangt, daß die Vernachlässigung der sichtbaren Gesten des Opfers die Sicherheit des Reiches in Gefahr gebracht hatte.⁷⁰ Es war eine Zeit, in der ein christlicher Lehrer wie Origenes heidnischen Kritikern deutlich machen mußte, wo genau das »Heilige« auf Erden zu finden wäre. Um seinen eifrigen Gönner und Schüler Ambrosius zu beruhigen, machte sich Origenes daran, in großem Detail einen Angriff auf das Christentum zu widerlegen, den Celsus, ein heidnischer Platoniker, etwa 80 Jahre früher verfaßt hatte.

Dieses ausführliche Werk enthielt recht bemerkenswerte Aussagen über die »deklaratorische« Rolle der christlichen Jungfrau in der römischen Welt um die Mitte des 3. Jahrhunderts. Ein Gefühl für Geschichte findet Eingang in Origenes' Darstellung der Jungfräulichkeit. Die Jungfräulichkeit wurde als eine privilegierte Verbindung zwischen Himmel und Erde dargestellt. Denn nur über den »heiligen« Körper einer Jungfrau war Gott in der Lage gewesen, sich der Menschheit anzuschließen und so dem Menschengeschlecht endlich die Möglichkeit zu geben, von Immanuel – »Mit uns ist Gott« – zu sprechen.⁷¹ Die Fleischwerdung Christi durch seine Herabkunft in einen jungfräulichen Körper markierte den Anfang einer historischen Wandlung: Es begann »die Vereinigung der göttlichen Natur mit der menschlichen ..., damit die menschliche durch enge Verbindung mit dem Göttlichen selbst göttlich werde«.⁷²

Und die »menschliche Natur«, die auf ihrem langsamen Weg zum Göttlichen war, war eine Natur, die sich am klarsten in Leibern offenbarte, die nicht von sexueller Erfahrung berührt waren. In Origenes' Auffassung machte lebenslange Enthaltsamkeit, die jetzt aus einer großen Vielzahl von Gründen von kleinen Gruppen christlicher Männer und Frauen überall im Mittelmeergebiet hochgehalten wurde, solche Menschen zu eindeutig privilegierten Vertretern der verborgensten Ziele Gottes für die Verwandlung des Menschengeschlechts.

Die Frage, um die es in der Auseinandersetzung zwischen diesen beiden Platonikern, dem Heiden Celsus und dem Christen Origenes, ging, war, wo das Heilige in der sichtbaren Welt zu finden wäre und aus welcher Quelle demzufolge die Autorität abzuleiten wäre, die das Heilige unter den Menschen ausüben konnte. Als guter Platoniker hatte sich Celsus an das materielle Universum als Ganzes gehalten. Hier war ein strahlender »Körper«, der offensichtlich der mächtigen Schöpferseele würdig war, die ihn umarmte.[73] Die strahlende Sonne, die schweren Sternhaufen der Milchstraße: das waren »Körper«, die durch die Berührung der Ideen in Brand gesetzt waren. Der stille Glanz des Einen Gottes, der »engelhaften« Dienern übertragen war – den Menschen besser bekannt in ihrer traditionellen Verkleidung als die alten Götter –, bewegte sich noch weiter abwärts unterhalb des Mondes, um die träge Erde zu berühren und die uralten heiligen Stätten des heidnischen Gottesdienstes in friedliches Licht zu tauchen. Statuen, Tempel, Ahnenriten – das waren die Symbole, die auf der Erde am angemessensten die lodernde Heiligkeit des Himmels widerspiegelten. Verglichen mit diesen war der individuelle menschliche Körper ein zu gebrechliches Ding, um so viel Majestät zu tragen: Er war nicht mehr als ein bedürftiger Bettler, der sich an die Seele herangemacht hatte und mit lästiger Beharrlichkeit einen kleinen Teil ihrer Aufmerksamkeit forderte.[74] Celsus war zutiefst darüber erzürnt, daß Juden und jetzt Christen behaupteten, sie stünden über allen Tempeln – selbst über den Sternen. Sie behaupteten, daß sie über direkte Gemeinschaft mit dem Einen Gott des Universums verfügten. Celsus und später Plotin, der jüngere Zeitgenosse des Origenes, (beides platonische Philosophen, die von derselben Kultur durchdrungen waren wie Origenes) waren von heiligem Zorn darüber erfüllt, daß eine derartige Überschätzung ihrer Person Christen dazu geführt hatte, die feststehende Hierarchie des Universums umzustürzen. Bloße Menschenwesen sollten ihren Ort weit unterhalb der Sterne kennen; sie durften nicht den Anspruch erheben, sie seien in der Lage, die Götter beiseite zu schieben, die ihnen vom fernen Himmel her helfend beistanden. Christen, hatte Celsus gesagt, waren wie

Frösche, die um einen Sumpf herum Sitzung halten, oder Regenwürmer, die sich in einem kotigen Winkel versammeln und ... behaupten: Wir sind es, denen Gott alles zuerst offenbart und verkündigt; die ganze Welt und die Bahn der Himmelskörper läßt er im Stich und kümmert sich auch nicht um die weite Erde, sondern regiert uns allein. [Sie sind] Regenwürmern ähnlich, die erklären: Es gibt einen Gott, nach ihm kommen dann wir, ... und alles ist zu unserm Dienste bestimmt.[75]

Angesichts solch vernichtender Empörung vollzog Origenes, der christliche Platoniker, den *gran rifiuto*, der ihn für immer von der »Alten Weisheit« seiner heidnischen Kollegen trennte. Christen, antwortete er, haben bereits gelernt, »daß der Körper des dem allmächtigen Gotte geweihten Vernunftwesens ein Tempel des Gottes ist, den sie anbeten«.[76]

Der menschliche Körper konnte »dargebracht« werden; er konnte für Gott »geheiligt« werden. Der ärmliche »Esel« des Körpers konnte der »glänzende« Träger der Seele werden.[77] Jeder Christ, jede Christin konnte aus seinem Leib ein »heiliges Tabernakel des Herrn« erbauen.[78]

Sehet jetzt an, wie ihr euch von einer Existenz als winzig kleines Menschenwesen auf dieser Erdoberfläche fortentwickelt habt. Ihr habt euch dazu entwickelt, ein *Tempel Gottes* zu werden, und ihr, die ihr nichts als Fleisch und Blut wart, seid so weit gediehen, daß ihr ein *Glied des Leibes Christi* seid.[79]

Verfolgen wir nun die Schicksale dieser »Tempel Gottes« in den christlichen Kirchen des Mittelmeerraums und des Nahen Ostens während des entscheidenden halben Jahrhunderts, das sich vom Tod des Origenes über weitere heidnische Reaktion in der Großen Verfolgung hinweg bis zur Bekehrung Konstantins und dem ersten öffentlichen Auftreten des heiligen Antonius erstreckte.

NEUNTES KAPITEL

»Auf Erden wandeln, das hohe Himmelsgewölbe berühren«: Porphyrius und Methodius

Im Jahre 253, ebenjenem Jahr, in dem Origenes, von der Marter und der stinkenden Hitze des Gefängnisses zermürbt, in Cäsarea starb,[1] begann Plotin, etwa 20 Jahre jünger als er, die philosophischen Lehren aufzuzeichnen, die er selbst während der vorangegangenen zehn Jahre in Rom einem ruhigen Studienkreis einflußreicher Heiden vermittelt hatte. Origenes und Plotin waren Landsleute. Beide waren Platoniker. An ihren kontrastierenden Einstellungen zur Sexualität können wir sehr klar ablesen, wo sich die Wege des Christentums und des Heidentums in der Spätantike voneinander trennen.

Genauso stark wie Origenes wurde Plotin von einer geistigen Sehnsucht nach der Güte und Schönheit des Einen verfolgt. Ein süßer Hauch der Fülle des Lebens, bestürzend sinnlich in seiner weichen und sanften Überschwenglichkeit, überflutete oft seine Seele und brachte alle Gedanken an bloße körperliche Liebe zum Schweigen: »»Dies ist nicht die Behauptung eines erregten Körpers, sondern einer Seele, die wieder geworden ist, was sie zur Zeit ihrer frühen Freude war.«[2]

Doch der Unterschied zwischen beiden Männern ist ebenso wesentlich. Das ängstliche Gefühl für die Bedrohung einer »Gegen-Sensibilität«, das Origenes empfand, und seine Furcht, daß die Fähigkeit der Seele zu geistiger Freude durch die Erfahrung körperlichen Verkehrs schleichend und unwiderruflich vergröbert werden könnte, fehlten Plotin ganz offensichtlich. Für diesen waren die körperlichen Umarmungen des Ehepaars eine allerdings sehr ferne Spiegelung jener anfänglichen Vereinigung; doch er sah in ihr nie einen befleckten oder verzerrenden Spiegel. Die mystische Vereinigung der Seele mit dem Einen »ist die Erklärung sogar für kopulative Liebe ..., [auch wenn] die, welche jene Erinnerung nicht erlangt haben, nicht verstehen, was in ihrem Innern geschieht«.[3]

Auf der Suche nach einem Bild, mit dem sich die nicht von

Überlegung geleitete und dennoch äußerst angemessene Vereinigung jeder Seele mit ihrem zugehörigen Körper vermitteln ließ, die in einem augenblicklichen, nicht denkenden »Sprung« in das Fleisch stattfand, floß ihm die Metapher eines sich liebenden Paares mit herrlicher Unbekümmertheit aus der Feder: ein solcher Augenblick ist »wie das natürliche Hüpfen oder wie Menschen, die zum natürlichen Begattungstrieb angeregt werden ..., Gleiches ist unfehlbar für Gleiches bestimmt«.[4]

Plotin, der in seiner Einstellung zur Sexualität Clemens näher stand als Origenes, betrachtete den Körper aus höchster Höhe: »Seine Haltung ist die einer nüchternen, distanzierten Toleranz.«[5] Zu seiner eigenen asketischen Lebensweise gehörte absolute Keuschheit, doch er bewegte sich ungezwungen unter Gönnern und Schülern, deren Status als Verheiratete er als selbstverständlich hinnahm.[6] Ein feingestimmter Körper, so kraftvoll wie eine kunstvoll gespielte Lyra, war sein Ideal.[7]

Die heidnischen geistigen Führer der Spätantike und ihre Schüler waren in der Lage, ihrem Körper Einschränkungen aufzuerlegen, die dem modernen Empfinden zuwiderlaufen und die selbst von ihren Zeitgenossen als außerordentlich betrachtet wurden. Sie hielten an ihnen und an der gesellschaftlichen Isolation, die ihnen solche Einschränkungen auferlegten, mit eindrucksvoller Tapferkeit fest.[8] Doch die Verzichtleistungen, die in ihren Augen das größte symbolische Gewicht hatten, fielen nicht mit denen zusammen, die bei ihren christlichen Zeitgenossen die größte Wertschätzung erlangt hatten. Die heidnischen Weisen waren oft Mitglieder der regierenden Klassen in den Städten des Reiches. Sie zogen Schüler fast ausschließlich aus dieser Klasse an. Sie wollten ihre Anhänger aus der Geschäftigkeit des Forums herausreißen, nicht aus dem Ehebett.

Im Umkreis des Plotin fiel der Strahl der schrecklichen Schönheit des Einen noch auf aktive Mitglieder des römischen Senats. Ihre Familien waren schon etabliert. Es war das öffentliche Leben Roms und nicht ihr Sexualleben, das für sie durch die Annäherung der wahren Liebe ihrer Seele alle Bedeutung verloren hatte.[9] Rogatianus war aktives Mitglied der »Manager-Aristokratie« Roms gewesen.[10] Unter Plotins Anleitung lernte er, sein früheres öffentliches Ich auszulöschen. Er zog sogar aus seinem Familienpalast aus und logierte anspruchslos bei Freunden. Rogatianus aß nur jeden zweiten Tag, und seine peinlich eingehaltene Abstinenz wurde durch die Heilung von der Krankheit eines Edelmannes belohnt – die strikte Diät befreite ihn von schwerer Gicht. Sein spektakulärster Verzicht bestand in der Ablehnung einer Amtswürde: »Als er zum Amtsantritt als Praetor schon aus dem Haus treten sollte und die Liktoren bereit standen, trat er nicht heraus und trat das Amt nicht an.«[11]

Rogatianus war, daran müssen wir denken, ein Zeitgenosse des Verfassers der Thomasakten. Das Szenario, das diejenigen erfreute, die sich an ihn erinnerten, war die Ablehnung eines öffentlichen Amts unmittelbar am Tage seiner Übernahme; es war nicht der sexuelle Verzicht, der in der Hochzeitsnacht verkündet wurde. Auf seinen Wanderungen durch Rom hatte sich Rogatianus zu einem Gespenst seines öffentlichen Ich gemacht: Er war nicht das, was viele Christen gerne bald in ihren eigenen Helden sehen wollten – ein sexuelles Wesen, das zwischen Bett und Wüste schwebte.

Nichts zeigt klarer den Unterschied zwischen heidnischer und christlicher Auffassung von sexueller Entsagung als die Schriften des Schülers, Herausgebers und Biographen Plotins, des Philosophen Porphyrius. Porphyrius, der aus Tyrus stammte, lernte Origenes in Cäsarea kennen und lehnte ihn völlig ab. Irgendwann um 270 verfaßte er einen enorm gelehrten Angriff gegen das Christentum.[12] Er war sich über die Entscheidungen, die seine christlichen Zeitgenossen gefällt hatten, durchaus im klaren, und seine Ablehnung dieser Entscheidungen war um so vernichtender, weil er mit so vielen Christen der gebildeten Klassen ein ererbtes Konglomerat außerordentlich anspruchsvoller moralischer Vorstellungen teilte.

Die sexuellen Ideale, die in der Welt des Porphyrius und seiner heidnischen Nachfolger hochgehalten wurden, unterschieden sich wenig von den streng disziplinierten sexuellen Regeln, die Clemens von Alexandrien für seine christlichen Weisen vertrat. Das Leben eines Ehepaars mochte von einem »Kampf um Enthaltsamkeit« gekennzeichnet sein; aber das bedeutete nicht absolute Ablehnung sexueller Aktivitäten, sondern nur ihre strenge Kontrolle; und im Laufe der Zeit ihre Beendigung.[13] Die drastischeren Alternativen zu einem derartigen Ideal – demonstrative Konversionen zu lebenslanger Jungfräulichkeit unter jungen Christinnen – verdrossen Porphyrius außerordentlich. Es gibt jetzt Christinnen, schrieb er in seiner Abhandlung *Gegen die Christen*, die den heiligen Paulus mit seiner Warnung ignoriert haben, wonach *einige von dem Glauben abfallen werden* ...

[und] gebieten, nicht zu heiraten. Sie hatten das Eingeständnis des Apostels vergessen, welcher schrieb: *Über die Jungfrauen habe ich kein Gebot des Herrn:*

> Wenn es klar ist, daß ein Mädchen nicht gut daran tut, Jungfrau zu bleiben, und auch nicht ein Verheirateter daran, die Ehe aufzugeben, ... wie kann es sein, daß einige, die im jungfräulichen Stand verharren, davon so großes Aufheben machen und sagen, daß sie »vom Heiligen Geist erfüllt« sind, für die ganze Welt wie die, welche Jesus gebar?[14]

Das ist eine vernichtende Zurückweisung des Ideals, das Origenes und seinem Kreis am teuersten war.

Insgesamt war für Porphyrius und seine heidnischen Kollegen sexuelle Askese selbstverständlich. Sie sahen in sexuellem Verzicht, wenn er von ihren männlichen Standesgenossen praktiziert wurde, keinen besonderen symbolischen Wert; und sie fanden es ausgesprochen unpassend, ja sogar frevelhaft, daß junge Frauen im heiratsfähigen Alter sich von ihrer Pflicht gegenüber der Gesellschaft und den »Göttern, die über die Zeugung herrschen«, lossagten, indem sie ihren Körper lebenslanger Jungfräulichkeit weihten. Das Bild, das Porphyrius selbst vom Körper hatte, faßte etwas andere Ängste zusammen. Nahrung, nicht Sexualität, war das Thema, das ihn am stärksten beschäftigte: Er war ein strenger Vegetarier, der die Schrift *Über die Enthaltung von Fleischspeisen* verfaßt hat.[15]

Die Aufnahme von tierischem Fleisch faßte in den Augen von Porphyrius viel sinnfälliger, als es die heißen Leidenschaften des Bettes taten, die Anfälligkeit des menschlichen Geistes für die widerliche Stofflichkeit zusammen, die von allen Seiten auf ihn eindrang. Wie Origenes glaubte auch Porphyrius, daß eine Welt unsichtbarer Geister auf den Menschen einstürmte. Doch am unheimlichsten taten sie das am Eßtisch, wenn sie über dem zitternden roten Fleisch schwebten. Ihre Gegenwart war weniger (wie bei Origenes) in den beunruhigenden, zum Teil sexuellen Phantasien zu spüren, die »im Herzen« des Gläubigen aufstiegen, sondern vielmehr in dem rauhen Schluckauf und den unkontrollierbaren Fürzen derer, deren Körper durch laxe Ernährung für Materie in ihrer ordnungswidrigsten Form durchlässig gemacht worden war.[16]

Hagneia, die Vorstellung von ritueller Reinheit – ein instinktiver Reflex des Vermeidens, mit dem die Frommen danach strebten, strenge Schutzgrenzen zwischen ihrem Körper und allen

Formen von verunreinigender, regelwidriger Vermischung aufrechtzuerhalten –, war immer noch eine Kraft, mit der bei Heiden des späten 3. Jahrhunderts gerechnet werden mußte.[17] In christlichen Kreisen lastete das Gefühl der Reinheit am schwersten auf dem Status der enthaltsamen Jungfrau: Eine starke Ladung heiliger Scheu umgab die Körper von Männern und Frauen, deren Fleisch nicht durch Geschlechtsverkehr »verdorben« war. Bei Porphyrius lag das Gefühl des heiligen Entsetzens eher auf dem Mund. Er machte sich den Schrei des Empedokles zu eigen: Hätte doch seine reine Seele aufgehört zu existieren,

bevor ich beschloß, eine verbrecherische Nahrung an meine Lippen zu führen.[18]

Sich gierig über die grobe, blutgefüllte Fleischnahrung herzumachen bedeutete, den Fall der reinen Seele in die Materie neu zu inszenieren. Die Einhaltung einer kargen Diät, aus der alles Fleisch verbannt war – das war keineswegs eine Hungerdiät –, sollte den Fall der Seele durch eine Geste beständigen Verzichts aufhalten, die auf ihre Art ebenso zwingend war wie die Beendigung sexueller Aktivitäten in christlichen, enkratitischen Kreisen.[19]

Doch das Motiv, das Porphyrius zur Ablehnung von Fleischgenuß bewogen hatte, unterschied sich leicht von dem, worum es für Christen im Gestus des sexuellen Verzichts gegangen war. Porphyrius dachte nur in Kategorien der Individualseele. Durch die Enthaltung von Fleisch entging seine Seele der Identifizierung mit der Materie: Er hatte es seinem ewigen Geist erleichtert, der »blutgetränkten Woge« des Körpers zu entkommen.[20] Er glaubte nicht, daß sein Verzicht über eine gewisse Distanzierung von den normalen Gewohnheiten des öffentlichen Lebens hinaus unmittelbare soziale Auswirkungen haben würde. Porphyrius erhob nicht den Anspruch, daß seine Entscheidung, auf Fleischnahrung zu verzichten, einen kollektiven sozialen Prozeß zu einem überwältigenden Stillstand bringen würde, wie das in enkratitischen christlichen Kreisen vom Verzicht auf Ehe und auf das Gebären von Kindern angenommen wurde. Porphyrius' Aufmerksamkeit konzentrierte sich auf die Herabkunft und die Rückkehr der Seele. Er war nicht im geringsten geneigt, den Kreislauf von Geburt, Kopulation und Tod zu unterbrechen, der, wie die Christen meinten, die organisierte

Gesellschaft in ihrem blinden und großtuerischen Stolz ins Grab hinabriß. Solche Gedanken lagen jenseits seines Horizonts. Für ihn wie für die meisten heidnischen Philosophen war die menschliche Gesellschaft nichts als eine Faser in dem riesigen göttlichen Organismus des Universums.

In diesem Universum konnten einige wenige wachsame Seelen aus dem wogenden Meer der Materie ans Ufer schwimmen, um sich ihren körperlosen Genossen in ihrer wahren Heimat jenseits der Sterne hinzuzugesellen. Sie kehrten zu einer Welt des Geistes zurück, in der die Unannehmlichkeit, einen Körper zu besitzen, vergessen wäre, so als hätte es sie nie gegeben.[21] Doch der Kosmos als ganzer und mit ihm das Menschengeschlecht würde auf ewig fortbestehen: »verschleiert und matt« für Menschen, die im Fleisch gefangen waren, war er auch »heilig und angenehm« in seiner harmonischen Unendlichkeit.[22] In diesem Kosmos waren Seelen dazu bestimmt, unaufhörlich in die Materie hinabzusteigen, da die Götter der »zeugenden Liebe« immer weiter die »meerpurpurnen Gewänder« neuer menschlicher Körper auf dem altehrwürdigen Webstuhl des Ehebetts webten.[23]

Es hätte Porphyrius nicht gefallen, wenn er erfahren hätte, daß zur selben Zeit, als er in Italien schrieb, Methodius, ein christlicher Lehrer in Olympus in Lykien (an der ägäischen Küste der südwestlichen Türkei), einen Dialog zum Lobe der Jungfräulichkeit verfaßt hatte, der den Titel *Das Gastmahl* trug.[24] Es war eine unverschämte Persiflage auf das große Werk Platons. Anstatt jedoch eine Versammlung von sexuell aktiven Athenern zu schildern, brachte das Festmahl des Methodius zehn junge Mädchen zusammen, um die Schönheit ihrer Entschlossenheit zur Jungfräulichkeit zu feiern. Methodius, der männliche Lehrer, der auf Geheiß einer geheimnisvollen »Dame von Termessus« schrieb, blieb eine Gestalt im Hintergrund. Es war die heilige Thekla, die an die Stelle von Sokrates trat; sie war es, die die Heimkehr der Seele eines jungen Mädchens schilderte, wie sie vor angeborener Liebe zu geistiger Schönheit erzitterte. Doch diese ewige Schönheit war nicht länger im abstrakten Reich der Ideen zu finden; sie war ganz und gar gegenwärtig in der strahlenden Reinheit der Jungfräulichkeit.[25]

Die kleine Gruppe saß um einen klaren Quell, der »leise, als wäre es Öl«, sprudelte, und Schatten spendete ihr der *Agnuscastus*-Baum – also derjenige Baum, auf dessen Zweigen junge athenische Mädchen schliefen, um ihre sexuellen Triebe während der Zeit der Enthaltsamkeit, die ihnen das Fest der Thesmophorien auferlegte, zu beruhigen.[26] In diesem *Symposium* können wir einen Blick auf einen Studienkreis werfen, der mehr dem des Origenes ähnelt als dem des Plotin: es war eine seelenerforschende Versammlung »häuslicher Vorläufer der Mönche«.[27]

Das *Symposium* des Methodius hat bei modernen Lesern keine Begeisterung hervorgerufen: »Das Buch ist gestelzt, seine Auffassung engstirnig.«[28] Doch wir können seine Bedeutung für einen Leser des 3. Jahrhunderts gut verstehen. In erster Linie versöhnte Methodius die höchst persönliche Perspektive des Origenes mit den älteren kleinasiatischen Traditionen. Er folgte Irenäus von Lyon darin, den Prozeß der Erlösung als langsame, aber sichere Rückkehr des Menschengeschlechts zur Verfassung Adams darzustellen. Dieser Zustand war in der Person Christi erneuert worden und würde in vollem Umfang von den Heiligen bei der Auferstehung wiedererlangt werden.[29]

Die grenzenlosen Horizonte des Origenes wurden von Methodius enger eingeschränkt; aber das Gefühl für historischen Impuls, das so klar in *Gegen Celsus*, dem letzten großen Werk des Origenes, hervorgetreten war, wurde in Methodius' *Symposium* gegenwartsnäher ausgedrückt.[30] Christus hatte das ursprüngliche jungfräuliche Fleisch Adams wieder auf die Erde gebracht. Indem er den Teufel in diesem Fleisch besiegte, hatte er gezeigt, daß ein menschliches Wesen in diesem Leben erneut das werden konnte, was Adam erstmals gewesen war – ein wohlgestimmtes Instrument zum Lobe Gottes.[31] Die seßhafte verheiratete Gesellschaft stürzte nicht über eine solche Botschaft wie in den *Thomasakten*; sie durfte vielmehr in den Hintergrund verschwinden. Die Ehe war etwas für die anonyme Masse der Gläubigen.[32] Sie durfte als Zugeständnis an die menschliche Schwachheit fortbestehen, ähnlich wie Invaliden davon befreit waren, am feierlichen kollektiven Fasten teilzunehmen, das dem Osterfest voranging.[33]

Der Prozeß der Fortpflanzung, der feierliche »Schauder« des sexuellen Verkehrs[34] und der heiße männliche »Durst« nach Nachkommen[35] – Themen, die unsere Jungfrauen in platonischer Manier mit bemühter Gutmütigkeit und überraschender Ausführlichkeit diskutierten – waren für die höhere Wirklichkeit, die sie vertraten, durchscheinend geworden. Es waren flüchtige Schatten, die auf die einzig wahre fruchtbare Vereinigung verwiesen – die zwischen Christus und der Kirche. Wahre Nachkommenschaft ging nicht aus körperlichem Verkehr hervor, sondern aus dem Predigen des Evangeliums. Die Freuden der physischen Elternschaft waren ein blasser Abglanz des wahrhaft fruchtbaren Lebens der jungfräulichen Mädchen, die sich um ihren geistigen Vater, einen besonnenen und gelehrten Priester, scharten.[36]

In dieser Entwicklung nahm Methodius beim Menschengeschlecht einen langsamen, aber sicheren Wandel zum Besseren wahr. Seine Sicht der Menschheitsgeschichte war die einer Kultur, die sich leise ihrer Unzufriedenheiten entledigt. Er stellte die menschliche Geschichte als die langsame, aber sichere Zähmung des rohen Sexualtriebs dar. Die Menschheit hatte mit tierischem Inzest begonnen und sich langsam zur Polygamie weiterentwickelt. Doch jetzt, da die Erde voll bevölkert war, war selbst unerschütterliche eheliche Zurückhaltung – die *sophrosýne*, die auf so vielen Grabinschriften der zeitgenössischen griechischen Welt an guten Ehefrauen gepriesen wurde – der *aphtharsia* gewichen, der unverdorbenen Beständigkeit der jungfräulichen Verfassung.[37] Es war die Vision einer Menschheit, die still zur Ruhe gekommen war, nachdem ihre ausgelassenen Jugendjahre längst vergangen waren und sie, da »alle Leidenschaft verbraucht« war, vor dem Ende der Zeiten stand. Der Gipfelpunkt der Geschichte war in Methodius' kleiner Gruppe geweihter Mädchen zu sehen,

Wo die grüne Dünung im Hafen stumm ist
Und dem Wogen des Meeres entrückt.[38]

Hinter dieser gedämpften Idylle können wir die Macht einer Denkstruktur erkennen, der in der griechischsprachigen Welt eine lange Zukunft beschieden war. Sozusagen »horizontal« gesehen stellte die Jungfräulichkeit das langsame Heraufdämmern eines spirituellen Millenniums unter den Heiligen dar.[39] »Vertikal« gesehen jedoch paßte der jungfräuliche Stand – das heißt das konkrete Faktum eines unberührt bleibenden Körpers – in eine einzigartig mächtige Vermittlungsstruktur.

Methodius hätte uneingeschränkt dem modernen Anthropologen beipflichten können, der die Ansicht vertritt:

Das zentrale »Problem« der Religion besteht darin, ... eine Art Brücke zwischen Gott und Mensch wiederherzustellen. ... »Vermittlung«

(in diesem Sinne) ... wird immer dadurch erzielt, daß eine dritte Kategorie eingeführt wird, die im Vergleich zu gewöhnlichen, »rationalen« Kategorien »abnorm« ist. ... Gemeinsam ist das Abnorme, Nicht-Natürliche, Heilige. Es ist typischerweise der Mittelpunkt aller Tabus und rituellen Vorschriften.[40]

Bei der Erschaffung Adams hatte Gott die antithetischen Sphären des unzerstörbaren Geistes und des bröckelnden Lehms der Erde miteinander verbunden. Nur dadurch, daß Adam über den Verzicht auf eine Sexualität, die normalerweise mit dem physischen Menschen – das heißt mit sterblichem und verderblichem »Lehm« – verbunden ist, seinen Körper intakt hielt, hatte er im Paradies bestehen können, wo er seinem Schöpfer als Geschöpf der Erde, in feierlichem Wechselgesang mit den fleischlosen Scharen der Engel verbunden, Loblieder sang.[41]

Für Methodius war es daher entscheidend, das zu leugnen, was er als den Gedanken des Origenes ansah – daß sich das menschliche Fleisch eines Tages völlig zu dem eines engelhaften Wesens »verflüchtigen« könnte. Zu keiner Zeit hatten Menschen je als völlig engelhafte Wesen existiert, die frei von dem festen Fleisch und den festen Knochen Adams und Evas waren.[42] Ein solcher Gedanke strapazierte die hohe Spannung des Universums von Methodius. Jungfräuliches menschliches Fleisch, körperlicher Lehm, der in jedem Augenblick zu Sexualität zerfallen konnte und der zerbrochen im Grabe liegen mußte, bevor er vom Schöpfer bei der Auferstehung der Toten neu gestaltet wurde, war der höchst gespannte Vermittlungspunkt zwischen zwei unvereinbaren Polen. Diejenigen, die durch fortwährende Willensanstrengung gelernt hatten, ihren »abnormen« Stand als Besitzer eines irdischen Körpers, dem der sexuelle Ausdruck versagt war, der sich gewöhnlich mit irdischen Wesen verbindet, aufrechtzuerhalten, konnten zwischen Himmel und Erde stehen. Sie überbrückten die gewaltige Schwelle, die alle spätantiken Denker, ob Heiden, Juden oder Christen, zwischen der »höheren« und der »niederen« Welt sahen.[43] Jungfräulichkeit, *parthenia*, so erinnerte Thekla das Symposium, war von *para to theion* abgeleitet: Der körperliche Stand der Jungfräulichkeit ließ den Menschen »neben dem Göttlichen stehen«.[44] In Methodius' Vorstellung verlief die Brücke über den Abgrund zwischen Gott und dem Menschen über die Leiber von jungfräulichen Mädchen.

Gerade in seinen dem Hellenismus am nächsten stehenden

Wendungen können wir bei Methodius den Unterschied zwischen seiner Auffassung der Stellung der Menschen im Kosmos und der von Plotin und Porphyrius wahrnehmen. Für Plotin war die körperlose Seele selbst die Mittlerin, die die antithetischen Pole des Universums verband. Die Seele war ein freudiges Wesen, das von dem Einen her ausgriff, um die kalte Oberfläche der Materie zu berühren. Wie die überragende Gestalt der Athene, die neben den Mauern Trojas zu sehen war, war es allein die lebendige Seele, die die Erde an den Himmel band: denn »während ihre Füße noch auf dem Boden wandeln, hat sie den hohen Himmel mit ihrem Haupt berührt«.[45]

Bei Methodius ist es der schwache Lehm des jungfräulichen Körpers und nicht die Seele, der wie Athene aufragt, welche »auf Erden wandelt und das hohe Gewölbe des Himmels berührt«.[46] Für Porphyrius war der schlaflose Geist des Plotin auf ewig in sicherer Position über dem Wogen seines Körpers geblieben;[47] bei Methodius ist es der jungfräuliche Körper selbst, der über den gewöhnlichen Lehm der Welt erhoben wird. In seinem jungfräulichen Stand genoß der Körper eine Überlegenheit, die einst nur dem Geist zugeschrieben worden war. Die Leiber der Jungfrauen des Methodius hingen wie wohlgestimmte Harfen an der kühlen und unfruchtbaren Weide hoch über dem saugenden Strudel der Wasser Babylons.[48]

In diesen geringfügigen Andeutungen können wir eine weitere Wendung der Epoche ahnen. Im 2. Jahrhundert hatte die Sexualität in den Augen vieler radikaler Christen die Sterblichkeit als vorrangiges Symptom für die Schwachheit der Menschheit beiseite geschoben. Von Origenes und Methodius an lieferte das Fehlen von Sexualität in den auserwählten Wenigen dem Menschengeschlecht neue Vermittler. Die schimmernden, ätherischen Gestalten der *daimones*, der Helden und der Seelen der Weisen, die den Himmel mit der Erde verknüpft hatten und in den mittleren Regionen des spätplatonischen Universums über dem menschlichen Geschlecht aufragten, wurden in der christlichen Vorstellung von den Leibern junger jungfräulicher Menschen auf der Erde in den Schatten gestellt. Als ruhige Lampen mit reinem, durchgeseihten Öl in einer verdunkelten Welt[49] strahlten sie durch die langen Nachtwachen der Kindheit, der Jugend und des Alters bis zur Morgenröte der Wiederkunft Christi.[50]

Methodius' eigene Tage waren gezählt. Der stille Führer jungfräulicher Seelen zog von Olympus nach Patara. Patara war eine Hafenstadt in der Nähe von Karien, einer Provinz, welche sich noch immer einer heidnischen Kultstätte, des großen Zeus-Schreins von Panamara, rühmte, die ein Zentrum vehementer Bemühungen um Neubelebung der alten Religion war. Im Jahre 312 besuchte der heidnische Kaiser Maximinus Daia die Provinz Karien. Hier »loderte seine göttliche Gegenwart auf« und führte dazu, daß die Räuberei im Hochland aufhörte.[51] Gesetz und Ordnung kehrten wieder in das Gebiet ein. Dann begab sich der Kaiser vielleicht an die Küste von Lykien. Methodius, der christliche Bischof und Mentor vornehmer Damen, wurde hingerichtet.[52]

In eben dieser letzten Verfolgungswelle war in Alexandrien eine Gestalt aufgetaucht, ein Mann, der genau das tat, was Origenes wenig mehr als ein Jahrhundert früher getan hatte:

> Er diente den Bekennern in den Bergwerken und Gefängnissen. Vor Gericht zeigte er großen Eifer, die vorgeladenen Glaubensstreiter mit Zuversicht zu stärken und sie, wenn sie Zeugnis ablegten, in Empfang zu nehmen [vermutlich mit dem Friedenskuß] und sie zu geleiten, bis sie vollendet hatten.[53]

Doch man konnte sich keinen spirituellen Führer denken, der sich stärker von dem jungen Origenes unterschieden hätte. Dies hier war ein Ägypter mittleren Alters, der in einem Dorf im Fayum aufgewachsen war. Er trug das Gewand eines Mannes vom Lande: »eine ärmellose Tunika wie die, mit der sich Ägypter bedecken«. Er vergaß nicht, es zu waschen, bevor er in herausragender Position unter den christlichen Zwischenrufern am Hof des Statthalters auftrat.[54] Allein die Tunika kennzeichnete ihn als Außenseiter in der Stadt. In den Tagen des Origenes hatte Kaiser Caracalla ähnliche Ägypter, die vom Lande kamen, aus Alexandrien vertrieben. Sie blieben in der Stadt, um hier müßig ihre Zeit zu verbringen, nachdem sie zum großen Serapisfest aus dem Umland eingeströmt waren.[55] Jetzt war das »große Fest« das Schauspiel, das den Kirchen des Nildeltas mit der Verurteilung der christlichen Märtyrer geboten wurde. Viele von diesen leidenschaftlichen Besuchern Alexandriens waren Männer, die anscheinend bereits zur damaligen Zeit als »Mönche«, *monachoi* – »Einsame« –, bezeichnet wurden.[56]

Der Fremdling war Antonius. Er war nach Alexandrien gekommen, nachdem er etwa 20 Jahre in einer verfallenen

Festung an der Grenze zur Wüste, jenseits des Nils gegenüber von Arsinoe, verbracht hatte. Beschreiben wir in unserem nächsten Kapitel eine kurze *tour d'horizon*, um einen Überblick über das breite Spektrum von Bedeutungen zu gewinnen, die sich in verschiedenen christlichen Regionen an sexuelle Entsagung geknüpft hatten, bevor die Kirchen des bewohnten Landes im Laufe des 4. Jahrhunderts von den neuen Horizonten herausgefordert wurden, die ihnen die Unermeßlichkeit der Wüste eröffnete.

ZEHNTES KAPITEL

Kirche und Leib:
Cyprian, Mani und Eusebius

Während Porphyrius und Methodius in Italien und Lykien schrieben, hatte eine christliche Familie im Tal des oberen Tembris in Anatolien eine häusliche Tragödie durchstehen müssen. Aurelius Telesphorus und Aurelia Ammia, Mitglieder der strengen Kirche der Novatianer, begruben Ammia, ihre unverheiratete Tochter. Die Grabinschrift begann mit alten Formeln:

Wie kommt es, daß du schon stirbst ... vor der Brautkrone ..., vor der Zeit dahingerafft, des Ehebetts beraubt?

Sie schloß mit einer Vision. Am achten Tag war Ammia ihren Eltern in einem Traum erschienen:

Weine nicht, betrübter Vater, und auch du nicht, Mutter; Sterben ist allgemein. ... Aber mein Heiland Jesus Christus hat mich mit den Gerechten vereint; ... aus der Hand des Presbyters empfing ich die Taufe, das gesetzliche Vorrecht der Jungfräulichkeit; ich kam als reine Jungfrau in den Himmel ..., wo ich ewiges Leben unter den Heiligen habe. ... Mein träger Vater und meine faule Mutter suchten mich zu ängstigen. ... Denn dadurch, daß ich meine Jungfräulichkeit mit Christus vermählte, brachte ich ihnen unerträgliches Leid.[1]

Die hohen Gedanken, die sich Origenes und Methodius machten, spielten sich nicht in einem Vakuum ab. Sie spiegelten eine neue Situation wider. Zum erstenmal in seiner Geschichte war das Christentum eine Religion für die jungen Menschen geworden. Es war nicht mehr für jeden christlichen Haushalt selbstverständlich, daß es die Pflicht gottesfürchtiger Eltern war, ihre Kinder vor dem Fall in die Unzucht zu schützen, indem sie sie in jungen Jahren verheirateten. Viele Kinder, meist Mädchen, wollten jetzt unverheiratet bleiben. Nicht länger wurde der Vater, das Oberhaupt der Familie, als der einzige betrachtet, der dafür verantwortlich war, seine Töchter für die künftige Ehe als Jungfrauen zu »bewahren«. Das in der Vorpubertät stehende Kind wurde nun zumindest in der Theorie als »Hüter« seines oder ihres Körpers dargestellt: Wie die kleine Ammia entschieden sich manche Mädchen, mit Gelübden lebenslanger Keuschheit als Jungfrauen »ihr Fleisch zu bewahren«.[2] Es ist sogar möglich (wenn auch alles andere als sicher), daß christliche Familien etwas weniger bereit waren als traditionalistische Heiden, ihre Töchter brutal zu früher Heirat zu zwingen.[3]

Die Entscheidung des Mädchens, Jungfrau zu bleiben, war der Familie auch nicht immer unwillkommen. Oft enthob sie die Eltern der schwierigen Aufgabe, einen Mann für ihre Tochter zu finden. Die christlichen Gemeinschaften waren im Laufe des 3. Jahrhunderts rasch angewachsen; aber sie blieben mißtrauisch gegenüber der Außenwelt. Christliche Familien wurden nicht dazu ermuntert, ihre Kinder mit Juden, Heiden oder Häretikern zu verheiraten. Infolgedessen sahen sich viele Gemeinden mit einer *copia puellarum* konfrontiert, einem Aufgebot von Mädchen, für die sich keine passenden Ehemänner finden ließen.[4] Diese Frauen entschieden sich oft für ein Leben in freiwilliger Enthaltsamkeit, das sie von der Geistlichkeit geschützt und geschätzt verbrachten. In ganz ähnlicher Weise fühlten sich jetzt junge Männer, die es schwierig fanden zu heiraten, in zunehmendem Maße zur Geistlichkeit oder zu radikaleren Formen christlichen Kämpfertums hingezogen. Die *Akten Johannes des Täufers*, die zur damaligen Zeit weit verbreitet waren, boten ein Modell lebenslanger männlicher Ehelosigkeit, die sich stark von der nachehelichen Enthaltsamkeit unterschied, die in einer früheren Epoche vorgeherrscht hatte: Johannes konnte zu Christus beten,

Der du auch mich bis zu dieser Stunde rein bewahrt hast für dich selbst und unberührt von der Verbindung mit einer Frau, der du mir, da ich in der Jugend heiraten wollte, erschienen bist und zu mir gesagt hast: ... »Johannes, wärest du nicht mein, hätte ich dich heiraten lassen.«[5]

Im gesamten Mittelmeergebiet führte ein unauffälliger zahlenmäßiger Druck dazu, daß sich Gruppen junger Menschen, die sich demonstrativ zur Jungfräulichkeit verpflichtet hatten, wie Packeis rings um die christlichen Gemeinden auftürmten. Die Jungfrauen der Kirche zogen die Aufmerksamkeit ihrer Nachbarn auf sich: Gegen Ende des 3. Jahrhunderts waren als Teil der Verfolgung der Christen durch Heiden Versuche zu sexueller Gewalt gegen geweihte Frauen und Drohungen, sie zum Bordell zu verdammen (und nicht mehr einfach die Drohung mit schmachvoller Hinrichtung), durchaus üblich geworden.[6]

Dieser langsame Wandel fiel mit einer raschen Verschiebung in der Führung der christlichen Kirche zusammen. Innerhalb eines Jahrzehnts nach dem Tod des Origenes traten Männer, die mit dem öffentlichen Leben vertraut und in der Ausübung von Macht erfahren waren, in allen bedeutenden Städten der römischen Welt als christliche Bischöfe auf. Paulus von Samosata, der von etwa 260 bis 269 Bischof von Antiochien war, pflegte über die *agora* zu stolzieren und seinen Klienten laut aus seiner offiziellen Korrespondenz vorzulesen. Von singenden Chören aus lauter Jungfrauen umgeben, nahm er seinen Platz in einer großen neuen Kirche auf einem hohen Thron ein, der wie der Richterstuhl eines Statthalters mit Vorhängen verhüllt war. Seine Rivalen behaupteten zwar, sie seien über all das entsetzt, aber Paulus verkörperte den christlichen Bischof der Zukunft.[7] Zur gleichen Zeit hatte der Bischof von Rom einen Stab von 154 Personen unter sich und war für die Unterstützung von 1500 Witwen und Notleidenden verantwortlich. Ganz unabhängig von den gewöhnlichen Gemeinden machten solche Zahlen die christliche Kirche in Rom zu einer Körperschaft, die größer war als jede andere auf freiwilliger Mitgliedschaft beruhende Gruppe in der Stadt.[8] Nur einem Mann, von dem erwartet werden konnte, daß er in seinem persönlichen Leben »jungfräuliche Enthaltsamkeit« gezeigt hatte, konnte soviel Macht anvertraut werden.[9]

Die Karriere Cyprians, der von 248 bis 258 Bischof von Karthago war, zeigt sehr klar das Ausmaß, in dem in einer großen Stadt der lateinischen Welt die Jungfräulichkeit für die Belange der katholischen Geistlichkeit eingespannt wurde. Cyprian war ein konvertierter Rhetor. Er war in der durch und durch von Männern geprägten Atmosphäre des Forums aufgewachsen. Die herrliche Unbestimmtheit des *didaskaleion* eines Origenes, in dem »spirituelle« Männer und Frauen miteinander von gleich zu gleich verkehrt hatten, war in seiner angespannten Welt unvorstellbar. Daran gewöhnt, seinen eigenen männlichen Klerus als Grandseigneur zu behandeln, war Cyprian der letzte, der enthaltsame Frauen als Partner behandelt hätte.[10] Er pries die Jungfrauen der Kirche in der üblichen berauschten Sprache der Bewunderung;[11] aber er schrieb an sie im wesentlichen über Disziplin: »Die Zucht [ist] die Hüterin der Hoffnung, die Bewahrerin des Glaubens ..., die Lehrmeisterin der Tugend ... todbringend ist [es], von ihr sich abzuwenden.«[12]

Die Jungfrauen, die er so kategorisch warnte, kamen aus wohlhabenden Familien.[13] Für Cyprian war es von entscheidender Bedeutung, daß ihr beträchtlicher persönlicher Reichtum nur dazu verwendet wurde, die christlichen Armen zu unterstützen; er durfte in keiner Weise dazu eingesetzt werden, Druck auf die Geistlichkeit auszuüben.[14]

In Cyprians Schriften gewann die Jungfräulichkeit niemals die hohe Stellung, die ihr in der griechischsprachigen Welt eingeräumt wurde. Die mächtige Vorstellungslogik, die den jungfräulichen Körper zu einer Kategorie für sich erhob, welche Himmel und Erde verband, ging dem Denken Cyprians und dem seiner lateinischen Nachfolger sichtlich ab. Cyprians religiöse Sensibilität war vielmehr von der Gegenwart des *saeculum* beherrscht. Er stand einer zutiefst konservativen römischen Gesellschaft gegenüber, die noch immer zäh an ihren alten Göttern festhielt, hinter deren brutalem Gesicht er die bleibende Gegenwart des Teufels und seiner Engel wahrnahm. Dieses *saeculum*, eine verdorbene, blutgetränkte Welt, war es, dem er sein Herz im Augenblick seiner Taufe entrissen hatte und aus dem er in den festen »Bruderschaftsbund« der christlichen Kirche übergetreten war.[15] Zehn Jahre lang, bis zu seiner Hinrichtung im Jahre 258, lag die Disziplin einer kämpferischen Gemeinschaft in seinen Händen. Von dieser Disziplin lasen alle späteren lateinischen Katholiken in den von ihm überlieferten Werken.[16]

Cyprian beschrieb die Christen Karthagos und Roms als eine Gruppe, die dem *saeculum* »an der Front«[17] eines Krieges gegenüberstand, den der Teufel im sechstausendsten Jahr gegen das Menschengeschlecht führte.[18] Auch die leiseste Andeutung einer Tendenz, »den starken christlichen Sinn zu entkräften und zu verweichlichen«, konnte sich für die Kirche als katastrophal erweisen.[19] Die Auffassung vom Körper, die Cyprian mit maßgebender Wirkung Ambrosius, Hieronymus und Augustinus hinterließ, war von diesem Hauptanliegen bestimmt. Das »Fleisch« des Christen war ein Bollwerk gegen das *saeculum*. Dieses »Fleisch« konnte »Christus geweiht« werden, wie es bei einem jungfräulichen Mädchen oder Mann der Fall war. Die Bewahrung der Integrität des Körpers war eine Sache von größter Bedeutung.[20] Doch der Körper ließ sich nie in einem Zustand unheimlicher Reinheit absondern, in dem die Schwäche des sterblichen Lehms wie unter den stillen Schutzbefohlenen des Methodius von Olympus für aufgehoben gehalten wurde.

»Fleisch« bezeichnete für Cyprian einen Punkt dauernder Gefährdung, einen Vorposten des Ich, der dafür eingespannt war, die zahllosen Schläge der Welt zu empfangen. Obwohl der Leib an und für sich schwach und bekanntlich sexueller Versuchung ausgesetzt war, wurde er weniger von dem verborgenen »Feuer« der Sexualität unterhöhlt, das in ihm glomm, er war vielmehr in Gefahr, von außen durch die unheimliche Anziehungskraft der Welt ins Wanken gebracht zu werden.[21] Als Machtmensch wußte Cyprian von sich selbst und von seinen widerspenstigen Kollegen nur zu gut, was es für den Christen bedeutete, nicht nur von Sinnlichkeit bedrängt zu werden, sondern von den schwerwiegenderen und zerstörerischeren »weltlichen« Lüsten des Zorns, der Eifersucht und des ekklesiastischen Stolzes.[22]

Auf das Fleisch der Märtyrer und der *confessores* ließ das *saeculum* seine schrecklichsten Schläge niedergehen. Es gibt eine Körperlichkeit in den Schriften Cyprians, die ein Empfinden für das Fleisch als spannungsgeladene Grenze ausstrahlt, die unter ständiger Bedrohung durch Vergewaltigung steht. Die »Herrlichkeit« des Martyriums entfaltet sich in seinen Texten wie eine dunkelrote Blume.[23] Der rote Wein der Eucharistie stärkte die Mitglieder seiner Herde.[24] Er bereitete sie darauf vor, den Anblick ihres eigenen Blutes zu ertragen, wie es hervorschoß, »um mit seiner herrlichen Flut die Flammen und Feuer der Hölle zu besänftigen«.[25] Die Furcht vor Tod und körperlichen Schmerzen und nicht der tückische Stachel der sexuellen Versuchung war der bedrohlichste Feind, den der Christ zu überwinden lernen mußte. Die Kontrolle der Sexualität war lediglich ein Beispiel – und kein sehr bedeutendes – dafür, daß es der Christ nötig hatte, einen Körper, der dem riesigen Schmerz der Welt unterworfen war, zu kontrollieren. Für Cyprian war die »Nachfolge Christi« nichts Geringeres als ein tägliches Martyrium.[26]

In Cyprians Schriften erschien der Leib des Christen als mikrokosmische Entsprechung des Bedrohungszustands der Kirche, die selbst ein kompakter Körper war, der durch den unerschütterlichen, gottgegebenen Willen seines Oberhaupts und führenden Geistes, des Bischofs, in strenger Zucht gehalten wurde.[27] Wie ein großer Organismus sollte er mit instinktiver »Intoleranz« das tödliche Gift des heidnischen Opfers verschmähen.[28] Er durfte die verunreinigenden Wasser der Häresie nicht in sich einlassen.[29] Der große kollektive Körper der

Kirche mußte ständige Disziplin ausüben, damit er nicht von den »blinden, unkontrollierten Trieben« seiner eigenen widerspenstigen Mitglieder gesprengt wurde.[30] Kirche wie Leib wurden unter dem Gesichtspunkt einer immer wachsamen Kontrolle dargestellt, bei der der erbarmungslose Druck des *saeculum* keinen Aufschub zuließ. Das war eine düstere Botschaft, deren Konsequenzen ihren Eindruck auf Ambrosius und Augustinus, Cyprians Nachfolger in der lateinischen Welt, nicht verfehlten.

Wenn man sich von Karthago in das östliche Mittelmeergebiet begibt, so betritt man eine andere Welt. Wie nicht anders zu erwarten von einer Gegend, die bereits die *Thomasakten* hervorgebracht hatte, war Syrien eine »Erdbebenzone«. Charakteristische Formen eines radikalen Christentums strahlten von dem Gebiet zwischen Antiochien und dem Tigris aus. Um das Jahr 200 n. Chr. führte ein Bischof die Einwohner eines ganzen Dorfes hinauf in die Berge, um nach der Wiederkunft des Herrn zu trachten. Sie wurden vom örtlichen Statthalter als Räuber verhaftet und durch die Vermittlung seiner Gattin, die eine fromme Christin war, wieder freigelassen.[31] Das ist ein direkter Einblick in die Zukunft, als das Bergland von Syrien von Gruppen umherziehender heiliger Männer durchquert wurde und von den Säulen stylitischer Mönche übersät war.

In Syrien war der enthaltsame Körper nicht, wie er es für Cyprian war, ein Bild für die kompakte, entschlossene Disziplin einer belagerten Kirche. Er war auch nicht wie im *Symposium* des Methodius eine qualvolle Anomalie, die zwischen Himmel und Erde schwebte. Er war ein lebendes Zeichen für das bevorstehende Ende des gegenwärtigen Zeitalters, eine Handvoll »Antimaterie«, die die festen Fundamente der gesellschaftlichen Ordnung aufzulösen drohte. Solche Auffassungen muteten der verheirateten Gemeinde eine erhebliche Belastung zu. Der dem Clemens von Rom zugeschriebene *Brief über die Jungfräulichkeit* wurde möglicherweise im 3. Jahrhundert geschrieben.[32] Er zeigt eine Kirche, die mit dem Gedanken des enthaltsamen Familienhaushalts vertraut ist, die aber nicht so gut darauf eingerichtet ist, mit einem abrupten Anstieg der Zahl junger unverheirateter Männer mit apostolischen Neigungen fertig zu werden.

Man nannte sie die »wandernden Männer«. Sie hatten sich einem Leben heiligen Vagabundierens »für das Himmelreich« verschrieben.[33] Als ungebundene Männer, die über mehr

»Liebe und Muße« verfügten, als gut für sie war,³⁴ bildeten sie eine bunte Schar, die von Dorf zu Dorf wanderte. Ihre langen exorzistischen Beschwörungen waren wie die großen Gebete der apokryphen Akten eine Rhetorik der Armen.³⁵ Sie brachten die Kunst des Psalmensingens und der Bibelrezitation mit, die die Landstraßen Syriens mit dem Klang geistlicher Shanties füllten.³⁶ Wenn keine Christen in einem Dorf anwesend waren, sollten sie stillschweigen – damit man sie nicht für umherziehende Musiker hielt!³⁷ Wenn sie zu den Häusern von Gläubigen kamen, mußten sich die Frauen im Hintergrund versammeln und sich bescheiden in einer Reihe anstellen, um von ihnen den »Frieden des Herrn« zu empfangen:

Die Weiber aber und Jungfrauen sollen ihre Hände in ihre Gewänder einwickeln. Dann wickeln auch wir in aller Wachsamkeit und aller Sittsamkeit, während unsere Augen nach oben blicken, sittsam und mit allem Wohlverhalten, unsere rechte Hand in unsere Gewänder ein. Darauf dürfen sie herankommen und uns den Abschiedsgruß in unsere Rechte, während sie in unsere Gewänder eingehüllt ist, geben. Dann gehen wir fort, wohin uns Gott verstattet.³⁸

Diese Männer waren so streng kontrolliert, weil sie mehr als untadelig sein mußten. Wie Thomas trugen sie in ihrem eigenen Körper die Person Jesu Christi. Durch ihren jungfräulichen, wurzellosen Stand war Seine Gegenwart in den Dörfern und Städten Syriens zu spüren: »Den Leib, den unser Herr trug und in dem er seinen Konflikt in dieser Welt austrug, nahm er von einer heiligen Jungfrau an. ... Hast du den Wunsch, ein Christ zu sein? Folge Christus in allem nach.«³⁹

Weiter nach Osten, im abgeschlossenen Milieu eines sektarischen Dorfs nahe der neuen sassanidischen Hauptstadt Ktesiphon am Tigris wuchs der junge Mani im Kontakt mit einem Christentum auf, für das die Apostel der apokryphen Akten die unbestrittenen Vorbilder christlichen Handelns lieferten.⁴⁰ Im Alter von zwölf Jahren, im Jahre 228/29, empfing Mani die erste einer Reihe von Visionen, die ihn zum Stifter der einzigen unabhängigen Universalreligion machten, die direkt aus der christlichen Tradition hervorging.⁴¹ Im Jahre 276 wurde er vom persischen König der Könige fürchterlich gemartert. Um 300 hatten manichäische Missionare die neue Kirche ihres Stifters in Edessa, Antiochien, Alexandrien und Karthago etabliert.⁴² Das plötzliche Erscheinen einer weiteren neuen »Kirche«, die von den blassen manichäischen »Auserwählten« (*electi*) vertreten wurde, offenbarte die Stärke der syrischen christlichen Tradition. Der Gedanke des wandernden Fremdlings, dessen enthaltsamer Körper mit der Kraft aufgeladen ist, die Königreiche der Erde zu erschüttern,[43] hatte im christlichen Nahen Osten des späten 3. Jahrhunderts nichts von seiner Anziehungskraft verloren.

Mani war unter den Anhängern des Elchasai, eines judenchristlichen Führers des 2. Jahrhunderts, aufgewachsen. Sie lebten in einer Siedlung, die am Rand des Tigris lag. Das war ein Dorf von gesetzten Familienvätern, die darauf achteten, daß sie nur Brot aßen, das in ihren eigenen, »reinen« Backöfen gebakken war, und sich nur von ihren eigenen »reinen« Feldern ernährten. Sie reinigten häufig ihren Körper von den Beflekkungen einer verunreinigten Welt durch rituelle Waschungen.[44] Mani befreite sich von der sich selbst beschränkenden Pedanterie seiner Dorfgenossen, indem er den völligen Ruin des Körpers betonte. Wie konnten »Blut und Galle und Blähung und schmachvolles Exkrement«, eine derartige »Form der Besudelung«, je darauf hoffen, durch bloße äußerliche Waschungen gereinigt zu werden? Der Körper an sich war eine verlorene Sache. Manis erste Vision betraf sein wahres Ich, seinen Geist-Zwilling. Von seinem Zwilling erfuhr er von einer Botschaft, die seiner Seele anvertraut worden war, bevor diese in seinen Körper eingegangen war: »bevor ich mich in dieses Werkzeug kleidete und bevor ich zu diesem verabscheuenswerten Fleisch kam und bevor ich mich mit seiner Trunkenheit kleidete.«[47]

Doch Manis Auffassung vom Körper war nicht ganz und gar abweisend. Die Körper der Heiligen konnten, wenn sie durch Enthaltsamkeit heilig gehalten wurden, eine Rolle in nichts Geringerem als der Erlösung des Universums spielen. Das kosmische Drama, das Mani offenbart worden war, war optimistischer als das jedes früheren gnostischen Systems.[48] Die körperliche Welt war zutiefst verunreinigt; aber sie war nicht unwiderruflich gefallen. Direkt unter ihrer Oberfläche schimmerte die Hoffnung einer großen Befreiung, die auf Erden durch die wahre Kirche Manis herbeigeführt werden würde.

Im manichäischen Mythos war nur ein kleiner Teil des Lichtreichs, einer Stätte unbefleckter Reinheit, der fernen Heimat, nach der sich die Seele sehnte, vom Reich der Finsternis verschlungen worden. Auf den ersten Blick konnte das sichtbare

Universum als chaotische Mischung von Licht und Finsternis erscheinen, in der die Finsternis das Licht in erstickender Umklammerung hielt. Doch dieses Universum trug die Hoffnung auf seine Erlösung in sich. Es war vom Vater des Lichts nach dem ersten katastrophalen Schlag der Mächte der Finsternis kunstvoll wiederhergestellt worden. Alles »Licht«, das heißt, der reine Geist, welcher in seinen Tiefen gefangen lag, war fähig zur Erlösung. Die Manichäer sahen die physische Welt rings um sich nicht so sehr als Gefängnis, sondern als liebevoll konstruierten Schmelztiegel. In geheimnisvollen und unfehlbaren Prozeduren destillierte der Vater des Lichts aus der physischen Welt die kostbaren geistigen Essenzen, die nur für kurze Zeit in fremde Materie gehüllt worden waren.[49]

Manichäer wurden daher zuallererst gelehrt, zum Himmel aufzublicken und »die Himmelslichter«, die Sonne und den Mond, zu verehren.[50] Sie sahen, wie sich in ihnen die Erlösung ihrer eigenen Seele mit beruhigender Beständigkeit hoch über ihrem Kopf abspielte. Jeden Monat schwoll der Mond durch die Lichtpartikel an, die von der Welt aufstiegen und auf ihrem Weg zu einem endgültigen Ruheplatz im Lichtreich, das ein Stück jenseits der lodernden Reinheit der Sonne lag, hier vorbeikamen.[51] Zur Sonne aufzublicken bedeutete, eine Tür ins Lichtreich aufgehen zu sehen; es bedeutete, das eigene letztliche Entrinnen aus der Materie ins Auge zu fassen. Den Duft zu riechen, der von den zarten Blumen und den wohlriechenden Büschen Mesopotamiens aufstieg, bedeutete, sich schmerzlich der gewaltigen Liebe der Sonne bewußt zu werden, wie sie die Seelen der Gerechten wieder in ihre alte Heimat lockte.[52]

Der menschliche Körper war eine mikrokosmische Entsprechung dieses Universums. Für die Unerleuchteten ein tiefer Kerker, wurde er zu einem aktiven Faktor der Erlösung, einem Miniaturtiegel, sobald die Kraft der Botschaft Manis über ihn gekommen war. Daher die entscheidende Bedeutung der »Auserwählten« für die manichäische Kirche: »die Auserwählten habe ich erwählt und [durch sie] einen Weg in die Höhe.«[53]

Die Leiber der Auserwählten wurden durchaus nicht als widerwärtiger Schutt behandelt, dessen physisches Schicksal für seine Eigentümer ohne Bedeutung war. Das genaue Gegenteil war der Fall. Sie waren Sonne und Mond, die auf die Erde herabgestiegen waren.[54] Die feierlichen Gebete der Auserwählten förderten die Befreiung der Welt. Ihre kultischen Mahlzeiten setzten das gefangene Licht frei, das so deutlich unter der glänzenden Haut von Früchten und Gemüse schimmerte: Sie waren ein feierlicher Nachvollzug der Befreiung aller Seelen aus der Schale der Materie, der durch die urtümlichen Prozesse des Essens und der Verdauung stattfand. Das streng kontrollierte Essen der Auserwählten kehrte die wahllose, verschlingende Gier des Reichs der Finsternis um.[55]

Die große Masse der Manichäer, die Katechumenen oder »Hörer« (*auditores*), waren durch die engsten aller möglichen Bindungen an die Auserwählten gebunden. Sie gaben ihnen zu essen.[56] Die Nahrung, die die »Hörer« diesen bleichen Wanderern darbrachten, ging durch ihre heiligen Körper in das Reich des Lichts. Diese hochritualisierte Beziehung ermöglichte es den manichäischen Laien, beim Herbeiführen des Siegs des Guten über das Böse eine Rolle zu spielen. Auserwählte und Hörer wirkten dabei zusammen, die »Gerechtigkeit, die der Mensch an seinem Körper tut«, zu vollziehen.[57] Im allerkonkretesten Sinn waren die reinen Körper der Auserwählten wesentlich für den großen Destillationsprozeß, der zur Erlösung des Lichts führte, das im Universum eingekerkert war. Langsam, aber sicher würden sie »das süße Wasser, das unter den Söhnen der Materie liegt«,[58] zu seiner Quelle zurückpumpen.

Das Licht soll zum Licht gehen,
der Wohlgeruch soll zum Wohlgeruch gehen. ...
Das Licht soll an seinen Ort zurückkehren,
die Finsternis soll fallen und sich nicht wieder erheben.[59]

Daher rührt die doppelte Einstellung zur Sexualität, die dem Manichäismus in den folgenden Jahrhunderten seine unverkennbare Gestalt verlieh. Einerseits war die Sexualität eine mächtige Kraft. Sie faßte in den Augen von Mani den fortwährenden, gierigen und erregten Trieb zusammen, der zuerst dazu geführt hatte, daß sich das Reich der Finsternis wie ein verunreinigender Ölfleck auf der Oberfläche des Lichtreichs ausgebreitet hatte. Sexuelle Begierde und Fortpflanzung standen für das entsetzliche Gegenteil von wahrer Schöpfung. Sexualität war ein Prinzip geistloser Wucherung:

eine Natur, von der es keinen Erbauer oder Schöpfer oder Macher gibt. ... Der Verkehr von Männern mit ihren Frauen kommt aus derartigem Geschehen. Wenn man mit Fleischnahrung gesättigt ist, wird die Begehrlichkeit erregt. Die Früchte der Zeugung werden auf diese Weise vervielfacht.[60]

Andererseits glaubten die Manichäer, daß sich der Sexualtrieb total überwinden ließe: Er konnte für immer aus dem Ich verbannt werden. Die Auserwählten waren in der Lage, ihre kosmische Rolle zu übernehmen, weil sexuelle Begierde aus ihrem innersten Selbst bereits ebenso sicher ausgeschlossen war, wie normale, verunreinigte Nahrung von ihrem heiligen Mund ferngehalten wurde. Die Macht der Sünde konnte sich gelegentlich in ihrem Körper regen. Doch das führte man weitgehend auf Nachlässigkeit in der Diät zurück;[61] es beeinträchtigte die lichterfüllte Seele nicht.

Ihr aber wisset also, daß die Mächte des Lichts gut sind. Der Anfang und das Ende [das erste und das letzte Stadium unbefleckter Reinheit, bevor die Finsternis über das Lichtreich kam] ist ihnen offenbar.[62]

Es läßt sich außerordentlich schwer feststellen, was der Manichäismus für den durchschnittlichen Anhänger der Kirche Manis bedeutete. Man kann leicht das Ausmaß der Wirkung übertreiben, die Manis mächtige Mythen auf sie ausübten. Von ihnen wurde nicht erwartet, daß sie sich ebenso betrachteten oder zu verhalten versuchten wie die strengen Auserwählten. Anders als diese waren die Hörer verheiratete Männer und Frauen. Sie hatten keine endgültige Umwandlung des Ich durchgemacht. Sie mußten bereit sein zu warten und dabei zu fasten und mindestens 50 Tage im Jahr sexuelle Abstinenz zu üben,[63] bis die langsame Drehung des Universums ihren Seelen die Freiheit dazu verschaffte, sich denen der Auserwählten im Lichtreich anzuschließen. Auch wenn Manis Vision der menschlichen Lage düster sein mochte, so bewahrte der Manichäismus doch die exaltierte Hoffnung seines enkratitischen und gnostischen Umfelds. Das totale Aufhören der Begierde war für die Minderheit möglich. Unter den Auserwählten war kein Raum für das, was das Denken der Wüstenväter und des Augustinus charakterisierte: das besorgte Achten auf die Schwachheit des Willens und auf die sexuellen Phantasien, die sich ungebeten ins Herz einschlichen. Ein Geschlechtstrieb, dessen Kraft auf die vergängliche »äußere Hülle« des Körpers beschränkt war, sprach zu den enthaltsamen Auserwählten nicht von irgendeiner Schwäche in ihren eigenen unbefleckten und unzerstörbaren Seelen. Diese Seelen waren schon von Licht überstrahlt.

Für ihre verheirateten Klienten waren die Auserwählten Fenster, die das Sonnenlicht einer fernen Welt einließen. Wir wissen nur von den Betrachtungen eines einzigen manichäischen Hörers – des jungen Augustinus in Karthago in den Jahren 370 bis 380. Während der ganzen Zeit, in der er an den Zeremonien der Auserwählten teilnahm, lebte er in aller Form mit einer Konkubine zusammen. Es gibt keinen Grund zu der Annahme, daß er als Hörer die düsteren Einstellungen zur Sexualität verinnerlicht hatte, die unter den Auserwählten, den Hütern der esoterischen Mythen des Mani, üblich waren. Die große Umwandlung, die sich in jedem gnostischen System mit vollendeter Erlösung verband, war einfach noch nicht über ihn gekommen. Die feierlichen Hymnen der Auserwählten sprachen von einem vollendeten Zustand, der sicher außerhalb seiner Reichweite lag, ohne Zusammenhang mit seiner eigenen Erfahrung. Inbrünstig betete er: »Verleihe mir Keuschheit und Enthaltsamkeit, aber noch nicht bald.«[64]

Die christlichen Gemeinden im östlichen Mittelmeerraum kamen bald zu der Erkenntnis, daß die manichäischen Auserwählten in beunruhigender Weise den apostolischen Wanderern ihrer eigenen Tradition glichen. Die Helden und Heldinnen der apokryphen Akten waren die Helden und Heldinnen auch der manichäischen Kirche.[65] Aber die Manichäer waren wirkliche Männer und Frauen: Während des späten 3. und des 4. Jahrhunderts wanderten Paulus und Thekla gemeinsam über die Straßen von Syrien, verkörpert in kleinen Gruppen von auserwählten Männern und Frauen, die von Stadt zu Stadt zogen. Als Mitglieder der Auserwählten unternahmen manichäische Frauen lange Missionsreisen mit ihren männlichen Glaubensgenossen. Christliche Bischöfe glaubten, daß manichäische Frauen in der Lage seien, in öffentlichen Debatten als Sprecherinnen aufzutreten.[66] Diese asketischen und weitgereisten Gestalten gerieten in den Kern der christlichen Gemeinden. Sie kamen mit der verwirrenden Zwanglosigkeit von völlig Fremden. Sie brachten einen Hauch der schrecklichen, hohen Freiheit, die sich mit dem radikalen Christentum Syriens verband, aus dessen fernem Heimatland in die Straßen von Antiochien, Karthago und Alexandrien.

[Sie] nahmen das Kreuz auf sich, sie gingen von Dorf zu Dorf.
[Sie] gingen auf die Straßen hungrig, ohne Brot in der Hand.
Sie gingen in der Hitze durstig, sie nahmen kein Wasser zum Trinken.
Sie gingen hinein in die Dörfer, ohne einen Einzigen zu kennen,
Sie wurden begrüßt um Seinetwillen.[67]

Wir müssen uns daran erinnern, daß Mani, Cyprian und Plotin nahezu Zeitgenossen waren und daß Konstantin ungefähr um dieselbe Zeit geboren wurde, als sich Antonius als junger Mann von etwa 18 bis 20 Jahren an den Rand seines Dorfes begeben hatte. Im Jahre 300 war christlicher Asketizismus, der sich durchgängig mit der einen oder anderen Form von lebenslangem sexuellem Verzicht verband, ein feststehender Zug der meisten Regionen der christlichen Welt geworden.

Die Formen, die ein solcher Verzicht annahm, variierten stark. In jeder Gegend trug der sexuelle Verzicht eine deutlich andere Botschaft und führte zur Herausbildung verschiedener Lebensmuster in den lokalen Kirchen. Im lateinischen Westen tendierte die »Heiligkeit der Enthaltsamkeit des Fleisches«[68] dazu, sich an die Geistlichkeit der katholischen Kirche anzulagern. Sie definierte diese Geistlichkeit als eine »heilige« Priesterschaft, die einem Zustand fortwährender ritueller Abstinenz unterworfen war. Kurz vor 303 verkündete das Konzil von Elvira in Südspanien: »Bischöfe, Priester, Diakone und alle Mitglieder des Klerus, die mit der Liturgie zu tun haben, müssen sich ihrer Frauen enthalten und dürfen keine Söhne zeugen.«[69] Solche Geistliche konnten verheiratet gewesen sein und Familien großgezogen haben: aber der Gedanke, daß sie weiterhin Verkehr mit ihren Frauen hätten, während sie Altardienst verrichteten, wurde zunehmend als anstößig betrachtet.

In Kleinasien verweisen Inschriften und vereinzelte Erwähnungen auf eine vergessene Welt asketischer christlicher Gruppen. Es war möglich, daß ein junger Knabe, Theodotus von Ancyra, gegen den Willen seiner Eltern von Tekousa, einer älteren Jungfrau, »in Askese« aufgezogen wurde und daß sieben Jungfrauen seiner Kirche – und nicht der Klerus – zu Führerinnen der Christen in einer Zeit der Verfolgung bestimmt wurden. Theodotus und seine Gefährten waren vielleicht Montanisten. Aber sie waren nicht allein: eine örtliche Sekte von *apotactitae*, von »Entsagern«, nahm die Jungfrauen für sich in Anspruch.[70]

Enkratitische Dörfer waren über ganz Kleinasien und das nördliche Syrien verstreut. Vor der Aufmerksamkeit der orthodoxeren Bischöfe der Städte durch die großen Weiten der anatolischen Hochebene und die Berge Nordsyriens geschützt, bewahrten diese kleinen Gruppen zumindest für ihre Witwen und Witwer Ehelosigkeit und unterschieden sich von ihren laxeren Nachbarn durch strenge Tabus auf Fleisch, Wein und die Art ihrer Kleidung.⁷¹ Männer und Frauen, deren Anschauungen wir von ihren massiven Grabsteinen her kennen, waren offensichtlich nicht die wandernden Fremdlinge, denen wir begegnen, wenn wir von den Vorgebirgen der anatolischen Hochebene in die Ebenen Syriens und des oberen Tigris hinabsteigen. Die »Wandelnden Männer«, denen sich jetzt die manichäischen Auserwählten hinzugesellten, wehten weiterhin in plötzlichen Böen zwischen dem Iran und Antiochien.

Im ganzen Gebiet des nördlichen Mesopotamien blieben »die Söhne und Töchter des Bundes« das deklaratorische Zentrum der Kirche.⁷² Als ernsthafte, urbane und im Grunde sorgenfreie Menschen, die es sich häufig in ihren eigenen Familienhäusern bequem machten, waren die Mitglieder des Bundes keine wilden Vagabunden. Der Mann, der sie ermahnte, Aphrahat, »der persische Weise«, ein Bischof und Lehrer aus der Gegend von Mosul, war ein Aushängeschild für ihren ruhigen Lebensstil: »ein heiterer, liebenswürdiger Mann«.⁷³ In einer Region mit großen jüdischen Gemeinden, die sich am Rande des selbstsicheren zoroastrischen iranischen Reichs niedergelassen hatten, stellten diese würdigen Zölibatäre eine direkte Herausforderung für ihre verheirateten Nachbarn dar: »Ihr habt einen Fluch empfangen«, beklagten sich die Juden bei Aphrahat, »und habt die Unfruchtbarkeit vervielfacht.«⁷⁴

In der Denkschrift, die Eusebius, Bischof von Cäsarea, über die Märtyrer von Palästina in der Zeit der Großen Verfolgung abfaßte, begegnen wir Mitgliedern der Geistlichkeit in Städten und Dörfern, die bereits einen persönlichen Ruf als extreme Asketen hatten: Procopius von Eleutheropolis beispielsweise

war ein wahrhaft göttlicher Mensch, da er schon vor seinem Martyrium sein Leben mannigfaltiger Enthaltsamkeit gewidmet hatte, seit früher Kindheit in reinem Wandel und strengen Sitten lebte. ... Seine Speise war lediglich Brot und sein Trank Wasser, zu den beiden tat er nichts hinzu. Manchmal aß er alle zwei Tage, manchmal alle drei. ... Von dem Studium der göttlichen Worte aber ließ er weder bei Tage noch bei Nacht ab.

Durch außerordentlich undiplomatische Provokationen am Hof des Statthalters in Cäsarea gewann Procopius das Martyrium, das Antonius fast um dieselbe Zeit in Alexandrien vergeblich angestrebt hatte.⁷⁵

In Ägypten war Antonius selbst kein Neuerer. Im Nachbardorf fand er »einen alten Mann, der von Jugend auf ein Einsiedlerleben führte«. Als junger Mann war Antonius in der Provinz Fayum umhergereist, um sich bei Asketen Rat zu holen, die sich bereits an den Rändern der Wüste niedergelassen hatten.[76] Die tiefe Wüste, der *Panerémos*, in die er sich in späteren Lebensjahren zurückzog, hat den Asketizismus der Mönche des 4. Jahrhunderts ebensowenig geschaffen, wie die ungastlichen Wälder der Neuen Welt den Puritanismus der Pilgerväter schufen. Sie gab Asketen nur eine neue Freiheit, mit der sie Ideale und Praktiken verfolgen konnten, die sie aus den Kirchen ihrer Dörfer in die Wüste mitgenommen hatten.

Im Jahre 313, als die Große Verfolgung im Osten zu Ende gegangen war, sah sich Eusebius von Cäsarea, der Bewunderer des Origenes, der kurz zuvor die triumphierende *Kirchengeschichte* verfaßt hatte und der später eine Lobrede auf Konstantin schrieb, dazu aufgerufen, eine ausführliche Widerlegung der Schrift *Gegen die Christen*, die der gelehrte Porphyrius verfaßt hatte, in Angriff zu nehmen. Seine *Präparation* und sein *Beweis des Evangeliums* sollten endgültige Vernichtungen des großen Philosophen sein: Sie waren »die majestätischsten und verachtungsvollsten aller Polemiken«.[77]

Für Eusebius bedeutete der Sieg des Christentums in der römischen Welt auch den Sieg einer Elite innerhalb der christlichen Kirche. In einer denkwürdigen Passage im Einleitungsbuch seines *Beweises des Evangeliums* skizzierte Eusebius das Fazit der Revolution, die wir bis hierher verfolgt haben:

Zwei Lebenswege wurden also vom Herrn seiner Kirche gegeben. Der eine ist übernatürlich und steht außerhalb des gewöhnlichen menschlichen Lebens; er gestattet keine Ehe, kein Gebären von Kindern, kein Eigentum oder den Besitz von Reichtum. ... Wie einige himmlische Wesen blicken diese auf das menschliche Leben hinab und erfüllen das Amt einer Priesterschaft des Allmächtigen Gottes für das ganze Geschlecht. ...

Und der bescheidenere, menschlichere Weg veranlaßt Menschen dazu, sich in reiner Hochzeit zu verbinden und Kinder hervorzubringen, Regierungsgeschäfte zu übernehmen, Soldaten, die für das Recht kämpfen, Befehle zu erteilen; er läßt sie Neigung zur Landwirtschaft, zum Handel und zu den anderen weltlicheren Interessen sowie auch zur Religion haben.[78]

Die klare Strukturierung des Christentums als Religion zweier »Wege« wurde so gang und gäbe und hielt sich im Osten und Westen so lange, daß es wichtig ist, ein wenig zurückzutreten, um die Bedeutung der Worte des Eusebius zu ermessen.

Es war im 1. und 2. Jahrhundert alles andere als unvermeidlich gewesen, daß eine so deutliche Trennung die christliche Kirche charakterisieren würde. Ein Christentum, das ausschließlich auf Ehe und Familie beruhte, wie es in den pseudopaulinischen Briefen vorausgesetzt und so resolut und formvollendet von einem Mann wie Clemens von Alexandrien verteidigt wurde, hätte im ganzen Mittelmeerraum die unumstrittene Vorherrschaft erlangen können. Das wäre ein Christentum gewesen, das von rigoroser sexueller Disziplin und einer Furcht vor Frauen gekennzeichnet gewesen wäre; doch es wäre nicht notwendig ein Christentum gewesen, das sich dem totalen Verzicht auf alle sexuellen Aktivitäten verschrieben hätte – vielleicht mit Ausnahme einiger Witwen und Geistlicher, die ein enthaltsames nacheheliches Leben führten. Hätte ein solches Christentum die Oberhand gewonnen, so hätten sich die sexuellen Regeln, die in der Spätantike in der mediterranen Welt galten, sicherlich verhärtet. Eine hochdisziplinierte, monogame Sexualität, begleitet von strenger Kontrolle, die von Männern über Frauen und von den Alten über die Jungen ausgeübt wurde, wäre zur Norm geworden.

Die Konzile und Kirchenordnungen des 3. Jahrhunderts zeigen, daß die schweigende Mehrheit der etwa fünf Millionen Christen, die um das Jahr 300 in der römischen Welt lebten, bereit war, sich mit wenig mehr als einer Moralität sexueller Disziplin zu begnügen, die genauso streng puritanisch war wie die, die noch heute an den islamischen Ufern des Mittelmeers herrscht. Die in Elvira versammelten Bischöfe widmeten 34 von ihren 81 Entscheidungen Fragen der Ehe und sexueller Vergehen; ein Viertel ihrer sämtlichen Entscheidungen bedeutete die Durchsetzung größerer Kontrolle als bisher gegenüber den Frauen der christlichen Gemeinschaft.[80]

In vielen Regionen blieben die christlichen Kirchen gegenüber den radikalen Ansprüchen der Enkratiten in der Defensive und interessierten sich wenig für andere Formen des Asketismus. Altehrwürdige Besorgnisse – Unzucht der unverheirateten Jungen, die Schande, welche Töchter über die Familie brachten, die vor der Ehe ihre Jungfräulichkeit verloren hatten, und wie immer die versteckte Furcht vor Ehebruch – wurden als hinreichende Objekte klerikalen Interesses betrachtet. Die keusche verheiratete Frau, die ihrem Gatten treu war, und nicht das verletzliche jungfräuliche Mädchen war die Gestalt, die als bewunderungswürdig hingestellt wurde. Sie füllte die örtliche Kirche mit dem »süßen Duft« ihres guten Namens: Eine solche Frau »bleibt gewiß niemals allein mit jungen Männern und mißtraut selbst den alten«.[81] In der Öffentlichkeit verschleiert und bemüht, ihren christlichen Glauben durch »Schamhaftigkeit und Demut« zu zeigen, sind die verheirateten Frauen, die vom Klerus vieler Kirchen des späten 3. Jahrhunderts als Beispiele hingestellt wurden, von den Küsten des Mittelmeers noch nicht verschwunden.[82]

Diese höchst restriktiven Regeln wurden in den christlichen Kirchen mit Begeisterung angewendet. Aber sie waren die Hervorbringungen moralischer Kräfte, die nie auf das Christentum beschränkt gewesen waren. Auch Heiden und Juden sahen es gern, daß ihre Frauen auf dieselbe Weise in Ordnung gehalten wurden. Der Sieg einer puritanischen Ehemoral im späteren Reich war die vorhersagbarste Entwicklung in der Geschichte der moralischen Evolution der römischen Welt. Es kann kein Zweifel an der Strenge bestehen, mit der diese Moral durchgesetzt wurde. Kaiser Konstantin, der zu der Zeit, als er sich als Christ bezeichnete, bereits in mittleren Jahren war, wußte genau, was viele seiner Untertanen, Heiden ganz genau so wie Christen, von ihm erwarteten. Im Jahre 320 erließ er ein Gesetz von ganz entsetzlicher Brutalität. Jedes junge Mädchen, das sich von ihrem Geliebten entführen ließ, würde gemeinsam mit ihm hingerichtet werden. Die Dienerin, die für das Mädchen verantwortlich war, würde für schuldig gelten, ihre Schutzbefohlene dabei unterstützt zu haben, ihre Freiheit auf diese unpassende Weise geltend zu machen: ihr würde man geschmolzenes Blei in die Kehle gießen. Die Tatsache, daß das Mädchen dem jungen Mann durch ein förmliches Eheversprechen seine Einwilligung gegeben haben könnte, wurde beiseite gewischt – »wegen der Ungültigkeit, die mit der Unbeständigkeit und Inkonsequenz des weiblichen Geschlechts zusammenhängt«.[83]

Konstantin, der von einem heidnischen Redner überschwenglich dafür gepriesen wurde, daß er gegen die Reize attraktiver Bittstellerinnen immun war, gab den Oberklassenangehörigen seiner Zeit, wonach sie bei einem Kaiser in der Tradition des Augustus suchten: »neue Gesetze, um die Moral zu kontrollieren und das Laster zu zerschmettern.... Die Keuschheit wurde gefestigt, die Ehe geschützt und das Eigentum gesichert.«[84]

Doch obwohl die Anspannung der sexuellen Disziplin ein

besonders eklatanter Aspekt der Gesellschaft des späteren Römischen Reiches ist, war sie nicht ihr einziges Kennzeichen. Das spätantike und frühmittelalterliche Christentum gab nicht der sexuellen Disziplin der Verheirateten den Vorrang, sondern denjenigen, die sich, in den Worten des Eusebius, »über die Natur und jenseits des gewöhnlichen menschlichen Lebens stellten«.[85] Die Verbreitung des sexuellen Verzichts in den Kirchen des Mittelmeergebiets und des Nahen Ostens stellte sicher, daß eine römische Gesellschaft, deren disziplinierte Ehemoral den Normen geähnelt haben könnte, die heute in Regionen gelten, in denen der Islam oder das Judentum herrschen, zu Beginn des 4. Jahrhunderts eine klare Unterscheidung zwischen dem Leben des Familienvaters und dem Leben des »Weltentsagers« akzeptiert hatte, welches dem näher stand, was im Indien der *sannyasis* und im buddhistischen Asien verbreitet war.[86]

Der ehrfurchtgebietende Abgrund, der sich zwischen Verheirateten »in der Welt« und dem »engelhaften Leben« ihrer asketischen Helden und Heldinnen aufgetan hatte, spiegelte einen stillschweigenden Waffenstillstand zwischen zwei Flügeln in der christlichen Bewegung wider. Im 2. und 3. Jahrhundert wurde die christliche Ehemoral von ihren Verteidigern meist als eine Reaktion auf die angebliche Unmoral der heidnischen Welt dargestellt. In Wirklichkeit wurden christliche Ehenormen größtenteils geltend gemacht, um die Ansichten gemäßigter Christen gegen ihre radikaleren Glaubensgenossen zu verteidigen. Ohne die Herausforderung des enkratitischen Angriffs auf den ehelichen Verkehr beispielsweise wären die akribischen Ratschläge für Ehepaare, die Clemens von Alexandrien vorlegte, nie geschrieben worden.

Klerus und Apologeten stellten die heidnische Welt mit einem mächtigen, wenn auch unzutreffenden Klischee als eine Gesellschaft dar, in der ein sexuelles Durcheinander gedieh. Strenge Regeln der Ehemoral hielten die Identität der christlichen Gruppe aufrecht. Sie trennten gläubige Familien von der vermeintlichen Zügellosigkeit ihrer heidnischen Nachbarn. Doch die beharrliche Behauptung vieler lautstark auftretender Christen, daß die Ehe selbst total aufzugeben sei, machte den durchschnittlichen christlichen Familienvater frösteln. Das *quid pro quo*, das eine verheiratete Laienschaft von ihren Führern forderte, war, daß sie und ihre Familien vor solchen beunruhigend radikalen Anschauungen geschützt werden sollten. Ein christliches Familienoberhaupt hatte vielleicht Gefallen an Lesungen aus den apokryphen Akten gefunden; aber es hatte nicht die Absicht, seine Tochter eine Thekla werden zu lassen, und noch weniger hatte ein solcher Mann den Wunsch, daß seine Frau seinem eigenen bemitleidenswerten Prinzen Qarîs gegenüber die Mygdonia spielte.

Antonius und die Mönche des 4. Jahrhunderts erbten eine Revolution; sie setzten keine in Gang. In dem Jahrhundert, das seit den Jugendjahren des Origenes und der Bekehrung des Konstantin vergangen war, waren die Horizonte des Möglichen bereits still und entschieden, in einem langsamen Umschlagen der moralischen Landschaft der christlichen Welt, festgelegt worden. Totaler sexueller Verzicht war zu einem weithin begrüßten Merkmal christlichen Lebens geworden. Dieser Verzicht hatte Auswirkungen von unermeßlicher Bedeutung auf gängige Auffassungen vom Menschen und auf konventionelle Einstellungen zur Gesellschaft. Doch es war ein Verzicht, der gefahrlos auf die bewunderte Minderheit beschränkt war. Was die Gegenwart dieser neuen Helden und Heldinnen für den moralischen Tonfall und die sozialen Einstellungen der christlichen Kirche im Römischen Reich bedeuten mochte, war noch nicht klar. Der lebhafte Dialog zwischen der neuen Gesellschaft der Wüste und den Kirchen der besiedelten Welt, in dem es um die Natur der Sexualität, das Verhältnis zwischen Ehe und Enthaltsamkeit und die möglichen Beziehungen zwischen Männern und Frauen innerhalb der asketischen Bewegung ging, sorgte dafür, daß das Jahrhundert, das sich zwischen dem Triumph Konstantins und den letzten Schriften des Augustinus von Hippo erstreckte, eine der ausdrucksstärksten Perioden in der gesamten Geschichte der antiken Welt war. Diesem goldenen Jahrhundert müssen wir uns jetzt zuwenden.

ZWEITER TEIL

Asketizismus und Gesellschaft im Ostreich

ELFTES KAPITEL

Die Wüstenväter:
Von Antonius zu Johannes Climacus

»Das Ebenbild der Herrlichkeit Adams«

In den Jahren nach 270 hätten die Einwohner eines Dorfes in der Provinz Fayum in Ägypten einen jungen Mann, den Sohn eines wohlhabenden Grundbesitzers, draußen vor seinen Feldern am Rande des Dorfes sitzen sehen können. Er rang mit dem Teufel darum, seinen sexuellen Begierden zu entsagen: »auch die, welche [ihn] sahen, [bemerkten] den Zweikampf zwischen ihm und dem Teufel.«[1] Das war kaum überraschend. Antonius war etwa 20 Jahre alt. Er stand in einem Alter, in dem, wie es der Talmud formulierte, ein junger Mann »wie ein wieherndes Pferd ist, sich schmückt und sich nach einer Frau sehnt«.[2] Antonius setzte sich mit den Konsequenzen auseinander, die sich für einen jungen Mann daraus ergeben, daß er sich geweigert hat, den nächsten, natürlichen Schritt ins Erwachsensein zu tun. Als die *Vita des Antonius* fast ein Jahrhundert später zurückblickte, widmete sie der Beschreibung spezifisch sexueller Versuchungen außerordentlich geringen Raum. Der Kampf des Antonius mit dem »Dämon der Unzucht« wurde als bloßes Vorspiel dargestellt. Die Überwindung des »Verlangens der Jugend« bedeutete für Antonius einen drastischen, aber glücklicherweise nur kurzen Kampf: Er war Teil der weit größeren Anstrengung, die Nabelschnur zu durchtrennen, die ihn an sein Dorf band. Unter normalen Umständen hätten die Dorfbewohner erwartet, daß sie Antonius bei sich behielten, indem sie ihm eine Braut besorgten. Der Kampf zur Überwindung seiner sexuellen Bedürfnisse war daher ein notwendiges Nebenprodukt der selbstauferlegten Vernichtung von Antonius' sozialem Status schlechthin, welche stattgefunden hatte, nachdem er seinen Reichtum aufgegeben, sein Geld an die Armen des Ortes verteilt, seine Schwester als geweihte Jungfrau untergebracht und seine Position am Rande der Wüste bezogen hatte, an Stätten, »die vor dem Tritt menschlicher Füße geschützt sind«.[4]

In der asketischen Literatur des 4. und 5. Jahrhunderts stellte die Unermeßlichkeit der ägyptischen Wüste die Fakten des Sexus in den Schatten. Die *Vita des Antonius* breitete nach ihren kurzen Einleitungskapiteln ein Leben aus, das weitere 80 Jahre lang im Stillstand verharrt zu haben scheint. Allein die Wüste und die Reisen des Antonius in ihr liefern die Landkarte, in die die *Vita* die tiefgreifenden Veränderungen in seiner Gestalt einzeichnete.[5] 15 Jahre, die er am Rande des Dorfes verbrachte, gipfelten in der unheimlichen Dunkelheit der Gräber, die die Grenze zwischen der Wüste und dem bewohnten Land markierten. Nach 285 begab sich Antonius in eine verlassene Festung jenseits des Nils, und um 305 tauchte er auf, um Schüler um sich zu scharen. Nach 313 begab er sich auf Pfaden, die nur von Nomaden begangen wurden (mit denen er als Ägypter des bewohnten Landes die Sprache nicht gemeinsam hatte), in die östliche Wüste nahe dem Roten Meer. Das war der Ort, nach dem er sich gesehnt hatte. Hier ließ er sich bis zu seinem Tode im Jahre 356 nieder, »in voller Pracht, wie ein König in seinem Palast«.[6] Die Stille des »Bergs des heiligen Antonius« spiegelte endlich die gewaltige Heiterkeit wider, die über sein Herz gekommen war.

Antonius war der Held des *Panerémos*, der Tiefen Wüste, des Weltraums der asketischen Welt. Doch man brauchte die scharfe Grenze zwischen dem reichen Land des Nildeltas und den hügeligen Dünen aus totem Sand, die sich in sanften Ketten vom Rande des Mareotis-Sees (Maryût) unmittelbar südlich von Alexandrien her erhoben, nur zu überschreiten, um mit ebensolcher Klarheit einen neuen Aufbruch in asketischer Frömmigkeit bei vielen anderen ägyptischen Christen wahrzunehmen. Christliche »Entsager« waren in den Städten und Dörfern Ägyptens bereits ein vertrauter Anblick. Amun, ein Bauer aus dem Nildelta, der von seiner Verwandtschaft in jungen Jahren verheiratet worden war, hatte schon im Jahre 297 seine Frau dazu überredet, mit ihm in Enthaltsamkeit zu leben. Das war eine altmodische Entsagungsgeste gewesen, ähnlich denen, die lange Zeit in Syrien verbreitet waren und in den *Thomasakten* gefeiert werden.[7]

18 Jahre später jedoch standen dem Paar neue Wege offen. Amuns Frau forderte ihn auf, »an die Öffentlichkeit« zu gehen und das bewohnte Land mit dessen furchteinflößender Antithese, der benachbarten Wüste, zu vertauschen: »Daß deine Tugend verborgen bleibe, hat keinen vernünftigen Zweck.«[8]

Kleine Kolonien von Entsagern ließen sich zuerst um Amun in Nitria und ein wenig weiter in die Wüste hinein in Kellia, »den Zellen«, nieder. Sie machten Bohrungen in den Vertiefungen zwischen den Dünen und errichteten eine Reihe von winzigen, von Menschenhand geschaffenen Oasen, jede mit ihrem eigenen Brunnen, der in das brackige Wasser gegraben war, das unregelmäßig unter dem Sand vom Mareotis-See her durchsickerte.

Eine Tagreise und eine Nachtreise weiter in die Wüste kam man nach Scetis (dem heutigen Wadi Natrûn), einem Ort, wo am Rande eines salpetergesättigten Sumpfgebiets Quellen zu finden waren. Scetis war der heroische Vorposten des ägyptischen Asketizismus. Es bildete den Hintergrund für einen großen Teil der Literatur, die in allen späteren Jahrhunderten mit den Wüstenvätern in Verbindung gebracht wurde. Im Jahre 400 sollen sich bereits 5000 Mönche allein in Nitria niedergelassen haben, und viele Tausende lebten entlang des Nils und selbst in den kahlen, wasserlosen Bergen am Roten Meer.[9]

Die Siedlungen der ägyptischen Asketen des 4. Jahrhunderts verbanden geographische Nähe zum bewohnten Land mit einer Haltung unendlicher gedanklicher Distanz. Amun und seine Nachfolger wohnten nur anderthalb Tage von Alexandrien entfernt, und vom reichen Land des Nildeltas trennte sie lediglich ein Sandstreifen. Trotz ihrer körperlichen Nähe zum bewohnten Land waren die Mönche Ägyptens in der Vorstellung der Zeitgenossen überlegen, weil sie sich gegen einen Sandozean behaupteten, von dem man glaubte, daß er sich von Nitria bis an die fernsten Ränder der bekannten Welt erstrecke.[10] Sie waren eine neue Menschheit, die sich dort niedergelassen hatte, wo keine menschlichen Wesen zu finden sein sollten. In den bekannten Worten der *Vita des Antonius* hatten Antonius und seine Nacheiferer »die Wüste zu einer Stadt« gemacht.[11]

Der Mythos der Wüste war eine der dauerhaftesten Schöpfungen der Spätantike. Er war vor allem ein Mythos von befreiender Präzision. Er begrenzte die überwältigende Gegenwart »der Welt«, aus der der Christ befreit werden mußte, indem er eine klare ökologische Grenze betonte. Er identifizierte den Prozeß der Loslösung von der Welt mit dem Übergang aus der einen ökologischen Zone in die andere, aus dem bewohnten Land Ägyptens in die Wüste. Es war eine Grenze von brutaler Klarheit, die schon von uralten Assoziationen gesättigt war.[12]

Die »Welt«, das »gegenwärtige Zeitalter« früherer christlicher Radikaler, war fast zu groß gewesen, als daß man sie hätte sehen können. Ihre unermeßlichen dämonischen Strukturen hatten sogar die Sterne verschlungen. Es gab keinen außenliegenden Betrachtungspunkt, von dem aus man ihre ausdruckslose Unermeßlichkeit abmessen konnte, und keine Hoffnung auf Befreiung aus ihren Klauen, es sei denn durch drastische Rituale, welche totale Verwandlung versprachen, durch die Bildung kleiner, nach innen gewandter Gruppen der Erlösten; oder, wie wir es im Syrien des 3. Jahrhunderts gesehen haben, durch die Entscheidung für die beunruhigende Wurzellosigkeit des religiösen Vagabunden.

Von der leichten Anhöhe der Wüste Ägyptens aus gesehen war jedoch die »Welt« nicht mehr und nicht weniger als das grüne Tal, das ihr zu Füßen lag. Das war ein Tal mit dichtgedrängten Dörfern, die durch die immerwährende Furcht vor Hungersnot zu unablässiger Arbeit verdammt waren. Diese Dörfer wurden von alten Tempeln beherrscht. Im 4. und in großen Teilen des 5. Jahrhunderts ertönten in den Tempeln noch Orakel, die das Steigen des Nils vorhersagten: verführerische, dämonische Gerüchte, ebenso beharrlich wie das aufgeregte Quaken der Ochsenfrösche an den stagnierenden Kanälen in den spannungsgeladenen Nächten, bevor der große Fluß erneut zum Leben erwachte, um die trockenen Felder zu überschwemmen.[13] Von der Wüste aus gesehen verlieh diese zeitlose Landschaft dem Begriff der »Welt« eine Konkretheit und eine Präzision, die er für keine frühere christliche Sensibilität besessen hatte.

»Die Welt« zu fliehen bedeutete, eine festgefügte Sozialstruktur zu verlassen und sich für eine ebenso feste und, wie wir sehen werden, ebenso soziale Alternative zu entscheiden. Die Wüste war eine »Gegenwelt«, ein Ort, an dem eine alternative »Stadt« wachsen konnte. So war Pachomius, der Gründer der ersten großen Klöster in Ägypten, der im Jahre 346 starb, in der Lage, eine Kette von durch Menschen geschaffene »Wüsten« zwischen den ländlichen Slums am mittleren Nil zu errichten. Die großen pachomianischen Klöster in Tabennisi und Phbow mit ihren Ablegern entwickelten sich rasch zu alternativen Miniaturdörfern, die von Verteidigungsmauern umgeben waren.[14]

Unter den Mönchen Ägyptens wurden die Probleme der sexuellen Versuchung meistens unter dem Aspekt der massiven

Antithese von »Wüste« und »Welt« gesehen. Sexuelle Versuchung wurde oft in einer etwas lässigen Form behandelt, sie wurde so dargestellt, als sei sie nicht mehr als ein Drang nach Frauen, nach der Ehe und daher, auf dem Wege über die Ehe, nach fataler Verpflichtung auf die Strukturen des bewohnten Landes.

Ein Bruder in der Sketis bei Abbas Paphnutios wurde von der Unkeuschheit angefochten und sagte: »Auch wenn ich zehn Weiber nähme, könnte ich meine Begierde nicht stillen.« ... [Er] ging nach Ägypten und nahm sich ein Weib. Nach einiger Zeit begab es sich, daß der Greis nach Ägypten hinaufzog, und er begegnete dem Bruder, der Körbe mit Tongefäßen trug. Paphnutios erkannte ihn nicht. ... Als der Greis ihn in dieser Unehre sah, weinte er und sprach: »Wie hast du die Ehre von damals aufgegeben und bist in diese Unehre gekommen. Es fehlte nur, daß du zehn Weiber genommen hast.« Da seufzte er auf und sagte: »In Wahrheit, ich habe nur eine genommen und habe Mühe, daß ich ihr genug Brot verschaffen kann.« Und der Greis sprach zu ihm: »Komm wieder zu uns!« Und er sagte: »Gibt es eine Buße, Abbas?« ... Und er verließ alles und folgte ihm. Und er kam in die Sketis, und durch Erfahrung wurde er ein angesehener Mönch.[15]

Die heitere Inkonsequenz solcher Anekdoten zeigt, daß sexuelle Bedürfnisse als etwas betrachtet werden konnten, das nur eine oberflächliche Schicht der Person betraf. Dadurch, daß er in die Wüste zog, mobilisierte der Asket seine physische Person als Ganzes; und in dem Menschenbild, das in asketischen Kreisen verbreitet war, zählten Nahrung und der nicht endende Kampf mit dem Schmerz des Fastens immer mehr als der Sexualtrieb.

Welchen sozialen Status er auch haben mochte, kein Ägypter des 4. Jahrhunderts konnte daran zweifeln, daß sein Land eines war, dessen Bevölkerung unter dem Unstern unaufhörlicher Angst vor dem Verhungern lebte.[16] Nicht ohne Grund waren im Koptischen die Wörter für »Armut« und »Hungersnot«, für »die Armen« und »die Verhungernden« von derselben Wurzel abgeleitet.[17] Während das Niltal eine Zone der Nahrung war, die gegen die Bedrohung durch den Hunger antrat, galt die Wüste als die Zone, der es an Nahrung für den Menschen mangelte: Sie war eine Zone des Nichtmenschlichen. Aus diesem Grund wurde der bitterste Kampf des Wüstenasketen nicht so sehr als Kampf mit seiner Sexualität, sondern als Kampf mit seinem Bauch dargestellt. Sein Triumph im Kampf mit dem Hunger war es, der in populärer Vorstellung die majestätischsten und unvergeßlichsten Bilder einer neuen Menschheit aufsteigen ließ. Nichts Geringeres als die Hoffnung auf das wiedergewonnene Paradies flackerte sprunghaft, aber erkennbar um die Gestalten, die gewagt hatten, eine menschliche »Stadt« in einer Landschaft zu schaffen, der die Nahrung fehlte.[18]

Der Asket brachte in die Wüste zerbrechliche Zeichen einer fortdauernden Menschlichkeit mit, die er hartnäckig verteidigen mußte, wenn er überhaupt überleben und bei Verstand bleiben wollte. Er konnte nicht wie ein Tier ihrer lockenden Unermeßlichkeit verfallen. Seine Zelle war meist ein Produkt mühevoller menschlicher Sorgfalt: Ihre Wände standen zwischen ihm und den wilden Tieren, die die Wüste in weit größerer Anzahl durchstreiften, als sie es heute tun.[19] Er war an diese Zelle gebunden. Er mußte lernen, ihre »Süßigkeit« zu genießen; sie war sein glühender Backofen und zugleich der Ort, an dem er zu Gott sprach.[20] Sie war das tiefe Grab, in dem er, »tot« für die Welt, in der Wüste lag.[21] In seinen langen Wachen stand nur sein ungebrochener menschlicher Wille zwischen seinem Körper und der ungeheuren Empfindungslosigkeit des Schlafs.[22]

Während seines Lebens in der Wüste blieb der Körper des Mönchs unwiderruflich an menschliche Nahrung gebunden. Dieses Band konkretisierte sich in dem kleinen Haufen getrockneter Brotlaibe, die in einem Winkel seiner Zelle aufgeschichtet waren. Brot bedeutete eine fortbestehende Bindung an menschliches soziales Leben. Es wurde gewöhnlich durch ständige Handarbeit erlangt. Sein Erwerb erforderte gelegentliche Reisen zurück an den Saum des Nils, um seine Waren auf dem Dorfmarkt zu verkaufen und noch mehr Geld mit Schichten von Knochenarbeit als wandernder Erntearbeiter auf den Feldern des Tals zu verdienen.[23] Das Bedürfnis nach menschlicher Nahrung, die durch harte Arbeit verdient wurde, band den Mönch unauflöslich an die gemeinsamen Schwächen einer hungernden Menschheit. Er konnte damit rechnen, daß ihn Gedanken überkamen

an langes Alter, Unfähigkeit, körperliche Arbeit zu leisten, Furcht vor dem daraus folgenden Verhungern, an die Krankheit, die aus Unterernährung entsteht, und die tiefe Schande, daß man das Lebensnotwendige aus den Händen anderer annehmen muß.[24]

Wie sehr auch die prickelnden Einflüsterungen des »Dämons der Unzucht« moderne Leser zu faszinieren scheinen, sie wirkten trivial im Vergleich zu solchen entsetzlichen Zwangsvorstellungen.

Die schrecklichste aller Versuchungen, von denen Männer ständig bedrängt wurden, die in dieser Weise am Rande der Wüste hockten, war der Verrat an ihrer Menschlichkeit. Sie war darauf gerichtet, aus der Gefangenschaft ihrer Zelle auszubrechen und den regelmäßigen Wechsel von Wachen und Beten, Essen und Fasten aufzugeben. In Augenblicken, da der Asket dem Zusammenbruch nahe war, fühlte er sich getrieben, frei und gedankenlos wie ein wildes Tier zu wandern, an den hier und da wachsenden Kräutern zu nagen und endlich den schrecklichen Schmerz eines Bauches zu vergessen, der an Krumen menschlichen Brots gebunden war, die grausam durch die menschlichen Rhythmen von Gebet und Fasten unterbrochen wurden. Das war der unheimliche Zustand der *adiaphoria*. In ihm lösten sich die Grenzen zwischen Mensch und Wüste, zwischen Menschlichem und Tierischem in bedrückender Verwirrung auf. *Adiaphoria* und nicht sexuelle Versuchungen, wie auffallend und zutiefst erniedrigend diese auch manchmal sein konnten, war der Zustand, den die Wüstenväter am besorgtesten beobachteten und am plastischsten schilderten, weil sie ihn in sich am meisten fürchteten.[25]

Hatten die Männer der Wüste die schrecklichen Gefahren ausgestanden, die damit verbunden waren, in einer nichtmenschlichen Umgebung menschlich zu bleiben, dann hielt man sie für fähig, in der schweigenden Stille dieser toten Landschaft einen Abglanz der unvorstellbaren Herrlichkeit wiederzugewinnen, die Adams anfänglichen Zustand auszeichnete. Daher die Bedeutung des Fastens in der Welt der Wüstenväter. In Ägypten wie anderswo war der Glaube weit verbreitet, daß die erste Sünde Adams und Evas kein Geschlechtsakt gewesen war, sondern vielmehr ein Anfall heißhungriger Gier. Es war ihr Verlangen nach physischer Nahrung, das sie dazu veranlaßt hatte, Gottes Gebot zu übertreten und die Frucht vom Baume der Erkenntnis zu essen. Hierdurch hatten sie das vollkommene körperliche Gleichgewicht zerstört, mit dem sie ursprünglich geschaffen worden waren. Nicht länger damit zufrieden, die Majestät Gottes zu schauen, wobei ihnen die Bedürfnisse ihres Körpers weitgehend (wenn nicht gänzlich) unbewußt blieben, hatten Adam und Eva die Hand ausgestreckt, um die verbotene Frucht zu verschlingen. In dieser Auffassung vom Sündenfall wurde die Sexualität durch Gier und – in einer von Hungersnot geplagten Welt – durch Geiz und Macht, die eklatanten sozialen Begleiterscheinungen von Gier, völlig überschattet.

Das Einhalten der Fastenzeit bedeutete, ein wenig von der verhängnisvollen Sünde Adams wiedergutzumachen.[26] Heroisch zu fasten, indem man in der Wüste, dem Land ohne Nahrung, lebte, bedeutete, daß man Adams erste und verhängnisvollste Versuchung neu durchlebte und sie überwand, wie es Adam nicht getan hatte.[27] Es ist daher kaum erstaunlich, daß Nahrung häufig die Sexualität als Hauptanliegen des Mönchs beiseite schob. An die Mauern einer Zelle in Kellia hatte ein Mönch als Warnung für sich selbst den verhängnisvollen Schrei gekritzelt, durch den Esau sein Erstgeburtsrecht verloren hatte: »Jakob, mein Bruder, [gib mir] Linsen!«[28]

Die ägyptischen Mönche des 4. Jahrhunderts, die am Rande der Wüste entlang dem Niltal in Sichtweite des bewohnten Landes thronten, waren eine ständige Herausforderung für die von Hunger und bitterer Abhängigkeit vom Marktplatz gekennzeichnete Situation, die die Gesellschaft eines hungernden und arbeitsamen Nahen Ostens charakterisierten. Wenigstens ihnen war es gelungen, den dunklen Kreislauf aus Hunger und Geiz zu durchbrechen. In den Legenden, die sich am Ende des 4. Jahrhunderts um ihre Person rankten, können wir die Träume von Männern erkennen, die wußten, was es bedeutete, Hunger zu leiden. Die ägyptischen Christen hatten den festen Glauben, daß einige wenige Mönche fähig gewesen seien, den Weg zurück zu den gedanklichen Antipoden des unfruchtbaren Wüstensands zu finden. Als eine Gruppe von Pilgern um das Jahr 400 die *Historia Monachorum*, den *Bericht über die Mönche Ägyptens*, zusammenstellte, waren die Helden, die sie besuchten, Männer, von denen man glaubte, sie hätten die gewaltige, offen körperliche Fülle von Adams Paradies berührt und auch für andere freigegeben. Engel kamen einmal zu der Zelle von Apa Apollonius und seinen Gefährten, um ihnen riesige Äpfel, große Weintrauben, exotische Früchte und Laibe von warmem, weichem Brot zu bringen. Das war ein Vorgeschmack auf die sinnlichen Freuden des Paradieses, der Männern gewährt wurde, die sich durch Fasten aus freiem Willen dazu entschlossen hatten, Hunger zu leiden. Dieses Paradies war ein Land ohne die brennende Hitze des Tages oder die eisige Kälte der Wüstennächte. Seine sanften Hänge waren mit Obstbäumen bedeckt, durch deren rauschende Blätter nährende, wohlriechende Winde wehten. Es lag unmittelbar hinter dem Horizont der grausamen Wüste.[29]

Besucher, die zu Apa Copres kamen, bemerkten, daß Bauern, als er mit ihnen am Rande der Wüste entlangging, aus dem Tal, das unter ihnen lag, heraufkamen, um den Sand aus seinen Fußstapfen zu sammeln. Sie verstreuten ihn auf ihren Feldern, um eine Ernte hervorzubringen, die reicher war als die jedes anderen Dorfes am mittleren Nil. Die Anekdote, die aus einer für ihre Armut berüchtigten Region stammt, läßt uns die Dringlichkeit spüren, die sich um die Gestalten derer gelegt hatte, die in ihrem Körper die uranfänglichen Themen Wüste, bewohntes Land und Nahrung trugen.[30]

In den *Aussprüchen der Väter*, den Erinnerungen der großen Mönche von Nitria und Scetis, die um die Mitte des 5. Jahrhunderts gesammelt wurden, in der *Historia Lausiaca* des Palladius und in den Lebensbeschreibungen und Entscheidungen des Pachomius und seiner Nachfolger können wir das gewaltige Gewicht spüren, mit dem der Mythos vom wiedergewonnenen Paradies auf den schwachen Körpern des Asketen lastete. Es ist gerade die karge und beharrliche Körperlichkeit asketischer Anekdoten, die den modernen Leser schockiert. Sie haben Gelehrte dazu bewogen, von »Verachtung für die menschliche Verfassung und Haß auf den Körper« als dem Hauptmotiv dafür zu sprechen, daß die Mönche so viel körperliche Entbehrung auf sich nahmen.[31] Die Stimmung, die bei den Wüstenvätern herrschte, bestätigt diese Ansicht nicht, sondern sie steht in implizitem Widerspruch zu ihr. Die Asketen legten ihrem Körper strenge Einschränkungen auf, weil sie davon überzeugt waren, daß sie den Körper in ein verzweifeltes Wagnis mitreißen konnten. Für die durchschnittlichen Asketen – gewöhnliche, fromme christliche Männer und Frauen, die in Sichtweite der grünen Felder ihrer Dörfer in ihren Zellen hockten oder sich in den aus Lehm erbauten Herbergen der pachomianischen Klöster zusammendrängten – sprach die auf Erden stattfindende Verwandlung der wenigen großen Asketen, die sie sich vorstellten, von der schließlichen Umwandlung ihres eigenen Körpers am Tage der Auferstehung.

Man erzählte über den Altvater Pambo: Wie Moses das Bild der Herrlichkeit Adams erhielt, als sein Antlitz verklärt wurde, so leuchtete auch das Antlitz des Abbas Pambo wie ein Blitz, und er war wie ein König, der auf dem Throne sitzt. Das Wirken war bei Abbas Silvanos und Abbas Sisoes das gleiche.[34]

Die Asketen sahen sich als Männer und Frauen, die eine kostbare Freiheit gewonnen hatten, in diesem Leben ihre Sünden zu beklagen und zu leiden, um für ihren Körper eine zukünftige Herrlichkeit wiederzugewinnen:

Es mag dann die Seele, ihr Brüder, Weisheit lehren diesen massigen Körper jeden Tag, wenn wir abends in unser Bett kommen, und zu jedem Glied des Körpers sagen: »O ihr Füße, solange ihr die Kraft habt, zu stehen und euch zu bewegen, bevor ihr aufgebahrt werdet und reglos liegt, steht eifrig für euren Herrn.« Zu den Händen mag sie sagen: »Die Stunde kommt, wenn ihr gelockert und reglos sein werdet, aneinander gebunden [kreuzweise auf der Brust]..., dann hört, bevor ihr in jene Stunde fallt, nicht auf, euch zum Herrn auszustrecken.« »O Leib, trage mich, da ich eifrig Gott bekenne, bevor du von anderen fortgetragen wirst. ... Denn es wird eine Zeit geben, da jener überaus tiefe Schlaf dich sicher überkommen wird. Aber wenn du auf mich hörst, werden wir gemeinsam das gesegnete Erbe genießen.«[35]

Es gibt keinen Zweifel an den schrecklichen Entbehrungen, die selbst das relativ gefestigte Leben in den pachomianischen Klöstern mit sich brachte. Doch wir dürfen nicht vergessen, daß das Körperbild, das die Asketen in die Wüste mitbrachten, ihrer Hoffnung auf Wandel durch Selbstabtötung beträchtliche kognitive und emotionale Nahrung verlieh. Es bereitet der modernen Vorstellungskraft einige Schwierigkeiten, diesen Aspekt des asketischen Lebens wieder einzufangen. Die Asketen der Spätantike neigten dazu, den Körper als ein »autarkes« System zu betrachten. Unter idealen Bedingungen wurde er für fähig gehalten, mit seiner eigenen »Hitze« in Gang zu bleiben; er würde nur soviel Nahrung brauchen, um diese Hitze am Leben zu erhalten. In seinem »natürlichen« Zustand – einem Zustand, mit dem die Asketen tendenziell die Körper von Adam und Eva identifizierten – hatte der Körper wie eine fein abgestimmte Maschine agiert, die endlos »leerlaufen« konnte. Nur der verbogene Wille der gefallenen Menschen war es, der den Körper mit unnötigem Essen vollgestopft hatte und dadurch in ihm das unheimliche Übermaß an Energie erzeugte, das sich in körperlichem Appetit, in Zorn und im Sexualtrieb zeigte. Dadurch, daß er die Nahrungsaufnahme reduzierte, an die er gewöhnt worden war, schuf der Asket langsam seinen Körper neu. Er verwandelte ihn in ein genau geeichtes Instrument. Seine drastischen physischen Veränderungen nach Jahren asketischer Disziplin verzeichneten mit befriedigender Präzision die wesentlichen, vorläufigen Stadien der langen Rückkehr des Menschen, der Gemeinschaft von Leib und Seele, zu einem ursprünglichen, natürlichen und unverdorbenen Zustand.[36]

Der Geist ruft sie.... [schrieb Antonius an seine Schüler.] ... Und Er tut an ihnen Werke, wodurch sie ihre Seele und ihren Leib bezwingen mögen, auf daß beide gereinigt werden und in ihr Erbe kommen.... Und es trennt uns von allen *Früchten des Fleisches*, die sich mit allen Gliedern des Körpers seit der ersten Missetat vermischt haben.[37]

Zeitgenossen wollten gerne glauben, daß sie diesen Zustand an Antonius wahrgenommen hätten, als er im Jahre 305 nach 20 Jahren erstmals aus seiner Zelle am Fuße einer verfallenen Festung herauskam:

Wie ihn nun jene sahen, da wunderten sie sich, daß sein Leib das gleiche Aussehen hatte wie vorher, daß er nicht aufgedunsen war wie der eines Menschen, der ohne alle Bewegung gelebt hatte, daß er keine Spuren von dem Fasten und dem Kampf mit den Dämonen zeigte; denn er sah so aus, wie sie es auch von der Zeit wußten, ehe er sich in die Einsamkeit zurückgezogen hatte. Die Verfassung seines Innern aber war rein.... Er war vielmehr ganz Ebenmaß, gleichsam geleitet von seiner Überlegung, und sicher in seiner eigentümlichen Art.[38]

Dies war ein Körper, der bereits einen Teil jenes *geistigen Körpers* erhalten hatte, den er bei der Auferstehung der Gerechten annehmen sollte.[39]

»Denn du hast meine innersten Teile besessen«

Eine tiefe Heiterkeit legte sich daher, so glaubte man, auf die Leiber der wenigen großen Mönche. Diese Heiterkeit war jedoch nur das körperliche Nebenprodukt eines geistigen Zustands. Sie ließ in großartiger Weise, für aller Augen sichtbar, den Sieg des Asketen in einem Kampf greifbar werden, der weniger sichtbar, langanhaltender und weit erbitterter war, als es die Bemühung gewesen war, das Fleisch zu züchtigen. Nur die, die den langen Kampf mit ihrem eigenen »Herzen« gewonnen hatten, konnten darauf hoffen, wie Pambo und Antonius von der Herrlichkeit Adams angerührt zu werden.

Der Asket hatte in den langen Jahren seines Lebens in der Wüste zu lernen, nichts Geringeres zu tun, als die Sehnen seines Eigenwillens zu lösen. Fasten und schwere Arbeit waren in den ersten Jahren des asketischen Lebens um ihrer selbst willen wichtig, und das besonders für junge Mönche in ungebrochener körperlicher Vitalität. Sie waren Teil einer »radikalen Entziehungskur«, mit der der Asket seine frühere übermäßige Abhängigkeit von Nahrung und sexueller Befriedigung aus seinem Körper entfernte. Die sexuellen Triebe des jungen Mannes wurden dramatisch reduziert, und sein Körper wurde durch die langen Fastenzeiten und die schlaflosen Nächte in der Wüste verlangsamt. Schon allein der Kräfteverlust zwang ihn dazu, die würdevollen, ritualisierten Bewegungen zu übernehmen, die den guten Mönch kennzeichneten. Fasten und Wachen »klärten« den Körper:

Verstärkt dafür, ich bitte euch, entweder das Fasten am Sabbat oder die Nachtwache oder das Lesen ohne Unterbrechung, und der Körper wird nicht krank werden, weil er sich an diese Dinge gewöhnt hat. Der Magen hat sich verkleinert, ... die Blutbahnen sind enger geworden und stellen nur bescheidene Ansprüche. Die Nieren haben ihre natürliche Gesundheit erlangt und verlangen nicht viel Wärme. Der Schleim ist aus allen Knochen vertrieben, und wegen der Kleinheit des Körpers werden sie durch vieles Wachen nicht beschädigt oder geschwächt.[40]

Selbstabtötung war jedoch nur ein erster Schritt. Sobald die voll entwickelten Symptome von Eßlust und sexueller Begierde, die mit den vergangenen Gewohnheiten des Asketen zusammenhingen, nachgelassen hatten, wurde er der unergründlichen Verschlossenheit seines eigenen Herzens gegenübergestellt. Auf das Herz und auf die seltsame Spannkraft des Eigenwillens richtete die große Tradition der spirituellen Führung, die sich mit den Wüstenvätern verbindet, ihre eindringlichste Aufmerksamkeit. In Adams ursprünglichem Zustand waren die »natürlichen« Wünsche des Herzens in der gewaltigen Freude des Paradieses mit ausschließlicher Liebe und offenherziger Ehrfurcht auf Gott gerichtet gewesen. Durch Adams Eigensinn waren diese Begierden in eine »Gegen-Natur« verkehrt worden.[41] Am Grunde dieser Gegen-Natur lag etwas, das noch aktiv war, lange nachdem offene körperliche Versuchungen als bloße Epiphänomene verschwunden waren: eine ungebrochene Liebe zu einem eigenen Willen, »tief unten im Herzen, wie eine Schlange, die im Mist versteckt liegt«.[42] Nur wenn dieser Wille in einem Herzen vergraben blieb, das für das Ich so abgestorben war wie der unfruchtbare Sand der Wüste, würde der Mönch in Frieden ruhen:[43] denn er hatte dann schließlich gelernt, »die Demut und die Süßigkeit des Sohnes Gottes« in sein Herz zu nehmen.[44] Diese Süßigkeit konnte nur in der harten Schule des Umgangs mit anderen erworben und gezeigt werden – im Umgang mit den geistigen Führern, mit den Zellengenossen, mit den Leuten aus dem Nachbardorf und mit den Mengen von Besuchern, die in Ägypten von der imaginierten Stille der Wüste nie weit entfernt waren.

Das wunderbarste Zeichen dafür, daß Antonius den Zustand Adams wiedergewonnen hatte, war nicht sein straffer Körper. In seinen allerletzten Jahren offenbarte sich dieser Zustand immer häufiger in der Gabe der Umgänglichkeit, die für das 4. Jahrhundert so typisch ist. Er entwickelte eine Ausstrahlung von so magnetischem Zauber und eine Offenheit gegenüber allen, daß jeder Fremde, der ihm begegnete, wenn er von Scharen von Jüngern, von Mönchen, die zu Besuch waren, und von Laienpilgern umgeben war, sofort wußte, wer in diesem dichten Gedränge schwarzgekleideter Gestalten der große Antonius war.[45] Er war sofort als jemand zu erkennen, dessen Herz totale Offenheit für andere erlangt hatte.

Es war der menschliche Wille, den der Mönch als eine zusammengedrückte Masse von Eigensinn am tiefsten Grunde seines Herzens wahrnahm, und nicht der geschmeidige »Lehm« des Körpers selbst, der »wie eine eherne Mauer« zwischen dem Mönch und Gott stand.[46] Für alle Asketen mit Ausnahme der größten waren direkte Erfahrungen des Dämonischen eine entfernte Aussicht: normalerweise, so behauptete Apa Poimen, »ist es unser Wille, der für uns den Dämon spielt«.[47] »Wirf deinen Eigenwillen hinter dich und entschlage dich der Sorgen«, sagte Apa Sisoes, »so wirst du Ruhe haben.«[48] »Das Haupt gebeugt und ein demütiges Herz«, riet Pachomius, »und Sanftheit in der Stunde des Zorns.«[49] Das Herz war der verfluchte Boden, den die gefallenen Adame der Wüste, so fanden sie, »im Schweiße ihres Angesichts« umgraben mußten.[50] Der Körper dagegen war ein bloßes »Versuchsbeet«. In der langen und geduldigen Zermürbung der Begierden des Fleisches offenbarten sich die Mängel, die noch im Herzen zurückblieben, mit schärfster Genauigkeit.

Die Mönche von Ägypten bewirkten in einer besonders radikalen Form das Wiederauftauchen der frühchristlichen Beschäftigung mit der »Einfalt des Herzens«.[51] Die stillen Studienzirkel eines Origenes oder eines Methodius waren Gruppen von etwas abgesonderten Seelengefährten gewesen: Sie hatten sich wenig um den knirschenden Zusammenstoß verschiedener Willen in einer kleinen Gemeinschaft gekümmert, wie er einfachere Männer dazu gebracht hatte, so großen Wert auf die Tugend der »Einfalt des Herzens« zu legen. In den Dörfern und Kleinstädten Ägyptens hatten die Dinge immer anders gelegen. Texte wie *Der Hirte* des Hermas, die so versonnen von genau diesem Thema sprachen, gingen direkt ins Koptische über. Sie waren bei einer Bevölkerung in Umlauf, die seit Jahrhunderten Sanftheit und würdige Zurückhaltung als Merkmal des weisen Mannes bewundert hatte.[52]

»Einfalt des Herzens«, die Furcht vor dem »gespaltenen Herzen« und der quälende Wunsch nach der Einfalt eines kleinen Kindes inmitten der verkrampften Verschlagenheit der bewohnten Welt hatten der Frömmigkeit des christlichen Ägypten im Niltal wie in der Wüste ein ganz eigentümliches Gepräge verliehen. Dies war das Christentum, das Männer wie Antonius aus den Dörfern mitnahmen. Der Mönch war der Held des bewohnten Landes, und das nicht einfach, weil er sich über die eisernen Gesetze des Bauches erhoben hatte. Er trug das »Herz der Gerechten«. Er war ein Mann, der ein Herz errungen hatte, das ganz aus einem Stück war, ein Herz, das ebensowenig von der knotigen Maserung privater, eigensüchtiger Bedeutungen und privater, verdeckter Absichten zerrissen war wie das feste, milchweiße Herz der Dattelpalme.[53]

Insgesamt ist der bleibendste Eindruck, den die monastische ägyptische Literatur des 4. und 5. Jahrhunderts und ihre späteren Abkömmlinge in Palästina und auf dem Sinai vermitteln, der einer unablässigen Askese im Hinblick auf soziale Beziehungen. Ein Ausspruch des Antonius wurde als tonangebend betrachtet: »Vom Nächsten her kommen uns Leben und Tod.«[54]

Dem gleichbleibenden Nexus von Nahrung und Arbeit, der die Menschlichkeit des Mönchs in der Wüste zu allen Zeiten aufrecht erhielt, fügte die ägyptische Tradition den Nexus akuter Abhängigkeit von anderen hinzu – Abhängigkeit der Jünger von ihren Meistern, der Zellengenossen voneinander. Die Gesellschaft der eigenen Gefährten war die allerhärteste Probe, die man zu ertragen hatte. Wie Apa Ammon in Kellia rückblickend sagte:

Ich habe alle Abtötungen vollbracht, von denen mein Ohr gehört hat, aber ich habe unter ihnen keine gefunden, die so erschreckend sind wie diese zwei: vom Tisch aufzustehen, wenn man noch hungrig ist, und unserem Herzen Gewalt anzutun, um nicht ein unliebenswürdiges Wort zu einem Bruder zu sagen.[55]

Es gab nur einen sicheren Weg, die harte Erde des Herzens zu brechen: »Die Väter sagen, in der Zelle zu sitzen ist die Hälfte, und sich vor den Alten Männern hinzuwerfen ist die andere Hälfte.«[56]

Die totale Abhängigkeit kleiner Gruppen von Jüngern von einem geistlichen Vater oder von einer Gruppe geistlicher Väter war die *conditio sine qua non* für das Überleben und das spirituelle Wachstum in der Wüste. Durch die Abhängigkeit von seinem geistlichen Vater lernte der Mönch, sein eigenes Herz zu verstehen und dieses Herz anderen zu öffnen:

Es ist ein allgemeines und unzweideutiges Merkmal, daß eine Gedankenkette vom Teufel ist, wenn wir uns schämen, sie vor einem Alten Mann ans Tageslicht zu bringen.[57]

Denn nichts mißfällt dem Dämon der Unzucht mehr, als seine Werke zu offenbaren, und nichts macht ihm größeres Vergnügen, als seine Gedanken für sich zu behalten.[58]

Das Modell der Person, das erstmals von Origenes deutlich gemacht wurde, lag diesem Beharren auf der Abhängigkeit von einem geistlichen Führer zugrunde. Das »Herz« war der Mittelpunkt der Person:

Das Herz ist der Ort der Begegnung zwischen Leib und Seele, zwischen dem Unterbewußten, dem Bewußten und dem Überbewußten, zwischen dem Menschlichen und dem Göttlichen.[59]

Länger anhaltende Ströme von Gedanken, Eingebungen und unerschütterlichen Zwangsvorstellungen wurden durchweg als verräterische Symptome behandelt. Die Art und Weise, in der sie im Herzen aufstiegen, verriet, so glaubte man, die leitende Gegenwart der vielen ungreifbaren Wesen, die sich um die Randbezirke des Ich scharten. Im Herzen des Mönchs konnte die »Sprache des Heiligen Geistes« aufsteigen, oder ein Gedankenfluß konnte langsam die Qualität einer dämonischen Zwangsvorstellung annehmen.[60]

Der gute Jünger saß in seiner Zelle »und flocht Seile, während die Meditation wie strömendes Wasser dahinfloß«.[61] Doch auch der Teufel war ein Meisterweber: Wenn er das lose Ende eines einzigen sündigen oder unbedachten Gedankens zu fassen bekam, konnte er ein ganzes Tau daraus flechten.[62] Es gab also immer einen Augenblick, in dem den Gedanken des Mönchs anzumerken war, daß sie nicht mehr ganz dem menschlichen Verstand angehörten, sondern den Dämonen oder den Engeln, deren hintergründige Gegenwart an der ungewohnten Kraft erkennbar war, mit der mächtige Gedankengänge – die *logismoi* – durch das Herz flossen. Daher die entscheidende Bedeutung der Gabe der Unterscheidung, der *diakrisis*, bei den Wüstenvätern. Sie bedeutete weit mehr als Selbsterkenntnis und gutes Empfinden, auch wenn sie in der Tat oft ein großes Maß von beidem mit einschließen konnte. Sie bedeutete die seltene spirituelle Gabe der Fähigkeit, deutlich zu sehen, was man im eigenen Bewußtseinsstrom nicht mehr als sein Eigenes bezeichnen konnte. Es war die Fähigkeit, auf ein Warnsignal zu hören, daß man sich auf andere verlassen sollte.

So wurde die Wüste zur treibenden Kraft einer neuen Kultur. Bei all seinem Interesse an derartigen Dingen war die Spiritualität des Origenes die Spiritualität einer städtischen Gelehrtenschar geblieben. Die größten Kräfte zu spiritueller Unterscheidung wurden nicht auf das Herz gerichtet: Sie wurden auf die langwierige Bemühung verwendet, mit der Origenes und seine Schüler die Bedeutung des heiligen Textes erforschten. Die genaue Bedeutung der Heiligen Schrift, über die sich hochgebildete Männer und Frauen Gedanken machten, war es, die das Herz des Christen »brennen« ließ. Die Disziplin der Meditation über den heiligen Text setzte oft philologische Ressourcen voraus, die nur in Kreisen der oberen Klassen, ganz in der Nähe von großen Städten, zu finden waren. In der *Vita des Antonius* und in nachfolgenden Schichten monastischer spiritueller Anleitung können wir die Entwicklung einer Alternative entdecken. Das eigene Herz des Mönchs war das neue Buch. Was unendlich geschickte Exegese und lange spirituelle Erfahrung erforderte, waren die »Regungen des Herzens« und die Strategien und Fallen, die der Teufel in ihm aufstellte.[63]

Solche Regungen wurden am besten mündlich einem geistlichen Vater mitgeteilt. Das war eine Situation, die dazu tendierte, denjenigen Sprachen Vorrang zu geben, die dem Herzen am nächsten standen, also den Volkssprachen Ägpyptens und des Nahen Ostens – Koptisch, Syrisch und demotisches Griechisch.[64] Die größte Entlastung der Seele kam jetzt nicht aus dem geschriebenen Wort, sondern aus jenem leichten Schlag, den der Alte Mann seinem Schüler mit den Fingern auf die

Brust gab, wodurch das darunterliegende Herz beruhigt wurde.[65] Der Übergang von einer Kultur des Buches zu einer *cultura Dei*,[66] die weitgehend auf dem schriftlosen, verbalen Austausch einer monastischen »Denkkunst« beruhte, wurde zu Recht als die größte und eigentümlichste Leistung der Alten Männer Ägyptens gepriesen: Das, worauf sie hinauslief, war nichts Geringeres als die Entdeckung eines neuen Alphabets des Herzens.[67]

Die bleibende Gegenwart sexueller Begierde und sexuellen Empfindens im Geist des Mönchs nahm eine neue Bedeutung an. Die Sexualität wurde gewissermaßen zu einem privilegierten Ideogramm. Das bedeutete nicht, daß die meisten asketischen spirituellen Führer sexuelle Versuchung als außergewöhnlich beunruhigend betrachteten. Ganz im Gegenteil: die sexuelle Begierde wurde als Quelle spiritueller Gefahr häufig von den dumpfen Schmerzen des Stolzes und des Grolls und von entsetzlichen Attacken unmäßigen geistlichen Ehrgeizes überschattet. Diese Regungen konnten ganze Klöster ins Wanken bringen, sie zerstörten Existenzen und verschandelten die Literatur der Wüste mit bedrückenden Darstellungen pathologischer Fälle von Haß,[68] Halluzinationen[69] und entsetzlicher Aufblähung des Ich.[70] Wie bedauerlich sie auch waren, sexuelle Vergehen waren ein Faktum des Wüstenlebens. Man wußte von Mönchen, die Väter von Söhnen geworden waren: Der Held einer solchen Anekdote brachte sein Kind schließlich mit, als er wieder in die Zelle zurückkehrte, und nahm seine Handwerksarbeit so wieder auf, wie er sie vor seinem Ausflug in die Welt hinterlassen hatte.[71] Ältere Männer belästigten die Novizen: »Wenn es Wein und Knaben gibt, brauchen die Mönche keinen Teufel, der sie in Versuchung führt.«[72] Sodomie mit den Klostereseln ließ sich nicht ausschließen.[73]

Worauf es vielmehr ankam, war ein geschärftes Bewußtsein für die Permanenz sexueller Phantasie. Wegen dieser beobachteten Eigenschaft der Permanenz wurde die sexuelle Begierde jetzt als tatsächlich deckungsgleich mit der menschlichen Natur betrachtet. Ein bleibendes Bewußtsein vom Ich als sexuellem Wesen, das für alle Zeiten sexuellen Sehnsüchten unterworfen war und selbst in Träumen von sexuellen Phantasien beunruhigt wurde, warf ein Schlaglicht auf die Bereiche der Unlenkbarkeit im Menschen. Doch diese Unlenkbarkeit war nicht einfach körperlicher Natur. Sie wies in die tiefsten Tiefen der Seele. Sexuelle

Begierde offenbarte den Knoten nicht aufgegebener Privatheit, der ganz im Innern des gefallenen Menschen lag. In der neuen Sprache der Wüste wurde so die Sexualität gewissermaßen zu einem Ideogramm für das nicht geöffnete Herz. Infolgedessen war das Nachlassen sexueller Phantasien im Herzen des Mönchs – ein Nachlassen, das ganz konkret von einem Aufhören der nächtlichen Samenergüsse des Mönchs begleitet sein sollte – ein Zeichen im Körper für den endgültigen Sieg des Asketen über das verschlossene Herz. Nur die Hand, die Christus selbst aus dem Himmel hinabstreckte – wie auf den Illustrationen byzantinischer Manuskripte der *Leiter des göttlichen Aufstiegs* des Johannes Climacus –, konnte den Mönch aus dem Grab seines privaten Willens herausreißen, indem sie in ihm jenen am unauslöschlichsten privaten Trieb überwand.[74] Von Christus die Gnade einer durchsichtigen Keuschheit zu empfangen bedeutete, die letzten Waffen des nicht aufgegebenen Willens zu zerschmettern: Es bedeutete, die Verwandlung des Herzens zu vollenden.

Kommt her und schauet die Werke des Herrn, der auf Erden solch ein Zerstören anrichtet, der den Kriegen steuert in aller Welt, der Bogen zerbricht, Spieße zerschlägt und Wagen mit Feuer verbrennt.[75]

Eine so intensive Beschäftigung mit dem sexuellen Gedankenfluß des Mönchs entwickelte sich in asketischen Kreisen, weil das Ziel geistlicher Anleitung die totale Enteignung der inneren Welt des Schülers gewesen war. Die innere Welt mußte von innen nach außen gekehrt werden. Nichts durfte in ihr zurückbleiben, was nicht ohne Zögern anderen vorgestellt werden konnte. In den Worten des Antonius:

Ich sage euch, daß jeder Mann, der sich an seinem eigenen Willen erfreut und seinen eigenen Gedanken unterworfen ist und die Dinge, die in seinem Herzen gesät sind, aufnimmt und sich an ihnen erfreut und in seinem Herzen meint, sie seien ein großes Geheimnis, und sich rechtfertigt in dem, was er tut – die Seele eines solchen Menschen ist ein Versteck böser Geister, die ihm zum Bösen raten, und sein Leib eine Menge böser Geheimnisse, in denen er sich versteckt.[76]

Die »Gedanken«, von denen Antonius sprach, waren nicht immer sexuelle Gedanken. Doch sexuelle Gedanken waren von einer Allgegenwart und Hartnäckigkeit, die die Vertreter der Wüstentradition bald dazu veranlaßten, auf sie besonderen Nachdruck zu legen. Sie dienten als Barium-Spuren, mit denen die Wüstenväter die tiefsten und privatesten Schlupfwinkel des Willens erfaßten.

Zu Johannes Cassianus gewandt, verbreitete sich Apa Chaeremon am Ende des 4. Jahrhunderts liebevoll über die Gabe Gottes, die den Wenigen geschenkt war, welche vollkommene »Herzensreinheit« genossen. Sie waren von sexuellen Phantasien in Träumen, die mit nächtlichen Samenergüssen einhergingen, befreit worden. Denn das Fortdauern von sexuellen Träumen und Ergüssen diente dazu, den Mönch in einer barmherzig konkreten Weise vor der Existenz einer anonymeren, schleichenden Begierde in seinem Herzen zu warnen – vor dem Wunsch, eigene Erfahrungen zu besitzen. Die Sexualität des Ergusses schuf eine Trennung zwischen seinem öffentlichen, offen zutage liegenden Ich und einer letzten Oase nicht mitteilbarer, privatisierter Erfahrung. Wenn solche Träume aufhörten, konnte man davon ausgehen, daß sich der letzte Spalt zwischen der Privatperson und seinen Gefährten geschlossen hatte: »Und so sollte er gefunden werden in der Nacht, wie er am Tage ist, im Bett wie beim Gebet, allein wie von einer Menge umgeben. *Denn du hast meine inneren Teile besessen.*«[77]

Quia tu possedisti renes meos: die »innersten Teile« waren die Nieren. Sie waren einer der traditionellen Sitze der Sexualenergie gewesen.[78] Im monastischen Denken wurden sie zu der Stelle, an der sich die Schatten im privaten Menschen am längsten hielten. Es ist daher nichts Seltsames an der Art und Weise, in der Apa Chaeremon seine Abhandlung über dieses heikle Thema mit einem Verweis auf den Zustand der ersten Christen der Jerusalemer Gemeinde nach dem Kommen des Heiligen Geistes eröffnete: da sie *alle Dinge gemeinsam* hielten, war unter ihnen *ein Herz und eine Seele.*[79] Die totale Enteignung, die sich mit dem Wüstenleben verband, hatte wie im Falle des Antonius mit der Aufgabe des privaten Reichtums begonnen. Sie endete mit der Aufgabe der letzten Spuren sexueller Phantasie. Das war nach Ansicht Cassians und der seiner ägyptischen Informanten ein sicheres Symptom dafür, daß die Verteilung der letzten, verborgensten Schätze des privaten Willens stattgefunden hatte.

Cassian war, wie wir in einem späteren Kapitel sehen werden, ein Theoretiker, der mit seinen Schriften das Ziel verfolgte, lateinische Leser zu überzeugen, die seine Ansichten nicht unbedingt teilten.[80] Das tiefschürfendste und humanste Material zu monastischer Sexualität kommt aus einer späteren Zeit und aus einer etwas anderen Gegend – aus den Klöstern von Gaza und vom Sinai im 6. und im frühen 7. Jahrhundert. Hier befinden wir uns nicht mehr in einer Welt von rauhen Pionieren. Vielmehr sehen wir, wie die Söhne der einheimischen Oberschicht, die jetzt Mönche geworden sind, mit zwei Jahrhunderten asketischer Erfahrung im Rücken den langen Kampf um den Willen ausfechten.[81]

Dorotheus von Gaza (der um 560 starb) ist unter diesen die anziehendste Gestalt.[82] Er war der Sohn eines Vornehmen aus Antiochien, und an ihn heftete sich immer noch eine Aura von vergangenem Reichtum und Status. Sie bestimmte seine Rolle in der Mönchssiedlung, in die er um 520 kam – die des Apa Seridos in Migdal Thavata (heute Khirbet Umm al-Tut) nur wenige Meilen südlich von Gaza.[83] Er war mit einer Bibliothek medizinischer Bücher eingetroffen. Sein Bruder, ein guter Byzantiner, ein »großer Freund der Mönche«, baute das Hospital für das Kloster; und Dorotheus sah sich, wie zu erwarten war, mit der Verwaltung der Familienstiftung betraut.[84]

Für diesen zarten und erstaunlich verletzlichen jungen Mann besitzen wir ein Zeugnis, das in der Spätantike einzig dasteht: das innere Porträt seines Lebens über zwei Jahrzehnte hinweg. Es offenbart sich uns in einer Reihe von Briefen, die zwischen ihm und einem alten ägyptischen Einsiedler, dem Großen Alten Mann Barsanuphius, gewechselt wurden, aus dessen eingeschlossener Zelle in der Nähe des Klosters mehr als 800 Briefe mit geistlichen Richtlinien an Christen aller Stände im Gebiet von Gaza ausgingen, bis Barsanuphius um 543 starb.[85] Wie Lucien Regnault, der französische Übersetzer dieser bemerkenswerten Dokumente, schreibt: »Was die *Aussprüche der Wüstenväter* uns nur in Form flüchtiger Einblicke erkennen lassen, wird hier wie ein Film unmittelbar vor unseren Augen vorgeführt.«[86]

Dorotheus tritt in diesem Film auf. Seine Abhängigkeit von dem Großen Alten Mann war für seine frühen Tage in der neuen Umgebung des Klosters von zentraler Bedeutung. Dorotheos küßte die geschlossene Tür der Zelle des Alten Mannes, so wie man das Holz des Kreuzes küßte.[87] Ein Traum, in dem ihn der Alte Mann an die Brust tippte, beendete eine schreckliche Phase der Depression.[88] Allein die schriftliche Mitteilung seiner Gedanken an Barsanuphius befreite ihn von ihrem Gewicht – und das so sehr, daß Dorotheus besorgt war, daß solche offensichtliche Heiterkeit in so jungen Jahren bei so geringer sichtbarer Anstrengung über ihn gekommen war![89] Der junge Honoratiorensohn brauchte alle Gutmütigkeit, die er aufbringen konnte. Einmal, »sei es, um mich zu provozieren, oder aus Einfalt«, war ein älterer Mönch mitten in der Nacht in seine Zelle gestolpert und hatte auf das Kopfende seines Bettes uriniert und Dorotheus völlig durchnäßt. Ein andermal hatte ein Nachbar seine Decke so ausgeschüttelt, daß ein Schwarm von Bettwanzen in Dorotheus' Zelle fiel, was ihm in der langen Sommerhitze heftiges Unbehagen verursachte.[90] Dorotheus, der ein außerordentliches Gefühl für andere hatte, wurde beständig durch »Hoffart« versucht, die Perlen spirituellen Rats, die der Große Alte Mann allein ihm gegeben hatte, an seine Genossen weiterzugeben;[91] er neigte dazu, vor Schüchternheit rot zu werden, wenn er vor bestimmten Kollegen den obligatorischen Fußfall vollzog, und war besorgt, es könne deplaziert wirken, wenn er in der Kirche die Augen schloß, um sich auf die Liturgie zu konzentrieren; er verliebte sich in einen Mitmönch.

Der erste Brief des Großen Alten Mannes war barsch, »wie Wein auf eine frische Wunde«.[94] Dorotheus hatte gesehen, wie er Vorwände suchte, um mit dem Mönch zu sprechen.[95] Jetzt befürchtete er, daß eine allzu schroffe Abkühlung der Beziehungen den Verdacht seines Freundes wecken würde.[96] Barsanuphius ist durchweg streng, aber ungerührt.

Häufig, mein Bruder, wurde ich in meiner Jugend heftig vom Dämon der Unzucht versucht, und ich kämpfte hart mit Mühe gegen meine Gedanken. ... Und nachdem ich das fünf Jahre lang getan hatte, befreite mich Gott davon. ... Gott könnte dich freilich schnell befreien; doch wenn das geschehen sollte, hättest du nicht die Kraft gewonnen, dich gegen andere Leidenschaften zu behaupten.[97]

Dorotheus blieb im Kloster. Wir sehen, wie er sich beruhigt. Er blieb bis zum letzten derselbe Mann, klar identifizierbar aus der Sicht durch die scharfen Augen des Großen Alten Mannes. Als er dem Hospital zugeteilt wurde, einer Stellung, in der seine wunderbar verletzliche Persönlichkeit am ungeschütztesten wäre und am nutzbringendsten für andere, ist es Barsanuphius, der sein Zögern überwindet. Sollte er seine umfangreiche Bibliothek den Mönchen geben?[98] Sollte er die raffinierten medizinischen Rezepte, die diese Bücher enthielten, anwenden, oder sollte er sich aus Demut damit begnügen, einfache Volksheilmittel anzuwenden?[99] Barsanuphius antwortete:

Da wir noch nicht zu der Vollkommenheit gelangt sind, in der wir völlig von der Gefangenschaft der Leidenschaften befreit sind, ist es besser, unsere Zeit der Medizin zu widmen als den Leidenschaften.[100]

Wie konnte der beschäftigte Aufseher das Gedächtnis Gottes behalten? Der Große Alte Mann schrieb zurück:

Viele hören die ganze Zeit von einer Stadt, und so kommt es, daß sie die fragliche Stadt betreten, ohne es zu wissen. Bruder, du bist den ganzen Tag im Gedächtnis Gottes, und du weißt es nicht. In der Tat, ein Gebot zu haben und sich seiner Einhaltung zu widmen, das ist zu ein und derselben Zeit Gehorsam und das Gedächtnis Gottes.[101]

»Gereinigt und geläutert durch Lehm«

Fast 300 Jahre waren von der ersten Entsagung des Antonius um 270 bis zum Tode des Dorotheus von Gaza um 560 vergangen. Das war eine längere Zeit als die Spanne zwischen der Bekehrung des Paulus und dem Ende der Regierung des Konstantin: Sie machte die Hälfte der gesamten Lebensdauer des Römischen Reiches in den östlichen Provinzen aus. In dieser langen Periode machte die asketische Reflexion in einem Gebiet, das sich von der Küste der Provence im Westen bis zu den Vorbergen des Zagrosgebirges im Osten erstreckte, viele stillschweigende Mutationen durch. Ein Zug blieb jedoch bemerkenswert unveränderlich: ein Gefühl für den gemeinsamen Impuls von Leib und Seele. Dieses war erstmals in Origenes' grandiosem Verwandlungssystem deutlich gemacht worden. Es wurde später, häufig mit wesentlichen Abwandlungen und mit stark variierendem Ausmaß einer unsicheren Abhängigkeit von Origenes selbst, erneut von Männern geltend gemacht, die sich voneinander so stark unterschieden wie Antonius, Evagrius von Pontus, Johannes Cassianus und Philoxenus von Mabbug.[102]

In der Wüstentradition genoß die wachsame Aufmerksamkeit für den Körper eine fast erdrückende Bedeutung. Doch wenn man das asketische Denken als »dualistisch« beschreibt und seine Motivation in Haß auf den Körper sieht, verfehlt man seinen neuartigsten und eindringlichsten Aspekt.[103] Selten war im antiken Denken der Körper in einer tieferen Verwicklung in die Verwandlung der Seele gesehen worden; und nie wurde ihm eine so schwere Last auferlegt. Für die Wüstenväter war der Körper kein belangloser Teil der menschlichen Person, den man sozusagen »in Klammern setzen« konnte.[104] Er konnte sich nicht der distanzierten Toleranz erfreuen, die Plotin und viele heidnische Weise ihm als vergänglichem und nebensächlichem Attribut des Ich entgegenzubringen bereit waren. Er war vielmehr für den Mönch von packender Gegenwart: Von ihm sollte er als von diesem Körper sprechen, »den Gott mir als Feld zur Bebauung gewährt hat, auf dem ich arbeiten und reich werden soll«.[105]

Theologen im 4. und 5. Jahrhundert, die einem asketischen Milieu angehörten, hätten nicht mit so heftiger intellektueller Energie die Probleme verfolgt, die von der Fleischwerdung Christi und der darauffolgenden Vereinigung von Menschlichem und Göttlichem in einer einzigen menschlichen Person aufgeworfen wurden, wenn sie nicht in dieser Vereinigung ein eindringliches Emblem für die rätselhafte Vereinigung von Leib und Seele in ihnen selbst wahrgenommen hätten.[106]

Daher der Doppelcharakter asketischer Literatur. Asketische Ermahnungsstrategien hoben weiterhin den scharfen Gegensatz zwischen dem reinen Geist und dem sinnlichen Körper hervor. Der Große Alte Mann nahm dem jungen Dorotheus gegenüber kein Blatt vor den Mund: »Foltere deine Sinne, denn ohne Folter gibt es kein Martyrium. ... Tritt die Leidenschaften mit Füßen, indem du über diesen Brief meditierst.«[107]

Doch die kumulative Erfahrung asketischer Verwandlung untergrub unmerklich ein derart starres Bild vom Ich. Das Leben in der Wüste offenbarte allenfalls die unentwirrbare gegenseitige Abhängigkeit von Leib und Seele. Als Dorotheus selbst als alter Mann zum Schreiben kam, stellte er fest, daß es auf eine geheimnisvolle Weise möglich war, den Körper zu »demütigen« – durch körperliche Arbeit, Fasten und Wachen –, so daß man tatsächlich der Seele Demut vermitteln konnte. Eine so enge Verbindung von Leib und Seele überraschte und beruhigte ihn.[108] Die Beziehungen eines Mönchs zu seinen sexuellen Phantasien ließ sein verwirrendes Verhältnis außerordentlich klar hervortreten. Was an ihm am dauerhaftesten körperlich war – seine sexuellen Bedürfnisse und die bleibenden sexuellen Vorstellungen –, schien am engsten mit dem Zustand seiner Seele verflochten zu sein. Das Auf und Ab sexueller Energie wurde von Evagrius und Johannes Cassianus durchweg als ein Symptom dargestellt, das in dem obskuren, aber entscheidenden Grenzbereich zwischen Körper und Geist Wandlungen widerspiegelte, die tief in der Seele vor sich gingen.[109] Als Philoxenus von Mabbug von der Art und Weise sprach, in der die wachsende Fähigkeit eines Novizen zur Liebe zu Gott sogar sexuelle Formen annehmen konnte, »der Leidenschaft der Unzucht verwandt«, rief er aus: »Oh, wie schwer ist das zu verstehen! Hier wird das Wissen des Gelehrten auf eine harte Probe gestellt!«[110]

Phänomene wie diese führten die Wüstenväter in eine Welt, in der die »festen Bestandteile« des antiken Denkens ihnen nicht mehr halfen.[111]

In der Wüstentradition ließ man den Körper zum diskreten Mentor der stolzen Seele werden. Nicht länger wurde der Asket, wie es in heidnischen Kreisen der Fall gewesen war, durch die unaufhörliche Wachsamkeit seines Geistes allein geformt. Die Rhythmen des Körpers und, mit dem Körper, seine konkreten sozialen Beziehungen bestimmten das Leben des Mönches: Seine fortdauernde ökonomische Abhängigkeit von der bewohnten Welt um des Essens willen, die harte Schule der täglichen Zusammenarbeit mit seinen Asketengefährten in gemeinsamen Arbeitsrhythmen und die gegenseitige Ermahnung in den Klöstern änderten langsam seine Persönlichkeit. Die materiellen Bedingungen, die das Leben des Mönches bestimmten, konnten, so meinte man, das Bewußtsein selbst verwandeln. Das »wirklich Erstaunlichste« von allem, was die Wüste einen spätantiken Denker lehrte, war, »daß der unsterbliche Geist durch Lehm gereinigt und geläutert werden kann«.[112]

Die Tradition der Wüstenväter ging in *Die Leiter des göttlichen Aufstiegs* des Johannes Climacus – Johannes »von *Der Leiter*« (579-649) – ein, in ein Werk, das das unumstrittene Meisterstück byzantinischer sprituller Anleitung darstellt.[113] Gerade weil sein Körper so untrennbar Teil seiner selbst war, wurde der Mönch von Johannes als spannungsgeladene Anomalie gepriesen: Er »befindet sich in einem irdischen und befleckten Körper, aber er drängt sich in den Rang und Status der körperlosen Engel«.[114] Die gewaltige Mühe des monastischen Lebens wurde unternommen, weil man den Körper nie aufgeben konnte: »Gewalt und endlose Qual sind das Los derer, die danach streben, mit dem Körper zum Himmel aufzusteigen.«[115]

»Wenn es die Leute wirklich verstünden, würde niemand der Welt entsagen.«[116]

Die Sexualität war eine beständige Erinnerung an diese Qual: »Denn ein Mann kann das nicht besiegen, was er tatsächlich ist.

... Es hat die Natur auf seiner Seite.«[117] Nur die Hand Christi konnte den Mönch darüber erheben.

Doch Johannes hatte aus der Wüstentradition die Erwartung geerbt, daß die Macht Christi den Leib ebenso umfassen konnte wie die Seele. Der Leib würde auf seine Weise an der Verwandlung der menschlichen Person teilhaben, die das schließliche Aufgehen des zusammengepreßten Willens begleitete. Für Johannes wie für Apa Chaeremon war ein Aufhören nächtlicher Phantasien zu erwarten, ja zu verlangen: »Ich glaube nicht, daß jemand als Heiliger angesehen werden sollte, bevor er seinen Leib heilig gemacht hat, wenn das tatsächlich möglich ist.«[118]

Was Johannes beim vollendeten Mönch anscheinend vorgeschwebt hat, worauf er zögernd und in einer Sprache voller Paradoxa eingeht, war eine Umkehrung der normalen Eigenschaften des gefallenen Körpers. Eine Umorientierung seiner Energien konnte stattfinden. »Ich habe gesehen, wie unreine Seelen auf körperliche Liebe versessen waren, aber das, was sie von solcher Liebe wußten, in einen Grund zur Buße verwandelten und eben diese Liebesfähigkeit auf den Herrn übertrugen.«[119]

Diese Umorientierung nahm in der unendlich kostbaren Gabe der Tränen greifbare körperliche Form an. In der alten medizinischen Tradition hatte übermäßiger flüssiger Körpersaft das Temperament des sinnlichen Mannes markiert: Die Augen des Herzensbrechers waren feucht und glänzend von dieser überschüssigen Flüssigkeit; er war mitleidig und neigte zu Tränen.[120] Feuchte Körpersäfte lauerten in den unteren Körperteilen und wurden durch die Hitze, die von übermäßigem Essen erzeugt wurde, in Geschlechtstriebe verwandelt.[121] Die Flüssigkeit eines Temperaments, das harte Grenzen verwischte, sorgte dafür, daß die Mönche, die am meisten zu Sinnlichkeit neigten, nach Johannes' Beobachtung oft anderen gegenüber empfindsamer waren und geselliger als jene schroffen »trockenen« Seelen, die eine natürlichere Neigung zu Keuschheit hatten.[122]

Was Johannes erwartete, war, daß all diese Flüssigkeit verwandelt werden würde. Die feuchten Körpersäfte würden in einem Aufwallen spiritualisierter Sinnlichkeit freigegeben werden, die mit der höchsten Gabe Christi, den Tränen, zusammenhing. Der feine Saft der Augen würde ungehindert fließen.[123] Das Blut eines gebrochenen Herzens würde sich in den Mund ergießen.[124] Die unkontrollierte Trauer des vollkommenen Mönchs war ein greifbarer körperlicher Zustand. Tränen zeigten, daß Menschen noch »auf der dunklen Seite des Gewölbs seines Segens« vor Gott standen.[125] Doch bei den Tränenreichen war das starre Herz geschmolzen. Durch Weinen standen sie bereits dem Lachen des Paradieses nahe, »wenn Schmerz, Kummer und Klage die Flucht ergriffen haben werden«.[126]

Auf eine Weise, die Johannes nicht zu analysieren bereit war, verwandelte sich die Fähigkeit eines Liebenden, die tiefsten Regungen des Herzens im Körper seines Geliebten zu spüren, in eine spirituelle Vision anderer, die von ebenso intensiver Schärfe war.[127] Die heftige Grenzenlosigkeit der Sinnlichkeit, »ein Sehnen nach Körpern, ein schmachvoller und schrecklicher Geist, der sich im tiefsten Kern des Herzens behauptet«[128], würde nicht länger ausgreifen, um die Grenzen zwischen einem Menschen und dem anderen (und sogar, wie im Falle des auf Abwege geratenen Hüters der Klosteresel, zwischen Menschen und Tieren) niederzureißen.[129] Sie würde in ein ebenso grenzenloses Transzendieren von Unterschieden verwandelt werden. Körperliche Schönheit würde mit ungewohnter Intensität, aber ohne Versuchung wahrgenommen werden. Johannes schrieb: »Es gab einen Mann, welcher, nachdem er auf einen Körper von großer Schönheit geschaut hatte, sogleich dessen Schöpfer pries, und der nach einem Blick dazu angerührt wurde, Gott zu lieben und ausgiebig zu weinen.«

Vielleicht, so meinte er, galt »dieselbe Richtlinie« für die süße Musik der Psalmen. Einstige Objekte sexueller Begierde konnten endlich unter dem Aspekt der abstrakten Schönheit ihrer geschaffenen Form geschaut werden. Ihre Schönheit wurde für das Auge durchscheinend. Sie erschütterte die Seele bis in ihre Tiefen, aber nunmehr leise, ähnlich wie die kaum faßbare Süßigkeit der Liturgie jetzt das Herz des Mönchs ins Wanken brachte: »Ein solcher Mann«, erklärte Johannes, »hat sich vor der allgemeinen Auferstehung zur Unsterblichkeit erhoben.«[130]

Wir können ermessen, warum der Sexualität unter den besten Vertretern der Wüstentradition ein so ungewohntes Gewicht zugekommen war. Das war nicht deshalb, weil Männer wie Cassianus, Dorotheus von Gaza und Johannes Climacus die sexuelle Versuchung mehr fürchteten als jede andere. Es war vielmehr so, daß der Körper, in dem die Sexualität mit so verwirrender Hartnäckigkeit lauerte, jetzt im suchenden Licht einer neuen, erregenden Hoffnung betrachtet wurde: »Was ist dieses Geheimnis in mir? Was ist das Ziel dieser Mischung aus Leib und Seele? Wie kann ich mein eigener Freund und mein eigener Feind sein?«[131] Doch jeder, betont Johannes, »sollte darum kämpfen, seinen Lehm sozusagen zu einem Platz auf dem Throne Gottes zu erheben«.[132]

Die *Leiter des göttlichen Aufstiegs* des Johannes markiert das Ende der Spätantike. Als Johannes diese Zeilen schrieb, waren muslimische Armeen bereits in Antiochien, Jerusalem und Alexandrien einmarschiert.[133] Von nun an wurden seine Worte jedes Jahr zur Fastenzeit von den Mönchen der orthodoxen Kirchen laut im Refektorium vorgelesen.[134] Als Seelenführer hatte sich Johannes damit begnügt, nur die Umrisse eines Weges zu skizzieren und die Lösung der Paradoxa, auf die er anspielte, der Erfahrung seiner Schutzbefohlenen zu überlassen. Johannes schrieb mit drei Jahrhunderten spiritueller Weisheit im Rücken. Die Christen des 4. Jahrhunderts jedoch hatten nicht den Vorteil des langen Sommernachmittags von Wüstenweisheit zu ihrer Anleitung. Im 4. und im frühen 5. Jahrhundert griffen andere Männer, von denen viele weniger erfahren, ihrem Temperament nach weniger begabt und aufgrund ihrer gesellschaftlichen Position weniger frei waren, der langsamen Geduld der Wüstenkunst der Seelen zu folgen, mit neuer Verwunderung zur Feder, um sich mit den Fakten des Sex auseinanderzusetzen. Wenden wir uns jetzt von der Wüste ab, um uns genauer die Wirkung anzusehen, die die neuen asketischen Ideale auf den Klerus, auf die Laien und auf fromme Frauen in den Städten und Dörfern der wichtigsten christlichen Regionen des Mittelmeergebiets ausübten.

ZWÖLFTES KAPITEL

»Baut euch Einzelhütten«:
Mönche, Frauen und Ehe in Ägypten

Irgendwann zwischen 320 und 330 beschloß ein siebzehnjähriger Heidenknabe in Alexandrien, sich taufen zu lassen. Für den jungen Theodor wie für so viele seiner Generation bedeutete engagiertes Christentum Enthaltsamkeit: »Wenn der Herr mich auf den Weg führt, daß ich ein Christ werden mag«, gelobte er, »dann will ich auch ein Mönch werden und will meinen Leib ohne Makel bewahren bis zu dem Tage, da der Herr kommen wird, um mich zu holen.«[1] Der Entschluß des jungen Theodor, der sogleich in eine städtische Kirche am Orte aufgenommen wurde, wurde vorhersagbaren Belastungen unterworfen: »Er traf überhaupt keine Frau. ... Als er die Bibeltexte in der Kirche verlas, bemühte er sich, seine Augen nicht über die Leute wandern zu lassen.«

Zwölf Jahre solcher Wachsamkeit waren genug. Theodor verschwand nilaufwärts in die Abgeschlossenheit eines pachomianischen Klosters. Das unbeschwerte Leben eines wohlgenährten und gelehrten Klerus war nichts für ihn: Nur ein Körper, der so trocken gemacht worden war wie der Wüstensand, konnte darauf hoffen, seine Reinheit zu bewahren.[2]

Theodor war nicht der einzige junge Kleriker mit asketischen Neigungen, der von der Furcht vor seiner eigenen Anfälligkeit für Frauen in die Wüste getrieben wurde.[3] Seine Befürchtungen fanden in der Wüste selbst ihren Widerhall. Die Furcht vor Frauen fiel wie ein Schattenstreif über die Wege, die aus der Wüste zurück in die Städte und Dörfer führten.

Ein Bruder sagte zum Altvater Sisoes: »Vater, du bist alt geworden, gehen wir doch näher an bewohnte Gegenden heran für die kommende Zeit.« Der Greis antwortete ihm: »Wir wollen dahin gehen, wo kein Weib ist!« Da erwiderte der Schüler: »Wo ist ein Ort, wo es kein Weib gibt, außer in der Wüste?« Der Greis entgegnete: »Also bringe mich in die Wüste!«[4]

Solche Anekdoten offenbaren eine Seite der monastischen Bewegung, die ganz anders ist als die sanfte Bestimmtheit, mit der die wenigen großen asketischen spirituellen Lehrer über Sexualität in sich selbst und in dem kleinen Kreis ihrer auserwählten Schüler redeten.

Im 4. und 5. Jahrhundert wurde die asketische Literatur Ägyptens zu einer Fundgrube bunter Anekdoten über sexuelle Verführung und heroische sexuelle Abstinenz. In dieser neuen monastischen Folklore trat der Körper in aller Schärfe hervor. Frauen wurden als Quelle dauernder Versuchung dargestellt, auf die eine sofortige Reaktion des männlichen Körpers zu erwarten war. Wenn eine Nonne einfach den Fuß eines ältlichen, kranken Bischofs tätschelte, so wurde das als hinreichende Provokation betrachtet, um beide augenblicklich in Unzucht verfallen zu lassen.[5]

Die nackte Körperlichkeit in derartigen Geschichten wirkt heute abstoßend. Ein Mönch tauchte seinen Mantel in das verwesende Fleisch einer toten Frau, damit der Geruch Gedanken an sie vertreiben sollte;[6] eine gehorsame Tochter wies die Avancen eines jungen Mönchs zurück, indem sie ihn warnte, er könne sich den seltsamen und schrecklichen Gestank einer menstruierenden Frau nicht vorstellen;[7] ein Novize trug seine alte Mutter über einen Fluß und hatte dabei die Hände vorsichtig in seinen Mantel gewickelt: »denn das Fleisch aller Frauen ist Feuer«[8]. Ihre Botschaft für die Laien war deutlich. Der Kaiser Zeno, so hieß es in der koptischen Legende, war zu Recht verwirrt, als er erfuhr, daß seine Tochter mit einem Mönch in derselben Zelle geschlafen hatte (der »Mönch« war tatsächlich eine verkleidete Frau): »Ich habe gehört, daß Mönche Frauen hassen und daß sie es nicht ertragen können, auch nur mit einer zu sprechen.«[9]

Viele der häßlichen Geschichten, die im 4. und 5. Jahrhundert in Mönchskreisen umliefen, wären Zeitgenossen banal vorgekommen. Sie stammten von dem großen Abfallhaufen nahöstlicher Misogynie: Die Aussprüche und Anekdoten über jüdische Rabbiner aus dieser Periode beharrten ebenso darauf, daß die Weisen und ihre jungen verheirateten Schüler die Berührung, den Anblick und den Stimmenklang von Frauen meiden mußten.[10] Doch die Botschaft der Mönchsanekdoten war nicht mehr einfach, daß Männer – selbst verheiratete Männer – durch weibliche Schliche leicht von ernsthaften Beschäftigungen abgehalten werden konnten. Bei den Mönchen wurden jetzt männliche und weibliche Körper als in gleicher Weise mit sexuellem Gefühl geladen dargestellt, weil beide in gleicher Weise der anstrengenden Verpflichtung unterworfen waren, ihren jungfräulichen Stand zu bewahren. Die Betonung der unendlichen Kostbarkeit und Zerbrechlichkeit der Jungfräulichkeit eines Mönchs schuf ein völlig neues Gefahrenbewußtsein. Man erwartete von Mönchen, daß sie eine unüberbrückbare Distanz zwischen sich und die Frauen des bewohnten Landes und sogar zwischen sich und Nonnen legten. Der jungfräuliche Körper des Mönchs war aufgerufen, als Meilenstein zu wirken. Sein unberührter Zustand sprach von einer Schranke zwischen der christlichen Laienschaft der Städte und Dörfer – den *kosmikoi*, den Männern und Frauen »der Welt«, die gewöhnlich verheiratet waren – und den Mönchen. Er stand für eine Grenze, die ebenso unübersehbar war wie der abrupte ökologische Übergang von den sanften grünen Feldern des Tals zum schimmernden toten Sand der Wüste. Die Worte des Propheten Nehemia, *Baut euch Einzelhütten*, waren das Motto des Zeitalters.[11]

Die wohlbedachte Misogynie eines großen Teils der asketischen Literatur spiegelte also nicht nur ein Zurückschrecken vor Frauen als einer Quelle sexueller Versuchung wider. Sie wurde als Teil einer umfassenderen Strategie eingesetzt. Sie diente dazu, den Ort der asketischen Bewegung in der spätrömischen Gesellschaft einzufrieden und zu definieren. Angesichts der ständigen Bedrohung durch einen Asketizismus, der so radikal war, daß er die Unterscheidung zwischen Stadt und Wüste, ja sogar zwischen Männern und Frauen verwischte, griffen die Führer der Kirchen in Ägypten wie anderswo auf alte Traditionen des Frauenhasses zurück, um ein Gefühl für sexuelle Gefährdung zu verschärfen. Hierdurch sorgten sie dafür, daß ihre Helden, die Mönche, in der prestigeträchtigen und relativ sicheren Zone der Wüste blieben. Im Ägypten des 4. Jahrhunderts wirkte die Furcht vor Frauen als zentrifugaler Trennfaktor. Sie hielt »Welt« und »Wüste« auf sicherer Distanz voneinander.

Während des gesamten 4. Jahrhunderts war Ägypten eine Region, die von beunruhigenden Anomalien heimgesucht war. Es ähnelte Syrien, wie es nach unserer Kenntnis im späten 3. Jahrhundert gewesen ist, mehr, als es die großen Patriarchen von Alexandrien und ähnliche Sprecher der offiziellen Kirche gerne zugegeben hätten.[12] Gnostische Gruppen hielten sich noch in den Randbereichen der örtlichen Kirchen. Eine derartige Gruppe hatte 80 Frauen zu Mitgliedern, von denen es hieß, sie hätten sich extravaganten Umkehrungen konventioneller sexueller Moral ergeben, wobei sie aber reguläre Gemeindeglieder ihrer örtlichen Kirche blieben. Die manichäischen Auserwählten zogen ungehindert nilauf und nilab und folgten den normalen Konturen des bodenständigen Christentums von Stadt zu Stadt.[13] Das Niltal war voller entschlossener *apotaktikoi*, »Entsager«, die den »Heiligen Wanderern« Syriens geähnelt haben dürften. Scharen von Entwurzelten, die sich der Keuschheit, dem Fasten und dem Betteln verschrieben hatten, füllten alle Ecken und Winkel der Städte.[14]

Im 4. Jahrhundert war es durchaus nicht sicher, daß sich die Wüste als unangefochtener Ort des christlichen Heroismus herausstellen würde. In Ägypten wie zuvor in Syrien drohte das Anwachsen des Asketizismus die radikalen Erwartungen wiederzubeleben, die sich lange Zeit mit der enkratitischen Bewegung verbunden hatten. Hierakas war ein jüngerer Zeitgenosse des heiligen Antonius.[15] Als geistiger Führer in einer Provinzstadt im Nildelta kannte er die Bibel auswendig. Wie Origenes genoß er den Ruf eines erleuchteten Exegeten. Er war ein unermüdlicher Autor und Kopist, dem das Augenlicht auch im Alter von 90 Jahren wunderbarerweise erhalten blieb; er schrieb auf koptisch ebenso wie auf griechisch, und er hatte sogar seine eigenen Andachtspsalmen verfaßt. Er war der Richter über Fragen der asketischen Lebensweise in seiner Gegend. Seine Ansichten waren klar. Sie waren eine radikale Fortführung der »historischen« Präsentation der Jungfräulichkeit, die wir bei Origenes und Methodius gesehen haben. Die Epoche des Alten Testaments enthielt alle Vorschriften, die man für ein anständiges Leben herkömmlicher Form brauchte. Das Evangelium hatte ihnen nichts hinzugefügt. Christus hatte nur eine Neuigkeit auf die Erde gebracht und mit dieser Neuigkeit die Hoffnung auf Erlösung – das war die Keuschheit. Nur die Unverheirateten hatten einen Platz in Seinem Reich.[16]

Beunruhigend an Hierakas war, daß die »wahre« Kirche, die ihm vorschwebte, die Form eines altmodischen Zusammenschlusses enthaltsamer »Zellen« innerhalb der seßhaften Bevölkerung annahm. Die Wüste kam in seiner Botschaft nicht vor. Männer und Frauen sollten sich in kleinen Gemeinschaften sammeln, die durch persönliche Keuschheitsgelübde gebunden waren. Wie im enkratitischen Syrien schockierten geistige Väter der Richtung des Hierakas ihre Gegner damit, daß sie sich der engen Bindungen von Dienst und spiritueller Gemeinschaft brüsteten, die zwischen ihnen und ihren enthaltsamen Jüngerinnen bestanden. Nach Ansicht des Hierakas waren enthaltsame Menschen die einzigen Christen in Ägypten, die gerettet werden würden: Ihre Gegenwart in den Städten und Dörfern des Nildeltas spottete den Hoffnungen, die sich der durchschnittliche Familienvater auf Erlösung machte. Dadurch, daß er für die Bildung von Gruppen enthaltsamer Männer und Frauen in der Laienschaft eintrat, drohte Hierakas, den Hauch einer gefährlichen Freiheit in die Kirchen des bewohnten Landes zu bringen, die man besser den Bewohnern der fernen Wüste überließ.[17]

Weiter nilaufwärts sahen sich die Führer der pachomianischen Klöster zunehmend gezwungen, ihre Mönche gegen die Laien in den umliegenden Dörfern abzugrenzen. Die große Gutmütigkeit des Pachomius hatte gezeigt, daß es möglich war, ein Kloster zu gründen, das als alternatives Dorf inmitten der bewohnten Welt fungierte. Seine Nachfolger waren eine neue Art von Dorfvorstehern. Als geborene Führer und Männer mit »freundlicher Rede« paßten sie nur zu gut in das Leben des Tals.[18] Genau aus diesem Grund mußten die Pachomianer im 4. und 5. Jahrhundert mit besonderem Bewußtsein darum kämpfen, die Grenzen zu betonen, die ihre nur zu theoretische »Wüste« von »der Welt« trennten. Daher das ganz ausdrückliche Gefühl für sexuelle Gefahr, das viele der Entscheidungen und Ermahnungen der Nachfolger des Pachomius durchzog.

Vor allem mußten die einzelnen Mönche voneinander getrennt werden. Homosexuelle Beziehungen wurden mit bemerkenswerter Ausführlichkeit verdammt. Abscheu vor solchen Formen der Sexualität war nicht der einzige Grund für diese Bestimmungen – das soziale Gefüge der Gemeinschaft stand auf dem Spiel. In mitleiderregender Weise der normalen Gefühlsbindungen der Familie beraubt, die der ägyptischen Landbevölkerung so viel bedeuteten,[19] mußten die jungen Mönche lernen, füreinander »Fremde« zu werden.[20] Die harten Verfügungen des Horsiesius gegen Päderastie verraten mehr als die Gefahren unerfüllter sexueller Sehnsüchte: Sie sind ein Zeugnis für das intensive Bedürfnis von Dorfjungen, um sich herum ein wenig von der persönlichen Wärme zu erhalten, die es in den Großfamilien gegeben hatte, aus denen sie gekommen waren. Sie sehnten sich danach, im Kloster eine Welt des »unbeschwerten Lachens und Spielens mit Knaben« neu zu schaffen.[21] Sie steckten sich kleine Geschenke zu, trugen ihre Halstücher schräg und nannten sich »Vater« und »Sohn«.[22] All das mußte ein Ende haben. Die jungen Mönche hatten zu lernen, eine Distanz von einer Elle zum Körper des anderen einzuhalten.[23]

Gegen Ende des 4. Jahrhunderts waren die Vorkehrungen, die die pachomianischen Mönche einengten, abgeschlossen. Hohe Mauern grenzten das Kloster selbst ab.[24] Die Mönche waren durch Gelübde »eingebunden«.[25] Sie zeigten sich der Welt in ein einfaches Gewand gekleidet, das als das *schema*, der charakteristische dunkle Mantel des Mönchs, seine eigene Mystik gewonnen hatte. Er war mit Lederriemen zusammengebunden, die als Symbol für die bindende Natur der Mönchsgelübde galten. Mitglieder der pachomianischen Gemeinschaft, die die allgemeinen Wege entlangwanderten und in ihren großen Booten, »wie Esel angeschirrt« in ihrer Mönchskleidung, nilauf und nilab segelten, waren aufgerufen, ihre eigenen Körper als Meilensteine einer unüberschreitbaren, aber weitgehend unmerklichen Grenze agieren zu lassen: Ihre Enthaltsamkeit sprach zu der Welt als ganzer von der Unversehrtheit ihres Klosters – *ein eingefriedeter Garten, eine versiegelte Quelle*.[27]

Für viele pachomianische Mönche konnte die Verlockung der Welt einzigartig keusche Formen annehmen. Es war die Verlockung einer alternativen Form christlicher Frömmigkeit, die attraktiver und handlicher schien als die schwerfälligen und ökonomisch verletzlichen monastischen Föderationen des Pachomius.[28] Mancher Mönch mochte von einer Rückkehr in die Welt aus keinem schlimmeren Grunde träumen als aus dem, daß er seine eigene Familie bekehren wollte, indem er das Haus und das Land seiner Vorfahren in ein stilles häusliches Kloster verwandelte – so wie es das unseres Wissens in Ägypten wie anderswo gegeben hat.[29] Apa Zanos hatte genau an dies gedacht. Er machte sich auf, um in sein heimatliches Memphis zurückzukehren:

Und ganz plötzlich, als ich mich umblickte, sah ich eine Nonne. Sie war eine sehr gutaussehende und schöne Frau, und sie sprach zu mir: »Sei gegrüßt, Apa!« Und ich sprach zu ihr: »Friede sei mit dir, Amma. Wohin gehst du?« Sie antwortete: »Ich bin eine Jungfrau aus dem Kloster des Tabennesiotes, und ich gehe zu meiner Familie nach dem Fleische.«

Und bei diesen Worten begann mich der Gedanke der Unzucht zu erregen und zu beunruhigen. Ich war nicht mehr in der Lage, das Brennen zurückzuhalten. Ich schloß sie in meine Arme und warf sie, so schien es, nieder und zog sie nackt aus; daraufhin versetzte sie mir einen Schlag, und ich sah, daß die ganze Stätte wie Feuer aussah. Dann erhob ich mich, nachdem ich einen Samenerguß gehabt hatte, aber sie war verschwunden. ... Ein Fieber und ein Zittern ergriffen mich alsbald, und ich blieb dort liegen von der dritten bis zur neunten Stunde.[30]

Nur warnende Erzählungen von alptraumhaften sexuellen Begegnungen erachtete man als geeignet, den Weg zu blockieren, der mit solcher Leichtigkeit aus der Wüste in das zurückführte, was völlig legitime Formen christlicher Frömmigkeit im besiedelten Land waren.

Es überrascht nicht, daß sich am Saum der Wüste ein Nebel sexuellen Mißtrauens genau zu derselben Zeit verdichtete, in der Mönche, wie wir sehen, in zunehmendem Maße Kontakte zur bewohnten Welt aufnahmen – als Schiedsrichter, als privilegierte Bittsteller bei den Großen oder als die geistlichen Ratgeber christlicher Laien, darunter auch Frauen.[31] Verteidiger des Mythos der Wüste konnten schreiben, daß Briefe von Frauen, die um geistlichen Rat baten, Pfeile waren, die aus der Ferne auf das Herz abgeschossen wurden:[32] Wir wissen, daß schon in der Mitte des 4. Jahrhunderts ein Mönch, Paphnutius, Briefe von Valeria, einer christlichen Dame aus der Nachbarschaft, erhalten konnte:

Ich hoffe zuversichtlich, durch eure Gebete Heilung zu erlangen, denn von Asketen und Frommen werden Offenbarungen kundgetan. Denn ich bin von einer großen Krankheit in Gestalt einer quälenden Kurzatmigkeit geplagt. ... Auch wenn ich nicht in Person zu euren Füßen gekommen bin, komme ich doch im Geiste zu euren Füßen.[33]

Das Gefühl für sexuelle Gefahr, die in den Leibern der Mönche lauerte, lastete am schwersten auf Novizen. Konvertiten, die ein Wüstenleben aufnehmen wollten, rekrutierten sich meist aus zwei verschiedenen Altersgruppen. Am Ende des 4. Jahrhunderts konnte es durchaus vorkommen, daß einige junge Mönche in der Wüste aufgewachsen waren, wohin sie mit ihren Eltern durch eine Hungersnot getrieben worden waren.[34] Andere waren den Alten Männern von einer frommen Laienschaft als menschliche Votivgaben dargebracht worden – auch wenn, wie die Mönche bemerkten, die Reichen, die dazu neigten, den Witwen und Waisen nur gebrauchte Kleidung zu geben und nur ihren schlechtesten Wein für Gastmähler für die Armen zu opfern, auch dazu tendierten, nur ihre am wenigsten gesunden und begabten Nachkommen an die Wüste abzutreten und sich die besseren zur Verheiratung aufzusparen![35]

Diese jungen Knaben, die ebenso zu Jungfräulichkeit verpflichtet waren wie ihre Schwestern, die Nonnen, mußten der neuen Herausforderung begegnen, daß sie ihre Pubertät in einer monastischen Umgebung durchmachen mußten. Viele Führer der Bewegung waren dagegen Männer, die es in mittleren Jahren in das Wüstenleben verschlagen hatte. Manche waren verwitwet oder hatten sich von ihrer Frau mit deren Zustimmung getrennt. In dem Bild, das sie von sich selbst hatten, spielte die Sexualität nicht unbedingt eine große Rolle: Zorn, Stolz, eine verborgene Empfänglichkeit für gesellschaftlichen Status – das und nicht Unzucht waren die Versuchungen, die sie plagten. Sie waren Menschen mit festen sozialen Rollen; ihre Sünden waren die harten Sünden des Willens. Die jungen Mönche dagegen waren Menschen ohne klares soziales Profil: Sie waren nichts als ihre kräftigen jungen Körper. Ihre Aufnahme in das Wüstenleben mußte sich in Form einer betont auf das Sexuelle gerichteten Disziplinierung vollziehen.

Gegen Ende des 5. Jahrhunderts hatte die asketische Literatur einen Verhaltenskodex für Novizen entwickelt, der ebenso akribisch war wie die Regeln, die einst Clemens von Alexandrien für junge Christen entwickelt hatte. Das Leben in der Zelle hatte seine eigenen feierlichen Umgangsformen. Der junge Mönch muß die Taschen eines Besuchers tragen, wenn er ankommt,[36] er muß mit ihm nach der ersten Begrüßung eine Stunde lang in verehrungsvollem Schweigen auf der kleinen Bank vor der Zelle sitzen,[37] muß ihn immer als ersten durch jede Tür gehen lassen[38] und in jedem Fall sein eigenes Essen mitbringen, wenn er einen Mönch besucht, von dem man weiß, daß er arm ist.[39] Solche Vorschriften zeigen, wie junge Männer mit einer feierlichen Würde zu leben lernen, die immer der Stolz der antiken Welt war. Andere Vorschriften dagegen markierten einen neuen Aufbruch. Während die christliche Jugend des Clemens ihr Betragen und ihre Stimme in einer belebten Tischrunde verfeinert hatten, wo sich Männer und Frauen ohne Schüchternheit begegneten, wurden die Jugendlichen in der Wüste bis auf den Körper ausgezogen. Diese Körper wurden wegen der Sexualität, die in ihnen lauerte, beständiger Wachsamkeit unterworfen:

Denn der Fallstrick des Teufels gegen die Menschheit und besonders gegen die Jugend ist der Körper.[40]

Gewöhne deine Augen daran, nie den Körper eines Menschen anzuschauen, auch nicht, wenn möglich, deinen eigenen.[41]

Sprich nie zu jemandem: »Nimm das Ungeziefer aus meinem Bart.«[42]

Mit zusammengedrückten Knien, über die Füße gezogenen Gewändern und fest gebundenen Gürteln, damit die Hände in der Nacht nicht wandern konnten,[43] betraten die jungen Mönche die Welt mit gesenkten Augen,[44] darauf bedacht, nie gemeinsam mit einer Frau zu essen.[45] Sie gemahnten hart an einen neuen Kodex, dessen Last nicht mehr auf den öffentlichen Gesten des sozialen Menschen und auf öffentlichen Verstößen gegen den guten Geschmack ruhte, die sich durch heftige Bewegungen, laute Reden oder unangemessene Gesten ergeben konnten. Zwei Jahrhunderte nach dem *Paidagôgos* des Clemens legten die Regeln der Wüste das größte Gewicht auf das ungezähmte Fleisch selbst.

Die Welt der Novizen war eine enge Welt. Sie lag in Distanz zum Leben der normalen christlichen Gemeinde. Es läßt sich außerordentlich schwer feststellen, wie stark und auf welche Weise die sexuellen Regeln, die in der Wüste bis zu einem solchen Punkt der Vorsicht getrieben worden waren, in die Kirchen zurücksickerten. Wir müssen uns sehr davor hüten, ihre unmittelbare Auswirkung auf das sexuelle Verhalten des Durchschnittschristen zu übertreiben. Untersuchungen moderner Gesellschaften, in denen der Asket noch heute großes Prestige genießt, haben uns gelehrt, vorsichtig zu sein:

Wenn man sagt, daß etwas das höchste Ideal sei, so bedeutet das, auch wenn es mit einem hohen Grad von kulturellem Konsensus einhergeht, keine Voraussage darüber, welche Stellung man diesem Ideal im gesellschaftlichen Leben gibt oder zugesteht.[46]

Es ist unvorsichtig, wenn man versucht, die geistige Verfassung eines frühbyzantinischen Laien lediglich aus einer kursorischen Lektüre der melodramatischeren Anekdoten abzuleiten, die die Wüstenväter liefern.

Das gilt für Ägypten ebenso wie für jede andere Region der christlichen Welt. Die sexuellen Vorschriften, die die Beziehungen zwischen Männern und Frauen im christlichen Osten regelten, verhärteten sich im Laufe des 4. und 5. Jahrhunderts zweifellos. Doch der Aufstieg des christlichen Asketizismus hat mit diesem Prozeß vielleicht weniger zu tun gehabt, als wir vermuten. Im 4. Jahrhundert beispielsweise wurde die altägyptische Tradition der Geschwisterehe endgültig aufgegeben. Solche Ehen und die zwischen Cousin und Cousine mögen durchaus eine gewisse Ungezwungenheit der Beziehungen zwischen Mädchen und Jungen aufrechterhalten haben, die in nächster Nähe miteinander aufwuchsen. Doch das Inzestverbot ergab sich aus der Durchsetzung des römischen Rechts in Ägypten und hatte seinen Höhepunkt im Edikt des heidnischen Kaisers Diokletian erreicht. Der christliche Klerus hat vielleicht aus diesem Wandel Nutzen gezogen; aber er tat kaum etwas, um ihn herbeizuführen.[47]

Ebenso waren die Tendenz, junge Männer und Frauen an frühe, arrangierte Ehen zu binden, die wachsende Betonung der bindenden Natur des Verlobungsaktes und das Beharren auf der Jungfräulichkeit der Braut[48] Entwicklungen, die mit dem Aufstieg des Christentums zusammenfielen, aber nicht ausschließlich von ihm verursacht wurden. Als den neuen Führern der öffentlichen Meinung in vielen Dörfern fiel den christlichen Geistlichen jedoch eine Rolle bei der Überwachung der Einhaltung dieser strengeren Regeln zu. Als die Töchter von Sarapion Schande über das Dorf brachten, indem sie aus ihrer Abgeschlossenheit herausstürzten und ausriefen: »Wir wollen Männer!«, waren es die Priester der Kirche, an die man sich wandte, um sie zur Ordnung zu rufen.[49]

Die Mönche und Nonnen Ägyptens waren sehr oft die Kinder praktizierender christlicher Familien: Sie brachten die gängigen strengen Regeln für sexuelle Zurückhaltung und sexuelle Absonderung mit, die ihre Eltern und Nachbarn befolgt hatten. Sie stellten oft das dar, was zu sein sich der durchschnittliche Christ »in der Welt« wohl in seinen oder ihren besseren Momenten gewünscht hätte. Doch ob christliche Regeln immer so schwer auf denen lasteten, die in der Welt blieben, war eine ganz andere Frage. Wenn beispielsweise Ägypter eine Scheidung wollten, ließen sie sich von der christlichen Lehre nicht daran hindern. Einmal hatte sich Aurelia Attiaena zwar vom Priester dazu überreden lassen, ihren Tunichtgut von Mann wieder aufzunehmen, aber schließlich zögerte sie nicht, ihm einen Scheidungsbrief zu schicken, »in Übereinstimmung mit dem kaiserlichen Gesetz«.[50]

Allenfalls ließ man zu, daß sich eine »Zone des Schweigens« zwischen der Erfahrung von Sexualität in der bewohnten Welt und dem neuen Bewußtsein von Sexualität auftat, das die Mönche einführten. Gegen Ende des 5. Jahrhunderts war die stillschweigende Abgrenzung zwischen Wüste und bewohntem Land klar geworden und wurde von beiden Seiten akzeptiert. Ein System halboffener gegenseitiger Kontrollen schützte Christen »in der Welt« vor den außerordentlich anspruchsvollen Forderungen, die die Männer der Wüste an den menschlichen Körper stellten.

Angesichts der Entwicklung des Mönchtums in diesem Gebiet war das nicht überraschend. Die asketische Bewegung war immer durch größte soziale Vielfalt gekennzeichnet gewesen. Zu keiner Zeit war sie auf die Bauernschaft beschränkt. Ihre wichtigsten Förderer und Führer kamen gewöhnlich aus den Reihen der Honoratioren der Städte und Dörfer.[51] Zellen, die aus dem 6. Jahrhundert datieren, sind in der Wüste vor Esna ausgegraben worden.[52] Ihr Bau muß mindestens 90 Tage sorgfältiger Arbeit erfordert haben.[53] Sie waren keine Wüstennester. Die zu ihrer Lüftung getroffenen Vorkehrungen, durch die die kühlen Brisen aus dem Tal in die Kapelle geleitet wurden, nötigen modernen Architekten Bewunderung ab.[54] Zwar waren sie Produkte liebevoller Sorgfalt, aber sie waren wie Gräber in den Felsen gehauen; und wie Gräber waren sie bewußt frei von dem Wirrwarr aus Einrichtungsgegenständen, die mit dem Leben lebender Menschen zu tun hatten.[55] Technisch gesehen waren ihre Bewohner für die Welt »gestorben«.

In Wirklichkeit waren solche Zellen oft die sorgfältig geplanten letzten Zufluchtsorte von Männern mittleren Alters aus guter Familie, die in der *vida descansada* der Wüste eine letzte Offenbarung der Sehnsucht fanden, die der Vornehme der Antike nach einem würdigen Ruhestand hatte. Solche Männer waren oft Mitglieder des Klerus gewesen. Sie wuchsen als fromme Klienten der Mönche auf und lebten Jahrzehnte in stiller Symbiose mit den Wertvorstellungen der Wüste, in die sie sich schließlich zurückzogen. Nun hatten ein Trauerfall, Krankheit oder ein Zusammenstoß mit der lokalen Obrigkeit sie daran denken lassen, daß es, um es mit Dantes gütigen Worten zu sagen, Zeit sei, »die Taue zu holen und die Segel zu raffen«[56]. Ein solcher Mann war der Erzdiakon Joseph, der um 600 an den Apa Epiphanius in Theben schrieb:

Aus diesem Grund habe ich daher den Wunsch gehabt, mich zurückzuziehen ... [und] an meine Sünden zu denken. ... gebrochen, im Bett liegend, hinein und hinaus getragen werdend. ... ein großer Kummer ist in meinem Herzen Tag und Nacht. Und sei so gut und bestimme für mich Gebete und [eine Lebensweise], die mit Krankheit und Alter vereinbar sind, und ich werde sie erfüllen, selbst wenn ich es im Liegen tue.[57]

Maßloser geistlicher Ehrgeiz war wahrscheinlich nicht die Eigenschaft, durch die sich solche Männer auszeichneten. Infolgedessen tendierte die Wüstentradition dazu, in sich selbst zusammenzufallen. Die tiefsinnigen Spekulationen über die Rolle der Sexualität im Menschen, von denen wir im letzten Kapitel lasen, spielten sich unter Mönchen für Mönche ab. Sie waren das Produkt einer bemerkenswerten Tradition geistlicher Anleitung, deren Hauptaufgabe es geworden war, unter den Tausenden von eindeutig durchschnittlichen Friedenssuchern und Ruhebedürftigen, die das Gros der Mönche im 5. und 6. Jahrhundert ausmachten, Kandidaten für wahre mönchische Vollendung zu rekrutieren. Die gewohnten Verbindungspunkte zwischen der Wüste und der Welt waren meist von Männern besetzt, die den Werten und Bedürfnissen verheirateter Christen nahestanden. Ein solcher Mann war Apa Paham, der uns aus seinem Testament bekannt ist, das er um das Jahr 600 aufsetzte:

Ich hatte drei Kinder. Ich ging und wurde Mönch. Ich verließ sie, als sie (noch) am Leben waren. Sie lebten alle drei in der Welt. Der älteste Sohn Papnute verheiratete sich gegen meinen Willen. Ich war sehr betrübt (darüber). ... Ich stellte es Gott anheim, dem gerechten Richter, und den Gebeten meines heiligen [geistlichen] Vaters. ... Mein Sohn [der inzwischen unglücklich verheiratet war] kam oft und teilte mir seinen Kummer mit.[58]

Mönche wie Paham waren die Klienten geistlicher Väter wie Barsanuphius. Sie wurden mit bemerkenswerter Menschlichkeit beraten. Diejenigen, die sich als Verheiratete in das Kloster zurückzogen, mußten sorgfältige Vorsorge für ihre Frau und ihre Kinder treffen: Barsanuphius und sein Kollege Johannes von Gaza schlugen sogar die beste rechtliche Absprache über eine solche Trennung vor.[59] Sie mußten ihrer Frau gestatten, sie regelmäßig einmal in der Woche zu besuchen, um Familienangelegenheiten zu besprechen.⁶⁰ Vor allem mußten sie bereit sein, den Schmerz über die Abwesenheit ihrer Frau zu ertragen:

> Es steht geschrieben über die Sache von Mann und Frau: *Die beiden sollen ein Fleisch sein.* Folglich, genau wie wenn jemand ein Stück von seinem Fleisch wegschneidet, so leidet der Rest des Körpers für eine Zeit, bis die Wunde geheilt ist und der Schmerz aufhört; so ist es für dich in dieser gegenwärtigen Angelegenheit erforderlich, eine Zeit zu leiden, da dein Fleisch durch die Trennung verstümmelt worden ist.⁶¹

Wir haben einen weiten Weg von der grellen Folklore sexueller Meidung zurückgelegt, mit der die Mönche des 4. Jahrhunderts ursprünglich darum gekämpft hatten, ihre Position gegenüber der Welt zu definieren. Barsanuphius' Briefe an Laien und an neu zum asketischen Leben Bekehrte lassen eine potentiell revolutionäre Situation erkennen, die durch langsame Zermürbung über einen Zeitraum von 200 Jahren hinweg zum Stillstand gebracht worden war. Sein Tonfall verriet eine Heiterkeit, die aus einem klaren Gefühl für Hierarchie kam, in der dem ehelichen Leben sein gebührender Platz zugestanden wurde.

In dieser Hierarchie stellte die Jungfräulichkeit nach übereinstimmender Meinung den Gipfel christlichen Strebens dar: Jungfräulichkeit bei Mönchen wie bei Nonnen war »das Fundament der Kirche«.⁶² Das bedeutete jedoch nicht, daß das Leben der verheirateten Laienschaft aller Wärme und Bedeutung beraubt war. Athanasius (oder wahrscheinlicher ein späterer Autor, dessen Werk unter dem Namen des großen Kirchenvaters überliefert ist)⁶³ stellte das klar, als er in Form eines Traktats *Über die Jungfräulichkeit* gegen Hierakas schrieb.⁶⁴ Die Anwesenheit von Asketen in der benachbarten Wüste besagte nicht, daß die christliche Ehe befleckt oder ungültig war. Die Mönche sollten nicht damit drohen, das »gegenwärtige Zeitalter« dadurch zu einem dramatischen Ende zu bringen, daß sie auf das Aufhören der Ehe drängten und die grundlegende Trennung zwischen Männern und Frauen aufhoben. In Athanasius' Augen diente der Asket als Wegweiser, als lebende *demonstratio evangelica*, als Beweis für die Wahrheit des Evangeliums für diejenigen, die seinem Ruf bis zum äußersten folgen wollten. Die asketische Verwandlung der Minderheit demonstrierte das Ausmaß der Vollendung, die durch die Macht Christi den Menschen zugänglich gemacht worden war.⁶⁵

Die verheirateten Christen unten im Tal hatten nicht auf den Ruf Christi *Willst du vollkommen sein* geantwortet, wie es Antonius getan hatte; aber sie lebten nach wie vor in der Gnade Gottes. Sie lebten das Leben der Gerechten, wie dies im Alten Testament niedergelegt worden war: Wenn sie nicht alles taten, wozu sie die Evangelien aufforderten, vermieden sie zumindest alles, wovon das Buch der Sprüche sagte, daß sie es nicht tun sollten.[66] Das bedeutete in der Praxis, daß ihr Leben friedlich und mit beachtlichem Anstand im Flußbett uralter nahöstlicher und hellenistischer Traditionen von Höflichkeit, Großzügigkeit und ehelicher Zurückhaltung dahinfließen konnte. Gleichzeitig verbanden viele fromme Praktiken die bewohnte Welt mit dem Leben der Wüste. Zu bestimmten Zeiten des Jahres sollte jeder christliche Haushalt ein kleines Kloster werden. An den hohen Festtagen der Kirche erwartete man von reichen Familienvätern, daß sie einen Hauch des Verzichts auf alles Eigentum erfuhren, den ihre Helden in der Wüste verwirklichten, indem sie zumindest einen Teil ihrer Güter als Almosen an die Armen hingaben. In der Fastenzeit erlebte auch die Laienschaft durch den Verzicht auf Essen ein gewisses Maß des anhaltenden Hungers, mit dem sich die Mönche von den Folgen der Sünde Adams befreiten. Durch Zeiten sexueller Enthaltsamkeit, durch Wachen und durch kleine, wiederholte Verzichtgelübde atmeten sie ein wenig von der freien Luft der Wüste.[67] Ihre ehelichen Pflichten als Männer und Frauen »in der Welt« hatten die unanfechtbare Solidität von Naturtatsachen. Die Ehe war

die bescheidenere Form, die sich für [normales] menschliches Leben eignet. ...

Es ist eine gute Sache, wenn ein junger Mann das Oberhaupt eines Haushalts wird und Kinder zeugt.[68]

Wenn gegen radikalere Ansichten eine Hierarchie geltend gemacht wurde, in der die Ehe ihren gebührenden Ort hatte, so beruhte das auf einer entscheidenden Annahme: Das Sexualleben des Ehepaars mußte als unproblematisch betrachtet werden. Die Befürchtungen, die die Männer der Wüste in ihren Beziehungen zu Frauen einengten, die sexuelle Disziplin, die den Körpern der jungen Novizen auferlegt wurde, und das Sichvertiefen der Theoretiker der asketischen Vollendung in die Permanenz sexueller Triebe – das waren Dinge, die stillschweigend zu reinen Mönchsangelegenheiten erklärt wurden. Zwangsläufig kamen einige von diesen Problemen auch bei Laien in Umlauf; aber die Mönche unternahmen kaum Anstrengungen, um für Verheiratete in der Welt einen Kodex des sexuellen Verhaltens zu schaffen, wie ihn einst in solcher Ausführlichkeit Clemens von Alexandrien vorgelegt hatte. Ob zum Guten oder zum Bösen, Clemens' verlegener Versuch, einen Kodex korrekten Verhaltens für das Ehebett zu schaffen, gehörte einer anderen Zeit an.

Der geistliche Rat, den die Wüstenväter Verheirateten anboten, beschränkte sich auf die banalsten Verbote. Solange der Geschlechtsverkehr nur in der Ehe stattfand und solange das Ehepaar traditionelle Enthaltsamkeitsperioden einhielt, gab es damit keine Probleme. Die »Keuschheit« des Laienpaars bestand vorwiegend in der Fähigkeit, keinen Ehebruch zu begehen. Vermieden werden sollte der Verkehr am Sonnabend, am Sonntag, am Mittwoch und am Freitag, in den 40 Tagen der Fastenzeit und vor den anderen Festen, an denen sie vielleicht das Abendmahl nahmen.[69] Solche Verbote stellten den Willen jedes Paars auf die Probe; aber sie stießen kaum neue Fenster in die Tiefen ihres Herzens auf. Der eheliche Verkehr war eine Naturtatsache: Wäre Eva nicht aus der Seite Adams herausgezogen worden und wäre beiden nicht die Fähigkeit zur Fortpflanzung verliehen worden, so hätte das Wort Gottes nicht von einer Frau geboren werden und unter den Menschen wohnen können.[70]

Die Geistlichen in den Städten und Dörfern unterschieden sich nicht sehr von den Laien. Das asketische Paradigma totaler Abstinenz verbreitete sich unregelmäßig unter den Dorfpriestern Ägyptens. Paphnutius, ein ägyptischer Asket und ein Held der Großen Verfolgung, eine eindrucksvolle Gestalt, keusch von Kindheit an und durch die Marter auf einem Auge blind, soll auf dem Konzil von Nicäa eingegriffen haben, um dafür zu sorgen, daß dem Klerus keine totale Enthaltung vom ehelichen Verkehr auferlegt wurde: »Mit höchster Lautstärke brüllend« erklärte er, »alle Männer können nicht die Praxis strenger Enthaltsamkeit ertragen; und vielleicht würde auch die Keuschheit der Gattin jedes einzelnen nicht bewahrt bleiben.«[71] Bischöfe und Mitglieder des höheren Klerus wurden häufig aus der Wüste geholt, aber die Dorfpriester und der niedere Klerus waren gewöhnlich Verheiratete, die noch mit ihren Frauen schliefen. Sie waren denselben Beschränkungen unterworfen wie die Laienschaft. Wir lesen, daß die Diakone eines Dorfes schwören, »auf unsere Betten an den Tagen des Abendmahls achtzuhaben, das Evangelium nach Johannes zu beherrschen und es bis zum Ende des Pfingstfestes auswendig zu lernen«.[72]

Was die Männer der Wüste den Familienvätern boten, war kein Rat, wie sie ihr Sexualleben führen sollten, sondern etwas Nützlicheres. Die Mönche brachten Männern und Frauen »in der Welt« die unschätzbare Gabe der Vermittlung. Der tiefe Glaube aller Byzantiner an die Fürsprecherkräfte der Mönche verrät einen stillschweigenden Pakt. Er setzte voraus, daß die Mönche als »engelhafte Männer« noch immer genug von dem gemeinsamen Lehm menschlicher Natur mit sich trugen, daß sie in der Lage waren, vor dem Thron Gottes als die Vertreter der gewöhnlichen Menschheit und daher ihrer gewöhnlichen, erdgebundenen Bedürfnisse aufzutreten. Die Gebete des Pachomius für die Bauern der Gegend wurden weitgehend deshalb als wirksam betrachtet, weil er, wie man wußte, das anhaltende Hungerdasein eines Mönchs gewählt hatte; wie er zur Zeit einer Hungersnot sagte: »Auch ich werde nicht essen, solange meine Mitmenschen hungrig bleiben und kein Brot finden.«[73]

Ein Mythos der Wüste, der von Grund auf um Arbeit und Nahrung herum aufgebaut war, sorgte dafür, daß Spinnwebfäden übernatürlicher Kraft von der Wüste herabreichten, um sich um die Felder zu legen[74] und den geheiligten Nil zu umfangen.[75] Im Jahre 400 glaubten Christen, es sei die Frömmigkeit der Mönche und Nonnen, die das jährliche Anschwellen des großen Flusses verursache.[76] Die Anwesenheit der Mönche hatte genau dem Bereich Segen gebracht, auf den sie für sich selbst verzichtet hatten – den korntragenden Feldern Ägyptens.

Von der Wüste aus gesehen war die »Welt« kein verschlingendes »gegenwärtiges Zeitalter« mehr, dessen bevorstehende Auflösung durch spektakuläre Umkehrung der Fakten des Sexus beschleunigt werden konnte. Im 5. Jahrhundert war die »Welt« ein soziales Faktum, klar definiert und durch den ausdrücklichen Segen Gottes unaufhebbar gemacht. Tief in der Wüste fragten Mönche, ob »Das Wasser« noch steige, um ihr Leben zu geben.[77] Selbst der fernste Wüstenbüßer konnte gebeten werden, für die Kirche und das Reich der Römer zu beten.[78] Der anomale Körper des Mönchs, der in der Wüste zwischen Himmel und Erde stand, war ein Faden geworden, an dem man die Gesellschaft von Ostrom hängen sah. In Saqqara, ein Stück südlich von Kairo, steht das Kloster des Apa Jeremias am Rand eines Sandvorsprungs, der so absolut tot ist, daß dort selbst nach dem Januarregen keine Blumen blühen. Mit der Rückseite einem Horizont zugewandt, der von Gizeh im Norden bis Dahshur im Süden von den unheimlichen Formen der Pyramiden eingekreist ist, blickt das Kloster in ein Tal mit üppiger blaugrüner Vegetation hinunter. Das war für Apa Jeremias »die Welt«: »Dies ist die Stelle, an der sich unser Herr und Vater Apa Jeremias verneigte, bis er die Sünden der Völker der ganzen Welt beseitigte.«[79]

Um Apa Jeremias standen die mächtigen Engel. Sie schwebten über dem Kloster genau wie über dem bewohnten Land und umfaßten ihre antithetischen Eigenschaften in einem gewaltigen Fürbittgebet unmittelbar vor dem Angesicht Gottes. Die unermüdliche Sorge des Erzengels Michael für alle Geschöpfe Gottes, eine Sorge, die größer war und beständiger selbst als die eines »engelhaften« menschlichen Wesens, stand in den unausgesprochenen Gedanken aller ägyptischen Christen als stillschweigende Bestätigung der bescheidenen irdischen Werte, die mit dem Leben im Tal des Nils zusammenhingen. Dadurch, daß er die Fürbitte von Engeln und Erzengeln für alle menschlichen Wesen in allen Lebenslagen und für die Verfassung der natürlichen Welt, von der das Menschengeschlecht abhing, erhörte, offenbarte Gott sein beständiges Mitempfinden mit den Freuden und Leiden der verheirateten christlichen Laienschaft:

Wir finden die Fürbitte Michaels in dem eifrigen Werk unserer Hände. Wir finden die Fürbitte des Erzengels in der Stille der Ochsen und dem Wachstum der Lämmer. ... Wir finden die Fürbitte Michaels im Weinstock und in der Freude, [die] im Wein [ist]. Wir finden die Fürbitte Michaels in der Freude, und in der Fettigkeit und dem Wohlgeschmack der Oliven. Wir finden die Fürbitte Michaels im Schlummer des Menschen. ... Wir finden die Fürbitte Michaels in der Verbindung der heiligen Ehe, in der Männer ihre Kinder zum Segen zeugen. ... Wir finden die Fürbitte Michaels, wenn er gütig ist zu denen, welche müde sind, und wenn er ihnen Stärke verleiht.[80]

DREIZEHNTES KAPITEL

»Töchter Jerusalems«:
Das asketische Leben von Frauen im 4. Jahrhundert

Der Sohn Gottes, unser Herr und Heiland Jesus Christus, der um unseretwillen Mensch geworden ist, ... hat zu allen seinen anderen Wohltaten uns auch diese geschenkt, daß wir auf Erden im Stande der Jungfräulichkeit ein Abbild der Heiligkeit der Engel besitzen sollten. Danach ist die katholische Kirche gewohnt, solche, die diese Tugend erworben haben, *die Bräute Christi* zu nennen. Und die Heiden, welche sie sehen, äußern ihre Bewunderung für sie als die Tempel des Wortes. Denn es besteht dieser heilige und himmlische Stand wirklich nirgends, sondern nur bei uns Christen, und er ist ein sehr starkes Argument dafür, daß bei uns die echte und wahre Religion zu finden ist.[1]

So der Kirchenvater Athanasius von Alexandrien im Jahre 356 an Kaiser Constantius II. Wie nur zu häufig in der Karriere des Athanasius wurde dieser majestätische Anspruch vor dem Hintergrund widerwärtiger Gewalttätigkeit in seiner Stadt erhoben: Geweihte Jungfrauen der Kirche von Alexandrien waren einer rituellen Erniedrigung durch seine Feinde unterworfen worden. Jeder Angriff auf die Kirchenjungfrauen war ein Angriff auf den Status des furchterregenden Patriarchen selbst. Athanasius stand damit nicht allein. Gegen Ende des 4. Jahrhunderts waren »erhöhte Kirchenchöre ..., teppichbelegte Bischofsstühle ..., Prozessionen heiliger Jungfrauen« untrennbarer Bestandteil der Machtentfaltung eines Bischofs.[2]

In einem Angriff auf die katholischen Geistlichen führte ein manichäischer Polemiker in Nordafrika aus, sie behaupteten zwar, daß die Ehe von Gott gestiftet sei, doch das, was sie am inbrünstigsten predigten, sei die Jungfräulichkeit:

Ihr seid immer bestrebt, einander darin zu übertreffen, Mädchen zur Entscheidung für diesen Beruf zu überreden, in einem solchen Maße, daß es in jeder Kirche fast eine größere Anzahl von Jungfrauen gibt als von verheirateten Frauen.[3]

Es war für einen Bischof keine leichte Aufgabe, sein symbolisches Gefolge zu kontrollieren und zu beschützen. Die meisten

Kirchenjungfrauen waren junge Mädchen im heiratsfähigen Alter. Sie waren in Familien aufgewachsen, in denen die Kontrolle der Eltern über die Eheaussichten von jungen Heranwachsenden im allgemeinen und von Mädchen im besonderen absolut geblieben war. Wieviel auch christliche Schriftsteller aus platonischer Sicht von der angeborenen Liebe zur Jungfräulichkeit schrieben, die sich tief im Herzen jedes christlichen Kindes regte,[4] solche Kinder waren selten frei in ihrem Handeln.[5] Die Familie entschied über das Schicksal ihrer Töchter. Wenn ein Mädchen eine geweihte Jungfrau bleiben sollte, mußte sie mit einer überladenen sakralen Sprache abgegrenzt werden. Das Mädchen, das sich unter den »Bräuten Christi« sah, wurde vom Klerus als menschliche Votivgabe bezeichnet. Sie war keine Frau mehr; sie war »ein heiliges Gefäß, das dem Herrn geweiht war,« geworden.[6]

»Heilige Gefäße« im Teenageralter konnten sich nie sicher fühlen. Im Idealfall verschrieben sich Mädchen nicht durch Eid dem jungfräulichen Stand, bevor sie 16 oder 17 Jahre alt waren. In vielen Gegenden erfuhr der Entschluß des Mädchens erst viel später seine endgültige, öffentliche Bestätigung durch die Verleihung eines Schleiers – häufig erst dann, wenn die Frau sicher das gebärfähige Alter überschritten hatte und kein Faustpfand im Spiel von Familienallianzen mehr war.[7] Doch die Entscheidung wurde häufig für Mädchen in frühem Alter von ihren Eltern getroffen, um die Familie von Mitgiftzahlungen und ähnlichen Kosten zu entlasten, die durch weibliche Kinder entstanden. Christliche Familien betrachteten es als sündhaft, ihre Kinder auszusetzen: Sie fanden es jetzt bequem, ihre unerwünschten weiblichen Säuglinge der Kirche zu weihen.[8] Es war so, wie Basilius von Cäsarea schrieb:

Eltern und Brüder und andere Verwandte bringen viele Mädchen vor dem angemessenen Alter herbei, nicht weil die Mädchen einem inneren Drang zur Enthaltsamkeit folgen, sondern damit ihre Verwandten einen materiellen Vorteil hieraus ziehen können.[9]

Mädchen, die man auf diese Weise der Kirche übergeben hatte, wurden häufig von ihren Familien ebenso willkürlich wieder zurückgezogen, wenn sich für sie eine bessere Verwendung finden ließ. Ein neuentdeckter Brief des Augustinus zeigt ihn mit dem Fall einer Witwe befaßt, die zuerst die Jungfräulichkeit ihrer Tochter Christus geweiht hatte, als das Kind schwer krank lag.

Als nun die Mutter ihren Sohn verloren hatte und vor der Aussicht stand, keine Enkel mehr zu bekommen, hatte sie beschlossen, ihre Tochter zu verheiraten und statt dessen selbst förmlich Gott zu geloben, daß sie Witwe bleiben würde.[10]

Für diese wohlhabende Dame waren wie für so viele spätrömische Eltern Frauen ebenso wie Reichtum dazu da zu zirkulieren. Die neue Sprache des Klerus von der Votivgabe drohte ganz eindeutig, den vorteilhaften Fluß von jungen Mädchen einzufrieren, der aus dem Haus ihrer Eltern strömte, um die Familien des Ortes aneinander zu binden. Eine Gabe an die Kirche war »geheiligt« und daher unwiderruflich. Geweihte Jungfrauen markierten – gerade weil man wußte, daß sie so anfällig für die Forderungen ihrer Familie blieben – noch klarer als die goldenen Hostienteller und Kelche, die schimmernde Seide und der durchscheinende Marmor der christlichen Heiligtümer des 4. Jahrhunderts den Einzug der Kirche als dauerhafter Institution in der römischen Welt.

Leiber, die auf Dauer der normalen Ebbe und Flut von Heiratsstrategien entzogen waren, strahlten die Botschaft aus, daß eine Kirche, die von Bischöfen vom Kaliber eines Athanasius und seiner westlichen Pendants geführt wurde, fest dazu entschlossen war, am Reichtum und an den Menschen, die ihr von einer frommen Laienschaft dargebracht worden waren, festzuhalten. Keinen geringen Anteil an der plötzlichen Abkühlung, die die kurze Herrschaft eines heidnischen Kaisers, des Julian Apostata (361-363), mit sich brachte, hatte die Tatsache gehabt, daß man den in den großen Heiligtümern der Kirchen angesammelten Reichtum – als ein sicheres Vorspiel für die Konfiszierung – inventarisiert und Kirchenjungfrauen verheiratet hatte. Julians christlicher Nachfolger machte die Rückkehr des Christentums öffentlich, indem er denen die Todesstrafe androhte, die solche Frauen zu heiraten versuchten.[11] In den kaiserlichen Gesetzen der damaligen Zeit wurden geweihte Frauen mit ausgesuchtem Respekt erwähnt: Sie waren »äußerst heilige Personen«.[12]

Während des ganzen 4. Jahrhunderts stehen wir vor einer paradoxen Situation. Keine *Vita des Antonius* verkündete einen neuen Aufbruch in der Frömmigkeit christlicher Frauen. Das Leben der »Bräute Christi« lag ein wenig abseits vom großen Mythos der Wüste, der dem männlichen Asketizismus in Ägypten und anderswo Bedeutung verliehen hatte. Der christliche Haushalt und die Ortskirche blieben für die Frau die *loci* der Suche nach Heiligkeit, wie sie es in den früheren Jahrhunderten der Kirche für Männer und Frauen gleichermaßen gewesen waren. Doch auf der Grundlage dieser gedämpften, ziemlich altmodischen Frömmigkeit bildete sich ein Mythos vom immerwährenden jungfräulichen Stand heraus. Beschützte Nonnen, die weiblichen »Bräute Christi«, und nicht die bärtigen Helden der Wüste sind für abendländische Leser zu stereotypen Repräsentanten des Begriffs »Jungfräulichkeit« geworden.[13]

Im Jahre 350 war ein derartiges Ergebnis durchaus nicht sicher. In vielen weltentsagenden Religionen neigte das Entstehen von Ausdrucksformen eines heroischen Asketizismus, der sich mit extremer Selbstabtötung, mit körperlicher Gefahr, mit Mobilität und mit dem Verlust einer konventionellen sozialen Identität verband, dazu, frommen Frauen ihr Prestige zu entziehen. Nur Männer hielt man für fähig, solchen Asketizismus angemessen zu praktizieren. Im buddhistischen Ceylon beispielsweise war es nach einer kurzen Periode so, daß »die Nonnen die Bühne der Geschichte ebenso still verließen, wie sie sie betreten hatten«.[14]

Doch im Christentum der römischen Welt des 4. Jahrhunderts geschah dies nicht. Es entwickelte sich die Ansicht, daß in geweihten Frauen ein Depot von Werten steckte, die von ihren männlichen Sprechern als besonders kostbar für die christliche Gemeinschaft geschätzt wurden. Frauen mit asketischer Berufung tauchten in hochgestellten Kreisen auf, wo sie über den Reichtum und das Prestige verfügten, das man brauchte, um eine permanente Wirkung auf die christliche Kirche auszuüben. Das Schicksal der buddhistischen Nonnen in Ceylon war sicher nicht das der Generation, die weibliche Asketen vom Format einer Makrina, einer Melania der Älteren und einer Olympias von Konstantinopel hervorbrachte. Bevor wir uns den wenigen bekannten Beispielen geweihter Frauen aus den herrschenden Klassen des Reiches zuwenden, ist es wichtig, daß wir ein wenig von dem Gefüge des Lebens und den Horizonten des Möglichen zu erfassen versuchen, die für die durchschnittliche Frau mit asketischen Neigungen existierten.

Weiblicher Asketizismus erwuchs aus dem christlichen Familienhaushalt. Es war der einzelne Familienvater, der nach allgemeiner Ansicht den direktesten Nutzen aus der Frömmigkeit seiner jungfräulichen Tochter zog. Er wurde dazu ermutigt, als

»Priester des höchsten Gottes« zu wirken, indem er die Berufung der geweihten Frauen der Familie förderte und ihre Abschließung aufrechterhielt.[15] Solche Jungfrauen führten kein eigenständiges Leben außerhalb des Haushalts ihrer Eltern. Dessen innere Gemächer hatten sie, wenn überhaupt, nur zu verlassen, um an den Zeremoniellen der Ortskirchen teilzunehmen – eine klar gekennzeichnete Gruppe, deren Stimmen die Kirche und die Straßen ihrer Stadt mit dem süßen Gesang der Psalmen erfüllten.[16] Totale Abgeschlossenheit war ein Ideal, das häufig vertreten und gelegentlich eingehalten wurde: Ein schönes Mädchen in Alexandrien mauerte sich in einem Grab ein.[17] Doch gerade die Anonymität frommer Frauen verlieh ihnen übernatürliche Kräfte, an denen die ganze christliche Gemeinschaft ein Interesse hatte. In den Worten eines ägyptischen Schriftstellers:

In jedem Haus von Christen ist es notwendig, daß dort eine Jungfrau sei, denn das Heil des ganzen Hauses ist jene eine Jungfrau. Und wenn Zorn über die ganze Stadt kommt, soll er nicht über das Haus kommen, in welchem eine Jungfrau ist. Weshalb alle Einwohner großer Häuser wünschen, daß ihnen dieser gute Ruf in ihrem Hause bleiben möge.[18]

In Oberägypten wohnte Piamun bei ihrer Mutter: »Sie spann Leinwand und genoß jeden zweiten Abend Speise.« Doch ihre Gebete schützten das Dorf vor Überfällen auf seine Bewässerungskanäle.[19] Gestalten wie Piamun waren im ganzen östlichen Mittelmeergebiet eine normale Erscheinung. Die Erhaltung ihrer Jungfräulichkeit war Gegenstand höchster Sorge für ihre Nachbarn; denn sie brachte die Gnade Gottes auf die Gegend herab. Von Pachomius glaubte man, er könne herausfinden, ob ein Mädchen einen Fehltritt begangen habe, indem er einfach an ihrer Kleidung roch.[20]

Ähnliche Einrichtungen herrschten in Kleinasien. Geweihte Frauen lebten in enger Bindung an ihre Familien oder von ihrem eigenen Besitz. Diejenigen, von denen wir wissen, waren gewöhnlich die Schwestern und Töchter von eingeführten Klerikern oder frommen Vornehmen vom Lande. Die Jungfrau Russiana war eine Verwandte Gregors von Nazianz. Gregor legte in seinem Testament fest, daß sie ein Einkommen und zwei Diener haben sollte, »so daß sie weiterhin das Leben einer vornehmen Frau führen kann«.[21]

Gruppen von geweihten älteren Fräulein der Oberklasse

waren in vielen Ortskirchen in Kappadokien und anderswo eine Kraft, mit der man rechnen mußte. Zur Zeit des Basilius von Cäsarea hatten sie die Bezeichnung *kanonikai* erhalten: Man sah sie an einen »Kanon« gebunden, einen regelmäßigen Rhythmus täglicher Observanz, der sie von anderen gläubigen Frauen abgrenzte.[22] Solche Frauen waren die Töchter des Heerführers Terentius, eines frommen kappadokischen Christen und außerordentlich verschlagenen Politikers, eines Mannes, der »in bescheidener Haltung umherging und stets eine mürrische Miene zeigte, jedoch sein Leben lang mit Bedacht darauf ausging, Unfrieden zu stiften«.[23] Basilius vergaß nicht, mitten in einer theologischen Kontroverse an sie zu schreiben. Sie waren »einer guten Wurzel gute Sprossen, ... wirklich wie Lilien unter den Dornen«, und es lohnte sich, ihre Anschauungen über den Heiligen Geist zu erforschen.[24]

Auch wenn sie nicht mehr in die Familie eingebunden war, blieb die Organisation des asketischen Lebens jeder geweihten Frau bemerkenswert informell. Fromme Frauen teilten nicht das dringende Bedürfnis männlicher Asketen, sich eine von Menschenhand gemachte »Wüste« zu schaffen, indem sie alle Bindungen aus Verwandtschaft und früherer Freundschaft abbrachen.[25] Jungfrauen neigten vielmehr dazu, sich in organischerer Weise zu kleinen Gruppen zusammenzuschließen. Enge Freundschaften zwischen Gefährtinnen spielten eine wesentliche Rolle.[26] Wir erfahren, daß solche Gefährtinnen zusammen in der Stadt ein Zimmer mieten[27] oder eine Seelenfreundin in ihr Familienhaus bringen.[28] Wohlhabende Frauen, oft reiche Witwen oder die unverheiratete Schwester von Mitgliedern des Klerus oder von Asketen, hatten entscheidende Bedeutung für die Herausbildung größerer Gruppierungen. Solche Frauen konnten Gruppen von 50, 70 oder bis zu 100 Jungfrauen um sich scharen.[29] Doch sie taten das nicht als charismatische geistliche Führerinnen und noch weniger als Vertreterinnen der Geistlichkeit. Sie waren Gönnerinnen und Haushaltungsvorstände aus eigenem Recht. Viele Jungfrauen, die unter ihrem Schutz standen, waren ihre Freundinnen, Abhängige oder ihre armen Verwandten gewesen: Olympias war in der Lage, 250 derartige Abhängige in dem Kloster unterzubringen, das an die Große Kirche in Konstantinopel anschloß.[30] Weniger organische Gruppierungen waren weniger erfolgreich. In Atripe in Ägypten hatte sich eine große Gruppe auf dem Anwesen der Elias, einer frommen Asketin, niedergelassen.»Weil aber die Jungfrauen zuvor in ganz verschiedenen Verhältnissen lebten, lagen sie beständig miteinander in Streit.«[31]

Diese informellen Strukturen bedeuteten, daß asketische Frauen frei waren, Schutz und geistliche Anleitung bei Männern aller Art zu suchen – bei Verwandten, bei asketischen Seelengefährten und bei Männern von außerordentlicher Einsicht oder Gelehrsamkeit. In Gemeinschaften, in denen die öffentliche Zurschaustellung von Jungfräulichkeit so klar von der gewachsenen Autorität der Bischöfe und Geistlichen sprach, stellte die Welt weiblicher Frömmigkeit in Wirklichkeit eine Zone außerordentlicher Nichtfestgelegtheit und freier Wahl dar. Ein Ruf konnte erworben und wieder verloren werden; tiefe geistliche Freundschaften, die auf Wahlverwandtschaften beruhten, konnten sich frei entfalten.

Vielen gebildeten Klerikern wurde es möglich, aus der Welt ihrer Bischöfe herauszutreten, indem sie sich um das geistliche Leben heiliger Frauen in großen Städten kümmerten. Männer wie Arius in Baukalis in Alexandrien[32] und Hieronymus auf dem Aventin in Rom[33], die auf den Spuren des Origenes wandelten, erwarben keinen geringen Teil ihres öffentlichen Ansehens durch die geistliche Anleitung, die sie geweihten Frauen gaben, von denen die meisten Jungfrauen oder Witwen waren, die im Hause ihrer Familie lebten. In solchen Kreisen retteten sich die kulturellen und geistlichen Ideale des *didaskaleion* der Frühkirche in eine rauhere Zeit hinüber.

Ein intensives Gefühl für geistliche Gemeinschaft führte männliche und weibliche Asketen zusammen. Asketische Führer, deren Predigten regelmäßig dazu führten, daß sich Frauen von ihren Ehegatten trennten, erkannten, daß es nahezu unmöglich war, Asketen und Asketinnen voneinander getrennt zu halten, sobald sich solche Freundschaften bildeten.[34] Wir sollten die Hartnäckigkeit dieser Bindungen nicht bagatellisieren. Bilder von Freundschaft und leidenschaftlicher Treue waren für das innere Leben von Asketen beiderlei Geschlechts unentbehrlich. Wenn eine Frau in der Gegenwart eines frommen Mannes« gewesen war, so konnte das ein »Idol« in ihr Herz setzen, wenn sie zu Christus betete. Doch solch ein »Idol« wurde eben deshalb als so gefährlich angeprangert, weil Bilder von Intimität und Pflege grundlegend für die Frömmigkeit von Männern und Frauen waren, die am Schimmer des

»Angesichts Gottes« bei heiligen Menschen ihre Freude fanden.³⁵

Auf einer weltlicheren Ebene brauchten viele Jungfrauen Schutz und Unterkunft von Christen, die mit ihrem mutigen Streben sympathisierten. Ein *philoparthenos*, ein »Freund der Jungfrauen«, zu sein war eine Form von karitativer Tätigkeit. Nicht alle Jungfrauen genossen den Schutz starker Familien: Tod, Armut oder ein starkes Bedürfnis nach Unabhängigkeit hatten viele von ihnen auf die Straßen geworfen. Sich um die Bedürfnisse solcher Menschen zu kümmern, ja zu arbeiten, um sie zu unterhalten, bedeutete, seine Pflicht gegenüber den »verdienstvollen Armen« *par excellence* zu erfüllen.³⁶ Es überrascht nicht, daß es zu einer anhaltenden Kampagne in Predigt und kanonischer Gesetzgebung kam, die sich gegen Mönche und Mitglieder des Klerus richtete, welche geistliche Gefährtinnen dieser Art suchten. Weibliche Schutzbefohlene und geistliche Freundinnen wurden als »hereingeholte Mädchen« (griechisch *suneisaktai*, lateinisch *subintroductae*) und auch als »Liebesvögel« (*agapetae*) gebrandmarkt.³⁷ Sie standen für eine beunruhigende Kategorie von Personen: hier waren Frauen, die eine Beziehung dauernder Gesellschaft mit einem Mann unterhielten, der für sie weder Vater noch Bruder oder Gatte war.³⁸

In der ganzen römischen Welt rief die Situation, die von hartnäckigen und lebhaften Gruppierungen frommer Frauen hervorgerufen war, sorgsam gehegte sexuelle Befürchtungen hervor. In der Literatur der griechischen wie der lateinischen Welt war ein ständiger Fluß ausführlicher Beschwörungen der Gefahren des Sexus ein Nebenprodukt des Aufstiegs des weiblichen Asketizismus und der sich daran anschließenden Suche, die Männer ebenso wie Frauen nach geistlichen Gefährten des anderen Geschlechts unternahmen. Die ausführlichste dieser Warnschriften kam von einem Bischof in Kleinasien, von Basilius, dem Bischof von Ancyra (dem modernen Ankara), der sie etwa zwischen 336 und 364 verfaßte. Basilius, ein älterer Zeitgenosse des Basilius von Cäsarea und ehemaliger Arzt, schrieb eine Abhandlung *Über die Bewahrung der Jungfräulichkeit*.³⁹ Hier sehen wir, wie ein Mann von tiefer Gelehrsamkeit und einmalig gelassener Beobachtungsgabe die Sexualität heraufbeschwört, um die weiblichen Asketen seiner Gegend in sicherem Abstand von männlichen Seelengefährten zu halten.

Teile der Abhandlung des Basilius von Ancyra waren entschieden human. Platon und der jüdischen Legende folgte er darin, daß er von Adam und Eva als von einem geteilten Zwitterwesen sprach.[39] Der Mann wollte sich mit einer unaussprechlichen Intensität an die Frau klammern, die ebenso geheimnisvoll und unausweichlich war wie die Anziehungskraft eines Magneten.[40] Basilius' Berufung auf das Gefühl eines tiefen körperlichen Bedürfnisses nach gegenseitiger Abhängigkeit zwischen Männern und Frauen war ungewöhnlich. Sie milderte die scharfen Konturen männlicher Vorherrschaft. Basilius war bereit einzuräumen, daß Männer an Frauen das brauchten, was ihnen selbst fehlte; und er betrachtete diese Tatsache nicht als ein Zeichen von Schwäche bei den Männern, sondern als eine Gabe, die den Frauen von Gott geschenkt war.[41] Jene unbestimmbaren Eigenschaften wie Sanftheit, feuchte Augen, weiches Fleisch und gleitende Bewegungen, die eine unwiderstehliche Anziehung auf die sexuelle Natur der Männer ausübten, verwandelten das, was sonst vielleicht eine schroffe Herrschaft der Starken über die Schwachen gewesen wäre, in eine ausgeglichenere Beziehung der Fürsorge und des gegenseitigen Bedürfnisses.[42]

Doch das tiefe Gefühl, das Basilius für die »natürliche« gegenseitige Abhängigkeit von Männern und Frauen hatte, diente nur dazu, sein Gefühl für die sexuellen Gefahren zu verstärken, die die enthaltsame Frau umgaben. Die Sexualität war kein Aspekt der Person, der sich von denjenigen ignorieren ließ, die die Ehe aufgegeben hatten. Eine unverminderte Quelle der Sinnlichkeit strömte auch weiterhin durch den ganzen Menschen.[43] Eine Berührung, ein Blick, ja selbst ein keuscher Kuß von einem Verwandten konnten, Basilius zufolge, im Menschen so augenblicklich ein Echo hervorrufen, wie die Berührung einer Schlange den ganzen Körper erzittern ließ.[44]

In diesem Leben konnte es nicht so etwas wie sexuelle Unschuld geben und daher auch nicht so etwas wie eine unschuldige asexuelle Beziehung zwischen Mann und Frau. Der Bischof von Ancyra wollte seine Leser glauben machen, daß er sich von dieser Tatsache durch lange Beobachtung überzeugt habe. Lange vor dem Einsetzen der Pubertät konnte man sehen, wie Kinder auf der Straße Sexspiele spielten.[45] Sexuelle Regungen kamen vor, wenn junge Mädchen sich miteinander ins Bett kuschelten.[46] Eunuchen, so hatte er aus der Beichte vieler Frauen gehört, waren eine ständige Gefahr: Sie waren »ganz außerordentlich zügellos, da mit ihrem Lieben keine Furcht vor

Schwangerschaft verbunden war«.[47] Nur indem sie strenge Regeln sexueller Meidung einhielt und die festen Konturen eines Mannes übernahm (beim Gehen, im Tonfall, in einer allgemeinen »unnatürlichen« männlichen Schroffheit),[48] konnte sich die Jungfrau gegen die Verlockung falscher Vertrautheit mit Mitkämpfern des gleichen Geschlechts verteidigen. Auf diese Weise abgeriegelt, würden sich die enthaltsamen Frauen nur an ihre wahren geistlichen Freunde, den Bischof und seine Geistlichkeit, halten. Basilius' außerordentlich offene Abhandlung war, wie er sagte, nicht geschrieben, um abstrakt die Jungfräulichkeit zu preisen, wie es so viele seiner Zeitgenossen taten, sondern als Aufruf zu genauer und besorgter Wachsamkeit. Durch ein volles Bewußtsein von ihrer Sexualität und deren fortdauernden Gefahren würde sich die Jungfrau größere Mühe geben, sich als lebende Ikone zurechtzumachen, deren streng gespannte und strahlende Züge der christlichen Gemeinde Ehrfurcht einflößen würden, wenn sie sie in der örtlichen Kirche erblickten.[49]

Es ist überaus schwierig, durch diesen Nebel von Ängsten hindurch der wahren Qualität weiblichen Asketizismus auf den Grund zu kommen. Wir können von einer weitgehenden Überschneidung asketischer Praktiken bei Männern und Frauen ausgehen. Auf welche Weise sie sich auch organisierten, Frauen hatten die harte Arbeit des Herzens mit Männern gemeinsam. Männliche Mönche vermuteten vielleicht, daß Amma Sara denken mußte, es sei außerordentlich, daß Männer sie, eine Frau, um Rat fragten. Sie konnte ihnen versichern, daß ihr *logismos*, ihr inneres Bewußtsein von sich selbst, ebenso auf die Gefahren des Hochmuts eingestellt war wie das jedes Mannes: Sie hatte in so vollem Umfang wie nur ein Mann in dem langen Kampf um das Herz triumphiert.[50] Es war normal, daß junge Nonnen enge Beziehungen zu älteren Frauen hatten, die sie als geistliche Führerinnen betrachteten.[51] Da ihnen die klare Grenze der Wüste fehlte, da ihre Energien auch weniger von harter körperlicher Arbeit erschöpft waren und sie sich aus Furcht vor sexueller Gewalt nicht allzu weit von ihrem Wohnort entfernen konnten, definierten sich Jungfrauen oft als von der Welt getrennt, indem sie eine außerordentlich streng kontrollierte Diät einhielten. Weibliche Asketen waren berühmt für ihre Fähigkeit, übernatürlich lange Fastenzeiten zu ertragen.[52] Von Nonnen in einem großen Kloster in Ägypten glaubte man, sie seien herangewachsen, ohne zu wissen, wie ein Apfel aussieht:

Das männliche Pendant solcher Geschichten war es, niemals etwas von Frauen oder von Goldmünzen erfahren zu haben.[53]

Trotz des weitverbreiteten Ideals totaler Abschließung sollten wir die Unerreichbarkeit dieser heiligen Frauen für die Außenwelt nicht übertreiben. Mönche brauchten weiterhin die Ermahnung, sie sollten die Konsultation weiblicher geistlicher Lehrer meiden.[54] Die zunehmende Absonderung der Geschlechter in den Kirchen bedeutete oft, daß heilige Frauen häufiger für die Frauen der christlichen Gemeinden Dienst taten.[55] Als sich im 5. Jahrhundert Matrona von Konstantinopel im Laufe ihrer Wanderungen in der Nähe von Beirut niederließ, kamen die Damen der Stadt in Scharen und brachten ihr ihre Töchter zur Unterweisung: »Laßt uns hinausgehen«, sagten sie, »und uns die Christin ansehen.«[56]

Das legendäre Leben der heiligen Febronia, einer Nonne, die den Märtyrertod starb, wurde im frühen 6. Jahrhundert erzählt. Es zeigte sehr klar, was in einem großen Frauenkloster in Nordsyrien seit langem als normal gegolten hatte. Laienfrauen versammelten sich an den Freitagen im Andachtsraum des Klosters. Sie hörten lange Bibellesungen, begleitet von ausführlicher Schriftauslegung und geistlichem Rat von einer führenden heiligen Frau. Fromme Frauen, manche von ihnen Witwen, die von seiten ihrer Familie oder hochstehender Opportunisten einem ständigen Druck zur Wiederverheiratung ausgesetzt waren, besuchten Makrina, die ältere Schwester des Basilius von Cäsarea, in ihrem Kloster. Sie behandelten sie als ihre geistliche Lehrerin und Beschützerin.[57] So ist nichts Seltsames oder notwendig Sektiererisches daran, wenn eine Frau in einem ägyptischen Papyrus aus der Mitte des 4. Jahrhunderts als »meine Dame, die Lehrerin« angeredet wird.[58]

Wir sehen diese Frauen fast immer von außen, und wir müssen mit dieser entscheidenden Einschränkung leben, so gut es geht. Doch wir können solchen Zeugnissen zumindest entnehmen, was geweihten Frauen in den Ortskirchen soviel Prestige verlieh. Sie waren vor allem Frauen, deren Leben nicht durch die Diskontinuitäten von Ehe und Kindbett auseinandergerissen worden war.[59] In den Augen ihrer männlichen Bewunderer stand die geweihte Jungfrau für Kontinuität in ihrer reinsten Form. Ihr beschütztes, unzerrissenes Leben wurde von den Mitgliedern eines sturmgepeitschten städtischen Klerus gepriesen. Hier war ein Brunnenschacht der tiefen Sicherheit, nach der sie selbst dürsteten. Sie war das einzige menschliche Wesen, von dem man in überzeugender Weise sagen konnte, daß sie so geblieben war, wie sie ursprünglich geschaffen worden war.[60] Ihrer körperlichen Unversehrtheit kam es zu, eine außerordentlich hohe Bedeutungslast zu tragen. Für spätantike Männer war der weibliche Körper der fremdeste von allen. Er war für sie so antithetisch wie die Wüste für das bewohnte Land. Wenn er dank Jungfräulichkeit geweiht war, konnte er in sich wie eine unberührte Wüste erscheinen: Er war das Höchste, was menschliches Fleisch erreichen konnte, welches dadurch, daß Christus auf es herabgekommen war, in etwas besonders Kostbares verwandelt worden war.[61]

Ein Gefühl für die unheimliche Stabilität des Lebens der Jungfrau und für die heilige Natur der Integrität ihres physischen Körpers tendierte dazu, die Kirchenjungfrauen auf dem Wege der Assoziation mit allem zu verknüpfen, was inmitten der Städte am ruhevollsten und heiligsten war. Die Mönche wurden aktiv dazu ermutigt, die Städte zu verlassen. Von ihnen erwartete man, daß sie fortgingen, um »die Wüste zur Stadt zu machen«. Doch es waren die Jungfrauen, die sich »Töchter Jerusalems« nennen konnten.[62] Sie standen für alles, was im Herzen des bewohnten Landes am heiligsten und beständigsten war. Sehr häufig war der örtliche Märtyrerschrein die Stelle, an der Jungfrauen Zuflucht und einen Mittelpunkt für ihre täglichen Andachtsübungen fanden.[63]

Seit der Zeit Konstantins waren die großen Schreine in den Städten und Vorstädten des Mittelmeergebiets immer mehr zu privilegierten Versammlungsorten für christliche Frauen aller Art geworden. Nur in ihren friedlichen, heiligen Räumen konnten verheiratete Frauen eine kurze Pause finden, um sich von ihrer Familie auszuruhen.[64] Als junge verheiratete Frau war Matrona in der Lage gewesen, ihren Gatten zu verlassen und für die Adoption ihrer Tochter zu sorgen, indem sie sich der Gesellschaft frommer »Entsagerinnen« anschloß, die bescheiden in den Säulengängen um den Schrein der heiligen Apostel in Konstantinopel logierten.[65] In dem großen Heiligtum, das in einem idyllischen Hain vor den Toren der Stadt Seleukia entstanden war, empfing die heilige Thekla Entsagerinnen, denen sie für ihren schwierigen Entschluß Mut zusprach:

Dionysia hatte, so sagt man, begonnen, ihrem Gatten, ihren Kindern und ihrem Haus zu entsagen und, mit einem Wort, alles aufzugeben; und aus diesem Grunde ging sie zu dem Schrein. Und die Märtyrerin verbrachte die ganze erste Nacht mit ihr und hielt sie in den Armen.[66]

Im gesamten Mittelmeergebiet machte es die kontrollierte Grenzsituation der Pilgerfahrt Frauen möglich, über lange Zeiten die ermutigende Freiheit der Wüste zu erfahren. Trotz der Mißbilligung, die der Klerus häufig aussprach, führten kleine Gruppen von Frauen weiterhin das Leben der heiligen Thekla: Sie legten weite Entfernungen auf den Straßen zurück, die zu den Pilgerschreinen des christlichen Ostens führten.[67] Die anonymen ägyptischen Kirchenjungfrauen, die im frühen 4. Jahrhundert von der Pilgerfahrt ins Heilige Land nach Alexandrien zurückgekehrt waren, fanden dort bereits ein Frömmigkeitsmuster, das aus Meditation an Orten bestand, die von der Gegenwart Christi berührt worden waren, und das durch Unterweisung zu Füßen von Priestern ergänzt wurde.[68] Wir können dieses Muster gut in den Lebensbeschreibungen erkennen, die wir von den großen römischen Damen Melania der Älteren und, ein Jahrzehnt später, von Paula und Eustochium haben.

Eine Frömmigkeit aus beständiger Nähe zum Heiligen verschaffte Frauen, die nicht in die Wüste verschwinden oder sich auf die Landstraße begeben konnten, ein Mittel zum inneren Rückzug, das mit einem nicht auf Mittler angewiesenen Kontakt zu unsichtbaren, bleibenden Beschützern verknüpft war. Makrina beispielsweise trug immer einen Ring um den Hals, der etwas enthielt, das ein Splitter vom Kreuz sein sollte. Es war ein Zeichen für ihre auf unbestimmte Zeit verschobene Verlobung. Ihr Verlobter war gestorben. Sein Tod hatte es ihr ermöglicht, sich weiterem Druck zur Ehe zu widersetzen. Sie behauptete, nachdem sie einmal verlobt gewesen sei, sei sie in Wirklichkeit Witwe, und man solle ihr gestatten, ihrem toten Gatten treu zu bleiben. Doch der Ring und seine Reliquie waren auch das Zeichen für die bleibende Gegenwart Christi, ihres wahren Bräutigams.[69] Die unsichtbaren Gegenwarten, die mit Heiligenreliquien verbunden waren, standen zwischen geweihten Frauen und der profanen Welt: Die gebildeten Nonnen, die Matrona in das Kloster zog, das sie schließlich in den Vororten von Konstantinopel gründete, schlugen sich die Erinnerungen an die Klassiker aus dem Sinn, wenn sie die Reliquien der Heiligen küßten und umarmten.[70]

Unerschütterliche Treue ist der ausgeprägteste Zug der Lebensbeschreibung der heiligen Febronia in Nordsyrien wie der der heiligen Eupraxia in Ägypten. Die Autoren dieser beiden Viten beschreiben die Entwicklung tiefer Freundschaft zwischen Nonnen und ihren älteren Mentoren.[71] Das einzige Wunder, das unmittelbar auf das brutale Martyrium der Febronia folgte, war ein Martyrium der Kontinuität. Febronia erschien immer wieder in der Klosterkirche und stand dort von Mitternacht bis um die dritte Stunde an ihrem gewohnten Platz zwischen den Schwestern.[72]

Zwei große Bilder von Kontinuität entwickelten sich im 4. Jahrhundert im Zusammenhang mit der Frömmigkeit von Frauen. Das erste war das Bild der Kindheit Marias. Es war von dem früheren *Protoevangelium des Jakobus* abgeleitet.[73] Diese Erzählung aus dem 2. Jahrhundert stellte Maria bereits als menschliches Geschöpf dar, das völlig in einen heiligen Raum eingeschlossen war. Sie wurde zum Prototyp für alle späteren Beschreibungen der geweihten Frau: Im Alter von drei Jahren dem Tempel dargebracht, wuchs Maria in totaler Isolierung von der profanen Welt auf. Spätere Autoren verweilten beharrlich bei diesem Aspekt ihres Lebens: Nicht die gramgebeugte Mutter des Herrn, sondern das eingeschlossene Kind ist es, dem wir am häufigsten in der spätantiken Literatur begegnen.

Sie war rein an Körper und Seele, sie zeigte nie ihr Gesicht vor der Tür des Tempels, sie sah nie einen fremden Mann an, und sie ließ sich nie dazu hinreißen, auf das Gesicht eines jungen Mannes zu blicken. Ihre Kleidung war erlesen. Ihr Gewand reichte bis zu ihrem Siegel; und ihr Kopftuch fiel über ihre Augen. ...
Sie verlangte nie nach einer großen Menge Essen, und sie ging auch nicht auf dem Markt ihrer Stadt umher. ...
Ihre Schönheit war ohne Grenzen, und der Tempel pflegte voller Engel zu sein wegen ihres süßen Geruchs, und sie kamen und besuchten sie, um mit ihr zu reden.[74]

Immer wenn Maria mit ihrer Familie in der Öffentlichkeit erschien, war jeder über ihre Haltung erstaunt. Als junges Mädchen schritt sie, »als hätte sie [bereits] einen Meister, der über sie Wache hielt«. Sie war in der Tat das allerungewöhnlichste Geschöpf: eine junge Frau, deren Disziplin ihrem tiefsten Innern entsprang. Sie wurde nicht von einem männlichen Hüter – einem Vater oder einem Ehemann – beaufsichtigt, sondern nur von dem »heiligen Denken«, das in ihr ruhte.[75]

Dieses Interesse an der ständigen, ununterbrochenen Loyalität der Jungfrau verlieh dem zweiten Bild ein ganz charakteristisches Gepräge – dem der Jungfrau als der »Braut«, die mit Christus vermählt ist. Es ist auffällig, daß sich die Sprache des Hohenlieds, die von Origenes auf die Beziehung Christi zur Seele jedes Menschen, ob Mann oder Frau, angewendet worden war, im Laufe des 4. Jahrhunderts weitgehend, fast ausschließlich, auf den Körper der jungfräulichen Frau konzentrierte.[76]

Die Sprache des Hohenlieds, so wie sie von christlichen Autoren im 4. Jahrhundert interpretiert wurde, entfaltete das Thema unbeirrbarer Loyalität und dauernder intimer Beschützung. Die Vermählung mit Christus heiligte die Jungfrau und machte sie unerreichbar für jeden anderen Ehepartner. Kein leibhaftiger Mann durfte ihr von ihrer Familie aufgezwungen werden. Dies war der Grund, weshalb Basilius von Cäsarea entschied, daß, während früher Kirchenjungfrauen, die »gefallen« waren (und dieser »Fall« bestand oft in nichts Gräßlicherem als in einer Ehe), nur der Strafe für Unzucht verfallen waren, sie jetzt die schwerere Buße, die für Ehebrecher galt, erdulden sollten:

Da ja die Kirche mit Gottes Gnade vorwärts kommt, stärker wird und bereits auch der Stand der Jungfrauen an Zuwachs gewinnt, ... [ist es] eine noch weit größere Sünde ..., wenn die Braut eine Ehebrecherin wird, ihre Verbindung mit dem Bräutigam entehrt und ausschweifenden Lüsten sich hingibt.[77]

In dieser Entscheidung beharrte Basilius mit schroffen Worten auf der Unwiderruflichkeit einer Votivgabe. Doch das war nicht alles, was das Bild bedeutete. Es ist außerordentlich schwierig, die gefühlsmäßige Bildung weiblicher Kinder in der Spätantike nachzuvollziehen. Eines seiner Merkmale war vielleicht eine sorgfältige Sozialisation des jungen Mädchens zu Treue gegenüber einem zukünftigen Gatten. Doch sie sollte eine Treue ohne Freiheit halten. Ihr gefühlsmäßiges Element, Liebe, mußte strikt unterbunden werden. Augustinus verstand das nur zu gut, als er über das Hohelied predigte:

Es ist ihr [der Braut des Hohenliedes] auch nicht gesagt: Liebe nicht, wie es manchmal einer verlobten Jungfrau gesagt wird, die noch nicht verheiratet ist, und zu Recht gesagt, liebe nicht; wenn du eine Gattin geworden bist, dann liebe. Es wird zu Recht gesagt, weil es eine vorschnelle und unvernünftige und eine unkeusche Begierde ist, einen zu lieben, von dem sie nicht sicher ist, daß sie ihn heiraten wird. Denn vielleicht ist der eine Mann mit ihr verlobt, und der andere heiratet sie.[78]

Die Verlobte von Augustinus selbst, ein Mädchen aus Mailand, das noch nicht 15 Jahre alt war, hatte ihn als künftigen Gatten verloren, als er sich zum Leben der Enthaltsamkeit bekehrte. Soweit wir wissen, hat sie vielleicht den Rest ihres Lebens als unverheiratete Frau verbringen müssen.[79] Man sollte die Freiheit zu sicherer Liebe nicht unterschätzen, die sich aus einer frühen Hingabe an Christus für Mädchen ergab, die bereits subtil auf erheblich weniger verläßliche Loyalitäten hin trainiert worden waren.

Wir wissen, wie entscheidend in den Karrieren von Männern des 4. Jahrhunderts das Gefühl der vertrauten Gegenwart eines unsichtbaren Begleiters war – der Gegenwart Christi, eines Schutzengels oder eines Schutzheiligen.[80] Ohne eine ebenso starke Sprache der Loyalität hätte die Autonomie eines jungen Mädchens leicht zerschmettert werden können. Im frühen 5. Jahrhundert war Eupraxia bereits im Alter von sieben Jahren mit jemandem am Kaiserhof verlobt, als ihre Mutter sie in ein großes Kloster in der Nähe der Familienländereien in Ägypten zu Besuch mitnahm. Die Diakonin des Klosters schaukelte das kleine Mädchen auf den Knien und neckte es:

»Eupraxia, meine kleine Dame, liebst du unser Kloster und all die Schwestern?« Und sie antwortete: »Ja, meine Dame.« ... »Wen liebst du mehr, uns oder deinen Verlobten?« Das Mädchen antwortete: »Weder kenne ich ihn, noch er mich: ich kenne euch und ich liebe euch.« ... »Es kann aber keine hier bleiben, wenn sie sich nicht Christus geweiht hat.« Darauf antwortete das Mädchen: »Wo ist Christus?« Erfreut zeigte ihr die Diakonin eine Ikone des Herrn, und Eupraxia wandte sich an sie und sagte zu der Diakonin: »Wahrlich, auch ich weihe mich meinem Christus, und ich will nicht mehr mit meiner Frau Mutter gehen.«[81]

Später wachte Eupraxia schreiend im Kloster auf, nachdem sie geträumt hatte, daß der Kaiser seine Beamten geschickt hätte, um sie für ihren Verlobten bei Hofe zurückzufordern.[82]

Vom Zeitpunkt ihrer Verlobung an lebte die Jungfrau, so glaubte man, in der Gesellschaft Christi und seiner Engel. Sie erwartete seine Umarmung mit einer Intensität, welche diejenigen, die mit den Werken des Origenes aufgewachsen waren, so gut auszudrücken verstanden. Die volle Palette körperlicher Wonne war vom Verfasser des Hohenlieds verwendet worden;

sie erstrahlte in ihren leuchtendsten Farben, wenn Christus den unberührten Geist am Ende der Zeit berührte:

Ihre Augen werden den Herrn sehen, ihre Ohren werden Seine Worte hören, ihr Mund wird ihren Bräutigam küssen, und ihre Nase wird seinen süßen Wohlgeruch einatmen. Hände von Jungfrauen werden den Herrn berühren, und die Reinheit ihres Fleisches wird ihm Freude schenken.[83]

In diesem Leben wurde die Gedankenwelt der Jungfrau als stilles Konversationsstück dargestellt:

Deine Sprache zu ihm ist dein Gebet, deine Inbrunst und deine rückhaltlose Entschlossenheit; und Sein sind bei dir die gerechten Gedanken, die in deinem Herzen aufsteigen, jene Gedanken, mit denen er deine Inbrunst anfacht und in dir deine Liebe zu ihm vermehrt.[84]

Das ist ein etwas pastellfarbenes Bild vom Leben des geweihten Mädchens, das sehr weit von den heldenhaft ertragenen Heimsuchungen durch sexuelle Versuchung, Neid und körperliche Verletzung entfernt lag, die das Leben der Eupraxia in ihrem Kloster ausmachten. Es wäre für männliche Autoren nicht so überzeugend gewesen, wenn da nicht das eine gewesen wäre: Die geweihte Jungfrau wurde als eine Gestalt wahrgenommen, die für eine Oase gänzlich sakralisierter Kultur inmitten einer Kirche stand, deren Führer sich nur zu gut der befleckten, profanen Wurzeln ihrer eigenen glänzendsten Leistungen bewußt waren.

Angesichts der hohen Analphabetenrate unter Frauen und ihrer Ausschließung aus dem öffentlichen Raum, in dem Männer lernten, die antiken Klassiker zu beherrschen, und dieses Wissen auch demonstrierten, bedeutete der Eintritt in ein Nonnenkloster oft den Eintritt in die Schulbildung über die heilige Brücke der biblischen Schriften.[85] Eines der ergreifendsten Wunder der heiligen Thekla war, als eine fromme Frau, die von ihrer Freundin, welche lesen konnte, ein Exemplar der Evangelien erhalten hatte, plötzlich zu ihrer Überraschung feststellte, daß sie es auf den ersten Blick lesen konnte.[86] Athanasius berichtete, eine Kirchenjungfrau habe, obwohl sie öffentlich geschlagen worden sei, nicht aufgehört, die Psalmen aus dem Buch zu singen, das sie vor sich hielt.[87] Der heilige Text war das Wappenschild der geweihten Frau: »Laß die aufgehende Sonne ein Buch in deinen Händen sehen.«[88]

In frommen Frauen begegneten Männer einer echten kulturellen Jungfräulichkeit: einer Kultur des heiligen Textes, die von Kindheit an unbefleckt durch profanen öffentlichen Raum und durch die heidnische Kultur, die mit dem öffentlichen Raum zusammenhing, gewachsen war. Es waren die Frauen, die, durch ihre Loyalität zu unsichtbaren Beschützern behütet und von ihrer ungestörten Aufnahme einer heiligen Kultur genährt, in die städtischen Kirchen ein Gefühl von Permanenz und von einer Reinheit brachten, die so unvermischt war wie der Sand der fernen Wüste. In den Kirchenjungfrauen konnten Männer mit ruhelosem Gewissen, die empfindlich auf ihre eigene fortgesetzte Abhängigkeit von einer profanen, heidnischen Kultur und auf die Auswirkungen von Macht und gegenseitigem Konkurrenzdenken in dem nur zu öffentlichen Forum der Kirche des 4. Jahrhunderts reagierten, wehmütig auf eine Unschuld blicken, die sie selbst verloren hatten, »als schauten sie auf brennendes, phosphoreszierendes Gold«.[89]

Wir brauchen uns nur der *Vita* seiner älteren Schwester Makrina zuzuwenden, die Gregor von Nyssa, der Bruder des Basilius, im Jahre 380 unmittelbar nach ihrem Tode schrieb, um richtig einzuschätzen, was das in der Praxis bedeuten konnte. In diesem Juwel spätantiker Biographie stellte Makrina für Gregor die stillen Antipoden der Welt der Stadt dar, in der er und sein großer Bruder Basilius unter so großen Opfern ihren Weg gemacht hatten. Diese Welt war immer fern von ihr. Sie wuchs bei ihrer verwitweten Mutter Emmelia auf, der sie dabei half, einen großen Haushalt zusammenzuhalten, wobei sie ihr so nahe blieb, »als sei sie noch im Schoße ihrer Mutter«.[90] Ihre Identität reichte bis zu der Vision zurück, die ihre Mutter mitten in den Wehen von der heiligen Thekla gehabt hatte. Theklas geheimer Name lag auf ihr: Sie würde das sein, wozu ihre Mutter nicht frei gewesen war.[91] Sie und keiner ihrer Brüder (die zu Ammen gegeben wurden) hatte von der Milch ihrer Mutter getrunken.[92]

Für ihre Brüder war Makrina immer das stille Zentrum inmitten des Sturms. Sie war die Wurzel, die aus den tiefsten Tiefen des düsteren Haushalts von Altchristen erblüht war.[93] Es waren die Frauen des Familienhaushalts – und nicht die Männer mit ihrer Befleckung durch die dunklen Kompromisse eines Jahrhunderts öffentlichen Dominierens –, auf die sich Basilius als Garanten für die Reinheit des Glaubens in seiner Region berief. Diese

Frauen waren das »heilige Geschlecht«, das Basilius mit den ersten Tagen der Christenheit in Pontus verknüpfte.[94]

Makrina, die für Peter, den jüngsten Bruder der Familie, als »Vater, Lehrer, Erzieher, Mutter und Ratgeber zu jeglichem Guten« wirkte, vermittelte ihm eine Kultur, die ausschließlich auf den biblischen Schriften basierte.[95] Aus ihrem Kloster in Annesi in den waldigen Bergen von Pontus, etwa zehn Tagereisen von Cäsarea,[96] mußte Makrina den Zerfall einer bürgerlichen Dynastie mit ansehen. Der Tod des großen Basilius, ein Jahr vor ihrem eigenen Tod, kam ihr als fernes Gerücht zu Ohren.[97] Als Gregor an ihr Totenbett kam, waren neun Jahre vergangen, seit er seine Schwester das letzte Mal gesehen hatte; in dieser Zeit war er neben seinen vielen anderen Mißgeschicken drei Jahre lang unter dem Vorwurf der Veruntreuung verbannt worden.[98]

Er und sein großer Bruder hatten einen hohen Preis für die fortgesetzte Verwicklung in jene letzte Runde bitterer Bürgerpolitik bezahlt, die unter dem Namen Arianismusstreit bekannt ist. In dieser ganzen Zeit hatte der unberührte Körper ihrer Schwester auf einem fernen Gut den Tenor eines Lebens widergespiegelt, durch das die Stürme der Stadt nicht getobt hatten. Unberührt und völlig ohne Festlegung, weil sie den Rollen entgangen war, die der normalen Frau von der Ehe und dem Gebären von Kindern auferlegt werden, war Makrina die antike »ungemähte Wiese«. Ihr Körper war ein klares Echo der jungfräulichen Erde des Paradieses – einer unberührten Erde, die in sich das Versprechen ungeahnter Fülle trug,

> welche der Sämann des Unkrautes nicht mit seinem Pfluge aufreißt, die keine Disteln und Dornen trägt, wo das Wasser der Ruhe ... sich findet.[99]

Makrina war erst 54 Jahre alt, als sie 380 starb. Aber sie gehörte in vieler Hinsicht einer älteren Generation an. In den Augen ihres Bruders jedenfalls faßte die äußerste Durchsichtigkeit ihrer Existenz die tiefsten Sehnsüchte einer Provinzoberschicht nach Einsamkeit und beschützter Frömmigkeit zusammen. Makrina konnte als Frau das sein, wovon der Mann Gregor fürchtete, daß er es wohl nie sein würde. Doch da nun das Christentum in den obersten Klassen des Reiches etabliert war – unter den Großgrundbesitzern und Senatoren des Westens und in den Familien, die mit dem kaiserlichen Hof in Konstantinopel verbunden waren –, waren Frauen, wenn sie ihren Weg gingen, in eine schroffe und völlig öffentliche Umgebung gestellt, die ganz anders war als die traumhafte Ruhe der Landgüter im kleinasiatischen Hochland. Wie das Krachen von Lawinen, das man von den oberen Hängen großer Berge hört, ließen Frauen wie Melania die Ältere und Olympias von Konstantinopel die Geistlichen und Asketen des späten 4. Jahrhunderts ehrfurchtsvoll aufblicken. Sie waren aufsehenerregende Phänomene. Ihre Karrieren offenbarten Möglichkeiten und Schranken, die größer waren als irgendwelche, denen bescheidenere »Töchter Jerusalems« begegneten.

Zunächst einmal waren sowohl Melania als auch Olympias große Erbinnen. Sie waren zu wertvoll, um nicht als junge Mädchen verheiratet zu werden. Melania, die Enkelin eines Konsuls, wurde einer heidnischen Familie gegeben. Mit 22 Jahren war sie Witwe. Sie hatte bereits zwei Söhne verloren und viele Fehlgeburten erlitten.[100] Von da an schuf sie sich ihre eigene Wüste durch selbstauferlegte Verbannung. Sie weigerte sich, in der Versenkung ihrer mächtigen Familie in Spanien zu verschwinden. Sie begab sich nach Rom und wandte sich an die altmodische Rechtsprechungsgewalt des städtischen Präfekten – und nicht an ihre Verwandten –, um einen Vormund für ihren einzigen noch lebenden Sohn einsetzen zu lassen: einen jungen Mann, der zu einem liebenswürdigen und äußerst konventionellen Senator heranwuchs.[101]

Im Jahre 374 war sie mit all ihrer beweglichen Habe an Bord eines Schiffes in Alexandrien.[102] Sie begab sich geradewegs nach Nitria und legte keinem anderen als Apa Pambo eine große Silberschatulle zu Füßen, ähnlich dem als esquilinischer Schatz bezeichneten großen silbernen und goldenen Kasten im Britischen Museum, der mit Darstellungen einer verheirateten Frau bedeckt ist, die sich unter der sinnlichen Fülle der Venus beim Ankleiden schmückt.[103] Die Schatulle war mit 300 Pfund Silbergeschirr gefüllt. Pambo blieb eindrucksvoll unbeeindruckt.[104]

In der Tat rettete das Eintreffen von so viel Reichtum in bar, den eine Person von so unangreifbarem sozialen Status zur Verfügung gestellt hatte, die übergroßen und zerbrechlichen Mönchssiedlungen außerhalb von Alexandrien vor schmählichem Zusammenbruch unter dem Druck einer feindlichen arianischen Regierung. Melania stand der belagerten Siedlung bei. Als die führenden heiligen Männer von Nitria im Jahre 377 nach Palästina ins Exil geschickt wurden, kleidete sich Melania, eine zweite Thekla, als Dienerin, um für sie zu sorgen.[105] Sie trat dem Statthalter entgegen: »Mein Vater heißt so und mein Gatte so; jetzt aber bin ich eine Sklavin Christi.«[106] Als Frau, deren römische Herkunft unwiderlegbare Autorität verlieh, konnte Melania in der Öffentlichkeit als »weiblicher Gottesmann«[107] in einer Weise wirken, die die beschützte Makrina als unmöglich empfunden hätte.

In Jerusalem, wo sie sich zwischen 377 und 400 niedergelassen hatte, regierte Melania über ein Kloster von 50 Jungfrauen, das an den Hängen des Ölbergs lag. Ein Schisma, an dem 400 Mönche beteiligt waren, wurde durch ihren Einfluß beigelegt. Während der ganzen Zeit ermöglichten es ihr regelmäßige Geldzahlungen, die ihr ihr Sohn von ihren westlichen Gütern nachsandte, Öl auf die notorisch unruhigen Wogen des ekklesiastischen Lebens im Heiligen Land zu gießen. Bischöfe, Mönche und Pilger aus der gesamten römischen Welt wurden von ihr unterstützt, wenn sie sich in Palästina aufhielten. Gemeinsam mit ihrem bevorzugten männlichen Ratgeber Rufinus von Aquileia genoß die einsame Römerin in Jerusalem eine privilegierte Position: denn sie »schenkten der gesamten dortigen Geistlichkeit Gaben und Speise und beendeten so ihre Tage, ohne jemanden zu kränken«.[108] Hierdurch war Melania in der Lage, im Mittelpunkt der christlichen Vorstellungswelt ihrer Zeit zu leben, an Orten, die, wie man glaubte, noch die Fußspuren Christi trugen, ohne in ihrer Wahlheimat »eine Handbreit Boden« zu besitzen.[109]

Melania war frei, sich zwei der begabtesten Intellektuellen der asketischen Bewegung zu Freunden und Beratern zu wählen. Rufinus von Aquileia, der ruhigere und entschlossenere Freund des Hieronymus aus seinen Studententagen, kam 381 zu Melania nach Jerusalem und blieb dort bis zu seiner Rückkehr nach Italien im Jahre 397.[110] 387 war es ihre geistliche Einsicht, die den durch eine unerfüllte Berufung herbeigeführten Nervenzusammenbruch in der schleichenden Krankheit erkannte, die den glänzenden Evagrius von Pontus befallen hatte, als er erstmals aus Konstantinopel nach Jerusalem floh, um sich aus einer Liebesaffäre zu lösen.[111]

Als der Streit über die Anschauungen, die mit ihren Schützlingen in Zusammenhang gebracht wurden, kurz vor 400 über das Heilige Land hinwegfegte, zeigte Melania, die jetzt 60 Jahre alt war, daß sie erneut zum harten Mittel der Verbannung greifen konnte. Obwohl sie eine alte Frau war, hatte sie niemals aufgehört, ihre Füße in kaltem Wasser zu baden, wenn sie und ihre kleine monastische Gruppe wiederholt die lange Küstenstraße von Jerusalem nach Ägypten entlangstapften, wobei sie den Pferden und Sänften der Wohlhabenden auswichen. Melania hatte keine Furcht, sich zu entwurzeln. Im Jahre 399 nahm sie das Schiff direkt nach Italien.[112] In ein schwarzes Gewand gekleidet, auf einem Esel reitend und bis spät in die Nacht lesend, machte Melania auf ihre eleganten Verwandten in Kampanien gebührenden Eindruck.[113] Sie war gekommen, ihr Eigentum zu schützen.

Trotz einer Anklage wegen Häresie setzte Rufinus seine sorgfältige Übersetzungsarbeit in ihrem Palast fort.[114] Von einer ihrer sizilianischen Villen aus, die auf der anderen Seite der Straße von Messina lag, sahen Rufinus und seine Asketenbrüder zu, wie die Städte auf dem italienischen Festland in Flammen aufgingen, als die Armee des Westgotenkönigs Alarich nach der Plünderung Roms im Jahre 410 durch sie hindurchzogen.[115] Nun, da die einstmals selbstbewußte römische Gesellschaft selbst zu einer Schar von Verbannten degradiert worden war, kehrte Melania, die Frau, für die das Exil lange die asketische Disziplin *par excellence* gewesen war, ins Heilige Land zurück, wo sie wenige Monate nach ihrer Ankunft starb. Gerade der Haß, mit dem Hieronymus (wie wir sehen werden) ihr Andenken verfolgte (er tilgte ihren Namen in der Ausgabe seiner *Chronik*, in der er vorher von ihr als der »zweiten Thekla« gesprochen hatte,[116] tat ihre theologischen Anschauungen als die »einer törichten alten Frau« ab und schrieb von ihr: »sie ..., in deren Namen [eine Anspielung auf das griechische *melaina*, »die Schwarze«] die Finsternis schwarzer Untreue anklingt«)[118], ist ein Maßstab für das Ausmaß ihrer Wirkung auf Zeitgenossen.

Solche Entscheidungsmöglichkeiten waren für Olympias von Konstantinopel undenkbar. Als Enkelin eines bedeutenden Politikers am Hof des Konstantin wurde Olympias von der Schwester eines Bischofskollegen des Basilius von Cäsarea aufgezogen.[119] Durch sie kam die düstere Welt der Kappadokier mit der höfischen Gesellschaft der Hauptstadt in Berührung. Olympias war dazu ausersehen, einen der vielen spanischen angeheirateten Verwandten des neuen Kaisers Theodosius I. zu heiraten; aus diesem Anlaß empfing sie, wie es sich gehört, ein Gedicht von Gregor von Nazianz: Den Verkehr hatte Christus als Gnade gewährt, um durch das Zeugen von Kindern einem Menschengeschlecht Beständigkeit zu verleihen, das in dem Mühlgraben des Todes gefangen war; sie sollte aber wenigstens ihren Gatten dazu überreden, an heiligen Tagen Enthaltsamkeit zu üben, »denn durch solche Gesetze muß Gottes Ebenbild gebunden werden.«.[120]

Der Gatte starb nach zwanzig Monaten, im Jahre 386. Olympias war etwas über 20 Jahre alt. Ihre späteren Bewunderer waren davon überzeugt, daß sie Jungfrau geblieben war.[121] Sie dachte nicht an eine neue Ehe, trotz starken Drucks, einen anderen Verwandten des Kaisers als Gatten zu akzeptieren. In einer Welthauptstadt, deren neu aufgetauchte regierende Klasse noch darauf aus war, ihr Glück zu machen, konnte ein Reichtum, der so groß war wie der, über den Olympias verfügte, nicht gleichgültig lassen. In Rom, auf Distanz zu den Zentren der Macht, hatte niemand interveniert, um Melania einen Strich durch die Rechnung zu machen. Olympias' Vermögen wurde sogleich unter treuhänderische Verwaltung gestellt, bis sie das Alter von 30 Jahren erreicht hatte. Ein eifernder Präfekt verbot ihr, Bischöfe und Geistliche in ihrem Palast zu empfangen.[122]

Wenn sie einen solchen Reichtum behalten und dabei unverheiratet bleiben sollte, so konnte sie das nie mit der Freiheit tun, die Melania gehabt hatte. So viel Reichtum, der von der frommen Bewohnerin einer Welthauptstadt verteilt wurde, die von Delegationen klerikaler Glücksritter aufs Korn genommen wurde, drohte, die Geistlichkeit der gesamten griechischen Welt zu Olympias' Schuldnern zu machen. Ihren Bewunderern machte es später große Freude, ein Verzeichnis der Bischöfe anzulegen, die nachmals ihren Schützling Johannes Chrysostomus bekämpften, und dabei festzuhalten, wie jeder von ihnen Wohltaten von ihr empfangen hatte. Sie führten aus, daß Theophilus, Patriarch von Alexandrien und erbittertster Feind des Johannes, ihr einmal seine Aufwartung gemacht und in der Hoffnung auf Geschenke »ihr Hände und Knie geküßt«, aber nur Verpflegung und Unterkunft erhalten habe.[123]

Wenn Olympias mit so viel Reichtum fertig werden sollte, mußte er so eingesetzt werden, daß die Hauptstadt davon profitierte. Anders als Melania konnte sie nicht berechtigt sein, ihren Reichtum nach Gutdünken zu verteilen. Denn Konstantinopel war eine im Wachsen begriffene Stadt voller Einwanderer aus Anatolien. Armut war ein gefährliches Charakteristikum der

Stadt. Wenn der Kaiser und seine Höflinge vereinzelt zu zeigen versuchten, daß sie menschlich waren, taten sie das gewöhnlich über ihre Frauen: Es waren die Frauen, die als Vermittlerinnen der regierenden Klasse der Stadt dienten, indem sie für die städtischen Armen sorgten. So war es, während sich Theodosius I. in die volle Pracht des kaiserlichen Amtes hüllte, seine Gattin Flacilla, die bewies, daß selbst der Kaiser und seine Familie menschliche Wesen waren, die Krankheit und Tod kannten, indem sie in den Suppenküchen Dienst tat und die Hospitäler der Armen besuchte.[124]

Flacilla starb 387. Im darauffolgenden Jahr wurde der Bischofspalast bei einem gefährlichen Aufruhr niedergebrannt, während Theodosius auf einem Feldzug war.[125] Irgend jemand mußte als Schützer der Armen auftreten. Als Theodosius 391 zurückkehrte, war das Problem, das Olympias aufgeworfen hatte, gelöst worden. Der Patriarch Nectarius – ein früherer Staatsdiener und geschickter Diplomat – weihte sie zur Diakonin der Kirche von Konstantinopel. Die junge Erbin wurde dreißig Jahre vor Erreichen des gesetzlich festgelegten Alters von 60 Jahren geweiht.[126] Denn das formale Amt einer Diakonin verpflichtete Olympias, ihren Reichtum zur Unterstützung der Kirche von Konstantinopel zu verwenden. Ihr Palast nahe der Großen Kirche, nur wenige hundert Meter vom unruhigen Hippodrom, wurde ein Mittelpunkt der Armenhilfe. Dieses erstaunliche Gebäude hatte bereits seinen eigenen Hof für die Almosenverteilung, eigene ausgedehnte Bäder und eine Bäckerei für Luxusbrot.[127] Ein Kloster, dessen Insassinnen aus den Reihen von Olympias' eigenen Angehörigen kamen, bildete ein frommes Torhaus für den Park, der an den Bischofspalast grenzte.[128] Zu diesem und anderen Unternehmen steuerte Olympias 10 000 Pfund Gold bei, 100 000 Pfund Silber, Ländereien, die über das ganze westliche Kleinasien verstreut lagen, und den Anteil ihrer Familie an den staatlichen Getreidealmosen.[129] Diese eine Frau sorgte dafür, daß die Bischöfe der »Herrschenden Stadt« über Ressourcen sowohl zur Linderung der Armut als auch zur angemessenen Unterhaltung der Ehrgeizigen verfügen konnten, die denjenigen gleichkamen, mit denen eine freiwillig ins Exil gegangene Römerin wie Melania die heiligen Stätten von Jerusalem überschüttete.

Im Jahre 397 war Olympias noch nicht 40 Jahre alt. Ihre Askese hatte sie »so zerbrechlich wie ein Spinngewebe« gemacht, und durch Sittsamkeit und Kränklichkeit war sie an die innersten Gemächer ihres großen Klosters gefesselt.[130] Sie hatte, so wußte man, nie ein Bad genommen, ohne ihren ganzen Körper in ein weites schwarzes Gewand zu hüllen.[131] Sie war die vollkommene Empfängerin für das Meisterwerk des Gregor von Nyssa, seinen *Kommentar zum Hohenlied*.[132]

Olympias war in einer starken Position, um den neuernannten Bischof von Konstantinopel, den blendenden und eigensinnigen Johannes Chrysostomus, der aus Antiochien kam, zu begrüßen – mit welchen Folgen, werden wir sehen. Nachdem wir die bloße Vielfalt weiblicher asketischer Erfahrung und Praxis von ihrem bescheidenen Fundament in der frommen Familie bis zu ihren Auswirkungen an der höchsten Spitze der römischen Gesellschaft skizziert haben, müssen wir jetzt eine Generation in der Zeit zurückgehen, ungefähr in die Zeit von 370 bis 380, um uns mit Makrinas energischem Bruder Basilius von Cäsarea, mit dem beschaulicheren Gregor von Nyssa und dem etwas später wirkenden Johannes Chrysostomus von Antiochien zu befassen.

VIERZEHNTES KAPITEL

*Ehe und Sterblichkeit:
Gregor von Nyssa*

In Kappadokien und Pontus – also im östlichen Anatolien und an der Schwarzmeerküste der Osttürkei – begegnet uns eine Welt, die ganz anders ist als das Ägypten der Wüstenväter und die höfische Gesellschaft der neuen Hauptstadt, in der Olympias später ihre asketische Berufung auszuleben gezwungen war. Wir haben es mit einem Provinzadel zu tun, dessen Christentum ohne Unterbrechung in die Zeit des Origenes zurückreichte. Der große Basilius, sein jüngerer Bruder Gregor von Nyssa und Gregor von Nazianz, der Freund des Basilius, kamen aus Familien von Altgläubigen. Seit Generationen hatten diese christlichen Familien die Kleinstädte der Gegend als Rechtsanwälte, Rhetoren, Großgrundbesitzer und, fast *ex officio*, als christliche Bischöfe beherrscht.[1] Ihr Christentum war streng und förmlich, fest im kontinuierlichen Leben großer Familien verwurzelt. In diesen Familien spielten die Frauen eine entscheidende Rolle. Sie waren die Garanten physischer und moralischer Kontinuität. Nonna, die Mutter des Gregor von Nazianz, hatte niemals dem heiligen Altar den Rücken zugewandt, nie auf den Boden der Kirche gespuckt und »niemals heidnischen Frauen ... die Hände gereicht oder sie geküßt«.[2]

Gorgonia, die Schwester Gregors von Nazianz, wollte keine männlichen Ärzte ihren Körper untersuchen lassen, nachdem sie mit ihrem Wagen einen schweren Unfall gehabt hatte.[3] Doch »nachdem sie nur kurze Zeit der Welt und dem Fleische gedient hatte«, hatte sie, wie es sich gehört, zwei Söhnen und drei Töchtern das Leben geschenkt, und sie hinterließ »Kinder und die Kinder der Kinder«.[4] Basilius' eigene Mutter Emmelia hatte Jungfrau bleiben wollen, wurde aber zur Ehe gezwungen, als ihr Vater starb. Thekla, die Beschützerin der Jungfrauen, war bei der Geburt ihres ersten Kindes Makrina in einer Vision zugegen gewesen.[5] Neun weitere Kinder wurden in rascher Folge geboren – vier Söhne, vier weitere Töchter und ein Kind, das als

Säugling starb.⁶ Insgesamt hatte die christliche Oberschicht Kappadokiens bis zur Mitte des 4. Jahrhunderts ungebrochene Entschlossenheit gezeigt, der »allgemeinen Schmach« des Grabes⁷ mit den erprobten Mitteln des Ehebetts entgegenzutreten.

Der neue Asketismus beunruhigte wohlhabende Christen in Kappadokien nicht dadurch, daß er das eine oder andere Mädchen ihrer Rolle als Gebärerin entzog. Große Familien wie diese konnten es sich leisten, Töchter zu verlieren. Der asketische Appell drohte jedoch ganz eindeutig, aktive Männer aus dem Staat und aus den Reihen eines christlichen Klerus herauszureißen, der sich völlig mit den Bedürfnissen des Staates identifiziert hatte.

Sich den Eremiten in den bewaldeten Bergen am Schwarzen Meer anzuschließen oder in den Höhlen der Tuffsteinschluchten zu verschwinden, die in verlockend kurzer Entfernung von den stillen Städten Kappadokiens lagen, war mehr als schockierend; es ließ den kalten Schatten des Todes über die Zukunft ganzer Familien fallen. Wenn junge Männer, die potentiellen Väter vornehmer Familien, über sexuelle Entsagung nachsannen, so hieß das, über gesellschaftlichen Untergang nachzusinnen. Die Familiengrabhäuser an den Ausfallstraßen der Stadt waren schon beunruhigend genug; die hingeworfenen Knochen an den Eingängen der ältesten dieser Häuser waren starre Mahnungen an die Sterblichkeit.⁹ Doch es wäre noch unerquicklicher, wenn die Reihe der Gräber ein Ende nähme. Die letzten Kinder eines vornehmen Geschlechts würden (wie es Makrina tat) zu ihren Eltern in die großen Marmorsarkophage kommen, die jetzt die Märtyrerschreine säumten.¹⁰ Eine christliche Familie und mit ihr ein alter Stil christlicher Führung in den Kirchen Kappadokiens würde ein Ende finden.

Um 360 hatten sich Basilius und seine Brüder anscheinend große Mühe gegeben, die schlimmsten Befürchtungen ihrer Landsleute zu bestätigen. Naucratius, der zweite Bruder, verließ Cäsarea (das moderne Kayseri) unmittelbar nach einer glänzenden ersten Rede im Jahre 352. Fünf Jahre später war er tot, im Iris ertrunken, dort wo der Fluß in einem mörderischen Strudel unterhalb der Jagdhütte der Familie in Annesi vorbeischoß. Er war dabei gewesen, die Netze zu flicken, mit denen er die Fische fing, die er brauchte, um eine Gruppe kranker alter Männer zu ernähren. Zusammen mit einem Diener hatte er das Leben eines

Eremiten geführt und mit eigenen Händen für das Essen gearbeitet, mit dem er sich selbst und andere ernährte.[11]

Basilius kehrte 356 im Alter von 26 Jahren aus Athen zurück, wo er Rhetorik studiert hatte. Es wurde bald deutlich, daß Annesi für ihn etwas mehr war als ein Ort, an den man sich zurückzieht, ausgestattet mit einer Terrasse, auf die die obligatorische Platane des vornehmen Gelehrten ihren Schatten warf und von der man eine Aussicht auf die waldigen Berge voller Wasserfälle und den Iris hatte, dessen Mäandermuster sich in der Tiefe durch die fruchtbare Ebene zog.[12] Die Erinnerung an Naucratius, den Einsiedler, war die mächtigere Gegenwart.

Basilius' eigener geistlicher Lehrer zu jener Zeit war kein anderer gewesen als der radikale Asket Eustathius, der 357 Bischof von Sebaste (dem modernen Sivas) wurde.[13] In den Jahren, in denen Basilius in Annesi lebte (358-359 und 362-365), wo er die biblischen Schriften las und mit Gregor von Nazianz, seinem Freund aus seiner Studienzeit in Athen, Auszüge aus den Werken des Origenes machte, stattete er auch den »Bruderschaften« des Eustathius, die über die Gegend verstreut waren, zahlreiche Besuche ab, wobei er »mit den Brüdern die Nacht im Gebet zubrachte und die Fragen über Gott ... besprach«.[14]

Das Interesse, das Basilius an einem Mann wie Eustathius hatte, war durchaus Grund zur Beunruhigung. Eustathius war ein weithin geachteter geistlicher Lehrer und ein Kirchenpolitiker mit loyalen Verbündeten. Auf Grund seiner Sorge für die Armen gedachte man seiner als Gründer des Mönchtums in Konstantinopel, einer Stadt, die weithin von mittellosen Einwanderern aus Kleinasien bevölkert war.[15] In Kappadokien und Pontus, wo Eustathius die meisten Aktivitäten entwickelt hatte, waren asketische Lebensformen im Begriff, sich unmittelbar auf die städtischen Kirchen auszuwirken. Der Predigtappell zum Asketizismus zog nicht allein die wenigen begabten Führer aus der Stadt ab; er drohte, die traditionellen Strukturen der städtischen Gesellschaft umzustürzen. Denn anders als in Ägypten gab es keine Wüste, auf die sich radikale Aktivitäten hätten ablenken lassen.[16] Schon in der Mitte des Jahrhunderts bekundeten die Bischöfe, die sich in Gangrae zu einem Konzil versammelt hatten, ihre Besorgnis: Sie behaupteten, die Jünger des Eustathius hätten die Institutionen der Sklaverei und des privaten Reichtums in Gefahr gebracht und die Unterordnung der Frauen geleugnet. Sie wurden beschuldigt, alle gesellschaftlichen Unterschiede unter einer gemeinsamen Kleidung auszulöschen, die sich von dem groben *pallium* der Philosophen herleitete: Frauen und Sklaven erschienen gleich angezogen, ihr sozialer Status und ihr Geschlecht waren durch einheitliche Kleidung verwischt worden.[17] Sie behaupteten auch, daß man dem Reichtum gänzlich zu entsagen habe und ihn sofort »unter den Heiligen« verteilen müsse.[18] Frauen erwarben Gleichheit, indem sie sich das Haupthaar schoren. Mit der Beseitigung des »natürlichen Schleiers« des langen Haars, so behaupteten die Bischöfe, wurden die Frauen ermutigt, das Zeichen von sich abzuwerfen, »welches Gott jeder Frau als Zeichen ihrer Unterwerfung gab, so daß gewissermaßen der Brauch der Unterwerfung aufgehoben wurde«.[19]

Noch im Jahre 390 drohten kaiserliche Gesetze, jeden Bischof seines Amtes zu entheben, der solche Frauen in seine Kirche ließ: denn »unter dem Einfluß ihrer asketischen Überzeugung [handelten solche Frauen] gegen die menschlichen und göttlichen Gesetze«. Eine ganze Generation später zitierte ein christlicher Autor, der durch die seiner Ansicht nach eingetretene Lockerung der sexuellen Disziplin in Konstantinopel beunruhigt war, das Gesetz mit offensichtlicher Zustimmung.[20]

Kurz nach 360, zehn Jahre nach dem Konzil von Gangrae, war die Atmosphäre in Kappadokien von der Spannung gekennzeichnet, die dem ersten kleinen, aber unübersehbaren Stoß eines Erdbebens folgt. Die Karriere des Aerius, eines Priesters des Eustathius, zeigte sehr klar, was noch geschehen konnte. Aerius brach mit der Kirche wegen einer Auseinandersetzung über die Verwaltung der Almosen für die Armen in Sebaste. Seiner Meinung nach sollte die Kirche keinen Reichtum anhäufen, auch nicht für die langfristige Armenfürsorge; aller Reichtum mußte direkt den Bedürftigen übergeben werden. Während Basilius auf seinem stillen Landsitz in Annesi Origenes studierte und in den Evangelien forschte, machte sich eine gemischte Gruppe von Männern und Frauen mit Aerius an der Spitze auf und wanderte fernab von den Städten im bitterkalten Winterschnee durch die Berge, die den Halys säumten.[21]

Basilius tat, was er konnte, um den christlichen Familien seiner Stadt zu versichern, daß es nicht unbedingt bedeutete, über einen so schrecklichen Wasserfall in die Tiefe gerissen zu werden, wenn man Mönch wurde. Er ließ sich 364 in Cäsarea zum

Priester weihen. Er leitete die Organisation der Armenfürsorge während der Hungersnot von 368. Im Jahre 370 wurde er Bischof von Cäsarea. Er starb schon neun Jahre später als vergleichsweise junger Mann von 50 Jahren, der von den Strapazen seiner Doppelrolle als Oberhaupt der Mönche und als Bischof, der treu und ergeben zu seiner Stadt und ihrer Provinz stand, zermürbt worden war. In dieser kurzen Zeit hatte Basilius ein Mönchtum geschaffen, das dazu bestimmt war, neben den Kirchen der Städte zu existieren. Er wollte die christliche Landschaft von Kappadokien und Pontus mit sorgsam organisierten asketischen »Bruderschaften« übersäen.[22]

Bei diesem Experiment waren die Vorstellungen von freiwilliger Armut und Almosengeben vorherrschend. Basilius' »Bruderschaften« waren durch ihr Armutsgelübde unwiderruflich an einen neuen Stil sozialer Beziehungen gebunden. Ein Leben in gemeinschaftlicher Armut setzte seine eigene gründliche und beharrliche Disziplin durch. Basilius achtete darauf, daß keine »Bruderschaft« hoffen konnte, ohne enge wirtschaftliche Zusammenarbeit aller ihrer Mitglieder zu überleben.[23] Diese Maßnahme zielte darauf ab, die »Bruderschaften« zu den Armen und so unmittelbar an die Tore der Stadt zurückzuführen. Jede »Bruderschaft« sollte als ein idealer christlicher Haushalt fungieren.[24] Jede war eine ökonomische Einheit, deren überschüssiger Besitz den Armen übergeben wurde. Viele der »Bruderschaften«, für die Basilius seine *Regeln* schrieb, lebten in umgebauten Landhäusern wie dem, in dem sich Makrina und Peter, Basilius' jüngster Bruder, niedergelassen hatten – in der Ebene von Annesi, in bequemer Entfernung voneinander (es mag sein, daß sie sogar noch weiterhin Einnahmen aus den Ländereien bezogen, auf denen sie erbaut waren).[25] Doch in diesen christlichen Haushalten, die aus bescheidenen und hart arbeitenden Zölibatären bestanden, wurde überschüssiger Reichtum sogleich als Almosen an die Armen gegeben; er wurde nicht länger von den alten, verdorbenen Reflexen geschluckt, die den durchschnittlichen Familienvater dazu veranlaßten, große Geldsummen auszugeben, um das Prestige und die Kontinuität seiner Familie sicherzustellen.

Die »Bruderschaften« unterschieden sich nach Größe und Organisation stark voneinander. Manche waren kleine Hütten am Rande der Dörfer, so klein, daß sich die »Brüder« an einem einzigen Feuer wärmen konnten.[26] Sie hatten wenig mit dem großen Mönchshospital und der Leprakolonie gemein, die Basilius selbst, als »Stadt außerhalb der Stadt« am Rande von Cäsarea gegründet hatte und die später nach ihm die *Basileias* hieß.[27] Doch jede von Basilius' »Bruderschaften« sah sich im Besitz beträchtlicher freier Überschüsse, die es ihr ermöglichten, die traditionelle Pflicht jedes christlichen Haushalts zu erfüllen – die Sorge für die Armen. In einer Provinz, die von Naturkatastrophen erschüttert wurde und deren Bauern durch Dürrejahre und durch Schulden ruiniert und von den Großgrundbesitzern systematisch enteignet wurden, um Platz für die Viehfarmen zu schaffen, deren Produkte (Rinder, Schafe und Pferde für die kaiserliche Kavallerie) profitabler waren,[28] übernahm Basilius' Organisation der Armenhilfe aus seinen privaten Ressourcen und einige Zeit später aus dem Zusammenschluß monastischer »Bruderschaften« eine direkte, stark propagierte Rolle im gesellschaftlichen Leben Kappadokiens.[29]

Durch solche Maßnahmen stellte Basilius sicher, daß er und seine Anhänger nicht aus der Stadt verschwanden. Statt dessen brachte er eine einzigartig folgenreiche Version des asketischen Lebens vor die Türen einer altmodischen christlichen Oberschicht. Er machte klar, daß der getaufte Christ dazu verpflichtet war, sich Tag für Tag ein wenig mehr seiner eigenen hehren Vorstellung von einem Mönch anzugleichen. Die instinktiven sozialen Reflexe der Wohlhabenden, Reichtum aufzuhäufen und sich gegen die Zukunft abzusichern, indem sie das feste Fleisch vieler Söhne und Töchter hervorbrachten, waren für ihn ganz einfach schlechte Gewohnheiten, mit denen ein Christ allmählich zu brechen lernen mußte. Basilius wollte der Stadt Cäsarea als ganzer eine Atmosphäre der Enthaltsamkeit und der Offenheit für die Bedürfnisse der Armen verschreiben, ähnlich derjenigen, die in seinen mönchischen »Bruderschaften« herrschte. Für Basilius war das Problem klar: Wenn der reiche Jüngling aus dem Evangelium wirklich das getan hätte, was er nach seinen eigenen Bekundungen Christus gegenüber getan hatte – von Kindheit an alle Gebote befolgt zu haben –, dann wäre er kein *reicher* Jüngling mehr gewesen, als er dem Meister begegnete![30]

Basilius' strenge Botschaft vermochte viele nicht zu überzeugen. Vorgeblich als Hilfe für seinen berühmten älteren Bruder machte sich daher irgendwann in der Zeit von Basilius' Episkopat (zwischen 370 und 379) Gregor von Nyssa, ein Mann, der nicht viel jünger war als Basilius, der aber so weltfremd veranlagt war, daß er im Vergleich zu dem kraftvollen Bischof von Cäsarea wie ein Kind wirkte,[31] an eine förmliche Lobeshymne zum Preis der Jungfräulichkeit.[32] Gregors Schrift *Über die Jungfräulichkeit* war eine virtuose Komposition, die darauf abzielte, den Leser mit einem feinen goldenen Regen von Wörtern zu durchtränken. In ihr bemühte er sich, seine Leser, Kleinstadtintellektuelle mit rhetorischer Bildung, davon zu überzeugen, daß die sexuelle Entsagung, mit der so viele Männer und Frauen in Kappadokien ihre stürmischen Wagnisse im neuen asketischen Leben begonnen hatten, öffentlich in erhebenden, altmodischen Worten zur Sprache gebracht werden konnte. Wie sein Bruder mußte Gregor seine Standesgenossen beruhigen. Er wollte deutlich machen, daß sexuelle Entsagung nicht notwendig zu geisterfüllten Extremen – etwa zu einem Leben als heiliger Vagabund und zu Gleichgültigkeit gegenüber sexuellen Gefahren – führte, mit denen er selbst durch seine Lektüre geistlicher Werke, die mit den Mönchen des nördlichen Mesopotamien zusammenhingen, durchaus Bekanntschaft gemacht haben mochte.[33]

In der Tat war Gregor bei aller gekünstelten Banalität großer Teile seiner Schrift *Über die Jungfräulichkeit* ein durchaus ebenso ungewöhnlicher Mann wie sein Bruder. Zwischen 370 und 380 hätte ein außenstehender Beobachter den Eindruck gewonnen, daß Gregor das einzige männliche Familienmitglied sei, das sich vor dem asketischen Erdrutsch bewahrt hatte, der sein ganzes Haus in Vergessenheit fortzureißen drohte. Als Mann von Anfang Dreißig war Gregor der einzige Bruder, der geheiratet hatte.[34] Er hielt sich gern auf seinem Gut in Vanosa (dem modernen Avanos) auf. In Vanosa wand sich der Halys durch ein Tal mit fruchtbarem roten Boden und glänzte im Abendlicht »wie ein Goldfaden, der in ein Gewand von dunklem Purpur genäht ist«. Ein halbfertiger Märtyrerschrein stand neben dem Haus. Auf einer oberen Terrasse, unter einer Weinlaube, spielten zahme Karpfen glitzernd im Wasser des Fischteichs.[35] Obwohl es von der dramatischen Kulisse der Felsen von Zilve und Çavuşin, die später von Einsiedlerhöhlen durchzogen wurden, nur eine Wegstunde entfernt lag, war Gregors Vanosa kein Annesi.

Als treu ergebener jüngerer Bruder verließ Gregor im Jahre 371 sein Gut, um Basilius zu Gefallen Bischof der kleinen Stadt Nyssa zu werden. Doch auch zur damaligen Zeit hatte er gelernt, mit einer großen Traurigkeit zu leben. Es gibt keine Zeugnisse dafür, daß aus seiner Ehe mit Theosebeia (die 385 starb) ein

Erbe hervorgegangen wäre oder daß Gregor einen sehr starken Wunsch danach gehabt hätte. In anderen Gegenden lebten Bischöfe aus den oberen Klassen immer noch in der Vorstellung, ihrer Familie und ihrer Stadt männliche Erben zu schulden. Synesius von Cyrene schrieb 410 an den Patriarchen von Alexandrien, um von vornherein deutlich zu machen, daß er nur unter der Bedingung einwilligen würde, als Bischof von Ptolemais zu fungieren, daß ihm gestattet würde, mit seiner Frau Verkehr zu haben: »Ich werde mich nicht von ihr trennen, und ich werde auch nicht heimlich, wie ein Ehebrecher, mit ihr Umgang pflegen. ... Ich wünsche und bete darum, tugendhafte Kinder zu haben.«[36] Der Bischof von Ephesus war weniger diplomatisch: Er holte seine Frau einfach aus dem Kloster heraus, in das sie sich zurückgezogen hatte, um seine unabgeschlossene Familienangelegenheit zu Ende zu führen.[37]

Gregor zeigte keine derartigen dynastischen Ambitionen. Er teilte mittlerweile die Neigung der Familie zu einem sozialen Vakuum, aber er tat das auf sehr eigenständige Weise. Als Denker, der tiefsinniger war als Basilius, wenn auch nicht so konsequent, hatte sich Gregor die grenzenlose Sehnsucht des Origenes zu eigen gemacht.[38] Für Gregor lebte die menschliche Seele auf ewig in der Gewalt einer »feinen Leidenschaft der Unersättlichkeit«. Der vertraute, feste Boden der materiellen Existenz führte abrupt an den Rand einer unsichtbaren Welt, einer weiten Leere, der die tiefste Liebe der Seele zustrebte, um Erfüllung zu finden.[39] Warum diese »feine Leidenschaft« anscheinend in einem solchen Zustand ruhelosen Schwebens gehalten wurde, niemals frei, in diesem Leben ihren wahren Impuls zu finden; mit welchen Mitteln sie befreit werden konnte; und welche Gestalt die gewaltige Sehnsucht nach Erfüllung in der schließlichen Neuordnung aller geschaffenen Dinge annehmen würde, die sich mit der Auferstehung verband: das waren die Anliegen, die einem großen Teil von Gregors Denken zugrunde lagen. Sie bildeten das feierliche Leitmotiv, das unter den virtuosen rhetorischen Passagen seiner Abhandlung *Über die Jungfräulichkeit* mitlief. Sie verliehen seinen Ansichten über Sexualität, über Ehe und über das jungfräuliche Leben einen ganz charakteristischen Tonfall.

Gregor war zu dem Schluß gekommen, daß der gegenwärtige Zustand des Menschen einen Tiefpunkt an Ungewißheit darstellte: »das Leben des Menschen ist gegenwärtig unnormalen

Bedingungen unterworfen«.⁴⁰ Männer und Frauen schwebten zwischen einem ursprünglichen, verlorenen Urbild menschlicher Natur, das von Gott *zu seinem Bilde* geschaffen und der sichtbaren Welt in der schimmernden »engelhaften« Majestät Adams offenbart worden war, und einer Fülle von Menschlichkeit, die durch die Wiederherstellung von Adams ursprünglichem Zustand bei der Auferstehung entstehen würde.⁴¹

Er hatte nicht den geringsten Zweifel, daß die gegenwärtige Einteilung der Geschlechter in männlich und weiblich einen Teil des augenblicklichen anomalen Zustands der Menschen darstellte. Diese Aufteilung machte die Sexualität möglich. Die Sexualität war für Ehe und Geburt da: Sie ermöglichte es der Menschheit, in ihrem hoffnungslosen Versuch fortzufahren, dem Lauf des Todes Einhalt zu gebieten, indem sie Nachkommen hervorbrachte. Das war in Gottes ursprünglicher Schöpfung des Urbilds der menschlichen Natur nicht beabsichtigt gewesen. Adams physischer Körper war unvorstellbar anders gewesen als der unsere. Er war ein treues Abbild einer Seele gewesen, welche selbst die völlig ungeteilte, unberührte Einfachheit Gottes widerspiegelte.⁴² *Katharotés*, »Reinheit«, war für Gregor ein entscheidender Begriff. Ohne den antiseptischen Beigeschmack, der dem Wort jetzt anhaftet, war *katharotés* ein Zustand schattenloser Klarheit. Sie verriet die vollkommene Ausgeglichenheit potentiell widerstreitender Elemente. Sie war wie das durchscheinende Strahlen eines stillen Mittagshimmels.⁴³ Zu solcher »Reinheit« zurückzukehren war die endgültige Bestimmung von Leib und Seele gleichermaßen. Denn »das, was *zum Bilde* gemacht war, war eine Sache, und das, was jetzt in all seinem Elend offen zutage liegt, ist eine ganz andere«.⁴⁴

Sexualität existierte in der menschlichen Natur infolge einer nachträglichen Überlegung aus Barmherzigkeit. Wie die *Gewänder der Haut*, in die Gott in seiner Güte Adam und Eva gekleidet hatte, damit sie ihre lange Verbannung aus dem Paradies ertragen könnten,⁴⁵ war die Sexualität zusammen mit dem Tod nach dem Fall Adams der ursprünglichen heiteren Undifferenziertheit der menschlichen Natur hinzugefügt worden. Keineswegs war die Sexualität eine Bestrafung, sie war vielmehr ein vorrangiges Zeichen der beständigen Fürsorge Gottes. Denn Gott hatte vorhergesehen, daß Adam sie nötig haben würde: In diesem Sinne hatte er die menschliche Natur sowohl *zu seinem Bilde* wie auch als *männlich und weiblich* geschaffen.⁴⁶ Doch eine Fähigkeit zu sexueller Differenzierung hatte in der menschlichen Natur nur als »Sicherheitsvorrichtung« gesteckt. In Adams Paradies war die potentielle Trennung zwischen den Geschlechtern vollkommen latent gewesen.

Plotin war der Ansicht gewesen, daß eine Fähigkeit zu sinnlicher Wahrnehmung selbst in körperlosen Seelen verborgen lag; daß aber diese Fähigkeit in jenen mächtigen Geistern unentwickelt geblieben war, die weiterhin für immer über der Materie schwebten. Sie wurde nur in jenen schwächeren Seelen aktiv, die in die physische Welt »gefallen« waren. In ganz ähnlicher Weise wurde für Gregor die Differenzierung der ursprünglichen menschlichen Natur in zwei verschiedene Geschlechter erst dann aktiv, als Adams ungehorsamer Willensakt den Verlust der Unsterblichkeit über ihn brachte.[47] Es war die böse Entscheidung seines Willens, die die Ursache für den Fall Adams gewesen war. Adams fataler »Fehltritt« war sein Wunsch, zu besitzen und zu kontrollieren, anstatt mit müheloser, lebhafter Freude die sichtbare Welt anzuschauen, die seiner Obhut anvertraut worden war. Er hatte den Wunsch gehabt, die materielle Welt an sich zu reißen, deren überwältigende Schönheit Gott wie die schimmernde Landschaft von Vanosa, die man von einer fernen Terrasse aus betrachtete, vor seinem beschaulichen Blick ausgebreitet hatte.[48]

Der Wunsch, solche Schönheit zu kontrollieren und zu besitzen, hatte auf Adams Seele wie ein Wassertropfen gewirkt, den man in das Öl einer Lampe gießt; er hatte dazu geführt, daß das klare Licht seiner Liebe zu Gott flackerte und trübe wurde. Er umfaßte die physische Welt nicht mehr mit den heiteren und fürsorglichen Augen eines mächtigen, engelgleichen Wesens. Durch den Wunsch, sich solche körperliche Schönheit zu eigen zu machen, kam es dazu – so wurde ihm bewußt –, daß die tragische Vergänglichkeit, die der physischen Welt innewohnte, in seine eigene Natur einsickerte.[49] Er schloß sich den Tieren an, indem er sterblich wurde.

Gregor bemühte sich, deutlich zu machen, daß Adams »Drall« zur Tierwelt nichts mit einem Geschlechtsakt zu tun hatte. Die Entstehung einer differenzierten sexuellen Natur in den ersten Menschen war einfach eine sekundäre und notwendige Anpassung an die neuen Bedingungen, die der Sündenfall geschaffen hatte; sie hatte überhaupt keine Rolle bei der Verursachung des Falls gespielt. Tatsächlich sprach Gregor von ihr nie irgendwie als Bestrafung für den Sündenfall. Vielmehr hatte Gott die nachfolgende Trennung zwischen den Geschlechtern und die damit einhergehende Ausbildung sexueller Triebe in Männern und Frauen zugelassen, damit die menschliche Natur durch körperliche Fortpflanzung weiterhin über eine Kontinuität in der Zeit verfügen sollte, wie tragisch zerstreut eine solche Kontinuität auch durch die feindseligen Übergriffe des Todes sein mußte.[50] Das war natürlich eine gefahrvolle Lösung: Es war so, als versuchte man, einen Motor mit einem explosiven Ersatzbrennstoff zu betreiben. Die menschliche Fortpflanzung war unweigerlich mit den moralischen Gefahren verbunden, die der Natur der Sexualtriebe von nun an innewohnten.

Gregor betrachtete solche Triebe mit kaum verhülltem Unbehagen. Er machte sogar klar, daß er selbst lieber enthaltsam geblieben wäre, als mit der Notwendigkeit einer verstärkten moralischen Wachsamkeit konfrontiert zu sein, die sich durch die Ehe, in einer aktiven sexuellen Beziehung mit seiner Gattin Theosebeia, ergab.[51]

Bestimmte sexuelle Versuchungen blieben für Gregor peripher. Die Sexualität bedeutete für ihn Fortpflanzung, und die Kontinuität des menschlichen Geschlechts durch Fortpflanzung wurde von ihm als ein bedauerliches, aber treues Abbild der bleibenden Ziele Gottes akzeptiert. In einer Weise, deren Spezifizierung Gregor weise vermied, hätte die gewaltige Entfaltung der menschlichen Kapazitäten Adams im Paradies die sichtbare Welt auf jeden Fall mit Adams »Nachkommenschaft« erfüllt, ebenso sicher, wie die unsichtbare Welt von den mächtigen Scharen der Engel widerhallte.[52] Die freudereiche Fülle Gottes, sein Wunsch, von Adam, dem einen vollkommenen Urbild, eine reiche Vielzahl gleichgestimmter Wesen zu beziehen – wie ein Feld, das aus einer einzigen Weizenähre zu einer vollen Ernte herangewachsen ist, die aus einer Myriade goldener Ähren besteht[53] –, spiegelte sich auf der Erde weiterhin in dem bemitleidenswerten Versuch menschlicher Wesen wider, fruchtbar zu sein und sich zu mehren. Aus diesem Grund neigte Gregor immer dazu, die Sexualität zusammen mit anderen Aspekten des triebhaften Lebens nicht als privilegierte Anomalie darzustellen, sondern als Zeichen der langsamen, aber sicheren Weisheit Gottes. Sexualität und Ehe zeugten von Gottes sanfter Beharrlichkeit dabei, das Menschengeschlecht zu seiner vorbestimmten Fülle zu tragen, und sei es jetzt auch »über einen weiten Umweg«.[54]

Was Gregor wirklich betrübte, war die Art und Weise, wie der Eintritt des Todes in die menschliche Natur radikal die menschliche Zeiterfahrung verändert hatte. Wenn ihn nicht der Wunsch verfolgt hätte, der Zeit zu entfliehen, hätte Gregor die Jungfräulichkeit und folglich die totale männliche Enthaltsamkeit nicht mit solcher Überzeugung befürwortet.[55] Er hätte die etwas von Körperlichkeit abgehobenen Fortpflanzungspflichten erfüllen können, die bis zu seiner Generation in seiner Familie die Norm gewesen waren. Doch nur durch den drastischen Schritt des Verzichts auf Ehe und Geburt war es möglich, die Angst auszutreiben, die durch ein Gefühl für das unerbittliche Fortschreiten der Zeit verursacht wurde.

Die Schöpfung hatte mit einer »reinen« Zeit begonnen. Die Seele Adams hätte sich für immer ihrem Ziel entgegenstrecken können, in beständigem Wandel und indem sie ihre Fähigkeiten in gemessener Abfolge entfaltete, entsprechend dem ungehinderten Wachstum ihrer Liebe zu Gott. Das war ein Gefühl für Zeit und für Wandel, das sich seines Ziels so sicher war, so unverrückt in seinem Impuls, daß es im Vergleich zur gegenwärtigen Zeiterfahrung so unbeweglich wie ein Felsen erschien.[56] Das Gefühl für Zeit, das der Tod eingeführt hatte, war das Gegenteil solcher Stabilität. Die Zeit war es, die sich mit einer Tretmühle vergleichen ließ,[57] mit dem unendlichen Füllen einer leeren Ziegelform nach der anderen,[58] mit einem Versuch, sich einen sandigen Abhang hinaufzukämpfen.[59] Die großen Feste der Kirche, der sanfte Schein von Kandelabern und das ununterbrochene Anschwellen männlicher und weiblicher Stimmen im Wechselgesang der Psalmen schienen auf der Erde die Erfahrung einer »Zeit außerhalb der Zeit« zu bieten; aber selbst solche feierlichen Momente waren nicht mehr als Versuche, die Quadratur des Zirkels zu bewerkstelligen.[60] Die gegenwärtige menschliche Zeiterfahrung war eine Erfahrung »befleckter« Zeit.[61] Es war eine künstliche Zeit, die innerhalb des Ich durch ununterbrochene Ängste erzeugt wurde. Sie zeigte sich in Gestalt einer beständigen, unruhigen »Ausdehnung« der Seele in eine unbekannte und bedrohliche Zukunft.[62]

Für Gregor war die Uhr, deren Ticken am unerbittlichsten und vernehmlichsten den Lauf der befleckten Zeit abmaß, die Ehe. Aus seiner Sicht bestand die menschliche Zeit in einer Vielzahl aufeinanderfolgender Versuche, den Anblick des Grabes zu verhüllen. Ehe, Geschlechtsverkehr und das Aufziehen von

Kindern waren die ausdauerndsten und am höchsten geschätzten derartigen Mittel.[63] Gerade durch die elementare Gewalt der Hoffnungen, die die Ehe weckte, – und durch den herzzerreißenden Kummer, der sich mit dem Zunichtewerden dieser Hoffnungen durch den Tod von Gatten und Kindern verband – war es möglich, die ganze Last der Angst zu ermessen, die auf Männern und Frauen in dem »Fluch des unaufhörlichen Laufs des Todes« lag, in dem sie nun einmal gefangen waren.[64]

Daher der gewaltige symbolische Druck, der sich in Gregors Bewußtsein um das Problem von Ehe und Jungfräulichkeit herum aufbaute. Was für ihn in einem jungfräulichen Leben auf dem Spiel stand, war nicht die Unterdrückung des Geschlechtstriebs. Das war nur ein Mittel zu einem höheren Ziel – dem Absterben eines Zeitgefühls, das die Todesfurcht in das menschliche Herz gelegt hatte. Dieser Furcht konnte am wirksamsten ein Ende bereitet werden, wenn man auf die eine soziale Institution verzichtete, die ausdrücklich durch die Todesfurcht hervorgerufen worden war. Die Ehe verlieh dieser Furcht die Bestätigung der organisierten Gesellschaft. Der eheliche Verkehr war der »letzte äußerliche Haltepunkt« Adams und Evas in ihrer traurigen Verbannung aus dem Paradies gewesen. Dadurch, daß sie sich vereinigten, um Kinder zu haben, hatten sie in sich das volle Ausmaß ihrer Angst vor dem Untergang erkannt.[65] Die Ehe aufzugeben hieß, es mit dem Tode aufzunehmen. Es hieß, dem Tod keine weiteren Geiseln in Gestalt von Kindern zu liefern.[66] Ja, es war noch mehr: Der Verzicht auf die Ehe bedeutete, daß die Seele mit der Zwangsvorstellung von körperlicher Kontinuität gebrochen hatte, die der charakteristischste Zug einer Menschheit war, die in »befleckter« Zeit gefangen war. Im Herzen des enthaltsamen Menschen war das laute Ticken der Uhr der gefallenen Zeit zum Schweigen gebracht worden.

An wichtigen Punkten seiner Karriere besuchte Gregor Makrina und ihre Gefährtinnen, die in einem Bauernhaus in der Ebene unterhalb der Wälder von Annesi ansässig waren. Dort konnte er selbst Frauen beobachten, die nicht länger der gewaltigen körperlichen und emotionalen Anstrengung verpflichtet waren, die Kontinuität eines vornehmen kappadokischen Haushalts aufrechtzuerhalten. Die ihnen von der Gesellschaft zugedachten Formen der Zeit hatten aufgehört. Sie hatten nicht die aufeinanderfolgenden Erschütterungen von Ehe, Geburt und Trauer durchgemacht. Sie waren dem ursprünglichen, offenherzigen Sehnen Adams nach Gott so nahe, wie Menschen nur sein konnten. In diesem Sinne stand Makrina auf der Grenze zur unsichtbaren Welt.[67] Die Zeit hatte für sie bereits aufgehört, aus einer Folge von Mitteln zu bestehen, die den Schlag des Todes dämpfen sollten: Sie konnte direkt in die Unendlichkeit jenseits des Grabes schauen. Sie war es, die Gregor tröstete, als Basilius 379 starb, und sie spielte die Rolle des sterbenden Sokrates in Gregors Dialog *Über die Seele und die Auferstehung*.[68] Als ihr eigener Tod sie im Jahre 380 in Gregors Gegenwart ereilte, offenbarten sogar ihre letzten Bewegungen, daß ihr Herz keine Schranke gegen sein Kommen aufgerichtet hatte. Sie brauchte nicht einmal zum Begräbnis aufgebahrt zu werden: Ihr Körper hatte sich mit vollkommener Anmut zu tiefer Ruhe ausgestreckt.[69]

Der jungfräuliche Stand brachte daher eine Spur der »reinen« Zeit Adams mit sich. In jener ungespaltenen Zeit wurde die »feine Leidenschaft der Unersättlichkeit« befreit, um sich zielstrebig zu beschleunigen. Gregor teilte mit Origenes ein ausgeprägtes Empfinden für die Fähigkeit der Seele zu geistlicher Freude. Doch während für Origenes geistliche Freude immer ein fernes, von Fleischlichkeit getrübtes Abbild geblieben war, postulierte Gregor in der Seele eine kräftigere Leidenschaft. Er mißtraute der materiellen Welt vor allem deshalb, weil er ein so feines Empfinden für die ungestüme Liebesfähigkeit der Seele hatte. Wahrer Liebesobjekte beraubt, konnte die Seele materielle Dinge mit wilder Hartnäckigkeit lieben. Wie eine »geöffnete« Quelle flutete sie überreichlich in die materielle Welt und verwandelte das klare Wasser ihrer Begierde in einen schlammigen Morast. Durch das enge Rohr der Enthaltsamkeit geführt, würde die »feine Leidenschaft« der Seele wieder in einem reißenden Strom zum Himmel steigen, so unerschütterlich wie die stetige Fläche eines Wasserfalls.[70] Von irdischen Sorgen befreit, konnte die Seele wieder zur jungfräulichen Jägerin werden, die nach »göttlicher und reiner Freude« jagte.[71]

Obwohl Gregor ein verheirateter Mann war, hoffte er offensichtlich auf dieselbe geistliche Vollkommenheit wie die, die seine jungfräuliche Schwester erlangt hatte. Er machte deutlich, daß seiner Ansicht nach »Jungfräulichkeit des Leibes« nicht mehr war als eine »Methode«, »dazu ersonnen, eine Disposition der Seele zu fördern«.[72] Ohne diese Disposition bedeutete Enthaltsamkeit an sich nichts. Doch von der Jungfräulichkeit ließ sich niemals reden, als sei sie einfach eine Methode unter vielen. Gregor war Platoniker aus der Schule des Origenes. Um wirksam zu sein, mußte eine Methode auch ein Spiegel sein.[73] Der jungfräuliche Körper war ein außerordentlich getreuer Spiegel, in dem Menschen einen Blick auf die unendliche Reinheit des *Bildes Gottes* erhaschen konnten. Der unberührte Leib der Frau spiegelte die Reinheit ihrer Seele wider und war zugleich ein körperliches Abbild der jungfräulichen Erde des Gartens Eden. Byzantinische Nonnen hofften weiterhin, wie Makrina gehofft hatte, daß sie an klaren Strömen im »grasbedeckten Garten der Freude« Ruhe finden würden; denn ihre eigenen unberührten Leiber waren schon von einem Gefühl für den unsichtbaren Überfluß des Paradieses erfüllt.[74]

Als Gregor zum letzten Mal von seiner Schwester träumte, war es, als hielte er eine kostbare Reliquie in der Hand, die seine Augen blendete, wie ein Spiegel, auf den das volle Sonnenlicht trifft. Das war für ihn ein Omen. Er wußte, daß er Makrina zu Grabe tragen würde. Ihr Körper war der unbefleckte Spiegel einer Seele, die endlich das blendende Licht der *katharotés*, der strahlenden Reinheit Gottes, aufgefangen hatte.[75] Das Leuchten ihres blassen Fleisches im Kontrast zu dem groben schwarzen Gewand, in dem sie auf ihrer Totenbahre lag, bestätigte Gregors Traum: Makrinas Körper war ein heiliges Ding geworden, auf dem jetzt die Gnade Gottes ruhte.[76]

Es ist nun wichtig, ein wenig zurückzutreten, um Gregors Denken als Ganzes zu betrachten und so seine Originalität und Eigentümlichkeit zu würdigen. Gregors Schriften zeigen, wie sich die Anschauung vom Menschen, die Christen in Kappadokien hatten, wie eine Wanderdüne langsam verlagert hatte und sich in Form und Ausrichtung von dem entfernte, was in den heidnischen Traditionen Geltung hatte, von denen er und seine gebildeten Leser immer noch abhängig waren. Im Großteil seines Werkes bewegte sich Gregor in einem »platonischen Universum«.[77] Besonders in der Abhandlung *Über die Jungfräulichkeit* flossen ihm Formulierungen aus Platon und Plotin ungezwungen aus der Feder. Sie fielen ihm instinktiv ein, wie Takte aus alter ehrwürdiger Musik. Aber sie hatten ihre Bedeutung verändert.[78] Wenn sich die Seele in ihrem gegenwärtigen gefallenen Zustand im Körper sah, so war das für Gregor eine traurige und gefahrvolle Situation; doch es war nicht mehr die Hauptursache der gegenwärtigen Anomalie der menschlichen Befindlichkeit.

Als Mann, der in einer alten platonischen Tradition schrieb, neigte Gregor zu der Annahme, allein die Tatsache des Lebens in der physischen Welt könne die Reinheit der Seele beflecken, so unmerklich und so unerbittlich, wie die schlimmen Augeninfektionen – die Geißel von Gregors Heimat, dem Nahen Osten – die klare Sicht des Auges trübten:[79] Menschen lebten in der Welt der Sinne gleichwie in »einer Gegend voller Infektionen«.[80] Eine »negative Einstellung zur Welt ... [führt] uns in die tiefste Schicht von Gregors Frömmigkeit hinab«.[81]

Doch wir müssen sehr darauf achten, genau zu definieren, wo nun der Schwerpunkt von Gregors Mißtrauen lag. Ihn beschäftigte weniger die Last des Körpers als vielmehr die Verknotung von Ängsten, die sich in der Seele selbst gebildet hatte. Diese Ängste schienen ihm in Kontinuitäten Entlastung zu suchen, die weit über den Körper hinaus in die Gesellschaft als ganze reichten. Gregors Auffassung einer »gefallenen« Zeit enthielt die Vorstellung von einer gefallenen Gesellschaft. Durch die Anhäufung von Reichtum, durch das Festhalten an Macht, vor allem durch die Ehe und die Suche nach direkter und greifbarer Kontinuität in Gestalt von Söhnen und Töchtern, mit all den gesellschaftlichen Arrangements, die dynastische Kontinuität für Mitglieder der Oberklassen bedeutete, strebten Menschen danach, die Brüche zu beheben, die ihnen der Tod zufügte. Folglich neigte Gregors Denken dazu, vom individuellen Körper weg in den erweiterten Körper einer menschlichen Gesellschaft zu blicken, die für immer gegen den Tod gewappnet war.[82]

Der wahre »Sprung«, der für das Elend der menschlichen Situation verantwortlich war, war nicht der der Seele in den Leib; es war der Sprung der menschlichen Person, von Leib und Seele gemeinsam, in den gegenwärtigen gefallenen Zustand der Gesellschaft. Der Drang, dem Tod ein Schnippchen zu schlagen, ließ Menschen in heimlichem Einverständnis mit den Bedürfnissen einer Gesellschaft handeln, die nach befleckter Zeit lebte, einer Zeit, die von keiner anderen Uhr abgemessen wurde als der, die durch Ehe und Geburt das Verschwinden einer Generation nach der anderen ins Grab registrierte. Die Entscheidung für das jungfräuliche Leben war eine Entscheidung mit unmittelbaren sozialen Auswirkungen. Sie war eine Weigerung des Körpers, der Gesellschaft als »Werkzeug für die Folge sterblicher Geschlechter« zu dienen.[83]

Im Kleinasien des 4. Jahrhunderts dachten viele Menschen,

die in ihrer philosophischen Einstellung und in ihrer persönlichen Disziplin ganz genau so streng waren wie Gregor, nicht so. Sosipatra, die Tochter eines Philosophen, war ein genaues heidnisches Gegenstück zu Makrina. Als Kind war sie auf einem Familiengut im Karyster-Tal hinter Ephesus aufgewachsen. Dort war sie von geheimnisvollen Fremden dem Dienst der Götter geweiht worden. Und doch erklärte sie sich, als sie den Philosophen und Diplomaten Eustathius traf (eine Gestalt, mit der Basilius möglicherweise einmal einen höflichen Gedankenaustausch hatte – so klein war die Welt der Intellektuellen Kleinasiens!),[84] sogleich bereit, ihn zu heiraten: »Ich werde dir drei Kinder gebären«, sagte sie voraus, »aber du wirst vor mir von hinnen gehen. ... Nur noch fünf Jahre wirst du deine Dienste der Philosophie widmen.«[85]

Gesellschaftlich und moralisch lebte die Heidin Sosipatra noch in derselben Welt der Familie, in der die christlichen Frauen Nonna, Gorgonia und Emmelia gelebt hatten. Mehr noch: Sie lebte immer noch in dem mächtigen Kosmos spätheidnischer Frömmigkeit. Sie wußte, daß sie und Eustathius nur kurze Zeit in ihren Körpern sein würden. Sie konnte mit mystischer Inbrunst von der Herabkunft der Seele in ihr vergängliches »Kleid von Lehm« sprechen.[86] Sie hatte nicht nur den Todeszeitpunkt ihres Mannes vorhergesagt, sondern den heroischen Ruheplatz – »in der Scheibe des Mondes« –, an den Eustathius' körperlose Seele bald zurückkehren würde.[87]

Die einzige Zeit, nach der dieses philosophische Paar lebte, war die, die von der gewaltigen, langsamen Uhr eines ewigen Universums gemessen wurde. Im Gegensatz zur ruhigen Unermeßlichkeit der spirituellen Welt Sosipatras war Gregors Zeitgefühl hastig. Es war das Gefühl für eine Zeit, die durch menschliche Bemühungen, durch die Ehe und die Hervorbringung der menschlichen Gesellschaft, in die Länge gezogen wurde. Selbst unter den Enthaltsamen gab es das Gefühl, die Zeit rase im menschlichen Herz, da sie der Auferstehung zustrebe. Solche Einstellungen wären Sosipatra und Eustathius ganz unnötig hektisch vorgekommen. Der Gedanke, daß man von der unermeßlichen Lebensspanne des Kosmos so sprechen könnte, als sei sie nicht mehr und nicht weniger als »jene Zeit, die notwendig die gleiche Ausdehnung hat wie die Entwicklung der Menschheit«,[88] wäre für sie undenkbar gewesen. Sosipatra lebte ruhig in einer unwandelbaren Welt, und sie hätte wenig Sinn darin gesehen, die Ehe aus ihrem Leben zu entfernen. Die Ehe war keine Wand, die man beiseite räumen mußte, um eine geheimnisvolle Verkürzung der Zeit herbeizuführen, wie Makrina es in Annesi getan hatte. Götter und Engel hatten Sosipatra von Kindheit an umschwebt; doch kein himmlischer Bräutigam erwartete sie und erst recht keiner, dessen Kommen sich durch die brüske Weigerung eines jungen Mädchens, ihre Bürgerpflicht im Ehebett zu erfüllen, beschleunigen ließ. Sosipatra konnte abwarten. Sie konnte ihre Rolle als junge Frau, die von der Natur dazu bestimmt war, dem antiken Staat Kinder zu liefern, so heiter akzeptieren, wie sie ihren Platz als verkörperte Seele akzeptierte, die für einen flüchtigen Augenblick in das materielle Gefüge eines zeitlosen Universums verwoben war.

Für Basilius und für Gregor waren weder das Universum noch der Staat sicher. Alle Kreatur stand in gespannter Erwartung der Wiederkehr Christi, und auf der Erde standen den kleinen Städten Kappadokiens folgenschwere Entscheidungen bevor. Gregor schrieb so, wie er es tat, um der Herausforderung des Basilius an den antiken Staat einen gehobenen platonischen Ton hinzuzufügen. Bei allen Unterschieden in Temperament und Einstellung waren die beiden Brüder von demselben Horizont umgeben. Beide hatten ein feines Empfinden für die Macht des alten bürgerlichen Drangs, Reichtum aufzuhäufen, Verwandte zu sammeln und Nachkommen zu zeugen. Das schwere Blut eines kappadokischen Edelmanns floß noch immer in Gregors Adern. Wenn er aus dem Brief des Paulus an die Römer das Gesetz der Sünde in unseren Gliedern zitierte, das dem Gemüt widerstreitet, und von dem »Bürgerkrieg« sprach, der »in jedem von uns tobt«, dann dachte er nicht an seine sexuellen Triebe: Er beschrieb seine Empörung, als er von einem Bischofskollegen brüskiert wurde: »Welches Recht hat er, uns zu beleidigen, wenn er nicht von vornehmerer Herkunft ist, sich nicht durch seinen Stand auszeichnet und auch rhetorisch nicht talentierter ist als ich?«[89]

Basilius und Gregor wußten, was es hieß, mit solchen Trieben zu ringen. Um diese zu zähmen, und nur nebenbei zur Zähmung des Geschlechtstriebs, hatte Basilius mit leidenschaftlicher Genauigkeit über die Lebensweise geschrieben, die in seinen »Bruderschaften« praktiziert werden sollte. Detaillierte Bestimmungen über die Verteilung des Reichtums, über den Verzicht auf Statusmerkmale, über einheitliche Kleidungsregeln füllen die Seiten der asketischen Schriften des Basilius.[90] Was

Gregor anging, so verweilte er mit Vorliebe nicht bei der sexuellen Versuchung, sondern bei den tragischen Wurzeln von Stolz, Habsucht und Familienehre in der menschlichen Verfassung seit dem Fall Adams. Beide glaubten, daß durch das neue reformierte soziale Leben einer mönchischen »Bruderschaft« Individuen, die von den Anforderungen einer auf der Familie basierenden, konventionellen Gesellschaft frei waren, eine christliche Gesellschaft en miniature schaffen konnten, die neben der Gesellschaft her existierte. Die Hauptanstrengung der »Bruderschaften« wäre weniger darauf gerichtet, die Sexualität in den Wenigen zu zähmen – auch wenn das für asketische Männer wie sie wünschenswert erscheinen mochte –, als ein Beispiel für den haushälterischen Umgang mit Ressourcen im Lichte der Bedürfnisse der Armen zu schaffen. Sie wollten die Herzen einer Kleinstadtoberschicht öffnen, damit der Strom der christlichen Nächstenliebe wieder von den Türen der Reichen in die Hütten der Notleidenden flösse.[91]

Die starre Ökonomie von Männern und Frauen, deren sexuelle Entsagung sie von dem Drang befreit hatte, für sich selbst eine körperliche Zukunft zu schaffen, die auf körperlichen Nachkommen und dem Festhalten an Familienreichtum beruhte, sollte als deutlicher Tadel an den Gewohnheiten des prahlerischen Verbrauchs verstanden werden, die den antiken Staat zu dem gemacht hatten, was er war. Makrinas Annesi – ein von den Kinderlosen verwaltetes Landgut, dessen sämtliche Überschüsse jedes Jahr der Armenhilfe übergeben wurden – sollte das klassische Cäsarea verschlucken, dessen Mauern und Bauten, ragende Klippen aus Ziegeln und Marmor, von einem Reichtum zeugten, der durch den mitleiderregenden Wunsch, durch bürgerlichen Ruhm und durch bürgerlichen Familienstolz das Grab zu überlisten, zu Stein geworden war.[92] Die Städte Kappadokiens waren klein, und Männer vom Rang eines Basilius und eines Gregor von Nyssa konnten das Gefühl haben, daß es ihnen wirklich gelingen werde, sie zu Städten zu machen, die sich mit größerem Recht christlich nennen konnten. Weniger klar waren die Dinge jedoch in einer sich ausbreitenden und überschwenglich profanen Metropole wie Antiochien. In Antiochien begann im Jahre 381 Johannes Chrysostomus, zehn Jahre jünger als Gregor, seine Karriere als Prediger von faszinierender Begabung, der vor hingerissenen Versammlungen unter dem geräumigen goldbedachten Achteck der Großen Kirche der Stadt auftrat.

FÜNFZEHNTES KAPITEL

Die Sexualität und die Stadt: Johannes Chrysostomus

Im Jahre 370 hatten sich Asketen auf allen Berggipfeln Syriens niedergelassen. Kleine Gruppen von Mönchen hatten sich sogar in den Höhlen des Silpios versteckt, der Bergkette, die sich steil hinter dem elegantesten Stadtviertel von Antiochien erhob.[1] Jeden Morgen standen sie mit dem Hahnenschrei auf und versammelten sich schweigend zum Gebet, während unten in der großen Stadt

die Diener schlafen, die Türen geschlossen sind, der Maultiertreiber seine Glocken durch leere Straßen ertönen läßt.... Und wir schnarchen oder kratzen uns den Kopf oder liegen auf dem Bett und denken über endlose Ränke nach.[2]

Auf den Bergen

gilt ihre Sorge nur mehr dem Himmelreich, sie verkehren nur mit den Tälern, den Bergeshöhen, den Quellen, der Ruhe und dem Frieden.... Ihre Seele, frei von Leidenschaften und Makeln, ist leicht und empfänglich und reiner als die klarste Luft. Ihre Arbeit ist dieselbe wie die Adams ... noch vor dem Falle.[3] Macht euch auf eine lange Reise, um sie zu besuchen, [forderte Johannes Chrysostomus seine Versammlung auf]. Sie haben in einem sicheren Hafen Anker geworfen und alle Männer in ihre Ruhe gezogen.[4]

Zwischen 370 und 380 fühlte Johannes, der Sohn eines wohlsituierten Stadtschreibers, den Ruf dieser wilden Männer der Berge. Zwei Jahre in einer Höhle auf dem Silpios reichten ihm. Mit einem durch langes Fasten dauerhaft geschädigten Magen und halbtot durch die Winterkälte kehrte der junge Johannes in die Stadt zurück. Im Frühjahr 381 wurde er zum Diakon geweiht und im Jahre 386 zum Priester. Die Stadt hatte ihn für sich in Beschlag genommen. In den darauffolgenden zwölf Jahren war in der Großen Kirche von Antiochien eine Beredsamkeit von ganz unheimlichem Talent zu hören. Seinen späteren Namen Chrysostomus – »Goldmund« – erwarb Johannes bei diesen Anlässen. Als Diakon und junger Priester war er das Bindeglied zwischen den Gefühlen der antiochenischen Christen und ihrem zunehmend unnahbaren und geistesabwesenden Bischof. Die christlichen Familienväter Antiochiens waren seine Zuhörer. Er identifizierte sich mit ihnen mit der instinktiven, fast medialen Feinfühligkeit eines großen Rhetors, der ihre unbestrittensten Vorurteile zur Unterstützung seiner Botschaft heraufbeschwört: »Ich kenne kein anderes Leben als euch und die Sorge für die Seelen.«[5]

Johannes Chrysostomus war der begabteste christliche Prediger seiner Zeit. Er war der letzte der großen städtischen Rhetoren der antiken Welt. Doch seine Predigten läuteten das Ende der antiken Stadt ein. Der quälende, tragisch unerfüllte Wunsch seines Lebens war es, von Antiochien als von einer ganz und gar christlichen Stadt sprechen zu können. Die Themen Ehe, Familie und Sexualität nehmen in seinen Predigten einen so großen Raum ein, weil Johannes durch solche Themen eine neue Sicht der bürgerlichen Gemeinschaft ausdrücken wollte. Der Körper und seine Anfälligkeit und besonders seine universelle Anfälligkeit für sexuelle Scham und sexuelle Versuchung wurden für Chrysostomus der eine sichere Kompaß, der es den Christen von Antiochien ermöglichen würde, ihren Weg in einer städtischen Landschaft zu finden, deren antike, profane Meilensteine, so hoffte er sehnlichst, bald verschwinden würden.

Die Praxis der Jungfräulichkeit forderte den Staat nach Johannes' Ansicht direkt heraus. Die Kirche von Antiochien beschützte bereits einige dreitausend Jungfrauen und Witwen.[6] Der junge Priester, der Ende 20 war, nahm sich ihrer Sache mit Begeisterung an.[7] So viele ungebrauchte Leiber zeigten, daß der Lauf der Zeiten den alten bürgerlichen Trieb verlangsamt hatte, der einst gute Bürger dazu geführt hatte, für ihre Stadt zu sorgen, indem sie heirateten und Kinder zeugten. Die Ehe war etwas Überflüssiges, das nur durch den Fall Adams erforderlich gemacht worden war: Als sie in die menschliche Existenz eintrat, wurde sie »im düsteren Gefolge des Todes auf die Bühne gezogen«.[8]

Die Ehe und die Schmerzen der Wehen, sinnliches Vergnügen und sinnliche Vereinigung, der Erwerb von Reichtum und die Sorge für große Güter, Nahrung und Kleidung, die Arbeit des Bauern und die Schiffahrt, Künste und Architektur, Städte und Haushalte,[9] all das würde in die gewaltige Stille der Berge zurücksinken, wenn die Erde vor der Ankunft des Herrn in Schweigen verfiel: »Die Dinge der Auferstehung stehen vor der Tür.«[10]

Untertreibung war keine Eigenschaft, die bei einem spätantiken Rhetor geschätzt wurde, und Johannes war vielleicht ein junger Mann, als er seine Abhandlung *Über die Jungfräulichkeit* verfaßte. Er wußte nur zu gut, daß er zu einem gefesselten Publikum sprach, das sich in die Große Kirche drängte, um seinen brillanten Priester reden zu hören, und sofort nach der Predigt wieder hinausströmte, so als seien sie »Zuschauer bei den weltlichen Wettkämpfen«.[11] Viele von Johannes' extravaganteren Bemerkungen über die Jungfräulichkeit wurden unter dem sanften Druck seiner Rolle als rhetorischer »Star« in Antiochien gemacht. Er sprach oft *pour épater les bourgeois*. Der Unterschied im Tonfall zwischen seinen Predigten und der Abhandlung des Gregor von Nyssa ist auffällig. Bei Johannes ertönten Aussagen, die üblicherweise eher in den stillen Studienzirkeln der Konvertiten, unter den Schülern des Methodius von Olympus und in der ländlichen Stille von Annesi kursierten, jetzt trotzig unter der Kuppel einer großen Stadtkirche. Die Tendenz, mit der Johannes predigte, war offensichtlich. Es war sein Ziel, der Stadt ihren hartnäckigsten Mythos zu rauben – den Mythos, daß ihre Bürger eine Verpflichtung hatten, durch Verheiratung zum fortwährenden Ruhm ihres heimatlichen Antiochien beizutragen. Statt dessen erklärte er wiederholt seinen christlichen Zuhörern, daß ihre Körper ihnen und nicht mehr der Stadt gehörten.

In allen seinen Predigten und nicht nur in seiner Glanzleistung, dem Traktat *Über die Jungfräulichkeit*, beharrte Chrysostomus darauf, daß junge Männer und Frauen nicht länger zu dem Zweck verheiratet sein sollten, daß ihre sexuellen Energien durch das Hervorbringen von Kindern einen Beitrag für die Stadt leisteten. Sie heirateten vielmehr, um einander dabei zu helfen, ihren eigenen Körper unter Kontrolle zu bekommen. Ein Bewußtsein für die sexuellen Gefahren, die in dem jungen Körper lauerten, und nicht ein Pflichtgefühl gegenüber der Bürgergemeinschaft brachte das christliche Paar zusammen. In seiner Schrift *Über die Jungfräulichkeit* ging Chrysostomus sogar so weit zu behaupten, daß die Erde bereits vollständig bevölkert sei. Das Wachstum der Zivilisation hatte die Zeit des Sex um der Fortpflanzung willen zu Ende gehen lassen. Ja, in seiner Bemühung, seine Behauptung zu beweisen, griff Johannes sogar auf ein altes rhetorisches Argument zugunsten der homosexuellen Liebe zurück: Die Päderastie, hatte ein Rhetor einmal behauptet, stellte in einer Gesellschaft, die durch ihren Volkreichtum von dem Zwang zu ausschließlich heterosexuellen Beziehungen befreit war, die höchste Verfeinerung des Liebens dar![12]

In der christlichen Ära war es der Ehe, nachdem Christus die Jungfräulichkeit gepredigt hatte und die Erde mit menschlichen Nachkommen erfüllt worden war, gestattet worden, geduldet fortzubestehen. Die Ehe diente dazu, den Sexualtrieben eine Beschränkung aufzuerlegen: es gab sie *wegen der Unzucht*.[13] Männer heirateten Frauen nicht, um dem Tod durch das Zeugen von Kindern Einhalt zu gebieten, wie Gregor von Nyssa mit dem Pathos eines Mannes der Antike behauptet hatte, sondern vielmehr, um die hohe Temperatur ihrer sexuellen Bedürfnisse zu senken.[14]

Frauen taten das vermutlich aus demselben Grund; aber wie viele seiner männlichen christlichen Zeitgenossen neigte Johannes dazu, die sexuellen Triebe von Frauen als schwach im Vergleich zu denen von Männern hinzustellen.[15] Für den jungen Mann war die Ehe ein »sicherer Hafen«. Wie in den spätrömischen Häfen an den Küsten von Syrien und Kilikien fungierten die Mauern des ehelichen Haushalts einfach als Wellenbrecher: Sie schufen eine Zone stillen Wassers, hinter deren Grenzen ein tiefer Salzozean potentieller Ausschweifung tobte.[16] Selten sind die Konsequenzen, die in dem ursprünglichen einseitigen Charakter der Darstellung angelegt sind, die Paulus im 7. Kapitel seines 1. Korintherbriefs von der Ehe gibt, klarer entfaltet und mit größerer Begeisterung aufgegriffen worden.

Die Vision des Johannes war von wohlüberlegter Ängstlichkeit geprägt. Sie hob die Macht der Sexualität bei den jungen Menschen hervor: »Wie sollen wir nun dieses wilde Tier bändigen? Was sollen wir tun? Was für einen Zügel sollen wir ihm anlegen? Ich weiß keinen anderen als den der Hölle.«[17]

Er betonte die Gefahren der sexuellen Begierde bei den Jungen vor allem deshalb, um die Strukturen des christlichen Haushalts gegen die gefährliche Freiheit der großen Stadt zu stärken. Der Vater sollte als das unbestrittene Familienoberhaupt fungieren. Sein Zorn sollte gefürchtet werden, als sei es der Zorn Gottes. Er würde seinen Söhnen und Töchtern helfen, ihre sexuellen Triebe zu kontrollieren, indem er frühe Ehen für sie arrangierte.[18] Sobald sie verheiratet waren und in ihrem eigenen Haushalt lebten, sollten sich die jungen Ehegatten aneinander klammern, um sich mittels der »Zügelungsdroge« hinreichend regelmäßigen Verkehrs vor den gefährlichen Strömen der Lust zu schützen, die an ihre Schlafzimmertür schwappten – hübsche Mädchen in den Quartieren der Dienerinnen und jenseits der Mauern des christlichen Hofs die betörenden Vergnügungen der Stadt. Weil er zu den bleibenden Freuden legitimer Kinder führte, war ehelicher Verkehr das, was junge Männer brauchten: Er hielt sie von den vergänglichen Freuden des Bordells fern.[19]

Johannes hatte eine düstere und bewußt atomistische Vision, die bei modernen Lesern auf wenig Zuneigung gestoßen ist.[20] Wir müssen uns jedoch klarmachen, daß das die Schattenseite von Chrysostomus' großer Hoffnung war – der Schaffung einer neuen Form von städtischer Gemeinschaft durch die Reformierung des christlichen Haushalts.

Wenn er in der großen Kirche von Antiochien stand, sah sich Johannes vor allem als den »Botschafter einer anderen Stadt ..., den Botschafter der Armen«.[21] Es ist eine ernste Fehldeutung, wenn man ihn nur als den Prediger der sexuellen Kontrolle sieht. In einer Folge von Predigten über das Matthäusevangelium berührte er das Thema des Almosengebens an 40 Stellen, dreizehnmal die Lage der Armen, dreißigmal sprach er von Geiz und zwanzigmal über den Mißbrauch von Reichtum:[22]

> Wie lange wirst du nicht aufhören, ständig Arme und Bettler in deine Predigten einzuführen und uns den Untergang und unsere eigene zukünftige Verarmung vorherzusagen, die dazu führen wird, daß wir alle zu Bettlern werden?[23]

Antiochien war anders als Kappadokien. In Cäsarea hatte Basilius vor den Problemen gestanden, die durch schreckliche Dürren verursacht worden waren, die eine hungernde Landbevölkerung in die kleinen Städte der Region getrieben hatten. Antiochien dagegen war eine Stadt mit einer Viertelmillion Einwohnern, umgeben von einem fruchtbaren agrarischen Hinterland. Es brauchte keine Hungersnot zu fürchten.[24] Armut war nicht die Folge plötzlicher Katastrophen. Was Johannes in seiner Umgebung wahrnahm, war vielmehr eine Armut, die in die Strukturen des städtischen Lebens eingebaut war. Bilder der

Armut, die das Herz kränkten, bildeten einen unveränderlichen Hintergrund für das Leben der Stadt:

> [Die Armen] wandern in den Alleen der Stadt umher wie Hunde, sie bevölkern die Straßenecken, sie kommen in die Höfe großer Häuser, sie schreien aus ihren Kellern und bitten um milde Gaben.[25]

Bettler waren gezwungen, in der Hoffnung auf Almosen zu Possenreißern zu werden. Sie kauten an alten Schuhen; sie schlugen sich Nägel in den Kopf; sie lagen in gefrorenen Pfützen; und was das schrecklichste war, sie ließen ihre Kinder verstümmeln, um Mitleid zu erregen:[26] »und all das in Antiochien, wo Männer erstmals Christen hießen, in der Stadt, in der die zivilisiertesten Mitglieder der Menschheit hervorgebracht werden.«[27]

Ein bedrohliches menschliches Strandgut sammelte sich um die Säulengänge der Großen Kirche. Die Mitglieder der Gemeinde des Johannes mußten auf ihrem Weg zum Gebet in der Basilika an den ausgestreckten Händen der Bettler vorbeikommen:

> Wenn ihr vom Beten müde seid und nicht empfangt, bedenkt, wie oft ihr einen armen Mann habt rufen hören und habt nicht auf ihn gehört....[28]
>
> Nicht deshalb, weil ihr eure Hände ausstreckt [in der *orans*-Geste der frühen Christen], werdet ihr gehört werden. Streckt eure Hände aus nicht zum Himmel, sondern zu den Armen.[29]

Im Verlauf seiner 16 Jahre in Antiochien wurde die schreckliche Last der Armen zu etwas, das Johannes bedrängte. Sie ließ ihm keinen Zweifel daran, was die grundlegende Pflicht aller Christen sei:

> Die höchsten unter [den Tugenden] sind die Liebe, die Sanftmut, die Mildtätigkeit, die sogar die Jungfräulichkeit überwiegen.[30] Ohne die Jungfräulichkeit kann man (Gott) schauen, ohne Barmherzigkeit nicht.[31]

Wenn Johannes über die ideale Beziehung zwischen Mann und Frau in der christlichen Familie predigte, können wir hinter der Familie immer die düstere Gegenwart der Armen und die Herausforderung spüren, die die asketischen Mönche in den Höhlen der Silpios-Bergkette darstellten. Johannes war in dieser Hinsicht anders als Basilius von Cäsarea. Er erwartete nicht, daß die heiligen Männer der Berge in großer Zahl herabkämen, um für die Bedürfnisse der Stadt zu sorgen.[32] Er befürchtete vielmehr, daß übermäßige Bewunderung für das Leben der Mönche den christlichen Familienvätern der Stadt ein Alibi verschaffen könnte, ihre eigene Suche nach christlicher Vollkommenheit aufzugeben. Für den durchschnittlichen Antiochier war es nur zu leicht zu denken, daß solche Dinge wie Bibellesen, Keuschheit und die Unterstützung der Armen ruhig den Mönchen überlassen werden konnten, die die professionellen Christen waren:

Die Seligpreisungen Christi waren nicht allein an Einsiedler gerichtet. ... Denn wenn es im ehelichen Stande nicht möglich ist, die Pflichten von Einsiedlern zu erfüllen, dann sind alle Dinge vergangen, und die christliche Tugend ist eingeengt.[33] Nun, es ist gerade dies, was mich seufzen läßt, daß ihr glaubt, daß Mönche die einzigen Personen seien, die eigentlich mit Anstand und Keuschheit befaßt sind.[34] Diese Auffassung ist unser aller Untergang.[35]

Wenn es in Antiochien so etwas wie »Bruderschaften« geben sollte – asketische Zellen praktizierender Christen, die sich der Sorge für die Armen widmeten –, so konnten das nur die existierenden christlichen Haushalte sein. Jedes Ehepaar sollte bis hin zu seinem feierlichen Tischgebet in die Mitte der turbulenten und hartherzigen Stadt eine Spur der christlichen Vollkommenheit bringen, die von den Mönchen in der sauberen, dem Stadtleben entrückten Luft der Berggipfel praktiziert wurde.[36]

In seinen Predigten beschäftigte sich Johannes häufig mit einem Thema, das griechischen Männern seit langem zusagte: *oikonomia*, Ratschläge zur Schaffung eines Musterhaushalts. Vieles von seinen Predigten über Ehe und Sexualität fällt unter diese abgegriffene Rubrik.[37] Johannes, der hier mühelos eine lange Tradition handhabte, die über Plutarch bis zu Xenophon zurückreichte, machte seine Haltung zu Themen deutlich, die ihm am Herzen lagen. Die erfolgreiche Führung eines christlichen Haushalts erforderte die enge Zusammenarbeit von Ehemann und Ehefrau. Sie setzte die Vorherrschaft des Mannes in der Familie voraus, die des Ehemanns über seine Gattin und die des Vaters über seine Kinder.[38] Indem der Mann seine Frau erfolgreich in seinen Haushalt einbezog, schnitt er sie von der verführerischen »Hoffart« des städtischen Lebens ab.[39] In sanfter, aber fester Weise sollte sie »wie Wachs« von ihrem Gatten geformt werden.[40] Sie und ihre Kinder sollten dazu überredet werden, dieselbe nach innen gerichtete Strenge anzunehmen wie er selbst. Sie lernte, sich in ihrem Schmuck und in ihrer Kleidung einzuschränken; denn sie durfte nicht an den Armen vorbeigehen und dabei den Preis für viele Mahlzeiten an den Ohren hängen haben.[41]

Durch Berufung auf die griechische und jüdische Idylle der fügsamen Gattin, die an die sichere Frömmigkeit des häuslichen Raums hinter den Mauern des Hofs ihres Gatten »genagelt« ist,[42] hoffte Johannes die junge Frau in einen Haushalt zu integrieren, dessen peinlich befolgte Disziplin ihn zu einem kleinen Kloster machte, das von denselben Geboten des Evangeliums regiert wurde wie denen, über die die Mönche in den fernen Bergen meditierten. Das an öffentlicher Verschwendung gesparte Geld würde täglich in einer Almosenbüchse gesammelt werden, die neben dem Ehebett stand: Das war ein jüdischer Brauch, den Johannes zögernd bewunderte.[43] Haushalte, die durch düstere und beschützende Väter geläutert wären, würden Johannes' Traum Wahrheit werden lassen: Armut war in Antiochien nicht nötig, »durch Gottes Gnade wäre unsere Stadt ... imstande, die Armen von zehn anderen Städten zu erhalten.«[44]

Johannes erhöhte die christliche Familie, um die Bedeutung der antiken Stadt herabzusetzen. Er weigerte sich, Antiochien als traditionelle städtische Gemeinschaft zu sehen, die durch einen gemeinsamen städtischen Patriotismus zusammengehalten wurde, der sich in gemeinsamen Rhythmen kollektiver Festlichkeit ausdrückte. Er machte kein Geheimnis daraus, daß er den Wunsch hatte, das Theater, das Hippodrom, ja sogar die geschäftige Agora möchten für immer in Schweigen verfallen.[45] Das Antiochien seiner sehnlichsten Hoffnungen sollte nicht mehr sein als ein Konglomerat gläubiger Haushalte, die durch einen gemeinsamen Treffpunkt in den geräumigen Höfen der Großen Kirche verbunden wären. Er wünschte, die Türen des christlichen Hauses sollten zuschlagen und das Stimmengewirr einer spätklassischen Metropole aussperren. Für ihn war das öffentliche Leben Antiochiens eine »Müllhalde des Teufels«, die sich außerhalb der einfachen Mauern christlicher Häuser auftürmte.[46] Nur in einzelnen christlichen Familien würde eine Spur der Heiligkeit, die sich mit den wilden Männern vom Silpios verband, inmitten der erstickenden Profanität der Stadt überleben.

Die spätantike Stadt ließ sich jedoch nicht so leicht fortwünschen. Ihre unverminderte, zutiefst profane Lebenskraft spottete der von Johannes eingesetzten Rhetorik. Die Formen der in Antiochien zelebrierten Hochzeitszeremonie machten brutal deutlich, wie weit entfernt von der Realität des 4. Jahrhunderts Johannes' Hoffnungen geblieben waren. Wenn sie ihre Söhne und Töchter miteinander vermählten, atmeten die christlichen Familien des 4. Jahrhunderts noch immer eine schwüle städtische Luft. Eine öffentliche Prozession führte die unverschleierte Braut durch die Stadt zum Hause ihres Gatten.[47] Lieder und Tänze nahmen ganz eindeutig auf Liebe und auf sexuelle Abenteuer Bezug: denn ohne eine kraftvolle und, wie man hoffte, lustvolle sexuelle Begegnung im Ehebett würden der Stadt keine wohlgezeugten Söhne geschenkt werden.[48] Priester wurden zu diesen Anlässen nur selten eingeladen; und denen, die kamen, riet man, sich früh wieder zu verabschieden.[49] Einen Augenblick lang durchbrach die rauhe, wirbelnde Welt des Theaters die Mauern des christlichen Haushalts.[50]

Nichts hätte für Johannes schockierender sein können. Für ihn war die Ehe eine Privatangelegenheit, Teil einer asketischen Erziehung, in der das Ehebett nur als ein weiteres Mittel dazu diente, die sexuellen Triebe der jungen Menschen zu einem sicheren Stillstand zu bringen. Durch die zeremonielle Förderung leidenschaftlicher Liebe häufte die traditionelle öffentliche Hochzeitsfeier eine wirklich sehr große Ladung von »Teufelsdung« um die zarten Wurzeln der christlichen Ehe.[51]

Johannes' Angriffe auf traditionelle Hochzeiten waren nur ein Symptom für seinen tiefen Argwohn gegen das profane Leben der Stadt als ganzes. Das Theater und die Spiele im Zirkus und im Hippodrom waren für ihn eine regelrechte Zwangsvorstellung.[52] Das kam nicht einfach daher, daß solche Spiele dazu neigten, überschwenglich unmoralisch zu sein. Als Rhetor verfügte Johannes über ein unfehlbares Talent, einen Gegner ausfindig zu machen, und im Theater nahm er den perfekten Rivalen im Hinblick auf das Gemeinschaftsgefühl wahr, das er so häufig in der Großen Kirche vortrug.

In Antiochien hatte sich das Gefühl für die fortwährende, freudige Existenz einer großen städtischen Gemeinschaft in einem stabilen Imperium immer in der sorgfältig aufrechterhaltenen Stimmung einer äußerst guten Laune ausgedrückt, die den Bürgern der Stadt in ihren öffentlichen Bädern, in ihrem Theater und in ihrem Hippodrom geboten wurde. *Apolausis* – der gemeinsame Genuß der guten Dinge des Lebens, die nur eine große Stadt, die von großzügigen Familien regiert wurde, genießen konnte – war mehr als ein Sichgehenlassen: Sie war ein kostbares kollektives Ritual, eine Feier des Willens zum Überleben.⁵³ Antiochien war eine aufsässige und zerrissene Stadt. Im Jahre 387 war hier ein potentiell katastrophaler Steueraufstand ausgebrochen.⁵⁴ Christen, Juden und Heiden beäugten sich mittlerweile argwöhnisch über immer breiter werdende Abgründe hinweg.⁵⁵ Die große Masse der Bürger fühlte sich unter dem Druck der in die Stadt strömenden Armen bedroht; und die Familien ortsansässiger Honoratioren fühlten sich von Mächtigen, die mit dem kaiserlichen Hof in Verbindung standen, degradiert und beiseite geschoben.⁵⁶ Zumindest im Hippodrom konnten Juden, Heiden und Christen alle zusammen sitzen und während der langen heißen Nachmittage und an den fröhlichen, von Fackeln erleuchteten Abenden das erhebende Gefühl genießen, einer gemeinsamen Bürgerwelt anzugehören.⁵⁷ *Apolausis* war die Nationalhymne von Antiochien: Nicht daran teilzunehmen hieß, ein Verräter an der antiken Auffassung von der Stadt als der vollkommensten aller menschlichen Gemeinschaften zu sein.

Johannes hatte den sehnlichen Wunsch, daß all das verdorren möge. Was er statt dessen bot, war ein labiles und neues Thema. In seinen Predigten über die öffentlichen Zeremonielle von Antiochien verband sich seine Betonung der asketischen Zurückgezogenheit des christlichen Haushalts mit einem eigentümlich scharfen, asketischen Gefühl für die Privatheit des individuellen menschlichen Körpers. Indem er den Körper mit großem Nachdruck als permanenten Sitz sexueller Begierden und als universell für persönliche sexuelle Scham anfällig hinstellte, sorgte Johannes dafür, daß zentrale Elemente des öffentlichen Lebens von Antiochien der Verdammung anheimfielen. Jeder wußte, daß die Antiochier ein notorisch leichtlebiges Volk waren.⁵⁸ Doch was viele Beobachter als unbußfertige Frivolität mißverstanden, war tatsächlich der Ausdruck bürgerlicher Anstandsregeln, die auf einem feinen Gefühl dafür beruhten, was die Körper von bestimmten Personen in bestimmten gesellschaftlichen Situationen tun und nicht tun konnten. Das gesellige Leben der Stadt verlangte Augenblicke leichtlebiger Nacktheit in den großen öffentlichen Bädern und unverhüllte Erotik in seinen öffentlichen Schauspielen.

Im Antiochien des 4. Jahrhunderts war Nacktheit wie in so vielen spätklassischen Städten ein Teil des Lebens geblieben. Nacktheit und sexuelle Scham waren Fragen des sozialen Status: Wie sich Leute fühlten, wenn sie nackt waren oder andere nackt sahen, hing zum großen Teil von ihrer gesellschaftlichen Situation ab. So drückte an der Spitze der Gesellschaft Nacktheit in den öffentlichen Bädern die höchste Ungezwungenheit der Wohlhabenden aus, die sich ohne eine Spur sexueller Scham vor ihren Untergebenen bewegten. Eine antiochenische Dame zog sich vor ihrem gemischten Gefolge aus. Ihre wohlgepflegte milchweiße Haut, auf der Ketten schwerer Juwelen lagen, zeugte für sich selbst von einer sozialen Kluft zwischen ihr und ihren männlichen Dienern, die so gewaltig war, daß man nicht erwarten konnte, ein sexuelles Schamgefühl würde über sie hinweg wirksam sein können.[59]

Am unteren Ende der sozialen Skala erwartete man von den niederen Klassen nicht, daß sie in der Lage wären, ihre Frauen vor Entblößung zu schützen. Die Absonderung weiblicher Angehöriger setzte Macht und Reichtum voraus. Die sexuelle Ungeschütztheit armer Mädchen war einfach Teil ihrer allgemeinen Passivität gegenüber den Mächtigen. Bühnenmädchen planschten nackt in den neuerbauten Wassertheatern von Antiochien, und ihre glänzenden Körper stellten die lebenspendende Energie der Nymphen und Nereiden nach, deren Gegenwart in den Strömen auf dem Silpios dem Herzen einer verschmachtenden nahöstlichen Stadt das überragende sinnliche Vergnügen perlenden Wassers schenkte. Wenn sie dies – zum offensichtlichen Gefallen von Mitgliedern der Gemeinde des Johannes – taten, so waren nach allgemeiner Ansicht ihre entblößten Körper von den wohlhabenden christlichen Damen und Herren, die ihnen zuschauten, durch eine Kluft getrennt.[60] Denn diese jungen Mädchen waren *atimoi*, bürgerliche »Unpersonen«; sie hatten kein Recht auf sexuelle Scham.[61]

Nur Johannes war bereit, an ihnen eine gemeinsame menschliche Körperlichkeit wahrzunehmen, die gemeinsamen Regeln der Sittsamkeit unterlag: »Sage mir nicht, das nackte Weib ist ja eine Hure; nein, die Hure und die Freie haben die gleiche Natur, denselben Leib.«[62]

Durch unaufhörliches Predigen über solche Themen wollte Johannes in Antiochien ein neues, allumfassenderes Gemeinschaftsgefühl schaffen, das auf einem Gefühl der Solidarität mit einer gemeinsamen menschlichen Natur beruhte. Infolgedessen legten seine Ermahnungen ein ganz ungewöhnliches Gewicht auf den menschlichen Körper. Denn der Körper sprach in seiner manifesten Verletzlichkeit am beredtesten von der gemeinsamen Abstammung aller menschlichen Wesen von Adam. Johannes predigte eine Bruderschaft von Leibern, die in Gefahr waren. Die beiden großen Themen Sexualität und Armut strebten in der Rhetorik des Johannes und vieler anderer Christen aufeinander zu. Beide sprachen von einer universellen Verwundbarkeit des Körpers, der alle Männer und Frauen unterlagen, unabhängig von Klasse und bürgerlichem Stand. In seinen Predigten brachte Johannes brillant das zum Ausdruck, was in Wirklichkeit ein langsamer Wandel im Klima seiner Zeit war.

In dem Maße, wie das Christentum in der spätrömischen Gesellschaft an Macht gewann, machte sich das Gefühl, daß alle Menschen, in eine düstere Demokratie sexueller Scham eingeebnet, gleich seien, im gesamten Mittelmeergebiet bemerkbar. In Pontus war ein hoher Beamter – nicht unbedingt ein eifriger Christ (er hatte unter Kaiser Julian Apostata gedient) –, als er ein öffentliches Bad für seinen Ort baute, auf die Feststellung bedacht, daß es jetzt getrennte Räume für Männer und Frauen aufzuweisen hatte, »aus Gründen der Sittsamkeit«.[63] In der Großen Kirche von Antiochien teilte eine relativ neue hölzerne Trennwand die Seite der Frauen von der der Männer ab und demonstrierte die Gefahren gemischter Gesellschaft.[64]

Das universelle Risiko der sexuellen Begierde ließ keine Nischen bürgerlicher Toleranz zu. Bei keiner Gelegenheit durfte der spannungsgeladene Körper öffentlichen Blicken ausgesetzt werden. In einem gemeinsamen Gefühl sexueller Scham vereint, wurden christliche Männer und Frauen von Johannes dazu gedrängt, noch einen Schritt weiter zu gehen – das verstärkte Bewußtsein für ihren eigenen Körper so zu erweitern, daß sie die Körper anderer mit Mitleid umfaßten. Sie mußten sehen lernen, daß die anonymen Armen die gleichen Körper hatten wie sie selbst – Körper in Gefahr, Körper, an denen Hunger, Krankheit und Elend nagten und die untergründig von der gemeinsamen Katastrophe der Lust gezeichnet waren. Hieronymus, ein lateinischer Schriftsteller, aber wie Chrysostomus ein Rhetor, der von jungen Jahren an eine Sehnsucht nach der Wüste hatte, drückte diese neue Sensibilität mit besonderer Schärfe aus:

Der, auf den wir herabblicken, dessen Anblick wir nicht ertragen können, der uns schon Übelkeit verursacht, wenn wir ihn sehen, ist derselbe wie wir, mit uns aus ein und demselben Lehm geschaffen, aus denselben Elementen zusammengesetzt. Alles, was er leidet, können auch wir leiden. ...

Unter dem seidenen Kleide giert dieselbe böse Lust wie unter den Lumpen. Sie macht nicht halt vor dem Purpur der Könige und auch nicht vor dem Schmutze der Bettler.[65]

Im Jahre 397 wurde Johannes unter bewaffneter Bewachung quer durch Kleinasien eilig nach Konstantinopel geführt, um der Patriarch der kaiserlichen Hauptstadt zu werden. Es war eine verhängnisvolle Wahl. In Antiochien war Johannes' Charisma das eines Parteigängers gewesen; denn die »katholische« Kirche in Antiochien war nur eine religiöse Gruppe unter mehreren. Johannes hatte danach gestrebt, auf seine Hörer ein ansteckendes Gefühl für gemeinsame Militanz zu übertragen; aber er predigte als Mitglied einer Kirche, die sich immer noch als Minderheitsreligion sah und sich so die hochfliegende Inbrunst derjenigen leisten konnte, die noch nicht mit der Verantwortung der Macht konfrontiert gewesen waren.[66]

Im Gegensatz dazu war Konstantinopel eine Welthauptstadt und zumindest offiziell eine christliche Stadt. Ihr Patriarch mußte »repräsentativ« sein; er mußte mit wohlwollender Gutmütigkeit über die einzige Stadt in der römischen Welt herrschen, die sich eines makellos christlichen Ursprungs rühmen konnte. In einer solchen Rolle war Johannes ein eindeutiger Versager.[67] Er verfiel sogleich in seine Rolle als Partisan. Anstatt in großem Stil Gäste zu empfangen, wie es ein guter Bischof sollte, speiste er allein, von den Nonnen der Olympias versorgt.[68] Er überredete Olympias, den Gebrauch ihres Reichtums noch strikter als vorher auf die Bedürfnisse der Armen zu konzentrieren, und beschnitt so diejenigen Teile des kirchlichen Budgets, die Pensionen für im Ruhestand lebende vornehme Damen und Unterhalt und Verfügungsmittel für zu Besuch weilende ekklesiastische Würdenträger bereitgestellt hatten.[69] Am Rande eines eleganten Vororts gründete er eine Leprakolonie.[70] Die ortsansässigen Mönche, geschäftige urbane Gestalten, die ganz anders waren als die heiteren Bergbewohner, die Johannes in Antiochien gewohnt war, wandten sich gegen ihn. Sie sahen in dem eifrigen Antiochier »einen harten, leidenschaftlichen, verdrießlichen und arroganten Mann«.[71] Als Johannes in allgemeiner Form die Mißbräuche der Mächtigen geißelte, sollen sich seine Augen zu betont auf bestimmte Würdenträger des Hofes gerichtet haben.[72] Bereits im Juni 404 befand sich Johannes im Exil; im September 407 war er tot, getötet – vielleicht absichtlich – durch das qualvolle Hin- und Herreisen von einem Verbannungsort zum anderen in den gebirgigen Randzonen des östlichen Anatolien.

Im Exil gewann Johannes etwas von der zur Einsicht gekommenen Majestät der letzten Stunden von Shakespeares Richard II. Seine Briefe an Olympias zeigen uns einen Mann und eine Frau, die unter der gewaltigen Traurigkeit des Scheiterns ihrer sehnlichsten Hoffnungen für die Kirche vereint sind.[73] Der Mann, der in seinen jüngeren Tagen als Priester gedankenlos mit der besudelten Münze klassischer Misogynie jongliert hatte, um Mönche und Kleriker davon abzuhalten, sich in geistliche Kameradschaften mit asketischen Frauen einzulassen, war jetzt zum Überleben des Wenigen, was von seinem ekklesiastischen Programm geblieben war, von dem »Geschick« einer Frau abhängig, die im fernen Konstantinopel »in einem kleinen Hinterzimmer saß«.[74] »War nicht der Gekreuzigte vom ersten Augenblick seiner Geburt an im Exil?«[75]

Johannes starb als der Held einer ganzen Generation. Er hatte ihre Hoffnungen zusammengefaßt, und seinem Ruf als Prediger von charismatischer Kraft konnte auch sein früher, tragischer Tod nichts anhaben. In den Worten des Isidor von Pelusium, der wie Johannes ein städtischer Priester war, ein Bewunderer der Wüste und ein feinsinniger Kenner des Griechischen, hatte hier ein Mann gelebt, dessen Predigten derart waren, daß »der göttliche Paulus selbst nicht anders gesprochen hätte, wenn er Johannes' Gabe attischer Eloquenz besessen hätte«.[76]

Sein Scheitern war mehr als eine persönliche Tragödie; es markierte das Scheitern einer möglichen Variante des oströmischen Christentums. Es war einer der wirklich bedeutsamen Schiffbrüche des 4. Jahrhunderts. Im Jahre 362 hatte die grimmige Treue der Antiochier zu ihrem eigenen, bewußt nichtkonfessionellen Bild von ihrer Stadt dem Kaiser Julian deutlich gemacht, daß seine Hoffnungen auf eine heidnische Wiederbelebung zum Untergang verdammt waren. Am Ende des 4. Jahrhunderts zerbrachen Antiochien und danach Konstantinopel die christlichen Erweckungsbestrebungen des Johannes Chrysostomus ganz genauso gründlich. Dessen Vision von der Zukunft einer christlichen Stadt war ein ebenso totgeborenes Kind wie die, die Kaiser Julian Apostata für Antiochien als heidnische Stadt gehabt hatte.

Die Hoffnung, daß die ostmediterrane Stadt ihre profanen Traditionen ablegen werde, indem sie zu kaum mehr als einer

Anhäufung frommer christlicher Haushalte würde, bedeutete eine fatale Unterschätzung der Macht des klassischen Gefühls für die Stadtgemeinschaft. Die oströmischen Städte bewahrten ihre alten festlichen Rituale, um einem hartnäckigen vorchristlichen Bürgerstolz gerecht zu werden. Die regierenden Klassen der Städte – auch wenn sie aus guten, getauften Christen bestanden – kamen weiterhin mit dem aus, was sie bereits hatten. Eine fröhliche Inkonsequenz herrschte im 5. und in großen Teilen des 6. Jahrhunderts. Öffentliche Zeremonielle blieben unauslöschlich profan, erotisch und grausam. Nereiden planschten weiter in vielen Städten des christlichen Ostens. Bei zahlreichen Anlässen sah sich der christliche Bischof in einer gemeinsamen Front mit dem zivilen Gouverneur, um Scharen protestierender Mönche entgegenzutreten, die solchen Schaustellungen ein Ende machen wollten.[77] Es waren weitgehend mönchische Kreise und nicht der städtische Klerus, wo Johannes' Zorn gegen Grausamkeit und Unterdrückung weiterhin am heftigsten brannte:

Eine bedeutende Persönlichkeit fand großen Gefallen daran, Vorstellungen mit wilden Tieren zuzusehen, und hoffte nur auf eines, nämlich mitanzusehen, wie die Kämpfer von den Tieren verwundet wurden. Eines Tages geriet er in Gefahr und schrie zu Gott: »Herr, komm mir in diesem Unglück zu Hilfe!« Da kam der Herr zu ihm, den Leib mit Wunden bedeckt, und sprach: »So hast du mich sehen wollen; wie soll ich da die Kraft haben, dir zu helfen?«[78]

Der durchschnittliche wohlhabende Familienvater, von dem Chrysostomus in seinen Predigten so viel verlangt hatte, war an solchen Dingen weniger interessiert. In der Mitte des 6. Jahrhunderts schrieb Procopius von Cäsarea über die Kaiserin Theodora. Als Mädchen war sie im Zirkus von Konstantinopel aufgetreten. Sie hatte dabei nichts anderes an als einen Minislip; und Gänse hatten Körner aufgepickt, die zwischen ihren Schenkeln lagen. Das Gefühl eines modernen Lesers für die erotische Natur von Theodoras Tun sollte für uns nicht die ursprüngliche spätantike Brutalität der Szene verdecken. Procopius schrieb, um zu beweisen, daß die Kaiserin einst eine »Unperson« gewesen war. Was mit ihrem Körper in der Öffentlichkeit geschehen war, machte deutlich, daß sie ein Mädchen aus den niederen Ständen war: Die guten christlichen Senatoren von Konstantinopel konnten einen so entblößten Körper ungestraft betrachten.[79]

Besonders Antiochien hielt zäh an seinen Traditionen profaner guter Laune fest. Noch gegen Ende des 6. Jahrhunderts kehrte ein Bischof von Antiochien aus Konstantinopel mit Geldern zurück, die er in seiner offiziellen Eigenschaft als Bischof und Sprecher der Stadt erhalten hatte und die dazu bestimmt waren, wieder einmal die »Kirche Satans« instand zu setzen – keine andere als des Chrysostomus gefürchtetes Hippodrom![80]

Johannes' Ideal des christlichen Haushalts als Laienkloster, das von der profanen Welt abgeschlossen war, sperrte zu viel vom Leben der Stadt aus seinen Mauern aus. Es hatte zur damaligen Zeit wenig Auswirkungen. Erst mit dem Niedergang der Städte im Laufe des 6. Jahrhunderts und dem darauffolgenden Kommen der muslimischen Armeen wurde Johannes' Stadtideal verwirklicht: Verarmung und Invasion und nicht christliche Predigt brachten die antike Stadt zum Schweigen. In der stickigen Welt der Städte des Frühmittelalters, sowohl in Byzanz als auch im islamischen Nahen Osten, setzte sich das Gefühl für privilegierten häuslichen Raum zusammen mit den hiermit verbundenen moralischen Werten – einem verstärkten Gefühl für sexuelle Scham, einer Einstellung zur Ehe, die durch sexuelle Bedürfnisse und durch männliche sexuelle Eifersucht bestimmt war, und einer weiteren Verschärfung der Herrschaft von Männern über Frauen – schließlich so durch, wie Johannes es sich gewünscht hatte, und das geschah auf Kosten des freieren, öffentlicheren Sittenkodex, der der klassischen Stadt ihr Gepräge gegeben hatte.[81]

Als geborener Redner, der häufig seinem eigenen unheimlichen Talent zum Opfer fiel, hatte sich Johannes damit begnügt, formvollendete Werke von geringer wirklicher Originalität über die sattsam bekannten Themen Ehe, sexuelle Begierde und Schwachheit der Weiber vorzutragen. Doch diese Themen lagen an der Oberfläche seines Denkens. Seine tiefste Sorge und seine ergreifendste Hinterlassenschaft war sein Beharren auf Solidarität mit den verwandten Leibern der Armen gewesen. Zumindest seine Rhetorik des Mitleids überlebte. Themen, die direkt aus seinen oder aus in seinem Geist verfaßten Predigten genommen sind, fanden Eingang in die großen städtischen Rezitationen der byzantinischen Kirche. Die im frühen 6. Jahrhundert komponierten *kontakia* des Romanos Melodos hüllten die städtische Gemeinde in ein feingesponnenes Netz gemeinsamen Empfindens. Sie flößten mit tiefempfundener künstlerischer

Vollendung ein Gefühl für gemeinsames Leiden, für gemeinsames Fasten und für die gemeinsame Pflicht ein, den Armen der Stadt zu essen zu geben.[82]

Die feierliche Musik der *kontakia*, die in den städtischen Kirchen bei großen Festen gesungen wurde, bewahrte für Frühbyzantiner eine Sprache des Mitleids, deren erste Trägerin die Stimme des Chrysostomus gewesen war. In Anknüpfung an eine Predigt des Chrysostomus beharrte Romanos in seiner großen Hymne *Über die zehn Jungfrauen* darauf, daß Christus das Mitleid für die Armen und nicht ihre Jungfräulichkeit als das reiche Öl betrachtete, mit dem die Jungfrauen ihre Lampen für sein Kommen bereit zu machen hatten:

Ich verzichte auf das Fasten derer, die keine Gnade zeigen.
Ich erhöre die Gebete derer, die mit Freundlichkeit essen.
Ich hasse alle Jungfrauen, die menschliches Gefühl scheuen.
Ich liebe die Verheirateten, die ihre Mitgeschöpfe lieben.
[Und mit Blick auf sich selbst fügte Romanos hinzu]
Ich tue nicht, was ich jetzt sage und wozu ich die Menschen dränge.
Darum falle ich nieder. O Heiland, gib mir Tränen,
Zerknirschung in meinem Herzen und in all denen, die mich hören.[83]

Es ist wichtig, daß wir unseren Überblick über den christlichen Osten abschließen, indem wir uns jetzt der syrischen Welt zuwenden, die an das Antiochien des Johannes angrenzte, um zu sehen, wie andere Christen, die von deutlich anderen spirituellen Traditionen geprägt waren, sich den Problemen stellten, auf die Johannes so große Beredsamkeit verwendet hatte.

SECHZEHNTES KAPITEL

»Das sind unsere Engel«:
Syrien

Antiochien war eine große griechische Metropole. Es blickte nach Westen zum Mittelmeer. Viele von den Asketen, die sich in den Bergen rings um die Stadt niedergelassen hatten, gehörten einer völlig anderen Welt an. Sie waren von der geistlichen Kultur des östlichen Syrien geprägt worden. Einige waren dem Ruf des Geistes in einem Leben heiligen Vagabundentums gefolgt, das sie aus ihrer Heimat nahe dem Euphrat an die Schwelle der drittgrößten Stadt im Römischen Reich geführt hatte. Sie tauchten sogar gelegentlich an den Toren Antiochiens auf und beeindruckten die Einwohner mit Kernsprüchen in Pidgin-Griechisch.[1] Die meisten sprachen nur Syrisch.[2] Es genügte hinauszugehen, um »einen Segen von ihren heiligen Händen zu ernten«, und voll Bewunderung auf ihre ausgemergelten Körper und schlichten Lebensbedingungen zu blicken.[3] Johannes Chrysostomus riet Vätern, die von den sexuellen Regungen ihrer heranwachsenden Söhne beunruhigt waren, sie auf Sonntagsspaziergänge zu einem beliebten heiligen Mann mitzunehmen.[4] »Das sind unsere Engel. ... «[5]

Theodoret, der spätere Bischof von Cyrrhus, war im Jahr 393, vier Jahre vor Chrysostomus' verhängnisvoller Versetzung nach Konstantinopel, geboren worden.[6] Er stammte aus einer Familie, die bereits »in den Netzen« starker Abhängigkeit von einem ortsansässigen Eremiten gefangen war; das war Petrus der Galater (einer der seltenen Bergbewohner, die Griechisch sprachen).[7] Die Beziehung hatte sich langsam entwickelt. Theodorets Mutter hatte Petrus zum erstenmal besucht, als sie 23 Jahre alt war, um Heilung von einer Augeninfektion zu suchen; dazu hatte ihr eine hochstehende Dame geraten, die er von derselben Krankheit geheilt hatte. Besuche in Petrus' Zelle (und nicht, so wird man vermuten, das Anhören der eleganten Misogynie von Johannes' Predigten gegen die Eitelkeit der Frauen) brachten sie dazu, den Stil ihrer Kleidung zu ändern; so verzichtete sie auf

»Ohrringe, Armbänder ... und ein buntes Kleid, aus Seidengespinst gewebt«.[8] Sie, die aus einer Stadt kam, in der die Geschlechtertrennung für christliche Moralisten ein Gegenstand ängstlicher Sorge war, fand, daß sie dieser gelassenen Gestalt ihr Herz ausschütten konnte: »sie faßte seine Füße und wehklagte.«[9] Daß sie nicht schwanger wurde, beunruhigte sie zum damaligen Zeitpunkt nicht. Als reife Frau (sie war 30, als Theodoret geboren wurde) hatte sie, indem sie ein frommes Leben führte, dem Höllenfeuer entgehen, nicht aber durch die Geburt eines Kindes »an den Rand des Grabes« kommen wollen.[10] »Schwer aber litt der Vater unter der Kinderlosigkeit. Er irrte bei allen Gottesdienern [den Eremiten] umher und rief sie an, ihm von Gott Kinder zu erflehen.«[11] Nach drei Jahren rief ein solcher Eremit sie zu sich und sagte, »er werde beten und sie werde ein Knäblein bekommen, aber es zieme sich, daß das Kind dem Geber zurückerstattet werde«.[12]

Erst nachdem sie die Versicherung erhalten hatte, daß ihr Kind etwas Heiliges, vom Mutterleib an Gesegnetes sei, war Theodorets Mutter in der Lage, sich mit der Schwangerschaft und einer fast tödlichen Geburt abzufinden. Theodoret wurde schon gottgeweiht geboren. Einmal wöchentlich ging der kleine Junge mit seiner Mutter hinaus und erklomm die Leiter, die zum Obergeschoß eines verlassenen Grabhauses führte, in dem Petrus mit seinem Gefährten Daniel lebte. Er hörte zu, wenn die heiligen Männer seine Zukunft besprachen. Der alte Daniel »setzte mich oft auf seine Knie und gab mir Trauben und Brot zu essen«.[13]

Es ist wichtig, bei diesen liebenswürdigen Anekdoten zu verweilen. Sie machen uns den Kern der Wirkung deutlich, die die asketische Bewegung auf das Leben christlicher Familien ausübte. Bei aller schrillen öffentlichen Rhetorik, die zugunsten von Enthaltsamkeit und Jungfräulichkeit aufgeboten wurde, wurden asketische Werte und asketische Berufungen in dieser zutiefst persönlichen und informellen Weise gepflegt. Theodoret wuchs in der Generation nach dem Tode des Chrysostomus auf. Er erinnerte sich an seine eigene Kindheit, als er um 440 seine *Mönchsgeschichte* (oder *Geschichte der Freunde Gottes*) schrieb. Im ganzen Mittelmeergebiet hatten sich ähnliche Verhaltensmuster eingebürgert. Junge Männer wuchsen jetzt mit asketischen Helden auf, zu denen sie sich hingezogen fühlen konnten. In Arles wollte der Vater des Honoratus (der fast ein Zeitgenosse

Theodorets war) an der Jugend seines Sohnes dadurch teilhaben, daß er ihn für das gute Leben eines vornehmen Herrn, für Jagd und Spiel interessierte; aber Honoratus hatte bereits begonnen, die Gesellschaft von Priestern und heiligen Mönchen zu bevorzugen.[14]

Vor allem durch die Bestätigung von Empfängnis und Geburt reichte die Hand des heiligen Mannes in die christliche Familie hinein. Theodorets Mutter war nur eine von vielen Frauen, von denen wir wissen, die das deutliche Gefühl hatten, daß nur ein Kind, das für ein heiliges Leben ausersehen war, den Verlust ihrer Jungfräulichkeit und den erbarmungslosen körperlichen Bruch der Geburt, dem sie ausgesetzt waren, wiedergutmachen würde. Der Knabe Theodoret, das Mädchen Makrina: sie waren die Träger der Hoffnung auf Heiligkeit, zu deren Aufgabe ihre Mütter bei der Eheschließung gezwungen gewesen waren.[15] Männer teilten diese Sorgen. Ajax von Gaza wurde weithin bewundert, weil er, obwohl er eine außergewöhnlich schöne Frau hatte, nur bei drei Anlässen mit ihr schlief, was zur Geburt von drei Knaben führte, von denen zwei Mönche wurden, so daß es dem dritten überlassen blieb, den Namen der Familie weiterzuführen![16]

Es war nicht unvermeidlich, daß solche geweihten Knaben den Weg hinaus auf die Berge oder in die Wüste fanden. Christliche Familien bewunderten »engelhafte« heilige Männer; doch die Karrieren, die ihnen selbst für diejenigen von ihren Söhnen vorschwebten, die Gott geweiht worden waren, waren gewöhnlich auf ihre Heimatstadt beschränkt. Theodoret wuchs im Schatten des Altars auf. Er sollte Vorleser und Priester in der Kirche von Antiochien werden. Er erhielt in der Stadt eine hohe griechische Bildung, die ganz anders war als die seiner syrischsprechenden Helden.[17] Doch er war ein Kleriker, der bereits Gott und daher der Enthaltsamkeit geweiht war. Maris von Omeros, ein heiliger Mann, den Theodoret später kennenlernte, war in seinem Dorf ganz ähnlich aufgewachsen wie Theodoret in Antiochien:

Er erklärte, sein Leib sei unversehrt geblieben, so wie er aus dem Mutterschoße hervorgegangen. Und das, obgleich er viele Märtyrerfeste in seiner Jugend mitfeierte und durch seine angenehme Stimme [als Vorleser in der Kirche] das Volk entzückte.[18]

Große Ortskirchen waren auf einen ständigen Nachschub von Knaben wie Theodoret angewiesen, die bei ihrer Geburt geweiht worden waren, die stolz darauf waren, jungfräulich geblieben zu sein, und die das Asketenleben enthusiastisch bewunderten.[19] Diese eifrigen jungen Männer wurden jedoch häufig von Bischöfen und älteren Geistlichen regiert, die einer altmodischeren Welt angehörten. Sie hatten geheiratet. Einige hatten sich sogar die Hörner abgestoßen. Nectarius, der verbindliche Vorgänger des Johannes in Konstantinopel, brachte einen befreundeten Arzt in die Hauptstadt mit, der ihn als jungen Mann auf amourösen Eskapaden begleitet hatte.[20] Der Bischof von Ephesus hatte einst die Gewohnheit gehabt, mit Tänzerinnen auf den Schultern auf Junggesellenparties zu tanzen.[21] Es ist kaum verwunderlich, daß zwischen zwei so überaus verschiedenen Gruppen von Kandidaten für höhere Ämter eine gewisse Kühle herrschte.

Auseinandersetzungen über Asketizismus und über den Wert des Ehelebens im späten 4. und im frühen 5. Jahrhundert wären nicht so explosiv gewesen, wenn sie nicht mit Spannungen – fast mit einem Generationenkrieg – innerhalb des Klerus selbst zusammengetroffen wären. Die sorgsame Distanzierung des Hieronymus ist aus seinen blendenden Satiren auf klerikales Leben so wohlbekannt, daß wir oft vergessen, daß die stürmische Karriere des Hieronymus Teil eines Musters war, das im ganzen Mittelmeergebiet verbreitet war. Der asketische Priester, der die Legende der heiligen Thekla bearbeitete und ihre Wunder in Seleukia aufzeichnete, war ein kleiner griechischer Hieronymus: er hatte keine Bedenken, seine Bischöfe als »dieser Gassenjunge« und als »Schweinehund« zu bezeichnen.[22]

Literarisches Lanzenstechen mit konservativen Christen in Form von mitreißenden Lobeshymnen auf die Jungfräulichkeit und lebhaften Schilderungen der Übel der Ehe belebte das Leben der eifrigeren Mitglieder des Klerus. Sie liegen jetzt schwer in den Regalen moderner Bibliotheken und tragen beträchtlich zu dem finsteren Ruf bei, den diese Epoche bei ihren modernen Lesern hat. Sie hatten jedoch nicht unbedingt Einfluß auf die Laienschaft. Die Laien wollten heilige Personen und heilige Schreine. In Syrien und im benachbarten Kilikien (an der Südostküste der Türkei) können wir den Weg verfolgen, auf dem Gestalten von unheimlicher, herausfordernder Seltsamkeit aufgefordert wurden, sich um die Alltagsbedürfnisse von Verheirateten zu kümmern. Es war in der Tat gerade ihre Seltsamkeit, die sie für ihre Klienten so zugänglich machte.

Sie waren »engelhafte« Gestalten. Sie waren das Produkt einer geistlichen Tradition, deren Wurzeln in der enkratitischen Bewegung des 2. Jahrhunderts n. Chr. lagen. Sie und diejenigen, die sich an sie wandten, glaubten, daß der Geist Gottes Männer und Frauen über die normalen Zwänge und Gefahren der menschlichen Verhältnisse erheben konnte. Als Menschen, die einem grimmigen und voll sichtbaren Asketizismus ergeben waren und ein Leben führten, dem alle normalen menschlichen Attribute fehlten – sie hockten im Freien auf Klippen in der Nähe ihrer Dörfer oder, etwas später, auf der Spitze hoher Säulen –, waren sie vom Heiligen Geist so unumstößlich geheiligt, daß sie alles anrühren konnten, was im Leben ihrer Bewunderer am profansten war.[23] Sie konnten sich mit der korrumpierten Macht und Gewalt der Herrschenden in einer Weise herumschlagen, die für städtische Geistliche undenkbar war.[24] Auch wenn sie bei den meisten Anlässen streng von ihren weiblichen Klienten abgesondert waren, konnten sie unberührt die volle Last ihrer Liebe und ihres Trostbedürfnisses empfangen. Geburt, Fruchtbarkeit und eheliches Unrecht waren normale Themen der Konsultation.

Eine Frau aus vornehmem Geschlechte zog das Joch der Ehe mit einem ausschweifenden Gatten. Diese kam zu dem seligen Manne [Aphrahat] und bejammerte ihr Unglück. Sie sagte, ihr Gemahl hinge einem Kebsweibe an, sei durch einen Zauber behext.... Dies erzählte die Frau, während sie vor der Tür im Vorhof stand.... Zur Türe hinein ließ er niemals ein Weib. Da hatte er Mitleid mit der wehklagenden Gattin und hob durch Gebet die Wirksamkeit des Zaubers auf. Er segnete ein Ölfläschchen, das sie mitgebracht hatte, durch Anrufung Gottes und hieß sie, sich damit zu salben. Nachdem sie den Auftrag erfüllt, zog sie die Liebe ihres Ehegenossen wieder auf sich und bewog ihn, dem sündhaften Lager das rechtmäßige vorzuziehen.[25]

Weiter westlich an der Küste Kilikiens in Seleukia (Silifke) können wir am großen Schrein der heiligen Thekla außerhalb der Stadt (in Meryemlik) sehen, wie eine Gestalt, in der noch radikale Assoziationen pulsieren, im Begriff ist, von einem Korallenriff äußerst weltlicher, irdischer Anliegen überkrustet zu werden.[26] Als legendäre Heldin hatte Thekla für verschiedene Menschen viele verschiedene Bedeutungen angenommen. Ihre Verteidigung ihrer Jungfräulichkeit machte sie zu einem »Denkmal immerwährender Keuschheit« für behütete Nonnen, einer schweigenden Beschützerfigur, mit der sich eine Makrina identifizieren konnte.[27] Zur gleichen Zeit lieferte die Geschichte ihrer kühnen Reisen mit Paulus ein Modell für die freiwillig in die Verbannung gegangene Melania, das es ihren Bewunderern ermöglichte, Melania als eine »zweite Thekla« zu preisen.[28] Asketische Frauen kamen zu Fuß aus Syrien, um ihren Schrein zu besuchen, wobei sie den ganzen Weg über fasteten.[29] Aristokratische Frauen aus dem Westen wie Egeria – ruhelose Seelen, die von der Trägheit ihrer Ortskirche enttäuscht waren – kamen zu Theklas Heiligtum, um das dramatische Epos ihres Lebens in sich aufzunehmen. Sie fanden dort viele asketische »Entsager«, Männer und Frauen, die sich Thekla, wie man sie durch die vielen Versionen ihrer Legende kannte, zum Vorbild genommen hatten.[30]

Doch die Thekla der Alltagswunder entzog sich der präzisen und radikalen Definition, die in der *Vita* enthalten ist. Als quälend vieldeutige Figur erschien sie in Visionen, in denen ihre menschlichen Attribute in einem »engelhaften« Schimmer untergingen und in denen sie in ein Gewand gekleidet war, das weder klar männlich noch weiblich war.[31] Wie der lebende heilige Mann Aphrahat half Thekla ungerecht behandelten Ehefrauen und empfahl Seife von ihrem Schrein als Liebestrank.[32] Sie zeigte weit geringere Skrupel als der zimperliche asketische Priester, der ihre Wunder aufzeichnete, sich auf die »vulgären, jüdischen« Hoffnungen und Befürchtungen einzulassen, die mit Unfruchtbarkeit, körperlicher Liebe und Schwangerschaft zusammenhingen.[33] Vor dem Schrein konnte man jetzt Thekla, das wilde jungfräuliche Mädchen, das von der Botschaft des Paulus bezaubert war, an ihrem Feiertag anflehen, einer geordneten Hierarchie ihren Segen zu geben, in der man von jeder Art von Frau erwartete, daß sie danach strebte, die Reinheit zu bewahren, die ihrem Stande angemessen war:

Es möge die Witwe ihre Zuneigung zu ihrem toten Gatten bewahren, so als sollte er ins Leben zurückkehren. Es möge die verheiratete Frau in sich jeden Wunsch nach Vergnügen mit anderen abtöten. Es mögen die, die vor Unzucht beben, ihr Feuer mit dem Tau des Ehestands dämpfen.[34]

Weit im Osten von Antiochien, in Edessa und Nisibis (heute Urfa und Nusaybin), dienten die syrischen Hymnen von Ephraim dem Syrer, der 373 starb, als Äquivalent der urbanen Rhetorik des Johannes Chrysostomus. Sie füllten die Basiliken der Stadt mit Gesängen von außerordentlicher poetischer Kraft. Die alte syrische Institution der Söhne und Töchter des Bundes stellte Gruppen enthaltsamer Asketen in den Mittelpunkt der städtischen Gemeinde: Ihre reinen Stimmen – und nicht die attische Eloquenz eines Predigers wie Johannes – waren es, die den Familienvätern die asketische Botschaft brachten.[35] Ephraim schaute aus Edessa, seiner Wahlheimat, mit derselben brennenden Bewunderung für ferne Helden auf die Männer der Berge hinaus, wie es Chrysostomus und Theodoret taten.[36] Bei all seinem Staunen über ihren Lebensstil liehen Ephraims Hymnen auch den Hoffnungen und Tragödien der Verheirateten eine Stimme. Er, der strenge Asket,

war ein schöner Anblick, wenn er unter den [jungfräulichen] Schwestern stand und einen Lobgesang anstimmte.[37] Ephraim war der größte Dichter des patristischen Zeitalters und vielleicht der einzige *Dichter-Theologe*, dem ein Platz neben Dante gebührt.[38]

Nur ein großer Dichter hatte dem Grundwiderspruch des spätantiken Christentums gerecht werden können, der darin bestand, daß eine »engelhafte«, asketische Lebensform schon allein um ihrer Existenz willen von dem wilden Wurzelstock von Geschlechtsverkehr und Geburt abhängig war. Die Ehe war ebenso sicher die Mutter der Jungfräulichkeit, wie das menschliche Fleisch und Blut Marias dem Christuskind menschliches Leben geschenkt hatte. Die Verheirateten hatten Teil am Lohn des »engelhaften« Lebens, das auf dem althergebrachten Vorrang des Mutterschoßes beruhte:

Ich werde an deiner Vision teilhaben.
Weil ich dich in meinem Schoß getragen habe,
Werde ich vor dem Feuer bewahrt bleiben.
Und weil ich dich unter Schmerzen zu dieser Welt gebracht habe,
Werde ich dank deinem Gebet den Garten Eden betreten.
Und weil ich dich nicht des Gartens Eden hienieden beraubt habe,
Werde ich am Lohn des Gartens Eden dort droben teilhaben.[39]

Verheiratete würden auf den Hügeln des Paradieses Ruhe finden.
Ephraim war kein Mensch, der das Blutbad des Ehebetts ignorierte. Seine schrecklichen Kosten verlangten einen Lohn:

Dort ruhen aus die verheirateten Frauen, die gequält wurden
Von dem Fluch der Wehen, von den Schmerzen der Geburten,
Wenn sie die Kinder sehen, die sie unter Wehklagen begruben,
Wie sie wie Lämmer weiden in Eden.[40]

Im Kontrast zu solchen Versen wirkt Johannes' attische Idylle des christlichen Haushalts so frostig wie die polierten Marmorfiguren von Ehepaaren, die in formaler Harmonie auf den Sarkophagen wohlhabender Griechen gestanden hatten.

Das Nebeneinander von profaner Welt der Verheirateten und »engelhaftem« Leben der Asketen war in Syrien vor allem deshalb so eng, weil die gedankliche Kluft, die den Durchschnittschristen von solchen »Engeln« trennte, so tief war. Der Heilige Geist war über sie gekommen und hatte ihren Körper mit unirdischer Kraft erfüllt. Sie führten ein Leben »in Nachahmung der Engel«. In der syrischen Tradition erlaubte »Nachahmung der Engel« auffälligere Gesten als in der griechischen Welt. Die Reinheit des Körpers war nicht, wie sie es für einen Athanasius oder einen Gregor von Nyssa war, ein wehmütiges, platonisches Echo einer ewig fernen geistigen Wirklichkeit. Im syrischen Denken lebten Geistliches und Körperliches Seite an Seite. Nur ein dünner Schleier trennte die Welt des Sichtbaren von den unsichtbaren Wirklichkeiten, die unter ihrer Oberfläche leuchteten. Es war möglich, den Körper in einer weit dramatischeren Weise zu gebrauchen. Der Asket konnte durch einzigartig strenge Selbstabtötung die sichtbare physische Freiheit des Körpers von den Zwängen normalen menschlichen Lebens behaupten. Dadurch hatten die Asketen, so glaubte man, die schwingende Energie der Engel durch den halbdurchsichtigen Vorhang gebracht, der die unsichtbaren himmlischen Heerscharen von der gegenwärtigen Welt trennte.[41] In den Heiligen Geist gekleidet, konnte menschliches Fleisch auf Erden tun, was die Engel im Himmel taten.

Ein Engel war ein »wachsames« Wesen.[42] Es war ein Wesen, das durch unermüdliches Bewußtsein für die Gegenwart Gottes befreit war. Im Gegensatz dazu war die menschliche Lage durch Nahrung und Arbeit definiert. Der Schmerz des Bauches und die zermürbende Arbeit auf den Feldern trennten eine verhärmte Menschheit von den feurigen, sorgenfreien Geistern, die so nahe an der Erde schwebten:

Die himmlischen Dinge wurden zusammen [mit den irdischen Dingen] geschaffen, aber die ersteren werden von den Strahlen der Göttlichen

Gegenwart ernährt, während die letzteren, wenn sie nicht arbeiten, nicht essen sollen.[43]

Wenn man Arbeit vermied und sich von der Knechtschaft der Felder frei machte, indem man notfalls bettelte, dann demonstrierte man, daß man mit den »wachsamen« Wesen gleichgesetzt worden war, die sich an der Liebe Gottes gütlich taten. Es bedeutete, aus der Kategorie des Menschlichen herauszutreten, indem man unter seinen Mitmenschen die ehrfurchterregende Freiheit der Engel sichtbar machte.

Daher die beunruhigende Mobilität, die sich mit den syrischen Mönchen verband, und die vergleichsweise Ungezwungenheit, mit der sie, anders als die Mönche von Ägypten, Nahrung und Schutz von ihren Laienklienten annahmen. Im Gegensatz zu den ägyptischen Mönchen neigten sie dazu, sich die Wüste nicht als absolute Antithese zum bewohnten Land zu denken, in deren kahler Unwirtlichkeit der Asket danach streben mußte, menschlich zu bleiben, indem er die humanen Grundbedingungen Arbeit und Ernährung aufrechterhielt. In Ägypten waren syrische Versionen des »engelhaften« Lebens Gegenstand von stillem asketischen Humor. Johannes der Zwerg hatte einst seinem Zellengenossen verkündet: »Ich will ohne Sorgen sein, so wie die Engel sorglos sind, und nicht arbeiten, sondern unaufhörlich Gott dienen.«

Eine Woche in der ägyptischen Wüste reichte ihm dann. Er war bald wieder da und klopfte an die Tür seines Gefährten. Johannes, der niedergeschlagene »Engel«, hatte anscheinend seine Lektion gelernt: »Wenn du ein Mensch bist, dann mußt du arbeiten, damit du deine Nahrung findest.«[44]

In Syrien hatten die Menschen ein wesentlich anderes Bild von der Wüste im Hinterkopf. Es reichte über ein Jahrtausend bis zur Geschichte von Gilgamesch und Enkidu zurück. Die Wüste war das Land, in dem einst Menschen und Tiere in einem Zustand vorgesellschaftlicher Freiheit miteinander verkehrt hatten.[45] Folglich waren viele Asketen bereit, wieder in diesen Zustand zurückzusinken, indem sie in einer engelhaften Freiheit lebten, die der von Tieren ähnelte, die hinauf in die Berge wandern, um zusammen mit den Schafen auf den natürlichen Weiden zu grasen.[46]

Von allen einschränkenden Grenzen, die die etablierte Gesellschaft definierten, war die zwischen den Geschlechtern die eklatanteste. Daher ließ sich auch zeigen, daß sie in einem Leben, das in Nachahmung der Engel geführt wurde, verschwand. Die syrische Gesellschaft war ebenso auf die Absonderung der Frauen bedacht wie jede andere Region des christlichen Ostens.[47] Doch gerade durch die Durchbrechung dieser spannungsgeladenen Schranke ließ sich die Freiheit, die mit dem engelhaften Leben verbunden war, am wirkungsvollsten zeigen. In Syrien und in Gegenden, die von syrischen Formen des Asketizismus berührt waren, waren Geschichten von Frauen in Umlauf, die aus ihrer sexuellen Identität ausgestiegen waren. Sie hatten ihren Körper durch langes Fasten zu einer »engelhaften« Unbestimmtheit gebracht. Sie hatten sich das Haar abgeschnitten. Sie hatten sogar Männerkleidung angenommen, um frei durch die bewohnte Welt zu wandern.[48] Es war für eine Frau möglich, zu einem Styliten zu werden und außerhalb von Amaseia in Pontus auf einer eigenen Säule zu sitzen.[49]

In dieser drastischen Weise von den gewohnten Zeichen menschlicher Knechtschaft befreit, waren die Asketen beiderlei Geschlechts lebendige Zeichen für die Macht Gottes unter den Menschen. Menschenmengen strömten hinaus, um einen Blick des heiligen Symeon zu erhaschen, der auf seiner 20 Meter hohen Säule auf dem Bergrücken von Telnesin hockte. Der zerbrochene Körper des Symeon, eine Gestalt, die mit im Gebet ausgestreckten Armen dastand, war ein lebendes Bild der Macht des Gekreuzigten.[50] Er war den Menschen von Gott gesandt worden, »um die Welt aus der bedrückenden Lethargie ihres Schlafes wachzurütteln«.[51]

Es verwundert nicht, daß lebende Zeichen von so auffälligem Charakter als exotisch und als eine Bedrohung für andere Christen wahrgenommen werden konnten, die weniger auf ihre besondere geistliche Botschaft eingestellt waren. Spekulationen über die genauen Wirkungen des Heiligen Geistes im Herzen und über das Ausmaß der Verwandlung des normalen Menschen, zu der die Herabkunft des Geistes auf den Asketen führte, beunruhigten Bischöfe in benachbarten Regionen. Syrische Mönche, die als Messalier bezeichnet wurden – die Männer des Gebets, vom syrischen Wort für »beten« –, riefen im späten 4. und im 5. Jahrhundert wirkliche Besorgnis hervor. Die strengeren Kollegen von Basilius und von Gregor von Nyssa in Kleinasien waren ebenso wie in Antiochien Bischof Flavian, der Vorgesetzte von Johannes Chrysostomus, davon überzeugt, daß die kleinen Trupps von »messalischen« Mönchen, die gelegentlich durch ihre Städte kamen, die Speerspitze einer weitverbreiteten subversiven Bewegung seien.[52] Sie behaupteten, die messalischen Mönche hätten Männer und Frauen gelehrt, daß ununterbrochenes Gebet den Heiligen Geist in einem Maße über den Gläubigen bringen konnte, welches weit über das hinausging, was dem durchschnittlichen Christen bei der Taufe bewilligt worden war. Ein tiefer Pessimismus schien einer solchen Auffassung zugrunde zu liegen. Den Messaliern wurde vorgeworfen, sie wollten zu verstehen geben, daß die Gabe des Heiligen Geistes im Ritus der Taufe nicht genug sei, Männer und Frauen von sich selbst zu erlösen. Die Wurzeln des Bösen reichten zu tief in das Herz.[53] Nur ein zusätzliches Maß an Geist, das durch Gebet und Enthaltsamkeit erworben wurde, konnte den Geist des Aufruhrs ausbrennen, der im tiefsten Innern des Menschen lauerte. Ohne vollen Besitz des Geistes blieb das Herz ein Sammelplatz unentdeckter Triebe, unter denen die sexuelle Begierde am hartnäckigsten war. Sie konnte jeden Moment ausbrechen, um die Frommen mit bizarren Demütigungen zu mißhandeln: Ein Mann, der einst für seinen Glauben gemartert worden war, hatte dann, so führte ein Autor aus, die geweihte Jungfrau verführt, die ihm Essen ins Gefängnis gebracht hatte.[54] Die monastische Disziplin, über die Basilius schrieb, und die frommen Werke, über die Chrysostomus predigte, schienen bedroht. Es hieß, daß die Messalier sie beide als gleichermaßen belanglos verwarfen: Im Vergleich zu der Flamme der Liebe Gottes, die wie ein heftiges Fieber im Herzen brannte, waren solche Handlungen Äußerlichkeiten ohne Bedeutung.[55]

Das Bild der Messalier, das von den griechischen Bischöfen des späten 4. und des frühen 5. Jahrhunderts zusammengesetzt wurde, sprach mehr von ihren eigenen Befürchtungen als von wirklichen Männern und Frauen. Die Welt östlich von Antiochien war kein geistlicher »Wilder Westen«. Das Wirken des Geistes konnte einzigartige menschliche Formen annehmen. Wir sehen das am besten an einer anonymen Predigtsammlung, die als das *Stufenbuch* bezeichnet wird. Ihr Autor war vielleicht ein Zeitgenosse von Johannes Chrysostomus und von Ephraim. Er war ein marginalerer Charakter als sie, aber seine Perspektive ist aufschlußreich. Das *Stufenbuch* bestand in einer Reihe von Ansprachen an Asketen, die auf der Suche nach dem vollkommenen Leben waren.[56] Bei all seinem Beharren auf der Notwendigkeit, die Gaben des Geistes zu suchen, blickte der Verfasser mit bemerkenswerter Gelassenheit auf die Familienväter in seiner Umgebung. Was er von ihnen verlangte, war tatsächlich nicht so viel anders als das, was sich Johannes von den Familienvätern in Antiochien gewünscht hatte. Er war bereit einzuräumen, daß sie die »Erstlingsfrüchte des Geistes« besaßen, die ihnen durch die Taufe verliehen worden waren. Sie lebten das Leben der »Gerechten«.[57] Sie öffneten in kalten Winternächten ihre Häuser den Armen; ärmere Familien taten sich sogar in Gruppen von fünf zusammen, um Almosen zu sammeln.[58] Sie beteten fünfmal am Tage.[59] Als ernste, anständige Menschen begrüßten sie ihre christlichen Freunde und Nachbarn mit tadellosen Umgangsformen und vergaßen nie, für jeden die korrekte Anredeform zu gebrauchen.[60]

Doch bei aller Sanftmut und Toleranz betrachtete der Autor des *Stufenbuchs* die bewohnte Welt der »gerechten« Christen wie von einem Berggipfel. Er blickte aus der großen Höhe eines Herzens hinab, das sich voll dem Geist geöffnet hatte. Die »Vollkommenen«, die »Jünger der Liebe«, waren nicht wie die »Jünger der Gerechtigkeit«. Für sie gab es keine Grenzen, keinen gesellschaftlichen Status, keine zu meidenden Gegenstände. Für sie war kein Ding unrein.[61] Sie ließen sich zu keiner Verurteilung hinreißen: Als ein Mönch aus Ostsyrien, der sich in Ägypten niedergelassen hatte, sah, wie ein Bruder einen Knaben liebte, sagte er nur: »Wenn Gott, der sie gebildet hat, sie nicht mit Feuer verbrennt, wer bin dann ich, daß ich sie tadle?«

Sie verlangten keine Bußen: Sie töteten beispielsweise nicht die Geistesgestörten unter ihnen, wie es die christlichen »Gerechten« oft taten.[63] Sie sahen mit einer Klarheit, die bei spätrömischen Menschen ganz ungewöhnlich ist, daß der Krieg das Produkt menschlicher Bosheit war und daß kein Krieg je den Menschen von Gott gewünscht war. Folglich konnte kein Krieg den Segen Gottes beanspruchen – und das zu einer Zeit, in der die oströmische Regierung damit begonnen hatte, das Kreuzeszeichen als Zeichen des Sieges in ihren Feldzügen gegen Persien auf ihre Münzen zu setzen.[64] Sie konnten mit den klaren Augen kleiner Kinder durch die Wände gehen, die die Gerechten einschlossen. Sie konnten in ferne Städte gehen.[65] Die Stadtluft war für sie nicht tödlich. Vom Geist erfüllt, empfanden sie ebensowenig Scham über die derbe Profanität des städtischen Lebens wie ein Kind, das durch ein Bordell wandert.[66] Sie konnten sogar ohne jede Gemütsbewegung im Theater sitzen.[67]

Im 6. Jahrhundert brachte diese Tradition die »heiligen Narren« der ostchristlichen Frömmigkeit hervor. Symeon von Emesa betrat splitternackt die Frauenabteilung der öffentlichen Bäder und trug dabei sein Gewand als Turban auf dem Kopf; und er tanzte in der örtlichen Schenke mit den Leuten aus der Stadt eine Gigue.[68] Zu einer Zeit, in der die durchschnittlichen Christen Syriens, eifrige »Jünger des Glaubens«, eine Welle von gewalttätigen Auseinandersetzungen zwischen verschiedenen Dörfern provoziert hatten, indem sie die Tempel heidnischer Dörfer zerstörten, konnte nur die heitere Offenheit dieser liebenswürdigen Wanderer, der »Jünger der Liebe«, darauf hoffen, Ungläubige für sich zu gewinnen.[69]

Wenn du einen Narren siehst, der sich selbst keine Ehre erweist, der kein Haus, keine Frau, kein Eigentum besitzt, der keine Kleider außer seinem einen Gewand trägt und der keine Nahrung hat außer der, die er von Tag zu Tag erlangen kann. Wenn du siehst, wie er zu allen, die da kommen, in seiner schlichten Weise spricht und keinen Zorn empfindet, wenn man ihn verspottet ... Dann sage: Das ist das Leben für mich.[70]

Der Autor des *Stufenbuchs* wußte, daß er für eine Minderheit sprach, die Gefahr lief, an den Rand gedrängt zu werden.[71] Doch die Themen seiner Predigten berühren Anliegen, die allen asketischen Christen in der griechischen wie in der syrischsprachigen Welt gemeinsam waren. In dieser gesamten Tradition in ihren unterschiedlichen Ausprägungen galten Menschen als fähig, ein gewisses Maß von Adams engelhaftem Zustand in einem längst verlorenen Paradies wiederzugewinnen. Und das wiedergewonnene Paradies bedeutete kein isoliertes Erreichen einer individuellen Vollkommenheit. Den Zustand Adams wiederzugewinnen hieß, mit verwandelten Augen den gegenwärtigen Zustand der menschlichen Gesellschaft anzuschauen. Ob das die Form wie bei Gregor von Nyssa annahm, der mit finsterem Ernst Ehe und Tod miteinander verknüpfte, wie beim frühen Johannes, der in seiner Schrift *Über die Jungfräulichkeit* die große Ruhe der letzten Tage idealisierte, oder wie bei denen, die das Gefühl der menschlichen Knechtschaft herausforderten und in den Bergen Syriens ein Leben »in Nachahmung der Engel« führten – wofür diese Männer nach einer Erklärung verlangten, war nicht so sehr die gegenwärtige Schwäche des individuellen Körpers; es war vielmehr die tragische Erschütterung der gegenwärtigen Gesellschaft als ganzer, die von der Todesfurcht immer weiter getrieben wurde und zur langen Arbeit auf den Feldern verurteilt war. Das seßhafte Leben selbst stand unter einem Fragezeichen. Die Menschheit war aus einem Zustand engelhafter Freiheit in den unentwirrbaren Zwang der Gesellschaft gefallen.

Dem Autor des *Stufenbuchs* zufolge war Adam gefallen, weil er sich im Paradies mit einer heißen Begierde nach dem Land umgesehen hatte. Er hatte seinen fruchtbaren Boden besitzen wollen. Er hatte durch Eigentum Gott als Schöpfer ersetzen wollen. Er war daran gegangen, durch Arbeit ökonomischen Reichtum zu schaffen, und hatte den körperlichen Reichtum der Nachkommenschaft durch Geschlechtsverkehr aufhäufen wollen.[72] Er hatte sich von der Anschauung Gottes abgewandt, um die Gesellschaft zu bauen, die wir jetzt kennen, eine Gesellschaft, die von den eisernen Zwängen von »Adams Gesetz« regiert wird.[73] Als einmal ein heiliger Mann seine Augen vom heiligen Buch aufblicken und in die Ferne schweifen ließ, um auf die Bauern zu schauen, die sich im fruchtbaren Tal von Tel ʿAde abmühten, erlegte er sich eine strenge Buße auf: denn er hatte sich von Adams verhängnisvollem Blick in Versuchung führen lassen.[74]

Die Gerechten konnten in dieser Gesellschaft nach dem einfachen Gesetz des gefallenen Adam in Anstand leben – ihre Felder bestellen, ihren Glaubensbrüdern Gutes tun und für die ortsansässigen christlichen Armen sorgen. Gott, der Adam Gnade erzeigt hatte, indem er ihm gestattete, nach diesem Gesetz zu leben, würde den Gerechten ihren Lohn nicht versagen. Doch für die, die die ursprünglichen, geisterfüllten Augen Adams wiedererlangt hatten, mußten die gegenwärtige soziale Welt, die sozialen Strukturen von Stadt, Dorf und Familie für immer unerklärlich seltsam scheinen. Das Problem, um dessen Klärung sich die ernstesten Christen des Ostens bemühten, war die Macht des »gegenwärtigen Zeitalters«, die sich im verhärmten Zustand der organisierten Gesellschaft manifestierte, und nur am Rande der gegenwärtige Zustand der menschlichen Sexualität.

Nicht alle Christen waren gewohnt, in so drastischen Begriffen zu denken. Gegen Ende des 4. Jahrhunderts kamen zum ersten Mal in der Geschichte der Frühkirche die fernen, lateinischsprachigen Provinzen des Westens – Afrika, Italien und Gallien – zur Geltung. Es war das Zeitalter des Ambrosius, des Hieronymus und etwas später des großen Augustinus. Wenn wir uns dem Westen zuwenden, werden wir einer ganz anderen Welt begegnen. Es war dies eine Welt, die ursprünglich wenig von der Wüste wußte. In Mailand, Rom und Karthago war die Beziehung der katholischen Kirche zu der sie umgebenden Gesellschaft merklich anders als die, die in Ägypten, Kappadokien, Antiochien und Syrien geherrscht hatte. Die Strukturen der westlichen Gesellschaft zwangen den Führern der Kirche ganz andere soziale Probleme auf. Ein ganz anderes Verhältnis zwischen Klerus und Laien hatte sich in der Kirche selbst entwikkelt. In vielen einflußreichen Zentren der lateinischen Welt nahm die asketische Bewegung rasch Formen an, die weniger die langsame Weisheit der Wüstenväter hervorkehrten und die die »engelhafte« Freiheit mieden, die die Mönche von Syrien hochhielten. Selbst diejenigen Lateiner, die sich von Enthaltsamkeit und Mönchsleben am stärksten angezogen fühlten, brachten Anschauungen von der Beziehung zwischen Kirche und Gesellschaft und von den Grenzen des Menschen mit, die im Widerspruch zu denen standen, die von Ägyptern, Griechen und Syrern akzeptiert wurden. Augustinus schrieb im Jahre 430 seine allerletzten Worte als Verteidigung einer Exegese des Sündenfalls von Adam und Eva, die sich deutlich von allen unterscheidet, denen wir bisher in den östlichen Regionen der christlichen Welt begegnet sind. Zwei erstaunlich kreative Generationen im Christentum des lateinischen Westens sorgten dafür, daß die Anliegen der Wüstenväter – von Gregor von Nyssa, Chrysostomus und Ephraim dem Syrer – immer über einen großen Abgrund hinweg zu uns zu sprechen scheinen, während die Einstellungen zu Sexualität und Gesellschaft, die Ambrosius, Hieronymus und vor allem Augustinus hatten, immer noch, ob zu ihrem Besten oder nicht, in den Adern der Westeuropäer zu fließen scheinen. Mit diesen drei lateinischen Schriftstellern werden wir daher unser Buch beschließen.

DRITTER TEIL

Von Ambrosius zu Augustinus:
Die Entstehung der lateinischen Tradition

SIEBZEHNTES KAPITEL

Aula Pudoris:
Ambrosius

In den Jahren um 350 wuchs in Rom ein kleiner Junge, der Sohn eines prätorianischen Präfekten, bei seiner verwitweten Mutter heran. Marcellina, die ältere Schwester des jungen Ambrosius, war bereits eine geweihte Jungfrau geworden. Sie lebte im Haus mit ihrer Mutter, wie es so viele »Töchter Jerusalems« im ganzen Mittelmeergebiet taten. Doch dieses Haus war ein römischer Palast, der eifrig vom Klerus besucht wurde.

Als er damals sah, daß den Bischöfen von der Hausgenossin, der Schwester oder der Mutter, die Hände geküßt wurden, bot er ihnen zum Scherz die Rechte mit den Worten, auch ihm gebühre solches; dabei war er freilich seiner künftigen Bischofswürde eingedenk.[1]

30 Jahre später kehrte Ambrosius in den Familienpalast zurück. Jetzt, als Bischof von Mailand (seit 374), bot er der Hausgenossin erneut die Hand: »Sieh, wie ich dir gesagt habe, küßt du die Hand eines Bischofs.«[2]

Dieser Vorfall legt einen eigentümlichen Zug des Christentums der oberen Klassen in Italien bloß. Italien war eine äußerst konservative, erst in geringem Ausmaß christianisierte Region. Aktiver heidnischer Götterdienst war bis in die letzten Jahrzehnte des 4. Jahrhunderts ein Teil des öffentlichen Lebens geblieben. Eine öffentliche Karriere setzte den Christen der Oberschicht dem Geruch des Opferaltars und zumindest in Rom dem Gestank des Blutes aus, das bei Gladiatorenspielen floß. In heidnischen Familien folgten Söhne in der Öffentlichkeit weiterhin der Religion ihrer Väter, nachdem ihre Mütter und Ehefrauen schon längst das Christentum ins Haus gebracht hatten.[3] Solange sie im öffentlichen Leben stehen wollten, waren vornehme Christen nicht gewillt, sich voreilig oder ausschließlich an die Interessen und die Kontrolle der Kirche zu binden. Sie begnügten sich damit, Katechumenen zu werden und in unregelmäßigen Abständen, wenn überhaupt, in der Kirche zu erscheinen.⁴ Viele zogen es vor, die endgültige Festlegung in der Taufe so lange wie möglich hinauszuzögern. Noch nach 425 mußte Augustinus an Firmus, einen vornehmen Karthager, schreiben und ihn drängen, die Taufe als Christ anzunehmen. Firmus hatte schon mehr christliche Literatur gelesen als seine Frau; aber nur diese genoß die nicht übertragbare Hoffnung auf Erlösung, die durch die kirchliche Taufe verliehen wurde:

> O Firmus, der du so wenig firm bist in deiner Entschlußkraft. ... O ihr Männer, die ihr alle die Lasten fürchtet, die die Taufe auferlegt. Ihr werdet leicht von euren Frauen übertroffen. Keusch und dem Glauben hingegeben, sind sie es, deren Gegenwart in großer Zahl die Kirche wachsen läßt.⁵

Infolge dieses Ungleichgewichts wurden die vornehmen Familien Italiens von einer neuen, selbstbewußten Allianz zwischen adligen Frauen und christlichem Klerus überrascht. Diese Allianz verlieh der christlichen Literatur des lateinischen Westens in der Zeit von Ambrosius und Hieronymus ein ganz charakteristisches Aroma. Während es möglich ist, alle Werke des Basilius von Cäsarea zu lesen, ohne auch nur im entferntesten ahnen zu können, daß er eine Schwester hatte, geschweige denn, daß diese Schwester keine andere als die große Makrina war, wissen wir von einigen der heroischsten Auseinandersetzungen des Ambrosius mit den Kaisern in Mailand nur, weil er darüber in großer Ausführlichkeit an Marcellina schrieb, »meine Dame, meine Schwester, die mir lieber ist als das Leben, ja als meine Augen«.⁶ Denn durch Marcellina beliebte Ambrosius zu Rom zu sprechen.

In Italien war die Wüste nahezu unbekannt, und die heiligen Stätten waren ein ferner Traum, der nur den Unternehmungslustigen oder den unzufriedenen wenigen erreichbar war. Nicht viele folgten dem heroischen Beispiel Melanias.⁷ Das *cubiculum*, der innere Schlafraum des wohlhabenden christlichen Hauses, der von der Gegenwart solcher geweihter Frauen wie Marcellina, ihrer Hausgenossin und ihren übrigen Schützlingen geheiligt wurde, war die eine »Wüste«, die Ambrosius kannte, als er in den Jahren nach 350 zum Mann heranwuchs.⁸ Nur an solchen abgeschiedenen Orten konnte der lateinische Christ hoffen, tiefe Heiligkeit zu finden. Die geweihten Jungfrauen brachten in den christlichen Haushalt und die christlichen Basiliken einen Hauch von Unsterblichkeit: Diese ernsten Frauen atmeten »wie

Gärten Blumenduft, wie Tempel Andachtsweihe, wie Altäre priesterlichen Wohlgeruch«.[9]

Wir sollten die Wirkung nicht unterschätzen, die auf die Gesellschaft Italiens von einer asketischen Bewegung ausgeübt wurde, deren wichtigste Vertreter und Förderer vornehme Frauen waren. Anders als die strengen und vielköpfigen Familien Kappadokiens trennten sich Römer des 4. Jahrhunderts außerordentlich zögernd von ihren Töchtern. In den Senatorenfamilien Roms hatte die vornehme Frau immer noch den Stolz auf einen fruchtbaren Schoß. Anicia Faltonia Proba pries man auf ihrer Grabinschrift als »Gattin eines Konsuls, Tochter eines Konsuls, Mutter von Konsuln«.[10] Proba war eine Frau, »durch deren Sprößlinge die Herrschaftsgewalt Roms gemehrt wird«.[11]

Die geweihte Jungfrau dagegen verwarf diesen Stolz. Als Simplicia, eine römische Nonne, in mittleren Jahren starb, brauchte über sie nichts anderes gesagt zu werden, als daß sie »nicht darauf achtete, Kinder hervorzubringen, und die Fallstricke des Leibes mit Füßen trat«.[12]

Ambrosius erinnerte sich an ein römisches Mädchen, das zum Altar gestürzt war und sich in Gegenwart des Bischofs das Altartuch als Schleier um den Kopf gelegt hatte, wobei es um Schutz durch Weihe zur Kirchenjungfrau bat. In der fassungslosen Stille, die darauf folgte, rief ein Verwandter:

Wie? Wenn dein Vater lebte, würde er dulden, daß du unvermählt bleibst? Darauf jene ...: »Vielleicht ist er gerade deshalb nicht mehr da, daß niemand mir ein Hindernis in den Weg legen könnte.«[13]

Den ersten Sieg, Mädchen, trag über die Elternliebe davon! Mit dem Sieg über das Elternhaus besiegst du die Welt.[14]

Ob Christ oder Heide, das waren allerdings unerquickliche Worte für die Ohren jedes Römers.

Was derartige Vorfälle zum Gegenstand ernster öffentlicher Besorgnis werden ließ, war die Tatsache, daß solche jungen Frauen in der Mehrzahl Töchter von Witwen waren.[15] Sie hatten ein solches Verhalten an den Tag gelegt, nachdem ihre Väter gestorben waren, zu einer Zeit, als die männliche Kontrolle über die Frauen der Familie weggefallen war. An einem solchen Punkt ihres Lebens sah sich eine erwachsene Frau in einer Lage, in der sie über beträchtlichen Reichtum verfügen konnte und frei war, damit zu tun, was sie wollte. Asketische Frauen waren Frauen mit erheblichem privaten Vermögen. Handarbeit, selbst solche der vornehmsten Art, war in den geweihten inneren Räumen Italiens unbekannt.[16] Von der vornehmen Jungfrau erwartete man, daß sie »mächtig an Einkommen, eine Mutter für die Armen« sei.[17]

Der Einfluß, den asketische Frauen der Oberschicht auf die lateinische Kirche ausübten, stand in überhaupt keinem Verhältnis zu ihrem zahlenmäßigen Anteil. Dies war eine Kirche, die auf Laien als Gönner dringendst angewiesen war. Wenige Provinzkirchen besaßen eigene ausgedehnte Ländereien: Sie waren von periodischen Spenden von Bargeld und Wertsachen abhängig, wie fromme Edelfrauen sie zur Verfügung stellen konnten. Die jüngere Melania, die Enkelin der großen Melania, die als Flüchtling aus Rom durch Thagaste in Numidien kam, schenkte der ehemals armen Kirche der Stadt

> reiche Stiftungen, schmückte sie mit kostbaren Kleinodien aus Gold und Silber und mit wertvollen Teppichen, so daß die andern Bischöfe der Provinz neidisch auf den Bischof von Thagaste sahen.[18]

Ohne den Reichtum und die Beharrlichkeit Melanias der Älteren und Paulas wären die monastischen und gelehrten Unternehmungen von Rufinus und Hieronymus im Heiligen Land undenkbar gewesen.[19] Als Verteilerinnen von Reichtum und als Gönnerinnen einzelner Schriftsteller wirkten aristokratische lateinische Frauen in einem Maße bestimmend für das intellektuelle Leben, wie es im griechischen Osten ohne Parallele war.

Im ganzen Reich waren die regierenden Klassen von dieser neuen Entwicklung beunruhigt. Der Fall der Olympias in Konstantinopel stand nicht allein. Viele aristokratische Frauen drohten, ihren Reichtum zugunsten des Klerus und der Mönche zu verwenden.[20] In der römischen Gesellschaft hatten die bedeutendsten Verschiebungen von Reichtum immer durch Erbschaft stattgefunden: Indem sie die Paläste frommer Frauen frequentierten, beteiligten sich Priester an der altehrwürdigen Jagd auf Vermächtnisse der Kinderlosen.[21] Im Italien des Ambrosius waren Abhandlungen über die Jungfräulichkeit nicht mehr als Ermahnungen zu einer beschützten Frömmigkeit im Umlauf. Sie wurden geschrieben, um die Oberschicht zu einer Meinungsänderung zu bewegen – um Kaiser, Präfekten und Provinzstatthalter dazu zu überreden, daß sie reiche Witwen und Jungfrauen der Kirche ergeben bleiben ließen und die Umleitung von Teilen des Reichtums großer Familien auf fromme Zwecke, die über solche Frauen stattfand, tolerierten.[22] Kein lateinischer Schriftsteller sah die Auswirkungen dieser neuen Situation klarer als Ambrosius. Der Begriff Jungfräulichkeit diente ihm als Tribüne. Durch seine Predigten über Jungfräulichkeit und insbesondere durch das Hochhalten der beständigen Jungfräulichkeit Marias machte Ambrosius volltönend die Position deutlich, die die katholische Kirche seinem Wunsch nach in den westlichen Territorien des Reiches übernehmen sollte.

Obwohl er aus einer Senatorenfamilie kam, war Ambrosius nicht einfach ein römischer Edelmann. Er gehörte zu der ungesicherteren und interessanteren Klasse junger Adliger, die in den kaiserlichen Dienst strebten, weil sie Macht brauchten und sie genossen. Er kam bald nach 370, als erfahrener Mann von Mitte 30, als Statthalter von Ligurien nach Mailand.[23] Als er im Oktober 374 in der Hauptbasilika der Stadt, einem riesigen Gebäude, das etwa 3000 Personen faßte, zum Bischof ausgerufen wurde,[24] zeigte seine erste Reaktion seine persönliche Exzentrizität. Er wollte sich in ein Leben der philosophischen Abgeschiedenheit zurückziehen.[25] Zwischen zwei widerstreitenden Ansprüchen auf öffentliche Tätigkeit im Reich und jetzt in der Kirche gefangen, ging sein Reflex dahin, seine öffentliche *persona* auszulöschen, ähnlich wie es Plotins Rogatianus ein Jahrhundert früher getan hatte. Erinnerungen an philosophische Studiengruppen, wie sie sich einst um Plotin in Rom geschart hatten, waren während seiner frühen Karriere als Senator ein Element in Ambrosius' Bildung gewesen.

Sein ungewöhnlicher philosophischer Werdegang verlieh Ambrosius einen einzigartigen Vorteil: Anders als die meisten seiner Zeitgenossen in der lateinischen Oberschicht konnte er Griechisch lesen. Philo, Origenes, selbst Plotin (wenn auch nur in »vorverdauten« christlichen Auszügen) und die Predigten seiner großen kappadokischen Zeitgenossen waren ihm in einer Bibliothek, wie sie im Westen nur wenige besaßen, direkt zugänglich.[26] Anders als Gregor von Nyssa benutzte Ambrosius seine Belesenheit jedoch nicht, um eine kontemplative Theologie zu pflegen. Die einzigartig strenge Spiritualität, die er aus seiner griechischen Lektüre bezog, verschaffte ihm vielmehr die persönliche Disziplin, die er für ein Leben entschlossenen öffentlichen Handelns brauchte.

Ambrosius war ein Mann, der sich intensiv mit der Rolle der

Kirche in der römischen Gesellschaft beschäftigte. Er wurde von einem Bedürfnis beherrscht, die Position der Kirche als einer unverletzlichen heiligen Körperschaft zu behaupten, welche unanfechtbare, da göttliche Autorität besaß. Was ihn am meisten erzürnte, war Feigheit auf seiten des Klerus. Er gehörte einer jüngeren Generation von militanten Verfechtern des nicänischen Glaubensbekenntnisses an, die davon überzeugt waren, daß sich ihre Bischöfe von dem schrecklichen antinicänischen, »arianischen« Establishment von Constantius II. hatten unter Druck setzen und verführen lassen. Der Wunsch, sich bei den herrschenden Mächten einzuschmeicheln und dadurch die katholische Wahrheit den finsteren Mächten der »Welt« preiszugeben, hatte einen Fluch über die lateinische Kirche gebracht.[27]

Von 374 bis zu seinem Tode im Jahre 397 betrachtete es Ambrosius als die Pflicht, die er als Bischof von Mailand hatte, unmittelbar auf der Schwelle eines kaiserlichen Hofes, von dem aus ein großer Teil Westeuropas regiert wurde, die kompromißlose Antithese zwischen der wahren katholischen Kirche und ihren vielfältigen Feinden zu verdeutlichen, was seit den Tagen Tertullians und Cyprians ein untrennbarer Bestandteil der Rhetorik lateinischer Christen gewesen war. Er vertrat eine Weltsicht, die von scharfen Antithesen und von schroffen Grenzen gekennzeichnet war. Als Gegenleistung für Gehorsam gegenüber den Geboten der Kirche unterbreitete er den Kaisern die attraktive Illusion einer weströmischen Gesellschaft, die von ungeteilter Treue zu einer einzigen mächtigen Sache, der Sache Christi und seiner wahren katholischen Kirche, zusammengehalten wurde. Das war eine schroffe, defensive Weltsicht; aber sie erfaßte nur zu gut die Stimmung Norditaliens zwischen 380 und 400, nachdem der Zusammenbruch der Donaugrenze und eine Reihe von Bürgerkriegen die Region in einen Zustand ununterbrochener Mobilisierung geschleudert hatten.

Wir müssen immer diese Seite an der Persönlichkeit von Ambrosius bedenken, auch wenn wir die scheinbar intimsten und behütetsten Aspekte seines Denkens studieren. Wir haben es mit einem Mann zu tun, dessen Vorstellungswelt ein unter Spannung stehendes System war. Es war auf einer Reihe mächtiger Antithesen aufgebaut – Christ und Heide, Katholik und Häretiker, biblische Wahrheit und »weltliche« Mutmaßung, Kirche und *saeculum*, Seele und Leib.[28] Jeder Versuch, die eine Antithese zu verschleiern, die eine Grenze zu durchbrechen, bis hin zu den bescheidensten Einzelheiten des Kleinstadtlebens wie einer sorglosen Toleranz gegenüber gemischten Ehen in den Vorbergen der Alpen,[29] war dazu angetan, alles andere in seinem Geist in Schwingungen zu versetzen. Ein katholischer Christ zu sein bedeutete, diese Antithesen als absolute zu bewahren: Eine »Beimischung« zuzulassen hieß, den eigenen Körper und den der Kirche zu »beflecken«. Die Preisgabe irgendeiner Grenzlinie bedeutete, die alte Schmach des römischen Mannes heraufzubeschwören – man »wurde weich«, man war »verweiblicht«.[30]

Was Ambrosius um sich herum wollte, waren Männer ganz aus einem Stück. Er weigerte sich einfach, einen Freund, dessen Gesten unkontrolliert schienen, als Mitglied seines Klerus zu ordinieren. Bei einem anderen ging es um den *incessus*, jenes verräterische Symptom des gemessenen Schritts des Manns der Öffentlichkeit im alten Rom: »sein kecker Gang [verletzte] mein Auge ..., und das Urteil trog nicht.« Beide Männer brachen, wie nicht anders zu erwarten war, in der Zeit seiner nervenaufreibenden Konfrontation mit dem kaiserlichen Hof wegen der arianischen Besetzung der Basiliken in Mailand zusammen.[31]

Ganz gleich, wie tiefschürfend Ambrosius' griechische Bildung sein mochte, er dachte und fühlte lateinisch. Das war seine moralische »Muttersprache«. In Wirklichkeit reagierte Ambrosius den größten Teil der Zeit instinktiv wie Cyprian:[32] Er stellte den Christen als Menschen hin, der sich gegen das *saeculum* stemmte. Das *saeculum* war für Ambrosius ein verschlingendes Meer, von dämonischen Stürmen gepeitscht, über das jetzt in Friedenszeiten die Sirenengesänge von Sinnlichkeit, von Interesse an weltlichen Vorteilen und von Bereitschaft zum Kompromiß mit den Großen getragen wurden – verführerische Frauengestalten, die ständig die männliche Entschlossenheit des Geistes zu »verweiblichen« drohten.[33]

Doch Ambrosius war in einem entscheidenden Aspekt völlig anders geartet als Cyprian: Er war, auf seine Weise, von der gewaltigen Ungeduld des Origenes angerührt worden.[34] Eine »sorgfältig aufrechterhaltene Belagerungsmentalität«[35] stand immer im Hintergrund des Denkens von Ambrosius. Doch seine Verteidigungshaltung gegenüber der nichtkatholischen Welt war mit einer schmerzlichen Sehnsucht nach persönlicher Verwandlung verbunden. Der Kern der Predigten, die er in Mailand hielt, war der geheimnisvolle Wandel, der allen Christen durch das »Anlegen« Christi im tiefen Wasser des Taufbeckens versprochen war. Auf dieser Verwandlung, die im Zustand des reinen Leibes Christi vorgebildet war, verweilte sein Denken mit Vorliebe.

Die Spannung in Ambrosius' Denken – sein tiefer Argwohn gegen das *saeculum* kontrastierte mit seinen hochfliegenden Hoffnungen auf Verwandlung für den getauften Christen – kommt am klarsten in seiner Auffassung vom Körper zum Vorschein. Von Philo, Origenes und Plotin hatte Ambrosius einen außerordentlich scharfen Dualismus von Seele und Leib mitbekommen.[36] Er neigte instinktiv dazu, Paulus' düsteres und allesverschlingendes Gefühl für den Krieg zwischen dem Geist und dem Fleisch mit der vertrauteren, klassischen Opposition von Seele und Leib zu identifizieren.[37] Doch der Dualismus des Ambrosius war nicht der eines asketischen Einsiedlers; er war der Dualismus eines Mannes der Tat. Wenn er die Überlegenheit des Geistes hervorhob, betonte er in Wirklichkeit den Primat des Willens. Der Leib war ein bloßer »Schleier«. Es durfte nicht zugelassen werden, daß sich Rücksicht auf materielles Wohlergehen und Sicherheit der unerschütterlichen Entschlossenheit eines aktiven katholischen Bischofs in den Weg stellte, der bereit sein mußte, sich dem Zorn eines Kaisers in den Weg zu stellen, wenn nicht dem Tode, so doch den nahezu tödlichen Konsequenzen einer Verbannung ins Auge zu sehen und auf gefährliche diplomatische Missionen an fernen Höfen zu gehen.[38]

Ambrosius' Engagement für die Tat führte ihn dazu, besonders empfindlich für die Schwäche des »Fleisches« zu sein. Er betrachtete den Körper als gefährlichen Schlammfleck, auf dem der feste Tritt des Entschlusses der Seele jeden Augenblick ausgleiten und zu Fall kommen konnte.[39] Er hatte gesehen, wie Höflinge die tiefste Entwürdigung erlitten, kopfüber hinzufallen, wenn sie die glatten Korridore des kaiserlichen Palastes entlangeilten. Das Wort *lubricum*, »schlüpfrig«, hatte für ihn eine außerordentlich schwer lastende negative Bedeutung: Es bezeichnete Augenblicke von äußerster Hilflosigkeit, von Enttäuschung, von verhängnisvollem Verlust des inneren Gleichgewichts und von Ausgeliefertsein an die Instinkte, die durch die tragische Schwachheit des physischen Körpers herbeigeführt wurden.[40] Als der mächtige Paulus den unerbittlichen Krieg zwischen dem Gesetz in den Gliedern und dem Gesetz im Gemüt beschrieben hatte, schien es Ambrosius einleuchtend, daß er von der Unzulänglichkeit seines eigenen Körpers sprach: Paulus beschrieb, wie er selbst und alle Christen nach ihm vom Wege abkommen, steckenbleiben und in den trügerischen Morast des Fleisches gezogen werden.[41]

Doch das Gefühl von Schwindel, von Gefährdung, von Seekrankheit, das Ambrosius angesichts der wogenden Mächte des Fleisches hatte,[42] war nur der Schatten einer gewaltigen Hoffnung. Ein großes Taufbecken stand seitlich der Hauptbasilika von Mailand. In dieses scheinbar kraftlose, klare Wasser zu steigen hieß, »Christus anzulegen«;[43] und »Christus anzulegen« hieß für Ambrosius, auf eine geheimnisvolle Weise das geschwächte Fleisch menschlicher Wesen gegen »umgeformtes« Fleisch zu tauschen, Fleisch, welches dadurch vollkommen gemacht worden war, daß Gott selbst es in Christus angenommen hatte. Allein das Fleisch Christi war ein fester Damm, der aus dem Morast des gegenwärtigen Zustands des Menschen in den Himmel führte.[44] Daß Christus in menschlichem Fleisch zur Menschheit gekommen war, hatte die gewaltige Antithese von Himmel und Erde überbrückt. »Er lag in der Krippe, daß du am Altare stehest; er war auf Erden, daß du im Sternenbereiche weilest.«[45]

Mächtige Bilder des Aufsteigens kennzeichneten die Crescendi der ambrosianischen Predigten.[46] Dieselben Bilder springen uns plötzlich von den Sarkophagen des späten 4. Jahrhunderts entgegen, in denen seine wohlhabenden Zuhörer zu ruhen hofften. Auf den Sarkophagen von Rom und Mailand werden große Grenzen überwunden: Der Wagen des Elia bricht in die Region der Sterne ein, und die winzigen Gestalten der Toten verbeugen sich vor den vier Strömen des Paradieses, die für das Taufwasser standen, das ihnen Zugang zu den Füßen eines alles überragenden Christus verschafft hatte.[47]

Unsichtbar, aber sicher, so glaubte Ambrosius, würde der getaufte Christ einen Anteil an dem Frieden erhalten, der aus dem fleckenlosen Fleisch Christi floß. Wenn Christus im Sattel des inneren Menschen saß, dann war es sogar in diesem Leben möglich, die ausgelassenen Schritte des Körpers zu zügeln.[48] »Dein Fleisch war ein Teich des Schattens, der das heftige Fieber unserer Begierden gekühlt, der die Feuer unserer Lüste gelöscht hat.«[49]

Ambrosius stellte Konversion und Taufe im Sinne einer innigen Teilhabe an dem vollkommenen Fleisch Christi dar. Es kann kein Zweifel an der unmittelbaren Wirkung bestehen, die solche

Predigt hatte: In dem klaren Licht gesehen, das den unberührten Leib des Herrn umspielte, trug jeder menschliche Körper eine häßliche Narbe.[50] Diese Narbe war nicht zu übersehen – es war die Narbe der Sexualität. Verecundus, ein gutsituierter Mailänder Lehrer, der in den aufregenden Jahren 385 und 386 den Predigten des Ambrosius lauschte, entschied, daß sein Bischof gemeint habe, er könne noch nicht getauft werden, denn er war ein verheirateter Mann, der an eine aktive sexuelle Beziehung zu seiner Frau »gefesselt« war.[51] Ein anderer Zuhörer, ein neuangekommener afrikanischer Rhetor namens Augustinus, kam zu jener Zeit zu ähnlichen Schlüssen. Wenn sich ein Erwachsener mit ernsthaften religiösen Absichten darum bemühte, von Ambrosius getauft zu werden, so bedeutete das, sich dem »Anblick der Enthaltsamkeit in ihrer erhabenen Keuschheit« auszusetzen.[52]

Ambrosius war von der inneren Logik seines Begriffs der Erlösung zu dieser beängstigenden Schlußfolgerung getrieben worden. Die jungfräuliche Geburt Christi war für Ambrosius' Denken zentral. Die jungfräuliche Geburt bot den Schlüssel zum Verständnis dafür, welches allen Menschen gemeinsame Merkmal Christus auf sich genommen hatte und welche Eigenschaft, die ihnen seit dem Fall Adams fehlte, er den Menschen in seiner eigenen menschlichen Person angeboten hatte. Das Fehlen sexueller Begierde unter den Begleitumständen der Empfängnis Christi und in seinem menschlichen Fleisch war für Ambrosius nicht einfach ein Wunder, das sich von anderen nicht nachahmen ließ. Die geschlechtslose Geburt Christi und sein unberührter Körper wirkten vielmehr als Brücke zwischen dem gegenwärtigen gefallenen Zustand des menschlichen Körpers und seiner künftigen, herrlichen Verwandlung bei der Auferstehung. Das Fleisch Christi war ein magnetisch anziehendes Zeichen der menschlichen Natur, wie sie sein sollte. Ein Leib »ohne die Narbe« des doppelten Makels sexuellen Ursprungs und sexueller Impulse stand für menschliches Fleisch, wie es sein sollte, für das Fleisch, welches durch Taufe und Enthaltsamkeit geheimnisvoll »zum besseren erneuert« war, für das Fleisch, welchem schließlich bei der Auferstehung seine volle Integrität wiedergegeben werden würde, »wobei es all seiner Makel beraubt wäre, so daß alles, was in menschlicher Natur bleiben würde, das große Glück eines Lebens war, das der Tod nicht berührte«.[53]

Diese Denkungsart war in Ambrosius' Geist von mächtigen

Formulierungen des Origenes ausgelöst worden.[54] Origenes hatte das durchdringende Gefühl von Widersinnigkeit verstehen wollen, das mit den körperlichen Begleitumständen von Empfängnis und Geburt verbunden war. Jedes menschliche Wesen hatte seinen Anfang in einem leidenschaftlichen Geschlechtsakt genommen:

Ich bin auch ein sterblicher Mensch gleich wie die anderen, ... in Blut zusammengeronnen aus Mannessamen durch Lust im Beischlafen.[55]

Satirischen Dichtern bereitete es ausgesprochenes Vergnügen, den Hochgeistigen zu erklären, daß selbst sie bei all ihren übersteigerten Ambitionen auf diese unschickliche Weise entstanden waren.[56] Bei Origenes jedoch hatte sich das weitverbreitete Gefühl der Widersinnigkeit der menschlichen Geburt zu dem Gedanken verhärtet, daß Empfängnis und Geburt unweigerlich mit einer Reihe von »Flecken«, von *contagia*, verbunden seien. Die jüdische Kritik an der »unreinen« Natur des Blutes und der Abfallprodukte der Gebärmutter, ein Gefühl für die »anti-geistige« Natur des Geschlechtsakts und die Tatsache der weitverbreiteten Kindertaufe in den Kirchen kamen zusammen, um einen verhängnisvollen Komplex von *contagia* zu bilden. Sie suggerierten Origenes, daß ein tiefer, ursprünglicher Makel sicher ganz am Anfang der menschlichen Existenz liegen mußte.

Für Origenes war das jedoch ein Makel, der sich durch den freien Willen transzendieren ließ. Die Reinigungsriten, die mit der Befleckung der Geburt zusammenhingen, dienten nur als Wegweiser, die der christlichen Seele die Straße fortschreitender Reinigungen wiesen, auf der sich die Seele auf ihrer langen Bahn hin zu immer größerer Freiheit von Flecken aller Art bewegte. Das Gefühl der Befleckung, das der Makel der Geburt mit sich brachte, lastete nicht sehr schwer auf Origenes. Wie ein Fingerabdruck auf klarem Glas war er nur in dem wachsenden Licht der Herrlichkeit zu sehen, die auf den verwandelten Leib wartete.[57] Er zeugte nicht von »Erbsünde«, wie das später im lateinischen Westen verstanden wurde: Er war nicht das Zeichen eines unwiderruflichen Falls der ganzen Menschheit in Adam.

Für Ambrosius war das nicht so. Der reine Schwung von Origenes' kosmischer Sicht war ihm in hohem Maße fremd. Die einzige Verwandlung, die seine Aufmerksamkeit fesselte, war die, die durch Bekehrung und Taufe zur katholischen Kirche herbeigeführt wurde. Er hatte nicht den Wunsch, die Aussicht einer langen, langsamen Reinigung der Seele auf ihrer Reise durch ein gewaltiges Universum ins Auge zu fassen. Für ihn zeichnete sich sexuelles Empfinden beim Menschen in dunklem Umriß gegen den Glanz des unberührten Leibes Christi ab. Menschliche Körper, denen durch die Sexualität eine »Narbe« zugefügt worden war, konnten nur durch einen Körper erlöst werden, dessen jungfräuliche Geburt von sexueller Begierde frei war. Das war eine berauschende Antithese, der in der lateinischen Kirche eine lange Zukunft beschieden war. Eine Generation später lieferten die Schriften des Ambrosius, die den Kontrast zwischen der jungfräulichen Geburt Christi und der Geburt gewöhnlicher Menschen betonten, Augustinus das, was er als unwiderlegliche Stütze seiner eigenen Ansichten über die enge Beziehung zwischen dem Geschlechtsakt und der Weitergabe der Erbsünde ansah: Argumente über die Jungfrauengeburt, die Augustinus von Ambrosius entlehnt hatte, ermöglichten es ihm, »die mittelalterliche Theologie um ein einflußreiches Thema von geradezu toxischer Wirkung« zu bereichern.[58]

Ambrosius hätte nicht bei diesem Thema verweilt, wenn es nicht einen äußerst empfindsamen Nerv in den Gemeinden, die er ergreifen wollte, und in den herrschenden Kreisen, deren Meinungen er zu beeinflussen wünschte, getroffen hätte. Sein energisches Eintreten für die immerwährende Jungfräulichkeit Marias in den letzten Jahren seines Lebens offenbart eine langsame Verhärtung der Einstellungen bei seinen lateinischen Zeitgenossen. Im Laufe des 4. Jahrhunderts hatten gewisse Saiten in der christlichen Sensibilität an Spannung gewonnen: Ambrosius brauchte sie nur mit gewohnter Sicherheit anzuschlagen, um sie so erklingen zu lassen, daß sie zeitgenössischen Diskussionen über Fragen, die auf den ersten Blick scheinbar wenig mit dem Thema der Jungfräulichkeit zu tun hatten, einen charakteristischen Ton verliehen.[59]

Was auf dem Spiel stand, war die Absolutheit der Grenzen, die die katholische Kirche von der Welt trennten, und ebenso auch die Absolutheit der Grenzen, die die einzelne Jungfrau aufgrund ihrer Berufung unwiderruflich »heilig« machten und von ihrer Familie trennten. Alle Formen von »Beimischung« und *concretio* – alles verworrene Durcheinanderwerfen getrennter Kategorien – widerstrebten Ambrosius zutiefst. Geschlechtsverkehr zu vermeiden hieß, einen Akt zu vermeiden, der »Mischung«, »Lockerung« und »Entspannung« bedeutete.[60]

Die widerwärtige, unbeständige Mischung von männlichem Samen und weiblichem Blut, die sich mit dem Augenblick der Empfängnis verband, kam ihm wie eine mikrokosmische Entsprechung der vielen besudelten Bereiche vor, die die Menschheit schwächten: In ihrem gegenwärtigen gefallenen Zustand »haftete« die Seele am Körper in einer ähnlich klebrigen und verwirrten Weise. Der Christ war immer in Gefahr, am *saeculum* »haften« zu bleiben; denn der harte Entschluß der Seele war bereits durch die ungeordnete Vermischung mit dem Körper »verweichlicht« worden.[61] Alle derartigen zerstörerischen Vereinigungen mußten vermieden werden. Ambrosius' Denken über die Jungfräulichkeit ließ sich in einem einzigen Wort zusammenfassen: *integritas*. Das bedeutete die kostbare Fähigkeit, das, was einem gehörte, unbefleckt von fremder Einmischung zu bewahren:

Was anders aber ist jungfräuliche Keuschheit als makellose Unversehrtheit?[62]
Und in der Tat, wenn ein Mädchen durch den gewöhnlichen Vorgang der Ehe entjungfert wird, verliert sie, was ihr gehört, wenn etwas anderes kommt, sich mit ihr zu vermischen.[63]

Weil sie jede Beimischung vermieden hatte, war Maria von Christus als Quelle seines eigenen Fleisches erwählt worden. In einer Wendung voller spätrömischer Bedeutung war Maria eine *aula pudoris*, eine königliche Halle unversehrter Keuschheit.[64] Jeder Einwohner von Mailand wußte, was das bedeutete. Der Kaiserpalast war ein Gebäude, das durch die Gegenwart des Kaisers für immer geheiligt wurde. Kein Privatmann konnte je wagen, seine stillen goldenen Hallen zu bewohnen. Der Leib Marias und der jeder Frau, die ihr als geweihte Jungfrau nachfolgte, war eine solche Halle.[65] Eine nicht zu durchbrechende »unsichtbare Grenze« lag zwischen dem Körper einer Jungfrau und der befleckenden »Beimischung« der Außenwelt.

Daher war es für Ambrosius entscheidend, im Gegensatz zu anderen Christen darauf zu bestehen, daß Maria eine immerwährende Jungfrau geblieben war. Ihr Körper war nicht nur zu dem Zeitpunkt unberührt gewesen, als sie Christus durch den Heiligen Geist empfangen hatte (das heißt, er hatte nicht die Intrusion und Beimischung von männlichem Samen erlitten),[66] sondern er war auch auf eine ganz ebenso wunderbare Weise von der Durchbrechung der geschlossenen Grenze des Fleisches befreit, die mit einer normalen Geburt verbunden ist. Marias Schoß stand für alles in der Welt, das ungebrochen und heilig war. Es war das *»Tor des Heiligtums, das nach Osten liegt«*, aus Hesekiels Tempelvision:

Dies Tor soll zugeschlossen bleiben und nicht aufgetan werden, und niemand soll dort hineingehen. Denn der Herr, der Gott Israels, ist dort eingezogen; darum soll es zugeschlossen bleiben.[67]

Man hätte sich keine klarere Formulierung für Ambrosius' langanhaltendes Interesse daran wünschen können, einer Weltsicht zur Geltung zu verhelfen, in der das Heilige von nicht zu durchbrechenden Grenzen umschlossen war. In den Jahren zwischen 380 und 390 hatte Ambrosius gedroht, die Türen seiner Kirche und des Heiligtums um den Altar Kaisern zu versperren, die von der dunklen »Beimischung« der Toleranz gegen Heiden, Häretiker und Juden befleckt waren.[68] (Gerechterweise muß man sagen, daß er dasselbe Gefühl für nicht zu durchbrechende Grenzen auch dazu benutzt hatte, den Kaiser Theodosius vom Altar fernzuhalten, bis er angemessene öffentliche Buße für ein Strafmassaker getan hatte.[69])

Als Ambrosius in den Jahren um 393 die immerwährende Jungfräulichkeit Marias verteidigte, wußte er, daß er nicht nur die Mutter des Herrn erhöhte: Er fand in dieser Verteidigung ein angemessenes *Te Deum*, mit dem er 20 Jahre angespannter Sorge um Grenzen, um die Gefahren der Beimischung und um die absolute und ständige Natur der Antithese zwischen der katholischen Kirche und der gestaltlosen, zerstörerischen Verwirrung des *saeculum* feiern konnte. In diesen Jahren hatte Ambrosius ständig die Kirchentüren im Sinn, wenn er seine Beschwörungen der immerwährenden Jungfräulichkeit Marias beschloß. Die geschlossene menschliche Person Marias machte seinen Hörern die ungreifbare Wand konkreter, die die Basiliken der christlichen Kirche umschloß: »Der, von welchem in bezug auf die Kirche gesagt wurde, *Denn er macht fest die Riegel deiner Tore*, wie hätte der nicht die Riegel seines eigenen Tors [den Schoß der Jungfrau] fest machen können?«[70]

Im letzten Jahrzehnt des 4. Jahrhunderts machten Ereignisse in Rom und in Vercelli, direkt vor Ambrosius' Haustür, deutlich, was alles bei einer solchen Formulierung des Status Marias auf dem Spiel standen. Maria wurde jetzt als das Musterbeispiel für den jungfräulichen Stand behandelt. Wenn sie als Jungfrau nur

Christus empfangen hätte und dann, nach Beendigung ihrer Wunderrolle, eine gewöhnliche verheiratete Frau, eine *mulier*, die Gattin Josephs und die Mutter seiner durch gewöhnlichen Verkehr gezeugten Kinder geworden wäre, hätte ihr Beispiel viel von seiner Macht verloren, jungfräuliche Mädchen zu schützen.[71] Keine römische Familie, weder Heiden noch Christen, hatte etwas dagegen, wenn Geistliche ihre Töchter dazu anhielten, keusch und zurückgezogen zu bleiben, wie es Maria als Mädchen gewesen war; aber der Grund dafür war, daß sie ihren Gatten unberührt gegeben werden sollten. Was an Ambrosius' unablässigen Ermahnungen zur Jungfräulichkeit neu war, war der kalte Schatten immerwährenden Rückzugs, der über die Familie fiel. Maria, der *aula pudoris*, zu folgen hieß, sich für einen Zustand immerwährender, unwiderruflicher Jungfräulichkeit zu entscheiden. Es bedeutete, den Schoß für immer der Geburt zu entziehen und nicht nur seine jugendlichen Begierden vor der Ehe zu zügeln. Mit der förmlichen Weihung jeder Jungfrau fand sich ein Stück des Reichtums jeder Familie mit ähnlicher, sakralisierter Dauerhaftigkeit in den Schatzkammern der Kirche eingefroren: »Eine Jungfrau ist eine königliche Palasthalle, welche keinem Manne, sondern Gott allein unterworfen ist.«[72]

Die symbolische Resonanz, die solche Gedanken bei der Bestimmung des öffentlichen Profils der christlichen Kirche in Italien und anderswo fanden, ließ sich nicht leugnen. Wie in den großen Kirchen des Ostens fungierten in Mailand und Rom die Kirchenjungfrauen als nichts Geringeres denn als menschliche Grenzsteine. Ihre Gegenwart definierte die christliche Basilika als privilegierten, heiligen Raum. Die Zeremonie der *velatio*, der feierlichen Verschleierung geweihter Jungfrauen, war eine vollkommen öffentliche Angelegenheit, die an einigen wenigen hohen Festtagen im Jahr begangen wurde. Auch wenn sie der mit einer römischen Hochzeitszeremonie verbundenen Verschleierung nachgebildet war, wehten sich Echos der unwiderruflichen und siegreichen Verwandlung, die mit der Taufe verbunden waren, um den hohen Augenblick des Entschlusses der Frau.[73] In einer überfüllten, von Lichterglanz und dem Schimmer weißer Triumphgewänder erfüllten Kirche markierte ein Sturm rhythmischer Rufe den Augenblick, in dem die geweihte Frau ihre Stellung hinter einem besonderen reinweißen Marmorgitter einnahm, das sie vom Rest der Basilika so klar abgrenzte wie das Altargeländer um das Heiligtum. Vornehme Männer und

Frauen drängten sich durch die Menge, um mit ihr den Friedenskuß zu tauschen.[74]

Die deutliche Sichtbarkeit, die geweihten Frauen in der Basilika eingeräumt wurde, warf das explosive, weil männliche Problem der Qualität des Klerus in den lateinischen Kirchen auf. Zwischen 380 und 390 war es eine offene Frage, ob die *integritas*, die sich traditionell mit geweihten Jungfrauen verband, in Gestalt lebenslanger klerikaler Ehelosigkeit auf die Reihen des Klerus als ganzen übergreifen würde. Es hatte seit langem eine Strömung gegeben, die für dauernde Enthaltsamkeit beim höheren Klerus als sichtbares Symbol der heiligen Natur der katholischen Priesterschaft eintrat. Hohe Theorie war jedoch eine Sache und Praxis eine ganz andere. Ambrosius sah ein, daß das beste, was die meisten Ortskirchen erwarten konnten, war, daß sich ihre Bischöfe und Priester bei ihrer Ordination zu nachehelichem Zölibat verpflichteten: Alles, was man vom durchschnittlichen Kleriker verlangen konnte, war, daß er »Söhne gehabt haben sollte und nicht weiter Söhne machen sollte«.[75]

Nur hauptstädtische Kirchen wie die von Rom und Mailand konnten unverheiratete junge Männer in großer Zahl anziehen und ihnen nahelegen, von Kindheit an im Schatten des Altars im Zölibat heranzuwachsen (wie es Johannes Chrysostomus und der junge Theodoret in Antiochien getan hatten). Die durchschnittliche Provinzkirche dagegen hatte beim Klerus chronischen Nachwuchsmangel. Sie konnte auf die Dienste von Verheirateten nicht verzichten. Im Gegenteil: gute Römer neigten zu der Annahme, daß die Söhne von Klerikern die Laufbahn ihrer Väter einschlagen würden. In vielen Gegenden bildeten kleine klerikale Dynastien, in denen der Sohn auf den Vater oder der Neffe auf den Onkel folgte, das Rückgrat der Kirche.

Ganz gleich, wie es mit der Durchführbarkeit des Ideals der totalen Ehelosigkeit bei Geistlichen aussah, Aufrufe dazu wurden gegen Ende des 4. Jahrhunderts überraschend vernehmlich. Der Grund dafür war, daß viele westliche christliche Gemeinden in einem Dilemma steckten.[76] In Spanien, Gallien und Italien wollten kleine und zunehmend lautstarke Gruppen von Asketen einen Platz im Klerus der Städte. Die Wirkung, die der Druck von seiten dieser eifrigen und demonstrativ unverheirateten jungen Männer gewöhnlich hatte, war, die Entschlossenheit traditioneller Christen zu stählen, ihre Geistlichen aus allen Gruppen außer den Mönchen und den Verehrern der Mönche zu wählen. Es gab einige Bischöfe, so klagte Hieronymus, die Männer nicht zu Priestern weihen wollten, solange sie nicht sahen, daß deren Frauen wirklich und wahrhaftig schwanger waren![77] Gleichzeitig brachte jedoch die Ausbreitung des Christentums in den Oberklassen potentielle Führer in die Kirchen, die über verlockende Macht, über Effektivität und Reichtum verfügten.[78]

Die potentiellen neuen Führer warfen ein Problem auf. Sie waren nicht mehr mit den relativ bescheidenen, verheirateten Geistlichen einer früheren Epoche zu vergleichen: Sie hatten Kriege geführt; sie hatten die Todesstrafe verhängt; sie hatten von Gerichts wegen Folter angeordnet; ihre öffentlichen Pflichten in den Städten hatten es mit sich gebracht, daß sie ihre Augen mit der Wollust und der Grausamkeit öffentlicher Spiele befleckten.[79] Für altmodische Christen waren sie ebenso beunruhigend wie die neuen Asketen.

In Teilen Spaniens und später in Gallien kamen viele Bischöfe auf den Gedanken, daß man den existierenden Klerus zu einer akzeptablen »mittleren Partei« machen könnte, wenn man ordinierten Geistlichen verböte, mit ihren Frauen zu schlafen. Priester und Bischöfe, die nach dieser strikten, wenn auch engen Definition enthaltsam waren, konnten zwischen den schrillen Asketen und den neuen Machtmenschen stehen, die grob von der Welt befleckt waren.[80] Diese Situation gab Anlaß zu einem einzigartig selbstbewußten Brief, den Papst Siricius 384 oder 385 an Himerius von Tarragona schrieb.

Siricius schien die Sache klar: Altardienst durften nur diejenigen ausüben, die dazu bereit waren, sich von nun an zumindest von einem der vielen Makel des weltlichen Lebens für immer frei zu halten: vom Makel des Geschlechtsverkehrs. Wer vor Gott stand, um die Eucharistie darzubringen, mußte Enthaltsamkeit praktizieren. Siricius zitierte den Brief des heiligen Paulus an die Römer: »die aber fleischlich sind, können Gott nicht gefallen.«[81] Siricius' Entscheidung war eine der ersten, aber keineswegs die letzte Gelegenheit in der Geschichte der lateinischen Kirche, bei der Paulus' mächtiger Begriff des Fleisches, der alles umfaßte, was im Gegensatz zum Geist Gottes stand, auf handlichere Proportionen zurechtgestutzt wurde, indem er ausschließlich auf sexuelle Aktivität angewendet wurde. Von Geistlichen in den unsichereren und kriegerischeren Provinzen des Westreichs konnte man nicht erwarten, daß sie im Lauf ihrer früheren Karriere Gewalt und den dunklen Makel der Macht gemieden hätten: Gerade durch ihre Effizienz als Inhaber von Macht wurden sie als Bischöfe attraktiv. Sobald sie aber geweiht waren, konnte man wohl wenigstens von ihnen erwarten, daß sie den Sex aufgaben.

Die Ansichten des Siricius stimmten mit denen des Ambrosius darin überein, daß beide auf der bedenkenlosen Hinnahme einer Vorstellung von Hierarchie beruhten. Beide behaupteten die Existenz unterschiedlicher Stufen der Vollkommenheit im christlichen Leben, und beide glaubten, daß sich diese Unterschiede daran messen ließen, in welchem Maße sich jemand von sexueller Aktivität zurückgezogen hatte. Auf dieser Skala kamen die Jungfrauen als erste, die Witwen als zweite und die Verheirateten als dritte. Dies war eine universelle Skala, die sich auf beide Geschlechter anwenden ließ. Der jungfräuliche Stand der Frau wurde als eine *norma integritatis* begrüßt: Er war der Höhepunkt und zugleich das Modell eines Zustands sexueller Intaktheit, und Männer, insbesondere Mitglieder des Klerus, sollten danach streben, sich diesen Zustand zu eigen zu machen.[82]

Die lange Geschichte des Zölibats in der katholischen Kirche macht es uns leicht, das Neue eines derartigen Anspruchs zu vergessen. Nie zuvor hatte man von römischen Männern, die im öffentlichen Leben standen, erwartet, daß sie auf diese Weise Tugenden übernahmen, die gewöhnlich an Frauen delegiert wurden. Der Rhetor Augustinus, der Ambrosius im Jahre 385 aus der Ferne beobachtete, war von dem, was er sah, verwirrt. Hier war ein Mann, der offensichtlich von den Mächtigen geehrt wurde; doch »seine Ehelosigkeit schien der eine beschwerliche Aspekt seines Lebens zu sein«.[83]

Ein derart krasser Begriff von Hierarchie war weit davon entfernt, für alle Christen in Mailand und Rom selbstverständlich zu sein. Die Gegenwart eines Taufbeckens sprach zu Ambrosius immer von einem »Aufstieg«; und Ambrosius zweifelte kaum, daß der Gipfel dieses Aufstiegs in seinem Leben der jungfräuliche oder der enthaltsame Stand war. Jovinian, ein seriöser Asket in Rom, zog aus demselben Wasserbecken ganz andere Schlußfolgerungen: Seiner Ansicht nach tauchten alle Christen aus dem Taufwasser gleich hervor. Ihnen waren in gleicher Weise die Gabe der Vergebung und der Besitz des Heiligen Geistes zum Lohn geworden. Es bestand kein weiterer Bedarf an Abstufungen von »Gnade und Gunst« in der katholischen Gemeinde.[84] Keine Gruppen enthaltsamer Männer und Frauen brauchten auf einem zweideutigen mittleren Standpunkt zwischen einem ordnungsgemäß geweihten Klerus und der Masse der Laien zu stehen. Für Jovinian waren alle getauften Christen gleichermaßen heilig: Sie bildeten ein einziges Volk Gottes, das durch die Taufe von seinen Sünden erlöst war. Es war daher durchaus nicht sicher, daß die weiteren Zeremonien der »Weihe«, die mit der feierlichen Absonderung von Jungfrauen verbunden waren, als gültige und dauerhafte Akte zu behandeln waren. Ihnen fehlte die Unwiderruflichkeit der christlichen Taufe.

Jovinian hatte diesen »empörenden« Gedanken in Schriftform selbst Heiden zugänglich gemacht.[85] Das war ein schwerwiegender Schritt gewesen. Die Jahre nach 390 waren eine Zeit, in der das Heidentum in Rom wieder »in der Luft« lag. Ein Stadtpräfekt, der ein Heide sein konnte oder ein Christ, der der asketischen Bewegung in erbitterter Feindschaft gegenüberstand, konnte jederzeit erklären, daß die Berufungen von jungfräulichen Mädchen ungültig waren und daß der Verfall von Familieneigentum, der häufig mit ihrer Weltentsagung einherging, ein Ende haben mußte.[86]

Ganz abgesehen von den praktischen Konsequenzen seiner Predigt hatte Jovinian einen empfindlichen Nerv in der klerikalen Sensibilität seiner Zeit angerührt. Er war darin ein altmodischer Christ, daß er wie Hermas mehr als zwei Jahrhunderte vor ihm glaubte, Jungfräulichkeit sei ein zu mächtiges und zu ernsthaftes Bild für Integrität, als daß man es auf bestimmte Menschen anwenden könne. Die einzige Jungfrau, auf die es ankam, war die christliche Gemeinde selbst.[87] Mit einem solchen Gedanken leugnete Jovinian das zentrale Dogma des spätrömischen Gefühls für Hierarchie – daß nämlich gewisse heilige Individuen zwischen Himmel und Erde stehen konnten und auf der Erde die Majestät der unsichtbaren Welt repräsentierten. Sie und nicht nur die Gruppe als ganze waren heilig.[88] Siricius erkannte sehr klar, daß Jovinians Ansichten die Rolle des Klerus bei der Schaffung verschiedener Rangpositionen im christlichen Volk zunichte machten: denn wenn Priester auf den Schleier eines verheirateten Paars ihren Segen erteilen konnten, warum sollten sie nicht auch den Kirchenjungfrauen die *honorificentia* offizieller Weihe erteilen?[89] Für Ambrosius, der auf einer Synode in Mailand in einem Brief Stellung bezog, war Jovinians reizend altmodische Leugnung der Hierarchie ein *agrestis ululatus*, ein »bäurisches Geschrei«.[90] Sie drohte alles zunichte zu machen, was die Revolution der Spätantike für die christliche Kirche erreicht hatte. Hierarchie und nicht Gemeinschaft stand jetzt auf der Tagesordnung.[91]

Unglücklicherweise bestand die Gemeinde von Vercelli, in die zwei Schüler des Jovinian 396 als abgefallene Mönche aus Ambrosius' eigenem Kloster kamen, nicht aus Bauern: Sie hatte einfach eine säkularere, vernünftigere Auffassung von Hierarchie. Anstatt sich dafür zu entscheiden, von einem lebenslänglichen Zölibatär aus dem örtlichen Kloster regiert zu werden, beschloß die Stadt, wie es so manche Stadt in späteren Jahrhunderten tat, einen mächtigen Grundbesitzer zu ihrem nächsten Bischof zu wählen.[92] Der lange Brief, den Ambrosius zu diesem Anlaß schrieb, macht das Bild der Kirche deutlich, dem er sein Leben verschrieben hatte. Es war ein ausgesprochen asketisches Bild. Der härteste aller Kämpfe, den Adams gefallene Nachkommen zu kämpfen hatten, war ein unablässiger Kampf des Gemüts gegen die Sinnlichkeit, gegen *voluptas*. Mönche zu kritisieren und nichtasketische Führer zu bevorzugen hieß, daß dieser Kampf unnötig war. Man gab damit zu verstehen, daß *voluptas*, eine Fähigkeit zu sinnlichem Vergnügen, ein Teil der menschlichen Person gewesen war, den Gott bei der Schöpfung beabsichtigt hatte. Wenn man dies sagte, leugnete man die ganze Bahn der schmerzhaften Rückkehr des Menschen ins Paradies durch sexuelle Abstinenz und Fasten: »Wie kann Sinnlichkeit uns ins Paradies zurückrufen, wenn sie allein uns seiner Freuden beraubte?«[93]

In diesem Brief wurde *voluptas* fast völlig mit sexueller Lust zur Deckung gebracht. Jovinians Schüler weigerten sich, eine Unterscheidung zwischen getauften Christen aufgrund der unterschiedlichen Erfahrung, die sie im Geschlechtsverkehr hatten, zuzugeben. Sie hatten behauptet, daß Jungfrauen Witwen gleich waren, auch wenn Witwen »einst, und bedauerlicherweise, Beischlaf mit einem Mann durchgemacht« hatten.[94]

Ambrosius präsentierte den Leuten von Vercelli eine klare Hierarchie: »Täglich bei der Lesung der biblischen Schriften und in den Predigten der Bischöfe verkündet die Kirche Lob für eheliche Moral, aber der Ruhm geht an die jungfräuliche Unversehrtheit.«[95]

Die Integrität des jungfräulichen Standes war der höchste

Gipfel der christlichen Tugend. Eheliche Sexualität lag im Schatten dieser einen glänzenden Bergspitze. Das Ehebett war in außerordentlichem Maße vom »wirren Unterholz menschlicher Schwachheit« überwuchert.[96] Selbst in den respektablen Grenzen der legitimen Ehe mußte das christliche Paar auf der Hut sein, Verhaltensmaßstäbe einzuhalten, die auf einer neuen, asketischen Skala gemessen wurden. Der legale Ehemann durfte sich nicht durch Liebe zur sinnlichen Lust in Versuchung führen lassen, für seine eigene Frau den Ehebrecher zu spielen.[97]

Das war ein Ton, der nie zuvor in der Öffentlichkeit angeschlagen worden war. Seit der Zeit des Clemens von Alexandrien war eine derart rigorose Auffassung nur in privaten Werken, bei denen es um philosophische Verfeinerung ging, in Umlauf gewesen. Für »Keuschheit« in der Ehe erwartete man vom durchschnittlichen Christen, daß er Ehebruch vermied, Perioden der Enthaltsamkeit vor den großen Kirchenfesten einhielt und sich des Verkehrs mit Frauen unter bestimmten Bedingungen enthielt – während der Menstruation und sogar in der Schwangerschaft und der Stillzeit. Was Ambrosius jetzt verlangte, war, daß das Paar danach streben sollte, eine schlecht definierte und ständig gegenwärtige Möglichkeit zur »Unkeuschheit« zu minimieren, die mit der Lust zusammenhing, die den Geschlechtsakt selbst begleitete. Dieses Ideal wurde den Christen von Vercelli vor Augen geführt, um sie dazu zu überreden, daß sie zu ihren Führern und moralischen Lehrern nur Männer wählten, die die Kontrolle über ihren Sexualtrieb auf die Spitze getrieben hatten – Männer, die ein Leben dauernden Zölibats geführt hatten. In diesem langen Brief lassen sich, wenn auch nur flüchtig, die künftigen Umrisse des Katholizismus des lateinischen Westens erkennen.

In den Schriften, die Ambrosius in seinen letzten Jahren schrieb, kann niemand, der sich mit der Geschichte des Frühmittelalters befaßt, jenen Ton einer nach innen gerichteten Unversöhnlichkeit überhören, jene heftige Furcht vor »Beimischung« und jene Erhöhung der *integritas*, die es dem katholischen Klerus ermöglichten, die eindrucksvollste aller »unsichtbaren Grenzen« zu errichten, hinter denen die römischen Menschen des nachimperialen Westens ihre Identität bewahrten, lange nachdem die militärischen Grenzen des Reiches durch barbarische Invasion und Besiedlung fortgespült worden waren. In einer Tiefenschicht gaben die Bewahrung der jungfräulichen

Körper christlicher Frauen und die geflissentliche Enthaltsamkeit der Kleriker die kühlen, umschlossenen Räume der Basiliken wieder. Gemeinsam mit den durchscheinenden Marmorflächen und den schimmernden goldenen Gewölben der Schreine sprach die katholische Auffassung von Jungfräulichkeit von Grenzen, die kein Außenseiter, kein häretischer Barbar zu durchbrechen wagen würde.

Doch wenn man allein diesen Aspekt der Predigten des Ambrosius hervorhebt, nimmt man den unflexiblen Katholizismus des 5. und 6. Jahrhunderts vorweg. Man übergeht dann das, was vielleicht sowohl für Zeitgenossen als auch für alle kommenden Zeiten der bedeutsamste Aspekt seines Predigens über die Jungfräulichkeit war. Als Kenner des allegorischen Stils des Origenes war Ambrosius ein Altmeister in der Alchemie der Bildersprache. Seine größte Gabe als Prediger war die instinktive Kunstfertigkeit gewesen, mit der er den Dynamismus des Wandels vermittelte.[98] Wir müssen uns für einen Augenblick in die Wahrnehmungsweise seiner spätrömischen Zuhörer hineinversetzen, um zu verstehen, was ihnen Ambrosius sonst noch geboten hatte, unterhalb seines etwas statischen Begriffs des jungfräulichen Körpers als einer *aula pudoris*.

Ambrosius' Sprache vermittelte ein Gefühl des Paradoxen, das für seine Auffassung von der Rolle der Kirche in der römischen Gesellschaft entscheidend war. Sein Begriff von Jungfräulichkeit konkretisierte die Integrität der katholischen Kirche inmitten einer feindseligen Gesellschaft, während er der Kirche ein Gefühl von Schwung gegenüber der Außenwelt verlieh. In seinen Schriften und Predigten war der Körper der Jungfrau ein Objekt, das mit mächtigen, widerstreitenden Assoziationen geladen war. Er war zu ein und derselben Zeit statisch und dynamisch. Gerade weil in ihnen den normalen sexuellen Assoziationen der Fruchtbarkeit einer Frau entsagt worden war, waren die Körper von Jungfrauen darauf berechnet, im Gemüt der Gläubigen in den Begriffen von Fruchtbarkeit, Kontinuität und Kreativität alles das heraufzubeschwören, was im höchsten Maße »unbefleckt« und daher höchst unzweideutig produktiv war.[99] Der verschlossene Schoß war nicht nur ein verriegeltes Tor. Gerade weil er so verschlossen war, konnte er höchst offen sein: Er war auch ein brodelnder Kessel;[100] er war eine Quelle, aus der Licht strömte;[101] er war eine Wolke, aus der leiser Regen fiel.[102] Eben auf Grund der Geschlossenheit ihres Leibes hatten sich das Gemüt, das Herz und die Hände der Jungfrau weit geöffnet – für die Bibel, für Christus und für die Armen.[103]

Was an Ambrosius' Bildersprache wirklich bedeutsam war, war die Art und Weise, in der er diese paradoxen Qualitäten in der individuellen Jungfrau aufnahm und auf die katholische Kirche als ganze anwendete. Daher die janusköpfige Natur seines Denkens im Hinblick auf das Verhältnis zwischen Kirche und Gesellschaft. Die christlichen Gemeinden, die er ermahnte, wurden von ihm noch ermutigt, sich als in der Defensive stehend und von starren Grenzen eingeengt zu betrachten. In den Basiliken jedoch zeugten das Taufbecken und die gekühlten Leiber der Enthaltsamen auch von Verwandlung.

Für Ambrosius konnte sich die mit dieser Verwandlung verbundene Fülle ausbreiten, um die Gesellschaft als ganze zu erfassen. Wie die Jungfrau war die katholische Kirche ein intakter Leib, der mit einer wundersamen Fähigkeit zu Wachstum und Pflege begabt war. Die längst verlorene Solidarität der ganzen Menschheit würde durch die Kirche wiedergewonnen werden.[104] Ambrosius' Bildersprache beinhaltete die Möglichkeit einer katholischen römischen Welt. Die existierenden Strukturen der römischen Gesellschaft konnten noch im kühlen Licht der Kirche gebadet werden, wenn sie im Reich aufstieg »wie ein Mond, der in seinem Glanz zunimmt«.[105]

Aufmerksame Zuhörer von Ambrosius' Predigten griffen diese verführerische Botschaft auf. Ein Jahr nach seiner Taufe in Mailand konnte Augustinus die katholische Kirche als »die wahre Mutter aller Christen« beschreiben, so als könne sie auch die Mutter der ganzen Menschheit und die Garantin aller existierenden gesellschaftlichen Bindungen sein:

Du bist es, die Frauen ihren Ehemännern untertan sein läßt ... in keuschem und aufrichtigem Gehorsam; du setzt Ehemänner über ihre Frauen; du verbindest Söhne mit ihren Eltern durch eine frei gewährte Sklaverei, und setzt Eltern über ihre Söhne in frommer Herrschaft. ... Du verknüpfst Bürger mit Bürger, Nation mit Nation, ja, du bindest alle Menschen zusammen in Erinnerung an ihre ersten Eltern. ... Du lehrst Könige zum Wohle ihrer Völker herrschen; und du bist es, die die Völker warnt, daß sie ihren Königen gegenüber unterwürfig sein mögen.[106]

In den darauffolgenden zwei Generationen legte Augustinus langsam die volle Bedeutung der Vision bloß, die Ambrosius von einer Menschheit hatte, die in allen Bereichen ihres sozialen

Lebens innerhalb der katholischen Kirche verwandelt und diszipliniert wurde. Das war eine Vision, die, wie die von Augustinus als Bischof in Afrika verfaßten Schriften bald deutlich machten, die Probleme der menschlichen Sexualität in einem weitaus feiner gesponnenen und anspruchsvolleren Erklärungsnetz faßte, als das je zuvor geschehen war.

Das moralische Klima, gegen das Augustinus anschrieb, muß zuerst erklärt werden, um die Alternativen zu verstehen, vor denen er zwischen 400 und 410 stand, und um sich in die Geistesverfassung zu versetzen, in der seine ersten lateinischen Leser seine Werke über Ehe, Sexualität und den Fall Adams in den darauffolgenden beiden Jahrzehnten aufnahmen. Wir wollen uns daher für einen Augenblick dem blendenden Hieronymus zuwenden, der nahezu ein Zeitgenosse des Ambrosius war. Am Schicksal von Hieronymus und seinem Kreis können wir einige der Gelegenheiten und der Besorgnisse ermessen, die der Ruf der Wüste im späten 4. und im frühen 5. Jahrhundert dem Westen gebracht hatte. In Hieronymus' Briefen und Kommentaren sehen wir, wie die geweihten Witwen und Jungfrauen, von deren symbolischer Rolle Ambrosius mit so großer Resonanz gesprochen hatte, als wirkliche Frauen zum Leben erwachen und sich aktiv in der Politik der Gelehrsamkeit betätigen. In der Gestalt des Hieronymus können wir die ungelösten Spannungen eines Mannes verfolgen, der sich als der geistliche Lehrer von Frauen der Oberklasse und als der Richter über den asketischen Geschmack seiner Zeit definiert hatte. Mehr als jeder weltliche lateinische Autor und nur von Augustinus übertroffen, machte Hieronymus diese erstaunliche Generation zur letzten und sicherlich stürmischsten der »Drei großen Epochen« der lateinischen Literatur.[107]

ACHTZEHNTES KAPITEL

»Lerne von mir einen heiligen Stolz«: Hieronymus

Im August 385 zitierte ein Konzil des römischen Klerus einen dalmatinischen Priester mit ausgesprochen asketischen Ansichten zu sich und forderte ihn auf, die Stadt zu verlassen. Hieronymus war im Herbst 382 als Schützling des früheren Papstes Damasus nach Rom gekommen. Er ging damals schon auf die Vierzig zu (wenn er nicht schon älter war[1]) und hatte lange Erfahrung darin, die Rolle des einflußreichen Außenseiters zu spielen. Aus der griechischen Welt war er als ein Mann zurückgekehrt, der in dem Ruf ungewöhnlicher Gelehrsamkeit stand. In Antiochien hatte er Griechisch gelernt. Zwischen 375 und 377 hatte er in Chalkis in der syrischen Wüste zwei Jahre voller Langeweile und zunehmender Irritation in einer Einsiedlerzelle verbracht.[2] Nach seiner Rückkehr nach Konstantinopel hatte er zu Füßen von Gregor von Nazianz gesessen, und so konnte er den Freund des Basilius von Cäsarea als »meinen Lehrer« bezeichnen – keine geringe Empfehlung für einen wandernden Gelehrten lateinischer Herkunft.[3] In sehr kurzer Zeit machte sich Hieronymus daran, seine Gelehrsamkeit und seine Erinnerungen an das asketische Leben so zu verwenden, daß sich der römische Klerus beschämt fühlte. Was die Sache noch schlimmer machte, er wandte sich mit kaum verhüllter Verachtung von seinen männlichen Kollegen ab, um die hingebungsvollen Frauen der römischen Kirche mit seiner Gelehrsamkeit zu überhäufen. Gegenüber Marcella, die seit vielen Jahrzehnten Witwe war, und Paula, einer Frau in den Dreißigern, die kurz zuvor vom Verlust ihres Gatten überwältigt worden war, übernahm Hieronymus die Rolle des Origenes.

Zwar hatte Hieronymus seine Übersetzung der *Homilien über das Hohelied* dem Papst Damasus gewidmet, aber bestimmt war sie für den neuen Kreis seiner weiblichen geistlichen Schützlinge. Origenes' unerschrockene Gelehrsamkeit und die leidenschaftlichen Aufwallungen von »geistlicher Freude«, wie er sie verstand, würden von Hieronymus nach Rom gebracht werden, um die geistlichen Bedürfnisse eines Kreises vornehmer Damen auf dem Aventin zu befriedigen. Zum Unglück für Hieronymus' weitere Chancen in Rom wurden diesen erlauchten Damen auch Hieronymus' freimütigste kritische Bemerkungen über die Weltlichkeit und das Philistertum vorgesetzt, die er überall in seiner Umgebung zu sehen beliebte. Als er an Paulas Tochter Eustochium, eine geweihte Jungfrau, darüber schrieb, wie sie am besten ihr geistliches Leben vor Korrumpierung schützen sollte, waren seine Beschreibungen der kirchlichen Gesellschaft in Rom so lebensecht, daß sich selbst Heiden darum rissen, Abschriften von dem Brief machen zu dürfen.[4] Er war ein Karikaturenalbum, in dem sich zu viele Kleriker und höhergestellte Christen wiedererkannten. »Lerne von mir einen heiligen Stolz. Du sollst dir bewußt sein, daß du besser bist als diese anderen.«[5]

Als Damasus im Dezember 384 starb, kochte der »Kessel« der Irritation über.[6] Hieronymus mußte gehen. Aber er sorgte dafür, daß alle künftigen Zeiten den häßlichen Vorfall allein mit seinen Augen sehen würden: »Gar manches Mal hat sich eine größere Anzahl von Jungfrauen um mich versammelt. Des öfteren erklärte ich einigen aus ihnen, so gut ich es vermochte, die göttlichen Bücher.«[7]

Im darauffolgenden Jahr hatte sich Hieronymus in Bethlehem, »einer etwas vornehmeren Stadt«,[8] niedergelassen. Paula folgte dem Beispiel, das ein Jahrzehnt vorher Melania die Ältere gegeben hatte, und segelte mit Eustochium ins Heilige Land. Hieronymus gesellte sich auf der letzten Etappe ihrer Pilgerfahrt zu ihnen. Sie ließen sich in Sichtweite der Höhle, in der Jesus geboren war, in einer stillen, sonnendurchfluteten Landschaft nieder, die von Bergdörfern übersät war. Die Lieder der Bauern, die im Tal zu ihren Füßen arbeiteten, trugen Echos der alten Psalmen Davids in die Zellen dieser gelehrten Lateiner. Es war gut, an den Ort gekommen zu sein, den man sich als das Zentrum der Welt vorstellte:

Wir wollen in seine Wohnung gehen und anbeten vor dem Schemel seiner Füße.[9]

Paula benutzte ihren Reichtum dazu, ein Kloster für andere im Exil lebende Frauen zu gründen. Unzufriedene Aristokratinnen, deren Talente im Westen nicht zur Geltung gekommen waren, sammelten sich in Bethlehem um sie. Die Gesellschafterinnen dieser Damen waren in einem getrennten Gebäude untergebracht, damit die Senatorenfrauen nicht mehr in Versuchung gerieten, sie als ihre Dienerinnen zu behandeln.[10] Nicht weit davon entfernt stand Hieronymus an der Spitze eines kleinen Mönchsklosters. Die beträchtlichen Kosten, die die Einrichtung seiner Bibliothek, die Beschäftigung von Stenographen und die Indienstnahme eines Juden, der ihm Hebräischunterricht geben sollte, verursachten, wurden aus Paulas Vermögen bestritten.

Hieronymus genoß ein Jahrzehnt tiefen Glücks: endlich hatte er begonnen, den Lohn der Wahrhaftigen zu ernten:

Er soll deinen Mund voll Lachens machen und deine Lippen voll Jauchzens.[11]

Nach vielen hastig wieder verworfenen Skizzen war er auf das Selbstporträt gestoßen, das zu einem Klassiker werden sollte. Hieronymus, der behütete Gelehrte und Mönch von Bethlehem, das war der Hieronymus, auf den der mittelalterliche Westen mit Liebe und Bewunderung zurückblickte: »der tadellose, der wohlberedte Weise, der holde Hieronymus von Jerusalem, den unsere Schwestern zu besuchen pflegten.«[12]

Unsere Bekanntschaft mit diesem Aspekt der Persönlichkeit und der Karriere des Hieronymus sollte uns nicht dazu verleiten, das Neue und potentiell Gefährliche an seiner Situation zu übersehen. In den achtziger und den frühen neunziger Jahren des 4. Jahrhunderts machte er sich die Rolle des Origenes in einem entscheidenden Aspekt zu eigen. Er setzte die grundsätzliche Identität des Geistes bei Männern und Frauen als selbstverständlich voraus. Er sah keinen Grund, weshalb das auf Origenes zurückgehende Ideal einer unerbittlichen asketischen Bemühung des Geistes, das sich mit der täglichen Meditation des Christen über die »Freuden des Gesetzes« verband, nicht in seiner vollen Strenge auf reife und gebildete Frauen wie Marcella und Paula ausgedehnt werden sollte. Solche Frauen besaßen sowohl die geistlichen als auch die kulturellen Vorzüge, die einen solchen Lebensstil in hohem Maße praktikabel machten. Sie konnten eindrucksvolle Mengen Griechisch lesen. Melania hatte drei Millionen Zeilen Origenes und zweieinhalb Millionen Zeilen jüngerer Autoren, darunter die Kappadokier, gelesen. Das heißt, sie hatte eine Sammlung christlicher Literatur gemeistert, die dreihundertmal umfangreicher war als Homers *Ilias*. »Sie pflegte nicht *ein* Mal und flüchtig zu lesen, sondern sieben bis acht Mal studierte sie jedes Buch mit aller Aufmerksamkeit.«

Bei Melania konnte man sicher sein, daß sie, wenn ihr eine Häresie begegnete, sie ebenso gut erkannte wie jeder andere gelehrte Christ.[13] Frauen schrieben Kommentare und Übersetzungen ab und verteilten sie.[14] Paula lernte schließlich, die Psalmen auf hebräisch ohne die Spur eines fremden Akzents zu lesen.[15]

In den höheren Schichten waren gebildete Frauen eine durchaus verbreitete Erscheinung. Aristokraten waren bestrebt, ihre Töchter so aufzuziehen, daß sie, »von ihrem Gefühl hoher Geburt beflügelt, sich über das gewöhnliche Verhalten der Menschheit erheben«.[16] Das Ungleichgewicht zwischen männlichem und weiblichem Engagement für das Leben der lateinischen Kirche sorgte dafür, daß bedeutende Christinnen Vorteile genossen, wie sie im Westen nur wenige Männer besaßen. Marcellas Palast war ein Treffpunkt für Kleriker aus dem Osten. Ihr Griechisch war wahrscheinlich ebenso gut wie das des Ambrosius, und ihre Bibliothek war ebenso wohlsortiert in neueren griechischen Büchern. Das war im Rom des 4. Jahrhunderts eine Seltenheit. Für eine solche Frau war die ideale »Fruchtbarkeit«, die mit Jungfräulichkeit in Verbindung gebracht wurde, keine hochtrabende Metapher: Sie war etwas völlig Reales, ebenso offensichtlich wie bei jedem männlichen geistlichen Führer, für den Bilder asexueller Fortpflanzung und jungfräulicher Fruchtbarkeit durch geistliche Führung und Gelehrsamkeit seit langem eine sehr schwere Bedeutungslast trugen.[17] Für eine solche Frau bedeutete jungfräuliche Fruchtbarkeit ein hohes Niveau tatsächlicher Kreativität im Geist, durch das gesprochene Wort und durch die Feder. Es war nichts Seltsames daran, wenn von einer gebildeten christlichen Jungfrau gesagt wurde, sie sei »großzügig im Geben, ... hervorragend an Vornehmheit, fruchtbar im Schreiben, der Wertschätzung der ganzen Welt würdig«.[18] Die Bildung, die Hieronymus anbot, setzte voraus, daß eine Frau aus den oberen Klassen ebenso gut wie irgendein Mann in sich »ein Herz [trug], in dem eine Bibliothek aufbewahrt ist«.[19]

Daß Hieronymus Frauen nicht dazu animierte, theologische Autorinnen aus eigenem Recht zu werden, bedeutete lediglich, daß er wie alle spätantiken Männer das zweifelhafte Privileg, anderen Männern gegenüber aggressiv zu sein, für sich behalten wollte. Angesichts der damals empfundenen Notwendigkeit, eine Oase christlicher Kultur unbefleckt von männlicher profaner Gelehrsamkeit und von männlichen Konkurrenzbedürfnissen zu bewahren, konnten gebildete »Töchter Jerusalems«, die im Lesen und Memorieren der heiligen Texte und ihrer gelehrten Kommentare Erstaunliches leisteten, ebenso wirksam wie jeder männliche Mönch den ruhigen Herzschlag makelloser christlicher Wahrheit in Gang halten. Direkte geistliche Anleitung durch Frauen mit einer eindrucksvollen Kenntnis der heiligen Schriften rührte Männer ebenso an wie Frauen. Wir sahen, wie in Jerusalem Melania die Ältere den zutiefst beunruhigten Evagrius dazu veranlaßte, seiner asketischen Berufung gemäß zu leben.[20] Zwei Jahrzehnte später schrieb ein junger Mann in seine Heimat zurück und berichtete:

> Im Lande Sizilien habe ich eine Frau gefunden, die war überaus berühmt in den Augen der Welt, aber noch hervorragender in den Dingen Gottes. Sie zeigte mir den Weg der Wahrheit in allen Dingen ... und überzeugte mich [wie man am besten das christliche Leben führen soll] mit Vernunftgründen und aus den heiligen Schriften.[21]

Frauen der Oberklasse waren oft die einzigen Personen, von denen man sich neue Bücher zum Abschreiben leihen konnte.[22] Sie schritten in theologischen Kontroversen, und sei es auch nur in mündlicher Form, entschlossen als Richterinnen darüber ein, was richtig und falsch war.[23] In Rom halfen Marcella und ihresgleichen Christen beiderlei Geschlechts, eine Welt zu verstehen, in der Briefe, Manuskripte und Lehraussagen aus dem griechischen Osten Italien überschwemmten.

Im Heiligen Land boten die etwas randständigen Kolonien von Lateinern der Oberschicht und die umfangreichen Gefolge großer Damen auf Pilgerfahrt Gelegenheiten für das Gedeihen geistlicher Kameradschaft zwischen männlichen und weiblichen Asketen, die in der Mittelmeerwelt einzigartig waren. In leicht verständlicher Widersprüchlichkeit beklagten diejenigen Asketen, die sowohl geistlich als auch – was wir nie vergessen dürfen – finanziell am meisten von engem Kontakt mit frommen Frauen profitierten, derartige Kameradschaften, wenn sie jemand anders praktizierte als sie selbst. Hieronymus attackierte eine vornehme Dame, weil sie sorglos mit männlichen Klerikern verkehrt habe, als sie im Heiligen Land reiste.[24] Er überschüttete einen Rivalen mit Hohn, der in Rom aktiv geblieben war und »sich in den Zellen von Jungfrauen und frommen Witwen herumtrieb und würdevolle Reden über die heiligen Schriften hielt«.[25]

In beiden Attacken sehen wir Hieronymus selbst, wie andere

ihn sahen. Der unbekannte Autor des Textes, der später vielleicht als die Ausgangsbasis für die *Lausiakische Geschichte* des Palladius, die klassische zeitgenössische Beschreibung der Mönche Ägyptens, gedient hat, stand vor demselben Dilemma wie Hieronymus. Er schrieb, daß Mönche asketische Frauen meiden sollten. Ihr silbernes Haar und ihre runzligen Gesichter konnten zu beunruhigenden Gedanken Anlaß geben. Schlimmer noch, Mönche konnten versucht sein, von solchen Frauen mit Verachtung als von lächerlichen alten Geschöpfen zu sprechen. Doch dieser Autor schrieb für eine Frau und schrieb seine eigene Bekehrung zum asketischen Leben einer Reise zu, die er in Begleitung der »heiligen Mutter« jener Frau nach Ägypten gemacht hatte.[26] Es ist leicht, solche Drehungen und Windungen zynisch zu kommentieren. Doch sie spiegeln den aufrichtigen Unmut darüber wider, daß eine alte, sehnsüchtige Hoffnung durch Mangel an Umsicht verraten werden könnte: Wenn Männer und Frauen an der heiligsten Stätte der christlichen Welt nicht lernen konnten, einander als geschlechtslose Geschöpfe zu sehen, als »*nicht Mann noch Frau,* [sondern] ... *einer in Christus Jesus*«, wo würden sie je dazu in der Lage sein?

Die ständige literarische Behandlung des Zusammenlebens mit Frauen zeigte, daß solche Praktiken unter den privilegierten Exilrömern im Heiligen Land verbreitet waren. Andere Regionen waren weniger tolerant. Der Fall des Priscillian offenbarte die Barbarei des Verhaltens, das mancherorts frommen Frauen entgegenschlug, die sich in den Provinzgesellschaften von Spanien und Südgallien in herausragender, Neid erregender Position befanden. Im Jahre 380 hatten kleine Gruppen von Männern und Frauen begonnen, spanische Bischöfe in Unruhe zu versetzen. Am Vorabend der großen Feste zogen sie sich gemeinsam aus der Stadt zurück, um in Landhäusern in den Bergen unter der Anleitung inspirierter, selbsternannter »Lehrer« der Schriften »Einkehr« zu halten.[27] Im Jahre 382 ließ sich Priscillian außerhalb von Bordeaux auf dem Gut der Euchrotia nieder, der Witwe des Delphidius, eines ortsansässigen Professors von untadeliger Sittenstrenge.

Vier Jahre später waren sich alle einig, daß Delphidius gerade zum richtigen Zeitpunkt gestorben sei; das nachfolgende Betragen der Frauen seines Hauses hätte niederschmetternde Schande über ihn gebracht. Priscillian und Euchrotia wurden wegen Zauberei und Unmoral angeklagt und hingerichtet. Es gab Gerüchte, Euchrotias Tochter sei vom geistlichen Lehrer ihrer Mutter verführt worden. Eine andere vornehme Frau wurde in den Straßen von Bordeaux zu Tode gesteinigt.[28] Das war eine ernüchternde Mahnung daran, daß außerhalb einiger weniger privilegierter Kreise enge Bekanntschaft mit einflußreichen und militanten Christinnen zu gewaltsamem Tod und zumindest zum bleibenden Stigma sexueller Anzüglichkeit führen konnte. Wie eine Generation früher im Osten gelangte der Klerus im Westen zu der Einsicht, daß wahrer christlicher Mut darin lag, eine heilige Furchtsamkeit im Hinblick auf Frauen zu entwickeln.[29] Geistliche Freundschaften, wie sie sich leicht zwischen Männern und Frauen entwickeln konnten, die sich der moralischen Trägheit ihrer Ortskirchen gegenübersahen, wurden verdammt. Sie wurden als eine Form »heimlicher Subversion« gebrandmarkt.[30] Sie drohten, die »Mauer moralischer Strenge, die Überwindung von Gewohnheiten der niederen Klassen« zu untergraben,[31] die den zölibatären Klerus des Westens zu »einem reinen weißen Senat« machten, in dem »Strenge gegenüber Frauen unumstritten herrscht«.[32]

In den letzten Jahren des 4. Jahrhunderts verdunkelten die Wolken, die diese Befürchtungen in Italien, Spanien und Gallien lautlos hervorgebracht hatten, allmählich den Horizont des Hieronymus. Er sah sich in einem besonders intimen Dilemma. Zwischen 380 und 390 hatte er seine eigene bemerkenswert großzügige Einstellung zur kulturellen Rolle von Frauen auf ein Modell der menschlichen Person gegründet, das aus den exegetischen Werken des Origenes stammte. Dieses Modell hatte auf einer streng geistlichen Sicht des Menschen beruht. Körper, die mit männlichen und weiblichen Geschlechtsmerkmalen ausgestattet waren, waren vergängliche Dinge, in die der vibrierende Geist für kurze Zeit gesetzt worden war. Für »geistliche« Personen war es möglich, so zu leben, als berührten sie die Zwänge und Gefahren des Körpers nicht. Sie konnten kameradschaftliche Beziehungen entwickeln, die auf der Begegnung gleicher Seelen beruhten. Hieronymus, der vor allem Textgelehrter war – und daher nicht sehr zu Reflexion neigte –, akzeptierte dieses Modell der menschlichen Person, weil er es in den Kommentaren des Origenes fand und weil es ihm ermöglichte, ohne Sorge mit begabten und einflußreichen Frauen wie Marcella in Rom und dann mit Paula in Bethlehem zu leben.

Er war weniger dazu bereit, andere aus seinem Verhalten

derart radikale Konsequenzen ziehen zu lassen. Nachdem er sich in Bethlehem niedergelassen hatte, hielt er sich einen begeisterten Kreis von Lesern, die er in Briefen darin beriet, wie asketisches Leben zu führen sei. In diesen Briefen stieß Hieronymus der Erbe des Origenes mit Hieronymus dem Satiriker zusammen, dem leidenschaftlichen Interpreten der Schwächen des Fleisches. In der lateinischen Welt etablierte er sich bald als ein monastischer Jean-Jacques Rousseau: Bei all seiner berüchtigten Reizbarkeit war Hieronymus ein Mann, den eine jüngere Generation von Militanten mit Hingabe liebte. Er vermittelte seinen Lesern ein lebhaftes Gefühl für die Herausforderung und die Romantik der Wüste. Er teilte ihnen aber auch ein feines Gefühl für die sexuellen Gefährdungen des Körpers mit.

Tatsächlich wußte Hieronymus wenig von der Wüste, über die er schrieb, und so gut wie nichts über die beharrliche Selbstzüchtigung, auf die die Wüstenväter ihre Gewißheit gründeten, daß sich selbst der Geschlechtstrieb überwinden ließe. Seine Zeitgenossen waren es, die das Leben der ägyptischen Wüste am gründlichsten erforscht hatten und Nachrichten von seinen erregenden Möglichkeiten in die Mönchssiedlungen des Heiligen Landes mitbrachten. Als Hieronymus 380 in Konstantinopel gelebt hatte, hätte er in der Umgebung des Gregor von Nazianz einen jungen Diakon, Evagrius von Pontus, treffen können. Evagrius' Karriere sollte ebenso dramatisch werden wie seine eigene. Der brillante junge Diakon floh aus Konstantinopel, um sich der Verwicklung in eine Liebesaffäre mit einer wohlsituierten verheirateten Dame zu entziehen. Melania half ihm, sich von der Erfahrung in Jerusalem zu erholen. Im Jahre 382 hatte er sich im Sand von Nitria niedergelassen, und wenig später zog er tiefer in die Wüste in die kargen Zellen von Kellia. In Kellia litt er ebenso schrecklich, wie es Hieronymus in Chalkis getan hatte.[33] Sein *Antirrhetikos*, eine Schrift darüber, *Wie man eine Antwort gibt*, war ein Notizbuch alltäglicher Versuchungen. Es ist ein außerordentliches Porträt des inneren Lebens eines spätantiken Christen. Darin verzeichnete Evagrius 487 verschiedene *logismoi*, mächtige oder zwanghafte Gedankengänge, denen er jeweils passende Bibelworte zur Seite stellte, mit denen sich die Erfahrung vertreiben oder willkommen heißen ließ. Dazu gehörten sexuelle Phantasien eindeutigster Art:

Gegen den Dämon der Unzucht, der die Gestalt einer nackten Frau mit schmachtendem Gang annimmt, deren ganzer Körper sinnliche Lust andeutet.[34]

Gegen Gedanken, daß man lange Zeit mit einer verheirateten Frau verbringt, mit häufigen Besuchen in nächster Nähe, als empfange sie großen geistlichen Nutzen von uns.[35]

Gegen den Gedanken, der die Gestalt einer schönen Frau annimmt, die uns in ein ernsthaftes Gespräch verwickelt, während wir böse und schändliche Dinge mit ihr zu tun wünschen.[36]

Gegen den Dämon, welcher mir eingibt, daß ich eine Frau heiraten und Vater von Söhnen werden und nicht hier meine Zeit damit verbringen sollte, zu hungern und mit schmutzigen Gedanken zu kämpfen.[37]

Doch Evagrius war bei all seiner schrecklichen Präzision ein Mann in der Tradition des Origenes. Das bedeutete, daß das Leben der Wüste mit seinen Zeiträumen, die ebenso gewaltig und häufig ebenso öde waren wie die endlosen Sandflächen, für ihn als Andeutung der grenzenlosen Geduld Gottes stand. Seine Absicht war nicht gewesen, daß der *Antirrhetikos* als ein besorgtes Dokument gelesen werden sollte. Er war vielmehr eine Straßenkarte. Er verzeichnete mit barmherziger Klarheit Phasen der Versuchung, die der Mönch durchstehen mußte, bevor sich überwältigender Frieden in seiner Seele ausbreiten konnte.

Aus Kellia schrieb Evagrius an Melania in Jerusalem, wobei er sie ganz einfach als »mein Herr« anredete.[38] Er verfaßte höchst gedrängte Regeln für die Mönche und Nonnen auf dem Ölberg, die mit Melania in Verbindung standen.[39] Der Zustand der *apatheia*, des Transzendierens der »Leidenschaften«, den Evagrius und seine Anhänger als den Höhepunkt des geistlichen Lebens betrachteten, war kein Zustand, der nur für körperlose Einsiedler gedacht war. Er war vielmehr eine Gnade, die geistlichen Lehrern beiderlei Geschlechts verliehen wurde und die ihnen eine gewaltige Offenheit für andere vermittelte. Ihre schwer errungene Reinheit »glänzte in einer gütigen Seele wie das Tagesgestirn an einem Morgenhimmel«.[40]

Eine solche leidenschaftslose Person war Amma Talis, die Vorsteherin eines großen ägyptischen Klosters:

Mit ihr zusammen lebten sechzig Jungfrauen; diese liebten sie so sehr, daß es gar nicht nötig war, ein Schloß am Eingange zu befestigen.... So frei von aller Leidenschaft war diese Greisin geworden [schrieb Palladius, ein Bischof, der sich sehr um die Gefahren weiblicher Gesellschaft sorgte], daß sie sich, als ich zu Besuche kam, neben mich setzte und mir ohne jedes Bedenken die Hand auf die Schulter legte.[41]

Das war ein Transzendieren, auf das viele neidisch waren. Nur drei Jahre vor seinem Tod konnte sogar der vorsichtige Evagrius im Nachlassen seiner sexuellen Phantasien das Herannahen der krönenden Gnade der Reinheit des Herzens spüren.[42]

Hieronymus der Lateiner dagegen war ein Mann, der es eilig hatte und der an eine Generation schrieb, die es eilig hatte. Alles, was er seinen Lesern an Information über seine Erfahrung in Chalkis zugestanden hatte, war bewußt darauf berechnet gewesen, ihre Besorgnis zu verstärken:

Als ich in der Wüste weilte, in jener weiten, von der Sonnenglut ausgebrannten Einöde, die den Mönchen ein schauriges Asyl bietet, da schweiften meine Gedanken oft hin zu den Vergnügungsstätten Roms. ... Also jener »Ich«, der ich aus Furcht vor der Hölle mich selbst zu einem solchen Kerker verurteilt habe, in der einzigen Gesellschaft von Skorpionen und wilden Tieren, dachte oft zurück an die Tänze der Mädchen. Die Wangen waren bleich vom Fasten, aber im kalten Körper flammte der Geist auf in der Glut der Begierden. Vor dem Menschen, der dem Fleische nach bereits gestorben war, loderte einzig noch das Feuer der Sinnlichkeit auf.[43]

Dieser artistisch brillante *contraposto* des verschmachtenden Körpers des Mönchs und der ungezähmten Sexualtriebe seines Geistes war ein so durchsichtig einfacher Kunstgriff, daß er in der lateinischen Welt fast auf der Stelle kanonisch wurde. Hieronymus wendete ihn flott auf die Probleme junger Mädchen in Rom an. Eustochium mußte sich vorsehen: »Wenn nun schon ein Mensch solche Kämpfe bestehen muß, der bei ausgehungertem Körper nur gegen Gedanken anzugehen hat, was droht da erst einer jungen Frau, welche mitten im Leben mit seinen Genüssen steht?« Sie mußte immer daran denken, daß sie ihren schlimmsten Feind »in sich eingeschlossen« trug; ihrem »leidenschaftlichen kleinen Körper« mußten die verheerende Berührung mit Wein und schweren Speisen und natürlich die Gefahren engen männlichen Umgangs erspart bleiben.[44]

Der menschliche Körper blieb für Hieronymus ein verdunkelter Wald, der vom Gebrüll wilder Tiere erfüllt war und der sich nur durch strenge Speiseregeln und durch strikte Vermeidung von Gelegenheiten zu sexueller Anziehung kontrollieren ließ.[45]

Kein Ausmaß asketischer Mühe, kein gemeinsamer intellektueller Enthusiasmus konnte diese Tatsache aus der Welt schaffen. In den Beratungsbriefen, die er an ferne Damen schrieb, stellte Hieronymus die Worte Jesu Christi den Autoren der römischen Komödie gleich: Sowohl der Schöpfer der menschlichen Natur als auch die römischen Schriftsteller, welche scharfe Beobachter der gröberen Eskapaden der Menschheit waren, stimmten darin überein, daß Männer und Frauen unwandelbar sexuelle Wesen waren und füreinander eine beständige Quelle der Versuchung darstellten.[46]

Wer sich an Hieronymus' Briefen erfreute, ließ sich durch solche finsteren Beobachtungen nicht über Gebühr beunruhigen: Optimismus war bei einem römischen Satiriker nicht angebracht. Doch die Autorität, die Hieronymus als militanter Asket besaß, ruhte angeblich auf festeren Fundamenten. Er posierte als Exeget mit eigenen Meinungen in einer Generation von Lateinern, die den heiligen Paulus wiederentdeckt hatten.[47] Für Hieronymus und seine Zeitgenossen war Paulus, in den Worten des Ambrosius, »der Lehrer der Heiden, der geschickte Antreiber unseres moralischen Lebens, der Richter über unsere innersten Gefühle«.[48] Was Paulus in seinen Briefen über sich selbst offenbart hatte, galt als der sicherste Führer durch alle Stärken und Beschränkungen der menschlichen Person.

Angesichts der Paulusbriefe karikierte Hieronymus sich selbst. In seiner Exegese des Apostels trug er stärker als jeder andere zeitgenössische lateinische Schriftsteller dazu bei, daß Paulus' Begriff des *Fleisches* endgültig sexualisiert wurde. Ein beständiges Gefühl für sexuelle Gefährdung, das tief in der physischen Person steckte, verschluckte alle anderen Bedeutungen des Fleisches:

Und nach allen Entbehrungen, nach allem Fasten und Hungern, nach Kerker, Geißel und Schlägen kommt [Paulus] auf sich selbst zurück und bricht in die Worte aus: *O ich unglücklicher Mensch, wer wird mich von diesem Leibe des Todes befreien?* Kannst du dich da, meine Dame, im Gegensatz zum Apostel in Sicherheit wähnen?[49]

Welcher Mensch möchte, ohne von Furcht ergriffen zu werden, des Apostels Klage vernehmen?[50]

Im Jahre 393 griff Hieronymus in römische Angelegenheiten ein, um Jovinian dafür zu tadeln, daß er Ehepaare auf eine Ebene mit geweihten Kirchenjungfrauen gestellt hatte. Das

Pamphlet war eine Katastrophe. Pammachius, einer seiner eigenen Freunde, zog es einfach aus dem Verkehr.[51] Römische Christen waren über Hieronymus' Behauptung entsetzt, daß selbst erste Ehen bedauerliche, wenn auch verzeihliche Kapitulationen gegenüber dem Fleisch seien und daß zweite Ehen nur einen Schritt vor dem Bordell Halt machten.[52] Er behauptete weiter, daß Priester nur insofern heilig seien, als sie die Reinheit von Jungfrauen besäßen. Die verheirateten Geistlichen seien nur unerfahrene Rekruten in der Armee der Kirche, die man wegen zeitweiliger Knappheit an kampferprobten Veteranen des lebenslangen Zölibats eingeführt hatte.[53] Das war eine denkwürdige Formulierung des asketischen Standpunkts in seiner unangenehmsten und wirklichkeitsfremdesten Form.

Hieronymus' *Gegen Jovinian* wirkte in der ganzen lateinischen Welt als Inspiration und als Reizmittel. Einige Militante waren darüber offensichtlich entzückt: Sie waren bereit, sich der Ansicht anzuschließen, daß die Ehe »in verdächtiger Weise wie ein schlechter Lebenswandel« sei.[54] Andere waren weniger beeindruckt. Ein anonymer römischer Priester, den die moderne Forschung »Ambrosiaster« (den »Möchtegern-Ambrosius«) nennt, machte sich die Mühe zu zeigen, daß es durchaus möglich war, die Würde einer ehelosen Priesterschaft zu genießen, ohne Hieronymus' unverhüllte Verachtung für ehemals verheiratete Kleriker zu teilen. Wie die Hohenpriester Israels enthielten sich Priester in der christlichen Kirche ihrer Frauen, weil sie an den Altar treten mußten; sie enthielten sich auf Dauer, weil der Altar der Neuen Ordnung heiliger war als der der Alten.[55] Das war eine Auffassung, die für den Korpsgeist des Klerus annehmbarer war als Hieronymus' ärgerniserregende Übertreibung einer Reinheit, die man besser Nonnen überließ. Um seine Ansicht verständlich zu machen, vertrat »Ambrosiaster« eine weniger schwarzseherische, altmodischere Einstellung gegenüber der Macht des Sexualtriebs. Er stellte die Sexualität als etwas hin, das der Selbstkontrolle zugänglich war. Der nacheheliche Zölibat der Geistlichen war ein praktikabler Weg. Der Prozeß des Alterns, bei dem der Körper seine jugendliche Hitze verlor, unterstützte den Willen – darauf konnte man sich verlassen. Er verminderte die Kraft sexueller Begierde bei Klerikern mittleren Alters auf handliche Proportionen. Selbst unter den jungen Leuten sorgten die ausgedehnten Perioden sexueller Abstinenz, die Ehepaaren vom zeremoniellen Leben der römischen Kirche mit seinen Festtagen, Fastenzeiten und Vigilien in Vorbereitung des Abendmahls auferlegt wurden, dafür, daß christliche Paare nur sehr wenig Zeit für Sex hatten. Sie brauchten sich den Kopf nicht mit unangebrachter Besorgnis über die subtilen und fortwährenden Verheerungen durch das sexuelle Gefühl zu füllen, von der Hieronymus so offensichtlich besessen war.[56]

Andere Autoren hatten das Gefühl, daß sie verheiratete Christen beruhigen mußten. Der spätere Verfasser einer Abhandlung, die an eine gewisse Gregoria gerichtet war, griff auf Predigten des Chrysostomus zurück, um zu beweisen, daß es möglich war, verheiratet zu sein und doch ein frommes christliches Leben zu führen. Die fromme Frau konnte einen großen römischen Haushalt in einen heiligen Ort verwandeln. Um dies aber zu tun, mußte sie die Gesetze des Haushalts anerkennen. Sie war ihrem Gatten völlig übereignet worden, »durch den Ehevertrag gekauft und in so vielen Banden gebunden, wie man Glieder des Körpers hat«.[57] Doch Fügsamkeit in Verbindung mit dem freimütigen Gebrauch »der Umarmungen, die dem ehelichen Frohsinn gestattet sind«,[58] würde es ihr ermöglichen, ihre eigene religiöse Autorität im Haus zu etablieren.

In religiösen Fragen würde ihr Wille herrschen, »so als sei ein Widerspruch dagegen ein Sakrileg«.[59] Anstelle der Jungfräulichkeit und der Selbstverbannung, die Hieronymus vertrat, wurde Gregoria dazu angehalten, das wohlwollende Oberhaupt eines römischen *palazzo* zu werden, in dem die Diener gute Manieren hatten, gut gekleidet und gut genährt waren.[60] Von allen Wegen, auf denen eine Christin der Oberklasse einen »heiligen Stolz« zeigen konnte, war der in diesem Traktat dargelegte der bewußt bescheidenste. Es war dies eine bestimmte und seltene Antwort auf den Eifer von Hieronymus und seinen Anhängern.

Inzwischen hatte es den Anschein, als ob die Orthodoxie des Hieronymus vor seiner eigenen Tür, in Jerusalem, in Zweifel gezogen werden könnte. Er hatte erst kürzlich Origenes als »ein unsterbliches Genie« gepriesen[62] und hatte häufigen Gebrauch von seiner Autorität als Exeget gemacht, um die Philister der lateinischen Welt zu quälen, wobei er ihn als den Mann bezeichnete, »von dem nur ein Ignorant nicht zugeben könnte, daß er der größte Kirchenlehrer seit den Aposteln war«.[63] Doch nach 393 wurde Origenes von dem verhängnisvollen Stigma der Häresie getroffen. Das »Gesicht des Drachen« wurde enthüllt.[64] Es wurde gezeigt, daß Origenes in Fragen, die die Natur des

Menschen und ganz besonders das Ausmaß berührten, in dem die Unterschiede zwischen den Geschlechtern als überwindbar betrachtet werden konnten, einer sehr fernen Zeit angehört hatte. Er stand vor den Menschen des späten 4. Jahrhunderts mit der ganzen kühlen Majestät eines großen, längst ausgestorbenen Geschöpfs. Hieronymus war gezwungen zu wählen. Er konnte seine Rolle als geistlicher Lehrer vornehmer Damen nicht länger auf eine so unpopuläre Gestalt stützen. Nach 395 schlug er sich denn auch entschlossen auf die Seite von Anschauungen, die die unveränderlichen Unterschiede zwischen den Geschlechtern und das unaufhebbare Risiko sexueller Versuchung zwischen Männern und Frauen hervorhoben.

Rufinus dagegen, der Freund des Hieronymus aus Kindertagen, war seit 378 mit Melania auf dem Ölberg ansässig. Er hatte acht Jahre länger Erfahrung mit der gehässigen ekklesiastischen Politik der Heiligen Stätten. Von Jerusalem aus gesehen war Hieronymus ein anmaßender, von Neid erfüllter Mensch; ein heiliger Mann hatte erklärt:

Die edle Paula, die für ihn Sorge trägt, wird eher sterben als er und, ich glaube, ferne von ihm und unbehelligt von seiner Eifersucht. Seinetwegen wird ein heiliger Mann diese Gegend verlassen, und in seinem Ehrgeiz wird er sich sogar mit dem eigenen Bruder entzweien.[65]

Hieronymus und sein Kreis waren isoliert. Melania und Rufinus hatten ihre Kontakte zu Italien aufrechterhalten. Anders als Hieronymus und Paula hatten sie die Brücken hinter sich in Rom nicht abgebrochen. Anstatt sich einer »Hexenjagd« auszusetzen, waren Melania und Rufinus bereit, sich aus Jerusalem zurückzuziehen. Rufinus kehrte 397 nach Rom zurück, still entschlossen, dort weiterzumachen, wo Hieronymus 385 aufgehört hatte: er würde die Werke des Origenes einem römischen Publikum zugänglich machen. In dem Vorwort, das er zu der Übersetzung von Origenes' großem Handbuch *Über die ersten Prinzipien* schrieb, bezog er sich zur Rechtfertigung seines eigenen Unternehmens ausdrücklich auf Hieronymus' Übersetzung der *Homilien über das Hohelied* des Origenes. Er gab dann zu verstehen, daß Hieronymus, als er sich von solchen Übersetzungen abwandte, seine frühen Hoffnungen verraten hatte.[66]

Nichts hätte Hieronymus heftigeren Verdruß bereiten können. Wenn Origenes' Ansichten im Westen nicht verdammt wurden, würde Rufinus ihn auf der Stelle als Mentor der lateinischen

Welt ersetzen. Wenn Origenes jedoch verdammt wurde, dann würde Rufinus' Berufung auf sein Beispiel dafür sorgen, daß Hieronymus gemeinsam mit ihm verdammt werden würde. Sobald Hieronymus als häretisch betrachtet wurde, würde sein ganzes Leben gelehrter Bemühungen umsonst sein: er würde in der lateinischen Welt nicht mehr geschätzt werden, und seine kleine Gemeinde würde keine Besuche und Zuwendungen mehr von respektvollen lateinischen Pilgern, die ins Heilige Land kamen, empfangen.[67] Selbst für einen Mann, der mit einem sanfteren Temperament gesegnet gewesen wäre als Hieronymus, war das keine Situation, die die gute Laune förderte.

Es ist jedoch wichtig, einen Schritt zurückzutreten, um die langfristigen Auswirkungen abschätzen zu können, die Hieronymus' plötzliche Ernüchterung über seinen früheren Helden Origenes und sein brutaler Bruch mit seinem lebenslangen Freund Rufinus hatten. Bei der origenistischen Kontroverse des späten 4. Jahrhunderts haben wir es mit der unbewußten Reaktion einer ganzen Generation auf Anschauungen vom Menschen zu tun, die auf sie eine zutiefst beunruhigende Wirkung entfaltet hatten. Wenn griechische und lateinische Christen, unter denen Hieronymus am streitbarsten auftrat, Origenes verdammten, wandten sie sich für immer von der Perspektive einer grenzenlosen Unbestimmtheit der menschlichen Person ab, die sie (nicht immer zu Recht) im innersten Kern von Origenes' Denken wahrzunehmen glaubten. Sie wollten nicht, daß ihre eigenen Körper und mit ihren Körpern die Marksteine ihrer Gesellschaft durch die schwindelerregende Unermeßlichkeit zum Verschwinden gebracht würden, die in Origenes' Gedanken der langsamen Verwandlung aller geschaffenen Geister lag.

Hieronymus blieb Origenes als Exeget und Textgelehrter treu. Was er vielleicht erst nach 393 zum erstenmal erkannte, war, daß die Werke des Origenes eine Sicht vom Wesen des Menschen verbargen, die seinen tiefsten Vorurteilen und denen seiner lateinischen Leser absolut fremd war. In solchen Fragen reagierte Hieronymus auf Origenes mit der ganzen Schärfe eines Mannes, der einen Teil seiner eigenen Vergangenheit verleugnet.[68]

Was in erster Linie auf dem Spiel stand, war die Unmittelbarkeit der Belohnungen Gottes für diejenigen, die das asketische Leben auf sich genommen hatten. Epiphanius von Salamis, der große alte Mann des palästinensischen Mönchtums, hatte das deutlich gemacht, als er 393 in Jerusalem predigte. Er griff Origenes' Auffassung eines rein geistlichen Paradieses an. Bei dieser Gelegenheit, bemerkte Hieronymus, hatten die gescheiten jungen Männer aus dem Gefolge des Bischofs von Jerusalem demonstrativ die Nase gerümpft, gehustet und sich an die Stirn getippt.[69] Der alte Mann schien ihnen ganz haarsträubend materialistische Anschauungen vom Paradies und von der Auferstehung des Leibes vertreten zu haben. Doch Jerusalem war voller Mönche, die zum Fest in die Stadt geströmt waren.[70] Für sie war das Paradies nicht irgendein überhimmlischer, spiritueller Zustand, aus dem ihre Seelen auf die dumpfe Erde gefallen waren. Das Paradies war ganz in der Nähe. Es war immer auf der Erde gewesen. Die Flüsse Geon und Euphrat entsprangen dort: Epiphanius selbst hatte von ihrem Wasser getrunken.[71] Das Paradies war für sie in Reichweite. Es ließ sich in ihrer eigenen Wüste zu ihrer eigenen Zeit von mächtigen Mönchen wiedergewinnen. Als Johannes geschrieben hatte, *wir wissen nicht, was wir sein werden*, hatte er nicht die Absicht, die Bemühungen der Mönche nur als ein ziemlich unbedeutendes Stadium in einem Verwandlungsprozeß erscheinen zu lassen, der so gigantisch war, daß die endgültigen Züge der menschlichen Person, die bei der Auferstehung der Toten daraus hervorgingen, erschreckend unerkennbar sein würden. Nein, die Herrlichkeit des Herrn konnte schon zu ihrer eigenen Zeit und in der Fülle aus ihren bescheidenen Antlitzen strahlen, wie sie einst auf den Gesichtern des Moses und des heiligen Stephan geleuchtet hatte.[72]

Mit der Auferstehung des Fleisches war es dasselbe. Was wieder auferstehen sollte, war das Fleisch, das sie zwischen den Fingern zusammendrücken konnten.[73] Das Fleisch, das infolge von langem Fasten schlaff an ihren Knochen hing, das in der reinigenden Hitze der Wüste hart wie ein Tontopf gebrannt war: Das war dasselbe Fleisch, das am Ende seine volle Herrlichkeit anlegen würde. Ihre eigene, besonders intime physische Erfahrung der drastischen Veränderungen, die der Körper durchmachte, wenn er in der Wüste an ihnen runzlig wurde, würde direkt zu der endgültigen Verwandlung führen, die ihm am Ende der Zeit bevorstand. Die Körper, an denen sie sich so hart abgemüht hatten, würden sich nicht einfach in dünne Luft auflösen, wie das Origenes anscheinend andeutete.[74]

Hieronymus hatte immer so nahe dem Denken Tertullians gelebt, den er als lateinischen Stilisten schätzte und häufig als theologisches Lexikon konsultierte, daß er dazu neigte, Tertullians packend physische Auffassung vom Körper und seiner Auferstehung für selbstverständlich zu nehmen. Es bereitete ihm keine Schwierigkeiten, Tertullians wirkungsvolle Wendungen in seiner Verteidigung des Epiphanius gegen den Bischof von Jerusalem einzusetzen.[75] Doch er war sich auch über die im Wandel begriffene Stimmung seiner Zeit im klaren. Er selbst hatte in seinen Briefen erheblich zu dem gereizten Ton angstvoller Abwehr der Sexualität beigetragen, die die unaufhebbaren sexuellen Unterschiede zwischen männlichen und weiblichen Körpern hervorhob und die mit wohlüberlegter Bestürzung auf den Gefahren verweilte, die von diesen Unterschieden ausgingen. Er lenkte sogleich die Aufmerksamkeit auf die weiteren Konsequenzen, die Origenes' Begriff der Unbestimmtheit hatte. Er schrieb an seine Freunde in Rom, daß es absurd sei zu erwarten, wie Origenes und Rufinus anscheinend meinten, daß Frauen Geschöpfe wären, denen es bestimmt sei, für immer der sexuellen Merkmale beraubt zu werden, die sie von »uns« Männern trennten:

So halten nun die kleinen Damen ihre Brüste hoch, sie schlagen sich auf den Bauch, die Leisten und die Schenkel und streichen über ihre haarlosen Wangen. »Was nützt es uns«, sagen sie, »wenn es dieser schwache Körper ist, der von den Toten aufersteht.«[76]

In Bemerkungen wie dieser widerrief Hieronymus eine stillschweigende Charta. Früher hatten radikale Christen in heroischer Verachtung für die »vernünftigen« Auffassungen ihrer Zeitgenossen danach gestrebt, einen Ort für Vertrautheit mit frommen Frauen als Kolleginnen, Schülerinnen und Mentorinnen zu finden. Eine dauernde Beschäftigung mit der Überwindung sexueller Unterschiede, die sich mit dem Auferstehungszustand des Körpers verband, wirkte auf solche Gruppen zurück. Anschauungen über die Auferstehung lieferten eine mythische Charta für ihre eigenen Versuche, enge Zusammenarbeit mit Frauen zu rechtfertigen. Dadurch, daß sie in ihren Studiengruppen Frauen als Gleichen begegneten, nahmen sie ein künftiges Zeitalter vorweg, in dem der Schmerz der sexuellen Teilung abgeschafft sein würde. Fast ohne es zu wissen, hatte Hieronymus seine eigene Vergangenheit als Mentor von Marcella, Paula und Eustochium verraten. Indem er über das herfiel, was er für die Anschauungen des Origenes hielt, verkündete er, daß ein altes christliches Bild der Verwandlung, wonach Mann und Frau in Jesus Christus eins wurden, für seine eigene Gegenwart unwiderruflich unzeitgemäß geworden war.[77]

Für Hieronymus' Leser im Westen war es wichtig, daß Männer Männer und Frauen Frauen bleiben sollten. Sowohl Ambrosius als auch Hieronymus hatten großes symbolisches Gewicht auf den dauernden geschlossenen Zustand des jungfräulichen Körpers gelegt. Eine solche Sicht bedeutete, daß Menschen in unabänderlichen Grenzen fixiert waren. Jungfräulichkeit umfaßte die heroische Verteidigung eines spezifisch männlichen oder weiblichen Körpers: *Ich bin eine Mauer, und meine Brust ist ein Turm.*[78] Leiber, die mit solcher Sorgfalt verteidigt wurden, waren nicht dazu bestimmt, in einer weit entfernten Verwandlung dahinzuschmelzen. Weit davon entfernt, eine oberflächliche und vergängliche Schicht der Person zu sein, wurden sexuelle Unterschiede und das ihnen angemessene Verhalten für alle Ewigkeit bestätigt.[79]

Den Körper auf diese Weise zu bestätigen bedeutete, männliche und weibliche Körper in ihre gegenwärtigen, sichtbaren Zwänge einzuschließen. Keine phantasievolle Alternative konnte die einengende Besonderheit des Körpers relativieren. Kein Traum von einer weit entfernten Verwandlung konnte den gegenwärtigen Körper für den Geist durchlässig erscheinen lassen. Eine solche Ansicht konnte grausame Folgen haben. Die Verschiebung bei theologischen Einstellungen war zwar auf behütete Kreise von Mönchen und Gelehrten beschränkt, aber sie fiel mit einer ausgeprägten Verhärtung offiziell vertretener Auffassungen zusammen. Zum ersten Mal in der Geschichte erlebte das römische Volk im Jahre 390 die öffentliche Verbrennung männlicher Prostituierter, die man aus den homosexuellen Bordellen Roms herausgezerrt hatte. Der Erlaß von Kaiser Theodosius (der bezeichnenderweise in vollem Umfang durch einen Autor überliefert ist, dem es darum ging, die Übereinstimmung des mosaischen Gesetzes mit dem römischen zu beweisen) zeigt klar gerade in seinem inkohärenten moralischen Entrüstungsgestus, wie sich das Blatt langsam wendete. Dagegen, daß ein Mann eine weibliche Rolle übernahm, indem er sich zum passiven Partner im Geschlechtsakt machen ließ, hatte es seit langem eine Abneigung gegeben. Der Kaiser verkündete, daß so etwas »die robuste rustikale Kraft des römischen Volkes unterminiere«. Jetzt aber wurde es als ebenso schockierend betrachtet, daß eine Seele, die in alle Ewigkeit der »sakrosankten Wohnung« eines erkennbar männlichen Körpers zugewiesen war, versucht haben sollte, diesen Körper in weibliche Stellungen zu zwingen.[80]

Hinter diesen heftigen Befürchtungen lag ein noch ernsteres Problem, das Hieronymus mit dem Gespür eines Polemikers ausbeutete. Origenes' Auffassung vom Menschen lieferte eine Leinwand, die zu instabil, zu veränderlich war, als daß Gläubige darauf ihre tiefsten Hoffnungen für die Welt jenseits des Grabes projizieren konnten. Theodora, eine spanische Witwe, die mit ihrem Gatten in den letzten Jahren seines Lebens in Enthaltsamkeit gelebt hatte, erhielt von Hieronymus die Versicherung, daß die sexuellen Unterschiede, deren Gefahren sie und ihr Mann überwunden hatten, in der kommenden Welt bestehenbleiben würden. Sie würde im Himmel mit der Bindung an einen erkennbaren Mann belohnt werden, in einer Liebe, die endgültig vom Makel der körperlichen Begierde befreit war.[81]

Das war eine durchschlagende Botschaft. Im späten 4. Jahrhundert hatten lateinische Christen (besonders die aus der Klasse, an die sich Hieronymus wandte) die jenseitige Welt mit Heiligen bevölkert. Sie waren willens, die Männer und Frauen, die Gott in seine Herrlichkeit aufgenommen hatte, nach ihrem eigenen Bilde zu zeichnen. Als Heilige hatten solche Männer und Frauen nicht einfach dadurch ihre gewohnten Züge verloren, daß sie, wie Origenes anscheinend meinte, in ein überweltliches Paradies dahinschwanden. Sie waren Gönner, Freunde, Partner und Fürsprecher geblieben, körperlich erkennbar und in tröstlicher Weise für ihre Anhänger nach denselben Regeln sozialen Austauschs zugänglich, unter denen man sich den Großen und den Huldvollen auf der Erde nähern konnte.[82] Origenes hatte die Sehnsucht nach einer anderen Welt übersehen, in der die am meisten geliebten Züge des gegenwärtigen Lebens erhalten bleiben würden: Er verkündet eine Lehre, »die unsichere und phantastische Versprechungen macht, dafür uns ein bescheideneres Glück raubt, das aber wenigstens den Vorteil der Sicherheit hat.«[83]

Der Himmel, den sich Hieronymus und seine lateinischen Leser jetzt vorstellten, war kein Ort nichtssagender, rein geistlicher Vollkommenheit. Er war eine römische Gesellschaft, in der die aus persönlicher Begierde erwachsenen zerstörerischen Mängel getilgt waren. Ein Himmel, in dem die Unordnung des irdischen Lebens aufgehört hatte, würde einen Lichtschein herrlicher Stabilität auf soziale Strukturen werfen, die zum ersten Mal in Gefahr zu sein schienen.

Die Probleme, die in den literarischen Gefechten aufgeworfen wurden, die sich in den Jahren unmittelbar nach 397 an den Bruch zwischen Hieronymus und Rufinus anschlossen, waren fast zu groß, um gesehen zu werden. Die Kontroverse selbst war eine bewußte Antiklimax. Wie es in der Politik der römischen Kirche so oft der Fall war, bildete sich sehr rasch eine »Zentrumspartei« heraus.[84] Man ließ nicht zu, daß der Streit auf die Kirche als ganze übergriff. Rufinus genoß weiterhin Protektion und Wertschätzung, bis er 411 in Sizilien starb.

Neue Gesichter waren in Italien aufgetaucht, seit er fast 30 Jahre zuvor Aquileia verlassen hatte. Paulinus, ein aquitanischer Verwandter Melanias der Älteren, hatte sich im Jahre 395 in Nola in Kampanien, südlich von Rom als Mönch niedergelassen. Als Mann von gewaltigem Reichtum und echter Gutmütigkeit war Paulinus, ein Dichter und kein Gelehrter, von Rufinus' stiller Zuversicht entzückt: Hier war der einzige Mann »in diesen Regionen«, schrieb er an seine Freunde, der ihm alles über die mystische Bedeutung des Pelikans erzählen konnte![85]

Das Mäzenatentum brachte jedoch seine eigenen unauffälligen Zwänge mit sich. Rufinus, aufreizend gelassen und sorgsam (ein Mann »mit dem Schritt einer Schildkröte«, schrieb Hieronymus), entschärfte das brisante Problem der Rolle von Frauen in einer christlichen Kultur. Sammlungen von Predigten und nicht Streitschriften waren das, was die Frauen von Senatoren jetzt lesen sollten: Wie im menschlichen Körper gab es Raum für das weiche Fleisch ebenso wie für harte Knochen.[87] Hieronymus hätte bei all seiner modischen Misogynie und seinem scharfen Gefühl für sexuelle Versuchung nie auch nur für einen Augenblick daran gezweifelt, daß der Geist Paulas oder Marcellas und seiner anderen weiblichen Verbündeten und Klientinnen über seinen vollen Anteil an »männlichen« Knochen und Muskeln verfügte.

Paula starb am 26. Januar 404. Hieronymus hatte jetzt nur noch ihre Gebete im Paradies und nicht mehr ihre eigene gebrechliche körperliche Gegenwart als Hilfe in den letzten, leeren Jahren seines Alters.[88] Ein Brief von einem afrikanischen Bischof, Augustinus von Hippo, der auf einem verdächtigen Umweg schließlich bei ihm in Bethlehem eintraf, bestätigte seine schlimmsten Befürchtungen. Wieder war im Westen ein selbstzufriedenes Mittelmaß von Mensch aufgetreten, um ihn zu belästigen. Mit verbindlicher, aber bedenklicher Hartnäckigkeit hatte Augustinus Hieronymus wegen seiner Übersetzung und Auslegung der Heiligen Schrift ins Gebet genommen. Hieronymus hatte keine Lust, sich mit einem solchen Ignoranten einzulassen:

> Denn es kommt mir, der ich mein Leben von Jugend auf bis jetzt damit verbracht habe, weit weg auf dem Lande die ausdauernden Bemühungen frommer Brüder zu teilen, nicht zu, etwas gegen einen Bischof zu schreiben. ... Bei der Größe der Länder und Meere, die uns trennen, dringt der Klang deiner Stimme kaum bis nach hier durch.[89]

Zum Glück war das Alter für Hieronymus nicht so schrecklich, wie er im Jahre 404 befürchtet hatte. Nach 410 brachte die Plünderung Roms durch die Westgoten und die Verwüstung der westlichen Provinzen eine neue Welle lateinischer Flüchtlinge ins Heilige Land. Hieronymus gewann neue Freunde und, ebenso belebend, neue Feinde. Aber er war jetzt ein alter Mann. Die Zeit hatte begonnen, für ihn stillzustehen. Er sah die Welt aus dem Blickwinkel alter Feindschaften. Pelagius traf nach 413 im Heiligen Land ein. Er behauptete, daß die Menschen von Gott mit einem freien Willen begabt worden seien, auf daß sie seinem Gesetz folgen und ein vollkommenes christliches Leben führen sollten.

Hieronymus hatte das alles vorhergesehen. Solche Reden waren »eine neue Häresie, die aus der alten hervorging«.[90] Sie knüpfte an die abenteuerliche Lehre des Evagrius an, daß der Asket einen »leidenschaftslosen« Zustand erlangen könne. Sie erinnerte Hieronymus an Melania, »die törichte alte Frau«, die er 30 Jahre vorher als »die zweite Thekla« beschrieben hatte.[92] Als Hieronymus im Jahre 415 gegen Pelagius schrieb, bemühte er sich, alle Hoffnung auf christliche Vollkommenheit auf Erden zu zerstören. Die Fakten des Sex standen dagegen. Sie bewiesen jetzt weit mehr als die Bedenklichkeit eines gesellschaftlichen Umgangs mit Frauen. Für eine neue Generation, welche begonnen hatte, auf Augustinus zu hören, offenbarte die sexuelle Begierde die unentrinnbare Solidarität der ganzen Menschheit in der Sünde Adams. Nur Pelagius, schrieb Hieronymus, würde es wagen, etwas anderes zu behaupten:

Die böse Lust, welcher Adam unterworfen war, und alle, die sich nach Art Adams der Sünde schuldig glauben, läßt mich und meine Anhänger unbehelligt. Andere, die sich in Zellen eingeschlossen haben und keine Frauen zu Gesicht bekommen, weil sie armselig sind und meine Worte nicht vernehmen, werden von Begierden geplagt. Ich aber kenne keine Anfechtung, selbst wenn ganze Scharen von Frauen mich umringen.... Und deshalb fühle ich nichts, weil ich kraft der freien Willensentscheidung das Siegeszeichen Christi umhertrage.[93]

Hieronymus hatte bis in eine Zeit gelebt, die sich stark von der unterschied, in der er seine Karriere begonnen hatte. Es schien nun, als seien er und Rufinus beide gleich veraltet. Das Auftreten des Augustinus, den er im Jahre 404 mit so formvollendeter Geschicklichkeit abgefertigt hatte, bewies die Wahrheit des Sprichworts, daß Genie das Ende und nicht den Anfang einer Epoche markiert. Wir müssen uns somit Augustinus zuwenden, um unsere Darstellung des Denkens und der Praxis der Frühkirche zum Abschluß zu bringen.

NEUNZEHNTES KAPITEL

Augustinus:
Sexualität und Gesellschaft

1. Serenitas Dilectionis

Ende August 386 hatte ein 32jähriger Rhetoriklehrer, der gerade aus Afrika in Mailand eingetroffen war, begonnen, sich mit den persönlichen Konsequenzen seines Wunsches auseinanderzusetzen, aus den Händen des Ambrosius die Taufe zu empfangen. Unerbittlich hatte sich in Augustinus im Laufe der vergangenen Monate der Gedanke verfestigt, die Bindung an die katholische Kirche bedeute, daß er sich auch zu einem Leben immerwährender Enthaltsamkeit verpflichten müsse. In dem Garten in Mailand, in dem Augustinus darum kämpfte, zu einer Entscheidung zu gelangen, hatte sich der verderbliche Schimmer der »Hoffnung dieser Welt« (jenes verlockenden und diffusen Konglomerats aus vorwiegend gesellschaftlichen Erwartungen, die mit Erfolg, mit Status, mit Bequemlichkeit und Sicherheit zusammenhingen – Erwartungen, denen sich so viele junge Männer und Frauen, die von der asketischen Bewegung erfaßt waren, im Laufe des 4. Jahrhunderts widersetzten) auf eine Entscheidung von erbarmungsloser Präzision reduziert; Augustinus mußte einem aktiven Sexualleben entsagen:

> Torheiten über Torheiten und Eitelkeiten über Eitelkeiten, meine alten Freundinnen, hielten mich zurück, zupften mich verstohlen am Gewande meines Leibes und flüsterten mir zu: »Du willst uns verlassen? ... Von diesem Augenblicke an wirst du dies und das in Ewigkeit nicht mehr tun dürfen.« Und was flüsterten sie mir nicht mit den Worten »dies und das« zu, was flüsterten sie mir zu, mein Gott?[1]

Von allen Schriftstellern der Frühkirche ist Augustinus der einzige, über dessen frühere sexuelle Aktivitäten wir etwas wissen. Der Grund dafür ist, daß er zehn Jahre nach dem Augenblick seiner Entscheidung, um 397, als er seine *Bekenntnisse* schrieb, mit ganz ungewöhnlicher Aufmerksamkeit auf sie zurückblickte.

Zu diesem Zeitpunkt lag Mailand weit von ihm entfernt. Ambrosius war tot; Rufinus war zu Hieronymus' lautstarkem Verdruß nach Italien zurückgekehrt; Augustinus selbst hatte sich grundlegend gewandelt. Der asketische Laie von 386 war seit 395 Bischof in der nordafrikanischen Hafenstadt Hippo Regius (dem modernen Bône/Annaba in Algerien) geworden. Es schien Augustinus jetzt, daß das Ergebnis des erbitterten Kampfes um die enthaltsame Lebensführung klarer als jedes andere Ereignis in seinem Leben die Hand Gottes offenbarte, wie sie in sein Herz hineinreichte. Denn der entscheidende Akt des Verzichts hatte Augustinus dazu befreit, Gott zu dienen und schließlich Bischof zu werden.[2]

Augustinus' *Bekenntnisse* waren für eine bestimmte Gruppe geschrieben, und gleichzeitig sollten sie zur Herausbildung dieser Gruppe beitragen. Das Buch sprach am direktesten zu »Gottesdienern«: zu Christen mit asketischer Erfahrung ähnlich der des Augustinus selbst. Viele hatten sich in jüngster Zeit in Führungspositionen in den Kirchen von Afrika und Italien wiedergefunden.[3] Augustinus rückte die intime Kraft seiner vergangenen sexuellen Gewohnheiten in den *Bekenntnissen* mit schmerzhafter Schärfe in den Mittelpunkt. Doch er sprach auch zu den Hoffnungen, die eine Gruppe auf ihre Kirche und damit auf ihre Gesellschaft richtete. In den *Bekenntnissen* wurde die Sexualität ebenso häufig als Facette menschlicher sozialer Beziehungen dargestellt, wie sie als Problem für den menschlichen Willen analysiert wurde. Dieses Werk ermöglicht uns, einen gewissen Einblick in die Eigenart der sexuellen Erfahrungen zu gewinnen, die Augustinus als junger Mann hatte. Gleichzeitig vermittelt es die Anschauungen über das Verhältnis zwischen Sexualität und Gesellschaft, die Augustinus in mittleren Jahren angenommen hatte.

Beim Schreiben der *Bekenntnisse* wollte Augustinus ein Gefühl für den scharfen Kontrast zwischen seinen sexuellen Bedürfnissen und der Sehnsucht vermitteln, die er nach klaren, unproblematischen Beziehungen hatte. Er bedauerte offen, daß ihm als jungem Mann sowohl die strikt nichtsexuellen Bindungen einer intellektuellen Freundschaft als auch die nüchterne Eintracht einer legitimen römischen Ehe entgangen waren. Der klare blaue Himmel unbefleckter Liebe – die *serenitas dilectionis* – hatte ihn von allen Seiten umgeben; aber er war für immer fern geblieben. Wirbelnde Nebel sexueller Begierde hatten seine Sicht verdunkelt, als er mit der Ernsthaftigkeit eines Sechzehnjährigen versuchte, die *luminosa limes*, die strahlende Messerschneide der Intimität zu betreten.[4]

Ein trauriges Gefühl der Absonderung schwebte über der einzigen dauerhaften sexuellen Beziehung in seinem Leben. Sie begann 372, als Augustinus, gerade in Karthago eingetroffen, mit 18 Jahren eine Frau fand, mit der er 13 Jahre, bis 385, zusammenlebte. Ein Sohn, Adeodatus, wurde 373 geboren. In demselben Jahr hatte die Lektüre von Ciceros *Hortensius* bei Augustinus zur ersten seiner zahlreichen »Bekehrungen« zu einer ernsthaften Suche nach Weisheit geführt. Die Beziehungen, die er zu seiner Konkubine herstellte, paßten genau zu seiner zunehmenden Enthaltsamkeit. Während der ganzen Zeit, in der sie zusammen waren, blieb er ihr treu, was erheblich mehr war, als sein eigener Vater Patricius je für seine Mutter Monica getan hatte.

Im Rückblick auf jene Jahre in Karthago neigte der 43jährige Bischof dazu, sie milde zu beurteilen. Seine Treue zu seiner Konkubine war ein vergänglicher Funke von *fides* in der chaotischen Welt eines karrieresüchtigen jungen Professors gewesen: Sie hatte jenes Element von gutem Glauben und Verläßlichkeit enthalten, das Römer in einer regulären Ehe hoch schätzten.[5] Er hatte jedoch keinen Zweifel, daß die größte Freude seines Lebens eine sich immer mehr vertiefende Freundschaft mit einem Studienkameraden gewesen war, den er noch aus seiner Kindheit kannte; damals war er Anfang Zwanzig gewesen.[6] Die »Freuden des Bettes« mit einer Frau waren zu jener Zeit nicht unbedingt der wichtigste Aspekt in Augustinus' Leben.[7] Für einen jungen Intellektuellen des 4. Jahrhunderts öffnete Männerfreundschaft die Tür zu tieferen Befriedigungen:

> Wir sprachen und scherzten miteinander, erzeigten uns allerlei Gefälligkeiten, erfreuten uns gemeinsam an den Werken der schönen Literatur, trieben zusammen Scherze und sagten einander Komplimente. Mitunter widersprachen wir uns auch, doch ohne Gehässigkeit, wie der Mensch bisweilen mit sich selbst uneins ist. ... Diese und ähnliche Zeichen von Liebe und Gegenliebe, wie sie das Herz durch Mienen, Sprache, Augen und tausend einnehmende Gebärden an den Tag legt, schweißen die Seelen zusammen, so daß aus vielen eine einzige wird.[8]

Augustinus hatte wenige Alternativen. Intensive Männerfreundschaften und die weniger öffentlichen Freuden des Lebens mit einer Konkubine waren das beste, was er erwarten konnte. Er gehörte zu einer kleinen, aber einflußreichen Klasse von jungen Männern, deren sexuelle Arrangements nur zu genau die Marginalität ihrer gesellschaftlichen Position reflektierten. Ehe kam für ihn nicht in Frage. Wer für etabliertere Leute – für grundbesitzende Aristokraten oder für weniger ehrgeizige Städter – schrieb und predigte, mochte denken, daß man die Sexualität fabelhaft unproblematisch machen konnte, indem man sie mit früher Heirat verknüpfte und sexuelle Erfahrung auf die feierlichen Fortpflanzungspflichten beschränkte, die im Ehebett erfüllt wurden. Solche hohen Mystifikationen paßten nicht für junge Männer, die sich mehr oder weniger ehrlich durchs Leben schlagen wollten.

Monica, die Mutter des Augustinus, war eine überzeugte Christin. Sie hatte ihn »mit großer Sorge« vor Unzucht gewarnt; aber sie machte keinerlei Anstalten, ihm das eine Mittel anzubieten, das christliche Eltern seit Jahrhunderten ihren heranwachsenden Söhnen hatten zur Verfügung stellen sollen – den Trost einer Ehefrau.[9] Augustinus war der einzige in seiner Familie, der eine intensive Bildung erhielt. Seine gewaltigen Talente konnte man nicht durch eine frühe arrangierte Heirat fesseln, die ihn für immer an eine Frau gebunden hätte, die aus derselben Klasse stammte wie er selbst, nämlich aus dem kleinen Junkertum der im Hochland gelegenen Stadt Thagaste. Statt früh zu heiraten, schloß er sich einem Kreis harter junger Karrieristen an. Sein lebenslanger Freund Alypius bewahrte, so gut er konnte, eine de-facto-Enthaltsamkeit. Nach einer unglücklichen Erfahrung kam er zu dem Schluß, daß Sex nichts für ihn sei. Ihn, der sich auf eine aktive Karriere in der spätrömischen Verwaltung festgelegt hatte, faszinierte und bedrückte die öffentliche Grausamkeit der Gladiatorenspiele weit mehr als die Aussicht auf eine Liebesaffäre.[10]

Anders als Alypius hatte Augustinus einfach Freude daran, mit einer Frau zu schlafen. Er entschied sich für die nach der Ehe zweitbeste Lösung – eine streng monogame Beziehung zu einer Konkubine. Ein derartiges Verhältnis war in Intellektuellenkreisen üblich. Es wurde selbst von Christen als rechtskräftig akzeptiert. Als »annehmbare und häufig offen eingestandene sexuelle Beziehung, die nicht vom Gesetz gedeckt war, aber einige eigene Regeln hatte«, war das Konkubinat das genaue Gegenteil einer ausschweifenden Vereinbarung.[11] Ihm fehlte der wesentliche Bestandteil einer gesetzlich gültigen Ehe – die erklärte Absicht, legitime Nachkommen hervorzubringen. Es war offen sexuell. Augustinus wählte seine Gefährtin, weil er sie liebte; und er schlief mit ihr, weil er das gern tat und nicht deshalb, weil er für seine Mutter Enkel oder für seine Heimatstadt Bürger zeugen wollte. Da Augustinus und seine Konkubine in 13 Jahren nur ein Kind hatten, erscheint es mehr als wahrscheinlich, daß sie irgendeine Art von Geburtenkontrolle praktizierten.[12]

Zu seiner Eigenart kam noch hinzu, daß Augustinus seit 373 ein *auditor*, ein »Hörer« oder Katechumene der Kirche Manis war. Das bedeutete praktisch, daß er die manichäischen Auserwählten, die den Kern der manichäischen Mission in Karthago wie anderswo darstellten, mit ausgesuchter Verehrung behandelte.[13] Er verbeugte sich vor ihnen, um seinen Kopf von ihren Händen segnen zu lassen.[14] Er brachte ihnen die besonderen Speisen, die für ihre rituellen Mahlzeiten erforderlich waren.[15] Er fastete den ganzen Sonntag und ging zu Versammlungen, um feierliche Lesungen der großen kosmischen Mythen zu hören, die das Schicksal seiner Seele erklärten.[16]

Solche Besuche bei den Auserwählten brachten Augustinus in engen Kontakt zu kleinen Gruppen von Männern und Frauen, deren bleiche Gesichter von einer ganz unirdischen Enthaltsamkeit zeugten. Es läßt sich nicht leicht feststellen, was für Augustinus seine Erfahrungen am Rande der manichäischen Bewegung genau bedeuteten. Er wurde nie ein Mitglied des gefeiten Kreises der Auserwählten.[17] Eines ist sicher: Indem er sich auf den Rand einer radikalen, zeitweilig verfolgten Sekte zubewegte, verschärfte Augustinus die Kluft, die in seinem Geist zwischen seiner eigenen, ad hoc gestalteten Beziehung und einer Ehe existierte, die man nach römischer Manier zum Wohle der Gesellschaft einging. Für Augustinus als manichäischen *auditor* waren Sexualität und Gesellschaft Antithesen. Nur in einer »wahren Kirche«, die aus den enthaltsamen Auserwählten bestand, wäre eine wahre Gesellschaft in Form einer lichterfüllten Harmonie der Seelen, die von der Materie befreit waren, zu finden. Geschlechtsverkehr, besonders wenn er zur Hervorbringung von Kindern ausgeübt wurde, hieß Zusammenarbeit mit der unbedachten Ausdehnung des Reichs der Finsternis auf Kosten der spirituellen Reinheit, die sich mit dem Reich des Lichts verband.[18]

Die Manichäer hielten die scharfen Dichotomien aufrecht, die erstmals von den Enkratiten vertreten worden waren. Für sie wie für die Enkratiten konnte es nicht so etwas wie unschuldige Sexualität geben – also eine, deren Gebrauch durch ihre soziale Funktion in der Ehe begründet war. Alle sexuelle Aktivität, unter welchen Umständen auch immer, half den Mächten des Reichs der Finsternis. Die Ehe war nicht weniger beklagenswert als eine in unverhohlenerer Weise sexuelle Beziehung zu einer Konkubine. Beides hielt den »Hörer« auf Distanz zu der wahren Kirche Manis, die von den umfriedeten Körpern der Auserwählten repräsentiert wurde. Die Auserwählten gehörten nicht zu dieser Welt. Sie enthielten sich, soweit das menschenmöglich war, der Prozesse des Essens oder des Hervorbringens und Zubereitens von Nahrung sowie des Zeugens von Kindern, die die konventionelle menschliche Gesellschaft aufrechterhielten.[19] Ihre ausgemergelten Körper zeugten von einem Geist, der bereits vom Reich der Finsternis befreit war. Nur die feierlichen Fürsprachen geschlechtsloser, wurzelloser und gezielt asozialer Geschöpfe – wie es die Auserwählten waren – würden ihre Hörer langsam von den Plagen jenes Reichs befreien.

Daher die überraschende Toleranz, mit der die asketischen Manichäer junge Männer in so marginalen Positionen wie der akzeptieren konnten, die Augustinus in Karthago zwischen 370 und 380 einnahm. Vom hohen Gipfel ihrer totalen Enthaltsamkeit aus betrachtet, war Augustinus' förmliche Beziehung zu seiner Konkubine nicht besser und nicht schlechter als eine Ehe. Sie war das beste, was er tun konnte. Da Augustinus als bloßer Hörer durch seine Karriere noch an die Tyrannei der Welt gekettet war, wurde von ihm ebensowenig der Verzicht auf Sex erwartet, wie man von ihm erwarten konnte, daß er die Auserwählten in ihrem Verzicht auf Fleisch nachahmte oder auf den Erwerb von Reichtum verzichtete. Für seine Erlösung war er von ihren geheimnisvollen Gebeten abhängig. Zweifellos lauschte Augustinus, wenn er im Kreise anderer Hörer vor den Auserwählten stand, auf ihre begeisterten Hymnen zum Preis der Jungfräulichkeit; aber er war sicher, daß solch mitreißende Empfindungen noch nicht für ihn galten: »Aber ich ... unglücklicher Jüngling hatte sogar dich um Keuschheit angefleht und gesprochen: ›Verleihe mir Keuschheit und Enthaltsamkeit, *sed noli modo*, aber noch nicht bald.‹«[20]

Erst als ihn seine Karriere gegen Ende des Jahres 384, im Alter von 30 Jahren, an die kaiserliche Residenz in Mailand führte, fand Augustinus, daß er sich im Hinblick auf die sozialen Bindungen, denen er für den Rest eines Lebens würde verpflichtet sein wollen, entscheiden mußte. Einige Monate lang ließ er sich von der Aussicht auf problemlose und vorteilhafte Integration in die soziale Welt seiner Umgebung verlocken. Eine durch legitime Ehe geschlossene Allianz mit einer Mailänder christlichen Familie, die dem Ambrosius nahestand, verhieß ihm Zugang zur herrschenden Klasse des westlichen Reiches. Die Stellung eines Provinzstatthalters, sicherer Reichtum und privilegierte Muße waren der Lohn, den er erwarten konnte.[21] Monica fand für ihn eine solche Gattin – ein Mädchen, das noch nicht alt genug zur Heirat war, möglicherweise sogar eine Zwölfjährige, etwa 19 Jahre jünger als er! Sie hatte gehofft, daß ihr Sohn infolge der Heirat getauft werden würde.[22]

Augustinus' Konkubine tat, was man von ihr in solchen Fällen erwartete. Sie kehrte nach Afrika zurück, nachdem sie das Gelübde abgelegt hatte, keine weitere sexuelle Beziehung zu haben. Sie konnte als freiwillige Witwe den Schutz der christlichen Gemeinschaft in Anspruch nehmen.[23] Nach allem, was wir wissen, hat sie ihr Leben vielleicht als Säule einer Ortskirche beendet. Sie hatte ihre Rolle nach den eisigen Regeln einer spätrömischen politischen Ehe mit Würde gespielt. Ihre *fides* zu Augustinus war ungebrochen geblieben. Es war Augustinus, der versagt hatte:

> Man pflegt auch diese Frage aufzuwerfen, ob noch von einer Ehe die Rede sein kann, wenn Mann und Frau, von denen weder er Gatte, noch sie Gattin eines anderen ist, sich miteinander verbinden, nicht um Kinder zu erzeugen, sondern lediglich um die geschlechtliche Begegnung eigennützig zu genießen; dazu gibt man sich das Wort, daß weder er noch sie in der Zwischenzeit fremd gehe. In diesem Falle von Ehe zu sprechen, ist vielleicht nicht ungereimt, wenn die Übereinkunft zwischen ihnen bis zum Tod eines Partners gegolten hat. ... Wenn nämlich ein Mann sich eine Frau auf Zeit holt, bis er eine andere, seinem Amte und seiner Vermögenslage entsprechende findet, die er als ebenbürtig heiraten möchte, so bricht er der persönlichen Gesinnung nach die Ehe, zwar nicht mit jener, die er zu erwerben begehrt, sondern mit dieser Frau, mit der er nicht nach der Ordnung ehelicher Gemeinschaft Geschlechtsverkehr pflegt.[24]

Von ihrer Abreise gekränkt, griff Augustinus auf eine Ersatzgeliebte zurück. Die Folge war, daß seine sexuellen Bedürfnisse trostlos entmystifiziert wurden. Es schien ihm, daß jede weitere

Beziehung zu einer Frau, eine gesetzliche Ehe eingeschlossen, auf nichts anderem als auf seinem eigenen zwanghaften Bedürfnis nach Sex beruhen könne. Eine Kette der Gewohnheit, deren Glieder sich im Laufe von 13 Jahren unproblematischen Genusses sexueller Kameradschaft lautlos um seinen Willen gelegt hatten, hielt ihn jetzt fest.[25] Sie führte ihn wie mit einer bewaffneten Begleitung geradewegs zu einer Gattin hin;[26] und hinter seiner arrangierten Ehe lag der dunkle Schatten der Kapitulation vor den »Hoffnungen dieser Welt«, die in einer Allianz zwischen einem begabten Emporkömmling und den Mailänder Familien lag, die sich um den kaiserlichen Hof scharten.

Der Winter 385 und das Frühjahr 386 markierten den Tiefpunkt von Augustinus' Stimmung: »Schon war vergangen meine sündige, schmachvolle Jugend.«[27] Wir sollten nicht unterschätzen, was der Übergang von der Jugend in die besten Mannesjahre in der antiken Welt bedeutete. Die spätrömische Gesellschaft lastete erbarmungslos auf jungen Männern in den Zwanzigern. Ihre Energien wurden von einer unablässigen Suche nach Gönnern, nach Verbündeten und nach öffentlichem Lob aufgezehrt. Jenseits der Dreißig kamen viele Männer zu der Entdeckung, daß sie Gefühlsreserven von beunruhigender Stärke und Beschaffenheit in sich hatten. Das war ein gefährlicher Augenblick. Augustinus war allmählich vom Einfluß der am heftigsten jenseitigen Predigten des Ambrosius erfaßt worden. Er fand Zugang zu einigen Werken von Plotin und Porphyrius in lateinischer Übersetzung. Nach wenigen Monaten, im Sommer 386, zerstörte die plötzliche Berührung einer seltsamen neuen Fähigkeit zu geistlicher Freude für immer sein Verlangen nach einer konventionellen Zukunft als Ehemann und erfolgreicher Höfling.

Wir sollten nicht unterschätzen, was jene erste Erfahrung »sicherer, süßer Freude«[28] für Augustinus bedeutete. Sie veränderte abrupt seine Einstellung zum sexuellen Genuß. Über Ambrosius und möglicherweise über seine neuplatonische Lektüre wurde Augustinus für einen entscheidenden Moment von dem »wilden« Platonismus gestreift, der uns im mystischen Denken des Origenes begegnet ist. Direkte Erfahrung der heftigen Freuden des Geistes ließ ihm körperliche Lust schattenhaft, ja abstoßend erscheinen. »Glieder, die zu freundlicher Umarmung einladen«,[29] spiegelten die andauernde Süße der Berührung Gottes mit beunruhigender Kongruenz. Im Vergleich zum

Morgenlicht des Kommens Christi, der die Seele umfangen sollte, schienen jetzt selbst die nüchternen Freuden einer christlichen Ehe unter einem frostigen Schatten des Bedauerns zu liegen.[30] Durch den Verzicht auf sexuelle Lust aller Art hoffte Augustinus in sich das dunkle Spiegelbild einer heftigen Sehnsucht auszureißen, die darauf gerichtet war, Gottes Weisheit »mit keuschestem Blick und Arm, ganz unverschleiert, gleichsam nackt zu sehen und zu haben«.[31]

Ein tiefes Gefühl der Traurigkeit blieb Augustinus für den Rest seines Lebens erhalten. Sexuelle Liebe blieb für ihn ein bleiernes Echo wahrer Freude. Er wünschte zutiefst, daß er von Jugend an keusch herangewachsen wäre, mit einem Herzen, das die Disziplin der Enthaltsamkeit offengehalten hätte, die Umarmung Christi zu empfangen: *o tardum gaudium meum*, »O meine späte Freude!«[32]

Das Erdbeben in Augustinus' intimem Leben, das im August 386 stattfand, ging Hand in Hand mit der Schaffung einer neuen Reihe sozialer Beziehungen. Die unmittelbare Wirkung seiner Bekehrung bestand darin, ihn zu seinen Freunden zurückzubringen. In Mailand war er nie allein gewesen. Alypius, Verecundus, Nebridius, selbst sein geschäftiger Patron Romanianus hatten schon seit mehr als einem Jahr den Wunsch gehabt, eine Art philosophischer Gemeinschaft um ihren brillanten Freund zu bilden. Wie die vornehmen Studenten und Gönner von Origenes und Plotin waren diese Männer erstaunliche Beispiele für die Energie, die spätrömische Herren mit freier Zeit in die hohe Kunst intellektueller Freundschaft zu stecken bereit waren. Augustinus' künftige Ehe hätte ihr Ideal eines gemeinsamen Lebens ins Wanken gebracht.[33] Im August 386 erfuhr Augustinus zum ersten Mal von der asketischen Bewegung. Die Geschichte von der Bekehrung des heiligen Antonius und Berichte von den Wüstensiedlungen in Ägypten spielten eine entscheidende Rolle bei der Herbeiführung seiner eigenen Entscheidung.[34] Eine ferne Ahnung von der enthaltsamen Geselligkeit der Wüste entschied das Dilemma, das auf Augustinus, Alypius und ihren Freunden gelastet hatte.

Die Konversion des Augustinus war eine Gruppenerfahrung. Indem sie ein Leben der Enthaltsamkeit wählten, hofften Augustinus und seine engsten Freunde, durch gemeinsames Leben »in einem heiligen Lebensplan« die Freuden einer »wahrlich nur in Keuschheit« stattfindenden, unbefleckten Vereinigung verwandter Seelen wiederzugewinnen.[35] Der im August 386 in Mailand gefällte kollektive Entschluß deutete direkt auf das kleine Kloster, das Augustinus dann fünf Jahre später, als er Priester in Hippo wurde, in einem Garten gründete, den ihm der Bischof geschenkt hatte. Dieses Kloster und die aufrichtigen zwischenmenschlichen Bindungen, die darin durch Enthaltsamkeit und Armut gefördert wurden, blieben während der verbleibenden 40 Jahre, die Augustinus als Bischof lebte, das windstille Zentrum des Sturms. Das Kloster lieferte das Ideal, an dem er von nun an die herzzerreißenden Meinungsverschiedenheiten der Gesellschaft seiner Umgebung maß.[36]

2. Discordiosum Malum

Die Tagesordnung, die Augustinus aus dem Mailand des Ambrosius mitbrachte, veränderte sich in seinem ersten Jahrzehnt als Bischof der afrikanischen Kirche subtil und unwiderruflich. Im Jahre 400 war Augustinus nicht mehr der Konvertit, der sich so plötzlich und mit so offensichtlicher Erleichterung von seinem Bedürfnis nach einer körperlichen Beziehung zu einer Frau gelöst hatte. Der scharfe Ton, mit dem er unmittelbar nach seiner Bekehrung von materiellen Dingen gesprochen hatte, war weicher geworden. Still hatte er Ansichten über den Menschen, die Gesellschaft und folglich die Sexualität aufgegeben, die man in asketischen Kreisen in Italien als selbstverständlich betrachtet hatte. Er war ein ganz anderer Mann als Ambrosius und Hieronymus geworden.

Als Bischof in Afrika sah sich Augustinus in einer religiösen und moralischen Landschaft, die sich beträchtlich vom Mailand des Ambrosius und von den italienischen und gallischen Kreisen unterschied, an die sich Hieronymus wandte. Das Afrika des späten 4. Jahrhunderts lag etwas außerhalb der asketischen Sensibilität des Mittelmeerraums. Viele der Züge, die Italien und die lateinischen Gemeinschaften im Heiligen Land so unverwechselbar machten, fehlten in dieser selbstzufriedenen, aber ziemlich altmodischen Provinz. Weiblicher Asketizismus war in der afrikanischen Kirche eine tief verwurzelte Institution; doch enthaltsame Frauen vom Kaliber Melanias, Marcellas und Paulas fehlten auffallend.[37] Die Gefahren und Aufgeregtheiten, die sich mit einem Asketizismus verbanden, den man fast als »hochkirchlich« bezeichnen könnte, waren vom afrikanischen Klerus bewußt vermieden worden: Es gab kaum nostalgische Sehnsucht nach einem engelhaften Leben und keine Beispiele geistlicher Kameradschaft mit begabten und einflußreichen Asketinnen. Im Vergleich zu Hieronymus und selbst zu Ambrosius bewegte sich Augustinus in einer monochromen, durch und durch männlichen Welt. Er legte sich selbst und seinem Klerus strikte Regeln für sexuelle Vermeidung auf. Er besuchte nie ohne Begleitperson eine Frau und gestattete es nicht einmal seinen eigenen weiblichen Verwandten, den Bischofspalast zu betreten. Er schloß einen jungen Kleriker aus, den man »zu unangemessener Stunde« mit einer Nonne hatte sprechen sehen.[38]

Paradoxerweise war Augustinus, der tiefschürfendste Interpret der Schwachheit, die sich in sexueller Begierde offenbart, völlig anders als Hieronymus. Bei aller Strenge zu sich selbst und seinem Klerus war er kein Panikmacher. Die Frage des Zölibats beschäftigte ihn auch nicht sehr. Die katholische Kirche in Afrika war eine bedrängte Institution, die mit den Geistlichen auskommen mußte, die sie bekommen konnte. Wenn sich ein verheirateter Mann plötzlich geweiht sah, dann würde ihm Gott die Gnade geben, die er brauchte, um nicht mehr mit seiner Frau zu schlafen.[39] In einem neuentdeckten Brief sehen wir, wie Augustinus den Fall eines jungen Geistlichen behandelt, der angeklagt war, einst eine Nonne verführt zu haben, als er sich im Hause ihrer Eltern auf dem Lande aufhielt. Er nahm den Fall überraschend gelassen. Wenn ein junges Mädchen zu einem ins Bett kletterte, um sich über mangelndes Verständnis seiner Eltern zu beklagen, so war das, schrieb Augustinus, »eine Prüfung, die jedem ernsthaften und frommen Menschen widerfahren kann«. Es brauchte nichts weiter passiert zu sein. Sowieso, fügte er hinzu, hatte die Kirche in ländlichen Distrikten nur wenige Priester. Er konnte nicht darauf bestehen, daß sie immer zu zweit reisten, um derartige Begegnungen zu vermeiden.[40] Man kann sich vorstellen, was Hieronymus aus dem Vorfall gemacht hätte!

Auf einer tiefen Ebene blieben Augustinus' Prioritäten und die der christlichen Frömmigkeit in Afrika anders als die, die von italienischen Bewunderern der Jungfräulichkeit befürwortet wurden. Für Augustinus stellte das Martyrium immer den höchsten Gipfelpunkt menschlichen Heroismus dar. Über die bittere Todesfurcht triumphiert zu haben war ein weit bedeutsameres Zeichen der Gnade Gottes, als über den Sexualtrieb triumphiert zu haben. Viele afrikanische Märtyrer waren bekanntermaßen verheiratete Frauen und Mütter von Kindern gewesen, so Perpetua und die heilige Crispina von Theveste. Zu einer Zeit, in der Hieronymus behaupten konnte, daß selbst das Blut der Märtyrerschaft kaum »den Schmutz der Ehe« von einer Christin abwischen konnte,[41] und in der italienische Autoren Schwierigkeiten hatten, sich weibliche Märtyrer anders denn als junge Jungfrauen vorzustellen, die vor allem darauf bedacht waren, ihre Unversehrtheit zu bewahren,[42] schrieb Augustinus an afrikanische Nonnen und warnte sie, nie auf verheiratete Frauen herabzusehen. Das Wirken der Gnade Gottes war tief verborgen; die modische Faszination der Jungfräulichkeit verblaßte vor der alten und schrecklichen Gnade des Martyriums: »Denn eine Kirchenjungfrau ist vielleicht noch nicht in der Lage, eine Thekla zu sein, während sie [die verheiratete Frau] von Gott berufen sein mag, eine heilige Crispina zu sein.«[43]

Während die Wüste in Afrika fern schien, war das Gefüge der römischen Gesellschaft für Augustinus und seine Kollegen ein ständig gegenwärtiges Anliegen. Die Gesellschaft selbst schien bedroht zu sein. In den Jahren um 400 stand das donatistische Schisma im Vordergrund von Augustinus' Gedanken. In ganz Afrika waren sich zwei widerstreitende Gruppen männlicher Geistlicher fast ein Jahrhundert lang auf den öffentlichen Plätzen von mehr als 400 Kleinstädten und Dörfern gegenübergetreten. Jede Gruppe behauptete, sie sei die wahre Führung der christlichen Gemeinde. In Hippo fand Augustinus eine Situation vor, in der religiöse Unterschiede anscheinend die Grundeinheit der Gesellschaft, die Familie, untergraben hatten:

Du siehst, welch große und bedauernswerte Störung in die christlichen Häuser und Familien gedrungen ist. Mann und Weib sind über ihr Bett einig, streiten aber über den Altar Christi. ... Knechte und Herren zerteilen ihren gemeinsamen Herrn.[44]

Ein junger Mann hatte seine Mutter bedroht:

Ich will zu den Donatisten übertreten und dein Blut trinken.[45]

»Liebe zu christlichem Frieden« war der erklärte Grundgedanke der Aktivitäten, die Augustinus als Bischof in seinen mittleren Jahren entwickelte. Die zerbrochene Einheit der Kirche in Afrika quälte ihn. Eine so eklatante Unfähigkeit von Christen zur Verständigung bewog ihn dazu, in zunehmendem Maße die Bindungskraft der konventionellen römischen Gesellschaft zu schätzen. Im Jahre 405 akzeptierte er, daß der römische Staat die Kraft seiner Gesetze einsetzen konnte, um unter Strafandrohung donatistische Gemeinden mit der katholischen Kirche »wiederzuvereinigen«. Hiermit vertrat er die Auffassung, daß die Autoritätsstrukturen, die der profanen Gesellschaft Zusammenhalt verliehen, zur Unterstützung der Kirche angerufen werden konnten: Kaiser sollten ihren Untertanen, Grundbesitzer ihren Bauern (nötigenfalls unter Auspeitschen) und Haushaltungsvorstände ihren Frauen und Kindern Befehl erteilen, um sie in die Einheit der katholischen Kirche zurückzuführen.[46]

Das war eine Entscheidung mit tiefgreifenden Folgen. Als ein Mann, dessen eigene Bekehrung in gewisser Weise Antwort auf den Ruf der Wüste gewesen war, war Augustinus in nur zehn Jahren so weit gekommen, über die katholische Kirche von einem Standpunkt aus zu denken, der tief in den Strukturen der bewohnten Welt verankert war. Augustinus ließ in seinem Vorstellungshorizont wenig Raum für jene wehmütige Ahnung einer Menschheit, die sich unterhalb der Sorgen der Gesellschaft abmüht, gewissermaßen ein wenig von außen gesehen, von den Freiräumen der Wüste oder von der großen Höhe eines »engelhaften« Lebens aus. Wenn die katholische Kirche vereint bleiben sollte, konnte sie das nur, indem sie der römischen Gesellschaft ihren Bestand zusicherte. Die Bande, die Untertanen an Kaiser, Sklaven an Herren, Frauen an Ehemänner und Kinder an Eltern fesselten, ließen sich nicht ignorieren, und erst recht konnte man nicht abrupt auf sie verzichten, um eine »engelhafte« Lebensweise wiederzugewinnen. Sie mußten vielmehr in den Dienst der katholischen Sache gestellt werden.

Die Art und Weise, wie Augustinus die Geschichte von der Erschaffung Adams und Evas und von ihrem Sündenfall behandelte, machte das Ausmaß deutlich, in dem er bereit war, den Schwerpunkt christlichen Denkens über den Menschen zu verschieben. Ein Mann wie Gregor von Nyssa hätte den *Buchstäblichen Kommentar zur Genesis* des Bischofs von Hippo (ein langes Werk, das um 401 begonnen und erst 416 vollendet wurde) als höchst eigenartiges Buch angesehen.[47] Selbst Ambrosius und Hieronymus hätten das getan. Alle drei hatten eine instinktive, weitgehend unreflektierte Annahme über die Ursprünge von Ehe und Sexualität miteinander geteilt. Ehe, Geschlechtsverkehr und Paradies waren in ihren Augen ebenso unvereinbar wie Paradies und Tod. Dessen zumindest, so glaubten sie, konnten sie sicher sein.[48]

Das bedeutete, daß die Sexualität und daher die Ehe und die Schaffung der Familie nur nach dem Fall Adams und Evas entstanden sein konnten. Sie waren das Resultat eines beklagenswerten Niedergangs, durch den Adam und Eva aus einem »engelhaften« Stand in Körperlichkeit und daher Tod verfallen waren. Man ließ über der menschlichen Gesellschaft ein Fragezeichen schweben. Die Ehe und die ihr entspringenden Strukturen ließen sich nicht von der ursprünglichen Natur des Menschen ableiten. Asketische Exegese des Falls von Adam und Eva tendierte dazu, im Hinterkopf ihrer Vertreter einen unausgeräumten Zweifel zu bewahren: Gesellschaft, Ehe und, wenn nicht diese, so doch sicher Geschlechtsverkehr waren der ursprünglichen Definition der Menschheit im Grunde fremd. Sie waren als nachträgliche Überlegung dazugekommen. Sie hatten der ersten engelhaften Majestät Adams und Evas Grenzen auferlegt. Die scheinbar unanfechtbare Ordnung der Gesellschaft war nicht immer dagewesen: Sie war dazu verdammt, sich aufzulösen. Schon in diesem Leben zeigte der Glanz des jungfräulichen Standes, daß sie so vergänglich war wie ein Spinnennetz.[49] Ein engelhafter Zustand des Paradieses, der einst in ferner Vergangenheit existiert hatte, schimmerte am fernen Horizont der spätantiken Gesellschaft als das »engelhafte Leben« der Wüste. Der Zustand, in dem Adam und Eva weitergelebt hätten, wenn sie nicht gefallen wären, war nicht der eines zeitgenössischen Ehepaars. Wie Gregor von Nyssa es ausdrückte, war er »von menschlicher Mutmaßung nicht zu erfassen gewesen, außer daß er bestimmt existiert hatte«.[50]

Indem Augustinus eine Auslegung der Einleitungskapitel der Genesis vorlegte, die sich deutlich von allen unterschied, die uns bisher begegnet sind, sorgte er dafür, daß der goldene Nebel, der über den Hängen des Paradieses gehangen hatte, sich im lateinischen Westen für immer verzog. Etwa vom Jahre 400 bis an sein Lebensende beschrieb Augustinus Adam und Eva ausnahmslos als körperliche menschliche Wesen, die mit denselben Körpern und sexuellen Merkmalen ausgestattet sein sollten wie wir. Gott hatte sie für die Freuden der menschlichen Geselligkeit geschaffen. Er hatte beiden »die zusätzliche Anziehungskraft der Freundschaft« eingepflanzt.[51] Sie waren ins Paradies gesetzt worden, um ein *populus* zu gründen; und ein *populus* zu gründen bedeutete mehr als die körperlose Begegnung gleichgestimmter Seelen. Es schloß körperlichen Verkehr, Geburt und Aufzucht von Kindern mit ein. Dem ursprünglichen Zustand Adams und Evas wohnte sogar ein gewisses Maß an Hierarchie inne: Die Exegese des Augustinus bekräftigte die Herrschaft der Männer über die Frauen und die Herrschaft des Vaters über seine Kinder als Teil der ursprünglichen Ordnung Gottes.[52] Wären Adam und Eva im Paradies geblieben, so hätten sie Kinder gezeugt und sie mit elterlicher Autorität erzogen. Zentrale Eigenschaften der sozialen Landschaft des Paradieses, die Ehe und die Herrschaft des Vaters über seine Kinder, wären also für einen Römer im Afrika des 4. Jahrhunderts wiedererkennbar gewesen.[53] Der engelhafte Zustand Adams und Evas hatte in der Zukunft gelegen. Sie waren für eine Probezeit ins Paradies gesetzt worden, damit sie lernen sollten, in unerschütterlichem Gehorsam und mit offenherziger Dankbarkeit den ganzen Umfang der Freuden völlig körperlicher, völlig gesellschaftlicher und, zu diesem Schluß war Augustinus durchaus bereit, völlig sexueller Wesen zu erfahren und anzunehmen.[54] Im Vergleich zu den Auffassungen vieler seiner wortgewaltigsten Zeitgenossen war das eine einzigartig gesellige und vollblütige Vision.

Die praktischen Folgen dieser Standpunktverschiebung waren unmittelbar zu erkennen. Im Jahre 401 erschien in Karthago eine Gruppe von Wandermönchen. Wie die manichäischen Auserwählten aus Augustinus' Jugend brachten sie einen verführerischen Hauch des Ostens mit. Es waren wilde, langhaarige Männer, die sich einem Leben in beständigem Gebet verschrieben hatten, und sie gedachten so frei wie die Vögel im Himmel zu leben, am Leben erhalten von den Almosen der Gläubigen. Die örtliche Meinung war leidenschaftlich in Befürworter und Gegner dieser ehrfurchtgebietenden Fremdlinge geteilt.[55] Für viele hatten sie einen Hauch der ungebundenen präsozialen Herrlichkeit Adams nach Afrika gebracht. Für Augustinus und seine Kollegen zeigte ihr Verhalten, daß die Natur dieser Herrlichkeit zutiefst mißverstanden worden war: Sie hatten nicht die Absicht, solche Menschen »sich in Afrika ausbreiten zu lassen, wie sie es in anderen Ländern getan haben«.[56]

In ebenjenem Jahr bemühte sich Augustinus auch, von den hochfliegenden asketischen Ansichten des Hieronymus über

Ehe und Jungfräulichkeit Distanz zu gewinnen. Mit diesen Auffassungen waren viele Christen Karthagos unzufrieden gewesen. Es schien ihnen, als könnten die Verfechter asketischer Sensibilität ihre Ansichten nur verteidigen, indem sie die Ehe anschwärzten.[57] Die Vorstellung von einer präsexuellen und präsozialen Herrlichkeit Adams und Evas mochte zu der lautstarken Minderheit mit großer Kraft von einer bisher ungeahnten Freiheit der menschlichen Person sprechen, die sich durch Jungfräulichkeit zurückerobern ließ. Doch viele Ehepaare waren von einer so ätherischen Sicht des Paradieses verwirrt. Als sie den Priester gebeten hatten, ihrer Ehe seinen Segen zu erteilen, sprach er über ihnen die Worte, die Gott zu Adam und Eva vor ihrem Fall, im ersten Augenblick ihrer Erschaffung, gesprochen hatte – *Seid fruchtbar und mehret euch.*

Auf römischen Sarkophagen der damaligen Zeit wurden Adam und Eva häufig dargestellt, wie sie sich die rechte Hand reichen – in der *dextrarum iunctio*, die die Eintracht einer römischen Ehe sichtbar machte. Solche Szenen sprachen für die Anschauungen einer schweigenden Mehrheit, die ebenso fest wie ihre jüdischen Nachbarn daran glaubte, daß Gott die Menschheit für Ehe und Geburt geschaffen hatte.[58] Gute Christen brauchten die Versicherung, daß die Ehen, auf denen ihre ganze Gesellschaft beruhte, nicht nur das Resultat eines bedauerlichen Unfalls waren. In seinen Schriften *Über das Gut der Ehe* und *Über die heilige Jungfräulichkeit* nahm Augustinus diese Herausforderung an. Er verteidigte die Ehe und fand zugleich einen Platz für die Jungfräulichkeit in der Kirche. Er tat das, indem er sie beide in großartiger Weise gesellschaftlich interpretierte. Er stellte Ehe und Enthaltsamkeit als bloß zwei aufeinanderfolgende Etappen menschlicher Eintracht hin. Die eine Form der Freundschaft fand statt, um Kinder hervorzubringen, und daher schloß sie körperlichen Verkehr ein; die andere tat das nicht. Beide verwiesen jedoch, wenn auch mit unterschiedlichen Graden der Durchsichtigkeit, auf die schließliche Einmütigkeit der Erlösten im Himmlischen Jerusalem, der Stadt Gottes.[59]

Diese Sicht der Ehe übersah bewußt die körperliche Seite des ehelichen Verkehrs. Die sexuelle Begierde beunruhigte Augustinus noch immer. Im gegenwärtigen Zustand der Menschheit war der Sexualtrieb eine zerstörerische Kraft. Augustinus fand ebensowenig wie einer seiner Zeitgenossen je einen Weg, die Möglichkeit zur Sprache zu bringen, daß sexuelle Lust an sich die Beziehungen zwischen Ehemann und Ehefrau bereichern könnte.[60]

Er stellte den Geschlechtsverkehr als der Freundschaft untergeordnet hin. Im Paradies waren Adam und Eva das gewesen, was er selbst einst so gern hatte sein wollen. Freundschaft und nicht sexuelle Begierde hatte den Rhythmus ihrer Beziehungen bestimmt. Ihr ehelicher Verkehr, wenn er stattgefunden hätte, wäre eine körperliche Konkretisierung ihrer schon vorher bestehenden Eintracht gewesen. Augustinus bestand darauf, daß Eva keine sexuelle Anziehungskraft gebraucht hatte, um Adam dazu zu verführen, die fatale Frucht zu essen: Er hatte sie *amicali benevolentia*, »aus einem gewissen freundschaftlichen Wohlwollen heraus«, gemeinsam mit ihr gegessen, um ihr Leben jederzeit und in jeder Weise zu teilen.[61] Es war notwendig, daß Adam eine Frau als Freundin gehabt hatte – selbst wenn, wie Augustinus in einer Weise, die an seine frühen Studententage erinnert, einräumte, die Gesellschaft einer Frau einfach weniger anregend war als die eines Mannes –, damit sie durch Verkehr das Paradies mit Kindern füllen sollten.[62] Im ursprünglichen Zustand Adams und Evas fehlte sexuelle Begierde nicht, aber sie fiel vollkommen mit dem bewußten Willen zusammen: Sie hätte in die klare Heiterkeit ihrer Ehe kein zerstörerisches Element hineingetragen. Die Ehe war daher ein Ausdruck der ursprünglichen und bleibenden Natur von Männern und Frauen als unauslöschlich gesellschaftlichen Wesen, die von Gott zu Eintracht geschaffen waren.

In einer gefallenen Menschheit, in der so viel von der ursprünglichen Harmonie des Paradieses zerbrochen war, ging das Band der Freundschaft zwischen Gatte und Gattin noch immer dem relativ kurzen Zwischenspiel von aktivem Sex voraus, es rechtfertigte es und würde es, so hoffte Augustinus, lange überleben. Die *vena caritatis*, der klare, tiefe Quell der Nächstenliebe, durchströmte das Menschengeschlecht.[63] Dieser Strom war durch das Leben der alten Patriarchen geflossen, als sie feierlich Kinder für die Zukunft Israels zeugten. Nun floß derselbe Strom im Leben des christlichen Ehepaars. Anders als Methodius von Olympus und Johannes Chrysostomus glaubte Augustinus nicht, daß das Erscheinen Jesu Christi und die Predigt der Jungfräulichkeit einen Wendepunkt in der Menschheitsgeschichte markiert hatten. Die Ehe war keine veraltete Institution, kein Relikt der mit dem Alten Testament verbundenen nicht wiedergeborenen Körperlichkeit, die in der neuen Zeit des Evangeliums nur stillschweigend geduldet wurde. Weit davon entfernt: die gegenwärtige Eintracht eines Ehemanns und einer Ehefrau wies nach vorn auf die schließliche Einheit des Gottesstaates.[64]

Augustinus blieb jedoch davon überzeugt, daß der Strom der Nächstenliebe in denen, die sich zu einem Leben der Enthaltsamkeit verpflichtet hatten, tiefer und schneller floß. Im gefallenen Stand des Menschen schuf die sexuelle Begierde unweigerlich Strudel im Willen, die wahrer Eintracht im Wege standen. Er betrachtete die Welt von seinem enthaltsamen Haushalt in Hippo aus, und er wählte seine Helden und Heldinnen sorgfältig aus. Viele waren verheiratet gewesen und lebten jetzt in einem Leben der Enthaltsamkeit zusammen. Er schöpfte tiefe Beruhigung aus der enthaltsamen Beziehung des Paulinus von Nola zu seiner Gattin Therasia. Hier lebte ein Paar, das der Verzicht auf sexuelle Beziehungen eindeutig dazu befreit hatte, eine aufrichtige Vertrautheit zu genießen, wie sie Römer in einer wohlgeordneten Ehe immer genossen hatten.[65]

Ecdicia dagegen, eine hochgestellte Dame aus der dortigen Gegend, war der Ansicht gewesen, daß die Ehe mit ihrem Gatten beendet sei, als sie nicht mehr mit ihm schlief. Sobald sie der Verfügungsgewalt ihres Gatten über ihren Körper getrotzt hatte, hatte Ecdicia das deutliche Gefühl, daß sie seine Autorität über sie auch in allen anderen Dingen bestreiten konnte. Er war für sie »tot«. Sie legte ein Witwengewand an und übernahm unverzüglich wieder die Kontrolle über ihr Eigentum, das sie dann an ein Paar von Wandermönchen fortgab.[66] Auch wenn Ecdicias Geste in einer alten, radikalen Tradition christlicher Entsagung wie etwa der, die in den *Thomasakten* dargestellt ist, völlig verständlich war, war sie unerträglich in einer Region, in der die Sicherheit der katholischen Kirche von der Autorität männlicher Familienoberhäupter abhing. (Selbst junge Mädchen wurden von den Bischöfen nicht dazu ermuntert, sich in jungen Jahren zu Jungfräulichkeit zu verpflichten, wenn eine Heirat mit dem richtigen Partner die Kirche in ihrer Stadt stärken konnte.[67])

Ecdicias Tun erschreckte Augustinus. Es verletzte auch seine tiefsten Empfindungen. Er schrieb ihr einen Brief und erinnerte sie, wie er häufig seine Gemeinde erinnerte, daß Eintracht und die ehrwürdige Ordnung eines Haushalts und nicht die sexuelle Bindung den bleibenden Kern einer christlichen Ehe darstellten.⁶⁸ Ebensosehr wie die kleine Gruppe von Mönchen und enthaltsamen Geistlichen, die sich im Bischofspalast um ihn scharten, faßte die würdige Eintracht verheirateter Paare, über denen der Nebel sexueller Begierde bald verflogen sein würde, für Augustinus die große Hoffnung zusammen, die sich jetzt in seinem Bewußtsein ausbreitete – das Ideal der totalen Transparenz aller menschlichen Willen im Gottesstaat:

> Denn eine Erfüllung unserer Einheit erwartet uns am Ende unserer gegenwärtigen Verbannung, in der die Gedanken jedes einzelnen von uns nicht länger vor dem anderen verborgen sein werden, und es werden auch unsere Absichten in keiner Weise miteinander zusammenstoßen.⁶⁹

In solchen Schriften löschte Augustinus das Fragezeichen aus, das über der menschlichen Gesellschaft gehangen hatte. Er tat dies, indem er das Fragezeichen nach innen verlegte. Die Katastrophe im Paradies, die der Erklärung bedurfte, war nicht die Tatsache einer menschlichen Gesellschaft, in der Männer und Frauen heirateten, sich liebten und Kinder zeugten. Das wäre geschehen, wenn Adam und Eva nicht gefallen wären. Was für ihn ein dunkles Rätsel blieb, war die Verzerrung des Willens derer, die jetzt die Gesellschaft ausmachten. Der verbogene menschliche Wille und nicht die Ehe, nicht einmal der Sexualtrieb, war das Neue an der menschlichen Lage nach Adams Fall. Der gefallene Wille unterwarf die ursprünglichen, gottgegebenen Bindungen der menschlichen Gesellschaft – Freundschaft, Ehe und väterliche Befehlsgewalt – den gräßlichen Erschütterungen des Eigensinns, die dazu führten, daß sie schwankten, sich spalteten und ihren Charakter änderten. Es war der gegenwärtige verbogene Wille, der zur Entwicklung von Sklaverei und zur unheilvollen Herausbildung des Staates als notwendiger Zwangsinstitution geführt hatte. Die gesellschaftlichen Institutionen, in denen sich ein nicht gefallenes Menschengeschlecht hätte entfalten können, um ein mächtiges Gemeinwesen zu bilden, eine *res publica*, wie sie sich Cicero erträumt hatte, waren zu harten Gefängnismauern geworden, die jetzt nur die schlimmsten Auswüchse des Egoismus, der Gewalttätigkeit und der selbstmörderischen Neigungen einer gefallenen Menschheit in die Schranken wiesen. Männer und Frauen waren nicht aus einem engelhaften Stand des Paradieses »in« die Gesellschaft gefallen; sie hatten sogar die Gesellschaft mit in ihren Fall hineingerissen: »Der Mensch ... ist durch inneren Zerfall ... antisozial geworden.«⁷⁰

Eine so tragische Verzerrung des Willens ließ sich nicht mehr allein auf den Besitz eines Körpers zurückführen. Augustinus weigerte sich zu glauben, daß Adam und Eva aus einem engelhaften in einen körperlichen Zustand gefallen seien. Er sah Menschen nicht als wesentlich geistige Geschöpfe, für die körperliche, sexuelle und soziale Bedürfnisse einst belanglos gewesen seien. Adam und Eva hatten ursprünglich eine harmonische Einheit von Leib und Seele genossen. Ihr Körper war dem Diktat ihres Willens mit derselben liebevollen und vertrauten Eintracht gefolgt, mit der sie selbst dem Willen Gottes gefolgt waren. Das offensichtliche Elend des Menschengeschlechts bestand in dem Bewußtsein, daß eine solche Harmonie auf keiner Ebene mehr existierte.

Aus diesem Grund blieb der Tod für Augustinus immer das bitterste Zeichen menschlicher Schwachheit. Denn der Tod enttäuschte den tiefsten Wunsch der Seele, der darin bestand, im Frieden mit dem Körper, den sie liebte, zu leben. Der Tod konnte nie als Befreiung der Seele von einem Körper begrüßt werden, mit dem sie durch Zufall verbunden worden war. Er war ein unnatürliches Ereignis. Sein erschreckender Schmerz offenbarte die Stärke der »bindenden Kraft«, die sich mit dem »süßen Eheband von Leib und Seele« verband.[71] Selbst die tapfersten und jenseitigsten Christen mußten den Wunsch haben, daß dieser Bruch nicht geschehe. Nur die brennende Liebe zu seinen Geboten, die den Märtyrern von Christus eingegeben war, konnte eine so tiefe und so natürliche Zuneigung überwinden.

Ich weiß, daß ihr weiterleben wollt. Ihr wollt nicht sterben. Ihr wollt aus diesem Leben auf eine solche Weise in ein anderes gehen, daß ihr nicht als Tote wiederaufersteht, sondern ganz lebendig und verwandelt. Das ist es, was ihr euch wünscht. Das ist das tiefste menschliche Gefühl: in geheimnisvoller Weise wünscht es die Seele selbst und begehrt es instinktiv.[72]

Eine solche Sichtweise legte ein weit größeres Gewicht auf die Sexualität als bisher. In der asketischen Literatur, die uns bis jetzt begegnet ist, herrschte die Tendenz vor, die Leidenschaft junger Liebe und die Sorgen des ehelichen Haushalts, den Kitzel sexueller Versuchung und den dumpfen Schmerz des Bauches unterschiedslos miteinander zu vermengen. Sie alle gehörten untrennbar zur großen Urkatastrophe der körperlichen Existenz. Allenfalls hob sich körperliche Gier – die allerunheilvollste Verkehrung von Adams urtümlichem Hunger nach der Weisheit Gottes und die eklatanteste Ursache menschlichen Leidens in einer von Hungersnot geplagten Gesellschaft – etwas stärker aus dem verallgemeinerten Makel der Sinnlichkeit und schmerzlichen Sorge hervor, der mit dem Verlust des engelhaften Zustands verbunden war.[73] Für einen spätantiken Asketen, der von den Anschauungen des Origenes beeinflußt war, war überhaupt nichts Seltsames daran, in Tränen auszubrechen, wenn er sich zum Essen niedersetzte: Der bloße Akt der Aufnahme physischer Nahrung in fast völlig verhungertem Zustand, der durch monastisches Fasten herbeigeführt war, erinnerte ihn an das reiche Mahl geistlicher Freude, von dem sich Adam im Paradies abgewandt hatte.[74] Der Sexualität dagegen fehlte der charakteristische Beigeschmack.

Augustinus konnte jedoch die sexuelle Begierde nicht mehr als nur eines unter vielen anderen Ärgernissen betrachten. Sie drängte sich mit wachsender Intensität in den Vordergrund seines Denkens. In den Jahren, in denen er die *Bekenntnisse* und den *Buchstäblichen Kommentar zur Genesis* schrieb, kam er dahin, sie als ein außerordentlich scharf umrissenes Symptom für den Fall Adams zu untersuchen. Daß sexuelle Begierde in Menschen existierte und daß sie gelegentlich mit Leidenschaften von betrüblicher Gewalt verbunden sein konnten, interessierte den Augustinus mittleren Alters nicht im geringsten. Sein Interesse war spezifischer und daher weit eigenwilliger. Beim Schreiben der *Bekenntnisse* maß er die zwingende Kraft sexueller Gewohnheit ab. Das war eine grausame Kette, die nur Gott lösen konnte. Sexuelle Phantasien in Träumen, die von lustvollen nächtlichen Samenergüssen begleitet waren, waren immer noch in ihm lebendig und verschwanden keineswegs. Solche sexuellen Träume bereiteten ihm vielleicht im Jahre 397 keinen großen Abscheu; aber sie verwiesen ganz eindeutig auf eine Trennung zwischen dem bewußten Bild, das er von sich selbst hatte, und einer geheimnisvollen Unfähigkeit, seinem eigenen Willen zu folgen:

Sicher habe ich nicht aufgehört, ich selbst zu sein. ... Allerdings besteht zwischen mir und mir ... die größte Verschiedenheit.
 Auf daß meine Seele ... mir zu dir folge, so daß sie nicht rebellisch gegen sich selbst sei.[75]

Solche Beispiele für die Trennung zwischen bewußtem Willen und sexuellem Begehren schienen eine Erschütterung der menschlichen Person zu verraten, die ebenso empörend war wie die widerwärtige Anomalie des Todes. Im Paradies war es nicht so gewesen. Für Adam und Eva waren Wille und sexuelle Lust in vollkommener Übereinstimmung verbunden gewesen.

Nur in der jungfräulichen Geburt Christi hatte Maria Evas erste Harmonie wiedergewonnen. Vom Heiligen Geist überschattet, hatte Maria in dem Augenblick, in dem sie Christus empfing, nicht den leisesten Strudel unkontrollierten Gefühls verspürt: Die mit dem Geschlechtsakt verbundene körperliche Empfindung hatte in ihrem Fall in voller Übereinstimmung mit der ungetrübten Bewegung ihres Willens gestanden. Der Kontrast zu anderen christlichen Autoren ist auffällig. Für Ambrosius hatte die Jungfräulichkeit Marias hauptsächlich darin bestanden, daß in ihren Leib kein männlicher Penis eingedrungen war und daß ihr Schoß keinen fremden Samen empfangen hatte: Das war für ihn ein mächtiges Bild einer heiligen Grenze, die nicht durch eine Störung aus der Außenwelt durchbrochen war. Für Augustinus stand die Empfängnis Christi durch Maria eher für einen Akt ungeteilten Gehorsams. Sie erlangte die alte Harmonie von Leib und Seele wieder, in der der Wille nicht das verstümmelte Ding war, zu dem er so bald wurde.[76] Eine Sehnsucht nach Harmonie und nach ungestörtem Gehorsam auf allen Ebenen und nicht, wie für Ambrosius, die Verteidigung eines heiligen inneren Raumes gegen eine verunreinigende Welt war das, was jetzt im Mittelpunkt von Augustinus' Denken stand. Sein Ideal waren eine menschliche Seele, ein menschlicher Leib und eine menschliche Gesellschaft, die nicht von der dunklen Verbiegung des gefallenen Willens gespalten waren.

Anders als heute wäre der eheliche Verkehr von Adam und Eva, hätte er vor dem Sündenfall stattgefunden, ein Musterbeispiel für die ausgeglichene Verzückung gewesen, mit der alle menschlichen Wesen die körperlichen Freuden hätten gebrauchen können, mit denen ihr Schöpfer sie überschüttet hatte. Die süße Anziehungskraft körperlicher Schönheit und der wunderbare Beginn und jähe Höhepunkt sexueller Lust, die sich mit dem Empfängnisakt verbinden, waren im Paradies vielleicht nicht abwesend; aber im Paradies hätte solche Lust völlig mit dem Willen übereingestimmt. Auf der sozialen Ebene wäre die persönliche körperliche Freude jedes einzelnen zu einer unerschütterlichen Eintracht der Individualwillen zusammengefügt worden. Adam und Eva hätten Gott gedient, indem sie sein

Paradies mit menschlichen Wesen füllten, die in allen ihren Handlungen zur vollkommenen Einheit von Wille und Empfindung, von Individuum und Gesellschaft in der Lage gewesen wären.[77]

Das Menschengeschlecht war zur Bewahrung seiner Kontinuität noch immer vom Sexualtrieb abhängig. Doch im gefallenen Zustand der Menschheit konnte man die genaue Qualität des Geschlechtsverkehrs nicht mehr als selbstverständlich ansehen. Er war nicht mehr das, was er für Gregor von Nyssa und Johannes Chrysostomus gewesen war – ein barmherziges, wenn auch unbeholfenes Heilmittel gegen den Tod. Für Augustinus war er in sich ein Miniaturschatten des Todes. Wie der Tod trotzten der Beginn und der Höhepunkt der sexuellen Empfindung dem Willen. Seine unkontrollierten Bewegungen zeugten von einer ursprünglichen Erschütterung. Er verriet ein *discordiosum malum*,[78] ein beständiges Prinzip der Zwietracht, das seit dem Sündenfall in der menschlichen Person steckte.

Den Rest seines Lebens verbrachte Augustinus damit, diese Anschauung zu verteidigen. Die Kontroverse mit Pelagius und Caelestius, die nach 413 stattfand, und nach 418 ein großartiges literarisches Duell mit Julian, dem Bischof von Eclanum, ihrem begabtesten und hartnäckigsten Anhänger, offenbarten der ganzen christlichen Welt die vollen Konsequenzen der Anschauungen, die sich Augustinus in dem Jahrzehnt nach seiner Rückkehr aus Mailand in die Isolation Nordafrikas zu eigen gemacht hatte. Es war, als hätte im Archipel der altchristlichen Kultur des Mittelmeerraums ein Erdbeben eine neue Insel an die Oberfläche gestoßen. Viele Christen, die sich äußern konnten, schauten mit erheblicher Beunruhigung auf ihre ungewohnten und steilen Umrisse. Die Kontroversen aus Augustinus' Altersjahren führen uns in fast jede Region der griechischen und lateinischen Welt. Sie bieten uns eine einzigartige Gelegenheit, die neuartigen Einstellungen zur Sexualität und zum Menschen, die Augustinus hatte, durch die Augen derer zu sehen, die ganz anderen christlichen Traditionen angehörten.

3. Poena Reciproca

Julian, der Bischof von Eclanum in Süditalien, war der letzte und bei weitem der schonungsloseste von Augustinus' vielen

Kritikern. Er war wegen seiner Unterstützung der Anschauungen des Pelagius um 419 gezwungen worden, Italien zu verlassen. Er war etwa 40 Jahre alt, als er verbannt wurde. Er war fast eine Generation jünger als Augustinus, doch er war in einer älteren Welt aufgewachsen. Er kam aus dem aristokratischen Italien, das Hieronymus so abrupt verlassen hatte und in das der geduldigere Rufinus zurückgekehrt war. Seine in schwungvollem Latein geschriebenen Polemiken setzten ein Oberschichtpublikum in Italien voraus, dessen Erfahrungen sich merklich von denen unterschieden, die Augustinus in Afrika hatte. In der Debatte über Ehe und Sexualität zwischen Augustinus und Julian können wir die Konfrontation zweier Welten verfolgen.[79]

Julian hatte keine Bedenken gehabt, ein verheirateter Geistlicher zu werden. Er hatte als junger Mann, der die niederen Weihen empfangen hatte, etwa in den Jahren zwischen 400 und 403 geheiratet. Das war kaum erstaunlich. Er war der Sohn eines Bischofs, und er heiratete die Tochter eines Bischofs. Kein anderer als Paulinus von Nola schrieb ein *Epithalamium* für das junge Paar. Paulinus schilderte Julian und seine Braut, die vor dem Bischof von Beneventum (Julians Schwiegervater) standen, wie Adam und Eva einst vor Gott im Paradies gestanden hatten, um den Segen *Seid fruchtbar und mehret euch* zu empfangen. Für Paulinus ließen sich die Alternativen des jungen Paars im Sinne eines unkomplizierten Entweder-Oder ausdrücken. Entweder würden Julian und seine Gattin beschließen, in jungfräulicher Eintracht miteinander zu leben, »einen Leib tragend, der vom Fleisch nichts weiß« (wie es Paulinus schließlich mit seiner Gattin getan hatte und wie es einige von Paulinus' Freunden getan hatten),[80] oder aber, »sollten sie einander im Leib angenehm sein«, so »möge keusche Nachkommenschaft ein priesterliches Geschlecht bilden [noch einmal, in der dritten Generation!]«.[81]

Unter solchen Menschen blieb Sexualität unproblematisch. Für einen enthaltsamen Aristokraten wie Paulinus hatte es sich als leicht genug erwiesen, auf sexuelle Befriedigung zu verzichten. Sie spielte in seinem Leben vielleicht nie eine große Rolle. Als junger Mann aus hochgestellter Familie, der dazu verpflichtet war, männliche Erben zu produzieren, hatte er ordnungsgemäß einen Sohn gezeugt. Als das Kind starb, richteten sich Paulinus und Therasia in einem Leben nachehelicher Enthaltsamkeit ein. Julian war diesem Kurs gefolgt. Als er gegen Augustinus schrieb, lebte er seit langem enthaltsam. Soweit wir wissen, hatte er keinen Sohn. Seine Gattin war vielleicht gestorben, oder sie hatte sich möglicherweise in ein Kloster zurückgezogen, als er um 409 Diakon wurde. Hier vollzog sich eine völlig unauffällige Evolution. Anders als bei Augustinus brauchte kein mächtiges Erdbeben auf dem Meeresgrund des Ich Julians würdevollen Entschluß zu begleiten, auf Sex zu verzichten.

Verglichen mit den wirklich finsteren Zwängen, die Aristokraten durch ihren gesellschaftlichen Status auferlegt wurden, schienen die sexuellen Strudel des Körpers eine Kleinigkeit zu sein. Die Verhaltensweisen, mit denen es junge Männer und Frauen in Rom und Süditalien aufnehmen mußten, waren durch den Besitz von enormem Reichtum, durch das erdrückende Gewicht gesellschaftlicher Erwartungen und durch die Habgier und Grausamkeit, die mit der Ausübung von Macht einhergingen, bestimmt. Das war eine ganz andere Welt als die der randständigen jungen Karrieristen, in der Augustinus aufgewachsen war. Im engen Kreis der christlichen Aristokratie waren die Anfechtungen führender Männer und Frauen jedem bekannt. Sexuelle Versuchung hatte darunter die geringste Bedeutung.

Um ein Beispiel zu nennen: Die Enkelin Melanias der Älteren, Melania die Jüngere, und ihr Gatte Pinianus waren allen Hauptbeteiligten in der Kontroverse zwischen Julian und Augustinus bekannt.[82] Melania war um 400 n. Chr. verheiratet worden, als sie vierzehn Jahre alt war und Pinianus siebzehn. Sie hatte damit, daß sie sich weigerte, sich zu waschen, deutlich zu machen versucht, daß sie nicht wollte, daß ihr Körper für die Ehe gebraucht würde.[83] Ihre Erfahrung des Ehebetts war eine Nachbildung der Erfahrung ihrer Großmutter. Doch sie mußte sich damit einverstanden erklären, den Verkehr fortzusetzen, bis Pinianus einen Sohn hatte.[84] Das erste Kind, ein Mädchen, wurde sogleich Gott geweiht.[85] Das zweite Kind, ein Junge, starb nach einer äußerst schwierigen, verfrühten Geburt. Bald danach starb ihre Tochter.[86]

Mit 20 Jahren überredete sie Pinianus schließlich, enthaltsam zu leben. Sexuelle Erfahrungen waren nicht das, wobei junge Menschen, die durch die Tyrannei des Ehebetts verletzt waren, verweilen wollten. Was Melania am schrecklichsten belastete, war der gewaltige Reichtum, der ihren Körper zum Verbindungspunkt zweier erbarmungsloser Familien gemacht hatte. Lange nach ihrer Bekehrung zur Enthaltsamkeit lagen die Verwandten beider in erbittertem Streit darüber, wie das junge Paar über seinen Reichtum verfügen sollte.[87] Im Rückblick auf diese Zeit ihres Lebens erzählte sie ihrem Biographen, wie der Teufel einst ihren Palast feurig golden glänzen ließ und in ihrem Geist die rauschenden Lichtungen und das blendende marmorne Badehaus ihrer Lieblingsvilla heraufbeschwor.[88]

Pelagius bewegte sich in dieser unverwechselbaren Welt als ein Lehrer von tiefer moralischer Inbrunst. Er kam irgendwann nach 390 aus dem fernen Britannien nach Rom.[89] Gerade für Männer und Frauen, deren asketische Militanz durch das Beispiel von Melania und Pinianus inspiriert war, schrieb er, um die Bedeutung der Willensfreiheit zu betonen. Spektakuläre Entsagungen der aristokratischen Meinung zum Trotz zeigten, wozu Christen fähig waren, wenn sie einmal das »Schwert des freien Willens« ergriffen hatten.[90] Wer Pelagius' Kommentare zu den Briefen des Apostels Paulus oder die Ermahnungen seiner Anhänger las, wurde dazu herausgefordert, sich des Ausmaßes seiner Freiheit zu erinnern. Pelagius' Leser konnten sich von dem schweren Rost der korrupten sozialen Gewohnheiten befreien, die mit der grausamen und zutiefst profanen Gesellschaft der regierenden Klassen in Rom einhergingen.[91] Für Pelagius hatte Adams Sünde keine unwiderrufliche Schwächung des Willens herbeigeführt. Keine unüberwindliche ererbte Schwachheit stand zwischen modernen Christen und der erstmals Adam und Eva verliehenen Fähigkeit, Gottes Geboten in vollem Umfang zu folgen.[92] Pelagius und seine Anhänger weigerten sich zu glauben, daß religiöse Männer und Frauen auf Gedeih und Verderb Kräften ausgeliefert seien, die sich der Kontrolle des Willens entzogen.[93] Eine solche Auffassung kam Pelagius und seinen Anhängern gleichbedeutend damit vor, daß man moralische Trägheit duldete. Sobald die Kirche unter den Einfluß solcher Anschauungen käme, behauptete Julian, würden alle Laster als Dinge abgetan werden, bei denen es sich lediglich um die unvermeidlichen Schwächen einer menschlichen Natur handelte, die unwiederbringlich gefallen war.[94] Es waren nicht solche gefährlichen Grübeleien über die menschliche Schwachheit, wodurch der Ruhm Gottes und seiner erlösenden Gebote in den noch wenig christianisierten Provinzen des Westens offenbar gemacht werden würde.[95]

Zwischen 400 und 410 entwickelte sich die asketische Sensibilität Italiens zugunsten von Pelagius' Ansichten. Pelagius selbst war von Rufinus' Übersetzungen der Werke des Origenes inspiriert worden.[96] Pelagianer, die in Flugschriften das asketische Leben verteidigten, gehörten zu den wenigen römischen Christen, die des Hieronymus überspannte Aussagen in seiner Schrift *Gegen Jovinian* begrüßten.[97] Nachdem Pelagius im Jahre 417 vom Bischof von Rom verdammt worden war, fand es Julian leicht, an den Asketizismus in Italien zu appellieren. Dessen sehnlichste Hoffnungen waren verraten worden. Augustinus predigte Verzweiflung:

Verzweiflung darüber, je die Keuschheit zu erreichen, ... wenn die Macht unanständiger Lust als so stark dargestellt wird, daß weder der Verstand sie beherrschen oder zurückhalten könnte, noch die vereinte Erfahrung der Apostel beweist, daß sie je unter Kontrolle gehalten werden kann.[98]

Julian war jedoch weit konsequenter, als es sein Mentor Pelagius gewesen war. Er erkannte, daß Augustinus' Vorstellung von der bleibenden Verderbtheit der menschlichen Natur seit dem Sündenfall eng mit seiner Überzeugung verknüpft war, daß diese Verderbnis durch eine ständige Störung des Sexualtriebs deutlich gemacht wurde. Es genügte daher nicht, wenn man wie andere Pelagianer darauf bestand, daß man sexuellen Bedürfnissen ohne unüberwindliche Schwierigkeiten entsagen konnte. Julian mußte darüber hinaus zeigen, daß man rein theoretisch der sexuellen Begierde überhaupt nicht zu entsagen brauchte. Sie war in keiner Weise verdorben. Es war sowohl unvernünftig als auch gottlos zu behaupten, daß der Geschlechtstrieb, wie er jetzt im ehelichen Verkehr gebraucht wurde, anders geartet sei als der, den Gott im Anfang in Adam und Eva gelegt hatte. Wenn das christliche Paar vor seinem Priester stand (wie es Julian und seine Braut einige 20 Jahre zuvor getan hatten), trugen beide in ihrem Körper eine Fähigkeit zu sexueller Begierde und sexueller Lust, die mit der identisch war, die Gott bei Adam und Eva gesegnet hatte. Es konnte manchmal sein, daß die sexuelle Begierde kontrolliert werden mußte, aber man konnte von ihr nie sagen, daß sie »gefallen« sei. Durch eine solche Argumentation führte Julian in der Kontroverse eine dramatische Verschiebung des Schauplatzes herbei. Ein Sturm, dessen erstes Grollen die modische asketische Form von Traktaten über Jungfräulichkeit[99] angenommen hatte, begann jetzt über den Ehebetten der christlichen Laienschaft zu toben.

Julian vergaß nicht, darauf hinzuweisen, daß er schreibe, um den Geschlechtstrieb zu verteidigen,

> nicht als eine außerordentlich gute Sache, sondern als einen Trieb in unserem Körper, der von Gott gemacht ist – einen Trieb, von dem du behauptest, er sei vom Teufel in uns gelegt worden, was deine ganze Lehre mit wenig mehr stehen oder fallen läßt als dem dezenten Verhalten, das den Geschlechtsakt umgibt.[100]

Mit dieser Betrachtungsweise konnte Julian, das wußte er, an verheiratete Christen in einer alten Sprache appellieren. Die konventionelle medizinische Auffassung war auf seiner Seite. Es war bekannt, daß körperliche Lust für die Fortpflanzung notwendig war: Sie war die *confectrix commixtrixque seminum*, die Kraft, die männlichen und weiblichen Samen harmonisch zusammenbrachte.[101] Ein *calor genitalis*, eine verbreitete Hitze, die von lustvoller Erregung begleitet war, war für die Fortpflanzung nötig. Ohne diese und die lustvollen Empfindungen, die sie begleiteten, würde die Empfängnis einfach nicht stattfinden. Die Ehe hätte keinen Sinn. Die sexuelle Lust war also keineswegs das Symptom einer unheilvollen Verwirrung der menschlichen Person, sondern sie war das »erwählte Instrument jeder sich selbst achtenden Ehe ..., annehmbar an und für sich und tadelnswert nur in seinen Auswüchsen«.[102]

Wer die Ehe akzeptierte, mußte die Libido als das akzeptieren, was sie war: als unschuldigen und notwendigen instinktiven Trieb. Die antisozialeren und unmoralischeren Formen der Libido waren banale und belanglose Nebenprodukte: Sie waren ein »Kitzel«, den man selbst bei unbesonnenen jungen Leuten mit der heilsamen Salbe der Evangelien mildern konnte.[103] Dies zu leugnen war gleichbedeutend damit, zu leugnen, daß die christliche Ehe ein von Gott gesegneter Stand war.

Julian verband diese physiologische Einstellung mit dem starken Glauben eines Pelagianers, daß die Sexualität dem Willen unterworfen sei. Das christliche Paar war frei, den sexuellen Mechanismus »auszulösen« und ohne große Schwierigkeiten darauf zu verzichten, trotz seines feierlichen Beginns und seines zugegebenermaßen unkontrollierbaren Abschlusses.[104] Sex war daher das, wozu freie Entscheidungen ihn machten. Gute Entscheidungen bestimmten ihn für Ehe und Kinder. Die soziale Funktion der christlichen Ehe erklärte die körperlichen Fakten des Sex und rechtfertigte sie völlig.[105]

Das Fundament, das Julian seinem Angriff auf Augustinus gegeben hatte, war solide und bestand aus wohlbekanntem Material. Als jemand, der einen großen Teil der Zeit als Verbannter in der griechischen Welt schrieb und bemüht war, deren Führer gegen die afrikanische Kirche zu mobilisieren, berief sich Julian auf eine lange Tradition zum Thema Ehe im christlichen Denken des Ostens. Selbst die asketischsten griechischen Christen waren sich tendenziell darin einig gewesen, daß die Sexualität, solange Männer und Frauen Kinder haben mußten, um den Tod zu überwinden, für die Mehrzahl der Christen unentbehrlich war. Sie war der Menschheit von Gott in seiner Gnade gegeben worden. Ein Prediger wie Johannes Chrysostomus mochte die Gefahren sexueller Versuchung hervorheben, aber er hatte dabei banale Situationen im Auge: Er wandte sich an junge Ehemänner, die von Sklavenmädchen aus ihrem Ehebett gelockt und von der grellen Erotik der Stadt in Versuchung geführt werden konnten. Der Geschlechtsverkehr an sich, zwischen den Ehegatten, bereitete ihm keine Probleme. In seinen entspannteren Momenten als Prediger konnte er sogar die Empfängnis eines Kindes durch eine Frau mit spürbarer Wärme beschreiben: »Als wenn man das lauterste Gold nimmt und mit anderem Golde zusammenschmilzt, geradeso verhält es sich auch hier: die Gattin hegt und nährt den befruchtenden Keim, den sie in der ehelichen Vereinigung mit Lust empfängt.«[106]

Die einzigen Christen, die anscheinend anders dachten, waren die, die die radikalen Traditionen des enkratitischen Syrien geerbt hatten – die Manichäer und die Messalier. Anders als Augustinus konnte Julian gut Griechisch. Er nahm seinen Wohnsitz in Kilikien, in der Nachbarschaft von Kleinasien und Syrien, wo die messalische Bewegung die größte Unruhe ausgelöst hatte. Er wußte, daß der Radikalismus, der sich mit den messalischen Mönchen verband, von den etablierten Bischöfen der griechischen Welt mit besonderer Furcht betrachtet wurde. Von den Messaliern hieß es, sie hätten die Verbindung zwischen Sexualität und Gesellschaft zerschnitten. Der sexuelle Trieb war für sie keine barmherzige Zugabe, die Gott einem gefallenen Adam zur Überwindung des Todes geschenkt hatte. Er war eine dämonische Störung, eine schreckliche Kraft, die von Männern und Frauen Besitz ergriffen hatte und sich wie ein böser Geist tief im Herzen hielt, selbst unter getauften Christen. Die Messalier hatten angeblich die christliche Taufe als ein bloßes »Abrasieren« von Sünden verworfen: die Stoppeln der Lust wuchsen bald nach. Julian warf Augustinus vor, dasselbe zu sagen.[107] Er stellte Augustinus' Begriff des *discordiosum malum* so hin, als impliziere er die Gegenwart einer radikalen Kraft des Bösen im Gläubigen, die den Anstrengungen des Willen Hohn sprach. Die weitverbreitete Furcht vor den Messaliern, die häufig mit den Manichäern identifiziert wurden, lieferte Julian eine vollkommen passende Puppe, der er die Kleider des augustinischen Gedankens einer bleibenden Störung des Sexualtriebs anziehen konnte.[108]

Italienische Leser wußten vielleicht nicht so viel über die Messalier, wie Julian während seiner Verbannung im Osten über sie in Erfahrung brachte. Sie wußten allerdings, daß Augustinus einst Manichäer gewesen war. Julian warnte sie, daß der Leopard seine Flecken nicht geändert hätte. Sie sollten vorsichtig sein: Augustinus glaubte immer noch mit seinen alten Lehrern, daß ein Element des permanent Bösen in den Menschen existiere und daß dieses Böse selbst – durch den Akt des Geschlechtsverkehrs – für die gedankenlose Fortsetzung einer verdammten Menschheit verantwortlich sei.[109]

Mit dem Gedanken an den Manichäismus machte Julian seine ersten Schachzüge in der Kontroverse. Schon 418, unmittelbar vor seiner drohenden Verbannung, wandte er sich an den Grafen Valerius, eine einflußreiche Figur am Hof von Ravenna. Valerius war verheiratet. Er war vielleicht ein junger Mann, der noch vorhatte, eine Familie zu gründen. Der erlauchte Graf durfte sich keinen Illusionen hingeben. Julian warnte ihn, daß Augustinus lehre, die Fähigkeit zu körperlicher Lust, ohne die er und seine Gattin keine Kinder haben konnten, sei »das Geschenk des Teufels« an den Menschen gewesen.[110]

Dies war nicht gerade das, was ein vornehmer und potentiell einflußreicher christlicher Laie über seine eigene Ehe hören wollte. Zum ersten und letzten Mal in der Geschichte der Frühkirche, soweit wir wissen, bemühte sich der Klerus um die Meinung eines verheirateten Laien zum heiklen Thema Sex und Ehe. Das war ein gefährlicher Augenblick. Augustinus wußte: Sobald die griechischen Kirchen durch Julians Behauptung, daß seine Anschauungen über Ehe und Konkupiszenz denen der Manichäer und Messalier ähnelten, aufgeschreckt wären und sobald mächtige verheiratete Höflinge in Italien sich abwendeten, wäre die Chance, eine Verdammung der pelagianischen Ideen im ganzen Reich zu bewirken, zunichte gemacht. Von 418 an schrieb Augustinus daher unablässig gegen Julian, zuerst, um Valerius mit einem Werk *Über Ehe und Konkupiszenz* zu beruhigen, und später mit ausführlichen Widerlegungen, die sich an gelehrte lateinische Christen wandten. Selten sehen wir so klar eine Epoche in der Geschichte der Kirche zu Ende gehen.

Wir sahen bereits, warum Augustinus zu der Anschauung gelangt war, daß die Art und Weise, in der die sexuellen Triebe sich der Kontrolle des Willens entzogen, ein besonders klangvolles Symptom für die Schwachheit sei, die die Menschheit von Adams erstem Akt des Ungehorsams geerbt hatte. Worauf er sich jetzt im Gegensatz zu den Pelagianern versteifte, war, daß die Kluft zwischen Willen und sexuellem Gefühl Adam und allen seinen Abkömmlingen als *poena reciproca* auferlegt worden war, als Strafe, die dem Verbrechen angemessen sein sollte.[111] Daher ihre unendliche symbolische Macht. Andere Zeichen von Adams Fall spielten, so kam es Augustinus in seiner späteren Jahren ausnahmslos vor, eine weit machtvollere Rolle in menschlichen Angelegenheiten. Der schreckliche Wasserfall aus hilflosem Elend, Ignoranz, Arroganz, Bosheit und Gewalt erhob ein betäubendes Donnern. Neben diesen verheerenden Übeln war sexuelle Versuchung nicht mehr als ein ärgerliches Rinnsal.[112] Doch die Sexualität und das Grab standen an den beiden Enden des Lebens jedes menschlichen Wesens. Wie zwei eiserne Klammern beschrieben sie unerbittlich den Verlust der ursprünglichen Harmonie von Leib und Seele, den die Menschheit erlitten hatte.

Daher die extreme Ausführlichkeit, die Augustinus in seiner späteren Exegese des genauen Moments von Adams Fall entwickelte. Unkontrollierte sexuelle Gefühle hatten die *poena reciproca* unmittelbar greifbar werden lassen, die über Adam und Eva infolge ihres Ungehorsams kam. Sie hatten die verbotene Frucht gegessen.

Da wurden ihnen beiden die Augen aufgetan, und sie wurden gewahr, daß sie nackt waren.

In deutlichem Kontrast zu den meisten griechischen und syrischen Autoren identifizierte Augustinus diesen Augenblick mit einem Moment klar empfundener sexueller Scham.[113] Er betonte dann, daß diese Scham »mehr als gerechtfertigt« war; sie war »äußerst angemessen«.[114] Sobald sie ihren Willen vom Willen

Gottes unabhängig gemacht hatten, wurden Teile Adams und Evas gegen ihren eigenen bewußten Willen resistent. Ihre Leiber wurden von einem beunruhigenden neuen Gefühl des Fremden in Gestalt sexueller Empfindungen angerührt, die sich ihrer Kontrolle entzogen.[115] Der Körper ließ sich nicht länger völlig vom Willen umfassen. Ein winziges, aber verhängnisvolles Symptom – in Adams Fall das Auftreten einer Erektion, über die er keine Kontrolle hatte – warnte sie beide vor dem schließlichen Abgleiten des Körpers als ganzen aus der vertrauten Umarmung der Seele im Augenblick des Todes.[116]

Das war eine streng psychologische Doktrin. Augustinus hatte das Gefühl, daß er Julians Verteidigung des *calor genitalis* beiseiteschieben konnte. Als Mann, der in der alten Tradition bewandert war und selbst einen Sohn hatte, versuchte er nicht, die medizinischen Phantasien seiner Zeit in Frage zu stellen. Er sah keinen Grund, warum die Empfängnis nicht von einem Augenblick intensiver Lust abhängen sollte, und er war durchaus bereit zuzugeben, daß solche Lust im Paradies vorgekommen sein könnte – keine geringe Vorstellungsleistung für einen spätantiken Menschen mit asketischer Lebensweise. Was ihn beschäftigte, war, daß diese Lust nach dem Fall Adams und Evas einen eigenen Impuls angenommen hatte und daß sie mit den Intentionen des Willens zusammenstieß. Die heftige *summa voluptas* des Orgasmus entzog sich notorisch der bewußten Kontrolle. Das bedeutete, daß eine Offenbarung der Grenzen des bewußten Ich, die im Anfang Adam und Eva betäubt hatte, als betrübliche Erinnerung an den präzisen Moment des Sündenfalls in dem leidenschaftlichen Akt, durch den jeder neue Mensch empfangen wurde, immer noch gegenwärtig war.[117] In diesem psychologischen Modell war Impotenz für ihn von ebensolchem Interesse. Denn auch in der Impotenz wurde der Wille ebenso unverblümt außer Kraft gesetzt wie in dem unkontrollierbaren Vergnügen des Orgasmus: »die Lust versagt der Lust den Dienst ... und teilt sich gegen sich selbst.«[118]

Indem Augustinus die Aufmerksamkeit auf ein solches Phänomen lenkte, rollte er die Flanke der alten medizinischen Tradition auf. Impotenz war entweder als physiologisches Problem behandelt worden, dem man mit körperlicher Bewegung und Diät beikommen konnte, oder man hatte sie als Folge von Zauberei betrachtet. Ja, ein zeitgenössischer Arzt hatte sich damit begnügt, wohlhabenden Patienten, die von dieser Störung befallen waren, den Rat zu geben, sie sollten viel Zwiebeln (reich an Lebensgeist) essen, ihre Siesta auf weichen Betten halten ... und griechische Romane lesen![119] Augustinus dagegen stellte Impotenz und Frigidität zum ersten Mal als psychosomatische Symptome dar, deren Ursachen tief im Ich lagen. Die Sexualität wurde wirkungsvoll aus ihrem physiologischen Zusammenhang herausgelöst und übernahm die Funktion, eine bleibende, ungeheilte Spaltung in der Seele zu spiegeln.

Die unkontrollierbaren Elemente in der sexuellen Begierde offenbarten das Wirken einer *concupiscentia carnis* in der menschlichen Person – eines permanenten Defekts in der Seele, der sie unwiderruflich zum *Fleisch* neigen ließ. Anders als der hastige Hieronymus und selbst anders als Ambrosius gab sich Augustinus außerordentliche Mühe, in zahlreichen geduldigen Erklärungen der paulinischen Briefe zu betonen, daß *das Fleisch* nicht einfach der Körper sei: es war alles, was das Ich dazu führte, seinen eigenen Willen dem Willen Gottes vorzuziehen.[120]

Tatsächlich war die *concupiscentia carnis* für Augustinus gerade deshalb eine so besonders tragische Beschwerde, weil sie so wenig mit dem Körper zu tun hatte. Sie hatte ihren Ursprung in einer bleibenden Verzerrung der Seele selbst. Mit Adams Fall verlor die Seele die Fähigkeit, in einem ungeteilten Willensakt sich selbst ganz aufzubieten, um Gott in allen geschaffenen Dingen zu lieben und zu preisen. Die Konkupiszenz war ein dunkler Trieb, all die guten Dinge, die von Gott geschaffen waren, um mit Dankbarkeit angenommen und mit anderen geteilt zu werden, zu kontrollieren, sich anzueignen und für eigene private Ziele zu verwenden. Sie war der eigentliche Grund für das unentrinnbare Elend, mit dem die Menschheit geschlagen war.[121] Die sexuelle Begierde war von dieser tragischen, anonymen Konkupiszenz nicht mehr belastet als jede andere Form menschlicher Aktivität.[122] Doch gerade die Unstimmigkeiten, die mit sexuellen Gefühlen einhergingen, benutzten den menschlichen Körper als winzigen Spiegel, in dem Männer und Frauen einen Blick von sich selbst erhaschen konnten. Sie sahen sich aus diesem unerwarteten Blickwinkel, wie Gott im Anfang Adam und Eva nach dem Sündenfall gesehen hatte. Sie waren Wesen, die ebenso sicher von ihm und voneinander entfremdet waren, wie ihre eigenen sexuellen Gefühle jetzt von ihrem eigenen bewußten Ich entfremdet waren. Zu keinem anderen Zeitpunkt in der Geschichte der Frühkirche waren die undurchsichtigen und etwas banalen Fakten des Sex so lange in einem einzigen prüfenden Licht gehalten worden wie in der Bemühung des Augustinus, durch sie die *poena reciproca* auszudrücken, die so schwer auf dem Menschengeschlecht lag.

Das indirekte und bedeutsame Resultat des Gewichts, das Augustinus auf den psychologischen Impuls hinter dem Sexualtrieb legte, bestand in der Zerstörung der säuberlichen Unterteilungen, mit denen Christen einer früheren Epoche tendenziell die Befürchtungen in Schach gehalten hatten, die von der sexuellen Komponente der menschlichen Person hervorgerufen wurden. Man konnte die Sexualität nicht mehr selbstverständlich als ein Problem betrachten, das hauptsächlich die jungen Leute betraf. Anders als Julians *calor genitalis* war die *concupiscentia carnis* des Augustinus kein physiologischer Trieb, der gefahrlos auf den Körper beschränkt war. Sie war kein körperliches Hitzereservoir, von dem man erwarten konnte, daß es im Laufe der Jahre ausbrannte und den Alten gestattete, ohne übermäßige Besorgnis in den nachehelichen Zölibat zurückzusinken, der die normale Form männlicher Enthaltsamkeit in früheren Jahrhunderten gewesen war.

Infolgedessen erschien der asketische Kampf soviel ungewisser. Niemand konnte seine eigene Fähigkeit ermessen, einer so subtilen und beständigen Quelle der Versuchung zu widerstehen. Bei all seinem scharfen Gefühl für sexuelle Gefährdung war beispielsweise Hieronymus ein Mönch der alten Schule gewesen. Die intensive Körperlichkeit in seinen Beschreibungen des asketischen Lebens enthielt einen uneingestandenen Optimismus. Er war zuversichtlich, daß sich der Körper direkt durch Diät beeinflussen ließ: Langes Fasten sowie das sorgfältige Meiden von Wein und von gemischter Gesellschaft würde den Sexualtrieb erlahmen lassen.[123] Zeitgenössische Ärzte hatten genau dasselbe gesagt.[124] Augustinus konnte es sich nie gestatten, so sicher zu sein. Als die Manifestation einer ungreifbaren Konkupiszenz war die Sexualität ein beunruhigend altersloser Gegner:

Denn als ich dieses Werk in der Hand hatte, wurde uns gemeldet, daß ein alter Mann von 83 Jahren, der seit 25 Jahren mit seiner Frau in Enthaltsamkeit gelebt hatte, sich gerade eben eine junge Lyraspielerin zu seinem Vergnügen gekauft hatte.[125]

Das war auch für die verheiratete Laienschaft eine beunruhigende Lehre. In dem Anschreiben, das Augustinus zusammen mit seinem Buch *Über Ehe und Konkupiszenz* dem Grafen Valerius schickte, pries er Valerius für die »Keuschheit« seines Ehelebens. Solche Keuschheit war mehr als das Vermeiden eklatanter Treulosigkeiten. Sie stand dem scharfgeschliffenen Begriff ehelicher Zucht näher, den Ambrosius im Jahre 396 der Kirche in Vercelli vorgetragen hatte. Sie erforderte einen persönlichen Kampf mit der Begierde, von dem nur die nächsten geistlichen Berater des Grafen wissen konnten.[126] Ein Gefühl für die anhaltende Kraft der Konkupiszenz, das sich gewöhnlich eher mit den einsamen Kämpfen der Wüstenväter verbunden hatte, färbte jetzt die Sicht, die Augustinus von den ehelichen Beziehungen jedes Katholiken hatte.

Deshalb ist es außerordentlich angemessen, daß die besonnenste und maßgebendste Widerlegung der Anschauungen des Augustinus von einem authentischen Vertreter der Wüstentradition kam. Johannes Cassianus war ein Schüler des Evagrius in Ägypten und später des Johannes Chrysostomus in Konstantinopel gewesen. Er war ein Mitglied der monastischen Diaspora, die infolge des Origenismusstreits aus Ägypten und Konstantinopel vertrieben worden war. An seinem Wohnsitz Lérins, einer verlassenen Insel gegenüber von Cannes, in Sichtweite der sonnenverbrannten Hänge der Alpes Maritimes, schrieb Cassianus in der Zeit von etwa 420 bis 426 seine *Unterredungen* (*Collationes*) und seine Schrift *Über die Mönchserziehung* (*De institutis coenobiorum*). In Form von ausführlichen Gesprächen mit den Alten Männern Ägyptens wollte er die stille Stimme der Wüste in ein westliches Mittelmeer herübertragen, das von den Stürmen des Pelagianismusstreits gepeitscht wurde.[127] In seiner *Dreizehnten Unterredung* hatte er mit äußerstem Takt den Versuch unternommen, das zu modifizieren, was ihm als gefährliche Leugnung der Willensfreiheit erschien, die in Augustinus' Begriff von Gnade und Prädestination lag. Die indirekte Kritik wurde von Augustinus' Anhängern in Südgallien sofort richtig erkannt.[128]

Die Widerlegung von Augustinus' Begriff der Konkupiszenz, die Cassianus in seinen anderen *Unterredungen* vornahm, war indirekt, aber ebenso bestimmt. Der Krieg mit der sexuellen Versuchung, darin waren sich die Alten Männer einig, war in der Tat ein Konflikt, der »unmittelbar in die Fasern unseres Wesens eingewoben« war.[129]

Wenn ein Ding in allen Personen ohne Ausnahme existiert [versicherte ihm Apa Paphnutius], können wir nur meinen, daß es zur eigentlichen Substanz der menschlichen Natur seit dem Sündenfall gehören muß, so als wäre es dem Menschen »natürlich«.[130]

Doch die Schlußfolgerungen, die die Alten Männer aus dieser Beobachtung zogen, waren nicht die, welche Leser des Augustinus mittlerweile erwarteten: denn

wenn man feststellt, daß ein Ding angeboren ist, ... wie können wir umhin zu glauben, daß es durch den Willen des Herrn eingepflanzt wurde, nicht um uns zu schädigen, sondern um uns zu helfen.[131]

Dadurch, daß er fortwährend der Versuchung ausgesetzt war, wurde der Mönch in der barmherzigen Säumigkeit des Fleisches gehalten. Nur die eisigen Dämonen waren von der Schlacht mit der Konkupiszenz ausgenommen. Denn sie standen außerhalb von Gottes Gnade. Anders als der Mönch litten sie nicht an gelegentlichen feuchten Träumen:

Und aus dieser Tatsache können wir klar ersehen, daß der Kampf des Fleisches und des Geistes gegeneinander nicht nur harmlos ist, sondern tatsächlich äußerst nützlich für uns. ... *Dies sind die Völker, die der Herr übrigließ, damit er durch sie Israel prüfte.*[132]

Die fortbestehende Gegenwart des Sexualtriebs tat mehr, als den Mönch vor Stolz zu bewahren, indem sie ihm die periodisch auftretende Schande nächtlicher Samenergüsse aufbürdete. Sexuelle Phantasien waren wie Signale auf einem Schirm. Sie registrierten Prozesse, die außer Sichtweite, in den Tiefen des Ich lagen. Sie informierten den Mönch über die Bewegung von Kräften in ihm, die außerhalb seines unmittelbaren Bewußtseins lagen. Erst wenn die anonymeren Triebe des Egoismus und des Zorns gestillt waren, würde der Mönch dahin kommen, eine köstliche Freiheit von sexueller Phantasie zu spüren, die mit dem Zustand totaler *Herzensreinheit* verbunden war.[133] Bis dahin warnten ihn sexuelle Versuchungen weiterhin, daß diese Triebe immer noch unbewußt in seiner Seele verharrten.

Cassianus wählte bewußt die medizinische Terminologie seiner Zeit, um sein Gefühl für psychische Kräfte auszudrücken, die wie subkutanes Fieber im unbewußten Ich brannten. Mürrische Ressentiments, uneingestandener Egoismus und ein diffuser Zorn lagen in der Seele geronnen wie unaufgelöste Rückstände schädlicher Säfte. Nur indem er seiner eigenen sexuellen

Versuchung gegenüber wachsam blieb, konnte der Mönch die fortgesetzte, schwächende Gegenwart hartnäckigerer geistiger Leiden in sich ermessen. Er mußte an seine sexuellen Phantasien ähnlich wie ein Arzt herangehen, der den Puls fühlte, um etwas über den wahren Zustand seines Patienten zu erfahren.[134]

Eine derartige medizinische Terminologie ähnelt so auffällig der klinischen Sprache der »Tiefenpsychologie«, daß ein moderner Leser leicht irregeführt wird. Cassianus war in diesem Punkt jedoch ein treuer Anhänger der Wüstenväter. Die Sexualität war für ihn nicht das, wozu sie in der Laienphantasie eines postfreudianischen Zeitalters geworden ist. Sie war nicht der grundlegende instinkthafte Trieb, von dem alle anderen sekundäre Brechungen darstellten. Es war umgekehrt. Die kälteren Triebe, die den Menschen zu heimlichem Einverständnis mit der dämonischen Welt verlockten, waren für das Interesse des Mönchs grundlegender. Sie lagen in seiner Identität tiefer als die sexuelle Begierde. Die Sexualität war ein bloßes Epiphänomen. Sexuelle Triebe und sexuelle Versuchungen verrieten den Tritt weit schwererer Tiere in der Seele – Zorn, Gier, Habsucht und Hoffart.[135]

Augustinus dagegen hatte die Sexualität unverrückbar in den Mittelpunkt der menschlichen Natur gestellt. Er hatte dies deshalb getan, weil für ihn die Sexualität zu der Zeit, als Cassianus schrieb, unauflöslich an die Vorstellung von einem Menschengeschlecht gebunden war, das durch die Gerechtigkeit Gottes dazu verurteilt ist, im Körper und im Geist die ständige Gegenwart einer *poena reciproca* zu ertragen – ein äußerst passendes und dauerhaftes Symptom für den Fall Adams.

Nicht, daß Augustinus' Gefühl für die Stärke und die zerstörerische Kraft der sexuellen Versuchung stärker gewesen wäre als die der Wüstenväter. Für beide war sie eine furchteinflößende und schwächende Prüfung. Beide fürchteten die fortwährende Kraft sexueller Phantasie. Gedanken an sexuelle Dinge schwächten die Fähigkeit des Christen zu wahrer Freude; sexuelle Phantasien und sexuelle Träume untergruben schweigend »die geistlichen Freuden der Heiligen«.[136] Doch in Augustinus' Gedanken diente die Sexualität nur einem einzigen, streng definierten Zweck: Sie zeugte mit schrecklicher Präzision von einem einzigen, entscheidenden Ereignis in der Seele. Sie wiederholte im Körper die unabänderliche Konsequenz der ersten Sünde der Menschheit. An diesem einzelnen schmalen und in die Tiefe reichenden Strahl entlang blickte Augustinus jetzt hinab in die ersten Anfänge menschlicher Schwachheit. Nächtliche Samenergüsse sagten ihm gar nichts über die stillschweigende Verschiebung der Kräfte in der Seele eines bestimmten Individuums: Sie sprachen zu allen Menschen, und sie sprachen allein von einem – von einer fatalen Ablagerung von Konkupiszenz, die Adams Fall dort hinterlassen hatte.[137] Das war eine drastisch verengte Sicht eines komplexen Phänomens.

Cassianus schrieb so, wie er es tat, weil er ein ferner Erbe des Denkens von Origenes gewesen war. Er war davon überzeugt, daß sich die tiefsten Tiefen des Menschen verschieben konnten. Auch wenn die Kräfte in ihm nicht voll seinem Bewußtsein zugänglich waren, unterlagen sie doch der Kraft des freien Willens, sie in wachsamer Zusammenarbeit mit der Gnade Gottes zu beherrschen. Die innere Welt des Mönchs ließ sich langsam, aber sicher auf dieselbe Weise verwandeln, wie das riesige Universum des Origenes nach dem disziplinierten Gebrauch von Freiheit durch zahllose Wesen im Verlauf von endlosen Zeitaltern in das uranfängliche Feuer der Umarmung Christi zurücksinken würde. Eine *Fülle des Friedens* würde in das Herz des Mönchs fluten. Die dunklen Winkel des Ich würden endlich ans Licht kommen:

Und ich will dir heimliche Schätze geben und verborgene Kleinode.[138]

In der Zwischenzeit wurde dem Mönch nahegelegt, seine Träume nach willkommenen Signalen des Einzugs von Herzensfrieden abzusuchen. Geschäftsmäßig, wie er nun einmal war, verkündete Apa Moses, daß drei Samenergüsse pro Jahr ohne sexuelle Phantasien das wären, was der gute Mönch erwarten könne; und Moses war einst ein Räuberhauptmann von legendärer Statur und Vitalität gewesen, der viele Jahre besonders grausamer sexueller Versuchung durchgemacht hatte.[139] Augustinus dagegen glaubte nie, daß eine solche Befreiung in diesem Leben stattfinden würde. Es ist selten, daß zwei lateinische Schriftsteller, von denen jeder auf seine Weise mit solchen Kräften der Introspektion begabt und zu so faszinierendem literarischen Ausdruck fähig war wie Augustinus und Johannes Cassianus, zu so diametral entgegengesetzten Schlüssen im Hinblick darauf gelangten, was genau sie in ihrem eigenen Herzen gesehen hatten.

4. Pax Plena

Von Julians Schmähung getroffen, hat Augustinus den ruhigen, aber berechtigten Einspruch des Cassianus vielleicht nicht einmal zur Kenntnis genommen.[140] Wir wissen jetzt aus einem kürzlich entdeckten Brief, daß sich Augustinus in den Jahren, in denen Cassianus schrieb, sogar an Atticus, den schlauen Nachfolger des Johannes Chrysostomus als Bischof von Konstantinopel, gewandt hatte.[141] Es ist der Brief eines alten, hinfälligen Mannes. Augustinus ging auf die siebzig zu. Er meinte, Atticus habe ihm nicht von sich aus geschrieben, weil in Konstantinopel angenommen wurde, daß Augustinus bereits tot sei. Das war kaum überraschend, bemerkte Augustinus mit seinem unerschöpflichen literarischen Aplomb: »denn was ist so leicht wie zu glauben, daß ein Mann, der zum Sterben geboren ist, tatsächlich tot sein sollte?«[142]

Der Brief ist bemerkenswert wegen seiner sorgfältigen Wortwahl und wegen der Prägnanz, mit der Augustinus seine endgültige Position darlegte. Atticus wurde nicht über die Ansichten im unklaren gelassen, auf die Augustinus und seine lateinischen Kollegen die christliche Kirche festlegen wollten: Der Brief faßte mehr als 30 Jahre Nachdenken über Sexualität, Ehe und Gesellschaft zusammen.

Die Pelagianer, schrieb er, hatten unrecht gehabt, das verleumderische Gerücht zu verbreiten, daß Augustinus dadurch, daß er die Aufmerksamkeit auf den gegenwärtigen Zustand der Sexualität als bleibendes Symptom des Sündenfalls lenkte, in irgendeiner Weise den »Trieb zu heiraten«, die *concupiscentia nuptiarum*, verdammt hätte:[143]

Welcher Katholik könnte sagen, daß der Trieb zur Heirat ein vom Teufel eingepflanzter Drang sei, wenn dadurch das Menschengeschlecht sicher vermehrt worden wäre, selbst wenn es niemals gesündigt hätte. ... Welcher Katholik preist nicht im Angesicht von Gottes Schöpfung in Seelen und in unserem menschlichen Fleisch Seine Werke und stimmt nicht aus tiefstem Innern eine Hymne an den Schöpfer an, welcher nicht nur zu jener Zeit, vor der ersten Sünde des Menschen, sondern auch jetzt noch alle Dinge wahrhaft gut macht?[144]

Aber dieser Trieb mußte von der *concupiscentia carnis* unterschieden werden:

Ein Trieb, der ganz wahllos nach erlaubten und unerlaubten Objekten brennt; und der von dem Trieb zur Ehe gezügelt wird, welcher ihm untergeordnet sein muß, welcher ihn aber von dem zurückhält, was nicht erlaubt ist. ... Gegen diesen Trieb, der in Spannung mit dem *Gesetz des Gemüts* ist, muß alle Keuschheit kämpfen: die des Ehepaars, so daß der Trieb des Fleisches recht gebraucht werden mag, und der von enthaltsamen Männern und Jungfrauen, so daß, noch besser und mit einem Kampf größeren Ruhms, er überhaupt nicht gebraucht werden sollte. Dieser Trieb, hätte er im Paradies existiert, wäre in einer wunderbaren Höhe des Friedens nie über das Gebot des Willens hinausgegangen. ... Er hätte sich nie dem Geist mit Gedanken an unpassende und unzulässige Freuden aufgezwungen. Er hätte nicht durch eheliche Mäßigung im Zaum gehalten oder durch asketische Mühe mit unentschiedenem Ausgang bekämpft zu werden brauchen. Wenn er einmal gefordert worden wäre, wäre er vielmehr dem Willen der Person mit aller Leichtigkeit eines aufrichtigen Gehorsamsaktes gefolgt.[145]

Zusammen mit diesem späten Brief stellen die Predigten, die Augustinus in den letzten Jahrzehnten seines Lebens hielt, seine endgültigen Ansichten über die Sexualität in ihre wahre Perspektive. Wenn er Verheirateten predigte, begnügte er sich mit den banalsten Ermahnungen zu Beherrschtheit: Es fiel ihm schwer genug, Ehemänner dazu zu überreden, ihren Frauen treu zu sein, und Ehepaare dazu zu bringen, während der Fastenzeit den Versuch der Enthaltung zu unternehmen, ohne die gelehrteren Verwüstungen der Konkupiszenz breitzutreten.[146] Wenn ein Bischof predigte, erwartete man von ihm eher, daß er gegen *scelera* predigte, gegen Gewalttätigkeit, Betrug und Unterdrückung, nicht gegen sexuelle Sünden.[147]

Dem Afrika des Augustinus waren barbarische Invasionen erspart geblieben. Aber die afrikanische Gesellschaft ächzte unter alten Übeln. Die Mächtigen schikanierten die Armen. Bewaffnete Banden von Sklavenhändlern zogen ungestraft durch ländliche Gegenden, die ohne Verteidigung waren. Mitglieder von Augustinus' eigenem Klerus spielten sich in den Dörfern als kleine Tyrannen auf.[148] Die säkulare Gesellschaft, deren Existenzrecht Augustinus bestätigt hatte, indem er den asketischen Mythos eines präsozialen Paradieses aufgab, und deren Zwangsmächte er schließlich akzeptiert hatte, indem er die offizielle Unterdrückung seiner religiösen Rivalen rechtfertigte, zeigte jetzt ein grausames Gesicht.[149]

Die katholische Kirche würde nie in der Lage sein, diese Gesellschaft als ihre »wahre Mutter« zu umarmen, wie er einst, das waren jetzt 40 Jahre her, in Mailand und dann in seinen ersten Jahren in Afrika zu hoffen versucht gewesen war. Alles, was er und seine Kollegen jetzt tun konnten, war, abseits zu stehen »und vergeblich über die Unglücklichen zu seufzen«, da die Mächtigen die Armen unterdrückten.[150] Augustinus' düsteres Gefühl dafür, daß das christliche Leben von einem ungelösten moralischen Konflikt bestimmt sei, wurde in seinen späteren Predigten tragisch erweitert: Die Kirche selbst, der große unsichtbare Leib Christi, und nicht nur der einzelne Gläubige, litt unter den Spannungen des Lebens in dieser Welt; der endgültige Friede war ihr für immer versagt.[151]

In all diesen Jahren bitterer Enttäuschung gab Augustinus nie die Hoffnung auf, an der er mit wachsender Betrübnis das gegenwärtige Elend des Menschengeschlechts beurteilte. Es war noch immer eine Hoffnung auf Einheit. Eine zerbrochene Harmonie würde am Ende der Zeit wiedergewonnen werden. In seinen Predigten können wir den Schwung eines unermüdlichen Herzens spüren. Der fatale Makel der Konkupiszenz wäre Augustinus nicht so tragisch erschienen, wenn er nicht zu der immer tieferen Überzeugung gelangt wäre, daß die Menschen dazu geschaffen seien, die materielle Welt anzunehmen. Der Körper war für ihn gerade darum ein Problem, weil er geliebt und gehegt werden sollte:

Laß es mich dir noch intimer sagen. Dein Fleisch ist wie deine Gattin. ... Liebe es, weise es zurecht; laß es sich zu einem Band von Leib und Seele gestalten, zu einem Band ehelicher Eintracht. ... Lerne jetzt, das zu beherrschen, was du als geeintes Ganzes empfangen wirst. Laß es jetzt Mangel leiden, auf daß es dann Fülle genieße.[152]

Im Zustand der Gefallenheit, in der sich der Mensch befand, mußte der Körper noch diszipliniert werden. Er blieb für Augustinus eine Quelle ungeminderter Beunruhigung. Um die gelehrten Leser seines *Gottesstaats* und seiner Traktate gegen Julian zu überzeugen, berief sich Augustinus auf die Autorität der Alten. Er öffnete die Schleusen der lateinischen christlichen Literatur ebenso drastisch, wie es Hieronymus getan hatte, um den harten männlichen Puritanismus hereinzulassen, den Römer bei ihren Vorfahren und bei ihren Lieblingsschriftstellern liebten. Das schroffe Mißtrauen eines alten Römers gegen sinnliche Lust und die Befürchtung, daß die Freuden des Körpers die Entschlossenheit des Manns der Öffentlichkeit schwächen könnten, trugen eine besonders strenge Note in die Ausführungen, mit denen Augustinus beschwörend darlegte, wie die Menschen auf ewig einer gnadenlosen Konkupiszenz ausgesetzt seien. Er schuf einen verdunkelten Humanismus, der die vorchristliche Vergangenheit und die christliche Gegenwart in gemeinsamem Mißtrauen gegen sexuelle Lust miteinander verknüpfte.[153] Damit wurde späteren Epochen eine schwere Erbschaft hinterlassen.

Die Predigten des Augustinus dagegen waren von diesem eisigen Ton auffallend frei. In ihnen sprach er von ehelicher Liebe mit einem tiefen Gefühl der Traurigkeit. Als er in Karthago predigte, zu einer Zeit, in der ein großes städtisches Fest im Amphitheater stattfand, bedeutete ihm der nominelle Triumph der christlichen Kirche in der afrikanischen Gesellschaft wenig.[154] Er mußte vielmehr von einem tieferen Frieden sprechen, als ihn Karthago geben konnte. Ehepaare hatten in ihren sexuellen Beziehungen jetzt ständige Wachsamkeit zu üben. Er akzeptierte die Tatsache, daß sie oft erhebliche Schwierigkeiten hatten, sich in Zeiten des Fastens und Wachens des Geschlechtsverkehrs zu enthalten. Augustinus erinnerte sie daran, daß sie lernen sollten, sich nach einer endgültigen Auflösung des Widerspruchs zu sehnen, der ihre gegenwärtige sexuelle Enthaltung so notwendig machte:

Gott hat diese Strafe nicht von uns genommen, auf daß sich jeder von uns immer noch erinnern möge, zu welchem Ort wir berufen sind und von wem; so daß jeder von uns die Umarmung suchen möge, in der keine Unbeständigkeit zu finden ist.[155]

Mit einem gewissen ärztlich gebilligten Genuß Kinder zu zeugen, als Pflicht gegenüber dem irdischen Staat, reichte jetzt nicht mehr aus. Das christliche Ehepaar mußte sich »mit einer gewissen Traurigkeit« zu dieser speziellen Aufgabe »hergeben«: denn im Akt des ehelichen Verkehrs selbst sprachen gerade ihre Körper von Adams Sündenfall zu ihnen.[156] In Augustinus' durchdringender Vision wurden die römische Stadt und die Mauern des ehelichen Haushalts darin – jene soliden, herrlich selbstbewußten Schöpfungen eines altmediterranen Lebensstils – jetzt von einem dunklen Strom sexueller Schande umspült. Adams Schande kannte keine Grenzen. Alle Männer und Frauen mußten es fühlen. Alle alten Grenzen zerfielen unter dem Gewicht der Traurigkeit, die er über die Menschheit gebracht hatte. Stadt und Land, römische und barbarische Kultur, sorgfältig gepflegte Mitglieder der Oberklassen und gewöhnliche Christen, Asketen in der gleißenden Wüste und Ehepaare in den Städten – alle waren von derselben bitteren Flut einer unharmonischen Sexualität erfaßt worden. Die ganze Menschheit gehörte einer einzigen Stadt der Verdammten an – alle waren sie Bürger Babylons von Geburt. Nur durch die Taufe und durch Eingliederung in die katholische Kirche, eine Kirche, deren Basiliken jetzt in jeder Stadt der römischen Welt deutlich zu sehen waren und deren Hierarchie alle Formen des christlichen Lebens umfaßte und disziplinierte, würden Menschen befähigt werden, in die eine Stadt zu gelangen, von der sich *Herrliche Dinge* sagen ließen: in das Himmlische Jerusalem, den Gottesstaat. Nur in einer Stadt am Ende der Zeit und in keiner Stadt des westlichen Reiches in seinem letzten Jahrhundert würde der Schmerz der Zwietracht, den die Sexualität so treu im Fleisch widerspiegelte, einer *pax plena*, einer Fülle des Friedens, Platz machen:

Wann wird voller Friede auch nur zu einem einzigen Menschen kommen? Die Zeit, da voller Friede zu jedem einzelnen kommt, ist die Zeit, da Friede in seiner Fülle in alle Bürger unseres Jerusalems gekommen sein wird.[157]

EPILOG

Leib und Gesellschaft:
Das frühe Mittelalter

In der Mitte des 5. Jahrhunderts hob sich die christliche Kirche in der römischen Welt als eine Institution hervor, die den Enthaltsamen den höchsten Rang einräumte. Als der heilige Patrick um 430 seine exzentrische Mission in einem barbarischen Land jenseits der römischen Grenzen verteidigte, berichtete er: »In Irland, das nie Kenntnis von Gott hatte, ... sieht man jetzt, wie Söhne der Schotten und Töchter der Fürsten zu Mönchen und Jungfrauen Christi geworden sind.«[1]

Später in diesem Jahrhundert machte eine lokale Synode deutlich, daß mit der Verpflanzung des Christentums nach Irland Regeln eines »römischen«, das heißt mediterranen christlichen Anstands zu einem Volk kamen, das bisher nicht für sexuelle Zurückhaltung bekannt war. Die Bischöfe verdammten

jeden Geistlichen ..., den man ohne ein [langes] Gewand sieht und der die unanständigen Teile unter seinem Bauch nicht bedeckt, dessen Haar nicht nach der römischen Manier geschnitten ist und dessen Frau mit unbedecktem Haar herumläuft.[2]

Am anderen Ende der christlichen Welt schalt ein zoroastrischer persischer Statthalter die Christen Armeniens:

Glaubt euren geistlichen Lehrern nicht. ... Was sie in Worten lehren, strafen sie mit ihren Taten Lügen. Sie sagen, daß es keine Sünde sei, Fleisch zu essen, aber sie weigern sich, es anzurühren; daß es statthaft sei, eine Frau zu nehmen, doch sie haben nicht einmal auch nur den Wunsch, eine Frau anzusehen; daß jeder, der Schätze anhäuft, sündige; und sie preisen Armut als die höchste Tugend. ... Sie lieben das Unglück und verachten das Glück. ... Wenn ihr auf sie hört, werdet ihr euch nie wieder euren Frauen nähern, und das Ende der Welt wird bald über euch kommen.[3]

In den Territorien des Reiches schritten jetzt Mitglieder einer klar als solche erkennbaren Elite durch die Straßen jeder Stadt. Gerade ihre Auffälligkeit zog ihnen die üblichen Folgen der

Unpopularität und Satire zu. Bischöfe predigten gegen die, die es als schlechtes Vorzeichen für den Tag ansahen, wenn der erste Mensch, den sie auf der Straße sahen, ein Priester, ein Mönch oder eine Kirchenjungfrau war.[4] Im Jahre 546 verbot Kaiser Justinian Schauspielern, in den »heiligen Gewändern« von Mönchen und Nonnen aufzutreten, um sie in komischen Parodien auf dem Theater darzustellen.[5] Im Laufe von drei Jahrhunderten, seit der Zeit Galens und Justins des Märtyrers, haben wir uns beträchtlich einer Welt genähert, die unserer heutigen Vorstellung vom katholischen Mittelalter ähnelt – einer Welt von ehelosen Priestern, Mönchen und Nonnen.

Wir sollten jedoch daran denken, daß wir die Schicksale einer kleinen und lautstarken Minderheit in einer antiken Gesellschaft verfolgt haben, die sich sehr langsam änderte. Selbst die Minderheit war in ihren Ansichten geteilt. Die Frühkirche war größtenteils deshalb so schöpferisch, weil ihre beredtesten Mitglieder so häufig miteinander uneins waren. Wie in der Geschichte aller großen Revolutionen, die von den militanten Wenigen herbeigeführt wurden, muß sich auch in jeder Geschichte der sexuellen Entsagung in der Frühkirche Raum für Tragödie, für Desillusionierung und für reinen Überdruß auf seiten der unheroischen Mehrheit der Gläubigen finden. In Reaktion auf Hieronymus' Schrift *Gegen Jovinian*, um nur ein Beispiel zu nennen, traten christliche Gemeinden auf den Plan, die über die modischen radikalen Positionen eines ihrer sprachmächtigeren Führer verwirrt und erzürnt waren. Es gab auch Momente der Bitterkeit, wenn sich frühere Angehörige der asketischen Bewegung gegen ihre eigene Vergangenheit wandten. Als Ambrosius in Vercelli einen Mönch als Bischof für die Stadt haben wollte, hatten abtrünnige Mönche aus seinem eigenen Kloster eine Kampagne angeführt, die sich gegen diese Absicht richtete. Wir begegnen Tiberianus, einem Bischof in Südspanien, in einer kurzen, kalten Notiz des Hieronymus. Eine Zeitlang war Tiberianus in die priscillianistische Bewegung verwickelt. Er mußte sogar die Verbannung erdulden. Dann verlor er den Glauben an seine radikalen Freunde: Enthaltsamkeit war nicht mehr die Losung seines Lebens: »*wie ein Hund zu seinem Erbrochenen zurückkehrt*, verheiratete er seine Tochter, die eine Christus geweihte Jungfrau gewesen war.«[6]

Wir wissen weniger von der Reue und den menschlichen Verlusten der Wenigen als von der fröhlichen Unbeirrbarkeit der

Vielen. Der »bleiche Galiläer« mochte das Reich erobert haben; aber mediterrane Römer hüllten sich nicht in nennenswerter Zahl in Mönchskutten. Als Hieronymus im Jahre 384 dem Papst Damasus in Rom als Sekretär diente, erlebte er ein seltsames Begräbnis mit. Ein Ehemann, der zweiundzwanzig Frauen überlebt hatte, begrub eine Gattin, die in ihrer Zeit zweiundzwanzig Männer geschafft hatte. Der Ehemann führte den Leichenzug um ihre Bahre an, »einen Kranz auf dem Kopfe und einen Palmzweig in der Hand, während das ganze Volk der Stadt zusammengeströmt war und ihm zurief: ›sechshundert Stück für Stück [magst du begraben]!‹«[7]

Ein Jahrhundert später, im Jahre 495, wurden die Festlichkeiten der Lupercalia – eines archaischen heidnischen Ritus, der mit Fruchtbarkeit und mit dem guten Benehmen der Frauen der Stadt zusammenhing – jetzt durch Liedchen über die Ehebrüche der römischen Geistlichkeit belebt.[8] Wenig später waren viele Römer davon überzeugt, daß sich der Papst eine Geliebte hielt, die in der Stadt *Conditaria*, »Süß und Scharf«, genannt wurde.[9]

Im Ostreich blieb Scheidung durch Übereinkunft nach römischer Art trotz hartnäckigen klerikalen Drucks die Norm. Tatsächlich sprachen in der Ehegesetzgebung der christlichen Kaiser Überlegungen von Reichtum und Status eine deutlichere Sprache als die Bestimmungen der Evangelien.[10] Die Karriere Theodoras zeigt eine Frau, die in das Leben einer vollständig christlichen Herrscherklasse eingebunden ist, deren Gefühl für erotische Privilegien und soziale Vorurteile sich seit den Tagen des Augustus wenig gewandelt hatte.[11] Als Kurtisane, als Konkubine und schließlich kaiserliche Gattin Justinians wirkte Theodora auch als die fromme und mächtige Beschützerin der Mönche Syriens, welche ihrer recht offenherzig als der »Theodora aus dem Bordell« gedachten.[12]

Im Jahre 630 demonstrierten dreihundert Prostituierte gegen den byzantinischen Statthalter von Syrakus, als er sich in den öffentlichen Bädern erholte. Wir wissen von dem Vorfall nur, weil Honorius, der Papst, entsetzt war, als er hörte, daß der Statthalter die Protestierenden damit beschwichtigt hatte, daß er den katholischen Bischof von Syrakus zum Kaiserlichen Bordellinspektor ernannte.[13] Als gute Bürger des Römischen Reiches in seinen letzten Tagen hielten es Statthalter und Bischof für selbstverständlich, daß ihre erste Pflicht darin bestand,

Recht und Ordnung in der Stadt aufrechtzuerhalten. In Syrakus wie anderswo mußten die Verhaltensnormen, die mit der katholischen Kirche zusammenhingen, noch mit einem Gefüge des städtischen Lebens koexistieren, das lange vor dem Aufstieg des Christentums mündig geworden war.

Weiter nordwestlich, in Gallien, waren die Städte weniger farbenfroh; aber die alten Regeln der römischen Aristokratie beherrschten noch immer das Leben des katholischen Episkopats. Als Vertreter großer Familien, die mit anderen durch Heirat verbündet waren, brachten diese Männer ihr rhetorisches Geschick auf die Kanzel, ihre Erfahrung in der römischen Verwaltung an den Hof des Bischofs und ihre Frauen als »Schwestern in Christo« in den Bischofspalast.[14] Die strikte Enthaltsamkeit des Klerus in großen Teilen des lateinischen Westens beruhte immer noch auf der altehrwürdigen Institution des nachehelichen Zölibats. Das Arrangement hatte seine Belastungen. Um 570 vertraute Bischof Felix von Nantes, »als man von solchen Dingen sprach«, seinem Freund Gregor von Tours an, wie er erstmals begonnen hatte, von seiner Frau getrennt zu schlafen, nachdem man ihn zum Bischof gewählt hatte. Felix' Gattin betrachtete jedoch ein derartiges Verhalten bei einem Bischof keineswegs als selbstverständlich, sondern sie argwöhnte sofort, daß er eine andere Frau gefunden habe. Als sie in sein Zimmer stürmte, sah sie den Bischof, der sich zur Siesta ausgestreckt hatte, fest eingeschlafen, und ein »Lamm von unvergleichlichem Glanz« hatte sich auf seiner Brust zusammengerollt: denn *siehe, ich bin bei euch alle Tage bis an der Welt Ende*.[15] Erst im späten 6. Jahrhundert, als Ehefrauen endgültig aus den Haushalten des Klerus verschwanden und die Mehrzahl der Bischöfe aus dem Kloster in die Städte kam, verfiel ein alter Stil christlicher Führerschaft aus dem Westen, und der klerikale Zölibat, der sich mit dem eigentlichen Mittelalter verbindet, hatte begonnen.[16]

Doch als Augustinus die Feder aus der Hand legte, im Jahre 430, trugen die Führer der christlichen Kirche bereits eine Reihe von Ideen im Hinterkopf, die sie unwiderruflich von den Eliten der Zeit Plutarchs, Galens und Mark Aurels abgrenzten. Unter wiederholten heftigen Erschütterungen war der antike Begriff vom Menschen an vielen Stellen zerbrochen.

Christliche Auffassungen von Sexualität hatten dazu tendiert, den Menschen von der physischen Welt loszubrechen. Der *calor genitalis*, der im Geschlechtsakt entfesselte feurige Geist, wurde nicht mehr mit alter Verehrung behandelt. Die Sexualität wurde nicht als kosmische Energie angesehen, die die Menschen mit den fruchtbaren Herden ebenso wie mit den strahlenden Sternen verknüpfte. Nichts ist ausgeprägter als die Strenge, mit der die Bischöfe des lateinischen Westens jetzt die Anlässe tadelten, bei denen das Tierische und das Menschliche miteinander verbunden erscheinen konnten. Im frühen 6. Jahrhundert war Cäsarius von Arles ehrlich entsetzt, daß Menschen durch die Straßen seiner Stadt tanzten und dabei die großen Hörner des Hirschs trugen und die Schreie wilder Tiere ausstießen.[17] Die Heiden des 1. Jahrhunderts n. Chr. hatte die Gegenwart einer animalischen Natur im Liebesakt nicht sehr gestört: Die Götter selbst hatten das Menschliche und das Wilde in ihren Amouren verbunden. Beunruhigt hatte den antiken Römer nur, daß ein freier Mann die strenge bürgerliche Hierarchie, die ihn von einer Frau trennte, auf den Kopf stellen konnte, indem er sich oralem Sex mit ihr hingab oder indem er sich wie eine Frau darbot, um sich von seinem Liebhaber penetrieren zu lassen. Im Irland und im fränkischen Gallien des finsteren Mittelalters dagegen war es auch die Tierwelt, die vom Ehebett ferngehalten werden mußte: der Verkehr »von hinten, nach Art der Hunde« war eine Form von sündhaftem Akt unter vielen, für die Verheiratete Buße tun mußten.[18]

Von der Natur losgelöst, wurde die Beschäftigung mit dem menschlichen Körper durch die Sorge um das gebrechliche Wirken des menschlichen Willens in den Schatten gestellt. Augustinus' düstere Doktrin der Konkupiszenz stellte den »ausgeprägten, aber nicht auf den Begriff gebrachten Voluntarismus« in den Vordergrund, der die biblische Tradition durchdrungen hatte und der in der frühchristlichen Sehnsucht nach Einfalt des Herzens zum Ausdruck gekommen war.[19]

Das Christentum brachte aus seiner jüdischen Vorgeschichte das charakteristische Aroma einer Sicht der menschlichen Natur mit, die dazu neigte, am Körper, der ruhelos an die bleibende Verwandtschaft des Menschen mit den Tieren erinnerte, vorbei in das Herz zu schauen. Sexuelle Motivationen und die bleibende proteische Kraft sexueller Phantasie zogen die Aufmerksamkeit christlicher asketischer Denker an: gerade ihre Privatheit und Hartnäckigkeit sprachen volltönender als andere Formen menschlicher Schläue und Boshaftigkeit von dem schwarzen Schatten des Eigenwillens, der im hintersten Winkel des Herzens lag. Die Transparenz, die Johannes Cassianus mit der Gabe der »Herzensreinheit« in Verbindung brachte, zeigte sich im Körper durch das Nachlassen des Sexualtriebs. Doch die Gabe wurde nur durch einen Kampf mit dem Herzen selbst im langsamen und verwickelten Auflösen des privaten Willens errungen. Wenn Augustinus mit Johannes Cassianus nicht übereinstimmte, so nicht deshalb, weil er glaubte, daß die Triebe des Körpers etwa stärker oder verdorbener seien: Vielmehr war er der Ansicht, daß die bescheidensten Einzelheiten der Erfahrung des Körpers mit Sexualität – Erektion, Impotenz, Orgasmus und instinktive Scham – ein Versagen des Willens widerspiegelten, das drastischer und unwiderruflicher war, als es Cassianus zuzugeben bereit gewesen war.

Verbote, die direkt auf den physischen Zustand des Körpers zielten, schwächten sich infolge dieser Beschäftigung mit dem gefallenen Willen, wenn auch nur geringfügig, im lateinischen Westen ab. Die nachdenklicheren Leser des Augustinus machten diesen Wandel am deutlichsten. Als Papst Gregor I. im Jahre 601 schrieb, um auf Fragen zu antworten, die von den ersten Mönchen aus Rom zur Entscheidung unter den Heiden in Canterbury aufgeworfen worden waren, zeigte er überraschend wenig Sympathie für ihr Interesse an rituellen Verboten, die mit Blut und Samen zu tun hatten. Tabus, die aus dem Levitikus stammten, waren von den meisten Christen des östlichen Mittelmeergebiets beibehalten worden. Ein Bischof von Alexandrien, ein Schüler des Origenes, hatte im 3. Jahrhundert geschrieben, daß es nicht nötig sei, menstruierenden Frauen zu sagen, sie sollten sich vom Abendmahl fernhalten: gute Christinnen brauchte man an ein so selbstverständliches Verbot nicht zu erinnern.[20] Zeitweilige Verweigerung des Zugangs zum Altar, bei Frauen infolge von Menstruation und Geburt, bei Männern infolge von Ejakulation, hatte die Position von Menschen als Geschöpfen unterstrichen, die zwischen Natur und Stadt angesiedelt waren. Sie hatten den menschlichen sakralen Raum vor den formlosen, rein biologischen Produkten des Körpers geschützt, welche periodisch die Gläubigen an ihre unauflösliche Verbindung zur natürlichen Welt erinnerten.

Als Anhänger des Augustinus in seiner großartigen Besessenheit vom Willen kehrte Gregor dieser Tradition den Rücken. Weder das Blut der Frau noch der Samen des Mannes hatten irgendwelche Bedeutung. Dem »primitiven Volksstamm der Engländer« mußte gesagt werden, daß das, was Menschen vom Heiligen fernhielt, nichts mit ihrem physischen Körper zu tun hatte. Es war der subtile, ungreifbare Makel im menschlichen Willen, welcher zwischen ihnen und Gott stand. Die Verlagerung des Willens führte dazu, daß sich verräterische Strudel »unerlaubter Lust« im Gefolge jedes Akts des ehelichen Verkehrs bildeten. Solche Lust wurde nicht mehr als eine in hohem Maße körperliche Erfahrung gesehen, die vom überschwenglichen Vorwärtsstürmen des Lebensgeistes durch die Adern verursacht wurde; sie hielt sich vielmehr als heftiges, lustvolles Flackern im Herzen. Fromme Römer, fügte Gregor hinzu, hielten sich gewöhnlich von der Kirche fern, bis derartige Gefühle in ihren Gemüt abgeklungen waren. Sie taten es nicht, weil ihr Körper Samen ausgestoßen hatte.[21] Wille und Erinnerung, Themen von packender Bedeutung für introspektiv veranlagte Denker, standen auf dem Spiel und nicht der Körper: »Solche Dinge müssen mit äußerster Subtilität erwogen werden.«[22] »Denn siehe, dies ist es, was es bedeutet, menschlich zu sein, ... ein Geschöpf mit einem Willen, zugleich gebunden und frei.«[23]

Der menschliche Körper hatte nicht mehr seinen festen Ort als Glied in der großen Kette des Seins. Er wurde nicht dazu ermutigt, mit der Tierwelt Freuden zu teilen, denen man sich offen (wenn auch im Rahmen der Vernunft) hingeben konnte, bevor Krankheit und das gefürchtete Nahen des Alters sie fortrissen. Im christlichen Denken des frühen Mittelalters zeigte sich das Fleisch als ein zitterndes Ding. Seine Anfälligkeit für Versuchung, für den Tod, ja selbst für Freude war eine schmerzlich getreue Verkörperung des hinkenden Willens von Adam.[24]

Andere christliche Regionen vertraten keine so starre Auffassung vom irrenden Willen wie die, die Gregor der Große darlegte. In der Tat hatten sich Führer des lateinischen Christentums seit Ambrosius' und Hieronymus' Zeiten ungewöhnlich behende dahin entwickelt, die existierenden Strukturen der Welt als an sich gut zu akzeptieren, während sie die Schuld für das menschliche Böse standhaft der geheimnisvollen Verderbtheit des Willens zuwiesen. Die katholischen Bischöfe des Westens hatten eine ungewisse Zukunft vor sich. Sie bewahrten einen wahrhaft römischen Sinn für die Notwendigkeit, die Libido zu disziplinieren und die Regungen eines maßlosen Eigenwillens in sich selbst und in anderen in Schach zu halten, wenn ihre bedrohte Gesellschaft nicht zerfallen sollte. Sie lebten in einer Welt, für die Augustinus bereits in seinen Schriften der ersten Jahre des 5. Jahrhunderts eine klare Landkarte gezeichnet hatte: Die vertrauten sozialen Grenzsteine blieben unverrückt; aber gegen jeden einzelnen von ihnen schlug gnadenlos der gefallene menschliche Wille, und das nirgends hartnäckiger (so dachten viele) als im Schlafzimmer.

Im östlichen Mittelmeerraum dagegen begegnen wir seit den ersten Anfängen der Kirche verhältnismäßig bescheidenen Männern und Frauen, die in die unerbittliche Logik der bewohnten Welt eingeschlossen sind: »Täglich ertönt ein Widerhall vom Himmel und ruft: ›Die Tochter von diesem für jenen, das Feld von diesem für jenen!‹«[25]

Generation für Generation von Militanten hatten die elementare Geste der sexuellen Entsagung dazu benutzt, sich von dieser eisernen Kette loszureißen. Als beispielsweise das »Himmelreich« um 200 n. Chr. nicht kam, kehrte eine Gruppe von Christen in Pontus entmutigt ins normale Leben zurück. Das Zunichtewerden ihrer Hoffnungen war in einem einfachen Satz zusammengefaßt: »die jungen Mädchen heirateten; die Männer gingen auf die Felder zurück.«[26]

Um die Mitte des 5. Jahrhunderts gab es jedoch im ganzen christlichen Osten in der Nachbarschaft des bewohnten Landes Männer und Frauen, die kein Land besaßen und sich keine Gatten erwählt hatten. In großen, von Mauern umgebenen Klöstern, in Anhäufungen von Zellen, die wie alte Grabkammern in das sandige Plateau Ägyptens gebaut waren, auf den Gipfeln von Bergen, auf Säulen hockend, in allen Ecken der Städte eingemauert, in den Tiefen der Frauengemächer behütet oder in Grotten kauernd, die in die Felsen und die märchenhaften Gesteinsformationen großer Schluchten gehauen waren, machten Mönche und Nonnen deutlich, daß zumindest für einige Christen das Himmelreich gekommen war: Sie hatten sich eine Welt ohne Ehe und ohne private Felder geschaffen. Als zwei syrische junge Männer aus guter Familie in der Regierungszeit Justinians von Jerusalem nach Jericho ritten, wurden sie der Klöster ansichtig, die auf den Felsen über dem Jordan thronten: »›Wer sind diese Männer, die in den Häusern dort drüben wohnen‹, fragte der eine seinen Freund. ›Wie, das weißt du nicht? Es sind die Engel Gottes.‹«[27]

Wir sollten uns über solche »Engel Gottes« keinen Illusionen hingeben. Viele Klöster waren in hohem Maße organisierte landbesitzende Konzerne geworden, deren Eigentum sich auf das beste Agrarland in Ägypten und Syrien verteilte.[28] Einsiedler lebten nahe am bewohnten Land. Sie waren alles andere als Geschöpfe aus einer anderen Welt, und kein Abgrund trennte sie von den Werten des Durchschnittschristen. Manche »Engel« waren nicht mehr als liebenswürdige Wanderer auf der Suche nach einem stillen Alterssitz, so wie das viele der Mönche waren, die im Jahre 451, am Vorabend des Konzils von Chalkedon, in Konstantinopel eine Bittschrift unterzeichneten. Bei der Überprüfung der Unterschriften drehten die Bischöfe einen Stein um, unter dem manch eigentümliches Wesen ans Tageslicht krabbelte: Da gab es »Eutychius, der im Märtyrerschrein von Kelerina lebt, denn er hat kein Kloster ... Nemesinus, von dem wir nichts wissen ... Leontius, einen ehemaligen Tanzbärenführer«.[29]

Selbst die Zahl dieser schwarzgewandeten Gestalten war vielleicht nicht so überwältigend, wie wir zu denken geneigt sind. Das Aphrodito des 6. Jahrhunderts mit 79 Priestern, 18 Diakonen, 33 Mönchen und Nonnen und einem stylitischen Eremiten bei einer Bevölkerung von weniger als 2000 identifizierbaren Steuerzahlern zeigt eine frühbyzantinische Gesellschaft mit einer beträchtlichen ekklesiastischen und asketischen Präsenz. Doch die Stadt hat vielleicht nicht mehr unverheiratete Männer beherbergt als ein ägyptisches Dorf des 2. Jahrhunderts, in dem etwa zehn Prozent der Männer keine Frauen hatten.[30] Worauf es ankommt, ist, daß unverheiratete Männer und Frauen jetzt in eine abgesonderte und privilegierte Klasse gezwungen wurden: Als Mönche und Nonnen brachten sie vielleicht keine Kinder für ihren Staat hervor; aber zumindest wären sie keine Mitbewerber um privates Land.[31] Sie mußten in ihrer anspruchslosen Person den großen spätantiken Mythos der Wüste tragen.

Dieser Mythos hatte den Körper aus alten Solidaritäten herausgerissen. Von dem vollendeten Asketen der oströmischen Vorstellungswelt glaubte man, er habe die Herrlichkeit Adams vor dem Hintergrund einer Landschaft wiedererlangt, in der die wohltätige Kette des Lebens zerrissen war. Er hatte sich von fruchtbaren Feldern, die von so vielen alten Göttern geschützt wurden, hinweg in tote Einöden begeben, die von der tödlichen Kälte der dämonischen Scharen ergriffen waren. Doch er brachte aus einem Land, das Göttern und Menschen verhaßt war, einen Körper zurück, der in süßen Duft gehüllt war.[32] Die Gebete, die die Mönche und geweihten Jungfrauen darbrachten, banden den Himmel an die Erde in einer ungreifbaren Kette der Fürsprache. Menschliches Gebet zu dem einen Gott, das von den Enthaltsamen dargebracht wurde, ersetzte die natürliche kosmische Hierarchie, von der man geglaubt hatte, sie verbinde die üppige Erde durch körperlose dienstbare Geister mit den Göttern, die unter den Sternen wohnten. Ägyptische Christen glaubten jetzt, daß die runzligen, sterilen Körper von Mönchen und Jungfrauen das Tal jedes Jahr grün werden ließen.[33] Als Symeon Stylites die ganze Fastenzeit hindurch fastete, fand man den Topf mit Linsen, den man ihm als einzige Speise für vierzig Tage gegeben hatte, noch ungeöffnet:

Sie fanden ihn voll, genau wie sie ihn verlassen hatten, und sie verwunderten sich und waren erstaunt. Dann standen die Ältesten und die Diakone auf und gaben einen Teil davon allem Volk, von drei bis neun Uhr, und er wurde nicht erschöpft. Dann gingen auch die Witwen der Stadt hinauf und empfingen ihren Rock voll und gingen hinab, und er blieb, genau wie er war.[34]

Selbst in den stabilsten Regionen des Mittelmeergebiets hatte die Stadt mittlerweile ihre alte Form verloren. Die klassische Idee der Stadtgemeinschaft hatte ihren Einfluß auf die christlichen Einwohner der Städte sowohl in der Wirklichkeit als auch in der Vorstellung eingebüßt. Christliche Einstellungen zur Sexualität versetzten dem alten Gedanken von der Stadt als Richterin des Körpers den Todesstoß. Christliche Prediger versahen den Leib mit inneren, unveräußerlichen Qualitäten. Er war nicht länger ein neutraler, unbestimmter Auswuchs der natürlichen Welt, dessen Gebrauch, ja, schon dessen Existenzrecht vorwiegend staatsbürgerlichen Erwägungen von Status und Nützlichkeit unterworfen waren. Gott hatte den menschlichen Körper geschaffen, und Adam hatte die doppelte Schande von Tod und Wollust über ihn gebracht. Die neue Empfindlichkeit gegenüber der Nacktheit zeigte diesen langsamen Wandel in der kollektiven Phantasie der spätantiken Welt. Spätrömische Kleiderregeln für die Oberklassen machten den sozialen Status der Träger allenfalls noch hervorstechender als je zuvor; aber sie taten dies, indem sie den Körper selbst sorgfältig umhüllten. Nicht länger wurden die straffe Muskulatur des Körpers und seine vornehme Haltung, Zeichen des Athleten und des potentiellen

Kriegers, als Statusmerkmale der Oberklasse zur Schau gestellt. Kaiser zeigten nicht mehr ihre unangefochtene Macht, indem sie nackt posierten und damit die heroische Ungezwungenheit und Leichtigkeit wiedererlangten, die sich mit den unsterblichen Göttern verband.[35] Was jetzt hinter der raschelnden goldbestickten Seide und dem Prunk der kaiserlichen Gewänder lag, war sterblicher Lehm, zerbrechlicher Stoff, von denselben Regungen der Begierde angenagt und demselben sexuellen Schamgefühl unterworfen wie das Fleisch, das unter den Lumpen eines Bettlers zitterte.[36]

Die Christen waren von der Unbestimmtheit des Körpers ebenso entsetzt, wie es die Juden gewesen waren. Der Körper junger Männer durfte nicht länger die Zeit des *ludus* genießen, jene Phase offen bisexuellen freien Spiels, bevor der Staat den jungen Mann als verheirateten Staatsmann fest an seinen Platz stellte. Geistliche Lehrer fragten einen jungen Mann jetzt, ob er seine Jungfräulichkeit verloren habe – eine Frage, die drei Jahrhunderte früher nur seine Schwester betroffen hätte.[37] Von den Menschen wurde jetzt erwartet, daß sie vom Körper selbst die Gesetze ableiteten, die ihr körperliches Lieben einschränkten. Der Leib war ein »sakrosankter Tempel«, der von Gott dazu bestimmt war, wenn überhaupt, nur mit Angehörigen des anderen Geschlechts verbunden zu werden, und dann im Idealfall nur zu dem Zweck, Kinder hervorzubringen. Unbestimmtheit aller Art war für spätantike Menschen beunruhigend. Im 4. Jahrhundert wurden die weichen, zerzausten Locken eines Kopfes des Antinous, des Geliebten von Kaiser Hadrian, so umgemeißelt, daß seine glatten Wangen und das volle Haar jetzt eine kaiserliche Dame darstellten![38]

Auch die Produkte des Geschlechtsverkehrs lagen nicht mehr in einer neutralen Zone, wo sie darauf warteten, daß die Familie entschied, ob sie für die menschliche Gesellschaft von Belang waren oder nicht: Empfängnisverhütung, Abtreibung und das Aussetzen von Kindern wurden in gleicher Weise verdammt. Im 6. Jahrhundert wurde von dem alten Recht des römischen Vaters, darüber zu entscheiden, ob er ein neugeborenes Kind anerkennen würde oder nicht, als von einem Brauch gesprochen, der einer fernen heidnischen Zeit angehörte.[39] Wie Tertullian es mit lapidarer Kürze formulierte: »Was erst ein Mensch werden soll, ist schon ein Mensch.«[40] Nicht die Ehepartner hatten zu entscheiden, ob sie ein Kind erschaffen würden, indem sie auf Empfängnisverhütung und Abtreibung zurückgriffen, oder ob sie es nach der Geburt aufziehen würden.[41]

Der schweigende Rückzug des Staates berührte einige der intimsten Aspekte des Ehelebens. Die Betonung der Rolle Gottes bei der Entstehung des Kindes vom ersten Augenblick in der Gebärmutter an und ein verstärktes Gefühl dafür, daß sich der Geschlechtsakt selbst der bewußten Kontrolle entzog, mag durchaus dazu tendiert haben, das gelehrte Hirngespinst vom eugenischen Sex beiseitezuschieben.[42] Man glaubte nicht mehr, daß ziviler Anstand, ja sogar ein gewisses Maß an Höflichkeit und Rücksichtnahme, das der eine Partner dem anderen beim Geschlechtsakt erwies, irgendwelche nennenswerten Auswirkungen auf das Temperament des sich daraus ergebenden Kindes hätte. Dieser Aspekt der Fortpflanzung war dem Bereich menschlicher Wahl entzogen. Die neuen Regeln des eugenischen Sex betonten nur den Zorn Gottes. Diejenigen, die »wie Bauern« Verkehr hatten, indem sie an Sonntagen und an anderen Tagen der Enthaltsamkeit miteinander schliefen, würden Leprakranke und Epileptiker zeugen.[43]

Hinter dieser unangenehmen Rhetorik des Körpers können wir ein Phänomen spüren, das über das ganze Mittelmeergebiet verbreitet ist. In Byzanz und im Westen neigte die Familie dazu, sich nach innen zu wenden. Ihre einfacheren Strukturen erwiesen sich in einer weniger sicheren Zeit als elastischer als die komplexere, abstraktere Solidarität, die die antike Stadt bot.[44] Die Predigten des Johannes Chrysostomus hatten nur den jahrhundertealten Reflex der christlichen Familie, sich mißtrauisch hinter ihren hohen Mauern zusammenzudrängen, an die Öffentlichkeit gebracht. Die Entwicklung der frühbyzantinischen Stadt war auf Johannes' Seite. In Kaninchenställe von Einfamilienräumen rings um belebte Höfe gezwängt, wohnte der durchschnittliche Stadtbewohner des östlichen Mittelmeergebiets im 5. und 6. Jahrhundert in einfachen privaten Unterkünften, die erbarmungslos in die ordentlichen, offenen Räume eindrangen, die einst ein Merkmal der antiken Stadt waren. In Städten, die bereits die Züge einer islamischen Stadt mit dichtgedrängten Gassen, umfriedeten Stadtvierteln und engen Straßen mit belebten Läden angenommen hatten, lieferte die christliche Basilika mit ihrem ausgedehnten Hof und dem prächtigen Bischofspalast der Masse soviel Gefühlserfahrung von einem gemeinsamen öffentlichen Raum, wie es für die Untertanen eines orthodoxen Kaiserreichs als passend erachtet wurde.[45]

Die Stadt verfiel in Schweigen, selbst unter den Toten. Nach dem Jahre 500 waren allenfalls einige Gedenksteine für altmodische Edelleute und Bischöfe der Kirche geneigt, mehr als die lakonischsten Botschaften zu übermitteln: Die großen Marmorsarkophage und Versinschriften gehörten einer früheren, ausdrucksstärkeren Epoche an. In einer neueren Untersuchung heißt es bezeichnend: »Die säkularen Linien von Verwandtschaft und Familie konvergieren nicht mehr auf den Grabsteinen.«[46]

Der Tote wurde ein Abgesonderter. Allein die allernächsten Verwandten sprachen, und das mit zunehmender Zurückhaltung, von ihrer Trauer um die Toten – um Gatten und um Kinder. Gott hatte ihre Seelen zu sich gerufen; einige wenige austauschbare Sinnbilder von Hoffnung und Erlösung sprachen zu den Lebenden von seiner Barmherzigkeit gegenüber den Toten. Nicht länger benutzten die Totendenkmäler das Grab, um wortreich zur Stadt über die Dinge der Stadt zu sprechen, indem sie Vorvätertugenden und öffentlichen Anstand priesen und liebevoll bei bedeutenden Momenten staatsbürgerlichen Ruhms verweilten. Wir begegnen nicht den Christen aus der Zeit des Augustinus, die »in der süßen Luft des Lebens« ihrer Tätigkeit nachgehen. Die Gesellschaft des vorchristlichen Kaiserreichs erscheint uns vor allem wegen der lebendigen Szenen ihres täglichen Lebens, die die Toten auf ihren Gräbern in Stein gehauen haben wollten, so unmittelbar zugänglich. Nach dem 4. Jahrhundert verschwindet all das. Nicht länger umklammern römische Soldaten unerschütterlich die Standarten oder reiten über besiegte Barbaren hinweg. Nicht länger spielt eine Dame mit ihren Juwelen, während sie mit einer Hand nach unten greift, um einen kleinen Hund zu streicheln. Nicht länger sehen wir kleine Jungen, jeder in eine sorgfältig gefaltete Toga gekleidet, die mit ausgestreckter Hand ihre Schriftrolle umklammern und eine feierliche Rede halten, wie sie es einst getan hatten, bevor der schwarze Neid des Todes der Stadt so große Hoffnungen entriß.

Wenn wir aus den Mauern des christlichen Haushalts hinausblicken, sehen wir nur die Armen. Als menschliche Körper auf dem Tiefpunkt wurden die Armen von den Bischöfen und dem Klerus in jeder Stadt mobilisiert. Sie sprachen für die ganze Menschheit, die gedemütigte Nachkommenschaft Adams, vor

Gott durch das gemeinsame Elend der Ferne von ihm gleichgemacht, in der gemeinsamen Schande sexueller Begierde verbunden und dazu bestimmt, dem gemeinsamen Ruf des Grabes zu folgen. Am Gründonnerstag und an anderen Festtagen marschierten die Armen zu den öffentlichen Bädern, eine neue Klasse von Bürgern, die aufgerufen war, eine neue Form öffentlicher Mildtätigkeit zu genießen. Dort empfingen sie eine rituelle Waschung und Massage.[47] Auf ihrem Weg sangen sie die Psalmen eines hohen Gottes, von dem man jetzt glaubte, er komme der Menschheit am nächsten, wenn der Körper am schwächsten sei und daher für die klassische Stadt den geringsten offensichtlichen Nutzen hätte:

Wer ist wie der Herr, unser Gott, im Himmel und auf Erden,
der oben thront in der Höhe, der herniederschaut in die Tiefe,
der den Geringen aufrichtet aus dem Staube
und erhöht den Armen aus dem Schmutz.[48]

Auf eine paradoxe Weise, die noch der Erklärung bedarf, wurde der physische Körper genau um dieselbe Zeit bei den geplagten Armen zum Gegenstand »zwanghaften Mitleids«, als ihm zunehmend grausame Strafen auferlegt wurden. Die Verstümmelung, wie sie in frühbyzantinischen Gesetzbüchern erlaubt war, behandelte den menschlichen Körper als »Aushängeschild«, auf dem die Gesellschaft bleibende Zeichen der Bestrafung hinterlassen durfte.[50]

Als im Laufe des späten 5. und des 6. Jahrhunderts tiefgreifende Veränderungen die politische und ökonomische Struktur der Städte des Mittelmeergebiets unterhöhlten, kamen die christlichen Vorstellungen, die wir gerade beschrieben haben, zum Vorschein. Sie billigten ein ganz anderes Empfinden für die Gemeinschaft und den Menschen in ihr als das, welches zur Zeit Mark Aurels verbreitet war. Sie machten das deutlich, was Jacques LeGoff in einer denkwürdigen Wendung als *la déroute du corporel* beschrieben hat: die endgültige »Niederlage des Körperlichen«, die das Ende der antiken Welt und den Beginn des Mittelalters markierte.[51]

Es ist wichtig zu sehen, was ein so tiefgreifender Wandel sonst noch bedeuten konnte. Ein lateinischer Christ, der im späten 5. Jahrhundert an einen von Arthritis geplagten Freund schrieb, tröstete ihn, indem er die Macht Gottes rühmte. Gott würde »unsere Natur durchscheinend machen«. Bei der Auferstehung würde menschliches Fleisch »geschmolzen werden, um seine verlorene Festigkeit wiederzuerlangen«, so wie sich unedles Metall im Tiegel des Alchemisten zu Gold läutere. »Kein christlicher Geist kann je müde werden, an solche Dinge zu denken.«[52] Der menschliche Körper stand an der Schwelle zu einer gewaltigen Veränderung. In christlichen Kreisen war die Beschäftigung mit sexueller Entsagung niemals bloß auf das ängstliche Bemühen beschränkt gewesen, die Kontrolle über den Körper zu maximieren. Sie war mit einem heroischen und fortgesetzten Versuch von Denkern sehr unterschiedlicher Herkunft und Geisteshaltung verbunden gewesen, die Horizonte menschlicher Freiheit zu entwerfen. Das Licht einer großen Hoffnung auf zukünftige Veränderung leuchtete selbst hinter den strengsten Formulierungen der asketischen Position. Vielen hatte die Enthaltsamkeit das Ende der Tyrannei des »gegenwärtigen Zeitalters« verkündet. Die Jungfräulichkeit machte, in den Worten des Johannes Chrysostomus, deutlich, daß »die Dinge der Auferstehung vor der Tür stehen«.[53]

Den Wüstenvätern offenbarte die Gabe wahrer Keuschheit des Herzens gerade in der Langsamkeit, mit der sie kam, die Unermeßlichkeit der *Fülle des Friedens*, die noch über den menschlichen Körper kommen konnte. Von der Zeit des Valentinus und Origenes bis zu der des Hieronymus und Evagrius ließ die köstliche Vermutung, daß selbst die starren Grenzen zwischen den Geschlechtern im flüssigen Gold eines »geistlichen« Körpers allmählich verebben könnten, von Zeit zu Zeit beunruhigende Wellen von Freiheit durch die Intelligenzija der Kirche wehen. Für Augustinus sprach die Knechtung des Willens durch die sexuelle Begierde vom Aufschub jener großen Hoffnung ans Ende der Zeit: Trotz dieser tragischen Verschiebung blieb die Sehnsucht nach Verwandlung jedoch erhalten.

Der Kummer des christlichen Asketizismus rührte daher, daß der gegenwärtige Mensch ein unfertiger Block war, der dazu bestimmt war, in die Form eines ehrfurchtgebietenden Modells gehauen zu werden. Der Körper erforderte die tiefen Meißelschläge dauernder Entsagung, wenn der Christ die Konturen des auferstandenen Christus annehmen sollte. Um das Jahr 400 machten spätrömische christliche Mosaiken deutlich, was das bedeuten konnte. Auf ihnen werden Christus und seine Heiligen mit Körpern von höchster klassischer Anmut und Proportion dargestellt. Doch diese Körper sind leichter als Luft. Das dumpfe

Gewicht des Todes und damit ihre Körperlichkeit ist von ihnen genommen. Sie stehen auf dem grünen Gras des Paradieses, jetzt mühelos lebendig, wie die schattenlosen Gestalten toter Freunde, die man in einem tiefen, klaren Traum erblickt.[54]

Die Asketen waren unter den Christen des 5. und 6. Jahrhunderts natürlich eine winzige, wenn auch faszinierende Minderheit. In der öffentlichen Welt der Städte spielte die betonte Abwesenheit von Sexualität bei den Eliten der Kirche und den von ihnen imaginierten Helden und Heldinnen eine entscheidende Rolle in der kollektiven Phantasie einer Gesellschaft, die jetzt eine vorwiegend christliche war. Sie drängte unter lateinischen wie auch unter oströmischen Christen eine ganze Skala von Bildern der Autorität und der Solidarität in den Vordergrund.

Besonders im lateinischen Westen beobachteten Laien ihre neuen Führer besorgt. Sie denunzierten sogleich Priester, die weiterhin mit ihren Frauen Kinder zeugten, nachdem sie zum Altardienst ordiniert waren.[55] Der Geistlichkeit wurde nicht gestattet, sich die alten Mittel zu bewahren, durch die säkulare Eliten für die Kontinuität ihrer Städte sorgten. Die Heiligkeit des Altars stand zwischen ihnen und ihren Frauen und verbot den biologischen Akt, mit dem sie als städtische Führer normalerweise für ihre eigene Zukunft gesorgt hätten. Und das zu Recht: Bischöfe wurden immer offener aus den Oberklassen rekrutiert. Es gab keine Garantie, daß Bischöfe, wenn man ihnen einmal gestattete, sich auf die alte Art zu verewigen, nicht schließlich auch die zunehmende kommunale Macht und den Reichtum der Kirche auf die alte Art gebrauchen würden, indem sie sie als ihr Privateigentum behandelten.

In der Idealvorstellung basierte die Kirche auf den ätherischen, unkörperlichen Kontinuitäten der Lehre und der Taufe, die der Klerus verwaltete. Die Geburt allein garantierte keine Erlösung. Durch das Beharren darauf, daß ihre Führer keine Kinder mehr zeugen sollten, machte die katholische Kirche im Westen deutlich, daß sie eine übernatürliche Garantie der Kontinuität genoß, die keine antike Stadt beanspruchen konnte. Wenn sie als Führer einer »heiligen« Institution respektiert werden sollten, mußten Bischöfe und Priester anomale Geschöpfe bleiben. Der Zölibat des Klerus sorgte dafür, daß die Verbindung der Kirche zu normalen Quellen der Macht in Wahrnehmungen ihrer Rolle in der Gesellschaft sorgfältig ausgeblendet wurde.

Sie mußten mit ihren Ehefrauen leben, »als seien sie keine Ehefrauen«. Sie verwalteten den greifbaren Reichtum ihrer Kirchen, als seien sie Männer ohne Besitz.[56]

Wenn die Städter die lichterfüllten Basiliken betraten, dann wollten sie das Gefühl haben, daß sie hier, endlich, heiligen Boden betraten. Trotz der unleugbaren Botschaft von gewaltigem privaten Reichtum und von Familienmacht, die in der Pracht solcher Bauten – mit ihren Marmorsäulen, ihren Mosaiken und ihrem schimmernden Inventar – zu Stein geworden waren, war jede christliche Basilika eine »Gottesstadt«, die sich scharf von der antiken Stadt unterschied. Der doppelte Knoten physischer Fortpflanzung und in Privatbesitz befindlichen Reichtums war von ihren weißgewandeten Geistlichen abgeschnitten worden.

Der plötzliche Aufstieg des Kults der Jungfrau Maria und der anderen jungfräulichen Heiligen in einer Kirche, die in dieser einschneidenden Art mit einer starken Aura der Heiligkeit ausgestattet war, zeugte von einem quälenden Bedürfnis nach makelloser Solidarität mit vollkommenen menschlichen Wesen. Spätantike Christen legten großes Gewicht auf die Tatsache, daß das Fleisch Christi und das seiner jungfräulichen Mutter in absoluter Kontinuität mit menschlichem Fleisch standen. Ihr menschliches Fleisch war eines gewesen, das im strengen Sinne »reformiert« worden war: Die Fehler, die dazu führten, daß der Körper bei gewöhnlichen Männern und Frauen eine solche Last und so schwer zu kontrollieren war, bevor er in der Herrlichkeit der Auferstehung dahinschmolz, fehlten bereits im Fleisch Christi und in den Umständen seiner Geburt durch Maria. In den Worten von Rufinus: Die Geburt Christi durch Maria war keine wundersame Anomalie gewesen, so wie Athene gewaltsam dem Haupt des Zeus entsprungen war. In der Empfängnis, der Geburt und dem Nähren Christi war jeder menschliche physische Prozeß respektiert worden, mit Ausnahme des leidenschaftlichen Akts der Zeugung durch den Mann und des Aufstoßens des Schoßes bei der Geburt.[57] Für eine spätantike Sensibilität schimmerte die wunderbare Qualität der Jungfrauengeburt um so hypnotischer, weil die beiden gewaltsamen und unentbehrlichen Phasen eines normalen menschlichen Entstehungsprozesses getilgt worden waren. Der *pudor aureus* Marias zeugte von der Elastizität eines menschlichen Körpers, in dem die Störung, die Adams Fall in ihn eingeführt hatte, beseitigt war.[58] Kirchenjungfrauen hatten Körper, die dem Körper Marias analog waren: hier war, nicht von Geschlechtsverkehr und Geburt erschüttert, ein Körper, »der die Zeichen des Geschlechts ohne seinen unheilvollen Zwang hat«.[59]

Marias weiblicher Körper war noch wunderbarer gewesen. Sie hatte empfangen und ein Kind geboren; sie hatte ihre Brust als eine nährende Mutter dargeboten; und doch hatte sie keine Erschütterung erlitten: Weich wie ein Vlies, um das Wort Gottes in sich aufzunehmen, war sie doch solide und ungespalten wie unvermischtes Gold geblieben.[60] Die Unterdrückung der Assoziationen von normalem Geschlechtsverkehr und der Gewaltsamkeit normaler Geburt ließ einen Strahl goldenen Lichts auf die anderen intensiv körperlichen Beziehungen fallen, die mit der Jungfrauengeburt zusammenhingen und die Maria mit anderen Menschen teilte – Nähren, Intimität, die Kontinuität des eigenen Fleischs und Bluts.

Die Schreine der Märtyrer wurden im 5. und 6. Jahrhundert mit wachsender Inbrunst als Stätten besucht, an denen aus den kalten Gräbern der Toten neues Leben und Heilung für die Gläubigen emporsprudelten. Denn die Märtyrerschreine enthielten die Knochen von Männern und Frauen, auf denen sich der Heilige Geist niedergelassen hatte.[61] Die Gegenwart des Geistes nahm den Überresten dieser Toten die grausigen Assoziationen des normalen Todes.[62] Der Leib der Jungfrau und die Leiber jungfräulicher Männer und Frauen trugen eine ähnliche Ladung. Weil diese Körper vom Heiligen Geist erfüllt waren, waren sie »im klaren Licht der Jungfräulichkeit gebadete strahlende Glieder«; mit denen des Durchschnittschristen waren diese Körper in allem identisch mit Ausnahme des physischen Aktes, in dem sich das Menschengeschlecht mit körperlichen Mitteln fortpflanzte. Sie vermittelten zwischen den Gemeinden der geschrumpften römischen Städte des Westens und einem Christus, der einen Leib von demselben Fleisch wie sie getragen hatte. Im 10. Jahrhundert hatte das im Hochland gelegene Clermont 112 Altäre mit Reliquien und 54 Kirchen, während es 48 bekannte Gräber der Heiligen beherbergte, von denen jedes, so glaubte man, einen zu Lebzeiten enthaltsamen Menschen barg. An der Rhone konnte Vienne in Sicherheit bleiben, beschützt von der Gegenwart von etwa 1500 Mönchen und Nonnen, die sich in 12 Klöstern niedergelassen hatten, und von den Gräbern der jungfräulichen Toten in den großen Basiliken, die »eine Garnison heiliger Bauten« rings um die Stadt bildeten.[64]

Die christliche städtische Gemeinde überwölbend, bot der Kult der Jungfrau die leuchtende Umkehrung des dunklen Mythos des allen gemeinsamen gefallenen Fleischs. Ein Byzantiner wie Romanos Melodos wußte, wenn er in der Kirche stand, daß sein Fleisch ein Fleisch war, das »mit der Natur zerfallen« war. Es war ebenso schwach, ebenso unsicher, ebenso unkontrolliert wie die bizarren Gedanken, die durch seinen wandernden Geist schossen. Wenn er auf den stillen Leib Christi schaute, sah er alles, was ihm fehlte. Und doch blickte er auf das Fleisch eines Verwandten, der von der ruhigen menschlichen Substanz des Schoßes der Jungfrau genommen war.[65] In Ikonen der Jungfrau aus dem 6. Jahrhundert hält sie Christus oft auf dem Schoß, so als sei er durch das Band ihres Leibes unauflöslich an die Menschheit gebunden.[66] Das war ein Bindeglied zum Fleisch, das aller Ambivalenz enthoben war. In einem solchen Bild konnten die physischen Bindungen, die zwischen Menschen durch ihre Körper geschaffen wurden, in ihrer süßesten, ihrer harmonischsten und in ihrer zusammenhängendsten Verfassung empfunden werden, da sie tatsächlich im Bewußtsein des Gläubigen vom schwarzen Schatten des Geschlechtsakts losgelöst waren, der der normalen körperlichen Gesellschaft zugrunde lag. Eine solche Bekräftigung der idealen Verbindungen zwischen Mutter und Kind sprach mit besonderer Kraft zu einer Gesellschaft, die sich nicht mehr als eine Versammlung von Bürgern verstand, sondern vielmehr als Ansammlung frommer Haushalte, die aus christlichen Vätern, Müttern und Kindern bestanden. In den Liedern und Predigten der damaligen Zeit wurde die große Hoffnung auf die Zugänglichkeit des gefallenen Menschen für Gott, der Schwachen für die Mächtigen und jedes Glieds der christlichen Gemeinde für das andere, da sie ja das gemeinsame Fleisch Adams und Evas trugen, im Ideal des gemeinsamen Fleisches Christi und Marias verdichtet:

Du, Maria, beugtest deinen Hals und ließest dein Haar über ihn fallen. ... Er streckte seine Hand aus, er nahm deine Brust, und er saugte mit seinem Mund die Milch, welche süßer ist als reines Manna. ... Und ihm, in dessen Antlitz die Engel nicht zu schauen wagten, ... die heilige Jungfrau wagte es, vertraut und ohne Furcht, ihm zu nahen und ihn »mein Sohn« zu nennen, und er nannte sie auch »meine Mutter«.[67]

Mit solchen Szenen eindringlicher Zartheit haben wir uns in die Träume eines Zeitalters begeben, das ganz anders ist als das, in dem wir mehr als 300 Jahre früher in Palästina, in Rom und in den griechischen Städten Kleinasiens unsere Geschichte begannen.

Für Menschen von heute, ganz gleich welcher religiösen Überzeugung, haben die frühchristlichen Themen sexuelle Entsagung, Enthaltsamkeit, Zölibat und jungfräuliches Leben inzwischen eisige Untertöne. Allein die Tatsache, daß das moderne Europa und das moderne Amerika aus der christlichen Welt herausgewachsen sind, die das Römische Reich im Mittelalter ablöste, hat dafür gesorgt, daß diese Vorstellungen auch heute noch als bleiche, bedrohliche Gestalten auf uns einstürmen. Historiker müssen sie mit dem ihnen gebührenden Maß an warmem roten Blut versehen. Indem er ihren genauen sozialen und religiösen Kontext untersucht, kann der Wissenschaftler diesen Ideen ein wenig von dem menschlichen Gewicht wiedergeben, das sie einst zu ihrer Zeit besaßen. Wenn ein solches Opfer gebracht wird, sprechen die kalten Schatten vielleicht wieder zu uns in der seltsamen Sprache eines längst verlorengegangenen Christentums, und sie tun dies möglicherweise freundlicher, als wir erwartet hätten. Ob sie etwas sagen, das für unsere Zeiten Hilfe oder Trost bietet, müssen die Leser dieses Buches für sich entscheiden.

ANMERKUNGEN

Vorwort

1   William Lecky, *Sittengeschichte Europas von Augustus bis auf Karl den Großen*, Bd. 1, S. 44 u. Anm. 1 auf S. 45.
2   Caroline Walker Bynum, *Holy Feast and Holy Fast: The Religious Significance of Food to Medieval Women*.
3   Michel Foucault, *Der Gebrauch der Lüste*, S. 15.
4   Konstantin Kavafis, *Manuil Komninos*, Z. 2.
5   A. D. Momigliano, »M. I. Rostovtzeff«, in: *The Cambridge Journal* 7 (1954), S. 346.
6   *Der Babylonische Talmud*, Sanhedrin 7a.

ERSTER TEIL: VOM APOSTEL PAULUS ZUM WÜSTENVATER ANTONIUS

Erstes Kapitel
Leib und Stadtgemeinschaft

1   *Vita Theclae* 16, in: G. Dagron (ed.), *Vie et miracles de Sainte Thècle*, S. 190-192.
2   A. R. Burn, »Hic Breve Vivitur«, S. 1-31. Keith Hopkins, »On the Probable Age Structure of the Roman Population«, S. 245-264, mahnt zur Vorsicht; siehe auch Bruce W. Frier, »Roman Life Expectancy: Ulpian's Evidence«, S. 213-251.
3   Johannes Chrysostomus, *de virginitate* 14,1, in: H. Musurillo, B. Grillet (eds.), *Jean Chrysostome: la virginité*, S. 138.
4   Siehe bes. P. A. Brunt, *Italian Manpower*, S. 558-566, und B. Rawson, »The Roman Familiy«, in: B. R. (ed.), *The Family in Ancient Rome: New Perspectives*, S. 9 f., zur augusteischen Gesetzgebung; P. Veyne, »Rome devant la prétendue fuite de l'or«, S. 231-234, ist eine scharfsichtige Darstellung der Einstellungen, die hinter einer solchen Gesetzgebung standen. Siehe jetzt Peter Garnsey u. Richard Saller, *The Roman Empire*, S. 126-147.
5   Frier, »Roman Life Expectancy«, S. 248, zitiert E. A. Wrigley in: C. Tilly (ed.), S. 148. Eine derartige Gesellschaft konnte »kaum private Entscheidungen zulassen, denn sie mußte maximale Fruchtbarkeit mobilisieren, wenn sie überhaupt überleben sollte«.
6   Keith Hopkins, »The Age of Roman Girls at Marriage«, S. 309-327. Siehe aber jetzt Brent Shaw, »The Age of Roman Girls at Marriage: Some Reconsiderations«.

7   Diese Schlußfolgerungen entwickelt B. W. Frier in seinem Artikel »The Demography of the Early Roman Empire«, der in dem einschlägigen Band der neuen Ausgabe der *Cambridge Ancient History* erscheinen wird. Ich bin dem Autor für die Überlassung dieses Manuskripts zu Dank verpflichtet.

8   Polybius, *Geschichte* 36,17,5-10, über die Entvölkerung Griechenlands: »Hier half es überhaupt nichts, die Götter darum zu bitten, sie sollten ein Mittel zur Befreiung von einem solchen Übel vorschlagen. Denn jeder gewöhnliche Mann wird einem sagen, daß das wirksamste Mittel die Taten der Menschen sein müssen.«

9   *Vita Theclae* 5, S. 188.

10   Louis Robert, *Hellenica*, S. 226 f., und Jeanne u. Louis Robert, *La Carie*, Inschriften Nr. 70, 71, S. 177.

11   Lukian, *Demonax* 55.

12   Musonius Rufus, *Fragment* 14, in: W. Capelle (Übers.), *Epiktet, Teles und Musonius: Wege zu glückseligem Leben*, S. 280.

13   Soranus, *Gynaecia* 1,7,32,1, ed. J. Ilberg, S. 21; *Soranus' Gynaecology*, transl. O. Temkin, S. 29.

14   Mary Beard, »The Sexual Status of the Vestal Virgins«, S. 12-27, ist eine beispielhafte Untersuchung, und Giulia Sissa, *Le corps virginal*, eröffnet neue Perspektiven zur Bedeutung der Jungfräulichkeit im alten Griechenland. Dagegen stellt E. Fehrle, *Die kultische Keuschheit im Altertum*, viel Material zusammen, wird pflichtgemäß zitiert und ist veraltet; siehe jetzt Han J. W. Drijvers s.v. Virginity, in: M. Eliade (ed.), *The Encyclopedia of Religion*, Bd. 15.

15   Robin Lane Fox, *Pagans and Christians*, S. 347 f., erörtert Beispiele von jungfräulichen Priesterinnen im 2. Jahrhundert n. Chr.

16   Epiktet, *Enchiridion* 40, C. Hilty (Übers.), *Dulde und entbehre*, S. 58.

17   Zu dieser Literatur enthält Michel Foucault, *Le souci de soi*, S. 90-100, 173-216, Reflexionen, denen ich in besonderem Maße verpflichtet bin.

18   Galater 3,18 und Kolosser 3,10; Wayne A. Meeks, »The Image of the Androgyne«, S. 167 f., 180, bietet weitere Beispiele für diese dreifache Unterteilung. Siehe jetzt Peter Brown, »Antiquité tardive«, in: P. Veyne (ed.), *Histoire de la vie privée*, S. 226-240. (Deutsch: *Geschichte des privaten Lebens*. Bd. 1: *Vom römischen Imperium zum byzantinischen Reich*. Frankfurt a. M. 1989.)

19   Aretaeus, *Von den Ursachen und Kennzeichen chronischer Krankheiten* 2,5, in: A. Mann (Übers.), *Die auf uns gekommenen Schriften des Kappadocier Aretaeus*, S. 94.

20   Galen, *de usu partium* 14,6, in: C.G. Kühn (ed.), *Galeni opera*, Bd. 4, S. 162; M. T. May (transl.), *Galen: On the Usefulness of the Parts of the Body*, Bd. 2, S. 620. Ian Maclean, *The Renaissance Notion of Woman*, S. 8–27, ist eine handliche Zusammenfassung der antiken Tradition und ihres

Erbes; Thomas Laqueur, »Orgasm, Generation and the Politics of Reproductive Biology«, bes. S. 4-7, ist gelehrt und scharfsichtig.

21 Laqueur, »Orgasm«, S. 3.

22 Galen, *de semine* 1,16, in: C. G. Kühn (ed.), *Galeni opera*, Bd. 4, S. 586.

23 Polemo, *Physiognomica*, in: R. Förster (ed.), *Physiognomici graeci*, Bd. 1, S. 260.

24 Lukian, *Demonax* 12.

25 Aline Rousselle, »Parole et inspiration: le travail de la voix dans le monde romain«, S. 129-157.

26 C. P. Jones, *Plutarch and Rome*, S. 119.

27 Zwei großartige Beispiele sind veröffentlicht in: P. Hermann, *Anzeiger der österreichischen Akademie der Wissenschaften* 111 (1974), S. 439-444, und Paavo Roos, P. Herrmann, *Opuscula Atheniensia* 10 (1971), S. 36-39. Zur Behandlung der Sklaven siehe Miriam Griffin, *Seneca: A Philosopher in Politics*, S. 256-285, in Verbindung mit den scharfsichtigen Bemerkungen von B. D. Shaw, »The Divine Economy: Stoicism as Ideology«, S. 38 f.

28 Soranus, *Gynaecia* 2,12(32),19(88),1 und 2,20(40),44(113),1, S. 66,116; Übers. Temkin, S. 90, 116.

29 Louis Robert, *Les gladiateurs dans l'Orient grec*, und Peter Garnsey, *Social Status and Legal Privilege in the Roman Empire*.

30 Galen, *de cognoscendis animi morbis* 1,4, in: C. G. Kühn (ed.), *Galeni opera*, Bd. 5, S. 17; englische Übersetzung: P. W. Harkins, *On the Passions and Errors of the Soul*, S. 38 f.

31 Ebd. 1,4, Kühn, S. 18; Harkins, S. 38 f.

32 Ebd. 1,8, Kühn, S. 40 f.; Harkins, S. 57; vgl. Aristoteles, *Historia animalium* 608AB.

33 Hopkins, »Age of Roman Girls«, S. 314; siehe jetzt Garnsey u. Saller, *The Roman Empire*, S. 131, 138, 140.

34 Plutarch, *Praecepta coniugalia* 48,145E, in: F. C. Babbitt (ed., transl.), *Plutarch's Moralia*, Bd. 2, S. 341.

35 15,140A, S. 308.

36 19,140D, S. 310.

37 20,140E, S. 312.

38 33,142E, S. 318.

39 Zu einem italienischen Beispiel und seiner Bedeutung siehe jetzt Richard Brilliant, »Una statua ritratto femminile dal territorio di Tarquinia«, S. 1-12.

40 Plutarch, *Vergleichung des Lykurgos und Numa* 4,1, in: K. Ziegler (Einl., Übers.), *Plutarch: Große Griechen und Römer*, Bd. 1, S. 205.

41 Plutarch, *Praecept. coniug.* 43,144C, S. 333.

42 Apuleius, *Metamorphosen* 4,26,2; E. Patlagean, *Pauvreté économique et pauvreté sociale à Byzance*, S. 122 f.; vgl. aber Brent D. Shaw, Richard P. Saller, »Close Kin Marriage in Roman Society?«, S. 435-437. Siehe

jetzt die ausgezeichnete und gehaltvolle Synthese von Aline Rousselle, »Gestes et signes de la famille dans l'Empire romain«, S. 263 f.

43 Elaine Fantham, »Sex, Status and Survival in Hellenistic Athens: A Study of Women in New Comedy«, S. 53-56, ist für eine etwas andere soziale Situation aufschlußreich; siehe Aristaenetus, *Liebesbriefe* 1,6, in: J. Bernous (transl.), *Aristénète: Lettres d'amour*, S. 18 f.

44 M. M. Bakhtin, *The Dialogic Imagination*, ed. Michael Holquist, transl. C. Emerson, M. Holquist, S. 86-110.

45 Ramsay MacMullen, »Woman in Public in the Roman Empire«, S. 212-216, und Riet Van Bremen, »Women and Wealth«, S. 227-234.

46 Artemidorus, *Oneirocritica* 1,56, ed. R. A. Pack, S. 56; K. Brakkertz (Übers.), *Artemidorus: Das Traumbuch*, S. 71.

47 Galen, *de cognosc. anim. morb.* 1,3, Kühn, S. 8 f.; Harkins, S. 32 f.

48 H. Dessau, *Inscriptiones latinae selectae* 1259,4-5 u. 10-11, Bd. 1, S. 278.

49 Prokop, *Perserkriege* 1,24,37; Übers. O. Veh, S. 185.

50 Artemidorus, *Oneirocritica* 4,83, Pack, S. 298; Brackertz, S. 311.

51 Richard P. Saller, Brent D. Shaw, »Tombstones and Roman Family Relations in the Principate«, S. 134 f.; Paul Veyne, »La famille et l'amour sous le haut empire romain«, S. 33-63, wird durch den vorgenannten Artikel zwar in wichtigen Punkten korrigiert, ist aber eine außerordentlich anregende Untersuchung, der ich nach wie vor zu Dank verpflichtet bin.

52 G. Rodenwaldt, »Über den Stilwandel in der antoninischen Kunst«, S. 14 f.

53 Menander, *Epideictica* 2,1,396, D. A. Russell u. N. G. Wilson (eds., transl.), S. 90 f.

54 R. O. A. M. Lyne, *The Latin Love Poets*, S. 17.

55 Galen, *de usu partium* 14,9, Kühn, S. 179; May, S. 640.

56 Galen, *de semine* 1,8, Kühn, S. 569.

57 Danielle Jacquart, Claude Thomasset, *Sexualité et savoir médical au Moyen-Âge*, S. 16; Laqueur, »Orgasm«, S. 7-16, faßt diese Tradition und ihr langes Nachleben zusammen.

58 Tertullian, *de anima* 27,5, in: J. H. Waszink (ed.), *Corpus Christianorum*, Bd. 2, S. 823; J. H. W. (Übers.); *Tertullian: Über die Seele*, S. 112 f.

59 Soranus, *Gynaecia* 1,12,44, Ilberg, S. 31; Temkin, S. 43.

60 Menander, *Epideictica* 2,7,407, S. 180 f.

61 Cornutus, *Theologiae graecae compendium* 24, ed. C. Lang, S. 45.

62 Siehe bes. Foucault, *Souci de soi*, S. 132. Zu diesen Fragen ist Aline Rousselle, *Porneia: de la maîtrise du corps à la privation sensorielle*, S. 23-27, eine bahnbrechende Studie.

63 Clemens von Alexandrien, *Paidagogos* 2,10,94,3; Aretaeus, *Von den Ursachen und Kennzeichen chronischer Krankheiten* 1,5, S. 246.

64 Plutarch, *de sanitate tuenda* 16,130A, in: F. C. Babbitt (ed.), *Plutarch's Moralia*, Bd. 2, S. 251.

65 Plutarch, *Praecept. coniug.* 41,144B, S. 331.
66 Veyne, »Amour et famille«, S. 54.
67 Rousselle, *Porneia*, S. 26.
68 Ebd., S. 157-164.
69 Galen, *de semine* 1,8, Kühn, S. 571.
70 Soranus, *Gynaecia* 17,30,2, Ilberg, S. 20; Temkin, S. 27.
71 Quintilian, *Institutio oratoria* 11,3,19,4, ed., transl. H. E. Butler, Bd. 4, S. 253.
72 Artemidorus, *Oneirocritica* 5,95, Pack, S. 324; Brackertz, S. 345 f.
73 Galen, *de locis affectis* 6,5, in: C. G. Kühn (ed.), *Galeni opera*, Bd. 8, S. 417-420; siehe bes. Rousselle, *Porneia*, S. 29-31, Foucault, *Souci de soi*, S. 167 f., und Lane Fox, *Pagans and Christians*, S. 348 f.
74 Soranus, *Gynaecia* 1,10,39,2, Ilberg, S. 27; Temkin, S. 37 f.
75 Siehe bes. *Babylonian Talmud*, Niddah 31b, in: I. Epstein (transl.), S. 217, und *Babylonian Talmud*, 'Erubin 100b, in: ebd., S. 696-698.
76 *Philippusevangelium*, N.H.C.II.3 78, in: W. W. Isenberg (transl.), *The Nag Hammadi Library*, S. 147; M. Krause (Übers.), *Die Gnosis*. 2. Koptische und mandäische Quellen, S. 117 f. Ähnlichen Einschränkungen konnte ein Mann unterworfen sein; siehe *Babylonian Talmud*, Nedarim 20a, transl. I. Epstein, S. 57.
77 John T. Noonan, *Contraception*, S. 46, 75, bietet eine klare Darstellung dieser Lehre.
78 Musonius Rufus, *Fragment* 12, Lutz, S. 86,10, Capelle, S. 275.
79 Artemidorus, *Oneirocritica* 1,79, Pack, S. 94; Brackertz, S. 101 f.
80 Plutarch, *Praecept. coniug.* 47,144F, S. 334.
81 Paul Veyne, »L'Empire romain«, in: *Histoire de la vie privée*, S. 196. Dieser Essay ist die lebendigste und anregendste Schilderung des moralischen Tons des vorchristlichen Kaiserreichs: siehe bes. S. 179-199.
82 Zwei Beispiele können genügen; W. Rordorf, »Marriage in the New Testament and in the Early Church«, S. 208: »Wir wissen sehr wohl, daß das Mißtrauen der Kirchenväter im Hinblick auf die Sexualität eine Reaktion gegen die Ausschweifung des späteren Römischen Reiches war«; B. Grillet, G. H. Ettlinger (eds.), *Jean Chrysostome: À une jeune veuve sur le mariage unique*, Sources chrétiennes, Bd. 138, S. 40: »cette sage conduite de vie qui prévalut sans doute dans les milieux chrétiens, tranchant sur la corruption et la ›débauche legalisée‹ de la société païenne«.
83 Ammianus Marcellinus, *Res gestae* 25,10,15, *Römische Geschichte* 3.4., S. 197.
84 A. C. Dionisotti, »From Ausonius' Schooldays«, S. 103, Z. 66 f.
85 Lactantius, *Divinae institutiones* 6,23, Patrologia Latina, Bd. 6, 719A; Veyne, »L'Empire romain«, in: *Vie privée*, S. 82 f., beschreibt solche Haushalte.
86 Musonius Rufus, *Fragment* 12, Lutz, S. 86,30; Capelle, S. 276.
87 Caesarius von Arles, *Predigt* 42,3, in: G. Morin (ed.), *Corpus Christianorum*, Bd. 103, S. 187.

88 Veyne, »L'Empire romain«, in: *Vie privée*, S. 215-222.
89 C. H. Kraeling, *Gerasa: City of the Decapolis*, Inschrift Nr. 279, S. 471.
90 *Codex Theodosianus* 9,7,1 aus dem Jahre 326 n. Chr.
91 Burn, »Hic Breve Vivitur«, S. 11 f.; doch siehe Hopkins, »Age Structure of the Roman Population«, S. 260-263.
92 E. Diehl, *Inscriptiones latinae christianae veteres* 3330, Z. 18; Bd. 2, S. 375.
93 Quintilian, *Institutio oratoria* 6, Praef. 5, in: Butler (transl.), *Quintilian*, Bd. 2, S. 375.
94 Pseudo-Athanasius, *Vita Sanctae Syncleticae* 42, *Patrologia Graeca*, Bd. 28, 1512CD.
95 Eusebius von Emesa, *Predigt* 6,5, in: E. M. Buytaert (ed.), *Eusèbe d'Émèse: Discours conservés en latin*, Bd. 1, S. 155.
96 Keith Hopkins, »Contraception in the Roman Empire«, S. 124-151; E. Eyben, »Family Planning in Antiquity«, S. 5-82; man beachte Rousselle, *Porneia*, S. 63, zu der Tatsache, daß bei Ärzten, die Römerinnen der oberen Klassen behandelten, Krankheiten, die durch häufige Geburten verursacht werden, nicht erwähnt sind.
97 Epiktet, *Dissertationes* 1,1,11; *Epictetus*, ed. Oldfather, Bd. 1, S. 8-10.
98 *Studia Pontica* 3, J. G. C. Anderson, F. Cumont u. H. Grégoire (eds.), Inschrift Nr. 86, S. 102; vgl. Aretaeus, *Von den Ursachen und Kennzeichen akuter Krankheiten* 2,4, S. 272 f.
99 Plutarch, *de san. tuenda* 17,131B, S. 260.
100 Plutarch, *Praecept. coniug.* 33,142E, S. 323.
101 Gut gesehen von Foucault, *Souci de soi*, S. 72 f. u. 157 f.
102 Epiktet, *Enchiridion* 41, Oldfather, S. 527; Hilty, S. 59.
103 Ebd. 33,9, S. 519; Hilty, S. 52.
104 *Corpus Inscriptionum Latinarum* 6,4, Fasz. 2, 35887, ed. C. Huelsen, 3681 – um so ergreifender, als es sich um das Grab eines dreizehnjährigen jungfräulichen Mädchens handelt. Zum Hintergrund siehe Sabine G. MacCormack, »Roma, Constantinopolis, the Emperor and his Genius«, S. 133 f.
105 Ephraim der Syrer, *de Paradiso* 9,10-13 u. 10,5-8, in: R. Lavenant (transl.), *Éphrem de Nisibe: Hymnes sur le Paradis*, Sources chrétiennes, Bd. 137, S. 125 f.; S. 137 f. bietet eine außerordentlich schöne Wiedergabe dieses Themas.
106 Cicero, *de natura deorum* 2,10,28.
107 Lane Fox, *Pagans and Christians*, S. 41-46, 110-133, ist eine eindrucksvolle Schilderung dieser Mentalität.
108 Veyne, »L'Empire romain«, in: *Vie privée*, S. 23-27; W. V. Harris, »The Roman Father's Power of Life and Death«, in: R. S. Bagnall, W. V. Harris (eds.), *Studies in Roman Law in Memory of A. Arthur Schiller*.
109 Rousselle, *Porneia*, S. 79.
110 Augustinus, *Bekenntnisse* 2,1,1, wo er sich als Sechzehnjährigen beschreibt.

111 Quintilian, *Institutio oratoria* 11,3,28.
112 Cicero, *Pro Caelio* 28; M. Fuhrmann (Übers.), *Cicero: Sämtliche Reden*, Bd. 6, S. 30.
113 Jasper Griffin, »Augustan Poetry and the Life of Luxury«; Lyne, *Latin Love Poets*, S. 65-81; Paul Veyne, *L'Élégie érotique romaine*, S. 170-183.
114 Cicero, *Pro Caelio* 42; Fuhrmann, S. 38 f.
115 Mark Aurel, *Meditationen* 1,17,6.
116 *Scriptores Historiae Augustae: Marcus Aurelius* 29,10.
117 G. Sissa, »Une virginité sans hymen: le corps féminin en Grèce ancienne«, S. 1132, und *Le corps virginal*, S. 97-143 u. 189-198.
118 Soranus, *Gynaecia* 1,8,33,4, Ilberg, S. 22; Temkin, S. 31: über die frühreifen sexuellen Begierden »schlecht erzogener« Mädchen.
119 Ramsay MacMullen, »Roman Attitudes to Greek Love«, möchte griechische und römische Einstellungen im Kontrast sehen; aber siehe T. Wade Richardson, »Homosexuality in the *Satyricon*«.
120 P. H. Schrijvers, *Eine medizinische Erklärung der männlichen Homosexualität aus der Antike*, S. 7 – die Begierden des aktiven Partners waren »medizinisch nicht von Interesse«.
121 Paul Veyne, »Amour et famille«, S. 50-55, und »L'homosexualité à Rome«, S. 26-33, nunmehr in englischer Übersetzung in: P. Ariès, A. Béjin (eds.), *Western Sexuality: Practice and Precept in Past Times*, S. 26-35; Rousselle, »Gestes et signes de la famille«, S. 257-261, bietet jetzt wichtige Differenzierungen.
122 Clemens, *Stromateis* 3,7,57, in: Henry Chadwick (transl.), *Alexandrian Christianity*, S. 66; BKV, Reihe 2, Bd. 17, S. 291.
123 *Akten des Judas Thomas* 31, in: A. F. J. Klijn (transl.), *The Acts of Judas Thomas*, Supplements to Novum Testamentum, Bd. 5, S. 80.

Zweites Kapitel
Vom Apostel zum Apologeten:
Sexuelle Ordnung und sexueller Verzicht in der Frühkirche

1 Zitiert in: Richard Walzer, *Galen on Jews and Christians*, S. 15. Man kann jedoch die Möglichkeit nicht vollständig ausschließen, daß diese Bemerkung eine spätere christliche Interpolation in der arabischen Tradition darstellt.
2 Hieronymus, *de viris illustribus* 23, *Patrologia Latina*, Bd. 23, S. 641.
3 Justin, *Apologie* 1,2; BKV, Bd. 12, S. 66.
4 Ebd. 15,1-5; S. 80.
5 R. H. Gunday, *Sôma in Biblical Theology: with Emphasis on Pauline Anthropology*, S. 136-140, und E. Stiegmann, »Rabbinic Anthropology«.
6 *Die Testamente der zwölf Patriarchen: Das Testament Rubens* 2,8-9, in: R. H. Charles, *The Apocrypha and Pseudepigrapha of the Old Testament* 2:

Pseudepigrapha, S. 297; E. Kautzsch (Hrsg., Übers.), *Die Apokryphen und Pseudepigraphen des Alten Testaments*. 2. Die Pseudepigraphen, S. 461. Siehe jetzt James H. Charlesworth (ed.), *The Old Testament Pseudepigrapha*. Zum Charakter der *Testamente*, eines Dokuments jüdischer Herkunft, das unter Christen in Umlauf war, siehe jetzt M. de Jonge, »The Pre-Mosaic Servants of God in the Testaments of the Twelve Patriarchs and in the Writings of Justin and Irenaeus«, und G. Vermes, »Methodology in the Study of Jewish Literature in the Greco-Roman Period«, S. 152-156.

7 Siehe bes. H. Strack u. P. Billerbeck, *Kommentar zum Neuen Testament aus Talmud und Midrasch*, 4, S. 466-483, Jean Hadot, *Penchant mauvais et volonté libre dans la sagesse de Ben Sira (Ecclésiastique)*, und E. E. Urbach, *The Sages: Their Concepts and Beliefs*, S. 471-483. Der Leser muß sich immer den zusammengesetzten Charakter jeder Gesamtdarstellung des Judentums vergegenwärtigen, die ja weitgehend aus dem palästinensischen und dem babylonischen Talmud schöpft – also aus Schriften weit auseinanderliegender Epochen und Regionen. Solche Quellen können dazu dienen, gewisse allgemeine Horizonte zu umreißen und bestimmte Alternativen hervorzuheben, die bei den Rabbinern von Palästina und Babylon im Laufe der spätantiken Periode gewählt wurden; aber sie lassen sich nur mit großer Vorsicht verwenden.

8 Berakhot 17a, in: L. Goldschmidt, (Hrsg., Übers.), *Der babylonische Talmud*, Bd. 1, S. 60.

9 Hesekiel 36,26, zitiert in: *Midrash Rabba: Numbers* 17,6, transl. J. J. Slotki, Bd. 2, S. 707.

10 *Die Testamente der zwölf Patriarchen: Simeon* 4,5, Charles, *Apocrypha*, S. 302, Kautzsch, S. 464; siehe O. J. Seitz, »Antecedents and Significance of the Term δίψυχος«, S. 213, und H. C. Kee, »The Ethical Dimensions of the Testaments of the XII Patriarchs as a Clue to Provenance«.

11 *Testaments: Issachar* 7,4-5, Charles, *Apocrypha*, S. 327 f.; Kautzsch, S. 480.

12 *Damaskusschrift* 8, in: E. Lohse (Hrsg., Übers.), *Die Texte aus Qumran*, S. 81, 83.

13 *Gemeinderegel* 5, in: Lohse, S. 17.

14 Der Konsens der Forschung, der dazu neigt, die Schriftrollen vom Toten Meer mit den Essenern und mit einer bestimmten Gemeinschaft, die in Khirbet Qumran angesiedelt war, zu verknüpfen, wird geschickt zusammengefaßt in E. Schürer, *The History of the Jewish People in the Age of Jesus Christ*. Ernsthafte Einwände wurden erhoben von N. Golb, »The Problem of the Origin and Identification of the Dead Sea Scrolls« und »Les manuscrits de la Mer Morte«.

15 *Gemeinderegel* 1, in: Lohse, S. 5.
16 *Gemeinderegel* 4, ebd., S. 13.
17 *Gemeinderegel* 5, ebd., S. 21.

18 *Gemeinderegel* 4, ebd., S. 17.
19 Kurt Niederwimmer, *Askese und Mysterium*, S. 13-33.
20 *Kriegsrolle* 7, in: Lohse, S. 197.
21 Matthew Black, »The Tradition of Hasidean-Essene Asceticism: Its Origin and Influence«, und *The Scrolls and Christian Origins*, S. 27-32, sowie Paul Beauchamp, *Création et séparation*, S. 275. Siehe jetzt Steven D. Fraade, »Ascetical Aspects of Ancient Judaism«, S. 267.
22 Plinius, *Naturgeschichte* 5,15,73, in: Rackham (ed.), *Pliny: Natural History*, Bd. 2, S. 277; C. F. L. Strack (Übers.), *Plinius: Naturgeschichte*, Bd. 1, S. 219.
23 Z.B. *Testamente: Ruben* 5,1-4, Charles, *Apocrypha*, S. 299.
24 Philo, *Hypothetica*, in: Eusebius, *Praeparatio Evangelica* 8,11, *Patrologia Graeca*, Bd. 21, 644B.
25 Philo, *de vita contemplativa* 8,68, in: F. H. Colson (ed.), *Philo*, Bd.9, S. 155; siehe Schürer, *History of the Jewish People*, Bd. 2, S. 591-597.
26 Josephus, *Der jüdische Krieg* 2,124 u. 133.
27 Michael Carrithers, *The Forest Monks of Sri Lanka*, S. 20.
28 A. Marx, »Les racines du célibat essénien«, und Fraade, »Ascetical Aspects of Ancient Judaism«, S. 266-269.
29 Siehe bes. E. P. Sanders, *Jesus and Judaism*, S. 230-232, 256-260, und J. M. Baumgarten, »4Q502, Marriage or Golden Age Ritual?«.
30 *Jubiläen* 25,7-9, Charles, *Apocrypha*, S. 51; siehe bes. Geza Vermes, »Leviticus 18:21 in: Ancient Jewish Bible Exegesis«.
31 *Damaskusschrift* 5, Lohse, S. 75 f.
32 *Damaskusschrift* 4, Lohse, S. 73; *Die Psalmen Salomos* 8,13, Charles, *Apocrypha*.
33 1. Makkabäer 1,14-15; Josephus, *Gegen Apion* 2,24,1-5.
34 *Damaskusschrift* 4, Lohse, S. 75.
35 *Gemeinderegel* 4, Lohse, S. 73, und *Messianic Rule* 1, G. Vermes (transl.), *The Dead Sea Scrolls in English*, S. 118 – »Fruchtbarkeit« und »Frauen und Kinder«; siehe bes. B. Janowski, H. Lichtenberg, »Enderwartung und Reinheitsidee«, vor allem S. 34-40 u. 59.
36 Ignatius, *Brief an Polykarp* 5,2.
37 Geza Vermes, *Jesus the Jew*, S. 99-102.
38 Sanders, *Jesus*, S. 75.
39 Markus 10,5-6; Sanders, *Jesus*, S. 230-232 u. 256-260.
40 Matthäus 5,28.
41 Markus 7,21.
42 Besonders verpflichtet bin ich bei dieser Interpretation G. Kretschmar, »Ein Beitrag zur Frage nach dem Ursprung frühchristlicher Askese«. Siehe auch Gerd Theissen, *Sociology of Early Palestinian Christianity*, S. 24-30.
43 Matthäus 8,22, Lukas 9,59; siehe auch Sanders, *Jesus*, S. 253-255.
44 Lukas 18,28.
45 Lukas 18,29.

46 Matthäus 19,12; siehe bes. H. Baltensweiler, *Die Ehe im Neuen Testament*, S. 102-111.
47 Matthäus 10,7.23.
48 Matthäus 5,20; Sanders, *Jesus*, S. 260.
49 Theissen, *Sociology*, S. 8-16.
50 Lukas 8,2 und 1. Korinther 9,4.
51 S. Appelbaum, »Economic Life in Palestine«, S. 657; G. E. M. de Ste. Croix, *The Class Struggle in the Ancient World*, S. 431, ist außerordentlich erhellend; siehe jetzt Martin Goodman, *State and Society in Roman Galilee, A.D. 132-212*, S. 28-40.
52 *Didache* 11,4.
53 Ebd. 1,3.
54 Eusebius, *Kirchengeschichte* 3,20,1-3 u. 5, BKV, Reihe 2, Bd. 1, S. 124 f.
55 Lukas 20,34-36.
56 Im folgenden habe ich mich strikt auf die Briefe beschränkt, die unzweifelhaft Paulus zugeschrieben werden können: siehe G. Bornkamm, *Paul*, S. 241-247. Angesichts der überaus umfangreichen Literatur zu Paulus' Werdegang und zu seinen Lehren habe ich nur diejenigen Werke genannt, die mir dabei geholfen haben, zu den im Text ausgesprochenen Schlußfolgerungen zu gelangen. (Zitiert wird im folgenden – wie auch sonst durchgängig – nach der revidierten Fassung der Lutherbibel von 1984. Anm. d. Ü.)
57 Römer 15,18.19.21; zitiert ist Jesaja 52.15.
58 Galater 1,22.
59 1. Korinther 15,8.
60 Galater 1,1.11-12.15-16.
61 1. Thessalonicher 1,9-10.
62 Galater 3,29; 4,6.
63 Galater 6,16.
64 Galater 6,15.
65 Siehe neuerdings Paula Fredriksen, »Paul and Augustine«, S. 28-31.
66 1. Thessalonicher 4,16-18.
67 2. Korinther 12,2-3.
68 Philipper 3,21.
69 1. Korinther 15,43.
70 2. Korinther 4,10.
71 2. Korinther 4,11.
72 Urbach, *The Sages*, S. 422-430, ist eine klare Formulierung der Art und Weise, in der Paulus von der späteren rabbinischen Meinung abwich; siehe jetzt E. P. Sanders, *Paul, the Law and the Jewish People*, S. 72-81.
73 Römer 7,7-10.
74 Römer 7,18.23.24; siehe Sanders, *Paul*, S. 76-81.

75 H. D. Betz, *Galatians*, S. 8.
76 Z. B. Galater 5,19.21.
77 W. G. Kümmel, *Römer* 7 *und das Bild des Menschen im Neuen Testament*, S. 24 f.
78 1. Korinther 15,26.55.
79 Römer 7,23.
80 1. Korinther 15,24-26.
81 Römer 8,11.
82 1. Korinther 14,2.22; siehe bes. Gerd Theissen, *Psychologische Aspekte paulinischer Theologie*, S. 294-296.
83 1. Korinther 14,24-25; vgl. 1. Korinther 4,5.
84 Sanders, *Paul*, S. 172-177.
85 Galater 3,27-28; siehe bes. Wayne A. Meeks, »The Image of the Androgyne«, und Betz, *Galatians*, S. 190-200.
86 Philemon 1-2; siehe bes. G. Feeley-Harnick, »The Case of the Runaway Slave«.
87 Siehe bes. Wayne A. Meeks, *The First Urban Christians: The Social World of the Apostle Paul*, S. 51-73, 75-77.
88 2. Korinther 5,17.
89 1. Korinther 6,9-10; siehe David F. Wright, »Homosexuals or Prostitutes?«.
90 Römer 1,24-27.
91 1. Korinther 6,19.
92 1. Korinther 6,15.
93 *Babylonian Talmud:* Pesahim 113A, transl. I. Epstein, S. 52.
94 1. Korinther 6,16.
95 1. Thessalonicher 4,7.
96 1. Korinther 8,4-13; 10,14-33; 11,17-34; siehe bes. Gerd Theissen, *The Social Setting of Pauline Christianity: Essays on Corinth*, S. 121-174.
97 1. Korinther 11,4-16; siehe Theissen, *Psychologische Aspekte*, S. 163-180.
98 1. Korinther 14,34-35 und 33; siehe Meeks, *First Urban Christians*, S. 71 und Anm. 108 auf S. 220.
99 1. Korinther 7,12-16.
100 1. Korinther 8,36-37.
101 1. Korinther 7,34.
102 J. Héring, *The First Epistle of Saint Paul to the Corinthians*, S. 147.
103 H. E. Chadwick, »All Things to All Men«, S. 264: ich bin diesem Artikel besonders verpflichtet.
104 1. Korinther 1,20-21 und 2. Korinther 11,22 in Verbindung mit Galater 2,20.
105 1. Korinther 7,1.
106 1. Korinther 7,7.
107 Feeley-Harnick, »The Case of the Runaway Slave«, S. 120-126.
108 Theissen, *Social Setting*, S. 125-132.

109 1. Korinther 7,2.

110 1. Korinther 7,5; siehe auch Fraade, »Ascetical Aspects of Ancient Judaism«, S. 263.

111 1. Korinther 7,9.

112 Strack und Billerbeck, *Kommentar zum Neuen Testament aus Talmud und Midrasch*, Bd. 3, S. 368-373, liefert die maßgebliche Materialsammlung.

113 1. Korinther 7,17.21.

114 1. Korinther 7,29.31.32.34.

115 1. Korinther 7,26.

116 1. Korinther 7,33-34.

117 1. Korinther 6,17; siehe bes. E. P. Sanders, *Paul and Palestinian Judaism*, S. 553.

118 Niederwimmer, *Askese und Mysterium*, S. 114.

119 Epheser 5,25-30; siehe bes. Niederwimmer, *Askese und Mysterium*, S. 125-134, in Verbindung mit Meeks, *First Urban Christians*, S. 90.

120 1. Timotheus 2,11-13.15.

121 J. M. Gager, *The Origins of Anti-Semitism*, S. 191; W. Munro, *Authority in Paul and Peter*, S. 134-140, ist eine klare Formulierung dieser Ansicht.

122 Kretschmar, »Ursprung christlicher Askese«, S. 37 f.

123 Ignatius, *Brief an Polykarp* 1,2; BKV, Bd. 35, S. 153.

124 Ignatius, *Brief an Polykarp* 5,2, BKV, Bd. 35, S. 154; 1. Clemens 38,2.

125 Ignatius, *Brief an Polykarp* 5,2; BKV, Bd. 35, S. 154.

126 Meeks, *First Urban Christians*, S. 81.

127 Greg Dening, *Islands and Beaches*, S. 150.

128 Josephus, *Gegen Apion* 2,198; siehe W. Dittenberger, *Sylloge Inscriptionum Graecarum*, Nr. 983, Bd. 3, S. 112, zu ähnlichen Tabus, die in einem heidnischen Tempel eingehalten wurden.

129 Gager, *Origins of Anti-Semitism*, S. 132 und 206.

130 Justin, *Dialog mit Trypho* 11,2.

131 F. Nietzsche, *Die fröhliche Wissenschaft* 358, S. 267.

132 Carrithers, *Forest Monks of Sri Lanka*, S. 11, zum buddhistischen Gedanken eines universellen menschlichen Zustands des »Leidens«.

133 Für die Fälle von Epiphanes, Karpokrates und den Nikolaiten wird dies im Detail untersucht von Clemens von Alexandrien, *Stromateis* 3,2,5-11 und 4,25-28, in: Henry Chadwick (transl.), *Alexandrian Christianity*, S. 42-45, 51-53, mit einer ausgezeichneten Einführung auf den Seiten 24-29. Man kann die Existenz solcher Gruppen im Christentum des 2. Jahrhunderts nicht ausschließen: sie waren keine bloßen Einbildungen einer Polemikerphantasie.

134 *Akten des Paulus und der Thekla* 5, in: E. Hennecke, W. Schneemelcher (Hrsg.), *Neutestamentliche Apokryphen*, Bd. 2, S. 244.

135 Siehe bes. A. D. Momigliano, »Ciò che Flavio Giuseppe non

vide«, S. 567 f., in Verbindung mit Schürer, *History of the Jewish People*, Bd. 2, S. 415-463, und jetzt Alan F. Segal, *Rebecca's Children: Judaism and Christianity in the Roman World*, S. 163-181.

136 *Die syrische Baruchapokalypse* 48,24, Charles, *Apocrypha*, S. 506, Kautzsch, S. 429; siehe die ausgezeichnete Übersetzung und den Kommentar von P. Bogaert, *L'Apocalypse de Baruch*, S. 391.

137 J. Neusner, *Judaism: The Evidence of the Mishnah*, S. 272, ist unter den zahlreichen wichtigen Werken dieses Autors über die fragliche Epoche die klarste Formulierung dieses entscheidenden Begriffs.

138 *Der babylonische Talmud*, Yoma 69b, Goldschmidt, Bd. 2, S. 955.

139 Goodman, *State and Society in Roman Galilee*, S. 93 f.

140 Siehe bes. A. Oppenheimer, *The 'Am Ha-Aretz*, S. 172-183.

141 *Der babylonische Talmud*, Yebamoth 63b, Goldschmidt, Bd. 4, S. 224 f.

142 *Midrash Rabba*, Genesis 21,9, transl. H. Freedman, S. 179.

143 *Der Babylonische Talmud*, Baba Bathra 60b, Goldschmidt, Bd. 6, S. 1103; siehe Bogaert, *L'Apocalypse de Baruch*, S. 136-138.

144 *Babylonian Talmud*, Pesaḥim 49ab, transl. I. Epstein, S. 236; siehe Oppenheimer, *'Am Ha-Aretz*, S. 171-173, und Goodman, *State and Society*, S. 78.

145 *Babylonian Talmud*, Yebamoth 62B, transl. W. Slotki, S. 419.

146 *Der Babylonische Talmud*, Sanhedrin 107b, Goldschmidt, Bd. 7, S. 481.

147 Siehe jetzt Robin Lane Fox, *Pagans and Christians*, S. 267-335.

Drittes Kapitel
Martyrium, Prophetie und Enthaltsamkeit:
Von Hermas zu Tertullian

1 Eine von zahlreichen Arbeiten, der ich zu besonderem Dank verpflichtet bin, ist Marie E. Isaacs, *The Concept of Spirit. A Study of Pneuma in Hellenistic Judaism and its Bearing on the New Testament*, S. 82-112.

2 Joel 3,1, zitiert in Justin, *Dialog mit Trypho* 87,6; siehe auch 82,1 und 88,1 sowie Isaacs, *Concept of Spirit*, S. 144 f.

3 Hippolytus, *Die Apostolische Tradition* 35,3, S. 62.

4 J. Reiling, *Hermas and Christian Prophecy: A Study in the Eleventh Mandate*, ist immer noch die beste einzelne Materialsammlung zu den Kriterien wahrer Prophezeiung in christlichen Gemeinden.

5 1. Korinther 14,14; Isaacs, *Concept of Spirit*, S. 49 f., 75.

6 Ignatius, *Brief an die Philadelphier* 7.

7 Athenagoras, *Eine Bittschrift für die Christen* 33, deutsch in: BKV, Bd. 12, S. 322.

8 Irenäus, *Gegen die Häresien* 1,13,2, zu der falschen (und eklatant sexuellen) Hitze, die durch Magie in falschen Prophetinnen erzeugt wird.

9 Philo, *Über das Leben Mosis* 2,68-69, in: F. H. Colson (ed.), *Philo*, Bd. 6, S. 483; deutsch: Philo von Alexandria, *Werke*, Bd. 1, S. 314.

10 *Sifre on Numbers* 12,1 (99), zitiert von Geza Vermes, *Jesus the Jew*, S. 101.

11 Lukas 1,34-35; siehe Isaacs, *Concept of Spirit*, S. 119-121.

12 Eusebius, *Kirchengeschichte* 5,24,5; zu einem späteren Beispiel siehe W. M. Calder, »The Epigraphy of the Anatolian Heresies«, in: W. H. Buckler, W. M. Calder (eds.), *Anatolian Studies presented to Sir William Mitchell Ramsay*, S. 90.

13 Apostelgeschichte 21,8; vgl. Eusebius, *Kirchengesch*. 3,31,3.

14 Siehe bes. W. D. Hauschild, *Gottes Geist und der Mensch*, S. 206-220.

15 Eusebius, *Kirchengesch*. 5,24,5, BKV, Reihe 2, Bd. 1, S. 253.

16 Melito, *Über Pascha* 55,390-392, in: S. G. Hall (ed.), *Melito of Sardis: On Pascha and Fragments*, S. 31; J. Blank (Übers.), *Meliton von Sardes: Vom Passa*, S. 116.

17 R. Joly, Introduction, *Hermas: Le Pasteur*, S. 11-21, 55-57; siehe jetzt Robin Lane Fox, *Pagans and Christians*, S. 381-390.

18 Hermas, *Der Hirte*, Vision 3,14(6),3; Mandat 10,40(1),4 und Gleichnis 8,75(9),1; Joly, S. 114, 186 und 282.

19 Vision 1,3 und 2,7(3),1-2, Joly, S. 84 u. 94.

20 Vision 1,(1),1, 1,2,3 und Mandat 3,28,3, Joly, S. 76, 82 u. 150.

21 Vision 1(1),1, Joly, S. 76.

22 Vision 1(1),3-7, Joly, S. 78.

23 Mandat 4,29(1),1, Joly, S. 152.

24 Vision 2,2(6),3, Joly, S. 90.

25 Mandat 2,27,1, Gleichnis 9,101(24),3 und 106(29),1-3, Joly, S. 146, 340 u. 348.

26 Über Hermas selbst: *Der Hirte*, Vision 1,2,4 und Mandat 2,27,1, Joly, S. 82 u. 146.

27 Gleichnis 9,101(24),3, Joly, S. 340.

28 Mandat 10,42(3),1, Joly, S. 190.

29 Mandat 11,43,20, Joly, S. 198.

30 Siehe G. J. Wenham, »Betûlāh: ›A Girl of Marriageable Age‹«; Elena Cassin, »Le Proche-Orient ancien: Virginité et stratégie de sexe«, S. 253-255; und C. Locher, *Die Ehre einer Frau in Israel*, S. 176-192.

31 2. Korinther 11,2-3; siehe bes. R. A. Batey, *New Testament Nuptial Imagery*, S. 13, 68; A. Orbe, »El pecado de Eva, signo de división«, S. 303-305.

32 Zitiert in Eusebius, *Kirchengesch*. 4,22,4, BKV, Reihe 2, Bd. 1, S. 192.

33 Offenbarung 14,3-5; siehe G. B. Caird, *A Commentary on the Revelation of Saint John the Divine*, S. 178 f.

34 Hermas, *Der Hirte*, Gleichnis 9,78(1),2 u. 91(14),2, Joly, S. 288 u. 322.

35 Gleichnis 9,78(1),4, Joly, S. 288-290.

36 Gleichnis 9,88(11),4, Joly, S. 314.
37 Gleichnis 9,88(11),3-8, Joly, S. 314.
38 Gleichnis 1,50,1, Joly, S. 210.
39 Gleichnis 8,73(7),4 u. 87(10),6-7, Joly, S. 278 u. 312.
40 Gleichnis 9,99,2, Joly, S. 338.
41 Mandat 11,43,1-9, Joly, S. 192-198.
42 Eusebius, *Kirchengesch.* 5,20,4.
43 *Martyrium des Polykarp*, in: H. Musurillo (ed.), *The Acts of the Christian Martyrs*, S. 13; BKV, Bd. 14, S. 305.
44 Ebd. 15, Musurillo, S. 15.
45 Irenäus, *Gegen die Häresien* 5,32,1 und 33,1.
46 Eusebius, *Kirchengesch.* 5,1,41, BKV, Reihe 2, Bd. 1, S. 216.
47 Ebd. 5,1,56, S. 219.
48 Irenäus, *Gegen die Häresien* 8,1, in: A. Roberts u. W. H. Rambaut (transl.), *Ante-Nicene Library: The Writings of Irenaeus*, Bd. 2, S. 72.
49 *Martyrium der heiligen Perpetua und Felicitas* 1,3, Musurillo, *Acts*, S. 106.
50 *Martyrium der heiligen Pereptua und Felicitas* 2,3, Musurillo, S. 108. Siehe Peter Dronke, *Women Writers of the Middle Ages*, S. 1-16.
51 *Martyrium der Perpetua* 3,9, S. 110, BKV, Bd. 14, S. 331.
52 3,5, S. 108, BKV, Bd. 14, S. 330.
53 3,5-6, ebd.
54 4,1, S. 110.
55 4,6-7, S. 110. Dronke, *Women Writers*, S. 8; siehe auch Jacqueline Amat, *Songes et visions. L'au-delà dans la littérature latine tardive*, S. 68-76.
56 *Martyrium der Perpetua* 10,7, S. 118.
57 Artemidorus, *Oneirocritica* 5,49, Brackertz, S. 331.
58 *Martyrium der Perpetua* 19,4, S. 127, BKV, Bd. 14, S. 342.
59 Louis Robert, »Une vision de Perpétue«.
60 *Martyrium der Perpetua* 10,14, S. 118, BKV, Bd. 14, S. 337.
61 18,2, S. 126, BKV, Bd. 14, S. 341.
62 20,5, S. 128.
63 12,7, 16,1; S. 120, 124.
64 Siehe bes. Georges Ville, »Religion et politique: comment ont pris fin les combats de gladiateurs«, vor allem S. 664 f.; und Keith Hopkins, »Murderous Games«, bes. S. 27-30.
65 T. D. Barnes, *Tertullian*, S. 77-80.
66 Siehe jetzt Lane Fox, *Pagans and Christians*, S. 404-410, sowie A. Strobel, *Das Heilige Land der Montanisten*.
67 Barnes, *Tertullian*, S. 210-232.
68 C. Rambaux, *Tertullien face aux morales des trois premiers siècles*, ist ein ernüchternder Überblick über Tertullians moralische Einstellungen.
69 Barnes, *Tertullian*, S. 130-142.

70 G. Schöllgen, *Ecclesia sordida? Zur Frage der sozialen Schichtung frühchristlicher Gemeinden am Beispiel Karthagos zur Zeit Tertullians*, S. 155-224.

71 Tertullian, *ad martyras* 2,8, Corpus Christianorum 1, S. 4.

72 Tertullian, *de exhortatione castitatis* 10,1-2, in: A. Kroymann (ed.), Corpus Christianorum, Bd. 2, S. 1029, BKV, Bd. 7, S. 341.

73 Tertullian, *de ieiunio* 1,1, Corpus Christianorum, Bd. 2, S. 1262.

74 Tertullian, *de anima* 9,4, Corpus Christianorum, Bd. 2, S. 793; siehe bes. Amat, *Songes et visions*, S. 93-104. H. A. Armstrong, »Gnosis and Greek Philosophy«, S. 94, ist aufschlußreich für die Auswirkungen des Stoizismus.

75 *De anima* 9,4, S. 792 f., Waszink, S. 64.

76 *Martyrium der Perpetua* 4, Musurillo, *Acts*, S. 112, BKV, Bd. 14, S. 332.

77 Augustinus, *de Genesi ad litteram* 10,26,45.

78 Tertullian, *de ieiunio* 5,1, Corpus Christianorum, Bd. 2, S. 1261.

79 *De exhortatione castitatis* 10,1, S. 1029, BKV, Bd. 7, S. 341.

80 *De virginibus velandis* 9,3, Corpus Christianorum, Bd. 2, S. 1219.

81 *De monogamia* 3,1, Corpus Christianorum, Bd. 2, S. 1230.

82 *Exhort. cast.* 12,2, S. 1032.

83 C. H. Emilie Haspels, *The Highlands of Phrygia: Sites and Monuments*, Bd. 1, S. 338 f., Nr. 107, Taf. 630.

84 Siehe Christoph Stücklin, *Tertullian: de virginibus velandis*.

85 *De virg. vel.* 9,2, S. 1219.

86 Ebd., 10,3, S. 1220.

87 *Thomasakten* 14, in: A. F. J. Klijn (transl.), *The Acts of [Judas] Thomas*, S. 69, ATN, Bd. 2, S. 314.

88 Tertullian, *de oratione* 22,9, Corpus Christianorum, Bd. 1, S. 271, und *de virg. vel.* 13,3, S. 1223.

89 *De virg. vel.* 11,6, S. 1221.

90 7,6, S. 1216, E. Schulz-Flügel (Übers.), *Tertullianus: De virginibus velandis*, S. 124.

91 11,1, S. 1220.

92 12,2, S. 1222.

93 *De oratione* 22,10, S. 271.

Viertes Kapitel
»Den Werken des Weibes ein Ende machen«: Marcion, Tatian und die Enkratiten

1 Irenäus, *Gegen die Häresien* 4,34,1, BKV, Bd. 4, S. 437.

2 Tertullian, *Adversus Marcionem* 1,17.

3 Tertullian, *de pudicitia* 22,3, BKV, Bd. 24, S. 469.

4 Tertullian, *Adv. Marc.* 1,24,6.

5   Artemidorus, *Oneirocritica* 1,79, Brackertz, S. 104; und aus diesem Grunde steht er für jede Art von unvermeidlicher Notwendigkeit wie etwa Schulden.

6   *The Testimony of Truth, NHC* IX,3, 30,19 ff., transl. B. A. Pearson, S. Giversen, in: James M. Robinson (ed.), *The Nag Hammadi Library in English*, S. 407; Hippolytus, *Refutatio* 5,2.

7   Clemens, *Strom.* 3,12,92, BKV, Reihe 2, Bd. 17, S. 313; zitiert wird hier Julius Cassianus, *Über Enthaltsamkeit und Zölibat*. Das dritte Buch der *Stromateis*, das Sexualität und Ehe behandelt, wurde von dem prüden A. Cleveland Coxe (in: *The Ante-Nicene Fathers*, Bd. 2) weitgehend in einer lateinischen Übersetzung belassen; es ist jetzt mit einem Vorwort von H. E. Chadwick ausgezeichnet übersetzt in: J. E. L. Oulton, H. E. Chadwick, *Alexandrian Christianity*.

8   Clemens, *Stromateis* 3,6,45 u. 3,6,63, BKV, Reihe 2, Bd. 17, S. 284 u. 294 f.

9   Ton H. J. Van Eijk, »Marriage and Virginity, Death and Immortality«, in: C. Kannengiesser (ed.), *Epektasis: Mélanges J. Daniélou*.

10   Eine gute Aussage zu den Beziehungen zwischen Enkratiten und Gnostikern enthält F. Beatrice, »Continenza e matrimonio nel Cristianesimo primitivo«, in: R. Cantalamassa, *Etica sessuale e matrimonio nel Cristianesimo delle origini*, S. 43-47.

11   H. Koester in: J. M. Robinson, H. Koester (eds.), *Trajectories through Early Christianity*, S. 155.

12   S. P. Brock, »Early Syrian Asceticism«, S. 3 f.

13   D. E. Aune, *The Cultic Setting of Realized Eschatology in Early Christianity*, S. 195-212.

14   A. von Harnack, *Marcion: das Evangelium vom fremden Gott*, S. 341-344, und A. Vööbus, *A History of Asceticism in the Syrian Orient*, S. 45-54.

15   M. Elze, *Tatian und seine Theologie*, S. 121.

16   A. Vööbus, *Celibacy, a Requirement for Admission to Baptism in the Early Syriac Church*, S. 18 ff.

17   Theodoret, *Haer. fabul.* 1,20, *Patrologia Graeca*, Bd. 83, 372A.

18   Robert Murray, *Symbols of Church and Kingdom: A Study in Early Syriac Tradition*, S. 19; siehe jetzt Han J. W. Drijvers, »Jews and Christians at Edessa«.

19   Siehe Barbara Aland, »Marcion. Versuch einer neuen Interpretation«. Ich bin der demnächst erscheinenden Untersuchung von Han J. W. Drijvers, »Marcionism in Syria: Principles, Problems and Polemics«, verpflichtet, die das Verhältnis zwischen Marcions Schöpfergott und mittelplatonischen Spekulationen über den Demiurgen deutlich macht.

20   Tertullian, *Adv. Marc.* 4,9,3.

21   Ebd. 4,20,9.

22   Ebd. 1,23,3: siehe Aland, »Marcion«, S. 426-428.

23 Tertullian, *Adv. Marc.* 1,29,1.

24 Epiphanius, *Panarion* 1,3,42,11,70, *Patrologia Graeca*, Bd. 41, 720A.

25 Ramsay MacMullen, *Christianizing the Roman Empire*, S. 34, 65, 148, Anm. 17.

26 Eusebius, *Kirchengeschichte* 5,24,6.

27 Tertullian, *Adv. Marc.* 1,23,8.

28 J. M. Fiey, »Les Marcionites dans les textes historiques de l'Église de Perse«, S. 183-188; siehe Michael G. Morony, *Iraq after the Muslim Conquest*, S. 426.

29 Elze, *Tatian*, S. 92 ff.; W. Cramer, *Der Geist Gottes und der Menschen in frühsyrischer Theologie*, S. 48-55, sowie H. D. Hauschild, *Gottes Geist und der Mensch*, S. 196-206.

30 Cramer, *Geist Gottes*, S. 52.

31 Tatian, *Oratio* 15 u. 13, BKV, Bd. 12, S. 217 f. u. 216.

32 Ebd. 13.

33 Ebd. 29.

34 Musonius, *Reliquiae* 13B, in: Cora E. Lutz (ed.), *Yale Classical Studies*, Bd. 10, S. 90 f.: siehe M. Foucault, *Le Souci de soi*, S. 189 f.

35 *Die Oden Salomos* 6,1-2, ed. J. H. Charlesworth, S. 29, ATN, Bd. 2, S. 582; zur Datierung siehe jetzt L. Abramowski, »Sprache und Abfassungszeit der Oden Salomos«.

36 *Oden Salomos* 42,8, S. 145, ATN, Bd. 2, S. 624.

37 Ebd. 8,16, S. 42, ATN, Bd. 2, S. 587; siehe bes. Cramer, *Geist Gottes*, S. 37, und Robert Murray, *Symbols of Church and Kingdom*, S. 312-320.

38 Vööbus, *Celibacy*, S. 18; Aphrahat, *Demonstratio* 18,10-11, in: J. Neusner (transl.), *Aphrahat and Judaism*, S. 79 f., setzt diese Exegese im frühen 4. Jahrhundert fort.

39 Siehe bes. H. Chadwick, s.v. Enkrateia, *Reallexikon für Antike und Christentum*, Bd. 5, S. 343-365, und jetzt G. Sfameni Gasparro, »Le motivazioni protologiche dell'*Enkrateia* nel cristianesimo dei primi secoli e nello Gnosticismo«, S. 149-184 u. 228-231.

40 Aretaeus, *Therapie der akuten Krankheiten*, in: Mann, S. 189; siehe jetzt Robert McL. Wilson, »Alimentary and Sexual Encratism in the Nag Hammadi Texts«.

41 Paul Ricoeur, *The Symbolism of Evil*, transl. E. Buchanan, S. 238.

42 Mary Douglas, *Purity and Danger*, S. 53: »Heiligkeit wird durch Vollständigkeit veranschaulicht. Heiligkeit verlangt, daß Individuen mit der Klasse übereinstimmen, der sie angehören. Und Heiligkeit verlangt, daß verschiedene Klassen von Dingen nicht miteinander vermischt werden dürfen.«

43 Clemens, *Strom.* 3,17,102, unter Bezugnahme auf Julius Cassianus. Solche Ansichten werden stillschweigend von der späteren jüdischen Exegese bekämpft; Adam und Eva waren es, die die Tiere lehrten, wie man Geschlechtsverkehr hat, indem sie den Akt einführten: *Midrash Rabba*, Genesis 18,2, transl. H. Freedman, M. Simon, S. 180.

44 Psalm 49,13.21.

45 Prediger Salomo 3,19.

46 *Ursprung der Welt*, NHC II,5 109, transl. H. G. Bethge, O. S. Wintermute, *Nag Hammadi*, S. 168.

47 *Philippusevangelium*, NHC II,3 52,18, transl. W. Isenberg, *Nag Hammadi*, S. 132.

48 *Babylonian Talmud*, ʿAbodah Zarah 22b, in: A. Mishcon (transl.), *The Talmud*, S. 114, und *Babylonian Talmud*, Yebamoth 103B, in: W. Slotki (transl.), *The Talmud*, Bd. 2, S. 771; siehe A. Orbe, »El pecado original y el matrimonio en la teologia del s. II«, S. 449 f.

49 Jeremia 5,8, in: Clemens, *Strom.* 3,17,102.

50 *Andreasakten* 5, in: ATN, Bd. 2, S. 286.

51 Peterson, »Einige Beobachtungen zu den Anfängen der christlichen Askese«, S. 219.

52 Siehe bes. R. Murray, »The Exhortation to Candidates for Ascetical Vows at Baptism in the Ancient Syrian Church«, und S. P. Brock, »Jewish Traditions in Syriac Sources«, S. 217 f.

53 J. Z. Smith, »The Garments of Shame«, in: *Map Is Not Territory*. Sowohl Initiierter als auch Priester standen nackt: Hippolytus, *Apostolische Traditionen* 21,5 u. 11.

54 Zu Nacktheit als Fehlen eines sozialen Status – wie im Falle von Kindern – und nicht ausschließlich als Zeichen des Fehlens sexueller Scham siehe W. Helcke, W. Westerdorf (Hrsg.), *Lexikon der Ägyptologie*, S. 292. »Nacktheit« anzunehmen hieß auch, Armut und Loslösung von der Welt anzunehmen; das heißt, sich »entblößen« zu lassen. *Thomasevangelium*, N.H.C. II,2, 21 u. 37, *Nag Hammadi*, S. 120, 122.

55 Pseudo-Clemens, *Homilien* 9,15,4.

56 Aphrahat, *Demonstratio* 4,14; zur Bedeutung des »Ruhmeskleides« siehe bes. S. P. Brock, »Jewish Traditions in Syriac Sources«, S. 221-223, sowie von demselben Autor »Clothing Metaphors as a Means of Theological Expression in Syriac Tradition«, in: M. Schmidt, C. F. Geyer (Hrsg.), *Typus, Symbol und Allegorie bei den östlichen Vätern*, S. 11-40, und P. F. Beatrice, »Le tuniche di pelle«, S. 473 f.

57 Al-Nadim, *Fihrist* 9,1, transl. B. Dodge, Bd. 2, S. 773 f. Ähnliche Gemeinden mag es im Mittelmeerraum gegeben haben; siehe den Fall des Pinytus von Knossos bei Eusebius, *Kirchengeschichte* 4,23,7-8, in Verbindung mit P. Nautin, *Lettres et écrivains chrétiens du iie et iiie siècles*, S. 13-31. Doch wir wissen nichts von ihren theologischen Grundlagen oder von dem Verhalten der Gläubigen, die ihnen angehörten.

58 Die bei weitem besten Behandlungen dieses Gebiets und seiner frühchristlichen Kultur sind die von H. J. W. Drijvers, jetzt gesammelt als *East of Antioch*; siehe auch J. Gribomont, »Le monachisme au sein de l'Église«, S. 14-17. Ich danke Professor Drijvers dafür, daß er mich an diesen klugen Artikel erinnerte.

59 A. F. J. Klijn, *The Acts of Thomas*, Supplements to Novum Testamentum 5, bes. S. 14 f. u. 34.

60 Klijn, *Acts of Thomas*, S. 37, und Drijvers, »Hellenistic and Oriental Origins«, in: S. Hackel (ed.), *The Byzantine Saint*, S. 25-33, und »Die Legende des heiligen Alexius und der Typus des Gottesmannes im syrischen Christentum«, S. 187-217.

61 *Thomasakten* 11 u. 13, transl. Klijn, S. 70 u. 71, ATN, Bd. 2, S. 313 u. 314.

62 98, S. 115, ATN, Bd. 2, S. 346.

63 Ebd.

64 115-116, S. 126 f., ATN, Bd. 2, S. 354.

65 18-19, S. 72-74; siehe den Kommentar S. 201.

66 82-83, S. 108.

67 22-23, S. 75 f.

68 129, S. 134, ATN, Bd. 2, S. 358.

69 100, S. 116, ATN, Bd. 2, S. 347.

70 12 u. 126, S. 71 u. 133.

71 13-14, S. 71 f.

72 14, S. 72.

73 88, S. 111, ATN, Bd. 2, S. 343.

74 Beatrice, »Continenza e matrimonio«, S. 51, 59.

75 *Babylonian Talmud*, Sukka 52a, in: W. Slotki (transl.), *The Talmud*, S. 248 f. In den *Philippusakten* wurde die heilige Frau Mariamne deshalb angeprangert, weil sie mit den Aposteln reiste. »Sie zieht mit diesen Zauberern umher und begeht zweifellos Ehebruch mit ihnen.« *Philippusakten* 125, in: M. Bonnet (ed.), *Acta Apostolorum Apocrypha*, Bd. 3, S. 54; transl. A. Walker, *The Ante-Nicene Fathers*, Bd. 8, S. 499.

76 G. Flecker, *Amphilochiana*, S. 69, und Epiphanius, *Panarion* 46,3, sowie A. Guillaumont, »Le nom des ›Agapètes‹«.

77 Hieronymus, *Leben des Malchus* 2, *Patrologia Latina*, Bd. 23, 56A.

78 Siehe das spätere Beispiel der Gemeinschaft der Abelonii, von deren Anwesenheit in der Nähe von Hippo – vermutlich in den Bergen – Augustinus berichtet: *de haeresibus* 87, *Patrologia Latina*, Bd. 42, S. 47. Zu marcionitischen Dörfern, die es in den Bergen in der Nähe von Cyrrhus noch in der Mitte des 5. Jahrhunderts gab, siehe Theodoret, *Historia Religiosa* 21, *Patrologia Graeca*, Bd. 82, 1439D-1449B, und *Brief* 81, *Patrologia Graeca*, Bd. 83, 1261C.

79 G. Nedungatt, »The Covenanters in the Early Syriac-Speaking Church«; F. Burkitt, *Early Christianity Outside the Roman Empire*, S. 139: »still, würdig und maßvoll«.

80 Murray, *Symbols of Church and Kingdom*, S. 28 f., behandelt dieses Thema außerordentlich schön.

81 Nemesianus, *Ekloge* 4, 11 (der Verlust der Jungfräulichkeit verrät sich durch eine Veränderung in der Stimme des Mädchens); Soranus, *Gynaecia* 3,1,7 (über berufsmäßige Sängerinnen).

82 Ephraim der Syrer, *Hymnen über die Auferstehung* 2,4, in: S. P. Brock (transl.), *The Harp of the Spirit*, S. 74; vgl. Philo, *de vita contemplativa* 88.

Fünftes Kapitel
»Wenn ihr die beiden eins werden laßt«:
Valentinus und gnostische geistliche Führung

1 Mark Aurel, *Meditationen* 1,7, W. Theiler (Hrsg., Übers.), *Mark Aurel: Wege zu sich selbst*, S. 27.
2 *Martyrium des Justin und Genossen*, Rezension B_3, in: H. Musurillo (ed.), *The Acts of the Christian Martyrs*, S. 49-51, BKV, Bd. 14, S. 310.
3 Die besten Arbeiten behandeln heidnische Philosophen; siehe bes. G. Fowden, »The Platonist Philosopher and his Circle in Late Antiquity«, und M.-O. Goulet-Cazé, in: L. Brisson (ed.), *Porphyre: La Vie de Plotin. Travaux préliminaires*, S. 231-236; siehe jetzt die meisterhafte Darstellung von G. Fowden, *The Egyptian Hermes: A Historical Approach to the Late Pagan Mind*, S. 190 f. Zu einer früheren Periode siehe besonders B. Frischer, *The Sculpted Word: Epicureanism and Philosophical Recruitment in Ancient Greece*, und I. Hadot, »The Spritual Guide«.
4 Eusebius, *Kirchengeschichte* 6,27, BKV, Reihe 2, Bd. 1, S. 295.
5 Clemens, *Stromateis* 6,15,116,2, BKV, Reihe 2, Bd. 19, S. 317.
6 Siehe jetzt die wichtige Studie von Alain Le Boulluec, *La notion d'hérésie dans la littérature grecque: iie-iiie siècles*, Bd. 1, S. 36-91.
7 Eusebius, *Kirchengesch.* 7,7,4, BKV, Reihe 2, Bd. 1, S. 326.
8 Die beste Einzeldarstellung des Denkens des Valentinus ist immer noch die von F. M. M. Sagnard, *La Gnose valentinienne et le témoignage de Saint Irénée*. Eine praktische Sammlung neuerer Arbeiten bietet B. Layton (ed.), *The Rediscovery of Gnosticism, Vol.* 1: The School of Valentinus.
9 Tertullian, *Adversus Valentinianos* 4,1.
10 *Das Evangelium der Wahrheit*, N.H.C. I,3, 17,11 u. 19,16, G. W. MacCrae (transl.), *The Nag Hammadi Library in English*, S. 38, 39, Krause, S. 67, 69.
11 H. Savon, *Saint Ambroise devant l'exégèse de Philon le Juif*, Bd. 1, S. 32.
12 Le Boullouec, *La notion d'hérésie*, Bd. 1, S. 240 f., und Bd. 2, S. 329-332.
13 Siehe bes. Elaine Pagels, *The Johannine Gospel in Gnostic Exegesis*, und *The Gnostic Paul*.
14 *Petrusapokalypse*, N.H.C. VII,2, 79, transl. R. A. Bullard, S. 343. Siehe bes. Klaus Koschorke, *Die Polemik der Gnostiker gegen das kirchliche Christentum*, S. 64 f.; Elaine Pagels, *The Gnostic Gospels*, S. 28-47; 102-118, ist eine humane Synthese; Alan E. Samuel, »How Many Gnostics«, ist eine notwendige kritische Neubewertung.

15 *Philippusevangelium*, N.H.C. II,3, 63,12, transl. W. W. Isenberg, S. 138.

16 A. J. Festugière, *La Révélation d'Hermès Trismégiste*, Bd. 1, S. 45-66, ist eine lebendige Schilderung dieser Stimmung, der wir jetzt noch Fowden, *The Egyptian Hermes*, S. 104-115, zur Seite stellen können.

17 Dieser Aspekt ist für ein System von Mythen, die sich auffällig von denen des Valentinus unterscheiden, besonders gut untersucht von Gedaliahu A. G. Stroumsa, *Another Seed: Studies in Gnostic Mythology*, siehe bes. S. 1-4; vgl. auch die sorgfältige Analyse von M. Tardieu, *Trois Mythes Gnostiques*.

18 A. J. Festugière, *La Révélation d'Hermès Trismégiste*, Bd. 3, S. 25 f.

19 Claude Lévi-Strauss, »The Sorcerer and his Magic«, S. 179, *Strukturale Anthropologie I*, S. 203.

20 *Das dreigeteilte Traktat*, N.H.C. I,5, 132, transl. M. L. Peel, S. 95.

21 Siehe jetzt bes. Jan Helderman, *Die Anapausis im Evangelium Veritatis*, S. 198 f., 230.

22 Irenäus, *Gegen die Häresien* 3,15,2, BKV, Bd. 3, S. 271.

23 Clemens, *Excerpta ex Theodoto* 3,2, S. 56-58.

24 *Philippusevangelium* 64,22, S. 139.

25 Ausgezeichnet charakterisiert von Michael Allen Williams, *The Immovable Race. A Gnostic Designation and the Theory of Stability in Late Antiquity*, S. 186-209; dieser Arbeit bin ich ebenso wie zahlreichen Aufsätzen, die mir der Autor freundlicherweise vor ihrer Veröffentlichung zugänglich machte, besonders verpflichtet.

26 Siehe bes. Elaine Pagels, »Gnostic and Orthodox Views of Christ's Passion: Paradigms of the Christian Response to Persecution?«.

27 *Philippusevangelium* 66,17, S. 140, Krause, S. 107.

28 Besonders deutlich macht dies Michael A. Williams, »Uses of Gender Imagery in Ancient Gnostic Texts«.

29 Plutarch, *Praecepta coniugalia* 48, 145E, ed., transl. F. C. Babbitt, Bd. 2, S. 339-341.

30 Clemens, *Excerpta ex Theodoto* 2,1, S. 56, und Irenäus, *Gegen die Häresien* 1,30,1.

31 Clemens, *Excerpta ex Theodoto* 32,1 u. 68, S. 132, 192.

32 Ebd. 19,5 u. 21,1, S. 94 u. 98.

33 *Exegese über die Seele*, N.H.C. II,6, transl. W. C. Robinson, S. 184, Krause, S. 131.

34 Plutarch, *de Iside* 53, 372EF, ed., transl. F. C. Babbitt, Bd. 5, S. 128-130, *Vermischte Schriften*, Bd. 2, S. 333.

35 Artemidorus, *Oneirocritica*, 1,30, transl. R. White, S. 31; Brakkertz, S. 42.

36 *Thomasevangelium*, N.H.C. II,2, 114, transl. T. O. Lambdin, S. 130; siehe jetzt M. W. Meyer, »Making Mary Male: The Categories ›Male‹ and ›Female‹ in the Gospel of Thomas«.

37 *Die Auslegung des Wissens*, N.H.C. XI, 10,34, transl. J. D. Turner, S. 430.

38 Williams, »Use of Gender Imagery«, S. 210.

39 Siehe bes. J. P. Mahé, »Le sens des symboles sexuels dans quelques textes hermétiques et gnostiques«, S. 123-145, vor allem S. 130 u. 135, und M. Harl, »Adam et les deux arbres du Paradis« – eine beispielhafte Studie.

40 *Thomasevangelium* 11, S. 119.

41 *Philippusevangelium* 68,26, S. 141, Krause, S. 110.

42 *Thomasevangelium* 22, S. 121.

43 *Philippusevangelium* 66,15, S. 140; *Thomasevangelium* 21, S. 120.

44 Clemens, *Excerpta ex Theodoto* 21,3, S. 98.

45 Tertullian, *Adv. Val.* 32,4.

46 Siehe bes. A. F. J. Klijn, »The ›Single One‹ in the Gospel of Thomas«.

47 Vergleiche Cicero, *de natura deorum* 2,10,28, mit Clemens, *Excerpta ex Theodoto* 48,4, S. 160-162.

48 *Zeugnis der Wahrheit*, N.H.C. IX,3, transl. S. Giversen, B. A. Pearson, S. 407; vgl. M. Roberge, »Anthropologie et anthropogonie dans la Paraphrase de Sem«, S. 245 f.

49 *Sophia Jesu Christi*, N.H.C. II,4, 108, transl. D. M. Parrott, S. 220.

50 *Philippusevangelium* 65,2 ff., S. 139; siehe bes. J. E. Ménard, *L'Évangile selon Philippe*, S. 16.

51 *Philippusevangelium* 83,18-21, S. 149, Krause, S. 122.

52 *Johannesakten* 53-54, Bd. 2, S. 241.

53 Clemens, *Excerpta ex Theodoto* 67,3, S. 192.

54 Clemens, *Strom.* 3,1,2, transl. Henry Chadwick, S. 41, BKV, Reihe 2, Bd. 17, S. 258.

55 H. A. Green, »Ritual in Valentinian Gnosticism: A Sociological Interpretation«, S. 118-123.

56 *Philippusevangelium* 66,1, S. 139.

57 Irenäus, *Gegen die Häresien* 1,6,3.

58 *Babylonian Talmud*, Soṭah 21b, transl. A. Cohen, S. 108.

59 Tertullian, *de virginibus velandis* 14,5, ed. E. Dekkers, *Corpus Christianorum*, Bd. 2, S. 1224, Schulz-Flügel, S. 154.

60 *Petrusapokalypse* 78, S. 343.

61 *Evangelium der Wahrheit* 34,25, S. 45.

62 *Philippusevangelium* 53,20-54, S. 132 f.

63 John Keats, *Ode auf eine griechische Urne*, in: J. K., *Gedichte*, S. 16.

64 Clemens, *Strom.* 3,6,45; *Philippusevangelium* 58,28, S. 135.

65 *Thomasevangelium* 108, S. 129.

66 *Philippusevangelium* 59, S. 135, Krause, S. 101.

67 *Philippusevangelium* 86, S. 151; zum *pastos* siehe C. Vatin, *Recherches sur le mariage et la condition de la femme mariée à l'époque hellénistique*, S. 211-228.

68 *Philippusevangelium* 86, S. 151.
69 Minucius Felix, *Octavius* 9,4, ed., transl. G. H. Rendall, S. 337, BKV, Bd. 14, S. 148 f.
70 Jesaja 54,1.

Sechstes Kapitel
»Ein schwaches Abbild göttlicher Vorsehung«:
Clemens von Alexandrien

1 Clemens, *Stromateis* 1,1,1,11:2, S. 8. Zu Clemens im allgemeinen waren mir am hilfreichsten Walter Völker, *Der wahre Gnostiker nach Clemens Alexandrinus*, Texte und Untersuchungen 57; André Méhat, *Étude sur les »Stromates« de Clément d'Alexandrie*; und Salvatore R. C. Lilla, *Clement of Alexandria: A Study in Christian Platonism and Gnosticism*. Siehe auch Dietmar Wyrwa, *Die christliche Platonaneignung in den Stromateis des Clemens von Alexandrien*. Ich habe jeweils die Band- und Seitenzahl der von O. Stählin besorgten Ausgabe der Werke des Clemens zitiert, die sich auf die drei Bände wie folgt verteilen: *Protrepticus* und *Paedagogus*, *Clemens Alexandrinus* 1 (Griechische christliche Schriftsteller. 12.); *Stromateis* 1-6, *Clemens Alexandrinus* 2 (Griechische christliche Schriftsteller. 52 [15].); *Stromateis* 7 und 8, *Clemens Alexandrinus* 3 (Griechische christliche Schriftsteller. 17*.).

2 Eusebius, *Kirchengeschichte* 5,10, BKV, Reihe 2, Bd. 1, S. 232. Zum Handel zwischen Ägypten und Indien siehe jetzt H. Harrauer, P. J. Sijpesteijn, »Ein neues Dokument zu Roms Indienhandel«.

3 Zu dieser Schule siehe neuerdings Annick Martin, »Aux origines de l'église copte«, S. 35 f., und zum Verhältnis des Pantaenus zu ihr siehe Colin H. Roberts, *Manuscript and Belief in Early Christian Egypt*, S. 54. Man muß sich davor hüten, die institutionelle Förmlichkeit der katechetischen Schule wie die jeder anderen »Schule« in der Spätantike zu übertreiben: siehe John Dillon, »The Academy in the Middle Platonic Period«.

4 Dasselbe gilt für Ammonius, den Lehrer des Plotin: Plotin selbst begann erst nach etwa 22 Jahren damit, seine Lehren schriftlich niederzulegen – Porphyrius, *Über Plotins Leben* 3.

5 *Strom.* 1,14,1,1: Bd. 2, S. 10, BKV, Reihe 2, Bd. 17, S. 21.

6 Ebd. 1,1,11,1: Bd. 2, S. 86, BKV, Reihe 2, Bd. 17, S. 19; siehe Méhat, *Étude*, S. 287-290.

7 *Paedagogus* 2,1,4,4: Bd. 1, S. 156.

8 Ebd. 2,10,104,3,2: Bd. 1, S. 219. Siehe die wunderbare und scharfsichtige Einleitung von H. I. Marrou zu *Clément d'Alexandrie: Le Pédagogue*, S. 41-53 u. 89.

9 *Paed.* 1.9.77.3: Bd. 1, S. 135.

10 Eusebius, *Kirchengeschichte* 16,13,2-3; siehe F. di Benedetto,

»Un nuovo frammento delle Ipotiposi di Clemente Alessandrino«, und C. Duckworth, E. Osborn, »Clement of Alexandria's *Hypotyposeis:* a French Eighteenth-Century Sighting«, S. 74-83.

11 *Strom.* 6,1,2,1-4 und 7,18,111,1-2: Bd. 2, S. 422 f., und Bd. 3, S. 78 f.: siehe Méhat, *Étude*, S. 524-528.

12 Roberts, *Manuscripts and Belief*, S. 54-60.

13 Ebd., S. 49-54.

14 Alain Le Boulluec, *La notion d'hérésie dans la littérature grecque: iie-iiie siècles*, Bd. 2, S. 329-332.

15 *Paed.* 2,1,1,2: Bd. 1, S. 154, BKV, Reihe 2, Bd. 8, S. 8.

16 Pierre Bourdieu, *Outline of a Theory of Practice*, S. 94.

17 *Paed.* 2,1,13,1: Bd. 1, S. 163, BKV, Reihe 2, Bd. 8, S. 22.

18 2,2,33,4 und 2,7,60,2: Bd. 1, S. 176 u. 193.

19 2,7,54,3: Bd. 1, S. 190.

20 2,7,60,4: Bd. 1, S. 193.

21 Man beachte den Versuch des Soldatenkaisers Macrinus, Mark Aurel nachzuahmen, »indem er bei Audienzen zu den Anwesenden sehr langsam und mühsam sprach, so daß er häufig wegen seiner leisen Stimme nicht zu hören war« – eine tapfere Bemühung eines Militärs um »philosophische« Heiterkeit des Tonfalls! Herodian, *Geschichte* 5,2,3.

22 *Paed.* 2,5,46,2: Bd. 1, S. 185.

23 2,7,60,5: Bd. 1, S. 193.

24 3,3,18,3: Bd. 1, S. 247, BKV, Reihe 2, Bd. 8, S. 152.

25 2,7,57,1: Bd. 1, S. 191.

26 2,7,59,1: Bd. 1, S. 192, BKV, a.a.O., S. 67.

27 2,2,22,4: Bd. 1, S. 169.

28 2,5,46,2: Bd. 1, S. 185.

29 2,7,60,5: Bd. 1, S. 193, BKV, a.a.O., S. 69 f.

30 1,13,102,3: Bd. 1, S. 151.

31 *Strom.* 3,6,47,1: Bd. 2, S. 217, BKV, Reihe 2, Bd. 17, S. 285.

32 *Paed.*, 1,5,19,3: Bd. 1, S. 101.

33 Roberts, *Manuscript and Belief*, S. 21 f.

34 Ebd., S. 71 f.

35 Marrou, *Le Pédagogue*, S. 25. R. B. Tollinton, *Clement of Alexandria*, Bd. 1, S. 288 f. – »ein Verweilen auf der Wortwahl mit so etwas wie einer Zuneigung zu ihren Assoziationen«.

36 *Paed.* 2,12,118,5: Bd. 1, S. 228, BKV, Reihe 2, Bd. 8, S. 124.

37 *Protrepticus* 59,2: Bd. 1, S. 46. BKV, Reihe 2, Bd. 7, S. 136.

38 Siehe bes. Lilla, *Clement*, passim, zu den platonischen Elementen in Clemens' Denken, das sich nie auf einfachen Stoizismus reduzieren läßt.

39 A. A. Long, *Hellenistic Philosophy*, S. 118-209, ist eine außerordentlich klare Formulierung des »klassischen« stoischen Systems; A. J. Festugière, *La Révélation d'Hermès Trismégiste*, Bd. 2, S. 260-309, ist eine

schöne Schilderung der mit einem solchen System verbundenen menschlichen Qualitäten; Pierre Hadot, *Exercices spirituels et philosophie antique*, S. 27-41, ist eine unübertroffene Darstellung der in stoischer moralischer Erziehung zur Anwendung kommenden Therapie.

40 Festugière, *Hermès Trismégiste*, Bd. 2, S. 299.
41 Ebd., S. 300.
42 Ebd., S. 285, 297 u. 328-330.
43 Hadot, *Exercices*, S. 22.
44 Ebd., S. 129 f.
45 Gut definiert in *Strom.* 2,13,59,6: Bd. 2, S. 145; siehe Lilla, *Clement*, S. 85.
46 Völker, *Der wahre Gnostiker*, S. 129.
47 *Strom.* 7,11,71,6: Bd. 2, S. 51.
48 Hadot, *Exercices*, S. 48 f.
49 *Paedagogus* 3,12,101,3 (*Schlußhymne* 1-4): Bd. 1, S. 291, BKV, Reihe 2, Bd. 8, S. 222.
50 Raoul Wortley, *Connaissance religieuse et hermétique chez Clément d'Alexandrie*, S. 126 f.
51 *Strom.* 7,13,82,7: Bd. 3, S. 59.
52 *Paed.* 1,5,22,1: Bd. 1, S. 103. BKV, Reihe 2, Bd. 7, S. 223.
53 *Strom.* 6,15,115,3: Bd. 2, S. 490; siehe Méhat, *Étude*, S. 376.
54 Long, *Hellenistic Philosophy*, S. 207.
55 *Strom.* 6,9,71-72: Bd. 2, S. 467 f.
56 Lilla, *Clement*, S. 104-113; Méhat, *Étude*, S. 506-510.
57 *Strom.* 3,18,109,3: Bd. 2, S. 247, BKV, Reihe 2, Bd. 17, S. 324.
58 3,17,103,3: Bd. 2, S. 343 f., BKV, a.a.O., S. 320.
59 Tollinton, *Clement*, Bd. 1, S. 272, 274.
60 C. Mondésert, H. I. Marrou, *Clément d'Alexandrie: Le Pédagogue*, Sources chrétiennes 108, S. 164, Anm. 1, u. S. 184, Anm. 5: »Perspective étroite«.
61 *Paed.* 2,10,83,3: Bd. 1, S. 208.
62 2,10,97,2: Bd. 1, S. 215.
63 2,10,93,1: Bd. 1, S. 213, BKV, Reihe 2, Bd. 8, S. 100.
64 *Strom.* 7,11,71,6: Bd. 3, S. 51.
65 Plutarch, *Dialog über die Liebe* 769AB; siehe Michel Foucault, *Le Souci de soi*, S. 238 f.
66 *Paed.* 2,10,90,2: Bd. 1, S. 211.
67 Siehe z.B. *Babylonian Talmud*, Niddah 16b, transl. I. Epstein, S. 11, über den Engel der Empfängnis; man beachte das Gebet in Tobias 8,5-8.
68 *Strom.*, 3,12,82,3: Bd. 2, S. 233.
69 *Paed.* 2,5,46,2: Bd. 1, S. 185, BKV, Reihe 2, Bd. 8, S. 57.
70 *Das Buch des Athleten Thomas*, N.H.C. II,7, 139, *The Nag Hammadi Library*, S. 190.
71 *Paed.* 1,4,10,3: Bd. 1, S. 96; *Strom.* 6,12,99-100: Bd. 2, S. 481 f.

72 *Strom.* 7,11,70,7: Bd. 3, S. 51.
73 3,10,68,1: Bd. 2, S. 226.
74 7,14,88,2: Bd. 3, S. 62.
75 7,3,18,1: Bd. 3, S. 13; siehe Völker, *Der wahre Gnostiker*, S. 536.
76 *Strom.* 7,11,63,3: Bd. 3, S. 46.
77 Eusebius, *Kirchengeschichte* 6,1,6.
78 *Strom.* 7,11,64,2: Bd. 3, S. 46.
79 7,11,64,1: Bd. 3, S. 46, BKV, Reihe 2, Bd. 20, S. 68.
80 *Martyrium des Pionius* 5,4 und 17,2, in: H. Musurillo (ed.), *The Acts of the Christian Martyrs*, S. 142-144 u. 158; *Phileasakten* (lateinisches Manuskript) 4,2 u. 6,1, Musurillo, S. 348 u. 360: Phileas war verheiratet und hatte Kinder. Siehe bes. V. Saxer, »Le ›juste crucifié‹ de Platon à Théodoret«.
81 Palladius, *Historia lausiaca* 60, und Cassiodorus, *Institutiones* 1,8,4.
82 Marrou, *Le Pédagogue*, S. 61.
83 *Strom.* 3,6,49,1 und 3,6,53,5: Bd. 2, S. 218 u. 221, BKV, Reihe 2, Bd. 17, S. 286 u. 289.
84 Athanasius, *Leben des Antonius* 14, *Patrologia Graeca*, Bd. 26, 865A.
85 *Strom.* 3,6,52,4 und 53,1: Bd. 2, S. 220.
86 7,11,64,2 und 4,21,130,5: Bd. 3, S. 46, u. Bd. 2, S. 305 f.
87 Ramsay MacMullen, *Christianizing the Roman Empire*, S. 32, 135 f., Anm. 26.

Siebentes Kapitel
»Eine promiske Bruderschaft und Schwesternschaft«: Männer und Frauen in den Frühkirchen

1 Minucius Felix, *Octavius* 9,1, transl. G. H. Rendall, S. 337, BKV, Bd. 14, S. 148.
2 W. Speyer, »Zu den Vorwürfen der Heiden gegen die Christen«.
3 Justin, *I Apologia* 29,2.
4 Eusebius, *Leben des Konstantin* 1,53, transl. E. C. Richardson, *Library of the Nicene Fathers*, Bd. 1, S. 497, BKV, Bd. 9, S. 41.
5 Eusebius, *Kirchengeschichte* 5,1,3-61, und *Martyrologium Hieronymianum*, analysiert von P. Nautin, *Lettres et ecrivains des iième et iiième siècles*, S. 49 f.
6 *Die Akten der szillitanischen Märtyrer* 16, ed. Musurillo, *Acts of the Martyrs*, S. 88.
7 *Acta Saturnini* 2, *Patrologia Latina*, Bd. 8, S. 705 f.
8 *Das Martyrium der heiligen Perpetua und Felizitas* 16,1, Musurillo, S. 124.
9 *Das Martyrium der heiligen Montanus und Lucius*, 8,3-7, Musurillo, S. 221.

10 Cyprian, *Brief* 22,2,2.

11 Einen kurzen Überblick bietet Robin Lane Fox, *Pagans and Christians*, S. 308-311; Jo Ann McNamara, *A New Song: Celibate Women in the First Three Christian Centuries*, behandelt einen großen Teil des Materials in diesem Kapitel aus einer anderen Perspektive.

12 Martin Goodman, *State and Society in Roman Galilee*, S. 175-181.

13 A. Faivre, *Naissance d'une hiérarchie*, S. 37-171, ist grundlegend.

14 *Babylonian Talmud*, Shabbat 1214a, transl. I. Epstein, Bd. 2, S. 558.

15 Siehe bes. J. Neusner, *The History of the Mishnaic Law of Woman*, Pt. 5: The Mishnaic System of Women, S. 213-216.

16 *Midrash Rabba: Song of Songs* 3,7, transl. M. Simon, *The Midrash: Song of Songs*, S. 162, und *Babylonian Talmud*, Nedarim 20a, transl. I. Epstein, *The Talmud*, S. 58.

17 *Babylonian Talmud*, Hullin 92a, transl. E. Cashdan, *The Talmud*, Bd. 2, S. 516, *Der babylonische Talmud*, Bd. 8, S. 1101.

18 *Didascalia Apostolorum* 4,6,1-2, F. X. Funk (ed.), *Didascalia et Constitutiones Apostolorum*, S. 224, und R. H. Connolly, *Didascalia Apostolorum*, S. 158.

19 L. Robert, *Nouvelles inscriptions de Sardes*, S. 49, Anm. 1.

20 Irenäus, *Gegen die Häresien* 3,30,3.

21 Tertullian, *de praescriptione haereticorum* 30,2; R. Duncan-Jones, *The Economy of the Roman Empire*, S. 147-155.

22 L. W. Countryman, *The Rich Christian in the Church of the Early Empire: Contradictions and Accomodations*, S. 157-182.

23 Das bedeutete in keiner Weise, daß eine wohlhabende Jüdin kein aktives Leben außerhalb des engen Kreises der Gelehrten leben konnte: siehe G. W. Bowersock, *Roman Arabia*, S. 76-79, 87-90, zum Prozeß, den Babata, eine Jüdin, führte und über den sich Unterlagen in Masada fanden.

24 *Babylonian Talmud*, Sotah 21a, transl. A. Cohen, *The Talmud*, S. 105.

25 L. J. Archer, »The Role of Jewish Women in Graeco-Roman Palestine«, S. 277-280.

26 Siehe jedoch das Material zur Diaspora, das B. J. Brooten, *Women Leaders in the Ancient Synagogue*, beibringt und interpretiert.

27 *Palestinian Talmud*, Sotah 3,4, in: M. Schwab (transl.), *Le Talmud de Jérusalem*, Bd. 4, S. 261.

28 1. Timotheus 2,11.12.15.

29 *Didascalia* 6,21,1-8, Funk, S. 368-372, Connolly, S. 242-250.

30 Dionysius von Alexandrien, *Kanonischer Brief* 2, *Patrologia Graeca*, Bd. 10, 1281A.

31 Clemens, *Strom.* 3,4,25, in: H. E. Chadwick (transl.), *Alexandrian Christianity*, S. 52, BKV, Reihe 2, Bd. 17, S. 272.

32 Ebd. 3,4,27, transl. Chadwick, S. 52, BKV, a.a.O., S. 273.

33 Hippolytus, *Widerlegung aller Häresien* 9,7, in: J. H. MacMahon (transl.), *The Ante-Nicene Fathers*, Bd. 5, S. 131. Zu Frauen der oberen Klassen in Karthago siehe G. Schöllgen, *Ecclesia sordida? Zur Frage der sozialen Schichtung frühchristlicher Gemeinden am Beispiel Karthagos zur Zeit Tertullians*, S. 204-215.

34 R. Gryson, *The Ministry of Women in the Early Church*, gibt einen klaren Überblick.

35 Eusebius, *Kirchengesch.* 6,43,11.

36 *Gesta apud Zenophilum, Patrologia Latina*, Bd. 8, 731B, geschickt herangezogen von Lane Fox, *Pagans and Christians*, S. 310.

37 Johannes Chrysostomus, *Hom.* 66 in Matt. 3, *Patrologia Graeca*, Bd. 57, S. 630.

38 Hieronymus, *Brief* 123,1, *P.L.*, Bd. 22, S. 1047.

39 Siehe bes. E. A. Clark, *Jerome, Chrysostom and Friends*, S. 107-144.

40 *Didascalia apostolorum* 4,11,5-6, Funk, S. 232-234, Connolly, S. 194.

41 B. Kötting, »Univira in Inschriften«, in: W. van den Boer et al. (eds.), *Romanitas et Christianitas. Studia I. H. Waszink oblata*, S. 195-206.

42 Tertullian, *de monogamia* 3,1 und 17,5.

43 Eusebius, *Kirchengesch.* 6,2,12. Die Beschränkungen sind ausgeführt in Clemens, *Paedagogus* 2,92,3-93,2 und *Strom.* 2,144,1 u. 3,72,1.

44 R. MacMullen, »Woman in Public in the Roman Empire«, S. 208-218, sowie R. Van Bremen, »Women and Wealth«, bes. S. 233-237. Brooten, *Woman Leaders*, S. 157-165, gibt eine eindrucksvolle Liste von Stifterinnen und Synagogengründerinnen.

45 1. Timotheus 5,13.

46 *Allgemeine Kirchenordnung* 21,1, ed. T. Schermann, S. 29.

47 Selbst bei den Montanisten in Karthago hatte eine Prophetin ihre Visionen während der allgemeinen Versammlung der Kirche, aber sie teilte sie erst nach dem Gottesdienst öffentlich mit: Tertullian, *de anima* 9,4.

48 R. Padel, »Women: Model for Possession by Greek Daemons«, S. 7, und jetzt Giulia Sissa, *Le corps virginal*, S. 66-75.

49 Cyprian, *Brief* 75,10, in: E. Wallis (transl.), *The Ante-Nicene Fathers*, Bd. 5, S. 393, BKV, Bd. 60, S. 379-381.

50, Die Liste findet sich in *Patrologia Graeca*, Bd. 10, S. 287.

51 Theodoret von Cyrrhus, *Dialogus* 3, *Patrologia Graeca*, Bd. 83, 284D; Eusebius, *Kirchengesch.* 6,21,3, über Origenes und Julia Mammaea, »eine Frau so fromm wie nur eine«. Siehe bes. A. D. Momigliano, »The Life of Saint Macrina by Gregory of Nyssa«, in: J. W. Eadie, J. Ober (eds.), *The Craft of the Ancient Historian, Essays in Honor of C. G. Starr*, S. 443 f.

52 Hippolytus, *Widerlegung* 9,12, transl. MacMahon, S. 129 f., BKV, Bd. 40, S. 247 f.

53 Eusebius, *Kirchengesch.* 6,2,13-14, BKV, Reihe 2, Bd. 1, S. 266.

54 P. Nautin, *Origène*, S. 181; Origenes empfing auch von einer gewissen Juliana einen Text der Bibelübersetzung des Symmachus: Eusebius, *Kirchengesch.* 6,17; siehe Nautin, *Origène*, S. 219-221.

55 Titus 2,3-5; vgl. *Didascalia apostolorum* 3,5,3, Funk, S. 188, Connolly, S. 132. Dies war eine lokale Kirchenordnung, deren Bestimmungen nicht für andere Regionen des griechischen Ostens galten: A. G. Martimort, *Les Diaconesses: essai historique*, S. 40 f., 126-137. Doch die hier behandelten Probleme gab es auch in anderen Teilen der christlichen Welt, selbst wenn die Lösungen, die in der *Didascalia apostolorum* gefunden wurden, für Syrien charakteristisch waren.

56 *Didascalia apostolorum* 3.5.4, Funk, S. 188, Connolly, S. 132 f.

57 Sally Humphreys, *The Family, Women and Death*, S. 33; der Begriff stammt von Lévi-Strauss, *Structural Anthropology*, S. 61 f., und beinhaltet erheblich mehr als die Schaffung und Manipulation von Stereotypen.

58 Siehe bes. T. D. Barnes, *Tertullian*, S. 87 f., 93-102, und Ramsay MacMullen, *Christianizing the Roman Empire*, S. 39 f.

59 Tertullian, *de cultu feminarum* 1,1,2, BKV, Bd. 7, S. 177; siehe M. Z. Rosaldo, »Woman, Culture and Society: A Theoretical Overview«, S. 29 u. Anm. 8.

60 Tertullian, *de cultu feminarum* 2,11,1.

61 Die vollständigste Materialsammlung ist immer noch die von A. von Harnack, *Mission und Ausbreitung des Christentums*, Bd. 2, S. 51-67.

62 Tertullian, *Ad Scapulam* 4,4,2, BKV, Bd. 24, S. 270 f.

63 *Passio Perpetuae* 7-8, in: Musurillo (ed.), *Acts of the Christian Martyrs*, S. 114-116; siehe Peter Dronke, *Medieval Women Writers*, S. 11 f.; siehe jetzt C. Mertens, »Les premiers martyrs et leurs rêves«, S. 24. Viel gelernt habe ich von Nancy Chodorow, »Family Structure and Female Personality«, in: *Woman, Culture and Society*, S. 43-66, bes. S. 54-62.

64 Tertullian, *ad uxorem*, 2,4,2, und *de pudicitia* 22,1.

65 Y. Tissot, »Encratisme et Actes Apocryphes«, in: F. Bovon (ed.), *Les Actes Apocryphes des Apôtres*, S. 109-119, und E. Junod, J. D. Kaestli, *L'Histoire des Actes Apocryphes du iiième au ixème siècle: le cas des Actes de Jean.* Siehe jetzt *Acta Iohannis*, in: E. Junod u. J.-D. Kaestli (eds.), *Corpus christianorum: Series Apocryphorum*, Bd. 1.

66 *Johannesakten* 38-42, ATN, Bd. 2, S. 150; *Paulusakten* 5, ATN, Bd. 2, S. 253 f.

67 *Petrusakten* 34, ATN, Bd. 2, S. 218.

68 Heliodorus, *Aethiopica* 3,5,4. Die scharfsinnigste Untersuchung dieses Aspekts des antiken Romans ist die von Michail Bakhtin, *Voprosy literatury i estetiki*, S. 236-261 (in englischer Übersetzung: M. M. Bakhtin, *The Dialogic Imagination*, ed. M. Holquist, transl. C. Emerson, M. Holquist, S. 86-108); siehe auch Graham Anderson, *Ancient Fiction: The Novel in the Graeco-Roman World*, S. 114 f.

69 Bakhtin, *Dialogic Imagination*, S. 89-97.

70 Heliodorus, *Aethiopica* 10,7,8; Achilles Tatius, *Leucippe und Clito-*

phon 5,20: der junge Mann verspricht, Jungfrau zu bleiben, »wenn es bei Männern Jungfräulichkeit gibt« – bis zum Ende des Buches war er nur einmal schwach geworden!

71   R. Söder, *Die apokryphen Apostelakten und die romanhafte Literatur der Antike* wird viel zitiert, ist gewissenhaft und im wesentlichen irreführend. Siehe Č. Milovanović, »Apokrifna Dela Pavlova i njihov odnos prema antičkom grčkom romanu«, bes. S. 329-331. Judith Perkins, »The Apocryphal Acts and the Early Christian Martyrdom«, ist ein wertvoller Beitrag.

72   *Akten des Paulus und der Thekla* 7, ATN, Bd. 2, S. 244.

73   7, S. 244.

74   18, S. 246.

75   20, S. 246; 42, S. 250.

76   21, S. 247.

77   *Martyrium des Pionius* 10,2, Musurillo, S. 149, BKV, Bd. 14, S. 354.

78   *Akten des Paulus und der Thekla* 40, ATN, Bd. 2, S. 250.

79   G. Poupon, »L'accusation de magie dans les Actes Apocryphes«, in: F. Bovon et al. (eds), *Les Actes Apocryphes*, S. 71-93; siehe Brown, *The Making of Late Antiquity*, S. 24.

80   *Akten des Paulus und der Thekla* 8, 9, 10, S. 244, 245.

81   15, S. 245.

82   Das wird jetzt deutlich in der meisterhaften Untersuchung von S. R. F. Price, *Rituals and Power: The Roman Imperial Cult in Asia Minor*, S. 122-126.

83   Die Bedeutung des Vorfalls verdeutlicht Price, *Rituals*, S. 170, Anm. 1, unter Berufung auf die syrische Version der *Akten*.

84   *Akten des Paulus und der Thekla* 26, ATN, Bd. 2, S. 248.

85   28, S. 248.

86   22, S. 247.

87   34, S. 249.

88   Ebd.

89   25, S. 247.

90   Northrop Frye, *The Secular Scripture: A Study of the Structure of Romance*, S. 86.

91   Siehe bes. M. Aubineau, »Le Panégyrique de Thècle attribué à Jean Chrysostome«, S. 359-362, G. Dagron, »Vie et miracles de sainte Thècle«, S. 31-54, C. Nauerth, R. Warns, *Thekla: ihre Bilder in der frühchristlichen Kunst*, und Ruth Albrecht, *Das Leben der heiligen Makrina auf dem Hintergrund der Thekla-Traditionen*, S. 239-319.

92   Dronke, *Medieval Women Writers*, S. 282, zeigt, wie mittelalterliche Legenden Perpetua so weit wie möglich Thekla anglichen.

Achtes Kapitel
»Ich bitte euch also, ändert euch«:
Origenes

1 Eusebius, *Kirchengeschichte* 6.2.6. Zum Leben des Origenes ist Pierre Nautin, *Origène: sa vie et son œuvre*, unentbehrlich; umsichtig Henry Chadwick, *Early Christian Thought and the Classical Tradition*, S. 66-94. Zur Darstellung, die Eusebius von der Jugend des Origenes gibt, siehe Patricia Cox, *Biography in Late Antiquity: A Quest for the Holy Man*, S. 69-101. Wie alle neueren Forscher bin ich besonders der geduldigen Arbeit von F. Crouzel, vor allem *Origène et la »connaissance mystique«* und *Virginité et mariage chez Origène*, sowie W. Völker, *Das Vollkommenheitsideal des Origenes*, verpflichtet. Siehe auch J. W. Trigg, *Origen: the Bible and Philosophy in the Third-Century Church*.

2 Eusebius, *Kirchengeschichte* 6,3,13-4,3.

3 Ebd. 6,3,4 und 41,1-23.

4 Siehe Nautin, *Origène*, S. 69-101 u. 421-432, sowie Trigg, *Origen*, S. 130-146.

5 Siehe Nautin, *Origène*, S. 433-441, und Trigg, *Origen*, S. 241-243. G. W. Clarke, *The Letters of Saint Cyprian of Carthage*, S. 22-39, bes. S. 35 f., gibt eine meisterhafte Darstellung des Drucks, den man auf führende Christen ausübte, um sie zum Opfern zu veranlassen, und der nachfolgenden stillschweigenden Entlassung derjenigen, deren Einschüchterung zu konformem Verhalten sich als zu schwierig erwies.

6 Diesen Aspekt des Origenes schildert sehr schön Marguerite Harl, *Origène et la fonction révélatrice du Verbe incarné*, S. 360-363.

7 *In Num.* 17,4, Origenes, *Werke*, Bd. 7, S. 163.

8 *In Ezech.* 3,1, Origenes, *Werke*, Bd. 8, S. 349.

9 *In Joh.* 10,18,105, Cécile Blanc (ed.), *Origène: Commentaire sur Saint Jean*, S. 444, und *Hom. in Cant. Cant.* 2,8, in: O. Rousseau (ed.), *Origène: Homélies sur le Cantique des Cantiques*, S. 95. Siehe bes. Marguerite Harl, »Le langage de l'expérience religieuse chez les pères grecs«.

10 Die Meinung, die Origenes von den Bischöfen seiner Zeit hatte, war ausgesprochen wenig schmeichelhaft: *in Matt.* 16,6, Origenes, *Werke*, Bd. 10, S. 493-497.

11 Gregor von Nazianz, zitiert in: Suidas, *Lexicon*, ed. A. Adler, Bd. 3, S. 619.

12 *Das Gespräch mit Heraklides* 13, in: H. E. Chadwick (transl.), *Alexandrian Christianity*, S. 446, Früchtel, S. 35.

13 Chadwick, *Alexandrian Christianity*, S. 430-436, liefert eine ganz außerordentlich gute Einführung in den Fall.

14 *De principiis* 2,9,7,245, in: F. Crouzel, M. Simonetti (eds.), *Origène: Traité des Principes*, S. 368.

15 Ebd. 1,3,8,323, S. 164.

16   Ebd. 2,8,3,120, S. 344.
17   Siehe bes. Marguerite Harl, »Recherches sur l'origenisme d'Origène: la ›satiété‹ (kóros) de la contemplation comme motif de la chute des âmes«.
18   *De Princip.* 2,6,5-6,159-162, S. 318-320.
19   *In Num.* 17,4, S. 160.
20   *De Princip.* 1,7,5,180, S. 218-220, Görgemanns, Karpp, S. 245.
21   Siehe bes. Elaine Pagels, *The Johannine Gospel in Gnostic Exegesis.*
22   Ebd. 1,7,5,156, S. 216 (zitiert wird Römer 8,19), Görgemanns, Karpp, S. 243.
23   Allgemein verdeutlicht hat dies Hal Koch, *Pronoia und Paideusis. Studien über Origenes und sein Verhältnis zum Platonismus*, bes. S. 28-30; siehe jetzt Trigg, *Origen*, S. 103-120, und Margaret R. Miles, *Fullness of Life*, S. 49-61.
24   *De Princip.* 1,3,8,319-320, S. 164, Görgemanns, Karpp, S. 183.
25   *In Joh.* 19,20,132, Sources chrétiennes 292, S. 126.
26   *De Princip.* 1,8,165, S. 86, und 2,8,3,150, S. 346.
27   Ebd. 1,6,3,111, S. 111; in: G.W. Butterworth (transl.), *Origen: On First Principles*, S. 56; Görgemanns, Karpp, S. 225.
28   *In Ezech.* 1,3, Origenes, *Werke*, Bd. 8, S. 324 f.
29   *De Princip.* 3.2.3.157, Sources chrétiennes 268, S. 164.
30   *In Num.* 2,2, S. 11.
31   *De Princip.*, Praef. 5,111, S. 84, Görgemanns, Karpp, S. 93.
32   *In Num.* 20,3, S. 195.
33   Ebd. 11,9, S. 93.
34   *In Jerem.* (lateinische Fassung) 2,12, Origenes, *Werke*, Bd. 8, S. 301.
35   *De Princip.* 3,2,4,250, Sources chrétiennes 268, S. 168.
36   Ebd. 3,2,2,89 und 96, S. 158.
37   Ebd. 3,2,4,292, Sources chrétiennes 268, S. 172 (zitiert wird Sprüche 4,23); Görgemanns, Karpp, S. 577.
38   *In Num.* 20,3, S. 193.
39   *De Princip.* 3,1,23,1025 (lateinische Fassung des Rufinus), Sources chrétiennes 268, S. 146; transl. Butterworth, S. 209; Görgemanns, Karpp, S. 557.
40   Ebd. 1,6,4,104, S. 204: zu Gold als »geheilter« Materie siehe bes. S. Averincev, »L'or dans le système des symboles de la culture protobyzantine«, bes. S. 63.
41   entf.
42   *In Joh.* 1,30,205-206, S. 160-162.
43   *In Num.* 9,6-7, S. 62-64.
44   Eusebius, *Kirchengesch.* 6,8,2-3: siehe Pierre Nautin, *Lettres et écrivains des iième et iiième siècles*, S. 121-126. Der Leser sollte wissen, daß Chadwick, *Early Christian Thought*, S. 67, nicht davon überzeugt ist, daß ein solcher Vorfall je stattfand. Ich glaube, daß die Quellen dafür genügend zuverlässig sind, daß im 3. Jahrhundert an einer solchen Hand-

lung nichts Unmögliches war und daß daher – dies zumindest – Origenes sehr wohl als jemand angesehen worden sein konnte, der sich hatte kastrieren lassen.

45 Aline Rousselle, *Porneia: de la maîtrise du corps à la privation sensorielle*, S. 158-164, führt uns in eine Welt, von der die meisten Kommentatoren kaum etwas ahnen.

46 Eusebius, *Kirchengesch.* 6,8,2.

47 Justin, *I. Apologie* 29,2; Henry Chadwick, *The Sentences of Sextus*, S. 111, liefert ausführliche Belege für die weite Verbreitung der Kastration in christlichen Kreisen des 3. und 4. Jahrhunderts.

48 *In Matt.* 15,1, S. 347-353.

49 Siehe Basilius von Ancyra, *de virginitate tuenda* 61, *Patrologia Graeca*, Bd. 30, 769C, zu den Missetaten von Eunuchen in christlichen Kreisen.

50 *In Matt.* 15,3, S. 356.

51 Claudius Mamertinus, *Panegyrici latini* 11,19,4.

52 *In Joh.* 1,31,183 und 187, S. 330 und 334.

53 Eusebius, *Kirchengesch.* 6,3,13-4,3, und *in Jud.* 9,1, Origenes, *Werke*, Bd. 7, S. 518.

54 *Sentenzen des Sextus* 346, ed. Chadwick, S. 5; siehe S. 114 f. zu Origenes und »Sextus«.

55 So haben Fische einen schuppigen Körper, der ihrer wässrigen Umgebung angepaßt ist, und die schimmernden Körper der Engel passen zu ihrem Leben im ätherischen Feuer: Origenes apud Methodium, *de resurrectione* 1,22,4-5; siehe H. Chadwick, »Origen, Celsus and the Resurrection of the Body«.

56 *Fragmente zu 1. Korinther* 42, ed. C. Jenkins, S. 512.

57 *In Matt.* 14,22, S. 338.

58 Ebd., 17,33, S. 690 f.

59 Siehe zu diesem Thema die ausgezeichnete Einführung von O. Rousseau, *Origène: Homélies sur le Cantique des Cantiques*, S. 21-25. Verpflichtet bin ich John Dillon, »Aesthésis Noété: a doctrine of spiritual senses in Origen and in Plotinus«, der deutlich macht, daß die endgültige Formulierung des Begriffs erst in Origenes' späteren Jahren stattfindet. Patricia Cox, »Origen and the Bestial Soul« und jetzt »Pleasure of the Text, Text of Pleasure: Eros and Language in Origens *Commentary on the Song of Songs*«, sind gehaltvolle Darstellungen.

60 *Contra Celsum* 1,48: siehe die Übersetzung und die Anmerkungen von Henry Chadwick, *Origen: Contra Celsum*, S. 44; vgl. *in Num.* 21,1, S. 200 – die Leviten sind die Leute mit »ungedämpfter« Sensibilität.

61 *Hom. in Cant. Cant.* 2,8, S. 132.

62 Die Formulierung stammt von A. H. Armstrong, »Neoplatonic Valuations of Nature, Body and Intellect«, S. 41.

63 *Hom. in Cant. Cant.* 2,9, S. 134. Aus dem gleichen Grunde werden die Qualen der Hölle für den Geist peinigender sein, so wie Schläge

schärfer auf einen nackten als auf einen bekleideten Körper treffen: siehe das Zitat bei Pamphilius, *Apologie für Origenes* 8, *Patrologia Graeca*, Bd. 8, 602D-603B; transl. Nautin, *Origène*, S. 274.

64 *In Joh.* 19,4,1, Sources chrétiennes 290, S. 22-25.

65 *Hom. in Cant. Cant.* 1,2, S. 65. Das Schlafzimmer dagegen gilt nicht als passender Ort für das Gebet: *de orat.* 31,4; siehe bes. Giulia Sfameni Gasparro, *Origene: studi di antropologia*, S. 234-242.

66 *Fragmente zum Epheserbrief* 29, ed. J. A. Gregg, S. 566.

67 *Hom. in Cant. Cant.* 2,1, S. 80.

68 *Fragmente zum* 1. Korintherbrief 39, S. 510 (zitiert wird Römer 13,13).

69 Ebd. 29, S. 370.

70 Eusebius, *Kirchengesch.* 6,41,1: Volksmassen, die in Alexandrien von heidnischen Priestern aufgestachelt wurden; zu Decius siehe Clarke, *Letters of Saint Cyprian*, S. 21-25, und jetzt Robin Lane Fox, *Pagans and Christians*, S. 451-454.

71 *Contra Celsum* 1,35, transl. Chadwick, S. 34, BKV, Bd. 52, S. 48.

72 Ebd. 3,28, S. 146, BKV, Bd. 52, S. 236.

73 Besonders gut hat dies im Falle von Plotin dargelegt A. H. Armstrong, *Saint Augustine and Christian Platonism*. Jetzt in: R. A. Markus, *Augustine: A Collection of Critical Essays*, S. 13.

74 Plotin, *Enneaden* 1,8,14.

75 *Contra Celsum* 4,23, S. 199 f., BKV, Bd. 52, S. 323 f.; vgl. Plotin, *Enneaden* 2,9: *Gegen die Gnostiker*.

76 *Contra Celsum* 4,26, S. 201 f., BKV, Bd. 52, S. 328.

77 *In Jud.*, 6,5, Origenes, *Werke*, Bd. 7, S. 503.

78 *In Exod.* 13,5, S. 277 f.

79 *In Jes. Nave* 5,5, Origenes, *Werke*, Bd. 7, S. 319.

Neuntes Kapitel
»Auf Erden wandeln, das hohe Himmelsgewölbe berühren«: Porphyrius und Methodius

1 Eusebius, *Kirchengeschichte* 6,39,5. Petrus von Alexandrien, *Kanonische Epistel* 2, *Patrologia Graeca*, Bd. 18, 469 C, spricht von den »ekelerregenden Gerüchen« des Gefängnisses als besonderer Heimsuchung für die Märtyrer.

2 Plotin, *Enneaden* 6,7,34, S. MacKenna (transl.), *The Enneads*, S. 588. P. Hadot, *Plotin*, S. 105-135, beschreibt unübertroffen den Ton, der in Plotins Kreis herrschte; siehe jetzt L. Brisson (ed.), *Porphyre: La Vie de Plotin* 1: Travaux Préliminaires, S. 55-140, 231-280.

3 *Enneade* 3,5,1, S. 191: siehe Hadot, *Plotin*, S. 65 und 73-75.

4 *Enneade* 4,3,13, S. 272, R. Harder (Übers.), *Plotin: Schriften*, Bd. 2, S. 201.

5 A. H. Armstrong, *The Cambridge History of Later Greek and Early Medieval Philosophy*, S. 229.

6 Porphyrius, *Leben des Plotin* 9: Hadot, *Plotin*, S. 71 f.

7 *Enneade* 1,4,16; siehe bes. E. R. Dodds, *Pagan and Christian in an Age of Anxiety*, S. 24-26 – die Darstellung eines Meisters.

8 Garth Fowden, »The Pagan Holy Man in Late Antique Society«, S. 33-59, bes. S. 33-38, 51-59.

9 *Enneade* 6,7,34.

10 *Porphyre: Vie de Plotin: Travaux Préliminaires*, S. 109.

11 Porphyrius, *Leben des Plotin* 7, S. 6, R. Harder (Übers.), *Plotin: Schriften*, Bd. 5c, S. 23.

12 Eusebius, *Kirchengeschichte* 6,19,5-8. Die Fragmente der Schrift des Porphyrius sind herausgegeben von A. von Harnack, »Porphyrius, ›Gegen die Christen‹«. Zur Datierung siehe jetzt Brian Croke, »The Era of Porphyry's Anti-Christian Polemic«. Der Leser sollte wissen, daß starke Argumente für ein erheblich späteres Datum, um das Jahr 303 n. Chr., und somit für einen ganz anderen Kontext von T. D. Barnes, »Porphyry, *Against the Christians*: Date and the Attribution of Fragments«, vorgebracht worden sind.

13 Die Vorschrift findet sich in Henry Chadwick (ed.), *Sextus*, Nr. 239, S. 38. Wie Chadwick gezeigt hat, wurde diese Sammlung neupythagoreischer Maximen sowohl von Christen als auch von Porphyrius verwendet: Chadwick, *Sentences of Sextus*, S. 107-116 u. 141-143. Später wurde sie durch Rufinus von Aquileia ins Lateinische übersetzt, als Handbuch für ein Ehepaar, das nach der Geburt von zwei Kindern damit begonnen hatte, Enthaltsamkeit zu praktizieren. Die Gebote sind zwar streng, aber sie sehen Zurückhaltung beim Geschlechtsverkehr in ähnlicher Weise wie beim Essen vor (vgl. Nr. 240, Chadwick, S. 38), nicht jedoch totale Enthaltsamkeit.

14 Porphyrius, *Gegen die Christen*, Fragment 33, Harnack, S. 60: siehe J. M. Démarolle, »Les femmes chrétiennes vues par Porphyre«, S. 45.

15 Porphyrius, *Über die Enthaltung von tierischer Nahrung*, transl. Thomas Taylor; J. Bouffartigue, M. Patillon (eds.), *Porphyre: De l'Abstinence*.

16 Porphyrius, *Über die Philosophie aus Orakeln*, in: Eusebius, *Praeparatio evangelica* 4,23, *Patrologia Graeca*, Bd. 21, 305B.

17 Porphyrius, *Über die Enthaltung* 1,57,2-4 und 2,46,2, Bouffartigue, S. 89 f. und 112; Taylor, S. 61 und 98. Siehe die Tempelinschrift in Lindos: F. Sokolowski, *Les lois sacrées des cités grecques: Supplément*, Nr. 91, 1-5, auf S. 159.

18 *Über die Enthaltung* 2,31,5, S. 98; Taylor, S. 85.

19 Siehe bes. A. Smith, *Porphyry's Place in the Neoplatonic Tradition*, S. 20-80.

20 Porphyrius, *Leben des Plotin* 22; MacKenna, S. 16.

21 Porphyrius, *Die Höhle der Nymphen* 35, ed., transl. Arethusa Monographs, S. 35; und jetzt Robert Lamberton (transl.), *Porphyry: On the Cave of the Nymphs*, S. 40.

22 Porphyry, *Die Höhle der Nymphen* 6, S. 12; Lamberton, S. 24.

23 Porphyry, *Die Höhle der Nymphen* 14, S. 17; Lamberton, S. 29.

24 Siehe die Einleitung von H. Musurillo zu *Méthode d'Olympe: Le Banquet*.

25 Methodius, *Symposium* 8,2,173-175, Sources chrétiennes, S. 204-206.

26 Ebd., Vorspiel 8, S. 48-50, BKV, Bd. 2, S. 283.

27 K. E. Kirk, *The Vision of God*, S. 187.

28 Ebd.

29 Musurillo, *Méthode d'Olympe*, S. 14-23.

30 Siehe oben, achtes Kapitel, S. 190f.

31 Methodius, *Symposium* 3,7,69, S. 106.

32 1,5,27, S. 66.

33 3,10,78-13,89, S. 112-122.

34 2,2,31-32, S. 70.

35 2,5,41, S. 80.

36 1,1,14, S. 56.

37 9,1,236, S. 264, und 10,1,259, S. 286.

38 Gerard Manley Hopkins, *Heaven-haven: a nun takes the veil*, in: *Poems and Prose*, ed. W. H. Gardiner, S. 5, U. Clemen (Übers.), *Gedichte, Schriften, Briefe*, S. 219; Methodius, *Symposium* 1,2,18, S. 58: *eudion choron*.

39 Musurillo, S. 15 f.

40 E. Leach, *Genesis as Myth*, S. 10.

41 Methodius, *Symposium* 3,36,63-64, S. 100.

42 Methodius, *Über die Auferstehung*, Fragment 1,2 und 10, *Patrologia Graeca*, Bd. 18, 268AB und 277BC; transl. W. R. Clark, *The Ante-Nicene Fathers*, Bd. 6, S. 364, 366.

43 Peter Brown, *The Making of Late Antiquity*, S. 16-18; *The Cult of the Saints*, S. 2 f.; und »The Notion of Virginity in the Early Church«, S. 427-433, bes. S. 432-434.

44 Methodius, *Symposium* 8,1,171, S. 200, BKV, Bd. 2, S. 345.

45 Homer, *Ilias* 4,443, in: Plotin, *Enneade* 4,3,12, MacKenna, S. 270 f., Harder, Bd. 2, S. 197.

46 Methodius, *Symposium* 1,1,11, S. 54.

47 Porphyrius, *Leben des Plotin* 22, MacKenna, S. 16.

48 Methodius, *Symposium* 4,3,99, S. 134 (zitiert ist Psalm 137,1).

49 6,4,141, S. 172.

50 5,2,113, S. 146.

51 *Bulletin de correspondance hellénique* 12 (1888), S. 101-103.

52 T. D. Barnes, »Methodius, Maximus and Valentinus«, S. 54 f.

53 Athanasius, *Leben des Antonius* 46, transl. R. C. Gregg, S. 66, BKV, Bd. 31, S. 733 f.

54 Die vollständigen Angaben finden sich in der syrischen Version: R. Draguet (ed.), *La Vie primitive de Saint Antoine*, S. 48.

55 Pap. Giessen 40, Sp. 2, Z. 16-29, in: A. S. Hunt, C. C. Edgar, *Select Papyri*, Bd. 2, S. 90-92.

56 Athanasius, *Leben des Antonius* 46.

Zehntes Kapitel
Kirche und Leib:
Cyprian, Mani und Eusebius

1 W. H. Buckler, W. M. Calder u. C. W. M. Cox, »A Monument from the Upper Tembris Valley«, S. 51-57.

2 Methodius, *Symposium* 3,14,90, in: H. Musurillo (ed.), *Méthode d'Olympe: Le Banquet*, S. 124, in Auslegung von 1. Korinther 7,37 (»seine Jungfrau unberührt zu lassen«); BKV, Bd. 2, S. 315.

3 K. M. Hopkins, »The Age of Roman Girls at Marriage«, S. 309-327, bes. S. 319 f., und Charles Pietri, »Le mariage chrétien à Rome«, in: J. Delumeau (ed.), *Histoire vécue du peuple chrétien*, S. 105-131. Siehe aber jetzt Brent Shaw, »The Age of Roman Girls at Marriage: Some Reconsiderations« – möglicherweise hat die christliche Praxis einfach die Gewohnheiten anderer Klassen in Gegenden widergespiegelt, in denen Frühehen nicht so verbreitet waren wie in Rom selbst. In Afrika, so erzählte man, stürzte sich Victoria lieber von einem Felsen, als sich verheiraten zu lassen – *Acta Saturnini* 16, *Patrologia Latina*, Bd. 8, 714A –, aber das mag eine spätere Legende sein.

4 Konzil von Elvira, *Canon* 15, in: E. F. Jonkers (ed.), *Acta et symbola conciliorum quae saeculao quarto habita sunt*, S. 8 f.

5 *Johannesakten* 113, ATN, Bd. 2, S. 175.

6 Eusebius, *Kirchengeschichte* 6,5,1; *Märtyrer von Palästina*, in: H. J. Lawlor, J. E. L. Oulton (transl.), *Eusebius: The Ecclesiastical History and the Martyrs of Palestine*, S. 353 – die längere syrische Version; Pio Franchi de' Cavalieri (ed.), *Martyrdom of Saint Theodotus* 13-19, S. 69-73.

7 Eusebius, *Kirchengesch.* 7,30,8-9.

8 Ebd. 6,43,11-12: siehe A. Duncan-Jones, *The Economy of the Roman Empire*, S. 283 – die größte einzelne Vereinigung von Handwerkern in Rom hatte zwischen 1200 und 1500 Mitgliedern.

9 Cyprian, *Brief* 55,8, in: W. Hartel (ed.), *Corpus Scriptorum Ecclesiasticorum Latinorum*, Bd. 3, S. 629.

10 G. W. Clarke (transl.), *The Letters of Saint Cyprian*, Ancient Christian Writers 43, 44, ist eine denkwürdige Studie, die Cyprian in Aktion zeigt.

11 Cyprian, *de habitu virginum* 3, ed. Hartel, S. 189.

12 1, S. 187, BKV, Bd. 34, S. 62.

13 8, 9, 10 und 11, S. 193-195, wiederholt die Phrase *locupletem te dicis et divitem*.

14   11, S. 195.
15   Cyprian, *de bono patientiae* 15, S. 407.
16   Clarke, *Letters of Saint Cyprian*, Ancient Christian Writers, Bd. 43, S. 17-21, hebt zu Recht hervor, daß nur ein kleiner Teil der Schriften und Predigten Cyprians erhalten ist, und bietet als Schlußfolgerung eine außerordentlich präzise und humane Beurteilung dieses Mannes.
17   Cyprian, *Brief* 13,2,1, S. 505, transl. Clarke, Bd. 43, S. 83.
18   Cyprian, *Ad Fortunatum* 2, S. 317.
19   Cyprian, *de zelo et livore* 2, S. 420, BKV, Bd. 34, S. 316; es ist schwer, in der Übersetzung das volle Gewicht wiederzugeben, das jedes einzelne Wort für einen römischen Leser hatte – *ut molliat Christianam vigorem*.
20   Cyprian, *Brief* 62,3, S. 699: *membra Christo dicata et ad aeternum continentiae honorem pudica virtute devota*.
21   Cyprian, *de dominica oratione* 16 u. 31, S. 276 u. 289.
22   Cyprian, *de zelo et livore* 2, S. 420.
23   Cyprian, *Brief* 10,5, S. 495 – die Ausdrucksweise ist die eines *confessor*; vgl. *Brief* 21,1, S. 530, und Clarke, Bd. 43, S. 324, in Anm. 21.
24   Cyprian, *Brief* 57,2, S. 652.
25   Ebd. 10,2, S. 491, transl. Clarke, Bd. 43, S. 72.
26   S. Deléani, *Christum sequi. Étude d'un thème dans l'œuvre de saint Cyprien*, S. 89-95.
27   Cyprian, *Brief* 59,5, S. 672; siehe jetzt Joyce E. Salisbury, »›The Bond of a Common Mind‹: A Study of Collective Salvation from Cyprian to Augustine«, S. 236-240.
28   Cyprian, *de lapsis* 25, S. 255.
29   Cyprian, *Brief* 73,6, S. 783.
30   Ebd. 45,2, S. 601.
31   Hippolytus, *Kommentar zu Daniel* 4,18, in: N. Bonwetsch, H. Achelis (Hrsg.), *Griechische christliche Schriftsteller*, Bd. 1, S. 230-232.
32   A. Adam, »Erwägungen zur Herkunft der Didache«, S. 24, schlägt 170 n. Chr. vor; ich würde die Schrift lieber ins 3. Jahrhundert datieren. Der Text selbst wirft Probleme auf: siehe A. Guillaumont, *Annuaire du Collège de France* 1981-1982, S. 432 f. Ich zitiere den syrischen Text mit lateinischer Übersetzung in *Patrologia Graeca* 1. H. Duensing, »Die dem Klemens von Rom zugeschriebenen Briefe über die Jungfräulichkeit«, bietet eine deutsche Übersetzung.
33   Pseudo-Clemens, *Ad Virgines* 1,2, *Patrologia Graeca*, Bd. 1, 379B, und 3, 385C.
34   Ebd. 1,3; 385B.
35   Ebd. 1,12, 409A.
36   Robert Murray, *Symbols of Church and Kingdom*, S. 28 f.
37   *Ad Virgines* 2,6; 433A.
38   Ebd. 2,2; 421 BC, transl. M. P. Pratten, *The Ante-Nicene Fathers*, Bd. 6, S. 61, Duensing, S. 181.

39 *Ad Virgines* 1,6; 391A.

40 Den gemeinsamen Hintergrund verdeutlicht besonders H. J. W. Drijvers, »Odes of Solomon and Psalms of Mani: Christians and Manichaeans in Third Century Syria«, in: R. van den Broek, M. J. Vermaseren (eds.), *Studies in Gnosticism and Hellenistic Religions presented to Gilles Quispel*, S. 117-130, jetzt in *East of Antioch*.

41 Hier ist nicht der Ort für eine vollständige Bibliographie moderner Untersuchungen über den Manichäismus. S. N. C. Lieu, *Manichaeism in the Later Roman Empire and Medieval China*, bietet viel Gelehrsamkeit und eine Bibliographie auf dem neuesten Stand. Für die folgenden Seiten bin ich vor allem H. J. W. Drijvers, »Conflict and Alliance in Manichaeism«, verpflichtet.

42 Peter Brown, »The Diffusion of Manichaeism in the Roman Empire«, in: *Religion and Society in the Age of Saint Augustine*, bes. S. 97-105.

43 *Kephalaia* 76, in: H. J. Polotsky (Hrsg.), *Manichäische Handschriften der staatlichen Museen Berlins* 1: Kephalaia, S. 181,21-25, und 77, S. 189,23-26.

44 Wir wissen hiervon durch einen bemerkenswerten neuen Fund eines Papyrus, der eine Biographie des Mani enthält: erstmals beschrieben von A. Henrichs u. L. Koenen, »Ein griechischer Mani-Codex«, (P. Colon. inv.no.4780), in: *Zeitschrift für Papyrologie und Epigraphik* 5 (1970), S. 97-216, und danach in derselben Zeitschrift herausgegeben, übersetzt und kommentiert: 19 (1975), S. 1-85; 32 (1978), S. 87-199; 44 (1981), S. 201-318, und 48 (1982), S. 319-377. Das Dokument ist bis S. 99 ins Englische übersetzt von R. Cameron u. A. J. Dewey, *The Cologne Mani Codex: »Concerning the Origin of His Body«*.

45 *Mani-Codex* 81,8 ff., transl. Cameron, Dewey, S. 65, vgl. 84,1 ff., S. 67.

46 81,1 ff., S. 65.

47 22,8 ff., S. 23.

48 Das war schon S. Petrément, *Le Dualisme chez Platon, les Gnostiques et les Manichéens*, S. 196 f., klar und wird jetzt betont von Drijvers, »Conflict and Alliance«, S. 102-105.

49 Das Bild stammt aus einem chinesischen Text: A. Chavannes, P. Pelliot, »Un traité manichéen retrouvé en Chine«, in: *Journal asiatique*, X. série, 18 (1911), S. 155; aber es wird in allen abendländischen Quellen vorausgesetzt; siehe C. R. C. Allberry (ed.), *Manichaean Psalmbook*, Psalm 223, Bd. 11, S. 3-10.

50 *Psalm* 265, S. 83,19 ff.

51 *Kephalaia* 65, S. 158,26-159,4.

52 Ebd. S. 160,1-3.

53 *Mani-Codex*, 67,8, S. 53.

54 *Kephalaia* 87, S. 218,15-21.

55 Augustinus, *Bekenntnisse* 4,1,1.

56 Brown, »Diffusion of Manichaeism«, *Religion and Society*, S. 108-

110. Siehe bes. *Pap. Rylands* 469,25-26, in: A. Adam, *Texte zum Manichäismus*, S. 53, und die im nordafrikanischen Theveste gefundenen Fragmente eines manichäischen Dokuments: *Patrologia Latina: Supplementum*, Bd. 2, S. 1378-1380.

57 *Kephalaia* 80, S. 192,14.
58 *Psalm* 246, S. 54,29.
59 *Psalmbook: Psalms of Thomas* 8, S. 215,2.
60 Hegemonius, *Acta Archelai* 166-168, in: C. H. Beeson (Hrsg.), *Griechische christliche Schriftsteller*, Bd. 16, S. 26 f.; vgl. *Psalm* 139, S. 40,29-30: »Das Feuer, das im Körper wohnt, seine Sache ist Essen und Trinken«.
61 *Kephalaia* 86, S. 216,22-23.
62 Ebd. 33, S. 94,28.
63 Ebd. 91, S. 233,3-7.
64 Augustinus, *Bekenntnisse* 8,7,17, BKV, Bd. 18, S. 174.
65 *Psalmbook: Psalmoi Sarakotôn*, S. 143,4-16.
66 *Marc le Diacre: Vie de Porphyre* 85 und 87-90, in: H. Grégoire, A. Kugener (eds.), *Collection Budé*, S. 66-70. Aber diese Begegnung ist vielleicht fiktiv.
67 *Psalmbook: Psalms of Heraclides*, S. 195,8-12.
68 *Martyrium der heiligen Marian und Jakobus* 3,1, in: H. Musurillo (ed.), *The Acts of the Christian Martyrs*, S. 196.
69 Konzil von Elvira, *Canon* 33, ed. Jonkers, S. 12 f.
70 *Martyrium des heiligen Theodotus* 13-19, ed. de' Cavalieri, S. 69-73; siehe jetzt Stephen Mitchell, »The Life of Saint Theodotus of Ancyra«, S. 102 f.
71 Siehe bes. W. M. Calder, »The Epigraphy of the Anatolian Heresies«, in: W. H. Buckler, W. M. Calder (eds.), *Anatolian Studies: Presented to W. M. Ramsay*, und die Belege, die G. Blond, »L'›hérésie‹ encratite vers la fin du quatrième siècle«, aus einer Vielzahl von Quellen gesammelt hat.
72 Aphrahat, *Demonstratio* 6: »On the Sons of the Covenant«, in: J. Parisot (ed.), *Patrologia Syriaca*, Bd. 1, S. 243-312. Hier verbinden sich großartige Ermahnungen mit bemerkenswert gemäßigten Bestimmungen.
73 Murray, *Symbols of Church and Kingdom*, S. 29.
74 Aphrahat, *Demonstratio* 18,1, Parisot, S. 817; siehe die Übersetzung und den hilfreichen Kommentar bei J. Neusner, *Aphrahat and Judaism: the Jewish-Christian Argument in fourth- century Iran*.
75 Eusebius, *Märtyrer von Palästina*, 1,1, transl. Lawlor, Oulton, S. 332 f., B. Violet (Übers.), *Die palästinensischen Märtyrer des Eusebius von Cäsarea*, S. 3 f.
76 Athanasius, *Leben des Antonius* 3-4, BKV, Bd. 31, S. 692.
77 T. D. Barnes, *Constantine and Eusebius*, S. 175.
78 Eusebius, *Demonstratio Evangelica* 1,8, *Patrologia Graeca*, Bd. 22, 76C, in: W. J. Ferrar (transl.), *Eusebius: The Proof of the Gospel*, Bd. 1, S. 48.

79 Die Charakterisierung, die N. H. Baynes, »The Thought World of East Rome«, S. 26 f., gibt, ist noch immer unübertroffen.

80 Siehe Remo Cacitti, »L'etica sessuale nella canonistica del iiio secolo«, in: R. Cantalamassa (ed.), *Etica sessuale e matrimonio nel cristianesimo delle origini*, S. 101 f., und S. Laeuchli, *Power and Sexuality: The Emergence of Canon Law at the Synod of Elvira*, S. 89, 82.

81 Pseudo-Clemens, *Homilien* 13,14-18, *Patrologia Graeca*, Bd. 2, 339A-341C.

82 *Didascalia Apostolorum* 1,10,3, in: F. X. Funk (ed.), *Didascalia et Constitutiones Apostolorum*, S. 28.

83 *Codex Theodosianus* 9,24,1; siehe Denise Grodzynski, »Ravies et coupables: un essai d'interpretation de la loi ix,24,1 du Codex Théodosien«.

84 Nazarius, *Panegyricus* 34 und 38, *Patrologia Latina*, Bd. 8, 605B und 608B.

85 Eusebius, *Demonstratio Evangelica* 1,8.

86 Siehe bes. L. Dumont, »World Renunciation in Indian Religions«, und I. F. Silber, »Dissent through Holiness: the Case of the Radical Renouncer in Theravada Buddhist Countries«.

Zweiter Teil: Asketizismus und Gesellschaft im Ostreich

Elftes Kapitel
Die Wüstenväter:
Von Antonius zu Johannes Climacus

1 Athanasius, *Leben des Antonius* 5, *Patrologia Graeca*, Bd. 26, 848B; Robert Gregg, *Athanasius: The Life of Anthony and the Letter to Marcellinus*, bietet eine klare Übersetzung. G. J. M. Bartelink, *Vita di Antonio*, ediert die früheste lateinische Übersetzung mit Anmerkungen. Der Leser sollte wissen, daß für das *Leben des Antonius* starke Bedenken gegen die direkte Verfasserschaft des Athanasius vorgebracht worden sind: siehe R. Draguet, *La vie primitive de S. Antoine conservée en syriaque*. Ich habe viele der kleinen sprachlichen Wendungen zitiert, die nur in der syrischen Version vorkommen, da ich glaube, daß sie möglicherweise Einstellungen widerspiegeln, die noch zu Antonius' Lebzeiten in mönchischen Kreisen verbreitet waren. Siehe jetzt T. D. Barnes, »Angel of Light or Mystic Initiate? The Problem of the *Life* of Anthony«. Ich erwarte nicht, daß alle Forscher diese Anschauung teilen: siehe z.B. M. Tetz, »Athanasius und die Vita Antonii«, und Brian Brennan, »Athanasius' *Vita Antonii:* A Sociological Interpretation«, mit anderen Deutungen.

2 *Midrash Rabba: Ecclesiastes*, 1,2,1, transl. A. Cohen, S. 5.

3 Draguet, *Vie primitive*, S. 10, Z. 18.

4 Ebd., S. 16, Z. 16; *Leben*, Bd. 3, 844B.

5 Derwas Chitty, *The Desert a City*, S. 3-6, ist eine wie immer gelehrte und humane Behandlung der Entwicklung des Antonius.

6 *Leben*, Bd. 50, 916A, Draguet, S. 50, Z. 23.

7 Siehe oben, viertes Kapitel, S. 112-116.

8 Palladius, *Historia Lausiaca* 8,4, BKV, Bd. 5, S. 336.

9 Chitty, *The Desert*, S. 11-13, 29-35. H. Evelyn-White, *The Monasteries of the Wadî'n Natrûn* 2: The History of the Monasteries of Nitria and Scetis, ist immer noch grundlegend; siehe jetzt R. Kasser, *Kellia: Recherches suisses d'archéologie copte* 1: Kellia 1965. L. A. Tregenza, *The Red Sea Mountains of Egypt*, S. 177 f., ist eine lebendige Beschreibung der Einsiedeleien am Roten Meer.

10 Palladius, *Hist. Laus.* 7,2.

11 *Leben des Antonius* 14, 865AB; vgl. Athanasius, *Festbrief* 10 (für das Jahr 338), in: W. H. Burgess (transl.), *Historical Tracts of Athanasius*, S. 74, zum Volk Israel in der Wüste Sinai.

12 A. Guillaumont, »La conception du désert chez les moines d'Égypte«. Zur Tradition des Rückzugs im alten Ägypten siehe F. Daumas, Introduction, *Philo: De vita contemplativa, Œuvres de Philon d'Alexandrie*, ed. R. Arnaldez, Bd. 29, S. 60-62, und A. D. Nock, »A Vision of Mandulis Aion«, in: *Essays on Religion and the Ancient World*, Bd. 1, S. 362 f., 368-374.

13 Shenute von Atripe, *Brief* 18, in: J. Leipoldt, W. E. Crum (eds.), *Corpus Scriptorum Christianorum Orientalium* 43: Scriptores Coptici, Bd. 3, S. 49; H. Wiesmann (transl.), *C.S.C.O.* 96, *Script. Copt.*, Bd. 8, S. 25.

14 Siehe bes. H. Torp, »Les murs d'enceinte des monastères coptes primitifs«, und jetzt Philip Rousseau, *Pachomius: The Making of a Community in Fourth-Century Egypt*, S. 9-13, sowie J. E. Goehring, *The Letter of Ammon and Pachomian Monasticism*, und »New Frontiers in Pachomian Studies«, in: Birger A. Pearson, James E. Goehring (eds.). *The Roots of Egyptian Christianity*.

15 *Apophthegmata Patrum*, Paphnutius 4, *Patrologia Graeca*, Bd. 65, 380D; in: Benedicta Ward (transl.), *The Sayings of the Desert Fathers*, S. 170 f.; B. Miller (Übers.), *Weisung der Väter*, S. 258.

16 Aline Rousselle, *Porneia: De la maîtrise du corps à la privation sensorielle*, S. 205 f.; siehe allgemein hierzu Evelyne Patlagean, *Pauvreté économique et pauvreté sociale à Byzance*, S. 78-84.

17 W. E. Crum, *A Coptic Dictionary*, S. 663 f.

18 Peter Brown, »Response to R. M. Grant«, in: *The Problem of Miraculous Feedings in the Graeco-Roman World*, S. 19-24. Für das Folgende bin ich besonders den Anregungen von R. Flusin, *Miracle et histoire dans l'œuvre de Cyrille de Scythopolis*, S. 125 f., verpflichtet. A. Arbesmann, »Fasting and Prophecy in Pagan and Christian Antiquity«, und H. Musurillo, »The Problem of Ascetical Fasting in the Greek Patristic Wri-

ters«, tragen viel Material zusammen. Dem Leser wird dringend empfohlen, Caroline Bynum, *Holy Feast and Holy Fast: The Religious Significance of Food to Medieval Women*, zu Rate zu ziehen. Das ist eine Darstellung der Bedeutung von Fasten und Selbstabtötung, die auf einem Niveau von Einfühlung und Differenziertheit gegeben wird, wie es für die Geschichte der Frühkirche oder des Mittelalters ungewöhnlich ist; siehe bes. S. 31-40 zur spätantiken Periode.

19 *Sentences des Pères du Désert: Nouveau Recueil*, 17, transl. L. Regnault, S. 17 f.; S. Sauneron, J. Jacquet, »Les ermitages du desert d'Esna«, S. 25 f.

20 Die Lieblichkeit der Zelle: *Apophthegmata Patrum*, Theodor von Pherme 14, S. 189D-192A; Ofen: *Anonymous Apophthegmata, M. S. Coislin* 126, 206, in: F. Nau (ed.), *Revue de l'Orient chrétien* 13 (1908), S. 279.

21 Die Zellen in Bawit waren wie Grabhäuser gebaut: H. Torp, »Le monastère copte de Baouit«, S. 8.

22 *Apophthegmata Patrum*, Poimen 185, 368AB; *Bohairic Life of Pachomius* 10, *First Greek Life* 6, A. Veilleux (transl.), *Pachomian Koinonia* 1: The Life of Saint Pachomius and his Disciples, S. 33, 301 f.; Palladius, *Historia Lausiaca* 18,3.

23 *Apophthegmata Patrum*, Lucius, 253C – verdiente 16 Münzen am Tag, wovon er 14 für Nahrung und den Rest für Almosen verwendete; Megethios 1, 300D – drei Körbe am Tag machen den Mönch unabhängig; Amun 3, 128D – ein Schüler, der nach Nahrung ins Dorf geschickt wurde; Agatho 16, 113D – ein Mönch verkauft seine Töpfe auf dem Markt; Esaias 5, 181B, Macarius der Ägypter 7, 265AB, Johannes Colobos 6, 205B, und *Anonymous Coptic Apophthegmata* 166, in: M. Chaine (ed.), *Institut français d'archéologie orientale: Bibliothèque des études coptes* 6 (1960), S. 115 – Erntearbeit.

24 Evagrius, *Praktikos* 9, A. u. C. Guillaumont (eds.), *Évagre le Pontique: Traité Pratique ou le Moine*, S. 512; J. E. Bamberger (transl.), *Evagrius Ponticus: The Praktikos and Chapters on Prayer*, S. 17. Solche Fälle kamen vor: siehe die an Epiphanius von Theben gerichtete Bitte für einen Mönch – »denn er ist nicht in der Lage zu mähen, noch hat er irgendeine andere Handfertigkeit, und er kann auch nicht in den Süden gehen auf Grund der Krankheit, die auf ihm ist«: W. E. Crum, H. G. Evelyn-White, *The Monastery of Epiphanius of Thebes*, Part 2: Coptic Ostraca and Papyri, S. 198.

25 Palladius, *Hist. Laus.* 26 und 27; Evagrius, *Antirrhetikos* 1,37, W. Frankenberg (Hrsg.), *Abhandlungen der königlichen Gesellschaft der Wissenschaften zu Göttingen, Philol.-Hist. Klasse*, S. 478 f. Lange Wanderungsperioden waren gestattet, solange der Mönch die fortdauernde Verbindung zu seiner Zelle anerkannte: *Apophthegmata Patrum*, Bessarion 4, 141D.

26 Beispielsweise Basilius von Caesarea, *de ieiunio, hom.* 1, 4, *Patrologia Graeca*, Bd. 31, 168B, und *hom. 7 in temp. famis* 31, 324 C, und Roma-

nos Melodos, *Hymne* 1,3-22, in: G. Grosdidier de Matons (ed.), *Romanos le Mélode: Hymnes*, S. 72-92.

27 Flusin, *Miracle et histoire*, S. 104.

28 Kasser, *Kellia*, S. 22.

29 *Historia Monachorum* 7, *Patrologia Latina*, Bd. 21, 416BC; *Apophthegmata Patrum*, Makarius 2, 260C-261A; *Bohairic Life of Pachomius* 114, Veilleux, *Pachomian Koinonia* 1, S. 167 f. Für die syrische Welt siehe Ephraim von Nisibis, *Über das Paradies* 9,13 und 10,2-13, in: R. Lavenant (transl.), *Éphrem de Nisibe: Hymnes sur le Paradis*, S. 126, 135-140.

30 *Hist. Mon.* 11, 431D, vgl. 9, 426A.

31 E. R. Dodds, *Pagan and Christian in an Age of Anxiety*, S. 35, *Heiden und Christen in einem Zeitalter der Angst*, S. 43.

32 Z.B. *Apophthegmata Patrum*, Poimen 110, 349C; *Anon. Copt. Apophth.* 42, ed. Chaine, S. 92 – Ama Sara sah niemals den Nil unterhalb ihrer Zelle vorbeifließen.

33 Rousseau, *Pachomius*, S. 77-86.

34 *Apophthegmata Patrum*, Pambo 12, 372A, Miller, S. 251; zu Adam, der wie ein Kaiser unter den Tieren des Paradieses auf dem Thron sitzt, siehe M. Y. u. P. Canivet, »La mosaïque dans l'église syriaque de Huârte«.

35 *Paralipomena* 9,20, in: A. Veilleux (transl.), *Pachomian Koinonia* 2, S. 43 f.

36 Eine solche Autarkie wird vorausgesetzt in Gregor von Nyssa, *Über die Erschaffung des Menschen* 30,11-23, *Patrologia Graeca*, Bd. 44, 245D-252D. Valentinus, der von Clemens von Alexandrien zustimmend zitiert wird, hielt es für selbstverständlich, daß Christus keinen Stuhlgang hatte, da sich sein Körper in einem Zustand vollkommenen Gleichgewichts befand: Clemens, *Stromateis* 3,7,59. Exkremente wurden immer mit Luxus in Verbindung gebracht: sie waren der klare Maßstab übermäßigen Essens – z.B. Johannes Chrysostomus, *Hom.* 13 in I Tim. 5 4, *Patrologia Graeca*, Bd. 62, S. 570. Zu weiteren Belegen siehe Brown, *Miracles of Feeding*, S. 19.

37 Antonius, *Brief* 1, in: D. J. Chitty (transl.), *The Letters of Anthony the Great*, S. 2.

38 *Leben des Antonius* 14, 865A; Gregg, S. 42, BKV, Bd. 31, S. 704 f.

39 Antonius, *Brief* 1, S. 5.

40 Philoxenus von Mabbug, *Brief an einen Freund* 18, in: G. Olinder (transl.), *Acta Universitatis Gotoburgensis*, S. 13*. Dieses Phänomen wurde in modernen Experimenten beobachtet: siehe A. Keys, J. Broek et al, *The Biology of Human Starvation*, Bd. 2, S. 839-853, 905-918. Zur Mönchsdiät siehe jetzt M. Dembińska, »Diet. A Comparison of Food Consumption in some Eastern and Western Monasteries in the 4th-12th Centuries«.

41 Isaiah von Scetis, *Asceticon* 2,9,5, transl., *Abbé Isaie: Recueil ascétique*, S. 46.

42 Johannes Climacus, *Die Leiter des göttlichen Aufstiegs* 15, *Patrologia Graeca*, Bd. 88, 900A; transl. C. Luibheid, N. Russell, S. 183.

43 Ebd. 15, 881C; transl., S. 172.

44 *Erstes griechisches Leben des Pachomius* 110, Veilleux, *Pachomian Koinonia* 1, S. 374.

45 *Leben des Antonius* 67, 940A.

46 *Apophthegmata Patrum*, Poimen 54, 336A.

47 Ebd., Poimen 67, 337C; Miller, S. 223.

48 Ebd., Sisoes 43, 405B, Miller, S. 278.

49 *Instruktionen des Pachomius* 1,8, Veilleux (transl.), *Pachomian Koinonia* 3, S. 14.

50 *Sentences des Pères* 656, transl. Regnault, S. 160.

51 Siehe bes. A. Guillaumont, »Monachisme et éthique judéo-chrétienne«.

52 Rousseau, *Pachomius*, S. 136 f. Siehe Miriam Lichtheim, *Later Egyptian Wisdom Literature in the International Context*, und bes. S. 186 zur Tonlage der im *Pap. Insinger* enthaltenen Instruktionen.

53 *Anonymous Apophthegmata* 362, in: F. Nau (ed.), *Revue de l'Orient chrétien* 18 (1913), S. 138.

54 *Apophthegmata Patrum*, Antonius 9, 77B, Miller, S. 16.

55 *Äthiopische Sammlung* 14,17, *Sentences des Pères*, S. 317.

56 Dorotheus von Gaza, *Brief* 1,180, in: L. Regnault, J. de Préville (eds.), *Dorothée de Gaza: Œuvres spirituelles*, S. 488; siehe die Übersetzung von E. P. Wheeler, *Dorotheus of Gaza: Discourses and Sayings*.

57 Cassianus, *Institutiones* 4,9, in: J. C. Guy (ed.), *Jean Cassien: Les Institutions cénobitiques*, S. 132.

58 *Anonymous Apopthegmata* 164, ed. Nau, *Revue de l'Orient chrétien* 13 (1908), S. 54.

59 Kallistos Ware, »Ways of Prayer and Contemplation«, in: B. McGinn, J. Meyendorff, J. Leclercq (eds.), *Christian Spirituality*, S. 401.

60 Wir müssen immer daran denken, daß das Wort *logismoi* »Gedankenströme« oder sogar »Intentionen« bedeutete: es wurde immer ein deutlicher Unterschied zwischen bloß zufälligen Gedanken und solchen gemacht, die hartnäckig waren: *Barsanuphe et Jean de Gaza: Correspondance* 165, in: L. Regnault et al. (transl.), S. 141.

61 Zitiert in: H. E. Winlock, *The Monastery of Epiphanius at Thebes*, Bd. 1, S. 155, Anm. 6.

62 *Sentences des Pères* 400, S. 50.

63 Rufinus, *Historia Monachorum* 1, *Patrologia Latina*, Bd. 21, 403B; und die klassische Rede des Antonius im *Leben des Antonius* 16-43, 868A-908A.

64 *Paralipomena* 27, Veilleux, *Pachomian Koinonia* 2, S. 51: Pachomius erlangte zu diesem Zweck auf wunderbare Weise die Kenntnis des Griechischen.

65 *Sentences des Pères* 509-510, S. 84-86.

66 Diesen Begriff verwendet die früheste lateinische Übersetzung des *Lebens des Antonius* zur Übersetzung von *askésis:* G. J. M. Bartelink, *Vita di Antonio, prol.* 2, S. 4.

67 *Apophthegmata Patrum*, Arsenius 5, 89A.

68 Siehe beispielsweise Johannes Climacus, *Leiter* 8, 832A, transl., S. 148.

69 *Apophthegmata Patrum*, Nicetas, 312B; Poimen 114, 352AB.

70 Siehe das Material bei P. Canivet, »Erreurs de spiritualité et troubles psychiques«; dabei überwiegt *eparsis,* »geistliche Erhebung«. Palladius, *Hist. Laus.* 26 und 27, liefert zwei ausgeprägte Beispiele.

71 *Anonymous Apophthegmata* 187, Nau (ed.), *Revue de l'Orient chrétien* 13 (1908), S. 273.

72 *Sentences des Pères* 545, S. 98.

73 Johannes Climacus, *Leiter* 29, 1149A; transl., S. 283, und 4, 697A, transl., S. 102.

74 J. R. Martin, *The Illustrations of the Heavenly Ladder of John Climacus*, Taf. 64.

75 Johannes Cassianus, *Collationes* 12,12 (zitiert wird Psalm 46,9-10), in: E. Pichery (ed.), *Jean Cassien: Conférences*, Sources chrétiennes, Bd. 54, S. 141.

76 Antonius, *Brief* 6, S. 19.

77 Cassianus, *Collationes* 12,8 (zitiert wird Psalm 139,13), Sources chrétiennes, Bd. 54, S. 135.

78 Z.B. Nemesius von Emesa, *Über die Natur des Menschen* 28,45, *Patrologia Graeca*, Bd. 40, 716A.

79 Cassianus, *Collationes* 12,2, Sources chrétiennes, Bd. 54, S. 123 f.

80 Siehe unten, neunzehntes Kapitel, S. 429-432.

81 Siehe Derwas Chitty, *The Desert a City*, S. 132-181, und die ausgezeichnete Studie über das palästinensische Mönchtum von Flusin, *Miracle et histoire*, S. 12-32, 88-103.

82 Siehe Chitty, *Desert a City*, S. 136-140, und die Einleitung zu Regnault und de Préville, *Dorothée de Gaza*, S. 12-29.

83 Regnault, de Préville, *Dorothée de Gaza*, S. 14.

84 Dorotheus, *Leben des Dositheus* 1, S. 122.

85 Siehe Chitty, *Desert a City*, S. 132-138, und seine Ausgabe, *The Letters of Varsanuphius*, in *Patrologia Orientalis* 31,3 (1966). Diese Ausgabe wurde betrüblicherweise durch den Tod Chittys abgebrochen: uns bleiben die griechische Ausgabe von S. Schoinos, *Biblios Barsanouphiou*, und die ausgezeichnete französische Übersetzung von L. Regnault et al., *Barsanuphe et Jean de Gaza: Correspondance*.

86 Regnault, *Barsanuphe*, S. 6.

87 Dorotheus, *Instruktionen* 4,56, S. 240; Wheeler, S. 117.

88 *Instruktionen* 5,67, S. 262; Wheeler, S. 128.

89 *Instruktionen* 1,25, S. 184; Wheeler, S. 91 f.

90 *Instruktionen* 4,57, S. 242; Wheeler, S. 118.

91 *Barsanuphe* 206, S. 207.
92 302, S. 226.
93 325, S. 236.
94 256, S. 202.
95 256, S. 201.
96 258, S. 204.
97 258, S. 205.
98 326, S. 236.
99 327, S. 237.
100 327, S. 238.
101 328, S. 238.
102 Zu dieser außerordentlich verwickelten Thematik verdanke ich am meisten den Ausführungen von J. Gribomont, s.v. Monachisme, *Dictionnaire de la Spiritualité*, S. 1541-1544 – über einen »Wüsten-Origenismus«; A. Guillaumont, *Les »Kephalaia Gnostica« d'Évagre le Pontique;* J. G. Bunge, »Origenismus – Gnostizismus: Zum geistesgeschichtlichen Standort des Evagrios Pontikos«; Flusin, *Miracle et Histoire*, S. 76-86; Guy Lardreau, *Discours philosophique et discours spirituel. Autour de la philosophie spirituelle de Philoxène de Mabboug*, und K. Ware, »Ways of Prayer«, S. 397-400.
103 So A. J. Festugière, *Antioche païenne et chrétienne*, S. 309: »Toute la spiritualité de ce temps est foncièrement dualiste«.
104 Lardreau, *Discours philosophique*, S. 39.
105 *Instruktionen des Horsiesius* 1,6, Veilleux, *Koinonia* 3, S. 138.
106 Siehe neuerdings Lars Thunberg, »The Human Person as Image of God«.
107 *Barsanuphe* 156, S. 202.
108 Dorotheus von Gaza, *Instruktionen* 2,39, S. 204-206; Wheeler, S. 101 f.
109 F. Refoulé, »Rêves et vie spirituelle d'après Évagre le Pontique«.
110 Philoxenus von Mabbug, *Brief an einen Freund* 13, S. 9*.
111 Der Begriff geht zurück auf A. D. Nock, *Sallustius: Concerning the Gods and the Universe*, S. XXXIX.
112 Johannes Climacus, *Leiter* 14, 868C; transl., S. 169.
113 Siehe bes. K. Ware, Einleitung zu: John Climacus, *The Ladder*, S. 1-6 und 58-68. Die klassische Bearbeitung ist die von W. Völker, *Scala Paradisi. Eine Studie zu Johannes Climacus und zugleich eine Vorstudie zu Symeon dem Neuen Theologen*, bes. S. 108-122, zur Keuschheit; S. 217-230, zur Einsicht; und S. 278-290 zur geistlichen Vollendung. Völker betont zu Recht die Abhängigkeit des Johannes von den Traditionen, die wir bis jetzt behandelt haben.
114 Johannes Climacus, *Die Leiter* 1, 633B; transl., S. 74.
115 1, 636B; S. 75.
116 1, 641B; S. 79.

117 15, 881A und 884AB; S. 172, 174.
118 15, 889C; S. 178.
119 5, 77A; S. 129.
120 Pseudo-Aristoteles, *Physiognomica* 29, in: R. Förster (Hrsg.), *Physiognomici graeci*, Bd. 1, S. 36.
121 Es war ein Gemeinplatz der Wüstentradition, daß der Teufel die Reuetränen des Mönchs austrocknete und, so schloß man, diese Flüssigkeit in seine unteren Körperteile umleitete: *Barsanuphe* 18, S. 25.
122 Johannes Climacus, *Die Leiter* 15, 889A; S. 177.
123 7, 805C-808AC; S. 139.
124 7, 816B; S. 144.
125 Gerard Manley Hopkins, *Der Schiffbruch der Deutschland*, in: G. M. H., *Gedichte, Schriften, Briefe*, S. 37.
126 Johannes Climacus, *Die Leiter* 7, 809C; S. 141.
127 26, 1033D; S. 243.
128 15, 884D; S. 173 f.
129 29, 1149A; S. 283.
130 15, 892D-893A; S. 179.
131 15, 904A; S. 186.
132 26, 1064A; S. 248.
133 Chitty, *Desert a City*, S. 168-175.
134 Ware, Einleitung, *The Ladder*, S. 1.

Zwölftes Kapitel
»Baut euch Einzelhütten«:
Mönche, Frauen und Ehe in Ägypten

1 *Bohairic Life of Pachomius* 89, in: A. Veilleux (transl.), *Pachomian Koinonia*, Bd. 1, S. 117.
2 Ebd., S. 118, 120.
3 Siehe beispielsweise Palladius, *Historia Lausiaca* 38,3-7, über Evagrius in Konstantinopel, und Pseudo-Hieronymus, *Brief* 18,3, *Patrologia Latina*, Bd. 30, 185C, über Praesidius, Diakon von Piacenza.
4 *Apophthegmata Patrum*, Sisoes 3, *Patrologia Graeca*, Bd. 65, 392D, Miller, S. 268.
5 L. Regnault (transl.), *Les Sentences des Pères du Désert: Nouveau Recueil* 32,22, auch in: F. Nau, »Histoires des solitaires d'Égypte«, S. 13,62-64.
6 *Anonymous Apophthegmata* 172, in: Nau (ed.), *Revue de l'Orient chrétien* 13 (1908), S. 56.
7 Ebd. 52: 12 (1907), S. 17.
8 Ebd. 159: 13 (1908), S. 52.
9 N. Giron, *Légendes coptes*, S. 59.
10 Siehe *Babylonian Talmud: Berakhoth* 61a, in: M. Simon (transl.), *The Talmud*, S. 383, und *Babylonian Talmud: 'Abodah Zarah* 20a, in: A.

Mishcon (transl.), *The Talmud*, S. 105; siehe aber *Babylonian Talmud: Soṭah* 21b, in: A. Cohen (transl.), *The Talmud*, S. 109. Nur der »törichte Pietist« würde eine Frau nicht vor dem Ertrinken retten – aus Furcht, sie anzusehen!

11 Nehemia 8,15, zitiert im Pseudo-Titusbrief, ATN, Bd. 2, S. 105.

12 Es ist das besondere Verdienst von E. A. Judge, »The Earliest Use of the Word ›Monachos‹ for Monk«, diese Situation in all ihrer Komplexität deutlich gemacht zu haben.

13 Epiphanius, *Panarion* 26, 3 und 17, *Patrologia Graeca*, Bd. 41, 336D und 360A-361B. Die Belege für manichäische Aktivitäten in Ägypten sind mit außergewöhnlichem Verständnis zusammengetragen und analysiert von Philip Rousseau, *Pachomius. The Making of a Community in Fourth Century Egypt*, S. 28-31; siehe jetzt Gedaliahu G. Stroumsa, »The Manichaean Challenge to Egyptian Christianity«, in: Birger A. Pearson, James E. Goehring (eds.), *The Roots of Egyptian Christianity*, S. 307-319, und allgemein Sam N. C. Lieu, *Manichaeism in the Later Roman Empire and Medieval China*.

14 Judge, »Monachos«, S. 78-85; Hieronymus, *Brief* 22,34, *Patrologia Latina*, Bd. 22, S. 419, ist eine klassische Anprangerung derartiger Gestalten; siehe J. Gribomont, s.v. Monachisme, *Dictionnaire de la Spiritualité* 68-69, S. 1543: »ils refèrent non à une race depravée, mais aux héritiers directs des grands ancêtres, non modelés par les reformes«.

15 Epiphanius, *Panarion* 67, *Patrologia Graeca*, Bd. 42, 172C- 184B.

16 Ebd. 67,1, 173AB.

17 Ebd. 67,8, 184AB.

18 Über Petronios siehe *Bohairic Life of Pachomius* 56 und *First Greeek Life* 80, in: A. Veilleux (transl.), *Pachomian Koinonia* 1, S. 77 u. 352; zu Theodors »freundlicher Rede«: *Bohairic Life* 32, S. 57.

19 Siehe den im 4. Jahrhundert geschriebenen Brief eines Mannes in einer fremden Stadt: »Du siehst, in was für einer Lage ich mich befinde, ... denn du weißt, daß ich niemanden bei mir habe, weder Schwester noch Bruder oder Sohn, und keinen sonst außer Gott allein«; *PSI* 1161, *Papiri Greci e Latini*, Bd. 10, S. 101 f.

20 Shenute von Atripe, *Brief* 33, in: J. Leipoldt, W. E. Crum (eds.), *Corpus Scriptorum Christianorum Orientalium* 43, *Scriptores Coptici*, Bd. 3, S. 100 f.; H. Wiesman (transl.), *C.S.C.O.* 96: *Script. Copt.*, Bd. 8, S. 57.

21 Pachomius, *Precepts and Judgements* 7, in: A. Veilleux (transl.), *Pachomian Koinonia*, Bd. 2, S. 177.

22 Horsiesius, *Instruktionen* 7,5, 6 und 10, in: *Pachomian Koinonia*, Bd. 3, S. 147, 149. Lesbische Beziehungen wurden in den Nonnenklöstern, die der pachomianischen Konföderation angegliedert waren, bestraft (aber durchaus nicht so streng wie manche anderen Verstöße gegen die Disziplin): J. Leipoldt, *Schenute von Atripe*, S. 142.

23 Pachomius, *Gebote* 93-97, *Pachomian Koinonia*, Bd. 2, S. 161.

24 H. Torp, »Les murs d'enceinte des monastères coptes primitifs«,

macht die symbolische Funktion der Mauern deutlich. Die Korrespondenz von Besa, Shenutes Nachfolger, offenbart, wie durchlässig derartige Mauern sein konnten: *Fragment* 12,1,2 und 20,1,4, in: K. H. Kühn (ed.), *Letters and Sermons of Besa, Corpus Scriptorum Christianorum Orientalium* 157: *Scriptores Coptici*, Bd. 21, S. 28 und 53.

25 F. Ruppert, *Das pachomianische Mönchtum und die Anfänge des klösterlichen Gehorsams.*

26 Shenute von Atripe, zitiert in: H. E. Winlock, *The Monastery of Epiphanius at Thebes* 1: The Archaeological Material, S. 151.

27 *Testament des Horsiesius* 20, *Pachomian Koinonia*, Bd. 3, S. 184.

28 Zu den schrecklichen Auswirkungen der Hungersnot auf die pachomianische Vereinigung siehe Theodor, *Instruktionen* 3,2 und 46, *Pachomian Koinonia*, Bd. 3, S. 93 f., 119, und B. Büchner, *Die Armut der Armen*, S. 20-36.

29 R. Rémondon, »L'Église dans la société égyptienne à l'époque byzantine«, S. 260.

30 *Draguet Fragment* 2,7, *Pachomian Koinonia*, Bd. 2, S. 117.

31 Judge, »Monachos«, S. 85.

32 *Karakaliou* 251, zitiert in *Abbé Isaïe, Recueil ascétique, Spiritualité orientale*, Bd. 7, S. 298.

33 H. I. Bell, *Jews and Christians in Egypt*, S. 109.

34 Zu Hungersnot siehe beispielsweise *Apophthegmata Patrum*, Cario 2, *Patrologia Graeca*, Bd. 65, 249D-252A.

35 Evergetinos 4,2,1-9, *Sentences des Pères*, S. 192. Zu späteren Beispielen der Schenkung von Kindern: L. S. B. MacCoull, »Child Donations and Child Saints in Coptic Egypt«.

36 Isaiah von Scetis, *Asceticon* 3,10,46, *Abbé Isaïe: Recueil ascétique*, S. 52.

37 *Sentences des Pères* 641, S. 154.

38 Isaiah von Scetis, *Asceticon* 4,11,12, S. 57.

39 Ebd. 4,11,18, S. 58.

40 *Sentences des Pères* 592/64, S. 129.

41 Ebd. 592/24, S. 122.

42 Ebd. 592/64, S. 130.

43 Isaiah, *Asceticon* 3,10,12 und 69, S. 50 und 55.

44 Ebd. 7,13,18-19, S. 89.

45 L. Regnault (transl.), *Barsanuphe et Jean de Gaza: Correspondance* 354, S. 254; *Apophthegmata Patrum*, Daniel 2, 153B.

46 I. F. Silber, »Dissent through Holiness«, S. 186.

47 Siehe die anregende Untersuchung von Keith Hopkins, »Brother-Sister Marriage in Roman Egypt«. Im späten 5. Jahrhundert heiratete ein heidnischer Philosoph seine Cousine ersten Grades, die ihm so ähnlich sah, daß niemand unterscheiden konnte, wer der Vater von wem war: *Pap. Cairo* 3, 67295, 18-20, zitiert in: J. Maspéro, »Horapollon et la fin du paganisme égyptien«, S. 166, 172. Christen hatten dieselben

Vorlieben: siehe die Legende von Demetrius, dem Bischof von Alexandrien, in: E. A. W. Budge, *Coptic Martyrdoms*, S. 398.

48 Es gab Schwierigkeiten, als sich herausstellte, daß die Frau des Sohnes von Apa Paham keine Jungfrau war: *KRU* 67,20-25, in: W. C. Till (Übers.), »Erbrechtliche Untersuchungen«, S. 171. Siehe *Codex Theodosianus* 9,8,1 aus dem Jahre 320 n.Chr. (in Italien) – Mädchen, die einem Vormund anvertraut waren, mußten ihre Jungfräulichkeit überprüfen lassen, da man befürchtete, daß der Vormund sie verführt haben könnte; Ambrosius, *Brief* 5,8, *Patrologia Latina*, Bd. 16, 932AB nennt Fälle von Untersuchungen. »Beweise für die Jungfräulichkeit der Braut« wurden herkömmlicherweise von den Dienern aus dem Brautgemach gebracht: Budge, *Coptic Martyrdoms*, S. 398.

49 *Pap. Grenfell* 1,53, in: L. Mitteis, U. Wilcken, *Grundzüge und Chrestomathie der Papyruskunde*, S. 157.

50 *Pap. Oxy.* 3581, *Oxyrhynchus Papyri*, Bd. 50, S. 202-205; siehe A. H. M. Jones, *The Later Roman Empire*, Bd. 2, S. 974 f., und S. Allam, »Le mariage dans l'Égypte ancienne«, S. 133 f. Die Anklagen des Shenute von Atripe scheinen dafür zu sprechen, daß seine Hörer solche Dinge auf die leichte Schulter nahmen: A. Shisha-Halevy, »Two New Shenoute-Texts from the British Library«, S. 176-182. Siehe jetzt die beispielhafte Untersuchung von Roger S. Bagnall, »Church, State and Divorce in Late Roman Egypt«.

51 Siehe bes. Annick Martin, »L'Église et la khôra égyptienne au ive siècle«, S. 14-17; E. Wipszicka, »Le degré d'alphabétisation en Égypte byzantine«, S. 284 f.; und Rémondon, »L'Église dans la société«, S. 259.

52 S. Sauneron, J. Jacquet, *Les ermitages chrétiens du désert d'Esna*, Bd. 1, *Archéologie et inscriptions*, und 4, *Essai d'histoire*.

53 Sauneron, *Ermitages*, Bd. 4, S. 20.

54 Sauneron, *Ermitages*, Bd. 1, S. 47.

55 H. Torp, »Le monastère copte de Baouit«, S. 1-8, bes. S. 8, und Sauneron, *Ermitages*, Bd. 1, S. VI.

56 Dante, *Inferno* 27,79-81:   Quando mi vidi giunto in quella parte
di mia etade, dove ciascun dovrebbe
calar le vele e raccoglier le sarte.

57 W. E. Crum, H. G. Evelyn-White, *The Monastery of Epiphanius*, S. 194 f.

58 Till, »Erbrechtliche Untersuchungen«, S. 171.

59 *Barsanuphe et Jean de Gaza* 571, S. 373.

60 Ebd. 595, S. 388.

61 Ebd. 129, S. 116.

62 Epiphanius, *Expositio fidei catholicae* 23, *Patrologia Graeca*, Bd. 42, 829A; vgl. H. Chadwick (ed.), *Sentences of Sextus* 86a, S. 22 f.

63 T. Orlandi, »Giustificazioni dell'Encratismo nei testi monastici copti del iv-v secolo«, in: U. Bianchi (ed.), *La Tradizione dell'Enkrateia*, S. 344 f.

64 Siehe die schöne Studie von Y. M. Duval, »La problématique de la *Lettre aux vierges* d'Athanase«, und L. Th. Lefort, »Saint Athanase: sur la virginité«, koptischer Text, S. 97 f., Übersetzung, S. 247. Diese Schrift ist jetzt herausgegeben von Lefort, *S. Athanase, Lettres festales et pastorales en copte*.

65 J. R. Roldanus, *Le Christ et l'homme dans la théologie d'Athanase d'Alexandrie*, S. 338.

66 Lefort, *S. Athanase*, kopt. Text, S. 135, Übers., S. 259.

67 Epiphanius, *Expositio fidei catholicae* 23, *Patrologia graeca*, Bd. 42, 829A. Das Einräumen einer derartigen Vielfalt ist um so bemerkenswerter bei einem Mann, der vom Primat monastischer Werte so überzeugt war wie Epiphanius.

68 Athanasius, *Brief an Amoun*, *Patrologia Graeca*, Bd. 26, S. 1073, und Lefort, *S. Athanase*, kopt. Text, S. 97, Übers., S. 247.

69 W. E. Crum (ed., transl.), *The Answers of Apa [the Patriarch] Cyril*, kopt. Text, S. 199, Übers., S. 103.

70 Orlandi, »Giustificazioni dell'Encratismo«, S. 349, und P. J. Sijpesteijn, »A Panegyric on John the Baptist«, S. 235.

71 Sokrates, *Kirchengeschichte* 1,11. Zu der Legende siehe jetzt C. Cochini, *Origines apostoliques du célibat sacerdotal*, S. 166 f.

72 W. E. Crum, *Coptic Ostraca*, Nr. 29, S. 9.

73 *Bohairic Life of Pachomius* 100, Veilleux, *Pachomian Koinonia*, Bd. 1, S. 137.

74 Rufinus, *Historia Monachorum*, Vorw.; 2; 7; 9; und 11, *Patrologia Latina*, Bd. 21, 380, 405BC, 416C u. 417A, 426A, 431D.

75 Siehe F. Thélamon, *Païens et chrétiens au ivème siècle*, S. 159-279, 273-277, 375-417.

76 *Anonymous Apophthegmata* 177, ed. Nau, *Revue de l'Orient chrétien* 13 (1908), S. 269.

77 *Apophthegmata Patrum*, Makarius 2, 260D.

78 *Vita Mariae Aegyptiacae* 24, *Patrologia Latina*, Bd. 73, 687C.

79 J. E. Quibbell, *Excavations at Saqqara*, Bd. 4, S. 55, Inschrift Nr. 188.

80 E. A. W. Budge, *Miscellaneous Coptic Texts in the Dialect of Upper Egypt*, S. 757 f.

Dreizehntes Kapitel
»Töchter Jerusalems«:
Das asketische Leben von Frauen im 4. Jahrhundert

1 Athanasius, *Apologia ad Constantium* 33,49, *Patrologia Graeca*, Bd. 25, 640B; A. Atkinson (transl.), *Saint Athanasius, Historical Tracts*, S. 185.

2 Augustinus, *Brief* 23,3, *Patrologia Latina*, Bd. 33, S. 96, BKV, Bd. 29, S. 56.

3 Augustinus, *Contra Faustum* 30,4, *Patrologia Latina*, Bd. 42, S. 492.

4 D. Amand, M. C. Moons, »Une curieuse homélie grecque sur la virginité«, S. 35.

5 Evelyne Patlagean, *Pauvreté économique et pauvreté sociale à Byzance*, S. 113-128, und »L'enfant et son avenir dans la famille byzantine«.

6 Eusebius von Emesa, *Homilie* 6,18, in: E. M. Buytaert (ed.), *Eusèbe d'Émèse: Discours conservés en latin*, Bd. 1, S. 162.

7 Der Kontrast zwischen 40 Jahren in Spanien und 20 Jahren in Afrika vermittelt eine Vorstellung von den Unterschieden, die es von Region zu Region gab, und von den sehr unterschiedlichen sozialen Situationen, in denen die Weihe von Jungfrauen stattfand: *Konzil von Saragossa* (380), Canon 8, und *Konzil von Karthago* (397), Canon 4.

8 Siehe jetzt John Boswell, »*Expositio* and *Oblatio:* The Abandonment of Children and the Ancient and Medieval Family«, S. 13-19, und Cynthia Patterson, »›Not Worth the Rearing‹: The Causes of Infant Exposure in Ancient Greece«. Männliche Säuglinge, die als nützlicher galten, waren häufig zu Freunden zum Aufziehen gegeben worden: L. u. J. Robert, »Bulletin épigraphique«, S. 500, Inschrift Nr. 468 – eine Frau mit sieben Söhnen gab drei zu Freunden. Von der Entscheidung, Kinder zu Freunden zu geben, ist es nur ein ganz kurzer Schritt bis zur Übergabe an ein örtliches Kloster.

9 Basilius, *Brief* 119, 18, in: R. J. Deferrari, *Saint Basil: Letters*, Bd. 2, S. 109; vgl. Balsamon, *Patrologia Graeca*. Bd. 138, S. 651, und *Novella* 6 des Majorian im Jahre 458.

10 Augustinus, Epistola 3*, 1,3, in: J. Divjak (ed.), *Sancti Augustini opera, epistulae ex duobus codicibus nuper in lucem prolatae*, S. 22; französische Übersetzung: *Bibliothèque augustinienne. Œuvres de Saint Augustin* 46B: *Lettres* 1* - 29*, S. 98-100.

11 Theodoret, *Kirchengeschichte* 3,8, und Sozomen, *Kirchengeschichte* 6,3. Zum Verhältnis zwischen der Förderung der Jungfräulichkeit durch die Kirche und der Umleitung von Erbschaften bietet Jack Goody, *The Development of the Family and Marriage in Europe*, S. 42-64, 93-102, viele interessante Anregungen, ist aber entscheidend kritisiert worden von Brent D. Shaw, P. Saller, »Close Kin Marriage in Roman Society?«.

12 *Codex Theodosianus* 9,25,1 (354 n. Chr.).

13 Vergleiche dagegen die armenische Kirche, wo die »Jungfrauen«, die ihre brennenden Lampen zu Christus bringen, bärtige Mönche sind wie auf dem Tympanon des Portals in Hohannavank': Sirarpie Der Nersessian, *Armenian Art*, S. 174, Taf. 133. Ich verdanke diese Information der Freundlichkeit von Professor Thomas Mathews.

14 R. A. L. H. Gunawardana, *Robe and Plough: Monasticism and Economic Interest in Early Medieval Sri Lanka*, S. 39.

15 Amand, Moons, »Une curieuse homélie grecque«, S. 40.

16 Ebd., S. 41-43, und *The Canons of Athanasius* 92 und 98, W. Riedel,

W. E. Crum (ed., transl.), S. 58, 64; zu öffentlichem Psalmensingen siehe Theodoret, *Kirchengeschichte* 3,14.

17 Palladius, *Historia Lausiaca* 5,2.

18 *Canons of Athanasius* 98, S. 62 f.; vgl. Eusebius von Emesa, *Homilie* 7,24, S. 191.

19 Palladius, *Historia Lausiaca* 31,1, BKV, Bd. 5, S. 380.

20 *Bohairic Life of Pachomius* 43, transl. A. Veilleux, *Pachomian Koinonia*, S. 67.

21 Gregor von Nazianz, *Testament*, Patrologia Graeca, Bd. 37, 392B.

22 Bei all diesen Ausführungen bin ich der differenzierten Studie von Susannah K. Elm, »The Organization and Institutions of Female Asceticism in Fourth Century Cappadocia and Egypt« Oxford: D. Phil. in: Litterae Humaniores, 1987), verpflichtet; siehe jetzt Ruth Albrecht, *Das Leben der heiligen Makrina auf dem Hintergrund der Thekla-Traditionen*,, S. 119-238, und Elizabeth Castelli, »Virginity and its Meaning for Women's Sexuality in Early Christianity«.

23 Ammianus Marcellinus, *Res gestae* 30,1,2, *Römische Geschichte*. 3.4., S. 199.

24 Basilius, *Brief* 105, ed. Deferrari, Bd. 2, S. 199, BKV, Bd. 46, S. 142.

25 Klar gesehen haben diesen Aspekt sowohl Elizabeth A. Clark, »Authority and Humility: A Conflict of Values in Fourth Century Female Monasticism«, jetzt in: *Ascetic Piety and Women's Faith: Essays in Late Ancient Christianity*, S. 214-218, als auch, aus einer anderen Perspektive, Caroline W. Bynum, »Women's Stories, Women's Symbols: A Critique of Victor Turner's Theory of Liminality«, in: R. L. Moore, F. E. Reynolds (eds.), *Anthropology and the Study of Religion*, S. 112-117.

26 Siehe beispielsweise die Fälle bei Sokrates, *Kirchengesch.* 9,2, und Theodoret, *Kirchengesch.* 3,10.

27 R. Rémondon, »L'église dans la société égyptienne à l'époque byzantine«, S. 260, und E. A. Judge, »The Earliest Use of ›Monachos‹«, S. 82 f.

28 Pseudo-Athanasius, *Sôtérios Logos peri parthenias* 9, in: H. von der Goltz (Hrsg.), *Texte und Untersuchungen* 29,2, S. 43 f.

29 Palladius, *Hist. Laus.* 1,4; 5,3; 67,1, und Theodoret, *Kirchengesch.* 3,14.

30 *Leben der Olympias* 6, in: Elizabeth A. Clark (transl.), *Jerome, Chrysostom, and Friends*, S. 132; siehe auch Gregor von Nyssa, *Leben der Makrina* 7,6; 11,9-13 und 26,31-34, in: P. Maraval (ed.), *Grégoire de Nysse: Vie de Sainte Macrine*, S. 164, 176 und 232.

31 Palladius, *Hist. Laus.* 29,1, BKV, Bd. 5, S. 378; vgl. Besa, *Briefe und Predigten*, Fragm. 13,1,5 und 20,1,4, K. H. Kühn (ed., transl.), *Corpus Scriptorum Christianorum Orientalium* 157, Scriptores coptici, Bd. 21, S. 36, 53.

32 Epiphanius, *Panarion* 69,3, Patrologia Graeca, Bd. 42, 208A; siehe

bes. H. I. Marrou, »L'arianisme comme phénomène alexandrin«, S. 323-326.

33 Hieronymus, *Brief* 45,2, *Patrologia Latina*, Bd. 22, S. 481.

34 Sozomen, *Kirchengesch.* 3,14.

35 Evagrius von Pontus, *Sententiae ad virginem* 6, in: H. Gressmann (ed.), *Texte und Untersuchungen*, Bd. 39, S. 146; siehe Peter Brown, »The Saint als Exemplar«, S. 6-8, 15 f., auch in: J. S. Hawley (ed.), *Saints and Virtues*, S. 6-10.

36 J. Lebon, »Athanase, Lettre à des vierges qui étaient allées prier à Jérusalem«, syrischer Text, S. 185 f., Übers., S. 201. Der Ausdruck wird von Elias gebraucht, der ganz passenderweise von Engeln kastriert wurde, um so für seinen Beruf gerüstet zu sein: Palladius, *Hist. Laus.* 29,1 u. 2.

37 Zum Problem im allgemeinen siehe H. Achelis, *Virgines subintroductae*, und Elizabeth E. Clark, »John Chrysostom and the *subintroductae*«, jetzt in *Ascetic Piety and Women's Faith*, mit unschätzbaren Übersetzungen und Kommentaren in *Jerome, Chrysostom and Friends*. H. Baltensweiler, *Die Ehe im Neuen Testament*, S. 176-184, schreibt mit großem Verständnis über dieses Phänomen in den früheren Jahrhunderten. Zu den ursprünglichen Bedeutungen und dem tieferen Sinn des Namens siehe A. Guillaumont, »Le nom des ›Agapètes‹«.

38 Johannes Chrysostomus, *Quod regulares feminae* 3, *Patrologia Graeca*, Bd. 47, S. 519, transl. Clark, *Jerome, Chrysostom and Friends*, S. 220. Siehe auch Rosemary Rader, *Breaking Boundaries: male/female friendship in early Christian communities*, S. 62-71.

39 F. Cavallera, »La ›de virginitate‹ de Basile d'Ancyre«, S. 6-8. Es gibt eine französische Übersetzung von Fragmenten nach einer altkirchenslavischen Version: A. Vaillant, *La »De Virginitate« de Saint Basile. Texte vieux slave.*

40 Basilius, *de virginitate tuenda* 3, *Patrologia Graeca*, Bd. 30, 673D und 676B.

41 3, 676C.

42 3, 676CD, und 18, 708A.

43 4, 677B, und 6, 681B.

44 14, 700BC.

45 65, 801BC.

46 62, 797BC.

47 61, 769BC.

48 18, 708D.

49 1, 669A-672A.

50 *Apophthegmata Patrum*, Sara 4, *Patrologia Graeca*, Bd. 65, 420D.

51 Siehe beispielsweise die Beschreibungen in *Vita Sanctae Eupraxiae* 2,15, *Acta Sanctorum. Mart. II* (Venedig 1735), 13. März: 269C, und *Vita Sanctae Febroniae* 4, 7 u. 34, *Acta Sanctorum, Jun. V* (Venedig 1744), 25. Juni: 18F, 20E und 31C; Sebastian P. Brock, Susan Ashbrook Harvey (transl.), *Holy Women of the Syrian Orient*, S. 154, 156 und 172.

52 Paulos Euergetinos 3,29,4, in *Sentences des Pères du Désert. Nouveau Recueil* 518, S. 88 f. Als alleinstehende Frauen waren Nonnen der Gefahr der Vergewaltigung ausgesetzt, wenn sie sich aus ihrer gewohnten Umgebung entfernt hatten: siehe den Fall einer Nonne, die vergewaltigt wurde, als sie »wegen ihrer Wollarbeit« ein benachbartes Gut besuchte, Augustinus, *Brief* 15*, 3,3, ed. Divjak, S. 85; transl. *Lettres* 1*-29*, S. 266. Siehe bes. Caroline Walker Bynum, *Holy Feast and Holy Fast: the Religious Significance of Food to Medieval Women*, S. 78-93.

53 *Vita Eupraxiae* 2,6, 267B.

54 *Barsanuphe et Jean de Gaza: Correspondance* 661, transl. L. Regnault, S. 432 f.

55 In Gallien gaben Kirchenwitwen und Nonnen Frauen Taufunterricht: *Statuta Ecclesiae Antiqua* 100, in: C. Munier (ed.), *Les Statuta Ecclesiae Antiqua*, S. 99 f. Zu den Eingriffen heiliger Frauen in die Angelegenheiten großer Haushalte konnten Fragen gehören, die so wesentlich waren wie die humane Behandlung von Sklaven: Johannes Chrysostomus, *Homilie* 11 über 1. Thess. 3, *Patrologia Graeca*, Bd. 62, S. 464 f. Für den Klerus war es ein Gegenstand ständiger Besorgnis, daß Kirchenjungfrauen Rat in Ehefragen gaben und sich an Heiratsvermittlung beteiligten: Basilius [von Ancyra], *de virg. tuenda*, Bd 21, 712C.

56 *Vita Sanctae Matronae* 22, *Acta Sanctorum*. Nov. III, 801B.

57 *Vita Febron.* 1,6 und 2,20; 19B und 25C; transl. Brock, Harvey, S. 155, 163. Siehe die eifrige Würdigung dieser Quelle durch Susan Ashbrook Harvey, »Women in Early Syrian Christianity«, in: A. Cameron, A. Kuhrt (eds.), *Images of Women in Antiquity*, S. 296 f.; und Gregor von Nyssa, *Leben der Makrina*, Bd. 28, S. 234, zu Vetianas Abhängigkeit von Makrina.

58 *Pap. Graec. Strasburg*, 1900,12, in: P. Nagel, »Lettre chrétienne sur papyrus«; siehe auch Albrecht, *Das Leben der heiligen Makrina*, S. 221-225, 233-238.

59 Siehe bes. Elena Giannarelli, *La tipologia femminile nella biografia e l'autobiografia cristiana del iv secolo*, S. 29-47. In diesem Zusammenhang wie in so vielem anderen bin ich besonders den Einsichten von Caroline Walker Bynum verpflichtet, vor allem ihrem *Holy Feast and Holy Fast* und ihrem Aufsatz »Women's Stories, Women's Symbols«. K. Hastrup, »The Semantics of Biology: Virginity«, in: S. Ardener (ed.), *Defining Females: The Nature of Women in Society*, ist ein ausgezeichneter Überblick über das breite Spektrum von Bedeutungen, das sich mit der Jungfräulichkeit verbindet: wir sollten nie die im christlichen Römischen Reich des 4. Jahrhunderts entwickelten Bedeutungen als die einzig möglichen ansehen.

60 Eusebius von Emesa, *Homilie* 6,18, S. 162; siehe Hastrup, »The Semantics of Biology«, S. 56 f.

61 Eusebius von Emesa, *Homilie* 7,6, S. 179.

62 L. Th. Lefort, »Sur la virginité«, kopt. Text, S. 128, Übers., S. 257.

63 Gregor von Nazianz, *Brief* 223, *Patrologia Graeca*, Bd. 37, 364C; Theodoret, *Historia Religiosa* 30,1, *Patrologia Graeca*, Bd. 82, 1492D.

64 Peter Brown, *The Cult of the Saints*, S. 44.

65 *Vita Matronae* 30, 792A.

66 *Vie et Miracles de Sainte Thècle*, Wunder 46, in: G. Dagron (ed.), *Subsidia Hagiographica*, Bd. 62, S. 408.

67 Theodoret, *Historia Religiosa* 29,4, 1492B.

68 J. Lebon, »Athanase, Lettre à des vierges«, syrischer Text, S. 170f., Übers., S. 189.

69 Gregor von Nyssa, *Leben der Makrina* 30,15-21, S. 240-242, und Anm. 2 auf S. 240 f.

70 *Vita Matronae* 47, 810C.

71 *Vita Euprax.* 3,15, 33 und 36-37: 296D, 273D und 274CD.

72 *Vita Febron.* 2,38, 32F; transl. Brock, Harvey, S. 174.

73 Übersetzt in: ATN, Bd. 1, S. 280-290. Der Einfluß dieser Erzählung ist offenkundig in der Hymne an die Jungfrau, die in einem lateinischen Papyrus des 4. Jahrhunderts überliefert ist: R. Roca-Puig, *Himne a la Verge Maria: »Psalmus responsorius«*.

74 E. A. W. Budge, *Miscellaneous Coptic Texts in the Dialect of Upper Egypt*, S. 655 und 641 (in dieser Reihenfolge für den letzten Teil des Zitats).

75 »Athanase, ›Sur la virginité‹«, koptischer Text, S. 93, Übers., S. 246.

76 F. E. Consolino, »*Veni huc a Libano:* La *sponsa* del Cantico dei Cantici come modello per le vergini negli scritti esortatori di Ambrogio«, S. 399-415.

77 Basilius, *Brief* 199,18, S. 107, BKV, Bd. 46, S. 205.

78 Augustinus, *Enarratio in Psalmum* 122,5, *Patrologia Latina*, Bd. 36, S. 1633; Mary T. Clark (transl.), *Augustine of Hippo: Selected Writings*, S. 253.

79 Das geht hervor aus *Bekenntnisse* 6,15,25 und 8,12,30; als zwei Höflinge in Trier zum asketischen Leben bekehrt wurden, weihten ihre Verlobten ihre Jungfräulichkeit Christus: *Bekenntnisse* 8,6,15.

80 Brown, *Cult of Saints*, S. 64; ein Mädchen mußte behaupten, sie habe »erschreckende Visionen« empfangen, um von ihren Eltern die Erlaubnis dazu zu erhalten, Nonne zu werden: Pseudo-Ambrosius, *de lapsu virginis*, *Patrologia Latina*, Bd. 16, 387B.

81 *Vita Euprax.* 2,8, 267D.

82 Ebd. 3,18, 269E.

83 Evagrius, *Sententiae ad virginem* 55, Gressmann, S. 151; vgl. Gregor von Nyssa, *In Cantica Canticorum Hom.* 1, *Patrologia Graeca*, Bd. 44, 776B.

84 »Athanase, ›Sur la virginité‹«, kopt. Text, S. 116, Übers., S. 253; vgl. Palladius, *Hist. Laus.* 5,3.

85 *Vita Euprax.* 2,8 und 3,37, 267E und 274D; *Vita Febron.* 4, 18F, transl. Brock, Harvey, S. 154.

86   *Vie et miracles de Sainte Thècle* 45,8, S. 406.

87   Athanasius, *Enzyklischer Brief* 4, *Patrologia Graeca*, Bd. 25, 232B.

88   *Sôtérios logos* 12, S. 16.

89   Johannes Chrysostomus, *Quod regulares feminae* 4, *Patrologia Graeca*, Bd. 47, S. 527; Clark, S. 237.

90   Gregor von Nyssa, *Leben der Makrina* 5,17 und 22, S. 156, BKV, Bd. 56, S. 341.

91   2,10, S. 144.

92   3,2-3, S. 148.

93   1,24, S. 140 und Anm. 1, S. 141.

94   Basilius, *Brief* 204, Deferrari, Bd. 3, S. 168: diesen Aspekt der Familie schildert gut J. A. McNamara, »Cornelia's Daughters«, S. 15.

95   Gregor von Nyssa, *Leben der Makrina* 12,13-14, S. 182, BKV, Bd. 56, S. 346 f.

96   Maraval, *Grégoire de Nysse, Vie de sainte Macrine*, S. 38-44.

97   Gregor von Nyssa, *Leben der Makrina* 14,10, S. 188.

98   Ebd. 15,8, S. 192, und 21,9-17, S. 210.

99   Gregor von Nyssa, *Über die Seligpreisungen* 2,1, *Patrologia Graeca*, Bd. 44, 1212AB, BKV, Bd. 56, S. 167.

100 Paulinus von Nola, *Brief* 29,8. Über Melania siehe bes. A. H. M. Jones et al., *Prosopography of the Later Roman Empire*, Bd. 1, S. 502-593, und Nicole Moine, s.v. Mélanie l'Ancienne, *Dictionnaire de la Spiritualité*, Bd. 66-67, S. 955-960; allgemein hierzu Elizabeth A. Clark, »Ascetic Renunciation and Feminine Advancement: A Paradox of Late Ancient Christianity«, jetzt in: *Ascetic Piety and Women's Faith*.

101 Paulinus von Nola, *Briefe* 29,9 und 45,3.

102 Palladius, *Historia Lausiaca* 46,1.

103 Kathleen Shelton, *The Esquiline Treasure*, S. 25-29, und *American Journal of Archaeology* 89 (1985), S. 147-155.

104 Palladius, *Hist. Laus.* 10,2-4.

105 46,3 und Paulinus, *Brief* 29,11.

106 46,4, BKV, Bd. 5, S. 411.

107 9.

108 54,2 und 46,6: siehe E. D. Hunt, *Holy Land Pilgrimage in the Later Roman Empire*, bes. S. 168-171.

109 Palladius, *Historia Lausiaca* 54,8, BKV, Bd. 5, S. 421.

110 46,5.

111 38,9.

112 55,2 und 54,3.

113 Paulinus, *Brief* 29,12-13.

114 Aus der Unterschrift eines Manuskripts der von Rufinus angefertigten Übersetzung der *Homilien* des Gregor von Nazianz, in: A. Engelbrecht, *Corpus Scriptorum Ecclesiasticorum Latinorum*, Bd. 46, S. 233.

115 Rufinus, *Vorrede zu Origenes: Homilien zu Numeri*, in: W. A. Baehrens (ed.), *Corpus Christianorum*, Bd. 20, S. 285.

116 Rufinus, *Apologia* 2,26.

117 Hieronymus, *in Jerem.* 3,17 (70,4), *Patrologia Latina*, Bd. 24, 786C.

118 Hieronymus, *Brief* 133,3, *Patrologia Latina*, Bd. 22, S. 1151, BKV, Reihe 2, Bd. 18, S. 205.

119 Siehe *Prosopography of the Later Roman Empire*, Bd. 1, S. 642 f.

120 Gregor von Nazianz, *Carmina* 2,2,6,86-94, *Patrologia Graeca*, Bd. 37, 1548A-1549A.

121 Palladius, *Historia Lausiaca* 56,1, und *Leben der Olympias* 2, transl. Clark, S. 128.

122 *Leben der Olympias* 5, S. 130, und Palladius, *Dialogus de vita Johannis Chrysostomi* 17 (61), *Patrologia Graeca*, Bd. 47, S. 60.

123 Ebd. 17 (61), S. 61.

124 Theodoret, *Kirchengesch.* 5,19; siehe K. Holum, *Theodosian Empresses*, S. 22-30.

125 Sokrates, *Kirchengeschichte* 5,13.

126 *Codex Theodosianus* 16,2,27 und 28.

127 *Leben der Olympias* 5, S. 130 f.; siehe bes. G. Dagron, *Naissance d'une capitale*, S. 501-506.

128 *Leben der Olympias* 6-7, S. 131 f.; siehe C. Mango, *The Brazen House*, S. 55 f.

129 *Leben der Olympias* 5, 7, S. 130, 132.

130 Johannes Chrysostomus, *Briefe an Olympias* 12,1d, in: A. M. Malingrey (ed.), *Jean Chrysostome: Lettres à Olympias*, S. 187 f.

131 Palladius, *Dialogus* 17 (61), *Patrologia Graeca*, Bd. 47, S. 61.

132 Gregor von Nyssa, *In Cantica Canticorum*, *Patrologia Graeca*, Bd. 44, 756A: man beachte aber, daß die Widmung an Olympias in der syrischen Version fehlt.

Vierzehntes Kapitel
Ehe und Sterblichkeit:
Gregor von Nyssa

1 Siehe bes. Raymond Van Dam, »Hagiography and History: the Life of Gregory Thaumaturgus«, und T. A. Kopecek, »The Social Class of the Cappadocian Fathers«.

2 Gregor von Nazianz, *Oratio* 18,10, *Patrologia Graeca*, Bd. 35, 99C, C. G. Browne, J. E. Swallow (transl.), *Library of the Nicene Fathers*, Bd. 7, S. 257, BKV, Bd. 59, S. 359.

3 Ebd. 8,15, 808AD, Übers., S. 242.

4 Ebd. 8,8, 797B, Übers., S. 240, BKV, Bd. 59, S. 237.

5 Gregor von Nyssa, *Leben der Makrina* 2,10, P. Maraval (ed.), *Grégoire de Nysse: Vie de Sainte Macrine*, S. 144.

6 Ebd. 2,12-27, S. 144-146.

7 Ebd. 35,5, S. 254.

8 Evelyne Patlagean, »Familles chrétiennes d'Asie mineure et histoire démographique du vie siècle«, und Marcella Forlin Patrucco, »Aspetti di vita familiare nel iv secolo negli scritti dei padri cappadoci«.

9 Gregor von Nyssa, *Encomium in sanctum Theodorum, Patrologia Graeca*, Bd. 46, 737C.

10 *Leben der Makrina* 35,5, S. 254.

11 Ebd. 8,4-29, S. 164-168. Siehe bes. J. Gribomont, »Le panégyrique de la virginité, œuvre de jeunesse de Grégoire des Nysse«, S. 251, zum Sterbeort des Naukratius.

12 Basilius, *Brief* 14, in: R. J. Deferrari (ed.), *Saint Basil: The Letters*, Bd. 1, S. 109-111: man vergleiche Gregor von Nazianz, *Briefe* 5 und 6, *Patrologia Graeca*, Bd. 37, 29B und 32A, Übers., S. 447; siehe bes. L. Robert, *Hellenica* 4 (1948), S. 30, Anm. 5.

13 Sozomen, *Kirchengeschichte* 3,14, und W. D. Hauschild, s.v. Eustathius, *Theologische Realenzyklopädie*, S. 547-550. Zur Situation in Kleinasien im allgemeinen siehe bes. die klugen Übersichtsartikel von J. Gribomont, »Le monachisme en Asie Mineure au ive siècle«, und »Le monachisme au sein de l'Église en Syrie et en Cappadoce«; siehe jetzt R. Albrecht, *Das Leben der heiligen Makrina auf dem Hintergrund der Thekla-Traditionen*, S. 174-189.

14 Basilius, *Brief* 223,5, ed. Deferrari, Bd. 3, S. 305, BKV, Bd. 46, S. 264.

15 G. Dagron, »Les moines et la ville«.

16 Sozomen, *Kirchengesch.* 6,34. Siehe bes. Évelyne Patlagean, »Sur la limitation de fécondité dans la haute époque byzantine«, S. 1365 f., eine grundlegende Studie, die jetzt in englischer Übersetzung als »Birth Control in the Early Byzantine Empire«, in: R. Forster, O. Ranum (eds.), *Biology of Man in History*, vorliegt.

17 *Konzil von Gangrae*, Brief und Canones 3, 10 und 13, in: E. J. Jonkers (ed.), *Acta conciliorum quae saeculo quarto habita sunt*, S. 81, 83, E. J. Percival (transl.), *The Seven Ecumenical Councils*, S. 90, 93, 97.

18 Ebd. Canon 7, Jonkers, S. 82, Percival, S. 95.

19 Ebd. Canon 17, Jonkers, S. 84, Percival, S. 99.

20 *Codex Theodosianus* 16,2,27,1, zitiert in Sozomen, *Kirchengesch.* 7,16.

21 Epiphanius, *Panarion* 75,1-3, *Patrologia Graeca*, Bd. 42, 504A-508C.

22 W. K. Lowther Clarke, *Saint Basil the Great. A Study in Monasticism*, ist immer noch die beste englische Untersuchung. Die Große und die Kleine Regel des Basilius liegen in englischer Übersetzung vor: M. M. Wagner (transl.), *Basil of Caesarea, The Ascetical Works*.

23 Basilius, *Regulae fusius tractatae* 7, 36 und 41, *Patrologia Graeca*, Bd. 36, 928C, 1009C und 1021A-1024D.

24 E. L. Fellechner, *Askese und Caritas bei den drei Kappadokiern*, S. 118, sieht das klar.

25 Der Reichtum der Familie war in der vorangegangenen Generation enorm angewachsen, so daß jedes der neun Kinder so viel hatte, wie die Eltern einst besaßen: *Leben der Makrina* 5,35-40, S. 158-160 und 20,16-20, S. 206.

26 Basilius, *Reg. fus.* 35,1-2, 1004A-1005B.

27 Gregor von Nazianz, *Oratio* 43,63, *Patrologia Graeca*, Bd. 35, 577C.

28 Siehe bes. Basilius, *Sermo in tempore famis*, *Patrologia Graeca* 31, S. 304-329. Es wird berichtet, daß im Jahre 1873 in Kappadokien 150000 Menschen einer Dürre zum Opfer gefallen sein sollen: S. Kostof, *Caves of God. The Monastic Environment of Byzantine Cappadocia*, S. 3. Siehe bes. Ramón Teja, *Organización economica y social de Capadocia en el siglo iv, según los padres capadocios*.

29 Gregor von Nyssa, *Contra Eunomium* 1,10, *Patrologia Graeca*, Bd. 45, 281C.

30 Basilius, *Hom. 7 in divitiis* 1, *Patrologia Graeca*, Bd. 31, 281A. Siehe J. Gribomont, »Un aristocrate révolutionnaire, évêque et moine: S. Basile«.

31 Basilius, *Briefe* 58 und 215, Deferrari, Bd. 1, S. 356, und Bd. 3, S. 236, sowie A. D. Momigliano, »The Life of St. Macrina by Gregory of Nyssa«, *The Craft of the Ancient Historian: Essays in Honor of C. G. Starr*, S. 448 f.; und jetzt auch Raymond Van Dam, »Emperors, Bishops and Friends in Late Antique Cappadocia«.

32 Diese Schrift liegt vor mit beispielhafter Einleitung und Kommentar von M. Aubineau, *Grégoire de Nysse: Traité de la Virginité;* siehe auch V. W. Callahan (transl.), *Gregory of Nyssa: Ascetical Works*, S. 3-75 (*Über die Jungfräulichkeit*) und 161-191 (*Leben der Makrina*). Mit Gribomont, »Le panégyrique«, S. 252, und G. May, »Die Chronologie des Lebens und der Werke des Gregors von Nyssa«, in: M. Harl (ed.), *Écriture et culture philosophique dans la pensée de grégoire de Nysse*, S. 55 f., sehe ich keinen Grund, warum Gregor nicht zu einem Zeitpunkt geschrieben haben sollte, als er schon Basilius' Kollege war. Ein großer Teil des Vorwurfs der »Unreife«, die wir in Gregors *Über die Jungfräulichkeit* zu sehen geneigt sind, trifft das Genre selbst.

33 Zu dem heiklen und noch ungelösten Problem der Beziehungen, die Gregor zu »messalischer« Spiritualität hatte, siehe jetzt Reinhart Staats, »Basilius als lebende Mönchsregel in Gregors von Nyssa ›de Virginitate‹«, S. 51-54.

34 Aubineau, *Traité*, S. 65-77.

35 Gregor von Nyssa, *Brief* 20, *Patrologia Graeca*, Bd. 46, 1081A-1085A = *Brief* 15, in: W. Moore, H. A. Wilson (transl.), *Library of the Nicene Fathers*, Bd. 5, S. 539 f. Siehe Nicole Thierry, *Comptes-Rendus de l'Academie des Inscriptions et Belles Lettres* 1977, S. 130-133, zu den Ausgrabungen in Avanos-Maçan-Çavuşin.

36 Synesius, *Brief* 105, *Patrologia Graeca*, Bd. 66, 1485A, A. Fitzgerald (transl.), *The Letters of Synesius of Cyrene*, S. 199.

37 Palladius, *Dialogus de vita Johannis Chrysostomi* 13,48, *Patrologia Graeca*, Bd. 47, 48.

38 Wie alle Gelehrten bin ich besonders Jean Daniélou, vor allem seinem Werk *Platonisme et théologie mystique*, zu Dank verpflichtet, und ebenso auch W. Völker, *Gregor von Nyssa als Mystiker*. Eine meisterhafte Anthologie der Schriften Gregors macht die hier behandelten Themen auf englisch zugänglich: *From Glory to Glory*, ed. J. Daniélou, transl. H. Musurillo. Mir nicht zugänglich waren *The Biographical Works of Gregory of Nyssa: Proceedings of the Fifth International Congress on Gregory of Nyssa*, ed. A. Spira, Cambridge, Mass. 1984 (Patristic Monograph Series. 12.).

39 *In illud »Tunc«*, *Patrologia Graeca*, Bd. 44, 1316D-1317A, und *In Eccles. Serm.* 7, Bd. 44, 729D-732A, *Glory to Glory*, S. 127 f.

40 *Oratio catechetica* 5, Bd. 45, 24BC, Moore, Wilson (transl.), *Nicene Fathers*, Bd. 5, S. 479, BKV, Bd. 56, S. 14.

41 Gregors Gedanken zu diesen Fragen waren nicht immer klar formuliert oder gar konsistent: entsprechend unterschiedlich waren die Auffassungen der Forschung. Ich verdanke am meisten den folgenden Bearbeitungen: Monique Alexandre, »Protologie et eschatologie chez Grégoire de Nysse«, in: U. Bianchi (ed.), *Arche e Telos. L'Antropologia di Origene e di Gregorio di Nissa*; E. Corsini, »Plérôme humaine et plérôme cosmique chez Grégoire de Nysse«, in: *Écriture et culture philosophique*, und G. B. Ladner, »The Philosophical Anthropology of Saint Gregory of Nyssa«. Diese Synthesen haben keine allgemeine Anerkennung gefunden: zu hilfreicher Kritik siehe bes. Paola Pisi, *Genesis e Phthora. Le motivazioni protologiche della verginità in Gregorio di Nissa e nella tradizione dell'enkrateia*, und H. J. Oesterle, »Probleme der Anthropologie bei Gregor von Nyssa«. Siehe jetzt David L. Blank, »The Etymology of Salvation in Gregory of Nyssa's *De Virginitate*«.

42 *De hominis opificio* 12,9, *Patrologia Graeca*, Bd. 44, 161C; 6, 137D.

43 *De virg.* 13,1, S. 26; *Katharon kai amiges kai ametochon*, vgl. *Leben der Makrina* 2,10, S. 144: Emmelia hatte gehofft, als Jungfrau zu leben, und dieses Leben wurde beschrieben als *katharon ... kai akélidôton diagôgén*. Das Himmelblau des Priestergewandes: *Leben des Moses* 2,191, *Patrologia Graeca*, Bd. 44, 388CD; vgl. Johannes Chrysostomus, *de virginitate* 10,3, *Patrologia Graeca*, Bd. 47, S. 540.

44 *De hom. op.* 16,7, 181A, Übers., S. 404.

45 *Or. cat.* 8, 33CD. Die *Gewänder der Haut* selbst waren die Sterblichkeit, als Binde angelegt, um den bösen Willen Adams in Schach zu halten; *De mortuis*, *Patrologia Graeca*, Bd. 46, 524CD. Doch die Sterblichkeit selbst war eine Teilhabe am Leben des Tierreichs, in dem der Geschlechtsverkehr eine notwendige Verteidigungsmaßnahme gegen Auslöschung durch den Tod gewesen war, dem Tiere, anders als Adam, immer ausgeliefert gewesen waren: siehe J. Daniélou, *L'être et le temps chez Grégoire des Nysse*, S. 154-164. Zu anderen, radikaleren Deutungen der *Gewänder der Haut* siehe jetzt die scharfsichtige Studie von P. F. Bea-

trice, »Le tuniche di pelle. Antiche letture di *Gen.* 3,21«, S. 455-458, über Gregor. Wir sollten daran denken, daß das Ablegen und das Anziehen von Kleidung einen bedeutsamen und unmittelbar verständlichen Teil der Taufliturgie bildete. Gregors Exegese gewann ihre Überzeugungskraft aus dieser Tatsache; siehe Daniélou, *Platonisme*, S. 30-32.

46 *Genesis* 1,27.
47 Plotin, *Enneade* 6,7,1-7; *de hom. op.* 17, 189C.
48 *De hom. op.* 1,5, 132AC.
49 *Or. cat.* 6, 29C.
50 *De hom. op.* 22,4-5, 206B.
51 *De virg.* 8,1-9,2, S. 358-364.
52 *De hom. op.* 17,2, 190A.
53 *De an. et res.* 4, 156C-157B; *de hom. op.* 16, 185C.
54 Ladner, »Philosophical Anthropology«, S. 85.
55 Die klarste Darlegung bietet Pisi, *Genesis e Phthora*, S. 71-75.
56 *Leben des Moses* 2,243, *Patrologia Graeca*, Bd. 44, 405B.
57 *In Flacillam, Patrologia Graeca*, Bd. 46, 888D.
58 *Leben des Moses* 2,60, 341D-344B.
59 Ebd. 2,244, 405C.
60 R. L. Wilken, »Liturgy, Bible and Theology in the Easter Sermons of Gregory of Nyssa«.
61 Die Formulierung stammt nicht von Gregor. Sie wird von einem Zeitgenossen, vielleicht einem Landsmann, gebraucht; siehe F. Floëri, P. Nautin (eds.), *Homélies Pascales* 3, S. 100-102, 137.
62 Siehe bes. *Hom.* 15 in Cant. Cant., *Patrologia Graeca*, Bd. 44, 1109AC.
63 *De virg.* 3,2, S. 276-278; 14,1, S. 432.
64 George Herbert, *Church Monuments*, S. 60.
65 *De virg.* 13,1, S. 422, Blum, S. 118.
66 *De virg.* 3,6, S. 280.
67 *Leben der Makrina* 11,33-45, S. 178-180.
68 M. Pellegrino, »Il platonismo di Gregorio di Nissa«. Makrina wird durchgängig als »die Lehrerin« bezeichnet.
69 *Leben der Makrina* 25,24-28, S. 228.
70 *De virg.* 6,2, S. 344, vgl. *Sermo* 4 in Cant. Cant., 977C.
71 *De virg.* 5, S. 338, Blum, S. 102.
72 Ebd. 5, S. 336, Blum, S. 102.
73 Ebd., 2,2, S. 266; 12,1, S. 398.
74 C. A. Mango, I. Ševčenko, »Some recently acquired Byzantine inscriptions at the Istanbul Museum«, S. 15, Nr. 18 – eine Inschrift aus dem 14. Jahrhundert.
75 *Leben der Makrina* 15,12-22, S. 192.
76 Ebd. 32,7-12, S. 246.
77 Aubineau, *Traité*, S. 98 f., 213.
78 Das ist schön gesagt von P. Hadot, *Leçon inaugurale. Chaire*

d'histoire de la pensée hellénistique et romaine, S. 34 f., bes. S. 35: »La pensée évolue en reprenant des éléments préfabriqués et préexistants auxquels elle donne un sens nouveau«.

79 *De mortuis*, 525D-528B.

80 *De virg.* 12,4, S. 420.

81 Völker, *Gregor von Nyssa*, S. 127; vgl. Ladner, »Philosophical Anthropology«, S. 89, 91.

82 *De an. et res.*, 13A-16A.

83 *De virg.* 14,1, S. 432, Blum, S. 120.

84 Basilius, *Brief* 1, Deferrari, Bd. 1, S. 1. Ich sehe keinen Grund, warum diese Note nicht an den Philosophen Eustathius, sondern an Eustathius von Sebaste gerichtet sein sollte: siehe A. H. M. Jones, J. R. Martindale, J. Morris, *Prosopography of the Later Roman Empire*, Bd. 1, S. 310.

85 Eunapius, *Leben der Sophisten* 469, in: W. C. Wright (ed.), *Philostratus and Eunapius*, S. 409. Der Besitz eines derartigen Wissens war nichts Ungewöhnliches: siehe Sencer Şahin, »Griechische Epigramme aus dem südlichen Propontisgebiet«, in: M. B. de Boer, T. A. Edridge (eds.), *Hommages à M. J. Vermaseren*, Bd. 3, S. 999 f.

86 Eunapius, *Leben der Sophisten* 470, S. 414.

87 Ebd. 469, S. 408: siehe die Vorstellungen, die auf einem zeitgenössischen heidnischen Grab zum Ausdruck gebracht wurden: C. P. Jones, »A Familiy of Pisidian Antioch«, S. 264, 268.

88 *De hom. op.* 22,7, 205C, transl., *Nicene Fathers*, S. 412.

89 *Brief* 1, *Patrologia Graeca*, Bd. 46, 1005BC = Brief 13, Übers., S. 546 f.

90 Basilius, *Asceticum parvum* 11, *Patrologia Latina*, Bd. 121, S. 502-504 – zwei volle Spalten über Kleidung im Vergleich zu einer halben Spalte über sexuelle Phantasien: 9, 501C.

91 Gregor von Nyssa, *de pauperibus amandis*, *Patrologia Graeca*, Bd. 46, 464D; Basilius, *Hom.* 6 in div., *Patrologia Graeca*, Bd. 31, 272B. Das ist ein altes, städtisches Bild: nach Artemidorus, *Oneirocritica* 2,27, ist es gut für einen reichen Mann, wenn er träumt, daß ein Fluß aus seinem Haus fließt.

92 Basilius, *Hom. 7 in div.* 4, 289C.

Fünfzehntes Kapitel
Die Sexualität und die Stadt:
Johannes Chrysostomus

1 A. J. Festugière, *Antioche païenne et chrétienne*, S. 245-289, und P. Canivet, *Le monachisme syrien selon Théodoret de Cyr*, S. 114-132.

2 Johannes Chrysostomus, *Hom. 14 in I Tim.* 3, *Patrologia Graeca*, Bd. 62, S. 575, P. Schaff (transl.), *Library of the Nicene and Post-Nicene Fathers*, Bd. 13, S. 455 f.

3 *Hom. in Matt.* 68,3, *Patrologia Graeca*, Bd. 57, S. 643, G. Prevost (transl.), *Library of the Nicene and Post-Nicene Fathers*, Bd. 10, S. 417 f., BKV, Bd. 26, S. 374.

4 *Hom. 14 in I Tim.* 3, S. 575, transl. Schaff, S. 455.

5 *Hom. 9 de statuis* 1, *Patrologia Graeca*, Bd. 49, S. 103; siehe bes. Festugière, *Antioche*, S. 181-220, und R. L. Wilken, *John Chrysostom and the Jews. Rhetoric and Reality in the Late Fourth Century*, S. 5-10.

6 *Hom. in Matt.* 66,3, S. 630.

7 Siehe die kommentierte Ausgabe von H. Musurillo und B. Grillet, *Jean Chrysostome: La Virginité*, Sources chrétiennes 125; jetzt übersetzt von Sally R. Shore, *John Chrysostom: On Virginity, Against Remarriage*. Siehe auch *De virg.* 14,3, S. 140.

8 15,2,19-23, S. 143.

9 73,4,63-67, S. 354.

10 73,1,6, S. 350.

11 *De sacerdotio* 5,1, *Patrologia Graeca*, Bd. 48, S. 673, BKV, Bd. 27, S. 209.

12 *De virg.* 19.1, S. 156; Pseudo-Lukian, *Amores* 35, in: M. D. MacLeod (ed.), *Lucian*, Bd. 8, S. 208.

13 *De virg.* 50,1,3-4, S. 284; zitiert wird 1. Kor. 7,2. *Dia de tas porneias:* »Aber um Unzucht zu vermeiden, soll jeder seine eigene Frau haben und jede Frau ihren eigenen Mann«.

14 *De virg.* 19,1-2, S. 158.

15 *Hom.* 10 in II Tim. 3, *Patrologia Graeca*, Bd. 62, S. 659.

16 *De virg.* 9,6-10, S. 120.

17 *De inani gloria* 76, in: A. M. Malingrey (ed.), *Jean Chrysostome: Sur la vaine gloire et l'éducation des enfants*, S. 178; M. L. W. Laistner (transl.), *Christianity and Pagan Culture in the Later Roman Empire*, S. 117, J. Glagla (Übers.); *Johannes Chrysostomus: Über Hoffart und Kindererziehung*, S. 30.

18 *De inani gloria* 44, 81; Malingrey, S. 142 und 186-188; Laistner, S. 106, 119 f.

19 *Hom.* 12 in Coloss. 5, *Patrologia Graeca*, Bd. 62, S. 388; *In illud »Propter fornicationes«*, *Patrologia Graeca*, Bd. 51, S. 210; *Hom. 12 in I Cor.* 5, *Patrologia Graeca*, Bd. 61, S. 102.

20 Siehe bes. Elizabeth Clark, *Jerome, Chrysostom and Friends*, S. 1-34. Die düstere Schilderung des byzantinischen Lebens in Cyril Mango, *The Empire of New Rome*, S. 225-229, schöpft ausschließlich aus den Werken des Chrysostomus.

21 *De elemosyna* 1, *Patrologia Graeca*, Bd. 51, S. 261.

22 C. Baur, *John Chrysostom and his times*, Bd. 1, S. 217; siehe bes. A. Natali, »Église et évergétisme à Antioche à la fin du ivème siècle d'après Jean Chrysostome«.

23 *Hom. 30 in I Cor.* 5, *Patrologia Graeca*, Bd. 61, S. 256, T. W. Chambers (transl.), *Library of the Nicene Fathers*, Bd. 12, S. 180.

24 J. H. W. G. Liebeschuetz, *Antioch*, S. 69-74.

25 *Hom. 11 in I Cor.* 10, S. 113, Übers., S. 63, und *Hom. 13*, 5, S. 113, Übers., S. 76.

26 *Hom. 21 in I Cor.* 5, S. 177. Das würde immer noch für die islamischen Städte in demselben Gebiet gelten; siehe C. E. Bosworth, *The Medieval Islamic Underworld. Vol.* 1: The Banū Sūsān in Arabic Life and Lore, S. 37 f., über den Musha''ib, »den Verbesserer«, der Kinder besser dazu befähigte, als Bettler tätig zu sein, indem er sie verkrüppelte.

27 *Hom. 21 in I Cor.* 6, S. 178, Übers., S. 124.

28 *Hom. 11 in I Thess.* 30, S. 466, Übers., S. 373.

29 *Hom. 1 in II Tim.* 606, S. 476.

30 *In Matt.* 46,4, S. 480 f., S. 291, BKV, Bd. 26, S. 51.

31 Ebd. 47,4, S. 486, S. 295, BKV, Bd. 26, S. 62.

32 Das bedeutet nicht, daß Johannes die Mönche nicht bewunderte oder daß er nichts von ihren sozialen Aktivitäten wußte: siehe bes. J. M. Leroux, »Saint Jean Chrysostome et le monachisme«, in: C. Kannengießer (ed.), *Jean Chrysostome et Augustin*.

33 *Hom. 7 in Hebr.* 7, *Patrologia Graeca*, Bd. 63, S. 67 f., F. Gardner (transl.), *Library of the Nicene and Post-Nicene Fathers*, Bd. 14, S. 402.

34 *In Matt.* 7,8, S. 81, S. 49.

35 2,10, S. 29 f., S. 13.

36 55,5, S. 545.

37 Dieser Aspekt der griechischen Einstellungen zur Ehe ist äußerst scharfsinnig erläutert worden von M. Foucault, *L'usage des plaisirs*, S. 157-203, R. Hurley (transl.), *The Use of Pleasures*, S. 143-184.

38 Carlo Scaglioni, »Ideale coniugale e familiare in Giovanni Crisostomo«, in: R. Cantalamassa (ed.), *Etica sessuale e matrimonio nel cristianesimo delle origini*, ist ein zuverlässiger und klarer Überblick; siehe jetzt C. P. Roth, D. Anderson (transl.), *St. John Chrysostom: On Marriage and Family Life*, als praktische Textsammlung.

39 *Hom. 20 in Ephes.* 8-9, *Patrologia Graeca*, Bd. 62, S. 146-148. Die Fähigkeit des Ehemannes, eine Frau, die in einem anderen Haushalt aufgewachsen ist, aufzunehmen und sich anzueignen, ist ein ebenso tiefes Geheimnis wie die Taufe: A. Wenger (ed.), *Jean Chrysostome: Huit Catéchèses baptismales inédites*, 1,11-12, S. 114.

40 *In Matt.* 30,5, S. 369.

41 *In Matt.* 89,4, S. 786.

42 *Hom. 61 in Joh.* 3, *Patrologia Graeca*, Bd. 59, S. 340.

43 *Hom. 43 in I Cor.* 4, S. 383.

44 *In Matt.* 66,4, S. 630, BKV, Bd. 26, S. 348.

45 *Hom. 15 de statuis* 1, S. 153 f.

46 *Hom. 12 in I Cor.* 6-7, S. 105 f.

47 *Hom. »Propter fornicationes«* 2, S. 210 f.

48 Ebd. 2, S. 210.

49 *Hom. 48 in Gen.* 6, *Patrologia Graeca*, Bd. 54, S. 443; *Konzil von*

Laodicäa, Canon 54, in: E. J. Jonkers (ed.), *Acta et Symbola Conciliorum quae saeculo quarto habita sunt*, S. 95.
50   »*Propter forn.*« 2, S. 211.
51   *Hom. 12 in Coloss.* 4, S. 387.
52   Scaglioni, »Ideale coniugale«, S. 399 f.
53   Evelyne Patlagean, *Pauvreté économique et pauvreté sociale à Byzance*, S. 182 f., zur Bedeutung der urbanen Qualität der *apolausis* in Abhängigkeit von der *megalopsychia* der Reichen.
54   Untersucht von R. Browning, »The Riot of A.D. 387 in Antioch«.
55   Wilken, *John Chrysostom and the Jews*, S. 29-33.
56   Libanius, *Orationes* 2,26-29, 36; und 41,11.
57   *Huit catéchèses baptismales* 6,15, S. 22. Es ist auffällig, wie häufig Juden mit besonders bezeichneten Sitzen in den Hippodromen des Ostreichs erscheinen: Alan Cameron, *Circus Factions*, S. 79. Diese Sitze waren Ausdruck eines uralten Bürgerrechts zur Teilnahme an solchen Zeremonien als Mitbürger, trotz der zunehmenden Ausschließung von Juden in anderen Lebensbereichen des christlichen Reiches.
58   Festugière, *Antioche*, S. 63-89; siehe jetzt Maud W. Gleason, »Festive Satire: Julian's *Misopogon* and the New Year at Antioch«.
59   *Hom. 28 in Hebr.* 6, S. 199, und *de inani gloria* 60, Malingrey, S. 158, Laistner, S. 11; vgl. Clemens von Alexandrien, *Paedagogus* 3,5, *Patrologia Graeca*, Bd. 18, S. 600; siehe E. Barbier, »La signification de cortège représenté sur le couvercle du coffret de ›Projecta‹«, zu spätrömischen Badegewohnheiten bei den Oberklassen.
60   *In Matt.* 7,7, S. 79; siehe G. Traversari, »Tetimimo e Colimbétra. Ultime manifestazioni del teatro antico«, S. 18 f., 23-27.
61   *Hom. 12 in I Cor.* 1, S. 103.
62   *In Matt.* 6,8, S. 72, BKV, Bd. 23, S. 114.
63   J. G. C. Anderson, F. Cumont, H. Gregoire (eds.), *Studia Pontica*, Bd. 3, S. 41 f.
64   *In Matt.* 73,3, S. 677.
65   Hieronymus, *Briefe* 77,6 und 79,10, *Patrologia Latina*, Bd. 22, S. 694 und 731, BKV, Reihe 2, Bd. 16, S. 329.
66   Gut gesehen von Wilken, *John Chrysostom and the Jews*, S. 13.
67   Die Gründe für den Fall des Johannes sind mit besonderem Geschick analysiert worden von J. H. W. G. Liebeschuetz, »Friends and Enemies of John Chrysostom«, in: Ann Moffatt (ed.), *Maistor: Classical, Byzantine and Renaissance Studies for Robert Browning*. Siehe auch K. Holum, *Theodosian Empresses*, S. 70-78.
68   Palladius, *Dialogus de vita Johannis Chrysostomi* 45 und 61, ed. P. R. Coleman-Norton, S. 79, 107 f., *Patrologia Graeca*, Bd. 47, S. 41 und 61; siehe Liebeschuetz, »Friends and Enemies«, S. 102-106.
69   Palladius, *Dialogus* 5,20, Coleman-Norton, S. 32, *Patrologia Graeca*, Bd. 47, S. 20 f., Sozomen, *Kirchengeschichte* 8,9.

70   F. Van Ommeslaeghe, »Jean Chrysostome et Eudoxie«, S. 151, zitiert den Bericht des Pseudo-Martyrius, dessen Wert als Quelle er wieder begründet hat.

71   Sozomen, *Kirchengesch.* 8,9; siehe die wichtige Untersuchung von G. Dagron, »Les moines et la ville: le monachisme à Constantinople«.

72   Van Ommeslaeghe, S. 150.

73   *Briefe an Olympias* 3,1b, in: A. M. Malingrey (ed.), *Jean Chrysostome: Lettres à Olympias*, S. 97.

74   *Brief* 12,1d, S. 187 f.

75   *Brief* 7,3c, S. 109.

76   Isidor von Pelusium, *Briefe* 5,32, *Patrologia Graeca*, Bd. 78, 1347A.

77   Callinicus, *Vita Hypatii* 33; vgl. L. Regnault (transl.), *Barsanuphe et Jean de Gaza: Correspondance* 837, S. 504.

78   *Les Sentences des Pères du Désert. Nouveau recueil*, 442, transl. L. Regnault, S. 64; vgl. Johannes Chrysostomus, *Huit catéchèses baptismales* 1,43, S. 130.

79   Prokop, *Geheimgeschichte* 9,20; siehe Averil Cameron, *Procopius*, S. 81 f.

80   Johannes von Ephesus, *Kirchengeschichte* 5,17, in: E. W. Brooks (ed.), *Corpus Scriptorum Christianorum Orientalium*, Bd. 106, S. 202 f. Siehe auch Severus von Antiochien, *Homiliae cathedrales* 26, in: M. Brière, F. Graffin (eds.), *Patrologia Orientalis*, Bd. 36, S. 540-557, zu Wagenrennen im frühen 6. Jahrhundert.

81   Diese Feststellung treffen mit besonderer Eindringlichkeit und Scharfsichtigkeit A. Kazhdan und A. Cutler, »Continuity and Discontinuity in Byzantine History«, S. 447 f. und 463 f., sowie A. Kazhdan mit G. Constable, *People and Power in Byzantium*, S. 29-34, 70-75. Hugh Kennedy, »From *Polis* to *Madina:* Urban Change in Late Antique and Early Islamic Syria«, und »The Last Century of Byzantine Syria: A Reinterpretation«, sind entscheidende Studien.

82   J. Grosdidier de Matons, *Romanos le Mélode*, S. 22 f., 270-283.

83   Romanos Melodos, *Hymne* 31, 24,5-8 und 31,2-3, in: J. Grosdidier de Matons (ed.), *Romanos le Mélode: Hymnes III*, S. 356, 364.

Sechzehntes Kapitel
»Das sind unsere Engel«:
Syrien

1   Theodoret, *Historia Religiosa* 8,2, *Patrologia Graeca*, Bd. 82, 1367B, jetzt ausgezeichnet übersetzt von R. M. Price, *Theodoret of Cyrrhus: A History of the Monks of Syria*, S. 73.

2   Z.B. Macedonius in Theodoret, *Hist. Relig.* 13,4 und 7, 1401CD und 1404D; Price, S. 101 f. und 103.

3 Ebd. 8,15, 1377B; S. 79.

4 Johannes Chrysostomus, *de inani gloria* 78, in: A. M. Malingrey, *Jean Chrysostome: Sur la vaine gloire et l'éducation des enfants*, S. 180.

5 Johannes Chrysostomus, *Hom.* 55 in Matt. 6, *Patrologia Graeca*, Bd. 57, S. 548.

6 Siehe bes. P. Canivet, *Le monachisme syrien selon Théodoret de Cyr*, S. 7-63, und P. Canivet, A. Leroy-Molinghen, *Théodoret de Cyr: Histoire des Moines de Syrie;* Price, *Theodoret of Cyrrhus*, S. IX-XXXVI, ist eine ausgezeichnete Einführung.

7 Theodoret, *Hist. Relig.* 9,7, 1384A, Price, S. 84.

8 9,6, 1383B, S. 83, BKV, Bd. 50, S. 92.

9 9,7, 1384A, S. 84, BKV, Bd. 50, S. 93.

10 9,14, 1388A, S. 87, BKV, Bd. 50, S. 96; vergleiche Ephraim der Syrer, *Hymne* 6,29, in: F. Graffin (transl.), »Hymnes inédits de S. Ephrem sur la virginité«, S. 233.

11 Theodoret, *Hist. Relig.* 13,16, 1408D-1409A, S. 106, BKV, Bd. 50, S. 113.

12 13,16, 1409A, S. 106, BKV, Bd. 50, S. 113.

13 9,4, 1381A, S. 83, BKV, Bd. 50, S. 91.

14 Hilarius von Arles, *Sermo de vita sancti Honorati* 6, in: S. Cavallin (ed.), *Vitae Sanctorum Honorati et Hilarii*, S. 53.

15 Zum Beispiel Martha, die Mutter von Symeon dem Jüngeren: P. van der Ven, *La vie ancienne de S. Syméon Stylite le Jeune* 2, Bd. 1, S. 3 f.

16 Sozomen, *Kirchengeschichte* 7,28.

17 Canivet, *Le monachisme syrien*, S. 15-24.

18 Theodoret, *Hist. Relig.* 20,2, 1429BC, S. 131.

19 Gaudentius von Brescia, *Tractatus* 8, *Patrologia Latina*, Bd. 20, 889A.

20 Sozomen, *Kirchengeschichte* 7,8, 10.

21 Palladius, *Dialogus de vita Johannis Chrysostomi* 15 (52), *Patrologia Graeca*, Bd. 47, S. 52.

22 G. Dagron, *Vie et miracles de Sainte Thècle* 12 und 46, Subsidia Hagiographica 62, S. 318, 410 – das griechische Wort bedeutet »Bärschwein«.

23 Peter Brown, »The Rise and Function of the Holy Man in Late Antiquity«, jetzt in: *Society and the Holy in Late Antiquity*, S. 130-132.

24 Z. B. das Eingreifen des Macedonius nach dem Statuenaufstand im Jahre 387: Theodoret, *Hist. Relig.* 13,7, 1404D, S. 103.

25 Theodoret, *Hist. Relig.* 8,13, 1376D-1377A, S. 78, BKV, Bd. 50, S. 88.

26 Dagron, *Vie et miracles de Sainte Thècle*, S. 55-139, ist wesentlich.

27 Isidor von Pelusium, *Briefe* 1,87, *Patrologia Graeca*, Bd. 78, 214A; siehe jetzt Ruth Albrecht, *Das Leben der heiligen Makrina auf dem Hintergrund der Thekla-Traditionen*, S. 286-307.

28 Rufinus, *Apologia* 2,26.

29 Theodoret, *Hist. Relig.* 29,7, 1492C, S. 185.

30 Egeria, *Peregrinatio* 22,2-23,6, in: P. Geyer (ed.), *Itinera Hierosolymitana, Corpus Scriptorum Ecclesiasticorum Latinorum* 39, S. 69 f. Siehe den äußerst interessanten Vorschlag von Henry Chadwick, *Priscillian of Avila*, S. 166 f.

31 *Vie et miracles de Sainte Thècle* 14, Dagron, S. 328; siehe bes. S. 97-99.

32 Ebd. 42, S. 401; vgl. 20, S. 345.

33 Ebd. 14, S. 326; siehe S. 131, 135.

34 M. Aubineau, »Le Panégyrique de Thècle attribué à Jean Chrysostome«, S. 352.

35 Siehe bes. R. Murray, *Symbols of Church and Kingdom: A Study in Early Syrian Tradition*, S. 29-32, und s.v. Ephraem Syrus, *Theologische Realenzyklopädie*, Bd. 9, S. 755-762; siehe jetzt Sidney H. Griffith, »Ephraem, the Deacon of Edessa, and the Church of the Empire«, in: T. Halton, J. P. Wilman (eds.), *Diakonia: Studies in Honor of Robert T. Meyer*.

36 E. Beck, »Asketentum und Mönchtum bei Ephraem«, S. 356-361.

37 *Leben des Ephraim* 31, zitiert in: Murray, *Symbols of Church and Kingdom*, S. 30, Anm. 1.

38 Murray, *Symbols of Church and Kingdom*, S. 131.

39 Ephraim, *Hymne* 9,73-75, in: Graffin (transl.), *L'Orient syrien* 6 (1961), S. 241.

40 Ephraim, *Hymnen über das Paradies* 7,8, E. Beck (Übers.), *Des heiligen Ephraem des Syrers Hymnen De paradiso und Contra Iulianum*, S. 26.

41 Zu diesem entscheidenden Unterschied siehe Robert Murray, »The Theory of Symbolism in St. Ephrem's Theology«, und Sabine MacCormack, »Christ and Empire, Time and Ceremonial in Sixth-Century Byzantium«, S. 291. Im Hinblick auf diese Fragen verdanke ich besonders viel dem Rat und bisher unveröffentlichten Aufsätzen von Professor Susan Ashbrook Harvey.

42 W. Cramer, *Die Engelvorstellungen bei Ephräm dem Syrer*, S. 68 u. 97 f.

43 Rabbi Abahu, zitiert in: A. Levene, *The Early Syrian Fathers on Genesis*, S. 127.

44 *Apophthegmata Patrum*, Johannes Kolobos 2, *Patrologia Graeca*, Bd. 65, 204D-205A, Miller, S. 115 f.

45 Elena Cassin, »Le semblable et le différent«, in: L. Poliakov (ed.), *Hommes et bêtes*, S. 117-120.

46 Sozomen, *Kirchengesch.* 633.

47 Es ist anscheinend nur in Syrien so, daß Frauen speziell als Diakoninnen geweiht wurden, damit der männliche Klerus bei den Ritualen, die mit der Taufe zusammenhängen, keinen Kontakt mit Frauen haben sollte: A. Martimort, *Les diaconesses*, S. 31-71, 126-131. Siehe bes.

Susan Ashbrook Harvey, »Women in Early Syrian Christianity«, in: A. Cameron, A. Kuhrt (eds.), *Images of Women in Antiquity*, S. 295-298.

48 Evelyne Patlagean, »L'histoire de la femme déguisée en moine et l'évolution de la sainteté féminine à Byzance«, S. 605-607, 615-617. Eine Textsammlung mit Übersetzung, Kommentar und einer meisterhaften Einführung bieten jetzt Sebastian P. Brock, Susan Ashbrook Harvey, *Holy Women of the Syrian Orient*.

49 J. G. C. Anderson, F. Cumont, H. Gregoire (eds.), *Studia Pontica* 3, Inschrift 134, S. 146.

50 H. J. W. Drijvers, »Spätantike Parallelen zur altchristlichen Heiligenverehrung unter besonderer Berücksichtigung des syrischen Styliten-Kultes«, S. 65-75.

51 *Leben des Symeon Stylites*, S. 622; F. Lent (transl.), *Journal of the American Oriental Society* 35 (1915), S. 184.

52 J. Gribomont, »Le dossier des origines du messalianisme«, in: J. Fontaine, C. Kannengiesser (eds.), *Epektasis, Mélanges offerts au cardinal J. Daniélou*, ist eine klare Zusammenfassung; siehe jetzt R. Staats, »Messalianerforschung und Ostkirchenkunde«, in: W. Strothmann (Hrsg.), *Makarios-Symposium über das Böse*. Zu den pseudo-makarianischen *Geistlichen Homilien* und *Briefen*, die jetzt dem Symeon von Mesopotamien zugeschrieben werden, siehe H. Dörries, *Die Theologie des Makarios Symeon*; und V. Desprez, *Pseudo-Macaire: Œuvres spirituelles*, Bd. 1, S. 32-47, 57-62.

53 Diese Verdammung zitierte später Timotheus von Konstantinopel, *de receptione haereticorum*, *Patrologia Graeca*, Bd. 86, 48B; Theodoret, *Haer. fab. comp.* 4,11, *Patrologia Graeca*, Bd. 83, 429B. Die Taufe »schor« die Sünden nur und ließ ihre Wurzeln zurück, aus denen sie wieder neu hervorwachsen konnten. Siehe K. Ware, »The Sacrament of Baptism and the Ascetic Life in the Teaching of Mark the Monk«.

54 Pseudo-Makarius, *Homilien* 15,49 und 27,15, *Patrologia Graeca*, Bd. 34, 608B und 704D.

55 Ebd. 9,9, 537A; siehe die Verdammung einer solchen Ansicht bei Nilus von Ancyra, *de voluntaria paupertate*, *Patrologia Graeca*, Bd. 79, 907A.

56 M. Kmosko (ed.), *Patrologia Syriaca* 3. Siehe bes. A. Guillaumont, »Situation et signification du *Liber Graduum* dans la spiritualité syriaque«.

57 *Liber Graduum* 1,4, 18/19 (die paarweise angegebenen Spalten beziehen sich auf den syrischen Text und die parallele lateinische Übersetzung).

58 13,3 und 7,2, 311/312 und 147/148.

59 7,19, 181/182.

60 13,9, 311/312, und 16,2, 389/390.

61 19,28, 501/502, und 4,5, 93/94.

62 22,3, 630/640, und *Apophthegmata Patrum*, Johannes der Perser 1, *Patrologia Graeca*, Bd. 65, 236C, Miller, S. 142.

63 *Liber Graduum* 7,15, 173/174, und 22,3, 639/640.
64 9,6, 215/216, und 22,7, 649/650; siehe K. Holum, »Pulcheria's Crusade A.D. 421-22 and the Ideology of Imperial Victory«.
65 *Liber Graduum* 19,31, 505/506.
66 15,4, 343/344.
67 Pseudo-Makarius, *Homilie* 15,8, 581A.
68 Leontius von Neapolis, *Leben des heiligen Narren Symeon* 13-14, in: A. J. Festugière, L. Ryden (eds.), *Léonce de Néapolis: Vie de Syméon le Fou*, S. 81-83, 135 f.; siehe J. Grosdidier de Matons, »Thèmes d'édification dans la ›Vie d'André Salos‹«.
69 *Liber Graduum* 14,3, 329/330: siehe Libanius, *Oratio* 30,8-13, zu gewalttätigen Volksmassen, die von Mönchen angeführt wurden, die ganz offensichtlich keine »Jünger der Liebe« waren!
70 *Liber Graduum* 16,7, 401/402.
71 19,11 und 31, 471/472 und 507/508, sowie 30,4, 809/810.
72 15,2 und 6: 339/340 und 347/348; vgl. 21,2, 589/590.
73 26,2, 759/760.
74 Theodoret, *Hist. Relig.* 4,6, 1344CD, S. 52.

DRITTER TEIL: VON AMBROSIUS ZU AUGUSTINUS:
DIE ENTSTEHUNG DER LATEINISCHEN TRADITION

Siebzehntes Kapitel
Aula Pudoris:
Ambrosius

1 Paulinus, *Leben des Ambrosius* 4, in: F. R. Hoare (transl.), *The Western Fathers*, S. 151, *Das Leben des heiligen Ambrosius*, S. 39.
2 Ebd. 9, S. 155, *Leben*, S. 42.
3 Peter Brown, »Aspects of the Christianization of the Roman Aristocracy«, in: *Religion and Society in the Age of Saint Augustine*, S. 172-177.
4 Z.B. *Konzil von Elvira*, Canon 45.
5 Augustinus, *Epistula* 2*, 4,1-7 und 7,4, in: J. Divjak (ed.), *Corpus Scriptorum Ecclesiasticorum Latinorum*, Bd. 88, S. 11 f., 14; *Lettres* 1*-29*, S. 64-66 und 74.
6 Ambrosius, *Brief* 22, *Patrologia Latina*, Bd. 16, 1062B = 77, in: M. Zelzer (ed.), *C.S.E.L.*, Bd. 82, S. 126.
7 Siehe bes. E. D. Hunt, *Holy Land Pilgrimage in the Later Roman Empire*, S. 128-154.
8 *De institutione virginis* 1,7, *Patrologia Latina*, Bd. 16, 307A: das Schlafzimmer steht für das innere Leben; Hieronymus, *Brief* 107,7, *Patrologia Latina*, Bd. 22, S. 874; Pelagius, *ad Demetriadem* 22, *Patrologia Latina*, Bd. 30, S. 37.

9 Ambrosius, *de virginibus* 2,2,18, ed. E. Cazzaniga, S. 42, *Patrologia Latina*, Bd. 16, 223A, BKV, Bd. 32, S. 351.

10 H. Dessau, *Inscriptiones latinae selectae*, 1269, Bd. 1, S. 283.

11 Claudian, *Panegyricus Probino et Olybrio consulibus dictus* 193-194, W. Taegert (Hrsg., Übers.), *Panegyricus dictus Olybrio et Probino consulibus*, S. 75.

12 *Année épigraphique* 1980, Nr. 138, S. 40.

13 Ambrosius, *de virginibus* 1,11,65-66, ed. Cazzaniga, S. 33 f., *Patrologia Latina*, Bd. 16, 218AC, BKV, Bd. 32, S. 344.

14 Ebd. 1,11,63, S. 32, 217B, BKV, Bd. 32, S. 343.

15 *De virg.* 1,10,58, S. 30, 216A. Witwen, die ihre Töchter ja gerade hätten ermutigen sollen, halten sie von seinen Predigten fern. Juliana von Florenz war die ideale Witwe: *Exhortatio virginitatis* 2,10-12 und 8,55, *Patrologia Latina*, Bd. 16, 355A und 368A; siehe bes. F. E. Consolino, »Dagli ›exempla‹ ad un esempio di comportamento cristiano«. Eusebius von Bologna tat das Ungewöhnliche, seine eigene Tochter darzubringen: *de institutione virginis* 1,1, 319A. Sie wurde Ambrosia genannt, und es ist durchaus möglich, daß sie durch die Gebete des Ambrosius empfangen oder am Leben erhalten wurde und aus diesem Grunde dargebracht worden war.

16 Siehe bes. Y. M. Duval, »L'originalité du *de virginibus* dans le mouvement ascétique occidental: Ambroise, Cyprien, Athanase«, in: Duval (ed.), *Ambroise de Milan: xvième centénaire de son élection épiscopale*, S. 56-58. Eltern konnten damit drohen, den Anteil des Mädchens an der Erbschaft zurückzuhalten: *de virg.* 1,11,62, S. 31, 217A.

17 Diehl, *Inscriptiones latinae christianae veteres*, 1700, Bd. 1, S. 330 – der Manlia Daedala, der Schwester des prätorianischen Präfekten und Konsuls Manlius Theodorus und nahen Klientin des Ambrosius: siehe Peter Brown, *The Cult of the Saints*, S. 37, und P. Courcelle, »Quelques symboles funéraires du néo-platonisme latin«.

18 *Leben der heiligen Melania der Jüngeren* 21, in: D. Gorce (ed.), *Vie de Sainte Mélanie;* Elizabeth A. Clark, *The Life of Melania the Younger*, S. 44 – unschätzbare Übersetzung und Kommentar; BKV, Bd. 5, S. 462.

19 Hunt, *Holy Land Pilgrimage*, S. 138-141.

20 Jill Harries, »›Treasure in Heaven‹: Property and Inheritance among Senators of Late Rome«, in: Elizabeth M. Craik (ed.), *Marriage and Property*, S. 54-70.

21 Ramsay MacMullen, *Roman Social Relations*, S. 101 f.; Brent D. Shaw, Richard P. Saller, »Close-Kin Marriage in Roman Society?«, S. 438 f.

22 *Codex Theodosianus* 16,2, 20, 27, 28: eine Folge von Gesetzen, die Witwen Vermächtnisse an die Kirche verboten. Solche Beschränkungen waren für den Klerus eine Quelle der Unzufriedenheit: Ambrosius, *Brief* 18,14, *Patrologia Latina*, Bd. 16, 1017C = 73, S. 42; Hieronymus, *Brief* 52,6, *Patrologia Latina*, Bd. 22, S. 532. Ambrosius sagte, daß er darauf achtete, solche Übertragungen zu vermeiden: *de officiis*

3,9,58, *Patrologia Latina*, Bd. 16, 171A; *Brief* 82,7, 1333C = 24, S. 173.

23 Ambrosius war wahrscheinlich der Schützling des Petronius Probus, eines notorisch machthungrigen Adligen: Paulinus, *Leben des Ambrosius* 8; siehe bes. John Matthews, *Western Aristocracies and Imperial Court*, S. 37 f.

24 Richard Krautheimer, *Three Christian Capitals: Topography and Politics*, S. 76.

25 Paulinus, *Leben des Ambrosius* 7.

26 Die Aufdeckung der Quellen, aus denen sich das Denken des Ambrosius speiste, ist eine der schönsten Leistungen der französischen Nachkriegspatristik: siehe bes. Hervé Savon, *Saint Ambroise devant l'exégèse de Philon le Juif*; P. Courcelle, *Recherches sur les Confessions de Saint Augustin*, S. 106-138, über Ambrosius und Plotin, und die beispielhafte Studie von Goulven Madec, *Saint Ambroise et la philosophie*, bes. S. 61-71, über Plotin.

27 Ambrosius, *Expositio in Evangelium secundum Lucam* 5,71, in: M. Adriaen (ed.), *Corpus Christianorum*, Bd. 14, S. 159, *Patrologia Latina*, Bd. 15, 1740C.

28 Madec, *Ambroise et la philosophie*, S. 245.

29 *Brief* 19,2, 1024B.

30 Z.B. *de officiis* 1,28,138, 68B.

31 *De officiis* 1,18,72, 49A, BKV, Bd. 32, S. 47.

32 Siehe oben, zehntes Kapitel, S. 208-210.

33 *Expos. Luc.* 4,3, S. 106 f., 1697A.

34 *Expositio Psalmi CXVIII* 10,7-10 und 11,3-4, in: M. Petschenig (ed.), *C.S.E.L.*, Bd. 62, S. 207-210, 233 f., *Patrologia Latina*, Bd. 15, 1401B-1403A, 1419C-1420D. Siehe Savon, *Ambroise devant l'exégèse de Philon*, S. 369, 376.

35 M. Meslin, *Les Ariens d'Occident*, S. 51.

36 Siehe bes. W. Seibel, *Fleisch und Geist beim heiligen Ambrosius;* R. Holte, *Béatitude et Sagesse*, S. 167-176, und E. Dassmann, *Die Frömmigkeit des Kirchenvaters Ambrosius von Mailand*.

37 Madec, *Ambroise et la philosophie*, S. 43, ist die nuancierteste Darstellung des Gebrauchs bei Ambrosius.

38 *Brief* 16,2, 1000B: beschrieben wird Bischof Acholius von Thessalonica, ein drahtiger alter Mann mit asketischem Hintergrund, der als Reisender so tüchtig war, daß seine jüngeren Kollegen es schwer hatten, mit ihm Schritt zu halten!

39 *Hexaemeron* 3,1,4, in: C. Schenkl (ed.), *C.S.E.L.*, Bd. 31, S. 61, *Patrologia Latina*, Bd. 14, 169AB.

40 Paulinus, *Leben des Ambrosius* 35: siehe bes. *In Ps.* 48, 9, in: M. Petschenig (ed.), *Expositio in XII Psalmos*, *C.S.E.L.*, Bd. 34, S. 366, *Patrologia Latina*, Bd. 14, 1215B. Dieser Aspekt des gefallenen Standes des Menschen wurde durch die Taufliturgie dramatisch sichtbar gemacht: die Füße der Getauften wurden gesondert gewaschen, als Zeichen der

angeborenen Schwäche des Körpers – siehe bes. P. F. Beatrice, *La lavanda dei piedi*, S. 103-127.

41   *In Ps.* 118 20,46, S. 466, 1575C.

42   *In Ps.* 118 5,33, S. 100, 1329D-1330A.

43   *De mysteriis* 3,8 und 4,20, *Patrologia Latina*, Bd. 16, 408B und 411B.

44   *In Ps.* 39 2, *C.S.E.L.*, Bd. 64, S. 215, 1109D.

45   *Expos. Luc.* 2,41, S. 49, 1649B, BKV, Bd. 21, S. 76.

46   *In Ps.* 118, 14,38, S. 323, 1479CD.

47   H. von Schoenebeck, *Der Mailänder Sarkophag und seine Nachfolge*, bes. Taf. 4-6, S. 28 f., und Taf. 25, S. 66; A. Calderini et al., *La Basilica di San Lorenzo*, S. 222 f.; und C. Metzger, *Musée du Louvre: Sarcophages en pierre d'époques romaine et paléochrétienne*, S. 312 f.

48   *Expos. Luc.* 9,9, S. 335, 1887B.

49   *In Ps.* 118 19,5, S. 424, 1546D.

50   *Expos. Luc.* 5,24, S. 144, 1727D.

51   Augustinus, *Bekenntnisse* 9,3,5.

52   Ebd. 8,11,27, BKV, Bd. 18, S. 182.

53   *Expos. Luc.* 10,125, S. 380 f., 192B.

54   Siehe bes. Madec, *Saint Ambroise et la philosophie*, S. 344, und Savon, *Saint Ambroise devant l'exégèse de Philon*, S. 378, über diesen Zug bei Ambrosius.

55   Weisheit Salomos 7,1-2. Das lateinische *coagulatio* ist bedeutend weniger negativ als der Ausdruck *concretio*, bei dem immer der Gedanke einer Substanz anklingt, die durch Beimischung verdorben wird: z.B. *in Ps.* 118 9,19, S. 201, 1397C.

56   Palladas in *Anthologia Palatina* 10,45, in: W. R. Paton (ed.), *The Greek Anthology*, Bd. 4, S. 24.

57   Origenes, *Comm. in ep. ad Romanos* 6,12, *Patrologia Graeca*, Bd. 14, 1049C-1050A; vgl. Ambrosius, *de paen.* 1,3,13, 490C, und *Apologia David* 1,11,56, in: P. Hadot (ed.), *Ambroise de Milan: Apologie de David*, S. 150-152. Siehe bes. P. F. Beatrice, *Tradux Peccati. Alle fonti della dottrina agostiniana del peccato originale*, S. 174-185, 212-221; und jetzt G. Sfameni Gasparro, »Le *sordes* (/*rhupos*), il rapporto genesis-phthorà dell' Enkrateia in Origene«, in: R. Hanson, F. Crouzel (eds.), *Origeniana Tertia*, S. 165-183.

58   Henry Chadwick, *Augustine*, S. 114; deutsch: *Augustin*, S. 121. Die wichtigsten Passagen sind Augustinus, *Contra ii epistulas Pelagianorum* 4,11,29, *Patrologia Latina*, Bd. 44, S. 626, wo Ambrosius, *In Esaiam*, zitiert wird; *Contra Iulianum* 2,5,10, 680, mit Zitat von *Expos. Luc* 2,56; *C. Jul.* 2,5,14, 6,15, 7,19 und 8,24, S. 683, 684, 686 und 690, wo *de sacramento regenerationis vel de philosophia* zitiert wird: siehe Madec, *Ambroise et la philosophie*, S. 256-260.

59   S. Alvarez Campos, *Corpus Marianum Patristicum*, Bd. 3, bietet eine praktische Sammlung von Passagen aus Ambrosius und zeitge-

nössischen lateinischen Autoren; C. W. Neumann, *The Virgin Mary in the Works of Saint Ambrose*, ist eine zuverlässige Zusammenfassung der Anschauungen des Ambrosius und seiner Gegner.

60 *Hexaemeron* 5,21,67, S. 190, 248CD; man vergleiche *de virg.* 1,3,13, S. 8, 203A: *concretae confusionis labe; de paenitentia* 1,13,13, *Patrologia Latina*, Bd. 16, 490C: *nec generationis aut conceptionis concretio fuscaverunt;* siehe Madec, *Ambroise et la philosophie*, S. 295-299.

61 *De Isaac vel anima* 1,2-2,5, in: C. Schenkl (ed.), *C.S.E.L.*, Bd. 32, S. 643-645, *PL*, Bd. 14, 528B-530B; *in Ps.* 118 4,6, S. 70, 1308C; *Expos. Luc.* 7,143, S. 264, 1826B.

62 *De virg.* 1,5,21, S. 10, 205C, BKV, Bd. 32, S. 322.

63 *Exhort. virg.* 6,35, 361C.

64 Neumann, *Virgin Mary*, S. 195: siehe auch G. Sissa, »Une virginité sans hymen: le corps féminin en Grèce ancienne«, S. 1134-1136.

65 *Exhort. virg.* 4,27, 359A.

66 *Expos. Luc.* 2,56, S. 55, 1654C: *non enim virilis coitus vulvae virginalis secreta reseravit, sed immaculatum semen inviolabili utero spiritus sanctus infudit.* Zu einer zeitgenössischen Einschätzung der genauen physiologischen Bedeutung einer Empfängnis allein »in der Gebärmutter«, ohne das Eindringen männlichen Samens, siehe Pseudo-Hieronymus, *Brief 6: Ad amicum aegrotum* 6-7, *Patrologia Latina*, Bd. 30, 82C-86B.

67 Hesekiel 44,2, zitiert in *inst. virg.* 8,52, 234B.

68 *Briefe* 17 und 18 über den heidnischen Siegesaltar; zum Fall der arianischen Basiliken siehe bes. Krautheimer, *Three Christian Capitals*, S. 69-92, und G. Gottlieb, »Der Mailänder Kirchenstreit von 385/6«. P. Nautin, »Les premières relations d'Ambroise avec l'empéreur Gratien«, in: Y.-M. Duval (ed.), *Ambroise de Milan*, ist wesentlich zur ursprünglich schwachen Position des Ambrosius in Mailand. Zum Vorfall des Niederbrennens der Synagoge in Callinicum siehe *Brief* 40.

69 *Brief* 51; siehe Hadot, *Apologie de David*, S. 22-43.

70 *Inst. virg.* 8,56, 335B.

71 Gaudentius von Brescia, *Predigt* 9, *Patrologia Latina*, Bd. 20, 899A, und Zeno von Verona, *Tractatus* 1,5,3, *Patrologia Latina*, Bd. 11, 303A, berichten von diesen Anschauungen: siehe Duval, »L'originalité du *de virginibus*«, S. 61-64. Neumann, *Virgin Mary*, S. 206-235, faßt die Ansichten des Bonosus und die Umstände ihrer Verdammung zusammen.

72 *Inst. virg.* 12,79, 339B.

73 Siehe bes. R. D'Izarnay, »Mariage et consécration virginale au ivème siècle«.

74 Pseudo-Ambrosius, *de lapsu virginis* 5,19 und 6,24, *Patrologia Latina*, Bd. 16, 388A und 390A; zu einer späteren Periode siehe E. de Benedictis, »The Senatorium and Matroneum in the Roman Church«.

75 *De officiis* 1,50,258, 105A, und *Brief* 63,62, 1257A = *Extra. coll.* 14, *C.S.E.L.*, Bd. 82, 2, S. 267. Siehe C. Cochini, *Origines apostoliques du célibat sacerdotal*, S. 184-194.

76 Siehe bes. C. Pietri, *Roma Christiana*, Bd. 1, S. 684-721, und D. Callam, »Clerical Continence in the Fourth Century: Three Papal Decretals«. Cochini, *Origines apostoliques du célibat*, S. 277 f., bietet eine andere Sicht als die hier vertretene.

77 Hieronymus, *Contra Vigilantium* 2, *Patrologia Latina*, Bd. 23, S. 341. Zum Widerstand gegen Mönche in Gallien siehe bes. Clare Stancliffe, *St. Martin and His Hagiographer*, S. 265-277, und J. M. Wallace-Hadrill, *The Frankish Church*, S. 3-9; in Spanien: Chadwick, *Priscillian of Avila*, S. 8-36.

78 Das ist klar gesehen von Ray Van Dam, *Leadership and Community in Late Roman Gaul*, S. 69-78; siehe auch Pedro de Palol Salellas, »La conversion de l'aristocratie de la Péninsule ibérique au ivème siècle«, und Manuel C. Diaz y Diaz, »L'expansion du christianisme et les tensions épiscopales dans la péninsule ibérique«, in *Miscellanea Historiae Ecclesiasticae* 6.

79 Siricius, *Brief* 10,5,13, *Patrologia Latina*, Bd. 13, S. 1190.

80 Die Komplexität der Situation ist gut gesehen von Callam, »Clerical Continence«, S. 25 f.; siehe auch Pietri, *Roma Christiana*, S. 894.

81 Siricius, *Brief* 1,7,10, 1139A; zitiert wird Römer 8,8-9.

82 Ambrosius, *Brief* 63,66, 1259A, S. 270.

83 Augustinus, *Bekenntnisse* 6,3,3, BKV, Bd. 18, S. 108.

84 Hieronymus, *Adversus Jovinianum* 1,3, *Patrologia Latina*, Bd. 23, 214B; siehe Neumann, *Virgin Mary*, S. 142-145, und David G. Hunter, »Resistance to the Virginal Ideal in Late-Fourth-Century Rome: The Case of Jovinian«.

85 Siricius, *Brief* 7 = Ambrosius, *Brief* 41a, 4, 1171A; *Extra coll.*, S. 299.

86 Das war später mit dem Prozeß der Fall, der zur Beschlagnahme der Besitztümer des jungen Pinianus und Melanias der Jüngeren führte: *Leben der Melania* 19, ed. Gorce, S. 166, transl. Clark, S. 42.

87 Hieronymus, *Adv. Jovin.* 1,37, 263D-264A, und 2,19, 314A.

88 Ambrosius, *Brief* 42,3, 1173A = *Extra coll.* 15, S. 304.

89 Siricius = Ambrosius, *Brief* 41a,5, 1171A = *Extra coll.*, S. 300.

90 Ambrosius, *Brief* 42,2, 1172B, S. 303.

91 Peter Brown, *The Making of Late Antiquity*, S. 56, 97-101, und *The Cult of the Saints*, S. 38 f. und 118-124; siehe jetzt Victor Saxer, »Le culte chrétien au ive siècle«, *Miscellanea Historiae Ecclesiasticae* 6.

92 Gut erklärt von L. Ruggini, *Economia e società nell' »Italia annonaria«*, S. 184-190.

93 Ambrosius, *Brief* 63,13-14, 1244AB = *Extra coll.* 14, S. 242.

94 Ebd. 22, 1247B, S. 247 f.

95 Ebd. 10, 1243A, S. 240.

96 Ambrosius, *Brief* 2,8, 919B.

97 *Brief* 63,32, 1249C, S. 252. Quelle sind die *Sentenzen des »Sextus«*. Siehe Madec, *Ambroise et la philosophie*, S. 316 f.

98   H. Savon, »Maniérisme et allégorie dans l'œuvre d'Ambroise de Milan«, bes. S. 218-220: eine schöne Darstellung.

99   Siehe Brown, *The Cult of the Saints*, S. 74-85, zu analogen psychologischen Mechanismen, die beim Kult der Reliquien der Märtyrer mobilisiert wurden.

100   *Inst. virg.* 12,79, 339B.

101   9,56, 335B.

102   13,81, 339C.

103   9,58 u. 62, 335C u. 336A.

104   *De officiis* 1,33,170, 3,3,19, 78BC, 159B.

105   *Brief* 18,24, S. 47, 1020C.

106   Augustinus, *de moribus ecclesiae catholicae* 1,30,63, *Patrologia Latina*, Bd. 32, S. 1336.

107   R. Syme, *Ammianus and the Historia Augusta*, S. 210.

Achtzehntes Kapitel
»Lerne von mir einen heiligen Stolz«:
Hieronymus

1   Der Leser sollte sich darüber im klaren sein, daß die Ansichten über das Geburtsdatum des Hieronymus um nicht weniger als 15 Jahre auseinandergehen, ein wichtiger Punkt, den man im Auge behalten muß, wenn man seine Stimmung und seine Autorität zu verschiedenen Zeitpunkten seiner Karriere betrachtet. Zu den Argumenten für ein frühes Datum, das Jahr 330, und einem Überblick über gegenteilige Meinungen siehe J. N. D. Kelly, *Jerome*, S. 337-339. Ich neige weiter zu dem späteren Datum, 347, für das sich F. Cavallera, *Saint Jérôme: sa vie et son œuvre*, Bd. 2, S. 3-12, entscheidet.

2   Philip Rousseau, *Ascetics, Authority and the Church*, S. 99-108, ist eine besonders einfühlsame Untersuchung dieser Phase in Hieronymus' Leben.

3   Hieronymus, *de viris illustribus* 117, *Patrologia Latina*, Bd. 23, 707C.

4   Rufinus, *Apologia contra Hieronymum* 2,5, in: M. Simonetti (ed.), *Corpus christianorum*, S. 86.

5   *Brief* 22,16, *Patrologia Latina*, Bd. 22, S. 403, BKV, Reihe 2, Bd. 16, S. 78.

6   Hieronymus, *Interpretatio libri Didymi de Spiritu Sancto*, *Patrologia Latina*, Bd. 23, 102A.

7   *Brief* 45,2, S. 481, BKV, Reihe 2, Bd. 18, S. 105.

8   Hieronymus, *In Ecclesiasten*, Praef., in: M. Adriaen (ed.), *Corpus Christianorum*, Bd. 72, S. 249 – andere lesen *angustiori*, »etwas kleiner«; die Ironie ist ebenso klar.

9   *Brief* 46,11, S. 491, und 108,10, S. 885; zitiert ist Psalm 132,7. Siehe bes. E. D. Hunt, *Holy Land Pilgrimage in the Late Roman Empire*, S. 171-

179, und C. Saulnier, »La vie monastique en Terre Sainte auprès des lieux de pélerinage«, *Miscellanea Historiae Ecclesiasticae*, 6.

10 *Brief* 108,19, S. 896.

11 *In Eccles.* 3,13, S. 278; zitiert ist Hiob 8,21.

12 W. Stokes (ed.), *The Martyrology of Oengus the Culdee*, S. 197.

13 Palladius, *Historia Lausiaca* 55,3, in: R. T. Meyer (ed.), *Palladius: The Lausiac History* S. 136 f., BKV, Bd. 5, S. 423; vgl. Hieronymus, *Brief* 37,3-4, S. 463, 38,4, S. 464, 39,1, S. 466, und 65,2, S. 512. Siehe den ausgezeichneten Überblick von Franca Ela Consolino, »Modelli di comportamento e modi di santificazione per l'aristocrazia femminile d'Occidente«.

14 *In Ephes.* 2, Praef., 507BC; *Brief* 49,2, S. 512.

15 *Brief* 108,26, S. 902.

16 Pseudo-Hieronymus, *de virginitate* 12, *Patrologia Latina*, Bd. 30, 178A; siehe Peter Brown, »Pelagius and His Supporters«, in: *Religion and Society in the Age of Saint Augustine*, S. 186-189.

17 Hieronymus, *Brief* 52,4, S. 530, über sich selbst.

18 *Laus Eunomiae*, *Patrologia Latina, Supplementum*, Bd. 3, S. 1430. Ich bin nicht sicher, ob dies Eunomia, die Tochter des Rhetors Nazarius, ist – siehe Hieronymus, *Chron.* ad ann. 340, S. 499, oder die Tochter von Turcius Apronianus und Avita, die mit Rufinus und Paulinus von Nola befreundet waren: siehe J. R. Martindale (ed.), *The Prosopography of the Later Roman Empire*, Bd. 2, S. 421.

19 Bachiarius, *Brief* 1, *Patrologia Latina, Supplementum*, Bd. 1, S. 1036.

20 Palladius, *Historia Lausiaca*, 38,9, transl. Meyer, S. 113.

21 Pelagianischer Brief, *Honorificentiae tuae* 5, *Patrologia Latina, Supplementum*, Bd. 1, S. 1692 f.

22 Hieronymus, *in Ephes.*, Praef., 469B, und *Das Leben Melanias der Jüngeren* 26, in: D. Gorce (ed.), *Vie de Sainte Mélanie*, S. 178; Elizabeth A. Clark (transl.), *Life of Saint Melanie*, S. 46, und Kommentar auf S. 12.

23 *Brief* 127,7 und 9, S. 1091, 1092.

24 *Brief* 54,13, S. 556. Zumindest kann man Hieronymus nicht nachsagen, er sei bei der Wahl seiner Angriffsziele unterwürfig gewesen – die Dame war möglicherweise Poemenia, eine Verwandte des Kaisers! Paul Devos, »Silvie la sainte pélérine«.

25 *Brief* 50,3, S. 514; siehe Y. M. Duval, »Pélage est-il le censeur inconnu de l'Adversus Jovinianum à Rome en 393; ou: du ›portrait-robot‹ de l'hérétique chez S. Jérôme«, S. 535 f.

26 R. Draguet, *Les formes syriaques de la matière de l'Histoire Lausiaque*, 1,19*-20*.

27 *Konzil von Saragossa*, Canones 1,4 und 7, in: J. Vives (ed.), *Concilios Visigóticos y Hispano-Romanos*, S. 17 f.

28 Die beste Erörterung dieses Aspekts in der Karriere Priscillians findet sich in Ray van Dam, *Leadership and Community in Late Antique Gaul*, S. 67-76.

29   Pseudo-Cyprian, *de singularitate clericorum* 2, in: G. Hartel (ed.), *Corpus Scriptorum Ecclesiasticorum Latinorum*, Bd. 3, S. 176. Es wäre hilfreich, Genaueres über das Datum und die Lokalisierung dieses Traktats zu wissen. A. von Harnack, *Texte und Untersuchungen*, denkt an eine donatistische Schrift, die in der Mitte des 4. Jahrhunderts in Rom entstand; R. Gryson, *Les origines du célibat ecclésiastique*, S. 195, Anm. 6, nimmt Toulouse oder Bordeaux und das frühe 5. Jahrhundert an.

30   *De sing. cler.* 6, S. 178.

31   39, S. 214.

32   45, S. 220.

33   Palladius, *Historia Lausiaca* 38,3,10, Meyer, S. 111-113; siehe bes. A. Guillaumont, *Les »Kephalaia Gnostica« d'Évagre le Pontique*, S. 47-61, F. X. Murphy, »Evagrius Ponticus and Origenism«, R. Hanson, G. Crouzel (eds.), *Origeniana Tertia*, und J. G. Bunge, »Origenismus – Gnostizismus. Zum geistesgeschichtlichen Standort des Evagrios Pontikos«, S. 36-44.

34   Evagrius, *Antirrhetikos* 2,32, in: W. Frankenberg (ed.), *Evagrius Ponticus*, S. 488 f. Der syrische Text ist, für uns schwächliche Menschen von heute nicht sehr praktisch, ins Griechische zurückübersetzt.

35   2,35, S. 488 f.

36   2,36, S. 490 f.

37   2,49, S. 490 f.

38   Evagrius, *Brief an Melania*, in: Frankenberg (ed.), S. 612,1; jetzt übersetzt von G. Bunge, *Evagrios Pontikos: Briefe aus der Wüste*, S. 303; siehe bes. S. 193-200.

39   Bunge, »Origenismus – Gnostizismus«, S. 35-39.

40   Evagrius, *Sententiae ad monachos*, übersetzt von Rufinus, *Patrologia Graeca*, Bd. 40, 1281C.

41   Palladius, *Historia Lausiaca* 59,1, transl. Meyer, S. 140, BKV, Bd. 5, S. 426.

42   *Historia Lausiaca* 38,13, transl. Meyer, S. 114.

43   Hieronymus, *Brief* 22,7, S. 398, BKV, Reihe 2, Bd. 16, S. 68 f., erweitert in *Vita Hilarionis* 7, *Patrologia Latina*, Bd. 23, 32A. Evagrius, das sollten wir bemerken, beschrieb genau dieselbe Erfahrung: *Practicus* 54, in: A. Guillaumont (ed.), *Traité Pratique ou le Moine*, S. 624 f. Zu einer ausgezeichneten Untersuchung einer derartigen Darstellung des Hieronymus in der Renaissance siehe Bernhard Aikema, »Lorenzo Lotto and the ›Ospedale de San Zuane Polo‹«, in: D. Rosand (ed.), *Interpretazioni veneziane. Studi di storia dell'arte in onore di Michelangelo Muraro*, und neuerdings Eugene F. Rice, *Saint Jerome in the Renaissance*.

44   *Brief* 22,8, S. 399, BKV, Reihe 2, Bd 16, S. 69, 70.

45   *Briefe* 22,11, S. 400, 54,9, S. 554, 79,7, S. 729, und *in Titum* 1, *Patrologia Latina*, Bd. 26, 601D.

46   *Brief* 54,9, S. 554.

47   Peter Brown, *Augustine of Hippo*, S. 151.

48   Ambrosius, *de viduis* 13,79, *Patrologia Latina*, Bd. 16, 272B.

49 Hieronymus, *Brief* 22,5, S. 397, BKV, Reihe 2, Bd. 16, S. 66.

50 Ebd. 79,5, S. 727, BKV, Reihe 2, Bd. 16, S. 320; vgl. *Adversus Jovinianum*, 2,3-4, *Patrologia Latina*, Bd. 23, 297D- 302B.

51 *Brief* 49,2, S. 512.

52 *Adv. Jov.* 1,13, 15, 231C-232B, 234D.

53 Ebd. 1,34, 268D-269A.

54 *Epistula de castitate* 10,6, *Patrologia Latina, Supplementum*, Bd. 1, S. 1483 – von einem Anhänger des Pelagius geschrieben.

55 Ambrosiaster, *in 1 Cor.* 7,9, in: H. J. Vogels (ed.), *Corpus Scriptorum Ecclesiasticorum Latinorum* 82 (2), S. 74. A. Stuiber, »Ambrosiaster«, faßt zusammen, was von modernen Wissenschaftlern über diese schwer zu fassende Gestalt gesagt worden ist.

56 Ambrosiaster, *in 1 Cor.* 7,5, S. 72.

57 *Liber ad Gregoriam* 7, *Patrologia Latina, Supplementum*, Bd. 3, S. 228.

58 7, S. 230.

59 7, S. 229.

60 18-19, S. 243-247.

61 24, S. 255.

62 Hieronymus, *de vir. ill.* 54, 665C.

63 *Liber de nominibus Hebraicis*, *Patrologia Latina*, Bd. 23, 771A; siehe jetzt P. Meyvaert, »Excerpts from an Unknown Treatise of Jerome to Gaudentius of Brescia«, S. 213-234 – eine äußerst wichtige Entdeckung.

64 *Contra Johannem Hierosolymitanum* 1,25, *Patrologia Latina*, Bd. 23, 375B.

65 Palladius, *Historia Lausiaca* 36,6-7, transl. Meyer, S. 104 f., BKV, Bd. 5, S. 393.

66 Rufinus, *Praefatio in Libros Origenis Peri Archon* 1, in: Simonetti (ed.), *Corpus Christianorum*, S. 245.

67 Gut gesehen von Kelly, *Jerome*, S. 225 f.

68 Robert F. Evans, *Pelagius: Inquiries and Reappraisals*, S. 11-17.

69 Hieronymus, *Contra Joh. Hieros.* 11, 362A.

70 P. Nautin, »Études de chronologie hiéronymienne (393-394) 2«, S. 73. Siehe jetzt Elizabeth A. Clark, »The Place of Jerome's Commentary on Ephesians in the Origenist Controversy«.

71 *Brief* 51,5, S. 522 – aus Epiphanius' Brief an Johannes von Jerusalem, übersetzt und mit Bedacht in Umlauf gebracht von Hieronymus: siehe Nautin, »Études de chronologie«, S. 84 f.

72 *Brief* 51,7, S. 526, vgl. *Apophthegmata Patrum*, Pambo 12, *Patrologia Graeca*, Bd. 65, 372A.

73 *Brief* 84,5, S. 747.

74 *Brief* 92,2, S. 763 – Brief des Theophilus von Alexandrien, übersetzt von Hieronymus.

75 Siehe bes. Y. M. Duval, »Tertullien contre Origène sur la résurrection de la chair«.

76 *Brief* 84,6, S. 748.
77 Hieronymus, *in Ephes.* 3,5,29, *Patrologia Latina*, Bd. 26, 564D, wegerklärt in: *C. Rufinum* 1,28-29, *Corpus Christianorum* 79, S. 27-29, *Patrologia Latina*, Bd. 23, 419C-421A.
78 *Brief* 107,7, S. 874, BKV, Reihe 2, Bd. 16, S. 395.
79 *C.Joh. Hieros.* 31, 383A; *Brief* 108,22-23, S. 899-901.
80 *Mosaicarum et Romanarum Legum Collatio* 5,3, in: S. Riccobono (ed.), *Fontes Iuris Romani Anteiustiniani*, 1,2, S. 481, vgl. *Codex Theodosianus* 9,7,6, wo nur die Strafe angeführt ist.
81 Hieronymus, *Brief* 75,2, S. 686.
82 Peter Brown, *The Cult of the Saints*, S. 64-67.
83 Hieronymus, *Brief* 75,2, S. 687.
84 Sehr gut untersucht von C. P. Hammond, »The Last Ten Years of Rufinus' Life«, S. 383-385.
85 Paulinus, *Briefe* 28,5 und 40,6.
86 Hieronymus, *Contra Rufinum* 1,17, *Corpus Christianorum* 79, S. 16, *Patrologia Latina*, Bd. 23, 411B.
87 Rufinus, *Praef. in Omelias Sancti Basilii*, Simonetti, S. 237: siehe bes. Consolino, »Modelli di comportamento e modi di santificazione per l'aristocrazia femminile«, S. 296 f.
88 Hieronymus, *Brief* 108,33, S. 906.
89 Ebd. 112,18, S. 928, BKV, Reihe 2, Bd. 18, S. 455.
90 *In Hieremiam* 1,17,3, in: S. Reiter (ed.), *Corpus Christianorum* 74, S. 15.
91 Ebd. 3,70,4, S. 162.
92 Rufinus, *Apologia contra Hieronymum* 2,29, S. 105.
93 Hieronymus, *Dialogus adversus Pelagianos* 2,24, *Patrologia Latina*, Bd. 23, 562BC.

Neunzehntes Kapitel
Augustinus:
Sexualität und Gesellschaft

1 *Bekenntnisse* 8,11,26, *Patrologia Latina*, Bd. 32, S. 761, BKV, Bd. 18, S. 181; vgl. *Soliloquia* 1,10,17 und 1,14,25, *P.L.* 32, S. 878 und 882 f. Die Bibliographie enthält eine umfangreiche Liste der Schriften des Augustinus, die in diesem Kapitel zitiert werden, und nennt auch Übersetzungen derjenigen seiner Schriften, die für die in diesem Buch behandelten Themen am wichtigsten sind.
2 *Bekenntnisse* 9,1,1 und 10,30,41, S. 763 und 796.
3 Peter Brown, *Augustine of Hippo*, S. 159-163.
4 *Bekenntnisse* 2,2,2, S. 675.
5 4,2,2, S. 693 f.
6 4,4,7, S. 696.

7   4,7,12, S. 698.
8   4,8,13, S. 699, BKV, Bd. 18, S. 68.
9   2,3,8, S. 678.
10   6,7,12-8,13, S. 725.
11   Susan Treggiari, »*Concubinae*«, S. 59; siehe auch Aline Rousselle, *Porneia*, S. 121-137.
12   *Bekenntnisse* 4,2,2, S. 693 f., und *de bono coniugali* 5,5, Bd. 40, S. 376 f.
13   Siehe bes. F. Decret, *Aspects du manichéisme dans l'Afrique chrétienne*, und Samuel N. C. Lieu, *Manichaeism in the Later Roman Empire and Medieval China*, S. 117-153.
14   Siehe bes. *Brief* 236,2, Bd. 33, S. 1033.
15   *Bekenntnisse* 4,1,1, S. 603.
16   *De utilitate credendi* 1,1,2, Bd. 42, S. 66 f., und *Contra Faustum* 15, 4-6, Bd. 42, S. 307-309; siehe bes. Lieu, *Manichaeism*, S. 134-136.
17   Decret, *Aspects du manichéisme*, S. 27-38, und Lieu, *Manichaeism*, S. 143-152, sind am verläßlichsten. Siehe auch die sorgfältige Arbeit von Erich Feldmann, *Der Einfluß des Hortensius und des Manichäismus auf das Denken des jungen Augustinus*.
18   *De moribus manichaeorum* (2).18,65-66, Bd. 32, S. 1372 f., und John T. Noonan, *Contraception*, S. 106-126.
19   *De mor. man.* (2),10,19-18,65, S. 1353-1373.
20   *Bekenntnisse* 8,7,17, S. 757, BKV, Bd. 18, S. 174.
21   Ebd. 6,11,19, S. 729, und *Soliloquia* 1,11,18, S. 897.
22   *Bekenntnisse* 6,13,23, S. 729 f.
23   Ebd. 6,15,25, S. 732. Siehe den neuentdeckten Brief des Augustinus zu einem analogen Fall: *Brief* 20*, 1,3-4, in: J. Divjak (ed.), *Sancti Aurelii Augustini epistulae nuper in lucem prolatae*, S. 94 f., übersetzt in *Bibliothèque augustinienne. Œuvres de Saint Augustin* 46B: *Lettres 1*-29**, S. 294.
24   *De bono coniugali* 5,5, S. 376 f., A. Maxsein (Übers.), *Das Gut der Ehe*, S. 6 f.; vgl. *Predigt* 392,2,2, Bd. 39, S. 1710.
25   *Bekenntnisse* 6,12,21-22, S. 730, sowie 8,5,10 u. 12, S. 753 u. 754.
26   Ebd. 6,15,25, S. 732, und *Soliloquia* 1,11,19, S. 880.
27   *Bekenntnisse* 7,1,1, S. 733, BKV, Bd. 18, S. 130.
28   8,5,10, S. 753.
29   10,6,8, S. 782, BKV, Bd. 18, S. 221.
30   Die entscheidenden Verse, Römer 13,13, die Augustinus' endgültigen Entschluß zur Enthaltsamkeit veranlaßten – *nicht in Fressen und Saufen, nicht in Unzucht und Ausschweifung* – werden von Origenes in dieser Weise interpretiert: *Fragmente über 1. Korinther* XXXIX, ed. C. Jenkins, S. 510.
31   *Soliloquia* 1,13,22, S. 881, C. J. Perl (Übers.) *Alleingespräche*, S. 43.
32   *Bekenntnisse* 2,2,2-3, S. 676, BKV, Bd. 18, S. 27.
33   6,14,24, S. 731.

34 8,6,15, S. 755.

35 9,8,17, S. 771, und *Soliloquia* 1,13,23, S. 881, Perl, S. 43.

36 André Mandouze, *Saint Augustin. L'aventure de la raison et de la grâce*, S. 188-191, bietet den ausgewogensten Überblick über diesen Aspekt der Konversion des Augustinus. Siehe jetzt Henry Chadwick, »The Ascetic Ideal in the History of the Church«, in: W. J. Sheils (ed.), *Monks, Hermits and the Ascetic Tradition*, S. 8-23.

37 Augustinus kannte aristokratische fromme Damen in Hippo und Karthago: *de civitate Dei* 5,6 und 22,8,3, Bd. 41, S. 146 und 763, und *Brief* 20*, 17,1, Divjak, S. 103, Übersetzung, *Lettres* 1*-29*, S. 318. Seine Beziehungen zur Familie Melanias der Jüngeren waren deutlich gespannt, als sie in Afrika eintraf: *Brief* 125,2-5, S. 474-476.

38 Possidius, *Leben des Augustinus*, 26,1-3, Bd. 32, S. 55; *Brief* 20*, 5,1, Divjak, S. 96, *Lettres*, S. 298.

39 *De coniugiis adulterinis* 2,20,22, Bd. 40, S. 486.

40 *Brief* 13, 1,2 und 3,3, Divjak, S. 81 und 82; er mußte später zugeben, daß der junge Mann schuldig war: *Brief* 18*, Divjak, S. 89 f., *Lettres*, S. 256, 260, 280-284.

41 Hieronymus, *Adversus Jovinianum* 1,26, *Patrologia Latina*, Bd. 33, 247A.

42 F. E. Consolino, »Modelli di santità femminile nelle più antiche passioni romane«.

43 *De sancta virginitate* 44,45, Bd. 40, S. 422.

44 *Brief* 33,5, S. 131, BKV, Bd. 29, S. 97.

45 *Brief* 34,3, S. 132 f., BKV, Bd. 29, S. 100.

46 Brown, *Augustine*, S. 212-243, bes. 235-240, faßt eine komplizierte Situation zusammen, die vielfach untersucht worden ist.

47 Elizabeth A. Clark, »Heresy, Asceticism, Adam and Eve: Interpretations of Genesis 1-3 in the Later Latin Fathers«, S. 370, vertritt überzeugend die Möglichkeit, daß die Bücher, die die Erschaffung und den Fall Adams und Evas behandelten, schon bald nach 401 abgefaßt wurden.

48 Hieronymus, *Adversus Jovinianum* 1,29, 251C; zu Ambrosius siehe G. Madec, *Saint Ambroise et la philosophie*, S. 296-298.

49 Gregor von Nyssa, *In Psalmos* 1,7, *Patrologia Graeca*, Bd. 44, 464A.

50 Gregor von Nyssa, *de hominis opificio* 17,2, *Patrologia Graeca*, Bd. 44, 189AB.

51 *De bono coniugali* 1,1 und 8,8, S. 373 und 379.

52 *De Genesi ad litteram* 9,5,9, Bd. 34, S. 396.

53 Zur nordafrikanischen Familie und besonders zu der Macht, die der Vater in ihr hatte, siehe Brent D. Shaw, »The Family in Late Antiquity: the Experience of Augustine« – eine solide und überzeugende Studie.

54 *De Genesi ad litteram* 9,6,10, S. 396, und *de bono coniugali* 2,2, S. 374.

55 *Retractationes* 2,21, Bd. 32, S. 638 f.; *de opere monachorum* 17,20, 23,27-29 und 31,39, Bd. 40, S. 565, 569 f. und 578.
56 *De opere monachorum* 28,36, S. 576.
57 *Retractationes* 2,22, S. 639.
58 Papst Innozenz, *Brief* 4,6,9, *Patrologia Latina*, Bd. 20, S. 474 f.; siehe bes. Charles Pietri, »Le mariage chrétien à Rome«, in: J. Delumeau (ed.), *Histoire vécue du peuple chrétien*.
59 *De bono coniugali* 7,7, S. 378; Emile Schmitt, *Le mariage chrétien dans l'œuvre de Saint Augustin*, S. 260-295, ist eine engagierte Darstellung dieses Aspekts von Augustinus' Denken. Elizabeth Clark, »»Adam's Only Companion«: Augustine and the Early Christian Debate on Marriage«, ist ein wichtiger neuerer Beitrag.
60 Siehe bes. Eric Fuchs, *Sexual Desire and Love*, S. 117: »Zwar hatte Augustinus ein stärkeres Empfinden als andere für die soziale Dimension des Paares, aber er war unfähig, sich die Möglichkeit vorzustellen, daß Sexualität Zärtlichkeit, Freundschaft und Spiritualität enthalten könnte, und dieser Mangel an Einsicht hatte großen Einfluß auf die spätere Tradition«.
61 *De Genesi ad litteram* 11,42,59, S. 454, C. J. Perl (Übers.), *Über den Wortlaut der Genesis*, Bd. 2, S. 226.
62 Ebd. 9,5,9, S. 396.
63 *De bono coniugali* 16,18, S. 385 f.
64 Ebd. 7,7, S. 378.
65 *Brief* 31,6, S. 424; vgl. *Brief* 127,9, S. 487 – an ein ähnliches römisches Paar.
66 *Brief* 262,1,5 und 9, S. 1078-1080.
67 *Brief* 254, S. 1069 f.
68 *Predigt* 51,17,27 und 20,30, Bd. 38, S. 348 f. und 350 f., über die keusche Ehe Marias und Josephs; vgl. *de sancta virginitate* 12,12, S. 401.
69 *De bono coniugali* 18,21, S. 388.
70 Henry Chadwick, *Augustine*, S. 68. Zu diesem Thema ist R. A. Markus, *Saeculum: History and Society in the Theology of Saint Augustine*, bes. S. 91-102, 202-206, immer noch die mit Abstand beste Bearbeitung. Siehe auch G. R. Evans, *Augustine on Evil*, S. 97: »eine dauernde Verzerrung entstand in seinem [Adams] Willen«. Zusammen mit diesen Arbeiten verdanke ich am meisten Albrecht Dihle, *The Theory of Will in Classical Antiquity*, S. 125-132, und R. Lorenz, »Gnade und Erkenntnis bei Augustin«.
71 *Brief* 140,6,16, S. 544.
72 *Predigt* 344,4, Bd. 39, S. 1514.
73 Z.B. Ambrosius, *In Lucam* 7,142, *Patrologia Latina*, Bd. 15, 1826A.
74 Palladius, *Historia Lausiaca* 1,3.
75 *Bekenntnisse* 10,30,41-42, S. 796 f., BKV, Bd. 18, S. 247.
76 *Enarratio in Ps.* 67 21,37, S. 826; *Predigt* 287,4, Bd. 39, S. 1302, vgl. *Contra Julianum* 4,13,62, Bd. 44, S. 768.

77 *De civitate Dei* 14,10, S. 417.
78 *Contra Julianum* 4,8,49, S. 763.
79 Zu Julian siehe bes. das ausgezeichnete Vorwort von A. C. de Veer, *Premières polémiques contre Julien*, S. 9-25, und Y. M. Duval, »Julien d'Éclane et Rufin d'Aquilée«. Siehe auch Peter Brown, »The Patrons of Pelagius: the Roman Aristocracy between East and West«, jetzt in: *Religion and Society*, bes. S. 214 f., und »Sexuality and Society in the Fifth Century A.D.: Augustine and Julian of Eclanum«.
80 Paulinus von Nola, *Carmen* 25,233, in: W. Hartel (ed.), *Corpus Scriptorum Ecclesiasticorum Latinorum*, Bd. 30, S. 245. Turcius Apronianus und Avita waren ein solches Paar: A. H. M. Jones, J. R. Martindale, J. Morris, *The Prosopography of the Later Roman Empire*, Bd. 1, S. 87 f. Avita, die mit Paulinus befreundet war, erhielt von Rufinus eine Übersetzung der *Sentenzen des Sextus*, einer vollkommenen »Regel« für ein enthaltsames Paar: zum Einfluß dieser Schrift auf Pelagius siehe R. F. Evans, *Pelagius: Inquiries and Reappraisals*, S. 43-66.
81 Paulinus, *Carmen* 25,235-337, S. 245.
82 Brown, »Patrons of Pelagius«, S. 212 f.
83 *Leben der Melania* 2, in: D. Gorce (ed.), *Vie de Sainte Mélanie*, S. 132; Elizabeth A. Clark (transl.), *The Life of Melania the Younger*, S. 28.
84 3, S. 132, Clark, S. 29.
85 6, S. 136, Clark, S. 29.
86 5-6, S. 136, Clark, S. 29 f.
87 19, S. 162-166, Clark, S. 41-43.
88 17-18, S. 160-162, Clark, S. 39 f.
89 Peter Brown, »Pelagius and his Supporters: Aims and Environment«, jetzt in: Brown, *Religion and Society*, S. 183-207. Siehe auch Y. M. Duval, »Pélage est-il le censeur inconnu de l'Adversus Jovinianum?«. F. G. Nuvolone, A. Solignac, s.v. Pélage et Pélagianisme, *Dictionnaire de la spiritualité*, bieten eine Zusammenfassung und eine vollständige Bibliographie.
90 Pelagius, *Ad Demetriadem* 1, *Patrologia Latina*, Bd. 30, 16B.
91 Brown, »Pelagius and his Supporters«, S. 195-197, und Evans, *Pelagius*, S. 90-121.
92 *Epistula de castitate* 3,5, *Patrologia Latina, Supplementum*, Bd. 1, S. 1467 f.
93 Pelagius, *Comm. in Rom.* 7,18-24, *Patrologia Latina, Suppl.*, Bd. 1, S. 1144.
94 *Opus imperfectum* 2,8, Bd. 45, S. 1145.
95 Brown, »Pelagius and his Supporters«, in: *Religion and Society*, S. 194 und 201-207; Gisbert Greshake, *Gnade als konkrete Freiheit*, S. 93-99 und 189-192.
96 Evans, *Pelagius*, S. 38.
97 Ebd. S. 19 f.; vgl. R. Lorenz, »Die Anfänge des abendländischen Mönchtums im 4. Jahrhundert«, S. 36-38.

98 *Contra Iulianum* 3,26,65, S. 735 f.

99 So erhielt Demetrias, eine junge Frau aus der Familie des Anicius, aus Anlaß ihrer Weihe zur Kirchenjungfrau Briefe von Pelagius, Augustinus und Hieronymus; jeder vertrat einen eigenen theologischen Standpunkt: Pelagius, *Ad Demetriadem, Patrologia Latina*, Bd. 30, S. 15-45; Hieronymus, *Brief* 130, *Patrologia Latina*, Bd. 22, S. 1107-1124; Augustinus schrieb an Demetrias' Großmutter: *Brief* 130, S. 494-507.

100 *Opus imperfectum* 3,142, S. 1303.

101 Ebd. 5,11, S. 1440.

102 *Contra Iulianum* 4,2,7, S. 739.

103 *Opus imperfectum* 2,10, S. 1145.

104 *Contra Iulianum* 5,5,22, S. 797. Ähnliche Ansichten wurden von einem griechischen Bischof als selbstverständlich betrachtet: Nemesius von Emesa, *Über die Natur des Menschen* 17,37 und 25,42, *Patrologia Graeca*, Bd. 40, 677A und 700A.

105 *Opus imperfectum* 1,79, S. 1102.

106 Johannes Chrysostomus. *Homilie 12 über den Kolosserbrief* 5, *Patrologia Graeca*, Bd. 62, S. 388; C. P. Roth, D. Anderson (transl.) *St. John Chrysostom: On Marriage and Family Life*, S. 76; BKV, Bd. 45, S. 413.

107 Julian, zitiert bei Augustinus, *Contra ii epistulas Pelagianorum* 1,13,26, Bd. 44, S. 562; Theodoret, *Haereticorum fabularum comp.* 4,11, *Patrologia Graeca*, Bd. 83, 429B. Siehe jetzt O. Hesse, »Das Böse bei Markus Eremites«, in: W. Strothmann (ed.), *Makarios-Symposium über das Böse.*

108 Die Tradition, mit der Julian Augustinus identifizieren wollte, ist gut untersucht worden von P. F. Beatrice, *Tradux peccati. Alle fonti della dottrina agostiniana del peccato originale*, S. 222-259; siehe jetzt G. Sfameni Gasparro, »Il tema della concupiscenza in Agostino e la tradizione dell'enkrateia«.

109 Elizabeth M. Clark, »Vitiated Seed and Holy Vessels: Augustine's Manichaean Past«, ist die ernsthafteste neuere Untersuchung der äußerst heiklen Frage der »Überreste« manichäischer Denkweisen bei Augustinus. Ich bin mir in dieser Sache immer noch nicht sicher.

110 *Opus imperfectum* 2,88, S. 1177: zu Valerius siehe Brown, »Sexuality and Society«, S. 58 – alle Aussagen müssen jedoch Mutmaßungen bleiben.

111 *De civitate Dei* 14,17, S. 425.

112 Ebd. 22,22, S. 784 f. In einer Standardausgabe beziehen sich von sechzehn Zeilen, die bewußte menschliche Sünden behandeln, nur zwei auf Sexualität; vgl. *Enarratio in Ps.* 41, Bd. 14, S. 474.

113 Genesis 3,7; siehe *de Genesi ad litteram* 11,32,42, S. 447, und *de civitate Dei* 14,17-19, S. 425-427. Zu einer ganz anderen Exegese dieses Augenblicks siehe M. Harl, »La prise de conscience de la ›nudité‹ d'Adam«; zu Ephraim dem Syrer siehe Robert Murray, *Symbols of Church and Kingdom*, S. 304-306, und J. Martikainen, »Das Böse in den Schrif-

ten des Syrers Ephraim, im Stufenbuch und im *Corpus Macarianum*«, S. 36-46.

114 *De Genesi ad litteram* 9,11,19, S. 400.

115 *De civitate Dei* 14,23,2, S. 431.

116 *De Genesi ad litteram* 9,9,17, S. 399, und *de civitate Dei* 14,25, S. 433.

117 *De civitate Dei* 14,20, S. 428, und *de nuptiis et concupiscentia* 1,7,7, Bd. 44, S. 417 f.

118 *De civitate Dei* 14,16, S. 424 f.

119 Theodorus Priscianus, *Euporiston* 2,11,34, ed. V. Rose, S. 132 f.; vgl. Petronius, *Satyricon* 130,7 und 131,5-7; Marcellus von Bordeaux, ein anderer Zeitgenosse des Augustinus, empfahl apotropäische Mittel, um Zauber abzuwehren, die Impotenz verursachten, und Zauber, die sie bei anderen verursachen sollten: Marcellus, *de medicamentis* 33,49, 65, ed. M. Niedermann, Bd. 2, S. 566, 570. Wenig änderte sich in ärztlichen Kreisen im Mittelalter: D. Jacquart, C. Thomasset, *Sexualité et savoir médical au Moyen-Âge*, S. 230-235.

120 *De Genesi ad litteram* 10,12,10, S. 416, und *De civitate Dei* 14,3, S. 405-408.

121 *De Trinitate* 12,10,25, S. 1006, und *De civitate Dei* 14,28, S. 436.

122 *De Genesi ad litteram* 10,20,36, S. 424; siehe Margaret Miles, *Fullness of Life*, S. 114 f. »Es ging ihm nicht darum, ein ›Böses‹ des menschlichen Lebens in irgendeinem bestimmten Akt anzusiedeln, sondern seine Gegenwart in allen menschlichen Handlungen zu erkennen und anzuerkennen. Julian leugnete seine Existenz im ehelichen Geschlechtsleben, daher beharrte Augustinus auch dort darauf.«

123 Hieronymus, *in Tit.* 1, *Patrologia Latina*, Bd. 26, 602D, und *Briefe* 22,11, 54,9, 79,7, *Patrologia Latina*, Bd. 22, S. 400 f., 554, 729 f.

124 Hieronymus, *Brief* 54,9, zitiert Galen: vgl. Oribaius, *Medizinische Sammlung* 22,2,17, und *Libri Incerti* 2,10-17, in: U. C. Bussmaker, C. Daremberg (eds.), *Œuvres d'Oribase*, Bd. 3, S. 45, 84 f. Oribasius war Arzt von Julian Apostata.

125 *Contra Julianum* 3,20,22, S. 713.

126 *Brief* 200,3, S. 926.

127 *Collationes*, in: E. Pichery (ed.), *Jean Cassien: Les Conférences: De Institutis Coenobiorum*, in: J. C. Guy (ed.), *Jean Cassien: Institutions cénobitiques*. Edgar C. S. Gibson liefert in *The Library of the Nicene and Post-Nicene Fathers*, Bd. 11, eine zuverlässige englische Übersetzung. Siehe bes. Peter Munz, »John Cassian«; Philip Rousseau, *Ascetics, Authority and the Curch*, S. 169-234; und M. Foucault, »Le combat de la chasteté«; dieser brillante Essay ist jetzt zugänglich in: P. Aries, A. Béjin, (eds.), *Western Sexuality: Practice and Precept in Past and Present Times*.

128 Owen Chadwick, *John Cassian*, S. 120-135, und Rousseau, *Ascetics, Authority and the Church*, S. 231-234.

129 Cassian, *Collationes* 4,7, S. 172.

130 Ebd.
131 Ebd.
132 Ebd. 4,14, S. 179; Richter 3,1-2, zitiert in *Collationes* 4,6, 7,2, S. 171, 245.
133 Ebd. 7,2, S. 245, und 12,16, S. 145.
134 Ebd. 3,7, S. 147; *Instituta* 6,11, S. 274.
135 Cassianus, *Collationes* 1,22, S. 106.
136 Z.B. *Contra Iulianum* 4,2,10-11, 13,69-70, S. 741, 772 f.
137 *Bekenntnisse* 10,30,42, S. 797, und *de Genesi ad litteram* 12,15,31, S. 466.
138 Jesaja 45,2-3, zitiert in Cassianus, *Instituta* 5,2, S. 190-192.
139 Ebd. 2,23, S. 134; Palladius, *Historia Lausiaca* 19,5-11.
140 U. Duchrow, »Zum Prolog von Augustins *de doctrina christiana*«, meint, daß Augustinus etwas von den Schriften des Cassianus kannte.
141 *Brief* 6*, S. 32-38; *Lettres*, S. 126-145: siehe bes. M. F. Berrouard, »Les lettres 6* et 19* de Saint Augustin«, Brown, »Sexuality and Society«, S. 50 f., und G. R. Bonner, »Some Remarks on Letters 4* and 6*«.
142 *Brief* 6*, 1,3, S. 32, *Lettres*, S. 126.
143 3,3 u. 5,1, S. 33, 34; *Lettres*, S. 128, 130.
144 3,3-5, S. 33; *Lettres*, S. 128-130.
145 5 und 8, S. 34 und 38; *Lettres*, S. 130-132 und 143.
146 *Predigten* 205,2, S. 1040; 224,3,3, S. 1094 f.; 392,2, S. 1710.
147 *Predigt* 137,11,13, S. 761.
148 Vor allem *Briefe* 10*, 20*, 22*, 23*.
149 Siehe bes. C. Lepelley, »La crise de l'Afrique romaine au début du vème siècle«, und M. F. Berrouard, »Un tournant dans la vie de l'Église d'Afrique: les deux missions d'Alypius«. Suzanne Poque, *Le langage symbolique dans la prédication d'Augustin d'Hippone*, S. 57-60, ist aufschlußreich im Hinblick darauf, wie sich diese Situation in Augustinus' Metaphernwahl widerspiegelt.
150 *Brief* 22*, 2,5, S. 114; *Lettres*, S. 348.
151 *Enarratio 2 in Ps. 29*, 5-7; *1 in Ps. 70*, 6-10, und *in Ps. 83*, 3-10, S. 219-221, 879-881 und 1057-1065.
152 *Enarratio in Ps. 140*, 16, S. 1825 f.
153 *Contra Iulianum* 4,14,72 und 5,10,42, S. 774 und 808 (zitiert wird Ciceros *Hortensius*); und *Contra Iulianum* 5,5,9, S. 806 f., über die Enthaltsamkeit Catos.
154 Siehe C. Lepelley, *Les cités de l'Afrique romaine au Bas-Empire*, Bd. 1, S. 376-385.
155 *Predigt* 51,3,4, S. 335 f.
156 *Predigt* 51,15,25, S. 348.
157 *Enarratio in Ps. 147*, 20, S. 1930.

Epilog.
Leib und Gesellschaft:
Das frühe Mittelalter

1 Patrick, *Confessio* 41, in: A. B. E. Hood (ed.), *St. Patrick*, S. 31, 50, F. Wotke (Übers.), *Das Bekenntnis des heiligen Patrick*, S. 32.

2 *Synodus I Sancti Patricii* 6, in: L. Bieler (ed.), *The Irish Penitentials*, S. 54 f. Ich bin bei der Annahme einer Datierung dieses Konzils auf das 5. Jahrhundert dem Rat meines Freundes Dr. Francis J. Byrne gefolgt.

3 Elishe Vartapet, *Geschichte von Vartan* 2, aus: V. Langlois, *Collection des historiens anciens et modernes de l'Arménie*, Bd. 2, S. 191.

4 *Sermo de sacrilegio* 11, *Patrologia Latina, Supplementum*, Bd. 4, S. 971.

5 Justinian, *Novella* 123,44.

6 Hieronymus, *de viris illustribus* 123, *Patrologia Latina*, Bd. 23, S. 711.

7 Hieronymus, *Brief* 123,10, *Patrologia Latina*, Bd. 22, S. 1052 f., BKV, Reihe 2, Bd. 16, S. 200.

8 Gelasius, *Ad Andromachum* 2, in: G. Pomarès (ed.), *Gélase 1er: Lettre contre les Lupercales*, S. 162.

9 Siehe Henry Chadwick, *Boethius*, S. 32.

10 A. H. M. Jones, *The Later Roman Empire*, Bd. 2, S. 974 f. Hierzu jetzt noch Roger Bagnall, »Church, State and Divorce in Later Roman Egypt«, S. 50-54.

11 Siehe bes. David Daube, »The Marriage of Justinian and Theodora«, und Averil Cameron, *Procopius*, S. 67-83; siehe auch R. S. McCail, »The Erotic and Ascetic Poetry of Agathias Scholasticus«, und den wichtigen Überblick von H. G. Beck, *Byzantinisches Erotikon. Orthodoxie-Literatur-Gesellschaft. Sitzungsberichte der bayerischen Akademie der Wissenschaften, Philol.-Hist. Klasse* 1984, bes. S. 69-75.

12 Johannes von Ephesus, *Leben der östlichen Heiligen* 12, *Patrologia Orientalis*, Bd. 17., S. 189.

13 Honorius, *Brief* 14, *Patrologia Latina*, Bd. 80, S. 841.

14 Constantius, *Leben des Germanus von Auxerre* 1, 1-2, in: R. Borius (ed.), *Constance de Lyon: Vie de Saint Germain de Auxerre*, S. 122-124; siehe C. Cochini, *Origines apostoliques du célibat sacerdotal*, S. 125-143, 288-379.

15 Gregor von Tours, *Liber de gloria confessorum* 75, in: B. Krisch (ed.), *Monumenta Germaniae Historica: Scriptores Rerum Merovingicarum* 1,2, S. 343.

16 Suzanne F. Wemple, *Women in Frankish Society*, S. 134 f.

17 R. Arbesmann, »The ›Cervuli‹ and ›Anniculae‹ in Caesarius of Arles«, und A. J. Gurevič, *Contadini e santi*, S. 101-113, 154. Siehe auch L. Schneider, *Die Domäne als Weltbild. Wirkungsstrukturen der spätantiken Bildersprache*, S. 134-141, zu der sich wandelnden Darstellung von Natur und Mythologie in spätantiken Mosaiken.

18   Pierre J. Payer, *Sex and the Penitentials*, S. 29 f.

19   Albrecht Dihle, *Die Vorstellung vom Willen in der Antike*, S. 143.

20   Dionysius von Alexandrien, *Kanonischer Brief 2, Patrologia Graeca*, Bd. 10, 1281A. Das Eingreifen Gregors änderte nichts daran, daß auch dieses Verbot im frühmittelalterlichen Westen normal wurde: siehe Charles T. Wood, »The Doctor's Dilemma: Sin, Salvation and the Menstrual Cycle in Medieval Thought«.

21   Gregor, *Briefe* 11,64, Frage 10, *Patrologia Latina*, Bd. 77, 1196C; auch zitiert in: Beda, *A History of the English Church and People*, 1,27, S. 80 f.; siehe jetzt Paul Meyvaert, »Le *Libellus Responsionum* à Augustin de Cantorbéry«.

22   Ebd., Frage 11, 1198C.

23   Ebd. 1200A.

24   *Moralia* 8,6,8, *Patrologia Latina*, Bd. 75, 805CD; siehe jetzt Carole Straw, *Perfection in Imperfection: Body, Soul and Spiritual Progress in Gregory the Great* (im Druck).

25   *Babylonischer Talmud: Mo'ed Ḳaṭan* 18B, Goldschmidt, Bd. 3, S. 737.

26   Hippolytus, *Kommentar zu Daniel* 4,18, S. 234.

27   Leontius von Neapolis, *Leben des Heiligen Narren Symeon* 1, in: A. J. Festugière, L. Ryden (eds.); *Léonce de Néapolis: Vie de Syméon le Fou*, S. 58, 109.

28   Evelyne Patlagean, *Pauvreté économique et pauvreté sociale à Byzance*, S. 318-333, und E. Wipszycka, »Les terres de la congrégation pachômienne«. Nicht alle Klöster waren in einer so glücklichen Lage: F. Villeneuve, »L'économie rurale ru la vie des campagnes«, S. 118-121.

29   Akten des Konzils von Chalkedon 4,64, in: A. J. Festugière (transl.), *Actes du Concile de Chalcédoine: Sessions iii-vi*, S. 50.

30   L. S. B. MacCoull, »Notes on the Social Structure of Late Antique Aphrodito«. vgl. Keith Hopkins, »Brother-Sister Marriage in Roman Egypt«, S. 333, in der Deutung durch B. W. Friers demnächst erscheinenden Artikel »The Demography of the Early Roman Empire«.

31   Patlagean, *Pauvreté*, S. 338-340.

32   *Vita Mariae Meretricis* 7, *Patrologia Latina*, Bd. 73, 655D.

33   Serapion von Thmuis, *Brief an die Mönche* 3, *Patrologia Graeca*, Bd. 40, 929A.

34   *Leben des Symeon Stylites*, in: F. Lent (transl.), *Journal of the American Oriental Society* 35 (1915), S. 132.

35   Siehe bes. H. I. Marrou, *Décadence romaine ou antiquité tardive?*, S. 15-20.

36   Hieronymus, *Brief* 77,6, *Patrologia Latina*, Bd. 22, S. 694.

37   Johannes der Faster, *Poenitentiale*, *Patrologia Graeca*, Bd. 88, 1893AB.

38   H. Blanck, *Wiederverwendung alter Statuen als Ehrendenkmäler bei*

Griechen und Römern, S. 45 u. Taf. 14-15. Ich verdanke diesen Hinweis der Freundlichkeit von Frau Professor Patricia Erhart.

39 *Codex Iustinianus* 8,46,10.

40 Tertullian, *Apologeticum* 9,8, BKV, Bd. 24, S. 66.

41 John T. Noonan, *Contraception*, S. 47-146, ist immer noch eine meisterhafte und humane Untersuchung dieser Entwicklung.

42 *Babylonischer Talmud: Nedarim* 20a, in: I. Epstein (transl.), *The Talmud*, S. 57 f., scheint diesen Wandel anzudeuten.

43 Cäsarius von Arles, *Predigt* 44,7, in: G. Morin (ed.), *Corpus Christianorum*, Bd. 103, S. 199.

44 Siehe bes. A. Kazhdan mit G. Constable, *People and Power in Byzantium*, S. 32-34, und Brent D. Shaw, »Latin Funerary Epigraphy and Family Life in the Later Roman Empire«.

45 Siehe den Überblick von Dieter Claude, *Die byzantinische Stadt im 6. Jahrhundert*, S. 89-97, 101-106, und auf neuerem Stand Hugh Kennedy, »From *Polis* to *Madina:* Urban Change in Late Antique and Early Islamic Syria«, S. 12-15. Der Wandel ist besonders offensichtlich in Justiniana Prima, einer Neugründung Justinians auf dem Balkan: siehe Dj. Mano-Zisi, s.v. Justiniana Prima (Caričin Grad), *Reallexikon zur byzantinischen Kunst*, Sp. 702-710 sowie den Plan in Spalte 694.

46 Shaw, »Latin Funerary Epigraphy«, S. 482.

47 H. I. Marrou, »L'origine orientale des diaconies romaines«, jetzt in *Patristique et Humanisme*, S. 97-100.

48 Psalm 113,5-7.

49 Patlagean, *Pauvreté*, S. 430; vgl. S. Averincev, »Notion de l'homme et tradition littéraire à Byzance«, S. 25.

50 S. Averincev, *Poètika rannevizantijskoj literatury*, S. 60-76, und E. Patlagean, »Byzance et le blason pénal du corps«, S. 421.

51 Jacques LeGoff, *L'imaginaire mediéval*, S. 123.

52 Pseudo-Hieronymus, *Ad amicum aegrotum* 4 und 8, *Patrologia Latina*, Bd. 30, 80B und 89C; siehe jetzt H. Savon, »Une consolation imitée de Sénèque et de saint Cyprien«.

53 Johannes Chrysostomus, *Über die Jungfräulichkeit* 73,1,6, *Sources chrétiennes*, Bd. 125, S. 350.

54 Gregor von Nazianz, *Oratio* 7,21, *Patrologia Graeca*, Bd. 35, 784B.

55 Papst Innozenz, *Brief* 38, *Patrologia Latina*, Bd. 20, 605B.

56 Pseudo-Hieronymus, *de septem ordinibus ecclesiae*, *Patrologia Latina*, Bd. 30, 160B.

57 Rufinus, *Expositio Symboli* 9, *Corpus Christianorum*, Bd. 20, S. 146 f.

58 Pseudo-Hieronymus, *Ad amicum aegrotum* 6, 83B.

59 Leander von Sevilla, *de institutione virginum*, *Patrologia Latina*, Bd. 72, 880A.

60 Maximus von Turin, *Predigt* 97,3, *Corpus Christianorum*, Bd. 23, S. 387 f.

61 A. Tanghe, »Memra de Philoxène de Mabboug sur l'Inhabita-

tion du Saint Esprit«, S. 53, Übers., S. 68. Ich verdanke diesen Hinweis der Freundlichkeit von Dr. Sebastian Brock.

62 Peter Brown, *The Cult of the Saints*, S. 74-85.

63 E. Diehl, *Inscriptiones latinae veteres* 1714,1, Bd. 1, S. 333.

64 I. N. Wood, »A Prelude to Columbanus: The Monastic Achievement in the Burgundian Territories«, in: H. B. Clarke, M. Brennan (eds.), *Columbanus and Merovingian Monasticism*, S. 9.

65 Romanos Melodos, *Hymnen* 20,8,6 und 22,14,5, in: J. Grosdidier de Matons (ed.), *Romanos le Mélode: Hymnes*, Sources chrétiennes 110, 114, S. 357 bzw. 78. Zur Entwicklung des Kults der Jungfrau Maria siehe bes. Averil Cameron, »The Theotokos in Sixth-Century Constantinople: A City finds its Symbol«, S. 7. Michael P. Carroll, *The Cult of the Virgin Mary*, hat das Verdienst, einen Ansatz vorzuschlagen, der mit Familienstrukturen verknüpft ist; seine historische Argumentation überzeugt mich jedoch absolut nicht.

66 Siehe die von E. Kitzinger, *Byzantine Art in the Making*, S. 117 f. und Abb. 210, diskutierte Ikone vom Berg Sinai und das koptische Stoffbild der Jungfrau Maria im Cleveland Museum of Art: Dorothy G. Shepherd, »An Icon of the Virgin: A Sixth Century Tapestry Panel from Egypt«.

67 E. A. W. Budge, *Miscellaneous Coptic Texts in the Dialect of Upper Egypt*, S. 701, 717.

BIBLIOGRAPHIE

Abkürzungen

ATN   *Apocrypha testamenti novi*
BKV   *Bibliothek der Kirchenväter*, Kempten, München 1911-31. Reihe 2. München 1932-38.
CSCO   *Corpus Scriptorum Christianorum Orientalium*, Louvain 1903-
CSEL   *Corpus Scriptorum Ecclesiasticorum Latinorum*, Wien 1866-
PG   *Patrologia Graeca* (Migne)
PL   *Patrologia Latina* (Migne)
PL Supp.   *Patrologia Latina, Supplementum*

Primärquellen

Acta Iohannis. Eds. E. Junod, J.-D. Kaestli. *Corpus Christianorum, scriptorum apocryphorum* 1. Turnhout 1983. Deutsch: *ATN*, Bd. 2, S. 144-176.

Acta Philippi. In: M. Bonnet (ed.), *Acta Apostolorum Apocrypha*, Bd. 3. Leipzig 1903. Englische Übers.: A. Walker. *The Ante-Nicene Fathers*, vol. 8. Grand Rapids. Mich. 1951.

Acta Saturnini. PL 8, S. 690-703.

Acts of [Judas] Thomas. Transl. with commentary, A. F. J. Klijn. Leiden 1962. (Supplements to Novum Testamentum. 5.)

Acts of the Christian Martyrs. Ed., transl. H. Musurillo. Oxford 1972. Deutsch: *BKV*, Bd. 14, S. 297-366.

Adam, A. (Hrsg.), *Texte zum Manichäismus*. Berlin 1954.

Allberry, C. R. C. (ed.), *A Manichaean Psalmbook. Pt. II. Manichaean Manuscripts in the Chester Beatty Collection*. Stuttgart 1938.

Alvarez Campos, S. (ed.), *Corpus Marianum Patristicum*. Vol. 3: *Scriptores Latini*. Burgos 1974.

Ambrosius. *Apologia prophetae David.* P. Hadot (ed.), *Ambroise de Milan: Apologie de David.* Paris 1977. (Sources chrétiennes. 239.)

–, *De institutione virginis. PL* 16, S. 319-347.

–, *De Isaac et anima. PL* 14, S. 527-559. Ed. C. Schenkl. Wien 1897. (*CSEL*. 32.)

–, *De mysteriis. PL* 16, S. 409-426. Deutsch: *BKV*, Bd. 32, S. 276-303.

–, *De officiis. PL* 16, S. 25-194. Deutsch: *BKV*, Bd. 32, S. 11-269.

–, *De poenitentia. PL* 16, S. 486-545. Ed. R. Gryson. *Ambroise de Milan: La Pénitence.* Paris 1971. (Sources chrétiennes. 179.)

–, *De viduis. PL* 16, S. 247-275.

–, *De virginibus*. PL 16, S. 197-243. Ed. E. Cazzaniga. Turin 1984. Deutsch: *BKV*, Bd. 32, S. 311-386.

–, *Exhortatio virginitatis*. PL 16, S. 347-379.

–, *Expositio in Evangelium Secundum Lucam*. PL 15, S. 1603-1945. Ed. M. Adriaen. Turnhout 1957. (*Corpus Christianorum, series latina*. 14.) Deutsch: *BKV*, Bd. 21, S. 5-517.

–, *Hexaemeron*. PL 14, S. 131-288. Ed. C. Schenkl. Wien 1897. (*CSEL*. 32.)

–, *In Psalmum 39 enarratio*. PL 14, S. 1057-1068. In: M. Petschenig (ed.), *Expositio in XII Psalmos*. Wien 1919. (*CSEL*. 34.)

–, *In Psalmum 48 enarratio*. PL 14, S. 1211-1224. In: M. Petschenig (ed.), *Expositio in XII Psalmos*. Wien 1919. (*CSEL*. 34.)

–, *In Psalmum 118 expositio*. PL 15, S. 1257-1603. In: M. Petschenig (ed.), *CSEL*. 62. Wien 1913.

–, *Briefe*. PL 16, S. 913-1342. In: M. Zelzer (ed.), *CSEL*. 82. Wien 1982.

Ambrosiaster. *In 1 Cor*. In: H. J. Vogels (ed.), *CSEL*. 82,2. Wien 1968.

Pseudo-Ambrosius. *De lapsu virginis*. PL 16, S. 383-399.

Ammianus Marcellinus. *Römische Geschichte*. Lat. u. Deutsch. 3.4. Buch 22-31. Berlin (Ost) 1978. (Schriften und Quellen der alten Welt. 21,3-4.)

Antonius. *The Letters of St. Anthony the Great*. Transl. D. J. Chitty. Oxford 1977.

Aphrahat. *Demonstrationes* 18. In: J. Neusner (transl.), *Aphrahat and Judaism: the Christian-Jewish Argument in fourth-century Iran*. Leiden 1971. (Studia Post Biblica. 19.)

–, *Demonstrationes*. Ed. J. Parisot. *Patrologia Syriaca*, vol. 1. Paris 1894.

L'Apocalypse de Baruch. Ed., transl. P. Bogaert. Paris 1969. (Sources chrétiennes. 144.)

Apocrypha testamenti novi. E. Hennecke, *Neutestamentliche Apokryphen*. 3., völlig neubearb. Aufl. hrsg. v. W. Schneemelcher. Bd. 1.2. Tübingen 1959-64.

Apocrypha testamenti veteris. *Die Apokryphen und Pseudepigraphen des Alten Testaments*. Übers. u. hrsg. v. E. Kautzsch. Bd. 2. *Die Pseudepigraphen*. Tübingen 1900.

Apophthegmata Patrum. PG 65, S. 72-440. Deutsch: B. Miller (Übers.), *Weisungen der Väter*. Freiburg i. Br. 1965. (Sophia. Quellen östlicher Theologie. 6.)

–, *Anonyme Apophthegmata: MS Coislin* 126. Ed. F. Nau. »Histoire des solitaires égyptiens (MS Coislin 126, fol. 158 f.)«, in: *Revue de l'Orient chrétien* 13 (1908), S. 47-57, 266-283; 18 (1913), S. 137-140.

–, *Anonyme koptische Apophthegmata*. Ed. M. Chaine. *Institut français d'archéologie orientale: Bibliothèque des études coptes* 6 (1960), S. 85-127.

–, *The Sayings of the Desert Fathers*. Transl. Benedicta Ward. Kalamazoo, Mich. 1975. (Cistercian Studies. 59.)

–, *Sentences des Pères du Désert: Nouveau Recueil*. Transl. L. Regnault. Sablé-sur-Sarthe 1970.

Aretaeus. *The Extant Works of Aretaeus the Cappadocian*. Transl. F. Adams. London 1856. Deutsch: A. Mann (Übers.), *Die auf uns gekommenen Schriften des Kappadocier Aretaeus*. Halle 1858.

Aristainetos. *Aristénète: Lettres d'amour*. Transl. J. Bernous. Paris 1938.

Pseudo-Aristoteles. *Physiognomica*. In: R. Förster (ed.), *Physiognomici graeci*, vol. 1. Leipzig 1893.

Artemidoros. *Oneirocritica*. Ed. R. A. Pack. Leipzig 1963. Englisch: R. White (transl.), *The Interpretation of Dreams*. Ridge Hill, N.J. 1975. Deutsch: K. Brackertz (Übers.), *Artemidor von Daldis: Das Traumbuch*. Zürich, München 1979.

Athanasius. *Apologia ad Constantium*. PG 25, S. 593-642. In: A. Atkinson (transl.), *Saint Athanasius, Historical Tracts*. Oxford 1873. (Library of Fathers of the Holy Catholic Church. 13.)

–, *Brief an Amoun*. PG 26, S. 1169-1179.

–, *Enzyklischer Brief*. PG 25, S. 219-240.

–, *Die Festbriefe des heiligen Athanasius*. In: W. H. Burgess (transl.), *Saint Athanasius, Historical Tracts*. Oxford 1873. (Library of Fathers of the Holy Catholic Church. 38.)

–, *Das Leben des Antonius*. PG 26, S. 835-976. Früheste lateinische Übersetzung: G. J. M. Bartelink (ed.), *Vita di Antonio*. Fondazione Lorenzo Valla 1974. (Vite dei Santi. 1.) Syrische *Vita:* R. Draguet (ed.), *La vie primitive de Saint Antoine*. Louvain 1980. (CSCO. 417; *Scriptores Syri*. 184.) Englische Übersetzung in: Robert Gregg (transl.), *Athanasius: The Life of Anthony and the Letter to Marcellinus*. New York 1980. Deutsch: *BKV*, Bd. 31, S. 687-777.

–, *Lettre à des vierges qui étaient allées prier à Jérusalem*. Transl. J. Lebon. »Athanasiana Syriaca. Une lettre attribuée à saint Athanase d'Alexandrie.« In: *Le Muséon* 41 (1928), S. 169-215.

–, *S. Athanase: lettres festales et pastorales en copte*. Ed. L.-Th. Lefort. Louvain 1955. (*CSCO*. 150, 151; *Scriptores Coptici*. 19, 20.)

»Saint Athanase: Sur la virginité«, transl. L.-Th. Lefort, in: *Le Muséon* 42 (1929), S. 197-274.

Pseudo-Athanasius. *The Canons of Athanasius, Patriarch of Alexandria*, W. Reidel, W. E. Crum (eds., transl.), London 1904. Reprint: Amsterdam 1973. (Text and Translation Society. 9.)

–, *Sôtérios Logos peri parthenias*. Hrsg. H. von der Goltz. Leipzig 1906. (Texte und Untersuchungen. 29,2.)

–, *Vita Sanctae Syncleticae*. PG 28, S. 1485-1558.

Athenagoras. *A Plea for the Christians*. In: B. P. Pratten (ed.), *The Ante-Nicene Fathers*, Bd. 2. Grand Rapids, Mich. 1977. Deutsch: *BKV*, Bd. 12, S. 273-325.

Augustinus. Briefe. *PL* 33. Deutsch (Auswahl): *BKV*, Bd. 29, 30.

–, *Confessiones*. PL 32, S. 659-868. Deutsch: *BKV*, Bd. 18.

–, *Contra ii epistolas Pelagianorum*. PL 44, S. 599-640. Englisch: *Against the two letters of the Pelagians*. In: P. Holmes, R. E. Wallis (eds.),

Library of the Nicene and Post- Nicene Fathers, vol. 5. New York 1887.

–, *Contra Faustum*. PL 42, S. 207-518.

–, *Contra Iulianum*. PL 44, S. 641-880. Englisch: W. A. Schuhmacher (transl.), *Against Julian*. New York 1957. (Fathers of the Church. 35.)

–, *Contra Secundam Juliani Responsionem imperfectum opus*. PL 45, S. 1049-1608.

–, *De bono coniugali*. PL 40, S. 373-396. Englisch: *On the Good of Marriage and On Holy Virginity*. In: R. J. Deferrari (ed.), *Treatises on Marriage and Other Subjects*. New York 1955. (Fathers of the Church. 29.) Deutsch: A. Maxsein (Übers.), *Das Gut der Ehe*, Würzburg 1949.

–, *De civitate dei*. PL 41, S. 13-804. Deutsch: *BKV*, Bd. 1. 16. 28.

–, *De coniugiis adulterinis*. PL 40, S. 415-475.

–, *De Genesi ad litteram*. PL 34, S. 245-486. Englisch: *The Literal Meaning of Genesis*. In: J. H. Taylor (ed.), *Ancient Christian Writers*. 41-42. New York 1982. Deutsch: C. J. Perl (Übers.), *Über den Wortlaut der Genesis*. Bd. 1. 2. Paderborn 1961-64.

–, *De haeresibus*. PL 42, S. 21-50.

–, *De moribus ecclesiae catholicae et de moribus manichaeorum*. PL 32, S. 1300-1377. Deutsch: P. Keseling (Übers.), *Das Ethos der Christen*. Münster i. W. 1948.

–, *De nuptiis et concupiscentia*. PL 44, S. 415-475. Englisch: *On Marriage and Concupiscence*. In: Holmes, Wallis (eds.), *Library of the Nicene and Post-Nicene Fathers*, vol. 5.

–, *De opere monachorum*. PL 40, S. 547-582.

–, *De sancta virginitate*. PL 40, S. 395-428.

–, *De Trinitate*. PL 42, S. 819-1098.

–, *De utilitate credendi*. PL 42, S. 63-93.

–, *Enarrationes in Psalmos*. PL 36, S. 67-1028.

–, *Enarratio in Psalmum* 122. Englische Übersetzung in: Mary T. Clark (transl.), *Augustine of Hippo: Selected Writings*. New York 1984.

–, *Retractationes*. PL 32, S. 583-659.

–, *Sancti Augustini opera, epistulae ex duobus codicibus nuper in lucem prolatae*. Ed. J. Divjak. Wien 1981. (*CSEL*. 88.) Französische Übersetzung in: *Bibliothèque augustinienne: Œuvres de Saint Augustin* 46 B: Lettres 1*-29*. Paris 1987. (Neuentdeckte Briefe.)

–, *Sermones*. PL 38, 39.

–, *Soliloquia*. PL 32, S. 869-905. Deutsch: C. J. Perl (Übers.), *Alleingespräche*. Paderborn 1955.

Babylonian Talmud. General editor: I. Epstein. 35 vols. London 1935-62. Deutsch: L. Goldschmidt (Hrsg., Übers.), *Der babylonische Talmud*. Bd. 1-9. Haag 1933-35.

–, *ʿAbodah Zarah*. Transl. A. Mishcon. 1935.

–, *Baba Bathra*. Transl. M. Simon. 1935. Deutsch: BT, Bd. 6, S. 917 ff.

–, *Berakhoth*. Transl. M. Simon. 1948. Deutsch: BT, Bd. 1, S. 1 ff.

–, ʿErubin. Transl. I. Epstein. 1938.
–, Ḥullin. Transl. E. Cashdan. 1936. Deutsch: Ḥolin; BT, Bd. 8, S. 301 ff.
–, Moʿed Ḳaṭan. Transl. H. M. Lazarus. 1938. Deutsch: Moêd-qaṭan, BT, Bd. 3, S. 671 ff.
–, Nedarim. Transl. I. Epstein. 1936.
–, Niddah. Transl. I. Epstein. 1948.
–, Pesahim. Transl. I. Epstein. 1938.
–, Sanhedrin. Transl. I. Epstein. 1935. Deutsch: Synhedrin; BT, Bd. 7, S. 1 ff.
–, Shabbat. Transl. I. Epstein. 1938.
–, Soṭah. Transl. A. Cohen. 1936.
–, Sukka. Transl. W. Slotki. 1938.
–, Yebamoth. Transl. W. Slotki. 1936. Deutsch: Jabmuth; BT, Bd. 4, S. 1 ff.
–, Yoma. Transl. I. Epstein. 1938. Deutsch: Joma; BT, Bd. 2,, S. 749 ff.
Bachiarius. Brief. *PL Supp.* 1, S. 1035-1044.
Barsanuphius. *Biblios Barsanouphiou*. Griech. Text hrsg. v. S. Schoinos. Volos 1960.
–, Briefe. Ed. D. J. Chitty. *Barsanuphius and John, questions and answers*. Paris 1966. (*Patrologia Orientalis*. 31.)
–, *Barsanuphe et Jean de Gaza: Correspondance*. Transl. L. Regnault et al. Sablé-sur-Sarthe 1972.
Basilius von Ancyra. *La »De virginitate« de Saint Basile: texte vieux-slave*. Ed., transl. A. Vaillant. Paris 1943.
–, *De virginitate tuenda [Liber de vera virginitate.]* PG 30, S. 669-810.
Basilius von Cäsarea. *Homilia* 7 in divites. PG 31, S. 227-304.
–, *St. Basil: Letters*, 4 vols. Transl. R. J. Deferrari. Cambridge, Mass. 1961-62. Deutsch (Auswahl): *BKV*, Bd. 46.
–, *Praevia instituta ascetica [Asceticum Parvum.]* PG 31, S. 619-626.
–, *Regulae fusius tractatae*. PG 31, S. 889-1052. Englische Übersetzung in: M. M. Wagner (transl.) *St. Basil. The Ascetical Works*. New York 1950. (Fathers of the Church.)
–, *Sermo in tempore famis*. PG 31, S. 303-328.
Beda. *A History of the English Church and People*. Transl. Leo Shirley-Price. Harmondsworth 1955.
Besa. *Letters and Sermons of Besa*. Ed. K. H. Kühn. Louvain 1956. (*CSCO*. 157; *Scriptores Coptici*. 21.)
Bohairic Life of Saint Pachomius. In: A. Veilleux, transl., q.v., *Pachomian Koinonia*. Vol. 1: *The Life of Saint Pachomius and his Disciples*.
Budge, E. A. W. (ed.), *Miscellaneous Coptic Texts in the Dialect of Upper Egypt*. London 1915.
–, *Coptic Martyrdoms in the Dialect of Upper Egypt*. London 1914.

Cäsarius von Arles. *Sermones*, vol. 1. Ed. G. Morin. Turnhout 1953. (*Corpus Christianorum, series latina*. 103.)

Cicero. *Pro Caelio*. Deutsche Übersetzung in: M. Fuhrmann (Übers.), *Cicero: Sämtliche Reden*. Bd. 6. Zürich, München 1980.

Claudianus, Claudius, *Panegyricus dictus Olybrio et Probino consulibus*. Text, Übers. Komm. v. W. Taegert. München 1988. (Zetemata. 85.)

Clemens von Alexandrien. *Opera*. Ed. O. Stählin. Leipzig 1905-09. (Die griechischen christlichen Schriftsteller der ersten drei Jahrhunderte. 12, 15, 17, 39.) Englische Übersetzung in: A. C. Coxe (ed.), *The Ante-Nicene Fathers*, vol. 2. Grand Rapids, Mich. 1977.

–, *Excerpta ex Theodoto*. In: F. Sagnard (ed., transl.), *Clément d'Alexandrie: Extraits de Théodote*. Paris 1948. (Sources chrétiennes. 23.)

–, *Paedagogus*. *Clément d'Alexandrie: Le Pédagogue*. Ed. M. Harl mit einer Einleitung von H. I. Marrou. Paris 1960, 1965, 1970. (Sources chrétiennes. 70, 108, 158.) Deutsch: *BKV*, Reihe 2, Bd. 7. 8.

–, *Protrepticus*. Deutsch: *BKV*, Reihe 2, Bd. 7, S. 69-199.

–, *Stromateis* III, VII. In: H. Chadwick, (transl.), *Alexandrian Christianity*. Philadelphia 1954. Deutsch: *BKV*, Reihe 2, Bd. 17, 19, 20.

Pseudo-Clemens. *Epistolae ii ad virgines*. *PG* 1, S. 350-452. Englische Übersetzung in: M. P. Pratten (ed.), *The Ante-Nicene Fathers*, vol. 8. Grand Rapids, Mich. 1951. Deutsch: H. Duensing, »Die dem Klemens von Rom zugeschriebenen Briefe über die Jungfräulichkeit«, in: *Zeitschrift für Kirchengeschichte* 63 (1950), S. 166-188.

–, *Homiliae*. *PG* 2, S. 57-468.

Constantius. *Leben des Germanus von Auxerre*. Ed. R. Borius. *Constance de Lyon: Vie de Saint Germain d'Auxerre*. Paris 1965. (Sources chrétiennes. 112.)

Cornutus. *Theologiae Graecae Compendium*. Ed. C. Lang. Leipzig 1881.

Cyprianus von Karthago. Briefe und Schriften. Ed. G. Hartel. Wien 1868. (*CSEL*. 3.)

–, Briefe. Englische Übersetzung in: E. Wallis (ed.), *The Ante-Nicene Fathers*, vol. 5. Grand Rapids, Mich. 1981. Deutsch: *BKV*, Bd. 60.

–, *The Letters of Saint Cyprian of Carthage*. Transl., comm. G. W. Clarke. New York 1983, 1984. (Ancient Christian Writers. 43, 44.)

Pseudo-Cyprianus. *De singularitate clericorum*. Ed. G. Hartel. Wien 1871. (*CSEL*. 3,3.)

Cyrillus der Patriarch. *The Answers of Apa [the Patriarch] Cyril*. In: W. E. Crum (Hrsg.), *Der Papyruskodex der Philippsbibliothek*. Straßburg 1915.

Dessau, H. (Hrsg.), *Inscriptiones latinae selectae*, Bd. 1. Berlin 1892.

Didascalia et Constitutiones Apostolorum. Ed. F. X. Funk. Paderborn 1905. Englisch: R. H. Connolly (transl.), *Didascalia Apostolorum*. Oxford 1929.

Diehl, E. (Hrsg.), *Inscriptiones latinae christianae veteres*. Bd. 1-3. Zürich 1970.

Dionysius von Alexandrien. *Kanonischer Brief*. *PG* 10, S. 1271-1290.

Dittenberger, W. (Hrsg.), *Sylloge Inscriptionum Graecarum*. Bd. 3. Hildesheim 1960.

Dorotheus von Gaza. *Abhandlungen*. In: L. Regnault, J. de Préville (eds.), *Dorothée de Gaza: Œuvres spirituelles*. Paris 1963. (Sources chrétiennes. 92.) Englisch: E. P. Wheeler, *Dorotheus of Gaza: Discourses and Sayings*. Kalamazoo, Mich. 1977.

Egeria. *Peregrinatio*. In: P. Geyer (Hrsg.), *Itineraria Hierosolymitana*. Wien 1898. (*CSEL*. 39.)

Elishe Vartapet. *Geschichte von Vartan*. In: V. Langlois (ed.), *Collection des historiens anciens et modernes de l'Arménie*, vol. 2. Paris 1869.

Ephraim der Syrer. *De Paradiso*. R. Lavenant (transl.). *Éphrem de Nisibe: Hymnes sur le Paradis*. Paris 1968. (Sources chrétiennes. 137.) Deutsch: E. Beck (Übers.), *Des Heiligen Ephraem des Syrers Hymnen De paradiso und Contra Iulianum*. Bd. 2. Louvain 1957. (*CSCO*. 175; *Scriptores Syri*. 79.)

–, »Hymnes inédits de S. Éphrem sur la virginité«, transl. F. Graffin, in: *L'Orient Syrien* 6 (1961), S. 213-242.

–, *Hymnen über die Auferstehung*. Englisch: S. P. Brock, *The Harp of the Spirit*. London 1983. (Studies Supplementary to *Sobornost*. 4.)

Epiktet. *Enchiridion*. In: W. A. Oldfather (ed., transl.), *Epictetus*. Cambridge, Mass. 1965. Deutsch: C. Hilty (Übers.), *Dulde und entbehre*. Zürich 1946

Epiphanius. *Expositio fidei catholicae*. *PG* 42, S. 773-832.

–, *Panarion*. *PG* 41, S. 155-1200.

Eunapius. *Leben der Sophisten*. In: W. C. Wright (ed.), *Philostratus and Eunapius*. Cambridge, Mass. 1952.

Eusebius von Cäsarea. *Demonstratio Evangelica*. W. S. Ferrar (transl.) *Eusebius: The Proof of the Gospel*, vol. 1. London 1920.

–, *Kirchengeschichte*. H. J. Lawlor, J. E. L. Oulton (transl.), *Eusebius: The Ecclesiastical History and the Martyrs of Palestine*. London 1927. Auch: A. C. McGiffert. *Library of Nicene and Post-Nicene Fathers*, vol. 1. Grand Rapids, Mich. 1979. Deutsch: *BKV*, Reihe 2, Bd. 1.

–, *Leben Konstantins*. Englische Übersetzung in: E. C. Richardson (ed.), *Library of Nicene and Post-Nicene Fathers*, vol. 1. Grand Rapids, Mich. 1979. Deutsch: *BKV*, Bd. 9, S. 1-190.

–, *Die palästinensischen Märtyrer*. In: Lawlor, Oulton, (transl.), *Eusebius: The Ecclesiastical History and the Martyrs of Palestine*.

Eusebius von Emesa. *Predigten*. In: E. M. Buytaert (ed.), *Eusèbe d'Émèse: Discours conservés en latin*. Louvain 1953. (Spicilegium Sacrum Lovaniense. 26.)

Evagrius Ponticus. *Antirrhetikos*. In: W. W. Frankenberg (Hrsg.), *Euagrius Ponticus*. Abhandlungen der königlichen Gesellschaft der Wissenschaften zu Göttingen, Philol.-Hist. Klasse, N. F. 13,2. Berlin 1912.

–, *Brief an Melania*. In: Frankenberg (Hrsg.), *Euagrius Ponticus*. Deutsch: G. Bunge (Übers.), *Evagrios Pontikos: Briefe aus der Wüste*. Trier 1986. (Sophia. 24.)

–, *Praktikos*. In: A. u. C. Guillaumont (eds.), *Évagre le Pontique: Traité Pratique ou le moine*. Paris 1971. (Sources chrétiennes. 171.) Englisch: J. E. Bamberger (transl.), *Evagrius Ponticus: The Praktikos and Chapters on Prayer*. Kalamazoo, Mich. 1978. (Cistercian Studies. 4.)

–, *Sententiae ad monachos*. *PG* 40, S. 1277-1282.

–, *Sententiae ad virgines*. Hrsg. H. Gressmann. Leipzig 1913. (Texte und Untersuchungen. 39.)

Festugière, A. J. (transl.), *Actes du Concile de Chalcédoine: Sessions iii-vi*. Genf 1983. (Cahiers d'orientalisme. 4.)

Galen. *Galeni Opera Omnia*. Ed. C. G. Kühn. Leipzig 1823.

–, *De cognoscendis animi morbis*. In: Kühn (ed.), *Galeni Opera*, vol. 5. Englisch: P. W. Harkins (transl.), *On the Passions and Errors of the Soul*. Columbus, Ohio 1963.

–, *De locis affectis*. In: Kühn (ed.), *Galeni Opera*, vol. 8.

–, *De semine*. In: Kühn (ed.), *Galeni Opera*, vol. 4.

–, *De usu partium*. In: Kühn (ed.), *Galeni Opera*, vol. 4. Englisch: M. T. May (transl.), *Galen: On the Usefulness of the Parts of the Body*. Ithaca 1968.

Gaudentius von Brescia. *Tractatus vel Sermones*. *PL* 20, S. 843-1004.

Gelasius. *Ad Andromachum*. G. Pomarès (ed.), *Gélase 1er: Lettre contre les Lupercales*. Paris 1959. (Sources chrétiennes. 65.)

Gregor der Große. Briefe. *PL* 77, S. 431-1328.

–, *Moralia*. *PL* 75, S. 509-1162.

Gregor von Nazianz. Briefe. *PG* 37, S. 21-389.

–, *Carmina*. *PG* 37, S. 397-1600.

–, *Orationes*. *PG* 35, S. 395-1252. Englisch: C. G. Browne, J. E. Swallow (transl.), *Library of the Nicene Fathers*, vol. 7. Grand Rapids, Mich. 1974. Deutsch: *BKV*, Bd. 59. (Reden 1-20.)

–, *Testamentum*. *PG* 37, S. 389-396.

Gregor von Nyssa. Briefe. *PG* 46, S. 999-1108.

–, *Contra Eunomium*. *PG* 45, S. 243-1122.

–, *De hominis opificio*. *PG* 44, S. 123-256. Englische Übersetzung in: W. Moore, H. A. Wilson (eds.), *Library of the Nicene Fathers*, vol. 5. Grand Rapids, Mich. 1976.

–, *De mortuis*. *PG* 46, S. 497-538.

–, *De pauperibus amandis*. *PG* 46, S. 453-490.

–, *Encomium in Sanctum Theodorum*. *PG* 46, S. 735-748.

–, *From Glory to Glory*. Ed. J. Daniélou, transl. H. Musurillo. New York 1961.

–, *In Cantica Canticorum*. *PG* 44, S. 755-1120.

–, *In Flacillam*. *PG* 46, S. 877-892.

–, *In Psalmos*. *PG* 44, S. 431-608.

–, *Leben der Makrina*. P. Maraval (ed.), *Grégoire de Nysse: La Vie de Sainte*

Macrine. Paris 1971. (Sources chrétiennes. 178.) Deutsch: *BKV*, Bd. 56, S. 337-368.
–, *Oratio catechetica*. In: Moore, Wilson (transl.), *Library of the Nicene Fathers*.Deutsch: *BKV*, Bd. 56, S. 1-85.
–, *Über die Jungfräulichkeit*. M. Aubineau (ed.), *Grégoire de Nysse: Traité de la Virginité*. Paris 1961. (Sources chrétiennes. 119.) Englische Übersetzung in: V. W. Callahan (transl.), *Gregory of Nyssa: Ascetical Works*. New York 1967. (Fathers of the Church. 58.) Auch: Moore, Wilson (transl.), *Library of the Nicene Fathers*. Deutsch: W. Blum (Übers.), *Über das Wesen des christlichen Bekenntnisses. Über die Vollkommenheit. Über die Jungfräulichkeit*. Stuttgart 1977. (Bibliothek der griechischen Literatur. 7.)
–, *Über die Seligpreisungen*. PG 44, S. 1193-1302. Deutsch: *BKV*, Bd. 56, S. 153-240.
Gregor von Tours. *Liber de gloria Confessorum*. Hrsg. B. Krusch. *Monumenta Germaniae Historica. Scriptores Rerum Merovingicarum*, Bd. 1, T. 2. Hannover 1885.

Hegemonius. *Acta Archelai*. Hrsg. C. H. Beeson. Leipzig 1906. (Die griechischen christlichen Schriftsteller der ersten drei Jahrhunderte. 16.)
Hermas. *Hermas: Le Pasteur*. Ed. R. Joly. Paris 1968. (Sources chrétiennes. 53.) Paris 1968. Deutsch: *BKV*, Bd. 35, S. 179-289.
Hieronymus. *Adversus Jovinianum*. PL 23, S. 221-352.
–, Briefe. PL 22, S. 325-1197. Deutsch (Auswahl): *BKV*, Reihe 2, Bd. 16. 18.
–, *Contra Johannem Hierosolymitanum*. PL 23, S. 371-412.
–, *Contra Rufinum*. PL 23, S. 415-514. Ed. P. Lardet. *Corpus Christianorum, series latina* 79. Turnhout 1982.
–, *Contra Vigilantium*. PL 23, S. 353-368.
–, *De viris illustribus*. PL 23, S. 631-764.
–, *Dialogus adversus Pelagianos*. PL 23, S. 517-626. Deutsch: *BKV*, Bd. 15, S. 335-497.
–, *In Ecclesiasten*. Ed. M. Adriaen. *Corpus Christianorum, series latina* 72. Turnhout 1959.
–, *In Ephesios*. PL 26, S. 467-588.
–, *In Hieremiam*. PL 24, S. 705-936. Ed. S. Reiter. *Corpus Christianorum, series latina* 74. Turnhout 1960.
–, *Interpretatio libri Didymi de Spiritu Sancto*. PL 23, S. 109-162.
–, *In Titum*. PL 26, S. 589-636.
–, *Leben des Malchus*. PL 23, S. 55-62.
–, *Liber de nominibus Hebraicis*. PL 23, S. 815-903.
–, *Vita S. Hilarionis*. PL 23, S. 29-54.
Pseudo-Hieronymus. *Ad amicum aegrotum*. PL 30, S. 63-108.
–, *De septem ordinibus ecclesiae*. PL 30, S. 157-168.

–, *De virginitate. PL* 30, S. 163-175.
Hilarius von Arles. *Sermo de vita sancti Honorati.* Ed. S. Cavallin. *Vitae Sanctorum Honorati et Hilarii.* Lund 1952.
Hippolytus. *Apostolische Tradition.* G. Dix (ed., transl.), *Apostoliké Paradosis: The Treatise on the Apostolic Tradition of S. Hippolytus of Rome.* Reiss. by H. Chadwick. London ²1968.
–, *Kommentar zu Daniel.* Hrsg. N. Bonwetsch, H. Achelis. Leipzig 1897. (Die griechischen christlichen Schriftsteller der ersten drei Jahrhunderte. 1.)
–, *Widerlegung aller Häresien.* Englische Übersetzung in: J. H. MacMahon (ed.), *The Ante-Nicene Fathers,* vol. 5. Grand Rapids, Mich. 1981. Deutsch: *BKV,* Bd. 40.
Homélies Pascales. Vol. 3: *Une Homélie Anatolienne sur la Date de Pâques en l'An* 387. Ed. F. Floëri, P. Nautin. Paris 1957. (Sources chrétiennes. 48.)
Honorius I. Briefe. *PL* 80, S. 469-484.
Horsiesi. *Instruktionen.* In: A. Veilleux (transl.), q.v., *Pachomian Koinonia.* Vol. 2: *Pachomian Chronicles and Rules.*
Huelsen, C. (Hrsg.), *Corpus Inscriptionum Latinarum.* Berlin 1902.
Hunt, A. S., u. C. C. Edgar (eds., transl.), *Select Papyri,* vol. 2. Cambridge, Mass. 1965.

Ibn al-Nadim. *The Fihrist of al-Nadim,* 2 vols. Transl. B. Dodge. New York 1970.
Innozenz I. Briefe. *PL* 20, S. 463-640.
Irenäus. *Gegen die Häresien.* Englische Übersetzung in: A. Roberts, W. H. Rambaut (eds.) *The Ante-Nicene Library: The Writings of Irenaeus,* vol. 2. Edinburgh 1869. Deutsch: *BKV,* Bd. 3. 4.
Irish Penitentials, The. Ed. Ludwig Bieler with an introduction by D. A. Binchy. Dublin 1975. (Scriptores Latini Hiberniae. 5.)
Isaias von Scetis. *Asceticon.* Franz. Übersetzung: Mönche von Solesmes. *Abbé Isaie: Recueil ascétique.* Soicy-sur-Seine 1970. (Spiritualité orientale. 7.)
Isidor von Pelusium. Briefe. *PG* 78, S. 177-1646.

Johannes Cassianus. *Collationes.* Ed. E. Pichery. *Jean Cassien: Les Conférences.* Paris 1953, 1958, 1959. (Sources chrétiennes. 42, 54, 64.)
–, *De institutis coenobiorum.* Ed. J. C. Guy. *Jean Cassien: Les Institutions cénobitiques.* Paris 1965. (Sources chrétiennes. 109.) Englische Übersetzung in: Edgar C. S. Gibson (ed.), *Library of the Nicene and Post-Nicene Fathers,* vol. 11. New York 1894.
Johannes Chrysostomus. *Jean Chrysostome: une jeune veuve sur le mariage unique.* Eds. B. Grillet, G. H. Ettlinger. Paris 1938. (Sources chrétiennes. 138.)
–, *De eleemosyna. PG* 51, S. 261-272.

–, *De inani gloria*. In: A. M. Malingrey (ed.), *Jean Chrysostome: Sur la vaine gloire et l'éducation des enfants*. Paris 1972. (Sources chrétiennes. 188.) Englische Übersetzung in: M. L. W. Laistner (transl.), *Christianity and Pagan Culture in the Later Roman Empire*. Ithaca, N.Y. 1951. Deutsch: J. Glagla (Übers.), *Über Hoffart und Kindererziehung*. Paderborn 1968.

–, *De sacerdotio*. PG 48, S. 623-692. Deutsch: *BKV*, Bd. 27, S. 97-251.

–, *De virginitate*. PG 48, S. 533-596. Ed. H. Musurillo, B. Grillet. *Jean Chrysostome: La Virginité*. Paris 1966. (Sources chrétiennes. 125.) Englisch: Sally R. Shore (transl.), *John Chrysostom: On Virginity, Against Remarriage*. New York 1983.

–, *Homiliae de statuis*. PG 49, S. 15-222.

–, *Homiliae in Epist. ad Colossios*. PG 62, S. 299-392. Deutsch: *BKV*, Bd. 45, S. 235-419.

–, *Homiliae in Epist. I ad Corinthios*. PG 61, S. 11-382. Englische Übersetzung in: T. W. Chambers (ed.), *A Select Library of the Nicene Fathers*, vol. 12. Grand Rapids, Mich. 1979.

–, *Homiliae in Epist. ad Ephesios*. PG 62, S. 4-176.

–, *Homiliae in Epist. ad Hebraeos*. PG 63, S. 9-236. Englische Übersetzung in: F. Gardner (ed.), *Library of Nicene and Post-Nicene Fathers*, vol. 14. Grand Rapids, Mich. 1978.

–, *Homiliae in Epist. I ad Timotheum*. PG 62, S. 501-600. Englische Übersetzung in: P. Schaff (ed.), *Library of Nicene and Post-Nicene Fathers*, vol. 13. Grand Rapids, Mich. 1979.

–, *Homiliae in Epist. II ad Timotheum*. PG 62, S. 599-662.

–, *Homiliae in Genesim*. PG 54, S. 385-580.

–, *Homiliae in Johannem*. PG 50, S. 23-482.

–, *Homiliae in Matthaeum*. PG 57, S. 13-472. Transl. G. Prevost. *Library of Nicene and Post-Nicene Fathers*, vol. 10. Grand Rapids, Mich. 1978. Deutsch: *BKV*, Bd. 23. 25. 26. 27.

–, *In illud propter fornicationes*. PG 51, S. 207-218.

–, *Jean Chrysostome: Huit Catéchèses baptismales inédites*. Ed. A. Wenger. Paris 1957. (Sources chrétiennes. 50.)

–, *Jean Chrysostome: Lettres à Olympias*. Ed. A. M. Malingrey. Paris 1947. (Sources chrétiennes. 13.)

–, *Quod regulares feminae*. PG 47, S. 513-532. Englisch: Elizabeth A. Clark, *Jerome, Chrysostom and Friends. Essays and Translations*. New York, Toronto 1979.

–, *St. John Chrysostom: On Marriage and Family Life*. Transl. C. P. Roth, D. Anderson. Crestwood, N.Y. 1986.

Johannes Climacus. *Die Leiter des göttlichen Aufstiegs*. PG 88, S. 623-1164. Englisch: C. Luibheid, N. Russell (transl.), *The Ladder of Divine Ascent*. New York 1982.

Johannes von Ephesus. *Kirchengeschichte*. Ed. E. W. Brooks. Louvain 1936. (*CSCO*. 106; *Scriptores Syri*. 55.)

–, *Leben der östlichen Heiligen*. Paris 1923. (*Patrologia Orientalis*. 17.)
Johannes der Faster. *Poenitentiale*. PG 88, S. 1889-1918.
Jonkers, E. F. (ed.), *Acta et symbola conciliorum quae saeculo quarto habita sunt*. Leiden 1974. (Textus Minores. 19.)
Justin. *Apologie*. Deutsch: *BKV*, Bd. 12, S. 65-155.
–, *Dialog mit dem Juden Tryphon*. Deutsch: *BKV*, Bd. 33, S. 1-231.
Laktanz. *Divinae Institutiones*. PL 7, S. 111-822.
Leander von Sevilla. *Regula. Liber de institutione virginum et contemptu mundi*. PL 72, S. 873-894.
Leben Melanias der Jüngeren. D. Gorce (ed.), *Vie de Sainte Mélanie*. Paris 1962. (Sources chrétiennes. 90.) Englisch: Elizabeth A. Clark. New York 1984. Deutsch: *BKV*, Bd. 5, 445-498.
Leben der Olympias. Englische Übersetzung in: Elizabeth A. Clark, *Jerome, Chrysostom and Friends. Essays and Translations*. New York, Toronto 1979.
Leben des Symeon Stylites. Transl. F. Lent, in: *Journal of the American Oriental Society* 35 (1915), S. 103-198.
Leontius von Neapolis. *Leben des heiligen Narren Symeon*. Ed. A. J. Festugière, L. Ryden. *Léonce de Néapolis: Vie de Syméon le Fou*. Paris 1974.
Liber ad Gregoriam. PL Supp. 3, S. 221-256.
Liber Graduum. Ed. M. Kmosko. Paris 1926. (*Patrologia Syriaca*. 3.)
Lohse, E. (Hrsg., Übers.), *Die Texte aus Qumran*. Hebräisch und Deutsch. Darmstadt ²1971.
Pseudo-Lukian. *Amores*. In: M. D. MacLeod (ed.), *Lucian*, vol. 8. Cambridge, Mass. 1967.

Pseudo-Makarius. *Homiliae*. PG 34, S. 449-822. In: V. Desprez (ed.), *Pseudo-Macaire: Œuvres Spirituelles*, vol. 1. Paris 1980. (Sources chrétiennes. 275.)
Mani. *Leben des Mani*. A. Henrichs, L. Koenen (eds., transl.), »Ein griechischer Mani-Codex (P. Colon. inv. no. 4780)«, in: *Zeitschrift für Papyrologie und Epigraphik* 5 (1970), S. 97-216, und in darauffolgenden Bänden: *Zeitschrift für Papyrologie und Epigraphik* 19 (1975), S. 1-85; 32 (1978), S. 87-199; 44 (1981), S. 201-318; 48 (1982), S. 319-377.
–, *The Cologne Mani Codex: »Concerning the Origin of his Body«* Ed., transl. R. Cameron, A. J. Dewey. Missoula, Mont. 1979.
Manichäisches lateinisches Dokument. PL Supp. 2, S. 1378-1388.
Marcellus von Bordeaux. *De medicamentis*. Hrsg. M. Niedermann. Berlin 1968.
Mark Aurel. *Meditationen*. Deutsch: W. Theiler (Hrsg., Übers.), Marc Aurel: *Wege zu sich selbst*. Darmstadt ³1984.
Markus der Diakon. *Marc le Diacre: Vie de Porphyre*. Ed. H. Grégoire, A. Kugener. Paris 1930.
Martyrium des heiligen Theodotus von Ancyra. Ed. Pio Franchi de' Cavalieri. *Studi e Testi* 6 (1901), S. 69-73.

The Martyrology of Oengus the Culdee. Ed. W. Stokes. Dublin 1984.
Maximus von Turin. *Sermones*. Ed. A. Mutzenbecher. *Corpus Christianorum, series latina* 23. Turnhout 1962.
Melito von Sardes. *On Pascha and Fragments*. Ed., transl. S. G. Hall. Oxford 1979. Deutsch: *Vom Passa*. Übers. J. Blank. Freiburg i. Br. 1963.
Menander. *Epideictica*. Ed., transl. D. A. Russell, N. G. Wilson. Oxford 1981.
Methodius. *Symposium*. H. Musurillo (ed.), V. H. Debidor (transl.), *Méthode d'Olympe: Le Banquet*. Paris 1963. (Sources chrétiennes. 95.) Deutsch: *BKV*, Bd. 2, S. 281-397.
–, *Über die Auferstehung*. PG 18, S. 235-330. Englische Übersetzung in: W. R. Clark (ed.), *The Ante-Nicene Fathers*. New York 1899.
Midrash Rabba: Ecclesiastes. Transl. A. Cohen. London 1939.
–, *Genesis*. Transl. H. Freedman, M. Simon. London 1939.
–, *Numbers*. Transl. J. Slotki. London 1939.
–, *Song of Songs*. Transl. M. Simon. London 1939.
Minucius Felix. *Octavius*. In: G. H. Randall (ed., transl.), *Tertullian and Minucius Felix*. Cambridge, Mass. 1953. Deutsch: *BKV*, Bd. 14, S. 135-204.
Mitteis, L., u. U. Wilcken (Hrsg.), *Grundzüge und Chrestomathie der Papyruskunde*. Leipzig 1912.
Mosaicarum et Romanarum Legum Collatio. In: S. Riccobono (ed.), *Fontes Iuris Romani Anteiustiniani*, vol. 1. Florenz 1968.
Munier, C. (ed.), *Les Statuta Ecclesiae Antiquae*. Paris 1960.
Musonius Rufus. Fragmente. In: Cora B. Lutz (ed.), »Musonius Rufus. The Roman Socrates«, in: *Yale Classical Studies* 10 (1947), S. 3-147. Deutsche Übersetzung in: W. Capelle (Übers.), *Epiktet, Teles und Musonius: Wege zu glückseligem Leben*. Zürich 1948.

Nag Hammadi Library in English, The. Ed. James M. Robinson. Translated by the members of the Coptic Gnostic Library project of the Institute for Antiquity and Christianity. Leiden 1977. New York 1977. Deutsche Übersetzung einzelner Texte in: M. Krause, K. Rudolph (Einl., Übers.), *Die Gnosis*. 2. Koptische und mandäische Quellen. Zürich, Stuttgart 1971.
Nazarius. *Panegyricus*. PL 8, S. 581-640.
Nemesius von Emesa. *Über die Natur des Menschen*. PG 40, S. 503-818.
Nilus von Ancyra. *De voluntaria paupertate*. PG 79, S. 967-1060.

Oden Salomos. Ed. J. H. Charlesworth. Missoula, Mont. 1977. Deutsch: *ATN*, Bd. 2, S. 576-625.
Oribasius. *Œuvres d'Oribase*, vol. 3. Ed. U. C. Bussmaker, C. Daremberg. Paris 1858.
Origenes. *Origène: Commentaire sur Saint Jean*. Ed. Cécile Blanc. Paris 1970. (Sources chrétiennes. 157.)

–, *Contra Celsum*. Transl. H. E. Chadwick. Cambridge 1965. Deutsch: *BKV*, Bd. 52. 53.
–, *De Principiis*. In: H. Crouzel, M. Simonetti (eds.), *Origène: Traité des Principes*. Paris 1978-1984. (Sources chrétiennes. 252, 253, 268, 269, 312.) Englisch: G. W. Butterworth (transl.), *Origen: On First Principles*. New York 1966. Deutsch: H. Görgemanns, H. Karpp (Hrsg. Übers.), *Origenes: Vier Bücher von den Prinzipien*. Darmstadt 1976. (Texte zur Forschung. 24.)
–, *Dialogue with Heraclides*. Transl. H. E. Chadwick. *Alexandrian Christianity*. Philadelphia 1954. Deutsch: E. Früchtel (Übers.), *Origenes: Das Gespräch mit Herakleides*. Stuttgart 1974. (Bibliothek der griechischen Literatur. 5.)
–, »*Fragments on I Cor.*«, ed. C. Jenkins, in: *Journal of Theological Studies* 9 (1907/08), S. 500-514.
–, »*Fragments on Ephesians, no. 29*«, ed. J. A. Gregg, in: *Journal of Theological Studies* 3 (1901/02), S. 565-567.
–, *Origène: Homélies sur le Cantique des Cantiques*. Ed. O. Rousseau. Paris 1954. (Sources chrétiennes. 37.)
–, *Origenes: Werke*. Hrsg. W. A. Baehrens. Leipzig 1899-1955. (Die griechischen christlichen Schriftsteller der ersten drei Jahrhunderte. 2. 3.)
Oxyrhynchus Papyri, vol. 50. London 1983.

Pachomius. *Precepts and Judgements*. In: A. Veilleux (transl.), q.v., *Pachomian Koinonia*. Vol. 2: *Pachomian Chronicles and Rules*.
Palästinensischer Talmud. Soṭah. M. Schwab (transl.), *Le Talmud de Jérusalem*, vol. 4. Paris 1972.
Palladas. *Anthologia Palatina*. In: W. R. Paton (ed.), *The Greek Anthology*, vol. 4. Cambridge, Mass. 1971.
Palladius. *Dialogus de vita Johannis Chrysostomi*. PG 47, S. 3-82. Ed. C. R. Coleman-Norton. Cambridge 1928.
–, *Palladius: The Lausiac History*. Transl. R. T. Meyer. New York 1964. (Ancient Christian Writers. 34.)
–, *Lausiakische Geschichte*. In: R. Draguet (ed.), *Les formes syriaques de la matière de l'Histoire Lausiaque*, vol. 1. Louvain 1978. (*CSCO*. 390; *Scriptores Syri*. 170.)
Pamphilus. *Apologia pro Origine*. PG 17, S. 541-616.
Papiri Greci e Latini, vol. 10. Florenz 1932.
Patrick. *Confessio*. In: A. B. E. Hood (ed.), *St. Patrick*. London, Chichester 1978. Deutsch: F. Wotke (Übers.), *Das Bekenntnis des heiligen Patrick und sein Brief an die Gefolgsleute des Coroticus*. Freiburg 1940. (Zeugen des Wortes. 25.)
Paulinus von Mailand. *Leben des heiligen Ambrosius*. In: F. R. Hoare (transl.), *The Western Fathers*. New York 1954. Deutsch: E. Dassmann, I. Opelt (Übers.), *Das Leben des heiligen Ambrosius*. Düsseldorf 1967.

Paulinus von Nola. *Carmina.* Ed. W. Hartel. Wien 1904. (*CSEL.* 30.)
Paulusakten (Taten des Paulus und der Thekla). ATN, Bd. 2, S. 243-251.
Pelagianische Briefe [Scripta Pelagiana]. *Epistula de castitate. PL Supp.* 1, S. 1464-1505.
–, »*Honorificentiae tuae.« PL Supp.* 1, S. 1687-1694.
Pelagius. *Ad Demetriadem. PL* 30, S. 16-487.
–, *Expositio in epistolam ad Romanos. PL Supp.* 1, S. 1112-1181.
Percival, E. J. (ed.), *The Seven Ecumenical Councils.* In: *Library of Nicene and Post-Nicene Fathers,* vol. 14. Grand Rapids, Mich. 1977.
Petrus von Alexandrien. *Kanonische Epistel. PG* 18, S. 467-508.
Philo. *De vita contemplativa.* Ed. R. Arnaldez mit einer Einführung von F. Daumas. *Philo: »De Vita Contemplativa«: Œuvres de Philon d'Alexandrie.* Paris 1963. Englische Übersetzung in: F. H. Colson, *Philo,* vol. 9. Cambridge, Mass. 1967.
–, *Hypothetica.* In: Eusebius, *Praeparatio Evangelica. PG* 21.
–, *Leben Mosis.* In: Colson (ed.), *Philo,* vol. 6. Cambridge, Mass. 1950. Deutsche Übersetzung in: *Philo von Alexandria: Die Werke in deutscher Übersetzung.* Bd. 1. Berlin ²1962
Philoxenus von Mabbug. *Brief an einen Freund.* Transl. G. Olinder. *Acta Universitatis Gotoburgensis* 56 (1950).
–, »Memra de Philoxène de Mabboug sur l'Inhabitation du Saint-Esprit«, transl. A. Tanghe, in: *Le Muséon* 73 (1960), S. 39-71.
Plinius. *Pliny: Natural History.* Ed. H. Rackham. Cambridge, Mass. 1969. Deutsch: C. F. L. Strack (Übers.), *Naturgeschichte.* Bremen 1853.
Plotin. *Enneaden.* Transl. S. MacKenna. London 1956. Deutsch: R. Harder (Übers.), *Plotin: Schriften.* Hamburg 1956-60. (Philosophische Bibliothek. 211-215.)
Plutarch. *De Iside.* In: F. C. Babbitt (ed.), *Plutarch's Moralia,* vol. 5. Cambridge, Mass. 1969. Deutsche Übersetzung in: *Plutarch: Vermischte Schriften.* Bd. 2. München, Leipzig 1911.
–, *De sanitate tuenda.* In: F. C. Babbitt (ed.), *Plutarch's Moralia.* Cambridge, Mass. 1971.
–, *Praecepta coniugalia.* In: Babbitt (ed.), *Plutarch's Moralia,* vol. 2.
–, *Vergleichung des Lykurgos und Numa.* In: B. Perrin (ed.), *Plutarch's Lives.* Cambridge, Mass. 1948. Deutsche Übersetzung in: K. Ziegler (Übers.), *Große Griechen und Römer.* Bd. 1. Zürich, Stuttgart 1954.
Polemo. *Physiognomica.* In: R. Förster (Hrsg.), *Physiognomici graeci,* Bd. 1. Leipzig 1891.
Polotsky, H. J. (Hrsg.), *Manichäische Handschriften der staatlichen Museen Berlins.* Bd. 1: *Kephalaia.* Stuttgart 1940.
Porphyrius. *Contra Christianos.* Hrsg. A. von Harnack, »Porphyrius, ›Gegen die Christen‹«, in: *Abhandlungen der Königlichen Preußischen Akademie der Wissenschaften* 1916, S. 1-115. Berlin 1916.

–, *Porphyre: De l'Abstinence*. Ed. J. Bouffartigue, M. Patillon. Paris 1977. Englisch: Thomas Taylor, *On Abstinence from Animal Foods*. London 1965.
–, *Porphyry: On the Cave of the Nymphs*. Ed., transl. Arethusa Monographs. Buffalo, N.Y. 1960. Englisch: Robert Lamberton. Barrington, New York 1983.
–, *On Philosophy from Oracles*. In: Eusebius. *Praeparatio Evangelica. PG* 21.
–, *Life of Plotinus*. Transl. S. MacKenna. *Plotinus: Enneads*. London 1956. Deutsch: R. Harder (Übers.), *Porphyrios: Über Plotins Leben*. Hamburg 1958. (Plotins Schriften. 5c.)
Possidius. *Leben des Augustinus. PL* 32, S. 33-66.
Prokop, *Perserkriege*. Griechisch-deutsch, ed. O. Veh. München 1970.

Quintilian. *Institutio oratoria*. In: H. E. Butler (ed.), *Quintilian*, 4 vols. Cambridge, Mass. 1969-1979.

Roca-Puig, R. (ed.), *Himne a la Verge Maria: »Psalmus responsorius«, papir llatí del segle iv*. Barcelona 1965.
Romanos Melodos. *Romanos le Mélode: Hymnes III*. Ed. J. Grosdidier de Matons. Paris 1965. (Sources chrétiennes. 114.)
Rufinus. *Apologia contra Hieronymum*. In: M. Simonetti (ed.), *Tyrannii Rufini Opera*. Turnhout 1961. (*Corpus Christianorum, series latina*. 20.)
–, *Expositio Symboli*. In: Simonetti (ed.), *Opera*.
–, *Historia Monachorum. PL* 21, S. 387-462.
–, *Praefatio in Omelias Sancti Basilii*. In: Simonetti (ed.), *Opera*.
–, *Praefationes in Libros Origenis Peri archon*. In: Simonetti (ed.), *Opera*.
–, *Prologus in Omelias Origenis super Numeros*. In: Simonetti (ed.), *Opera*.

Sallust. *Sallustius: Concerning the Gods and the Universe*. Ed. A. D. Nock. Cambridge 1926.
Schenute von Atripe. Briefe. Ed. J. Leipoldt, W. E. Crum. Leipzig 1898. (*CSCO*. 43; *Scriptores Coptici*. 3.) Transl. H. Wiesmann. Louvain 1953. (*CSCO*. 96; *Scriptores Coptici*. 8.)
Schermann, T. (Hrsg.), *Die allgemeine Kirchenordnung frühchristlicher Liturgien*. Paderborn 1914.
Serapion von Thmuis. *Brief an die Mönche. PG* 40, S. 924-942.
Sermo de sacrilegio. PL Supp. 4, S. 969-973.
Severus von Antiochien. *Homiliae cathedrales*. Ed. M. Brière, F. Graffin. Turnhout 1974. (*Patrologia Orientalis*. 36.)
Sextus. *The Sentences of Sextus: A Contribution to the History of Christian Ethics*. Cambridge 1959. (Texts and Studies, n.s. 5.)
Siricius, Papst. Briefe. *PL* 13, S. 1131-1196.
Sokrates. *Kirchengeschichte*. Englische Übersetzung in: A. C. Zenos (ed.), *Library of Nicene and Post-Nicene Fathers*, ser. 2, vol. 2. Grand Rapids, Mich. 1979.

Soranus. *Gynaecia*. Hrsg. J. Ilberg. Leipzig 1927. Englisch: O. Temkin, *Soranus' Gynaecology*. Baltimore 1956.
Suidas. *Lexicon*, Bd... 3. Hrsg. A. Adler. Leipzig 1933.
Synesius von Cyrene. Briefe. *PG* 66, S. 1321-1560. Englisch: A. Fitzgerald, *The Letters of Synesius of Cyrene*. Oxford 1926.

Tatian. *Rede an die Hellenen*. Englische Übersetzung in: J. E. Ryland (ed.), *The Ante-Nicene Fathers*, vol. 2. Grand Rapids, Mich. 1977.
Tertullian. *Ad Martyras*. Ed. E. Dekkers. In: *Tertulliani Opera*. Turnhout 1954. (*Corpus Christianorum, series latina*. 1.)
–, *Ad Scapulam*. Deutsch: *BKV*, Bd. 24, S. 264-273.
–, *Ad uxorem*. Ed. E. Kroymann. (*Corpus Christianorum*. 1.)
–, *Adversus Marcionem*. Ed. E. Kroymann, (*Corpus Christianorum*. 1.)
–, *Adversus Valentinianos*. Ed. E. Kroymann. *Tertulliani Opera*. Turnhout 1954. (Corpus Christianorum, series latina. 2.)
–, *Apologeticum*. Ed. Dekkers. (*Corpus Christianorum*. 1.) Deutsch: *BKV*, Bd. 24, S. 33-182.
–, *De anima*. Ed. J. H. Waszink. (*Corpus Christianorum*. 2.)
–, *De cultu feminarum*. Ed. Kroymann. (*Corpus Christianorum*. 1.) Deutsch: *BKV*, Bd. 7, S. 175-202.
–, *De exhortatione castitatis*. Ed. Kroymann. (*Corpus Christianorum*. 2.) Deutsch: *BKV*, Bd. 7, S. 325-346.
–, *De ieiunio*. Ed. A. Reifferscheid, G. Wissowa. (*Corpus Christianorum*. 2.) Deutsch: *BKV*, Bd. 24, S. 519-559.
–, *De monogamia*. Ed. Dekkers. (*Corpus Christianorum*. 2.) Deutsch: *BKV*, Bd. 24, S. 473-519.
–, *De oratione*. Ed. G. F. Diercks. (*Corpus Christianorum*. 1.)
–, *De pudicitia*. Deutsch: *BKV*, Bd. 24, S. 375-472.
–, *De virginibus velandis*. Ed. Dekkers. (*Corpus Christianorum*. 2.) Deutsch: E. Schulz-Flügel, *Tertullianus: De virginibus velandis*. Göttingen 1977.
Theodoret von Cyrus. *Dialogus*. *PG* 83, S. 31-318.
–, *Epistolae*. *PG* 83, S. 1171-1494.
–, *Haereticarum fabularum compendium*. *PG* 83, S. 335-356.
–, *Historia Religiosa*. *PG* 82, S. 881-1280. P. Canivet, A. Leroy-Molinghen (ed.), *Théodoret de Cyr: Histoire des Moines de Syrie*. Paris 1977, 1979. (Sources chrétiennes. 234, 257.) Englisch: R. M. Price, *Theodoret of Cyrrhus: A History of the Monks of Syria*. Kalamazoo, Mich. 1985. (Cistercian Studies. 88.) Deutsch: *BKV*, Bd. 50.
Theodorus Priscianus. *Euporistôn libri*. Hrsg. V. Rose. Leipzig 1894.
Till, W. C., Erbrechtliche Untersuchungen auf Grund der koptischen Urkunden. *Österreichische Akademie der Wissenschaften: Philos.-Hist. Klasse*. Sitzungsberichte. 229. Wien 1954.
Timotheus von Konstantinopel. *De Receptione Haereticorum*. *PG* 86, S. 11-68.

Veilleux, A. (transl.), *Pachomian Koinonia. The Lives, Rules, and Other Writings of Saint Pachomius and his Disciples.* Vol. 1: *The Life of Saint Pachomius and his Disciples.* Vol. 2: *Pachomian Chronicles and Rules.* Vol. 3: *Instructions, Letters, and Other Writings of Saint Pachomius and his Disciples.* Kalamazoo, Mich. 1980-1982. (Cistercian Studies. 45-47.)

Vie Ancienne de S. Syméon Stylite le Jeune. 2 vols. Ed. P. van der Ven. Brüssel 1962. (Subsidia Hagiographica. 32.)

Vita Mariae Aegyptiacae. PL 73, S. 671-690.

Vita Mariae Meretricis. PL 73, S. 651-660.

Vita Sanctae Eupraxiae. Acta Sanctorum. Mart. ii. 13. März. Venedig 1735.

Vita Sanctae Febroniae. Acta Sanctorum. Jun. v. 25. Juni. Venedig 1744.

Vita Sanctae Matronae. Acta Sanctorum. Nov. iii. Brüssel 1910.

Vita Theclae. In: G. Dagron (ed.), *Vie et Miracles de Sainte Thècle.* Brüssel 1978.

Vives, J. (ed.), *Concilios Visigóticos y Hispano-Romanos.* Madrid 1963.

Sekundärliteratur

Abramowski, L., »Sprache und Abfassungszeit der Oden Salomos«, in: *Oriens Christianus* 68 (1984), S. 80-90.

Achelis, H., *Virgines subintroductae.* Leipzig 1902.

Adam, A., »Erwägungen zur Herkunft der Didache«, in: *Zeitschrift für Kirchengeschichte* 68 (1957), S. 1-47.

Aikema, Bernard, »Lorenzo Lotto and the ›Ospedale de San Zuane Pollo‹«, in: D. Rosand (ed.), *Interpretazioni veneziane: Studi di storia dell' arte in onore di Michelangelo Muraro,* Venedig 1984, S. 343-350.

Aland, Barbara, »Marcion. Versuch einer neuen Interpretation«, in: *Zeitschrift für Theologie und Kirche* 70 (1973), S. 420-447.

Albrecht, Ruth, *Das Leben der heiligen Makrina auf dem Hintergrund der Thekla-Traditionen.* Göttingen 1986. (Forschungen zur Kirchen- und Dogmengeschichte. 38.)

Alexandre, Monique, »Protologie et eschatologie chez Grégoire de Nysse«, in: Ugo Bianchi (ed.), *Arche e telos. L'Antropologia di Origene e di Gregorio di Nissa,* Mailand 1981, S. 122-159. (Studia Patristica Mediolanensia. 12.)

Allam, S., »Le mariage dans l'Égypte ancienne«, in: *Journal of Egyptian Archaeology* 67 (1981), S. 116-35.

Amand, D., u. M. C. Moons, »Une curieuse Homélie grecque sur la virginité, adressée aux pères de famille«, in: *Revue bénédictine* 63 (1953), S. 18-69, 211-238.

Amat, Jacqueline, *Songes et Visions. L'au-delà dans la littérature latine tardive.* Paris 1985.

Anderson, Graham, *Ancient Fiction: The Novel in the Graeco-Roman World.* Totowa, N.J. 1984.

Anderson, J. G. C., F. Cumont u. H. Grégoire (eds.), *Studia Pontica*. Brüssel 1910.

Appelbaum, S., »Economic Life in Palestine«, in: S. Saffrai, M. Stern (eds.), *The Jewish People in the First Century*. Assen 1974, S. 631-700.

Arbesmann, R., »Fasting and Prophecy in Pagan and Christian Antiquity«, in: *Traditio* 7 (1949-51), S. 1-71.

–, »The ›cervuli‹ and ›anniculae‹ in Caesarius of Arles«, in: *Traditio* 35 (1979), S. 89-119.

Archer, L. J., »The Role of Jewish Women in Graeco-Roman Palestine«, in: Averil Cameron, Amélie Kuhrt (eds.), q.v., *Images of Women in Late Antiquity*, S. 273-287.

Ariès, Philippe, u. André Béjin (eds.), *Western Sexuality: Practice and Precept in Past and Present Times*. Transl. by Anthony Forster. Oxford 1985.

Armstrong, A. H., *The Cambridge History of Later Greek and Early Medieval Philosophy*. Cambridge 1967.

–, »Gnosis and Greek Philosophy«, in: B. Aland (Hrsg.), *Gnosis: Festschrift für Hans Jonas*. Göttingen 1978, S. 87-124.

–, »Neoplatonic Valuations of Nature, Body and Intellect«, in: *Augustinian Studies* 3 (1972), S. 35-59.

–, *Saint Augustine and Christian Platonism*. Saint Augustine Lecture for 1966. Villanova, Penns. 1967.

Aubineau, M., »Le Panégyrique de Thècle attribué à Jean Chrysostome (BHG 1720): La fin retrouvée d'un texte mutilé«, in: *Analecta Bollandiana* 93 (1975), S. 349-362.

Aune, D. E., *The Cultic Setting of Realized Eschatology in Early Christianity*. Leiden 1977. (Supplements to Novum Testamentum. 28.)

Averincev, S., »L'or dans le système des symboles de la culture protobyzantine«, in: *Studi medievali*, ser. 3, 20 (1979), S. 47-67.

–, »Notion de l'homme et tradition littéraire à Byzance«, in: *Studi medievali*, ser. 3, 18 (1977), S. 1-38.

–, *Poètika rannevizantijskoj literatury*. Moskau 1977.

Bagnall, Roger S., »Church, State and Divorce in Late Roman Egypt«, in: *Florilegium Columbianum: Essays in Honor of Paul Oskar Kristeller*. New York 1987, S. 41-61.

Bakhtin, M., *The Dialogic Imagination: Four Essays*. Ed. by Michael Holquist. Transl. by C. Emerson and M. Holquist. Austin, Tex. 1981. (Übersetzung von: *Voprosy literatury i èstetiki*. Moskau 1975.)

Baltensweiler, H., *Die Ehe im Neuen Testament*. Zürich 1967.

Barbier, E., »La signification du cortège représenté sur le couvercle du coffret de ›Projecta‹«, in: *Cahiers Archéologiques* 12 (1962), S. 15-33.

Barnes, T.·D., »Angel of Light or Mystic Initiate? The Problem of the *Life* of Anthony«, in: *Journal of Theological Studies*, n.s., 37 (1986), S. 353-68.

–, *Constantine and Eusebius*. Cambridge, Mass. 1981.
–, »Methodius, Maximus and Valentinus«, in: *Journal of Theological Studies*, n.s., 30 (1979), S. 47-55.
–, »Porphyry *Against the Christians:* Date and the Attribution of Fragments«, in: *Journal of Theological Studies*, n.s., 24 (1973), S. 424-442.
–, *Tertullian*. Oxford 1971.
Baumgarten, J. M., »4Q502, Marriage or Golden Age Ritual?«, in: *Journal of Jewish Studies* 34 (1983), S. 125-135.
Baur, C., *John Chrysostom and His Times*. 2 vols. Transl. by M. Gonzaga. Westminster, Md. 1959. (Übersetzung von: *Der heilige Johannes Chrysostomus und seine Zeit*. Bd. 1. 2. München 1929-30.)
Batey, R. A., *New Testament Nuptial Imagery*. Leiden 1971.
Baynes, N. H., »The Thought World of East Rome«, in: *Byzantine Studies and Other Essays*. London 1960, S. 24-46.
Beard, Mary, »The Sexual Status of Vestal Virgins«, in: *Journal of Roman Studies* 70 (1980), S. 12-27.
Beatrice, P. F., »Continenza e matrimonio nel Cristianesimo primitivo«, in: R. Cantalamassa (ed.), q.v., *Etica sessuale e matrimonio nel cristianesimo delle origini*, S. 3-68.
–, *La Lavanda dei piedi*. Rom 1983.
–, *Tradux Peccati. Alle fonti della dottrina agostiniana del peccato originale*. Mailand 1978. (Studia Patristica Mediolanensia. 8.)
–, »Le tuniche di pelle. Antiche letture di *Gen.* 3.21«, in: Ugo Bianchi (ed.), q.v., *La Tradizione dell'Enkrateia*, S. 433-484.
Beauchamp, Paul, *Création et Séparation*. Paris 1969.
Beck, E., »Asketentum und Mönchtum bei Ephraem«, in: *Il Monachesimo Orientale*. Rom 1958, S. 343-362. (Orientalia Christiana Analecta. 153.)
Beck, H. G., *Byzantinisches Erotikon. Orthodoxie, Literatur, Gesellschaft*. Sitzungsberichte der bayerischen Akademie der Wissenschaften, Philos.-Hist. Klasse 1984, No. 5. München 1984.
Bell, H. I., *Jews and Christians in Egypt*. London 1924.
Berrouard, M.-F., »Les Lettres 6* et 19* de saint Augustin«, in: *Revue des études augustiniennes* 27 (1981), S. 264-277.
–, »Un tournant dans la vie de l'Église d'Afrique: les deux missions d'Alypius en Italie à la lumière des *Lettres* 10*, 15*, 16*, 22*, et 23* A de saint Augustin«, in: *Revue des études augustiniennes* 31 (1985), S. 46-70.
Betz, H. D., *Galatians*. Philadelphia 1979.
Bianchi, U. (ed.), *La Tradizione dell'Enkrateia*. Rom 1985.
Black, Matthew, *The Scrolls and Christian Origins*. New York 1961.
–, »The Tradition of Hasidaean-Essene Asceticism: Its Origins and Influence«, in: *Aspects du Judéo-christianisme*. Paris 1965, S. 19-33. (Colloque de Strasbourg, 1964).

Blanck, H., *Wiederverwendung alter Statuen als Ehrendenkmäler bei Griechen und Römern*. Rom 1969.

Blank, David L., »The Etymology of Salvation in Gregory of Nyssa's *De Virginitate*«, in: *Journal of Theological Studies*, n.s., 37 (1986), S. 79-90.

Blond, G., »L'›hérésie‹ encratite vers la fin du quatrième siècle«, in: *Recherches de science religieuse* 32 (1944), S. 157-210.

Bonner, G., »Some Remarks on Letters 4* and 6*«, in: *Les Lettres de Saint Augustin découvertes par Johannes Divjak: communications présentées au Colloque des 20 et 21 Septembre, 1982.* Paris 1983, S. 155-164.

Bornkamm, G., *Paul*. New York 1971. (Übersetzung von: *Paulus*. Stuttgart etc. 1969.)

Boswell, John, »*Expositio* and *Oblatio:* The Abandonment of Children and the Ancient and Medieval Family«, in: *American Historical Review* 89 (1984), S. 10-33.

Bosworth, C. E., *The Medieval Islamic Underworld*. Vol. 1, *The Banū Sāsān in Arabic Life and Lore*. Leiden 1976.

Bourdieu, Pierre, *Outline of a Theory of Practice*. Transl. by R. Nice. Cambridge 1977. (Deutsch: *Entwurf einer Theorie der Praxis auf der ethnologischen Grundlage der kabylischen Gesellschaft*. Frankfurt a. M. 1976.)

Bowersock, G. W. *Roman Arabia*. Cambridge, Mass. 1983.

Brennan, Brian, »Athanasius' *Vita Antonii:* A Sociological Interpretation«, in: *Vigiliae Christianae* 39 (1985), S. 209-227.

Brilliant, Richard, »Una statua ritratto femminile dal territorio di Tarquinia«, in: *Bolletino d'Arte* 26 (1984), S. 1-12.

Brisson, Luc (ed.), *Porphyre. La Vie de Plotin I: Travaux Préliminaires*. Paris 1982.

Brock, Sebastian P., »Clothing Metaphors as a Means of Theological Expression in Syriac Tradition«, in: M. Schmidt u. C. F. Geyer (Hrsg.), *Typus, Symbol, Allegorie bei den östlichen Vätern und ihren Parallelen im Mittelalter*. Regensburg 1981, S. 11-40.

–, »Early Syrian Asceticism«, in: *Numen* 20 (1973), S. 1-19.

–, »Jewish Traditions in Syriac Sources«, in: *Journal of Jewish Studies* 30 (1979), S. 212-232.

Brock, Sebastian P., u. Susan Ashbrook Harvey (eds.), *Holy Women of the Syrian Orient*. Berkeley, Los Angeles 1987.

Brooten, B. J., *Women Leaders in the Ancient Synagogue*. Chico, Calif. 1982.

Brown, P. R. L., »Antiquité tardive«, in: Paul Veyne (ed.), q. v., *Histoire de la Vie Privée*. Vol. 1, *De l'Empire romain a l'an mil*, S. 226-299; Englische Übersetzung in: A. Goldhammer (transl.), *History of Private Life*. Vol. 1, *From Pagan Rome to Byzantium*, S. 239-311.

–, *Augustine of Hippo*. Berkeley, Los Angeles 1967. (Deutsch: *Augustinus von Hippo*. Frankfurt a.M. ²1982.)

–, *The Cult of the Saints*. Chicago 1981.

–, »The Diffusion of Manichaeism in the Roman Empire«, in: *Journal*

of Roman Studies 59 (1969), S. 92-103. Jetzt in: *Religion and Society in the Age of Saint Augustine*, q.v., S. 94-118.
—, *The Making of Late Antiquity*. Cambridge, Mass. 1978. (Deutsch: *Die letzten Heiden*. Berlin 1986.)
—, »The Notion of Virginity in the Early Church«, in: Bernhard McGinn, John Meyendorff, Jean Leclerq (eds.), *World Spirituality*. Vol. 16, *Christian Spirituality: Origins to the Twelfth Century*. New York 1985, S. 427-443.
—, »Pelagius and His Supporters: Aims and Environment«, in: *Journal of Theological Studies*, n.s., 19 (1968), S. 93-114. Jetzt in: *Religion and Society in the Age of Saint Augustine*, q.v., S. 183-207.
—, »The Problem of Miraculous Feeding in the Graeco-Roman World«, in: *Center for Hermeneutical Studies: colloquy* 42. Berkeley, Calif. 1982, S. 19-24.
—, *Religion and Society in the Age of Saint Augustine*. London 1977.
—, »The Saint as Exemplar«, in: *Representations* 1 (1983), S. 1-25. Auch in: J. S. Hawley (ed.), *Saints and Virtues*. Berkeley, Los Angeles 1987, S. 3-14.
—, »Sexuality and Society in the Fifth Century A.D.: Augustine and Julian of Eclanum«, in: E. Gabba (ed.), *Tria Corda. Scritti in onore di Arnaldo Momigliano*. Como 1983, S. 49-70. (Biblioteca di Athenaeum. 1.)
Browning, R., »The Riot of A.D. 387 in Antioch«, in: *Journal of Roman Studies* 42 (1952), S. 13-20.
Brunt, P. A., *Italian Manpower*, 255 B.C. – A.D. 14. Oxford 1971.
Büchner, B., *Die Armut der Armen*. München 1980.
Buckler, W. H., W. M. Calder, u. C. W. M. Cox, »Asia Minor, 1924. IV. – A Monument from the Upper Tembris Valley«, in: *Journal of Roman Studies* 17 (1927), S. 49-58.
Bunge, J. G., »Origenismus – Gnostizismus: Zum geistesgeschichtlichen Standort des Evagrios Pontikos«, in: *Vigiliae Christianae* 40 (1986), S. 24-54.
Burkitt, F., *Early Christianity Outside the Roman Empire*. Cambridge 1899.
Burn, A. R., »Hic Breve Vivitur«, in: *Past and Present* 4 (1953), S. 1-31.
Bynum, Caroline Walker, *Holy Feast and Holy Fast: The Religious Significance of Food to Medieval Women*. Berkeley, Los Angeles 1987.
—, »Women's Stories, Women's Symbols: A Critique of Victor Turner's Theory of Liminality«, in: R. L. Moore, F. E. Reynolds (eds.), *Anthropology and the Study of Religion*. Chicago 1984, S. 105-125.

Cacitti, Remo, »L'etica sessuale nella canonistica del iiio secolo«, in: R. Cantalamassa (ed.), q.v., *Etica sessuale e matrimonio nel cristianesimo delle origini*, S. 69-157.
Caird, G. B., *A Commentary on the Revelation of Saint John the Divine*. New York 1966.
Calder, W. M., »The Epigraphy of the Anatolian Heresies«, in: W. H.

Buckler, W. M. Calder (eds.), *Anatolian Studies Presented to Sir William Mitchell Ramsay*. Manchester 1923, S. 59-91.

Calderini, A., et al., *La Basilica di San Lorenzo*. Mailand 1951.

Callam, D., »Clerical Continence in the Fourth Century: Three Papal Decretals«, in: *Theological Studies* 41 (1980), S. 3-50.

Cameron, Alan, *Circus Factions*. Oxford 1976.

Cameron, Averil, *Procopius and the Sixth Century*. Berkeley, Los Angeles 1985.

–, »The Theotokos in Sixth-Century Constantinople: A City Finds Its Symbol«, in: *Journal of Theological Studies*, n.s., 29 (1978), S. 79-108.

Cameron, Averil, u. Amélie Kuhrt (eds.), *Images of Women in Late Antiquity*. Detroit 1983.

Canivet, M. Y., u. P. Canivet, »La mosaïque dans l'église syriaque de Ḥuârte«, in: *Cahiers archéologiques* 24 (1975), S. 49-60.

Canivet, P., »Erreurs de spiritualité et troubles psychiques«, in: *Recherches de science religieuse* 50 (1962), S. 161-205.

–, *Le monachisme syrien selon Théodoret de Cyr*. Paris 1977. (Théologie historique. 42.)

Cantalamassa, R. (ed.), *Etica sessuale e matrimonio nel cristianesimo delle origini*. Mailand 1976. (Studia Patristica Mediolanensia. 5.)

Carrithers, Michael, *The Forest Monks of Sri Lanka*. Delhi 1983.

Carroll, Michael, *The Cult of the Virgin Mary*. Princeton 1986.

Cassin, Elena, »Le Proche-Orient ancien: Virginité et strategie de sexe«, in: *Le Mythe de la virginité perdue à travers les siècles et les continents*. Paris 1981, S. 241-258.

–, »Le Semblable et le différent«, in: L. Poliakov (ed.), *Hommes et bêtes*. Paris 1975, S. 115-127.

Castelli, Elizabeth, »Virginity and Its Meaning for Women's Sexuality in Early Christianity«, in: *Journal of Feminist Studies in Religion* 2 (1986), S. 61-88.

Cavallera, F., »La *de virginitate* de Basile d'Ancyre«, in: *Revue d'histoire ecclésiastique* 6 (1905), S. 5-14.

–, *Saint Jérôme: sa vie et son œuvre*. Louvain 1922. (Spicilegium Sacrum Lovaniense, fasc. 1-2.)

Chadwick, H. E., »All Things to All Men«, in: *New Testament Studies* 1 (1955), S. 261-275.

–, »The Ascetic Ideal in the History of the Church«, in: W. J. Sheils (ed.), *Monks, Hermits, and the Ascetic Tradition*. Oxford 1985, S. 1-24.

–, *Augustine*. Oxford 1986. (Deutsch: *Augustin*. Übers. v. M. Mühlenberg. Göttingen 1987.)

–, *Boethius, the consolations of music, logic, theology and philosophy*. Oxford 1981.

–, *Early Christian Thought and the Classical Tradition*. New York 1966.

–, »Enkrateia«, in: *Reallexikon für Antike und Christentum*, Bd. 5. Stuttgart 1960, Sp. 343-365.

–, »Origen, Celsus, and the Resurrection of the Body«, in: *Harvard Theological Review* 41 (1948), S. 83-102.

–, *Priscillian of Avila*. Oxford 1976.

Chadwick, O., *John Cassian*. Cambridge 1963.

Chitty, Derwas, *The Desert a City*. Oxford 1966.

Chodorow, Nancy, »Family Structure and Female Personality«, in: M. Z. Rosaldo, L. Lamphere (eds.), q.v., *Women, Culture and Society*, S. 43-66.

Clark, Elizabeth A., »›Adam's Only Companion‹: Augustine and the Early Christian Debate on Marriage«, in: *Recherches augustiniennes* 21 (1986), S. 139-162.

–, *Ascetic Piety and Women's Faith: Essays on Late Ancient Christianity*. New York, Toronto 1986.

–, »Ascetic Renunciation and Feminine Advancement: A Paradox of Late Ancient Christianity«, in: *Anglican Theological Review* 6 (1981), S. 240-257. Jetzt in: *Ascetic Piety and Women's Faith*, q.v., S. 175-208.

–, »Authority and Humility: A Conflict of Values in Fourth- Century Female Monasticism«, in: *Byzantinische Forschungen* 9 (1985), S. 17-33. Jetzt in: *Ascetic Piety and Women's Faith*, q.v., S. 209-228.

–, *Jerome, Chrysostom and Friends*. Lewiston, New York 1979.

–, »John Chrysostom and the *Subintroductae*«, in: *Church History* 46 (1977), S. 171-185. Jetzt in: *Ascetic Piety and Women's Faith*, q.v., S. 265-290.

–, »The Place of Jerome's Commentary on Ephesians in the Origenist Controversy: the Apokatastasis and Ascetic Ideals«, in: *Vigiliae Christianae* 41 (1987), S. 154-171.

–, »Vitiated Seeds and Holy Vessels: Augustine's Manichaean Past«, in: *Ascetic Piety and Women's Faith*, q.v., S. 291-349.

Clarke, W. K. Lowther, *Saint Basil the Great: A Study in Monasticism*. Cambridge 1916.

Claude, Dieter, *Die byzantinische Stadt im 6. Jahrhundert*. München 1969. (Byzantinisches Archiv. 13.)

Cochini, C., *Origines apostoliques du célibat sacerdotal*. Paris 1981.

Consolino, Franca Ela, »Dagli ›exempla‹ ad un esempio di comportamento cristiano«, in: *Rivista storica italiana* 94 (1982), S. 455-477.

–, »Modelli di comportamento e modi di santificazione per l'aristocrazia femminile d'Occidente«, in: A. Giardina (ed.), *Società romana e impero tardoantico*. Vol 1, *Istituzioni, ceti, economia*. Bari 1986, S. 273-306.

–, »Modelli di santità femminile nelle più antiche Passioni romane«, in: *Augustinianum* 24 (1984), S. 83-113.

–, »*Veni huc a Libano:* La *Sponsa* del Cantico dei Cantici come modello per le vergini negli scritti esortatori di Ambrogio«, in: *Athenaeum*, n.s. 62 (1984), S. 399-415.

Corsini, E., »Plérôme humaine et plérôme cosmique chez Grégoire de Nysse«, in: M. Harl (ed.), q.v., *Écriture et culture philosophique dans la pensée de Grégoire de Nysse*, S. 111-126.

Countryman, L. W., *The Rich Christian in the Church of the Early Empire: Contradictions and Accomodations*. Lewiston, New York 1980.
Courcelle, P., *Recherches sur les Confessions de Saint Augustin*. Paris 1950.
–, »Quelques symboles funéraires du néo-platonisme latin«, in: *Revue des études anciennes* 46 (1944), S. 65-93.
Cox, Patricia, *Biography in Late Antiquity: A Quest for the Holy Man*. Berkeley, Los Angeles 1983.
–, »Origen and the Bestial Soul«, in: *Vigiliae Christianae* 36 (1982), S. 115-140.
–, »›Pleasure of the Text, Text of Pleasure‹: Origen's *Commentary on the Song of Songs*«, in: *Journal of the American Academy of Religion* 54 (1986), S. 241-251.
Cramer, W., *Die Engelvorstellungen bei Ephräm dem Syrer*. Rom 1965. (Orientalia Christiana Analecta. 173.)
–, *Der Geist Gottes und des Menschen in frühsyrischer Theologie*. Münster i. Westf. 1979. (Münsterische Beiträge zur Theologie. 46.)
Croke, Brian, »The Era of Porphyry's Anti-Christian Polemic«, in: *Journal of Religious History* 13 (1984), S. 1-14.
Crouzel, F., *Origène et la »connaissance mystique«*. Paris 1961.
–, *Virginité et mariage chez Origène*. Paris 1963.
Crum, W. E., *A Coptic Dictionary*. Oxford 1939.
–, *Coptic Ostraca*. London 1902.
Crum, W. E., u. H. G. Evelyn-White, *The Monastery of Epiphanius of Thebes*, Pt. 2: Coptic Ostraca and Papyri. New York 1926.

Dagron, Gilbert, »Les moines et la ville: le monachisme à Constantinople«, in: *Travaux et Mémoires* 4 (1970), S. 229-276.
–, *Naissance d'une capitale*. Paris 1974.
Daniélou, Jean, *Platonisme et Théologie mystique*. Paris 1944.
–, *L'être et le temps chez Grégoire de Nysse*. Leiden 1970.
Dassmann, E., *Die Frömmigkeit des Kirchenvaters Ambrosius von Mailand*. Münster i. Westf. 1965.
Daube, David, »The Marriage of Justinian and Theodora. Legal and Theological Reflections«, in: *Catholic University of America Law Review* 16 (1967), S. 380-399.
De Benedictis, E., »The Senatorium and Matroneum in the Roman Church«, in: *Rivista di archeologia cristiana* 57 (1981), S. 69-85.
Decret, F., *L'Afrique manichéenne*, 2 vols. Paris 1978.
–, *Aspects du manichéisme dans l'Afrique chrétienne*. Paris 1970.
De Jonge, M., »The Pre-Mosaic Servants of God in the Testaments of the Twelve Patriarchs and in the Writings of Justin and Irenaeus«, in: *Vigiliae Christianae* 39 (1985), S. 157-170.
Deléani, S., »*Christum sequi*«. *Étude d'un thème dans l'œuvre de saint Cyprien*. Paris 1979.

Démarolle, J. M., »Les femmes chrétiennes vues par Porphyre«, in: *Jahrbuch für Antike und Christentum* 13 (1970), S. 42-47.

Dembińska, M., »Diet. A Comparison of Food Consumption in Some Eastern and Western Monasteries in the 4th-12th centuries«, in: *Byzantion* 55 (1985), S. 431-462.

Dening, Greg, *Islands and Beaches*. Melbourne 1980.

Der Nersessian, Sirarpie, *Armenian Art*. London 1978.

De Ste. Croix, G. E. M., *The Class Struggle in the Ancient Greek World*. London 1981.

De Veer, A. C., *Premières polémiques contre Julien*. Paris 1974. (Bibliothèque augustinienne. 23.)

Devos, Paul, »Silvie la sainte pèlerine«, in: *Analecta Bollandiana* 91 (1973), S. 105-120.

Diaz y Diaz, Manuel C., »L'expansion du christianisme et les tensions épiscopales dans la péninsule ibérique«, in: *Miscellanea Historiae Ecclesiasticae*, No. 6. Brüssel 1983, S. 84-94. (Bibliothèque de la Revue d'Histoire Ecclésiastique, fasc. 67.)

Di Benedetto, F., »Un nuovo frammento delle Ipotiposi di Clemente Alessandrino«, in: *Sileno* 9 (1983), S. 75-82.

Dihle, Albrecht, *The Theory of Will in Classical Antiquity*. Berkeley, Los Angeles 1982. (Deutsch: *Die Vorstellung vom Willen in der Antike*. Göttingen 1985.)

Dillon, John, »The Academy in the Middle Platonic Period«, in: *Dionysus* 3 (1979), S. 63-77.

–, »Aesthésis Noété: a doctrine of spiritual senses in Origen and Plotinus«, in: A. Caquot, M. Hadas-Lebel, J. Riaud, *Judaica et Hellenica: Hommage à V. Nikiprowetzky*. Louvain, Paris 1986, S. 443-455.

Dionisotti, A. C., »From Ausonius' Schooldays? A Schoolbook and Its Relatives«, in: *Journal of Roman Studies* 72 (1982), S. 83-125.

D'Izarnay, R., »Mariage et consécration virginale au ivème siècle«, in: *Vie Spirituelle: Supplement* 24 (1953), S. 92-107.

Dodds, E. R., *Pagan and Christian in an Age of Anxiety*. Cambridge 1965. (Deutsch: *Heiden und Christen in einem Zeitalter der Angst*. Übers. v. H. Fink-Eitel. Frankfurt a. M. 1985.)

Dörries, H., *Die Theologie des Makarios/Symeon*. Abhandlungen der Akademie der Wissenschaft in Göttingen, Philol.-Hist. Klasse, 3. Folge, Nr. 103. Göttingen 1978.

Douglas, Mary, *Purity and Danger*. London 1985. (Deutsch: *Reinheit und Gefährdung*. Übers. v. B. Luchesi. Frankfurt a. M. 1987.)

Drijvers, Han J. W., »Conflict and Alliance in Manichaeism«, in: H. G. Kippenberg (Hrsg.), *Struggles of Gods*. Berlin etc. 1984, S. 99-124. (Religion and Reason. 31.)

–, *East of Antioch*. London 1984.

–, »Hellenistic and Oriental Origins«, in: S. Hackel (ed.), *The Byzantine Saint*. London 1981, S. 25-33. (Studies Supplementary to Sobornost. 5.)

–, »Jews and Christians at Edessa«, in: *Journal of Jewish Studies* 36 (1985), S. 88-102.

–, »Die Legende des heiligen Alexius und der Typus des Gottesmannes im syrischen Christentum«, in: M. Schmidt u. C. F. Geyer (Hrsg.), *Typus, Symbol, Allegorie bei den östlichen Vätern und ihren Parallelen im Mittelalter*. Regensburg 1981, S. 187-217.

–, »Marcionism in Syria: Principles, Problems and Polemics«, in: *The Second Century* (1987).

–, »Odes of Solomon and Psalms of Mani: Christians and Manichaeans in Third-Century Syria«, in: R. van den Broek, M. J. Vermaseren (eds.), *Studies in Gnosticism and Hellenistic Religions Presented to Gilles Quispel*. Leiden 1981, S. 117-130.

–, »Spätantike Parallelen zur altchristlichen Heiligenverehrung unter besonderer Berücksichtigung des syrischen Styliten-Kultes«, in: F. von Lilienfeld (Hrsg.), *Aspekte frühchristlicher Heiligenverehrung*. Erlangen 1977, S. 54-76. (Oikonomia. 6.)

–, »Virginity«, in: M. Eliade (ed.), *The Encyclopedia of Religion*, Bd. 15. New York 1987, S. 279-281.

Dronke, Peter, *Women Writers of the Middle Ages*. Cambridge 1984.

Duchrow, Ulrich, »Zum Prolog von Augustins *De Doctrina Christiana*«, in: *Vigiliae Christianae* 17 (1963), S. 165-172.

Duckworth, Colin, u. Eric F. Osborn, »Clement of Alexandria's *Hypotyposeis*: A French Eighteenth-Century Sighting«, in: *Journal of Theological Studies*, n.s., 36 (1985), S. 67-83.

Dumont, L., »World Renunciation in Indian Religions«, in: *Religion, Politics and History in India*. Paris, Den Haag 1970, S. 33-60.

Duncan-Jones, R., *The Economy of the Roman Empire*. Cambridge 1974.

Duval, Y.-M., »Julian d'Éclane et Rufin d'Aquilée«, in: *Revue des études augustiniennes* 24 (1978), S.243-271.

–, »L'originalité de *de virginibus* dans le mouvement ascétique occidental: Ambroise, Cyprien, Athanase«, in: Duval (ed.), *Ambroise de Milan: xvième centénaire de son élection épiscopale*. Paris 1974, S. 9-66.

–, »Pélage est-il le censeur inconnu de l'*Adversus Iovinianum* à Rome en 393; ou: du ›portrait-robot‹ de l'hérétique chez saint Jérôme«, in: *Revue d'histoire ecclésiastique* 75 (1980), S. 525-557.

–, »La Problématique de la *Lettre aux vierges* d'Athanase«, in: *Le Muséon* 88 (1975), S. 405-433.

–, »Tertullien contre Origène sur la résurrection de la chair: dans le *Contra Johannem Hierosolymitanum*, 23-36 de saint Jérôme«, in: *Revue des études augustiniennes* 17 (1971), S. 227-278.

Elm, Susannah K., »The Organization and Institutions of Female Asceticism in Fourth-Century Cappadocia and Egypt«. D.Phil., Oxford 1987.

Elze, M., *Tatian und seine Theologie*. Göttingen 1960. (Forschungen zur Kirchen- und Dogmengeschichte. 9.)

Evans, G. R., *Augustine on Evil*. Cambridge 1982.
Evans, Robert F., *Pelagius: Inquiries and Reappraisals*. London 1968.
Evelyn-White, H. G., *The Monasteries of the Wadî'n Natrûn*, Pt. 2: The Histories of the Monasteries of Nitria and Scetis. New York 1932.
Eyben, E., »Family-Planning in Graeco-Roman Antiquity«, in: *Ancient Society* 11/12 (1980/81), S. 5-82.

Faivre, A., *Naissance d'une hiérarchie*. Paris 1977. (Théologie historique. 40.)
Fantham, E., »Sex, Status and Survival in Hellenistic Athens: A Study of Women in New Comedy«, in: *Phoenix* 29 (1975), S. 44-74.
Feeley-Harnick, G., »Is Historical Anthropology Possible? The Case of the Runaway Slave«, in: G. Tucker, D. Knight (eds.), *Humanizing America's Iconic Book*. Chico, Calif. 1982, S. 95-126.
Fehrle, E., *Die kultische Keuschheit im Altertum*. Gießen 1910. (Religionsgeschichtliche Versuche und Vorarbeiten. 6.)
Feldmann, Erich, *Der Einfluß des Hortensius und des Manichäismus auf das Denken des jungen Augustinus von 373*. Inaugural-Dissertation, Wilhelms-Univ., Münster i. Westf. 1975.
Fellechner, E. L., *Askese und Caritas bei den drei Kappadokiern*. Inaugural-Dissertation, Heidelberg 1979.
Festugière, A. J., *Antioch païenne et chrétienne*. Paris 1959. (Bibliothèque des écoles françaises d'Athènes et de Rome. 194.)
–, *La Révélation d'Hermès Trismégiste*. 4 vols. Paris 1944-1954.
Fiey, J. M., »Les Marcionites dans les textes historiques de l'Église de Perse«, in: *Le Muséon* 83 (1970), S. 183-188.
Flecker, G., *Amphilochiana*. Leipzig 1906.
Flusin, R., *Miracle et Histoire dans l'œuvre de Cyrille de Scythopolis*. Paris 1983.
Foucault, Michel, »Le Combat de la chasteté«, in: *Communications* 35 (1982), S. 15-25. Jetzt in: P. Ariès, A. Béjin (eds.), q.v., *Western Sexuality: Practice and Precept in Past and Present Times*, S. 14-25.
–, *Le Souci de Soi*. Paris 1984. Englisch: R. Hurley (transl.), *The Care of the Self*. New York 1985. Deutsch: *Sexualität und Wahrheit*. Bd. 3. *Die Sorge um sich*. Frankfurt a. M. 1986.
–, *L'usage des plaisirs*. Paris 1984. Englisch: R. Hurley (transl.), *The Use of Pleasures*. New York 1985. Deutsch: *Sexualität und Wahrheit*. Bd. 2. *Der Gebrauch der Lüste*. Frankfurt a. M. 1986.
Fowden, Garth, *The Egyptian Hermes: a historical approach to the late pagan mind*. Cambridge 1986.
–, »The Pagan Holy Man in Late Antique Society«, in: *Journal of Hellenic Studies* 102 (1982), S. 33-59.
–, »The Platonist Philosopher and his Circle in Late Antiquity«, in: *Philosophia* (Athen) 7 (1977), S. 359-383.
Fraade, Steven D., »Ascetical Aspects of Ancient Judaism«, in: A. Green

(ed.), *World Spirituality*. Vol. 13, *Jewish Spirituality: From the Bible to the Middle Ages*. New York 1986, S. 253-288.

Fredriksen, Paula, »Paul and Augustine: conversion narratives, orthodox traditions, and the retrospective self«, in: *Journal of Theological Studies*, n.s., 37 (1986), S. 3-34.

Frier, Bruce W., »The Demography of the Early Roman Empire«, in: *The Cambridge Ancient History*. Cambridge [erscheint demnächst].

–, »Roman Life Expectancy: Ulpian's Evidence«, in: *Harvard Studies in Classical Philology* 86 (1982), S. 213-251.

Frischer, B., *The Sculpted Word: Epicureanism and Philosophical Recruitment in Ancient Greece*. Berkeley, Los Angeles 1982.

Frye, Northrop, *The Secular Scripture: A Study of the Structure of Romance*. Cambridge, Mass. 1976.

Fuchs, Eric, *Sexual Desire and Love*. New York 1983.

Gager, J. M., *The Origins of Anti-Semitism*. Oxford 1983.

Garnsey, Peter, *Social Status and Legal Privilege in the Roman Empire*. Oxford 1971.

–, u. Richard Saller, *The Roman Empire: Economy, Society and Culture*. London 1987.

Giannarelli, Elena, *La tipologia femminile nella biografia e l'autobiografia cristiana del ivo secolo*. Rom 1980. (Istituto storico italiano per il Medio Evo: Studi storici. 127.)

Giron, N., *Légendes coptes*. Paris 1907.

Gleason, Maud W., »Festive Satire: Julian's *Misopogon* and the New Year at Antioch«, in: *Journal of Roman Studies* 76 (1986), S. 106-119.

Goehring, James E., *The »Letter of Ammon« and Pachomian Monasticism*. Berlin, New York 1986. (Patristische Texte und Studien. 27.)

–, »New Frontiers in Pachomian Studies«, in: Birger A. Pearson, James E. Goehring (eds.), q.v., *The Roots of Egyptian Christianity*, S. 236-257.

Golb, Norman, »Les manuscrits de la Mer Morte«, in: *Annales É.S.C.* 40 (1985), S. 1133-1149.

–, »The Problem of the Origin and Identification of the Dead Sea Scrolls«, in: *Proceedings of the American Philosophical Society* 124 (1980), S. 1-24.

Goodman, Martin, *State and Society in Roman Galilee, A.D. 132-212*. Totowa, N.J. 1983.

Goody, Jack, *The Development of the Family and Marriage in Europe*. Cambridge 1983. (Deutsch: *Die Entwicklung von Ehe und Familie in Europa*. Frankfurt a.M. 1989.)

Gottlieb, G., »Der Mailänder Kirchenstreit von 385/6«, in: *Museum Helveticum* 43 (1985), S. 37-55.

Goulet-Cazé, M. O., »L'arrière-plan scolaire de la *Vie de Plotin*«, in: L. Brisson (ed.), q.v., *Porphyre. La Vie de Plotin I: Travaux Préliminaires*, S. 231-276.

Green, Henry A., »Ritual in Valentinian Gnosticism: A Sociological Interpretation«, in: *Journal of Religious History* 12 (1982), S. 109-124.

Greshake, Gisbert, *Gnade als konkrete Freiheit*. Mainz 1972.

Griboment, J. »Un aristocrate révolutionnaire, évêque et moine: S. Basile«, in: *Augustinianum* 17 (1977), S. 179-191.

–, »Le dossier des origines du messalianisme«, in: J. Fontaine, C. Kannengiesser (eds.), *Epektasis, Mélanges offerts au cardinal J. Daniélou*. Paris 1972, S. 611-625.

–, »Monachisme«, in: *Dictionnaire de la Spiritualité*, fasc. 68-69. Paris 1979, Sp. 1536-1547.

–, »Le monachisme au sein de l'Église en Syrie et en Cappadoce«, in: *Studia Monastica* 7 (1965), S. 7-24.

–, »Le Monachisme au ive s. en Asie Mineure. De Gangres au Messalianisme«, in: *Studia Patristica* 2. Berlin 1957, S. 400-415. (Texte und Untersuchungen. 64.)

–, »Le panégyrique de la virginité, œuvre de jeunesse de Grégoire de Nysse«, in: *Revue d'ascétique et mystique* 42 (1967), S. 249-260.

Griffin, Jasper, »Augustan Poetry and the Life of Luxury«, in: *Journal of Roman Studies* 66 (1976), S. 87-105.

Griffin, Miriam, *Seneca: A Philosopher in Politics*. Oxford 1976.

Griffith, Sidney H., »Ephraem, the Deacon of Edessa, and the Church of the Empire«, in: T. Halton and J. P. Williman (eds.), *Diakonia: Studies in Honor of Robert T. Meyer*. Washington 198, S. 22-52.

Grodzynski, Denise, »Ravies et coupables: un essai d'interprétation de la loi ix.24.1 du Codex Théodosien«, in: *Mélanges de l'école française de Rome: Antiquité* 96 (1984), S. 697-726.

Grosdidier de Matons, J., *Romanos le Mélode*. Paris 1977.

–, »Thèmes d'édification dans la ›Vie d'André Salos‹«, in: *Travaux et Mémoires* 4 (1970), S. 277-328.

Gryson, R., *The Ministry of Women in the Early Church*. Collegeville, Minn. 1976. (Übersetzung von: *Le ministère des femmes dans l'Église ancienne*. Gembloux 1972.)

–, *Les origines du célibat ecclésiastique*. Gembloux 1970.

Guillaumont, A., »Christianisme et Gnoses dans l'Orient préislamique«, in: *Annuaire du Collège de France* 1981-82, S. 425-433.

–, »La conception du desert chez les moines d'Égypte«, in: *Revue de l'Histoire des Religions* 188 (1975), S. 3-21.

–, *Les »Kephalaia Gnostica« d'Évagre le Pontique*. Paris 1962. (Patristica Sorbonensia. 5.)

–, »Monachisme et éthique judéo-chrétienne«, in: *Judéo-christianisme: volume offert au cardinal Daniélou. Recherches de science religieuse* 60 (1972), S. 199-218.

–, »Le nom des ›Agapètes‹«, in: *Vigiliae Christianae* 23 (1969), S. 30-37.

–, »Situation et Signification du *Liber Graduum* dans la spiritualité syriaque«, in: *Symposium Syriacum* 1972. Rom 1974, S. 311-325. (Orientalia Christiana Analecta. 107.)

Gunawardana, R. A. L. H., *Robe and Plough: Monasticism and Economic Interest in Early Medieval Sri Lanka*. Tucson, Ariz. 1979.

Gunday, R. H., *Sôma in Biblical Theology: with Emphasis on Pauline Anthropology*. Cambridge 1976.

Gurevič, A. J., *Contadini e santi*. Turin 1986.

Hadot, I., »The Spiritual Guide«, in: A. H. Armstrong (ed.), *World Spirituality*. Vol. 15, *Classical Mediterranean Spirituality: Egyptian, Greek, Roman*. New York 1986, S. 436-459.

Hadot, Jean, *Penchant Mauvais et Volonté Libre dans la Sagesse de Ben Sira (Ecclésiastique)*. Brüssel 1972.

Hadot, Pierre, *Exercices spirituels et philosophie antique*. Paris 1981.

–, *Leçon inaugurale. Chaire d'histoire de la pensée hellénistique et romaine*. Paris 1983.

–, *Plotin*. Paris ²1973.

Hammond, C. P., »The Last Ten Years of Rufinus' Life and the Date of His Move South from Aquileia«, in: *Journal of Theological Studies*, n.s., 28 (1977), S. 372-429.

Harl, Marguerite, »Adam et les deux arbres du Paradis«, in: *Recherches de science religieuse* 50 (1962), S. 321-388.

–, (ed.), *Écriture et culture philosophique dans la pensée de Grégoire de Nysse*. Leiden 1971.

–, »Le langage de l'expérience religieuse chez les pères grecs«, in: *Rivista di storia e letteratura religiosa* 12 (1972), S. 5-34.

–, *Origène et la fonction révélatrice du Verbe incarné*. Paris 1958.

–, »La prise de conscience de la ›nudité‹ d'Adam. Une interprétation de Genèse 3, 7 chez les Pères Grecs«, in: *Studia Patristica* 7. Berlin 1966, S. 486-495. (Texte und Untersuchungen. 92.)

–, »Recherches sur l'origénisme d'Origène: la ›satiété‹ (kóros) de la contemplation comme motif de la chute des âmes«, in: *Studia Patristica* 8. Berlin 1966, S. 373-405. (Texte und Untersuchungen. 93.)

Harnack, A. von, *Marcion: das Evangelium vom fremden Gott*. Leipzig 1921.

–, *Mission und Ausbreitung des Christentums*. Leipzig 1906.

–, »Der pseudocyprianische Traktat ›de singularitate clericorum‹«. *Texte und Untersuchungen*. N. F. 9, 3. Leipzig 1903.

Harrauer, H., u. P. J. Sijpesteijn, »Ein neues Dokument zu Roms Indienhandel«, in: *Anzeiger der österreichischen Akademie der Wissenschaften* 112 (1986), No. 7.

Harries, Jill, »›Treasures in Heaven‹: Property and Inheritance among Senators of Late Rome«, in: Elizabeth M. Craik (ed.), *Marriage and Property*. Aberdeen 1984, S. 54-70.

Harris, W. V., »The Roman Father's Power of Life and Death«, in: R. S.

Bagnall, W. V. Harris (eds.), *Studies in Roman Law in Memory of A. Arthur Schiller.* Leiden 1986, S. 81-95.

Harvey, Susan Ashbrook, »Women in Early Syrian Christianity«, in: Averil Cameron and Amélie Kuhrt (eds.), q.v., *Images of Women in Antiquity,* S. 288-298.

Haspels, C. H. Emilie, *The Highlands of Phrygia: Sites and Monuments,* vol. 1. Princeton 1972.

Hastrup, K., »The Semantics of Biology: Virginity«, in: S. Ardener (ed.), *Defining Females: The Nature of Women in Society.* New York 1978, S. 49-65.

Hauschild, W.-D., »Eustathius von Sebaste«, in: *Theologische Realenzyklopädie,* Bd. 10. Berlin 1982, S. 547-550.

–, *Gottes Geist und der Mensch.* München 1972.

Helcke, W., u. W. Westerdorf (Hrsg.), »Nacktheit«, in: *Lexikon der Ägyptologie,* Bd. 4. Wiesbaden 1982, S. 292-294.

Helderman, Jan, *Die Anapausis im »Evangelium Veritatis«.* Leiden 1984. (Nag Hammadi Studies. 18.)

Herbert, George, *Church Monuments.* Ed. by R. A. Wilmott. London 1854.

Héring, J., *The First Epistle of Saint Paul to the Corinthians.* London 1962.

Hesse, O., »Das Böse bei Markus Eremites«, in: W. Strothmann (Hrsg.), *Makarios-Symposium über das Böse.* Wiesbaden 1983, S. 109-122. (Göttinger Orientforschungen. 1, Nr. 24.)

Holum, K., »Pulcheria's Crusade A.D. 421-22 and the Ideology of Imperial Victory«, in: *Greek, Roman and Byzantine Studies* 18 (1977), S. 153-172.

–, *Theodosian Empresses: Women and Imperial Dominion in Late Antiquity.* Berkeley, Los Angeles 1982.

Holte, R., *Béatitude et Sagesse.* Paris 1962. (Übersetzung von: *Beatitudo och sapientia.* Theol. Diss. Uppsala 1958.)

Hopkins, Gerard Manley, *Gedichte, Schriften, Briefe.* Übers. v. U. Clemen. München 1954.

Hopkins, Keith, »The Age of Roman Girls at Marriage«, in: *Population Studies* 18 (1965), S. 309-327.

–, »Brother-Sister Marriage in Roman Egypt«, in: *Comparative Studies in Society and History* 22 (1980), S. 303-354.

–, »Contraception in the Roman Empire«, in: *Comparative Studies in Society and History* 8 (1965), S. 124-151.

–, »Murderous Games«, in: *Death and Renewal.* Cambridge 1983, S. 1-30.

–, »On the Probable Age Structure of the Roman Population«, in: *Population Studies* 20 (1966), S. 245-264.

Humphreys, Sarah C., *The Familiy, Women, and Death: comparative studies.* London 1983.

Hunt, E. D., *Holy Land Pilgrimage in the Later Roman Empire.* Oxford 1982.

Hunter, David G., »Resistance to the Virginal Ideal in Late-Fourth-Century Rome: The Case of Jovinian«, in: *Theological Studies* 48 (1987), S. 45-64.

Isaacs, Marie E., *The Concept of Spirit. A Study of Pneuma in Hellenistic Judaism and its Bearing on the New Testament*. London 1976.

Jacquart, Danielle, u. Claude Thomasset, *Sexualité et savoir médical au Moyen-Âge*. Paris 1985.

Janowski, Bernd, u. Hermann Lichtenberger, »Enderwartung und Reinheitsidee; zur eschatologischen Deutung von Reinheit und Sühne in der Qumrangemeinde«, in: *Journal of Jewish Studies* 34 (1983), S. 31-62.

Jones, A. H. M., *The Later Roman Empire*, 3 vols. Oxford 1964.

Jones, A. H. M., J. R. Martindale, u. J. Morris, *Prosopography of the Later Roman Empire*, vol. 1. Cambridge 1971.

Jones, C. P., »A Family of Pisidian Antioch«, in: *Phoenix* 36 (1982), S. 264-271.

—, *Plutarch and Rome*. Oxford 1971.

Judge, E. A., »The Earliest Use of the Word ›Monachos‹ for Monk (P. Coll. Youtie 77) and the Origins of Monasticism«, in: *Jahrbuch für Antike und Christentum* 20 (1977), S. 72-89.

Junod, E., u. J.-D. Kaestli, *L'Histoire des Actes Apocryphes des Apôtres du iiie au ixe siècle: le cas des Actes de Jean*. Genf 1982. (Cahiers de la Revue de Théologie et Philosophie. 7.)

Kasser, R., *Kellia: Recherches suisses d'archéologie copte*. Pt. 1: Kellia 1965. Genf 1967.

Kazhdan, A. P., u. Giles Constable (eds.), *People and Power in Byzantium: an Introduction to Modern Byzantine Studies*. Washington 1982.

Kazhdan, A. P., u. A. Cutler, »Continuity and Discontinuity in Byzantine History«, in: *Byzantion* 52 (1982), S. 429-478.

Keats, John, *Gedichte*. Übers. v. G. Etzel. Leipzig 1920.

Kee, H. C., »The Ethical Dimensions of the Testaments of the XII Patriarchs as a Clue to Provenance«, in: *New Testament Studies* 24 (1978), S. 259-270.

Kelly, J. N. D., *Jerome*. London 1975.

Kennedy, Hugh, »From *Polis* to *Madina:* Urban Change in Late Antique and Early Islamic Syria«, in: *Past and Present* 106 (1985), S. 3-27.

—, »The Last Century of Byzantine Syria: A Reinterpretation«, in: *Byzantinische Forschungen* 19 (1985), S. 141-184.

Keys, A., J. Brožek et al., *The Biology of Human Starvation*. Minneapolis, Minn. 1950.

Kirk, K. E., *The Vision of God*. London 1932.

Kitzinger, E., *Byzantine Art in the Making*. Cambridge, Mass. 1977. (Deutsch: *Byzantinische Kunst im Werden*. Köln 1984.)

Klijn, A. F. J., »The ›Single One‹ in the Gospel of Thomas«, in: *Journal of Biblical Literature* 81 (1962), S. 271-278.

Koch, Hal, *Pronoia und Paideusis. Studien über Origenes und sein Verhältnis zum Platonismus.* Berlin 1932.

Kopecek, T. A., »The Social Class of the Cappadocian Fathers«, in: *Church History* 42 (1973), S. 453-466.

Koschorke, Klaus, *Die Polemik der Gnostiker gegen das kirchliche Christentum.* Leiden 1978. (Nag Hammadi Studies. 12.)

Kostof, S., *Caves of God. The Monastic Environment of Byzantine Cappadocia.* Cambridge, Mass. 1972.

Kötting, B., »Univira in Inschriften«, in: W. van den Boer et al. (eds.), *Romanitas et Christianitas. Studia I. H. Waszink oblata.* Amsterdam 1973, S. 195-206.

Kraeling, C. H., *Gerasa: City of the Decapolis.* New Haven, Conn. 1938.

Krautheimer, Richard, *Three Christian Capitals: Topography and Politics.* Berkeley, Los Angeles 1983.

Kretschmar, G., »Ein Beitrag zur Frage nach dem Ursprung frühchristlicher Askese«, in: *Zeitschrift für Theologie und Kirche* 64 (1961), S. 27-67.

Kümmel, W. G., *Römer 7 und das Bild des Menschen im Neuen Testament.* München 1974.

Ladner, G. B., »The Philosophical Anthropology of Saint Gregory of Nyssa«, in: *Dumbarton Oaks Papers* 12 (1958), S. 61-94.

Laeuchli, S., *Power and Sexuality: The Emergence of Canon Law at the Synod of Elvira.* Philadelphia 1972.

Laistner, M. L. W., *Christianity and Pagan Culture in the Later Roman Empire.* Ithaca, N. Y. 1951.

Lane Fox, Robin, *Pagans and Christians.* New York 1987.

Laqueur, Thomas, »Orgasm, Generation, and the Politics of Reproductive Biology«, in: *Representations* 14 (1986), S. 1-41.

Lardreau, Guy, *Discours philosophique et discours spirituel. Autour de la philosophie spirituelle de Philoxène de Mabboug.* Paris 1985.

Layton, B. (ed.), *The Rediscovery of Gnosticism.* Vol. 1, *The School of Valentinus.* Leiden 1980.

Leach, E., *Genesis as Myth.* London 1969. (Cape Editions. 39.)

Le Boulluec, Alain, *La notion d'hérésie dans la littérature grecque, iie-iiie siècles.* 2 vols. Paris 1985.

Lecky, William, *History of European Morals from Augustus to Charlemagne.* London [7]1886. (Deutsch: *Sittengeschichte Europas von Augustus bis auf Karl den Großen.* Bd. 1. Leipzig, Heidelberg 1879.)

LeGoff, Jacques, *L'imaginaire mediéval.* Paris 1985.

Leipoldt, J., *Schenute von Atripe.* Leipzig 1904. (Texte und Untersuchungen. 25.)

Lepelley, Claude, *Les cités de l'Afrique romaine au Bas-Empire.* Vol. 1. *La permanence d'une civilisation municipale.* Paris 1979.

–, »La crise de l'Afrique romaine au début du vème siècle«, in: *Académie des Inscriptions et Belles Lettres, Comptes rendus* 1981, S. 445-463.

Leroux, J. M., »Saint Jean Chrysostome et le monachisme«, in: C. Kannengiesser (ed.), *Jean Chrysostome et Augustin*. Paris 1975, S. 125-144. (Théologie historique. 35.)

Levene, A., *The Early Syrian Fathers on Genesis*. London 1951.

Lévi-Strauss, Claude, *Strukturale Anthropologie*. Übers. v. H. Naumann. Frankfurt a.M. 1967.

Lichtheim, Miriam, *Late Egyptian Wisdom Literature in the International Context*. Göttingen 1983.

Liebeschuetz, J. H. W. G., *Antioch*. Oxford 1972.

–, »Friends and Enemies of John Chrysostom«, in: Ann Moffat (ed.), *Maistor: Classical, Byzantine and Renaissance Studies for Robert Browning*. Canberra 1984, S. 85-111. (Byzantina Australiensia. 5.)

Lieu, S. N. C., *Manichaeism in the Later Roman Empire and Medieval China*. Manchester 1985.

Lilla, Salvatore R. C., *Clement of Alexandria: A Study in Christian Platonism and Gnosticism*. Oxford 1971.

Lochner, C., *Die Ehre einer Frau in Israel*. Göttingen 1986.

Long, A. A., *Hellenistic Philosophy*. London 1974.

Lorenz, R., »Die Anfänge des abendländischen Mönchtums im 4. Jahrhundert«, in: *Zeitschrift für Kirchengeschichte* 77 (1966), S. 1-61.

–, »Gnade und Erkenntnis bei Augustin«, in: *Zeitschrift für Kirchengeschichte* 75 (1964), S. 21-78.

Lyne, R. O. A. M., *The Latin Love Poets*. Oxford 1980.

McCail, R. S., »The erotic and ascetic poetry of Agathias Scholasticus«, in: *Byzantion* 41 (1971), S. 205-267.

MacCormack, Sabine G., *Art and Ceremony in Late Antiquity*. Berkeley, Los Angeles 1981.

–, »Christ and Empire, Time and Ceremonial in Sixth-Century Byzantium«, in: *Byzantion* 52 (1982), S. 287-309.

–, »Roma, Constantinopolis, the Emperor and his Genius«, in: *Classical Quarterly*, n.s., 25 (1975), S. 131-150.

MacCoull, Leslie S. B., »Child Donations and Child Saints in Coptic Egypt«, in: *East European Quarterly* 13 (1980), S. 409-415.

–, »Coptic Documentary Papyri as a Historical Source for Egyptian Christianity«, in: Birger A. Pearson, James E. Goehring (eds.), q.v., *The Roots of Egyptian Christianity*, S. 42-50.

–, »Notes on the Social Structure of late antique Aphrodito«, in: *Bulletin de la société d'archéologie copte* 26 (1984), S. 65-77.

Maclean, Ian, *The Renaissance Notion of Woman*. Cambridge 1980.

MacMullen, Ramsay, *Christianizing the Roman Empire (A.D. 100-400)*. New Haven, Conn. 1984.

–, »Roman Attitudes to Greek Love«, in: *Historia* 31 (1982), S. 484-502.

–, *Roman Social Relations*. New Haven, Conn. 1974.

–, »Woman in Public in the Roman Empire«, in: *Historia* 29 (1980), S. 208-18.

McNamara, Jo Ann, »Cornelia's Daughters: Paula and Eustochium«, in: *Women's Studies* 11 (1984), S. 9-27.

–, *A New Song: Celibate Women in the First Three Christian Centuries*. Binghamton, N.Y. 1985.

Madec, Goulven, *Saint Ambroise et la philosophie*. Paris 1974.

Mahé, J. P., »Le sens des symboles sexuels dans quelques textes hermétiques et gnostiques«, in: J. E. Ménard (ed.), *Les Textes de Nag Hammadi*. Leiden 1975, S. 123-145. (Nag Hammadi Studies. 7.)

Mandouze, André, *Saint Augustin. L'aventure de la raison et de la grâce*. Paris 1968.

Mango, C. A., *The Brazen House*. Kopenhagen 1959.

–, *Byzantium, the Empire of New Rome*. London 1980.

Mango, C. A., u. I. Ševčenko, »Some recently acquired Byzantine inscriptions at the Istanbul Museum«, in: *Dumbarton Oaks Papers* 32 (1978), S. 1-27.

Mano-Zisi, Dj., »Justiniana prima [Caričin Grad]«, in: *Reallexikon zur byzantinischen Kunst*, Bd. 3. Stuttgart 1976, Sp. 687-717.

Markus, R. A., *Augustine: A Collection of Critical Essays*. New York 1972.

–, *Saeculum: History and Society in the Theology of Saint Augustine*. Cambridge 1970.

Marrou, H. I., »L'origine orientale des diaconies romaines«, in: *Mélanges d'archéologie et d'histoire* 47 (1940), S. 95-142; in: *Patristique et Humanisme*. Paris 1976, S. 81-118. (Patristica Sorbonensia. 9.)

–, *Décadence romaine ou antiquité tardive?* Paris 1977.

–, »L'arianisme comme phénomène alexandrin«, in: *Patristique et Humanisme*. Paris 1976, S. 321-330. (Patristica Sorbonensia. 9.) (Erstmals veröffentlicht in: *Académie des Inscriptions et Belles Lettres, Comptes rendus* 1973, S. 533-542.)

Martikainen, J., »Das Böse in den Schriften des Syrers Ephraim, im Stufenbuch und im *Corpus Macarianum*«, in: W. Strothmann (Hrsg.), *Makarios-Symposium über das Böse*. Wiesbaden 1983, S. 36-46. (Göttinger Orientforschungen. 1, Nr. 24.)

Martimort, A. G., *Les Diaconesses: essai historique*. Rome 1982.

Martin, Annick, »Aux origines de l'église copte«, in: *Revue des études anciennes* 83 (1981), S. 35-56.

–, »L'église et la khôra égyptienne au ive siècle«, in: *Revue des études augustiniennes* 26 (1979), S. 3-26.

Martin, J. R., *The Illustrations of the Heavenly Ladder of John Climacus*. Princeton, N.J. 1954.

Martindale, J. R. (ed.), *The Prosopography of the Later Roman Empire*, vol. 2. Cambridge 1980.

Marx, A., »Les racines du célibat essénien«, in: *Revue de Qumran* (1970), S. 323-342.

Maspéro, J., »Horapollon et la fin du paganisme égyptien«, in: *Bulletin de l'Institut français d'archéologie orientale du Caire* 11 (1914), S. 163-195.

Matthews, John, *Western Aristocracies and Imperial Court*. Oxford 1975.

May, G., »Die Chronologie des Lebens und der Werke des Gregors von Nyssa«, in: M. Harl (ed.), q.v., *Écriture et culture philosophique dans la pensée de Grégoire de Nysse*, S. 51-66.

Meeks, Wayne A., *The First Urban Christians: The Social World of the Apostle Paul*. New Haven, Conn. 1983.

–, »The Image of the Androgyne: some uses of a symbol in earliest Christianity«, in: *History of Religions* 13 (1974), S. 165-208.

Méhat, André, *Étude sur les »Stromates« de Clément d'Alexandrie*. Paris 1966. (Patristica Sorbonensia. 7.)

Ménard, J. E., *L'Évangile selon Philippe*. Straßburg 1969.

Mertens, C., »Les premiers martyrs et leur rêves«, in: *Revue d'histoire ecclésiastique* 81 (1986), S. 5-46.

Meslin, M., *Les Ariens d'Occident*. Paris 1967. (Patristica Sorbonensia. 8.)

Metzger, C., *Musée du Louvre: Sarcophages en pierre d'époques romaine et paléochrétienne*. Paris 1985.

Meyer, M. W., »Making Mary Male: The Categories ›Male‹ and ›Female‹ in the Gospel of Thomas«, in: *New Testament Studies* 31 (1985), S. 554-570.

Meyvaert, P., »Excerpts from an Unknown Treatise of Jerome to Gaudentius of Brescia«, in: *Revue bénédictine* 96 (1986), S. 203-218.

–, »Le *Libellus Responsionum* à Augustin de Cantorbéry: une œuvre authentique de Saint Grégoire le Grand«, in: *Grégoire le Grand: Colloques internationaux du Centre National de Recherche Scientifique*. Paris 1986, S. 543-549.

Miles, Margaret R., *Fullness of Life*. Philadelphia 1981.

Milovanović, Č., »Apokrifna Dela Pavlova i njihov odnos prema antičkom grčkom romanu i kanonskim Delima Apostolskim«, in: *Zbornik Radova Vizantinološkog Instituta* 17 (1976), S. 295-407.

Mitchell, Stephen, »The Life of Saint Theodotus of Ancyra«, in: *Anatolian Studies* 32 (1982), S. 93-113.

Moine, Nicole, »Mélanie l'Ancienne«, in: *Dictionnaire de la Spiritualité*, fasc. 66-67. Paris 1978, Sp. 955-960.

Momigliano, Arnaldo D., »Ciò che Flavio Giuseppe non vide«, in: *Rivista storica italiana* 91 (1979), S. 564-574.

–, »The Life of Saint Macrina by Gregory of Nyssa«, in: J. W. Eade, J. Ober (eds.), *The Craft of the Ancient Historian: Essays in Honor of C. G. Starr*. Ann Arbor, Mich. 1975, S. 443-458. (Jetzt in: *On Pagans, Jews and Christians*. Middletown, Conn. 1987, S. 206-221.)

–, »M. I. Rostovtzeff«, in: *The Cambridge Journal*, 7 (1954).

Morony, Michael G., *Iraq after the Muslim Conquest*. Princeton 1984.

Munro, W., *Authority in Paul and Peter*. Cambridge 1982.

Munz, Peter, »John Cassian«, in: *Journal of Ecclesiastical History* 11 (1960), S. 1-22.

Murphy, F. X., »Evagrius Ponticus and Origenism«, in: R. Hanson, F. Crouzel (eds.), *Origeniana Tertia*. Rom 1985, S. 253-269.

Murray, Robert, »Ephraem Syrus«, in: *Theologische Realenzyklopädie*, Bd. 9. Berlin 1982, S. 755-762.

–, »The Exhortation to Candidates for Ascetical Vows at Baptism in the Ancient Syrian Church«, in: *New Testament Studies* 21 (1974-75), S. 59-80.

–, *Symbols of Church and Kingdom: A Study in Early Syriac Tradition*. Cambridge 1975.

–, »The Theory of Symbolism in St. Ephrem's Theology«, in: *Parole de l'Orient* 6-7 (1975-76), S. 1-20.

Musurillo, H., »The Problem of Ascetical Fasting in the Greek Patristic Writers«, in: *Traditio* 12 (1956), S. 1-64.

Nagel, P., »Lettre chrétienne sur papyrus«, in: *Zeitschrift für Papyrologie und Epigraphik* 18 (1975), S. 317-323.

Natali, A., »Église et évergétisme à Antioche à la fin du ivème siècle d'après Jean Chrysostome«, in: E. Livingstone (ed.), *Studia Patristica* 17, vol. 3. Oxford 1982, S. 1176-1184.

Nauerth, C., u. R. Warns, *Thekla: ihre Bilder in der frühchristlichen Kunst*. Wiesbaden 1981.

Nautin, P., »Études de chronologie hiéronymienne (393-397) 2«, in: *Revue des études augustiniennes* 19 (1973), S. 69-86.

–, *Lettres et écrivains chrétiens des iie et iiie siècles*. Paris 1961.

–, *Origène: sa vie et son œuvre*. Paris 1977.

–, »Les premières relations d'Ambroise avec l'empereur Gratien«, in: Y. M. Duval (ed.), q.v., *Ambroise de Milan*, S. 229-244.

Nedungatt, G., »The Covenanters in the Early Syriac-Speaking Church«, in: *Orientalia Christiana Periodica* 39 (1973), S. 191-215.

Neumann, C. W., *The Virgin Mary in the Works of Saint Ambrose*. Fribourg-en-Suisse 1962. (Paradosis. 17.)

Neusner, J., *A History of the Mishnaic Law of Women*. Vol. 5, *The Mishnaic System of Women*. Leiden 1980.

–, *Judaism, the Evidence of the Mishnah*. Chicago 1981.

Niederwimmer, Kurt, *Askese und Mysterium: Über Ehe, Ehescheidung und Eheverzicht in den Anfängen des christlichen Glaubens*. Göttingen 1975.

Nietzsche, F., *Die fröhliche Wissenschaft*. Stuttgart 1956.

Nock, A. D., »A View of Mandulis Aion«, in: *Essays on Religion and the Ancient World*, Vol. 1. Oxford 1982, S. 362-374.

Noonan, J. T., *Contraception*. Cambridge, Mass. 1965.

Nuvolone, F. G., u. A. Solignac, »Pélage et Pélagianisme«, in: *Dictionnaire de la Spiritualité*, fasc. 83-85. Paris 1986, Sp. 2889-2942.

Oesterle, H. J., »Probleme der Anthropologie bei Gregor von Nyssa«, in: *Hermes* 113 (1985), S. 101-114.

Oppenheimer, Aharon, *The ʿAm ha-Aretz: A Study in the Social History of the Jewish People in the Hellenistic-Roman Period*. Leiden 1977.

Orbe, A., »El pecado de Eva, signo de división«, in: *Orientalia Christiana Periodica* 29 (1963), S. 305-330.

–, »El pecado original y el matrimonio en la teologia del s. II. In: *Gregorianum* 45 (1964), S. 449-500.

Orlandi, T., »Giustificazioni dell'Encratismo nei testi monastici copti del iv-v secolo«, in: Ugo Bianchi (ed.), q.v., *La Tradizione dell'Enkrateia*, S. 341-363.

Padel, R., »Women: Model for Possession by Greek Daemons«, in: Averil Cameron, Amélie Kuhrt (eds.), q.v., *Images of Women in Late Antiquity*, S. 3-19.

Pagels, Elaine, »Gnostic and Orthodox Views of Christ's Passion: Paradigms of the Christian Response to Persecution?«, in: B. Layton (ed.), q.v., *The Rediscovery of Gnosticism*. Vol. 1: *The School of Valentinus*, S. 262-288.

–, *The Gnostic Gospels*. New York 1979. (Deutsch: *Versuchung durch Erkenntnis. Die gnostischen Evangelien*. Frankfurt a. M. 1987.)

–, *The Gnostic Paul*. Philadelphia 1979.

–, *The Johannine Gospel in Gnostic Exegesis*. Nashville, New York 1973. (Society of Biblical Literature Monograph Series. 17.)

Palol Salellas, Pedro de, »La conversion de l'aristocratie de la Péninsule ibérique au ivème siècle«, in: *Miscellanea Historiae Ecclesiasticae*, No. 6. Brüssel 1983, S. 47-69. (Bibliothèque de la Revue d'Histoire Ecclésiastique, fasc. 67.)

Patlagean, Evelyne, »Byzance et le blason pénal du corps«, in: *Du Châtiment dans la Cité*. Rom 1984, S. 405-427. (Collection de l'École française de Rome. 79.)

–, »L'enfant et son avenir dans la famille byzantine«, in: *Enfant et Sociétés: Annales de démographie historique* 1973, S. 85-93.

–, »Familles chrétiennes d'Asie mineure et histoire démographique du ive siècle«, in: *Antiquitas* 1978, Reihe 1, Nr. 29, S. 169-186.

–, »L'histoire de la femme déguisée en moine et l'évolution de la sainteté féminine à Byzance«, in: *Studi medievali*, Ser. 3, 17 (1976), S. 597-623.

–, *Pauvreté économique et pauvreté sociale à Byzance*. Paris, Den Haag 1977.

–, »Sur la limitation de la fécondité dans la haute époque byzantine«, in: *Annales É.S.C.* 24 (1969), S. 1353-1369. Englisch: R. Forster, O. Ranum (eds.), E. Forster, P. M. Ranum (transl.), »Birth Control in the Early Byzantine Empire«, in: *Biology of Man in History*. Baltimore 1975, S. 1-22.

Patrucco, Marcella Forlin, »Aspetti di vita familiare nel iv secolo negli scritti dei padri cappadoci«, in: R. Cantalamassa (ed.), q.v., *Etica sessuale e matrimonio nel cristianesimo delle origini*, S. 158-179.

Patterson, Cynthia, »›Not Worth the Rearing‹: The Causes of Infant Exposure in Ancient Greece«, in: *Transactions of the American Philological Association* 114 (1985), S. 103-124.

Payer, Pierre J., *Sex and the Penitentials*. Toronto 1984.

Pearson, Birger A., u. James E. Goehring (eds.), *The Roots of Egyptian Christianity*. Philadelphia 1986.

Pellegrino, M., »Il platonismo di Gregorio di Nissa«, in: *Rivista di filologia neoscolastica* 30 (1938), S. 437-474.

Perkins, Judith, »The Apocryphal Acts and the Early Christian Martyrdom«, in: *Arethusa* 18 (1985), S. 211-230.

Peterson, E., »Einige Beobachtungen zu den Anfängen der christlichen Askese«, in: *Frühkirche, Judentum und Gnosis*. Rom 1959, S. 209-220. (Erstmals veröffentlicht in: *Euntes docere* 1 [1948], S. 295-302.)

Petrément, S., *Le Dualisme chez Platon, les Gnostiques et les Manichéens*. Paris 1947.

Pietri, Charles, »Le mariage chrétien à Rome«, in: J. Delumeau (ed.), *Histoire vécue du peuple chrétien*. Paris 1979, S. 105-131.

–, *Roma Christiana*. 2 vols. Rom 1976. (Bibliothèque des écoles françaises d'Athènes et de Rome. 224.)

Pisi, Paola, *Genesis e Phthora. Le motivazioni protologiche della verginità in Gregorio di Nissa e nella tradizione dell'enkrateia*. Rom 1981.

Poque, Suzanne, *Le langage symbolique dans la prédication de saint Augustin*. 2 vols. Paris 1984.

Poupon, G., »L'accusation de magie dans les Actes Apocryphes«, in: F. Bovon et al. (eds.), *Les Actes apocryphes des Apôtres*. Genf 1981, S. 71-93.

Price, S. R. F., *Rituals and Power: The Roman imperial cult in Asia Minor*. Cambridge 1984.

Quibbell, J. E., *Excavations at Saqqara*, vol. 4. Kairo 1908.

Rader, Rosemary, *Breaking Boundaries: Male/Female Friendship in Early Christian Communities*. New York 1983.

Rambeaux, C., *Tertullian face aux morales des trois prémiers siècles*. Paris 1979.

Rawson, B., »The Roman Family«, in: B. Rawson (ed.), *The Family in Ancient Rome: New Perspectives*. Ithaca, N.Y 1986, S. 1-57.

Refoulé, F., »Rêves et vie spirituelle d'après Évagre le Pontique«, in: *La vie spirituelle: Supplément* 14 (1961), S. 470-571.

Reiling, J., *Hermas and Christian Prophecy: A Study in the Eleventh Mandate*. Leiden 1973. (Supplements to Novum Testamentum. 37.)

Rémondon, R., »L'Église dans la société égyptienne à l'époque byzantine«, in: *Chronique d'Égypte* 47 (1972), S. 254-277.

Rice, Eugene F., *Saint Jerome in the Renaissance*. Baltimore 1985.

Richardson, T. Wade, »Homosexuality in the *Satyricon*«, in: *Classica et Medievalia* 35 (1984), S. 105-127.

Ricoeur, Paul, *The Symbolism of Evil*. Transl. by E. Buchanan. Boston 1969. (Deutsch: *Symbolik des Bösen*. Übers. v. M. Otto. Freiburg, München 1971.)

Roberge, M., »Anthropogonie et anthropologie dans la *Paraphrase de Sem* (NH VII, 1)«, in: *Le Muséon* 99 (1986), S. 229-248.

Robert, Jeanne, u. Louis Robert, »Bulletin épigraphique«, in: *Revue des études grecques* 97 (1984), S. 419-522.

–, *La Carie*. Paris 1954.

Robert, Louis, »D'Aphrodisias à la Lycaonie«, in: *Hellenica* 13. Paris 1965.

–, *Les Gladiateurs dans l'Orient grec*. Paris 1940.

–, *Nouvelles inscriptions de Sardes*. Paris 1964.

–, »Une vision de Perpétue«, in: *Académie des Inscriptions et Belles Lettres, Comptes rendus* 1982, S. 229-276.

Roberts, Colin H., *Manuscript and Belief in Early Christian Egypt*. London 1977. (Schweich Lectures 1977.)

Robinson, J. M., u. H. Koester, *Trajectories through Early Christianity*. Philadelphia 1971. (Deutsch: Köster, H., u. J. M. Robinson, *Entwicklungslinien durch die Welt des frühen Christentums*. Tübingen 1971.)

Rodenwaldt, G., »Über den Stilwandel in der antoninischen Kunst«, in: *Abhandlungen der Berliner Akademie der Wissenschaften* 30 (1935), Nr. 3.

Roldanus, J. R., *Le Christ et l'homme dans la théologie d'Athanase d'Alexandrie*. Leiden 1977. (Studies in the History of Christian Thought. 4.)

Rordorf, Willy, »Marriage in the New Testament and in the Early Church«, in: *Journal of Ecclesiastical History* 20 (1969), S. 193-210.

Rosaldo, M. Z., »Women, Culture and Society: A Theoretical Overview«, in: M. Z. Rosaldo, L. Lamphere (eds.), *Women, Culture and Society*. Stanford 1974, S. 17-42.

Rousseau, Philip, *Ascetics, Authority, and the Church in the Age of Jerome and Cassian*. Oxford 1978.

–, *Pachomius: The Making of a Community in Fourth-Century Egypt*. Berkeley, Los Angeles 1985.

Rousselle, Aline, »Gestes et signes de la famille dans l'Empire romain«, in: André Burguière et al. (eds.), *Histoire de la famille*, vol. 1. Paris 1986, S. 231-269.

–, »Parole et Inspiration: le travail de la voix dans le monde romain«, in: *History and Philosophy of the Life Sciences* 5 (1983), S. 129-157.

–, *Porneia: de la maîtrise du corps à la privation sensorielle*. Paris 1983. (Deutsch: *Der Ursprung der Keuschheit*. Stuttgart 1989.)

Ruggini, L., *Economia e società nell'»Italia annonaria«*. Mailand 1961.

Ruppert, F., *Das pachomianische Mönchtum und die Anfänge klösterlichen Gehorsams*. Münsterschwarzach 1971. (Münsterschwarzacher Studien. 20.)

Sagnard, F. M. M., *La Gnose valentinienne et le témoignage de Saint Irénée*. Paris 1947. (tudes de philosophie médiévale. 26.)

Şahin, Sencer, »Griechische Epigramme aus dem südlichen Propontisgebiet«, in: M. B. de Boer, T. A. Eldridge (eds.), *Hommages à M. J. Vermaseren*, vol. 3. Leiden 1978, S. 997-1002.

Salisbury, Joyce E., »›The Bond of a Common Mind‹: A Study of Collective Salvation from Cyprian to Augustine«, in: *Journal of Religious History* 13 (1985), S. 235-247.

Saller, Richard P., u. Brent D. Shaw, »Tombstones and Roman Family Relations in the Principate«, in: *Journal of Roman Studies* 74 (1984), S. 124-156.

Samuel, Alan E., »How many Gnostics?«, in: *Bulletin of the American Society of Papyrologists* 22 (1985), S. 297-322.

Sanders, E. P., *Jesus and Judaism*. Philadelphia 1985.

–, *Paul, the Law and the Jewish People*. Philadelphia 1983.

Saulnier, C., »La vie monastique en Terre Sainte auprès des lieux de pèlerinages«, in: *Miscellanea Historiae Ecclesiasticae* 6. Brüssel 1983, S. 223-248. (Bibliothèque de la Revue d'Histoire Ecclésiastique, fasc. 67.)

Sauneron, S., u. J. Jacquet, *Les ermitages chrétiens du désert d'Esna*. Vol. 1, *Archéologie et inscriptions*. Vol. 4, *Essai d'histoire*. Kairo 1972.

Savon, H., »Maniérisme et Allégorie dans l'œuvre d'Ambroise de Milan«, in: *Revue des études latines* 55 (1977), S. 203-221.

–, *Saint Ambroise devant l'exégèse de Philon le Juif*. 2 vols. Paris 1977.

–, »Une consolation imitée de Sénèque et de saint Cyprien«, in: *Recherches augustiniennes* 14 (1979), S. 153-190.

Saxer, Victor, »Le culte chrétien au ive siècle«, in: *Miscellanea Historiae Ecclesiasticae*, no. 6. Brüssel 1983, S. 202-215. (Bibliothèque de la Revue d'Histoire Ecclésiastique, fasc. 67.)

–, »Le ›juste crucifié‹ de Platon à Théodoret«, in: *Rivista di storia e letteratura religiosa* 19 (1983), S. 189-215.

Scagloni, Carlo, »Ideale coniugale e familiare in Giovanni Crisostomo«, in: R. Cantalamassa (ed.), q.v., *Etica sessuale e matrimonio nel cristianesimo delle origini*, S. 273-422.

Schmitt, Émile, *Le mariage chrétien dans l'œuvre de Saint Augustin*. Paris 1983.

Schneider, L., *Die Domäne als Weltbild. Wirkungsstrukturen der spätantiken Bildersprache*. Wiesbaden 1983.

Schoenebeck, H. von, *Der Mailänder Sarkophag und seine Nachfolge*. Rom 1935.

Schöllgen, G., *Ecclesia sordida? Zur Frage der sozialen Schichtung frühchristlicher Gemeinden am Beispiel Karthagos zur Zeit Tertullians*. Münster i. Westf. 1984. (Jahrbuch für Antike und Christentum: Ergänzungsband. 12.)

Schrijvers, P. H., *Eine medizinische Erklärung der männlichen Homosexualität aus der Antike*. Amsterdam 1985.

Schürer, E., *The History of the Jewish People in the Age of Jesus Christ*, vol. 2. Rev. and ed. by G. Vermes, F. Millar, and M. Black. Edinburgh 1979. (Übersetzung von: *Geschichte des jüdischen Volkes im Zeitalter Jesu Christi*. Bd. 1-3. Leipzig 1901-09.)

Segal, Alan F., *Rebecca's Children: Judaism and Christianity in the Roman World*. Cambridge, Mass. 1986.

Seibel, W., *Fleisch und Geist beim heiligen Ambrosius*. München 1958. (Münchener Theologische Studien. 14.)

Seitz, O. J., »Antecedents and Significance of the Term διψυχος«, in: *Journal of Biblical Literature* 66 (1947), S. 211-219.

Sfameni Gasparro, G., »Le motivazioni protologiche dell'*Enkrateia* nel cristianesimo dei primi secoli e nello Gnosticismo«, in: Ugo Bianchi (ed.), q.v., *La Tradizione dell'Enkrateia*, S. 149-261.

–, *Origene: studi di antropologia e di storia della tradizione*. Rom 1984.

–, »Le *sordes* (/*rhupos*), il rapporto genesis-phthorà dell'*Enkrateia* in Origene«, in: R. Hanson, F. Crouzel (eds.), q.v., *Origeniana Tertia*, S. 165-183.

–, »Il tema della concupiscentia in Agostino e la tradizione dell'enkrateia«, in: *Augustinianum* 15 (1985), S. 155-183.

Shaw, Brent D., »The Age of Roman Girls at Marriage: Some Reconsiderations«, in: *Journal of Roman Studies* 77 (1987), S. 30-46.

–, »The Divine Economy: Stoicism as Ideology«, in: *Latomus* 64 (1985), S. 16-54.

–, »The Family in Late Antiquity: the Experience of Augustine«, in: *Past and Present* 115 (1987), S. 3-51.

–, »Latin Funerary Epigraphy and Family Life in the Later Roman Empire«, in: *Historia* 33 (1984), S. 457-495.

Shaw, Brent D., u. Richard P. Saller, »Close Kin Marriage in Roman Society?«, in: *Man*, n.s., 19 (1984), S. 431-444.

Shelton, Kathleen, *The Esquiline Treasure*. London 1981.

–, »The Esquiline Treasure«, in: *American Journal of Archaeology* 89 (1985), S. 147-155.

Shepherd, Dorothy G., »An Icon of the Virgin: A Sixth-Century Tapestry Panel from Egypt«, in: *Bulletin of the Cleveland Museum of Art* 59 (1969), S. 90-120.

Shisha-Halevy, A., »Two New Schenoute-Texts from the British Library«, in: *Orientalia*, n.s., 44 (1975), S. 149-185.

Sijpesteijn, P. J., »A Panegyric on John the Baptist«, in: *Le Muséon* 96 (1983), S. 231-238.

Silber, Ilana Friedrich, »Dissent Through Holiness: The Case of the Radical Renouncer in Theravada Buddhist Countries«, in: *Numen* 28 (1981), S. 164-193.

Sissa, Giulia, *Le corps virginal*. Paris 1987.

–, »Une virginité sans hymen: le corps féminin en Grèce ancienne«, in: *Annales É.S.C.* 39 (1984), S. 1119-1139.

Smith, A., *Porphyry's Place in the Neoplatonic Tradition*. Den Haag 1974.

Smith, J. Z., *Map is not Territory*. Leiden 1978.

Söder, R., *Die apokryphen Apostelakten und die romanhafte Literatur der Antike*. Stuttgart 1932.

Sokolowski, F., *Les lois sacrées des cités grecques: Supplément*. Paris 1962.

Speyer, W., »Zu den Vorwürfen der Heiden gegen die Christen«, in: *Jahrbuch für Antike und Christentum* 6 (1963), S. 129-135.

Staats, Reinhart, »Basilius als lebende Mönchsregel in Gregors von Nyssa de virginitate«, in: *Vigiliae Christianae* 39 (1985), S. 228-255.

–, »Messalianerforschung und Ostkirchenkunde«, in: W. Strothmann (Hrsg.), *Makarios-Symposium über das Böse*. Wiesbaden 1983, S. 47-71. (Göttinger Orientforschungen. 1, Nr. 24.)

Stancliffe, Clare, *St. Martin and His Hagiographer*. Oxford 1983.

Steigman, E., »Rabbinic Anthropology«, in: W. Haase (Hrsg.), *Aufstieg und Niedergang der römischen Welt*, Reihe 2. Bd. 19,2. Berlin 1979, S. 487-579.

Strack, H., u. P. Billerbeck, *Kommentar zum Neuen Testament aus Talmud und Midrasch*. Bd. 1-4. München 1928.

Straw, Carole, *Perfection in Imperfection: Body, Soul, and Spiritual Progress in Gregory the Great*. Berkeley, Los Angeles [erscheint demnächst].

Strobel, A., *Das Heilige Land der Montanisten*. Berlin 1980. (Religionsgeschichtliche Versuche und Vorarbeiten. 37.)

Stroumsa, Gedaliahu A. G., *Another Seed: Studies in Gnostic Mythology*. Leiden 1984. (Nag Hammadi Studies. 24.)

–, »The Manichaean Challenge to Egyptian Christianity«, in: Birger A. Pearson, James E. Goehring (eds.), q.v., *The Roots of Egyptian Christianity*, S. 307-319.

Stücklin, Christoph, *Tertullian: de virginibus velandis*. Bern, Frankfurt a.M. 1974. (Europäische Hochschulschriften. Ser. 24, 6.)

Stuiber, A., »Ambrosiaster«, in: *Jahrbuch für Antike und Christentum* 13 (1970), S. 119-123.

Syme, R., *Ammianus and the »Historia Augusta«*. Oxford 1968.

Tardieu, M., *Trois Mythes Gnostiques*. Paris 1974.

Teja, Ramón, *Organización economica y social de Capadocia en el siglo iv, según los padres capadocios*. Salamanca 1974. (Acta Salamanticensia: Filosofia y Letras. 78.)

Tetz, Martin, »Athanasius und die Vita Antonii. Literarische und theologische Relationen«, in: *Zeitschrift für neutestamentliche Wissenschaft* 73 (1982), S. 1-30.

Theissen, Gerd, *Psychologische Aspekte paulinischer Theologie*. Göttingen 1983.

–, *The Social Setting of Pauline Christianity: Essays on Corinth*. Ed. and transl. with an introduction by J. H. Schütz. Philadelphia 1982. (Übersetzung von: *Studien zur Soziologie des Christentums*. Tübingen 1979.)

–, *Sociology of Early Palestinian Christianity*. Transl. by J. Bowden. Philadelphia 1978. (Übersetzung von: *Soziologie der Jesusbewegung*. München 1977.)

Thélamon, F., *Païens et chrétiens au ivème siècle*. Paris 1981.

Thierry, Nicole, »Un problème de continuité ou de rupture. La Cappadoce entre Rome, Byzance et les Arabes«, in: *Académie des Inscriptions et Belles Lettres, Comptes rendus* 1977, S. 98-146.

Thunberg, Lars, »The Human Person as the Image of God 1: Eastern Christianity«, in: B. McGinn, J. Meyendorff, J. Leclercq (eds.), *World Spirituality*. Vol. 16, *Christian Spirituality: Origins to the Twelfth Century*. New York 1985, S. 291-312.

Tissot, Y., »Encratisme et Actes Apocryphes«, in: F. Bovon et al. (eds.), *Les Actes Apocryphes des Apôtres*. Genf 1981, S. 109-119.

Tollinton, R. B., *Clement of Alexandria*. London 1914.

Torp, H., »Le monastère copte de Baouit. Quelques notes d'introduction«, in: *Miscellanea Coptica, Acta Instituti Norvegiae Romani* 9 (1981), S. 1-8.

–, »Les murs d'enceinte des monastères coptes primitifs«, in: *Mélanges d'archéologie et d'histoire* 76 (1964), S. 173-200.

Traversari, G., »Tetimimo e Colimbétra. Ultime manifestazioni del teatro antico«, in: *Dioniso* 13 (1950), S. 18-35.

Tregenza, L. A., *The Red Sea Mountains of Egypt*. Oxford 1955.

Treggiari, Susan, »Concubinae«, in: *Papers of the British School at Rome* 49 (1981), S. 59-81.

Trigg, J. W., *Origen: the Bible and Philosophy in the Third Century Church*. Atlanta 1983.

Urbach, E. E., *The Sages: Their Concepts and Beliefs*. Jerusalem 1975.

Van Bremen, Riet, »Women and Wealth«, in: Averil Cameron, Amélie Kuhrt (eds.), q.v., *Images of Women in Antiquity*, S. 223-242.

Van Dam, Raymond, »Emperors, Bishops and Friends in Late Antique Cappadocia«, in: *Journal of Theological Studies*, n.s., 37 (1986), S. 53-76.

–, »Hagiography and History: The Life of Gregory Thaumaturgus«, in: *Classical Antiquity* 1 (1982), S. 272-308.

–, *Leadership and Community in Late Antique Gaul*. Berkeley, Los Angeles 1985.

Van Eijk, Ton H. J., »Marriage and Virginity, Death and Immortality«, in: J. Fontaine, C. Kannengiesser (eds.), *Epektasis: Mélanges offerts au cardinal J. Daniélou*. S. 209-235. Paris 1972, S. 209-235.

Van Ommeslaeghe, F., »Jean Chrysostome et Eudoxie«, in: *Analecta Bollandiana* 97 (1979), S. 131-159.

Vatin, C., *Recherches sur le mariage et la condition de la femme mariée à l'époque hellénistique*. Paris 1970.

Vermes, Geza, »Leviticus 18:21 in Ancient Jewish Bible Exegesis«, in: J. J. Petruchowski, E. Fleischer (eds.), *Studies in Aggadah, Targum, and Jewish Liturgy im Memory of Joseph Heinemann.* Jerusalem 1983, S. 108-124.

–, *Jesus the Jew.* Philadelphia 1981.

–, »Methodology in the Study of Jewish Literature in the Graeco-Roman Period«, in: *Journal of Jewish Studies* 36 (1985), S. 145-158.

Veyne, P., *L'Élégie érotique romaine.* Paris 1983.

–, »L'Empire romain«, in: P. V. (ed.), *Histoire de la Vie Privée.* Vol. 1. *De l'Empire romain à l'an mil.* Paris 1985, S. 19-224. Englisch: A. Goldhammer (transl.), *A History of Private Life.* Vol. 1. *From Pagan Rome to Byzantium.* Cambridge, Mass. 1987, S. 16-233. Deutsch: *Geschichte des privaten Lebens..* Bd. 1. *Vom römischen Imperium zum byzantinischen Reich.* Frankfurt a. M. 1989.

–, »La famille et l'amour sous le Haut-empire romain«, in: *Annales É.S.C.* 33 (1978), S. 35-63.

–, »L'homosexualité à Rome«, in: *Communications* 35 (1982), S. 25-33. Englische Übersetzung in: P. Ariès, A. Béjin (eds.), q.v., *Western Sexuality: Practice and Precept in Past Times,* S. 26-35.

–, »Rome devant la prétendue fuite de l'or«, in: *Annales É.S.C.* 34 (1979), S. 211-244.

Villeneuve, F., »L'économie rurale et la vie des campagnes«, in: J.-M. Dentzer (ed.), *Hauran* 1. Paris 1985, S. 63-129.

Ville, Georges, »Religion et politique: comment ont pris fin les combats de gladiateurs«, in: *Annales É.S.C.* 34 (1979), S. 651-671.

Völker, W., *Gregor von Nyssa als Mystiker.* Wiesbaden 1955.

–, »*Scala Paradisi«. Eine Studie zu Johannes Climacus und zugleich eine Vorstudie zu Symeon dem Neuen Theologen.* Wiesbaden 1968.

–, *Das Vollkommenheitsideal des Origenes.* Tübingen 1931.

–, *Der wahre Gnostiker nach Clemens Alexandrinus.* Berlin 1952. (Texte und Untersuchungen. 57.)

Vööbus, A., *Celibacy, a Requirement for Admission to Baptism in the Early Syrian Church.* Stockholm 1951. (Papers of the Estonian Theological Society in Exile. 1.)

–, *A History of Asceticism in the Syrian Orient.* Louvain 1958. (*CSCO* 184, Subsidia. 14.)

Walzer, Richard, *Galen on Jews and Christians.* Oxford 1947.

Ware, Kallistos, »The Sacrament of Baptism and the Ascetic Life in the Teachings of Mark the Monk«, in: *Studia Patristica* 10. Berlin 1970, S. 441-451. (Texte und Untersuchungen, 107.)

–, »Ways of Prayer and Contemplation 1: Eastern«, in: B. McGinn, J. Meyendorff, J. Leclercq (eds.), *World Spirituality.* Vol. 16, *Christian Spirituality: Origins to the Twelfth Century.* New York 1985, S. 395-414.

Wallace-Hadrill, J. M., *The Frankish Church.* Oxford 1983.

Wemple, Suzanne F., *Women in Frankish Society*. Philadelphia 1981.

Wenham, G. J., »Bᵉtûlāh: ›A Girl of Marriageable Age‹«, in: *Vetus Testamentum* 22 (1972), S. 326-348.

Wilken, R. L., *John Chrysostom and the Jews. Rhetoric and Reality in the Late Fourth Century*. Berkeley, Los Angeles 1983.

–, »Liturgy, Bible and Theology in the Easter Sermons of Gregory of Nyssa«, in: M. Harl (ed.), q.v., *Écriture et culture philosophique dans la pensée de Grégoire de Nysse*, S. 127-143.

Williams, Michael Allan, *The Immovable Race. A Gnostic Designation and the Theory of Stability in Late Antiquity*. Leiden 1985. (Nag Hammadi Studies. 29.)

–, »Uses of Gender Imagery in Ancient Gnostic Texts«, in: C. W. Bynum, S. Harrell, and P. Richman (eds.), *Gender and Religion: On the Complexity of Symbols*. Boston 1986, S. 196-227.

Wilson, Robert McL., »Alimentary and sexual encratism in the Nag Hammadi Texts«, in: Ugo Bianchi (ed.), q.v., *La Tradizione dell'Enkrateia*, S. 317-339.

Winlock, H. B., *The Monastery of Epiphanius at Thebes* 1: The Archaeological Material. New York 1926.

Wipszycka, E., »Le degré d'alphabétisation en Égypte byzantine«, in: *Revue des études augustiniennes* 30 (1984), S. 279-296.

–, »Les terres de la congrégation pachômienne«, in: J. Bingen (ed.), *Le monde grec. Hommages à Claire Préaux*. Brüssel 1975, S. 625-636.

Wood, Charles T., »The Doctor's Dilemma: sin, salvation and the menstrual cycle in medieval thought«, in: *Speculum* 56 (1981), S. 710-727.

Wood, I. N., »A Prelude to Columbanus: the Monastic Achievement in the Burgundian Territories«, in: H. B. Clarke, M. Brennan (eds.), *Columbanus and Merovingian Monasticism*. Oxford 1981, S. 3-32. (B.A.R. International Series. 1113.)

Wortley, Raoul, *Connaissance religieuse et herméneutique chez Clément d'Alexandrie*. Leiden 1973.

Wright, David F., »Homosexuals or Prostitutes? The Meaning of ΑΡΣΕΝΟΚΟΙΤΑΙ (1 Cor. 6:9, 1 Tim. 1:10)«, in: *Vigiliae Christianae* 38 (1984), S. 125-153.

Wrigley, E. A., »Fertility Strategy for the Individual and the Group«, in: C. Tilly (ed.), *Historical Studies of Changing Fertility*. Princeton 1978, S. 135-154.

Wyrwa, Dietmar, *Die christliche Platonaneignung in den »Stromateis« des Clemens von Alexandrien*. Berlin, New York 1983.

NAMENREGISTER

Adeodatus 397
Aerius 299
Ajax von Gaza 334
Alarich I. 292
Alexander von Antiochien 172
Alypius 398, 403
Ambrosius 8, 97, 167, 190, 208, 210, 345ff, 349ff., 352ff., 355ff., 358ff., 361ff., 364, 366ff., 369ff., 372, 376, 383, 390, 395f., 401f., 404f., 407, 416, 427, 429, 439, 444
Ammia 205f.
Ammon, Apa 240
Amun 228f.
Anicia Faltonia Proba 351
Antonius 8, 17, 152, 174, 192, 203, 217ff., 223, 227ff., 237, 239f., 244f., 248, 257, 266, 403
Antoninus Pius, Kaiser 47f.
Aphrahat 218, 336f.
Apollonius, Apa 234
Arius 277
Artemidoros 28, 33
Athanasius 266, 271, 273, 287, 339
Athenagoras 81
Atticus 433
Augustinus 7ff., 13, 97, 208, 210, 216, 223, 272, 285f., 345ff., 350, 358, 360, 366, 371f., 392ff., 395ff., 398ff., 401ff., 404ff., 407ff., 410ff., 413ff., 416ff., 419, 421, 423ff., 426ff., 429ff., 432ff., 435f., 441ff., 445, 450, 452
Augustus, Kaiser 20, 221, 440
Aurelia Ammia 205
Aurelia Attiaena 263
Aurelius Telesphorus 205

Barsanuphius 246f., 265f.
Basilius von Ancyra 278ff.
Basilius von Cäsarea 272, 276, 278, 281, 285, 288f., 292, 295ff., 298ff., 301ff., 309, 312ff., 319f., 341f., 350, 373
Blandina 88
Bynum, Caroline Walker 11f., 14

Caelestius 417
Cäsarius von Arles 442
Caius 130
Calixtus I., Papst 162, 166
Caracalla, Kaiser 203
Celsus, Aulus Cornelius 190f.
Chaeremon, Apa 245, 251
Charîs 112f.
Cicero, Marcus Tullius 131, 397, 413
Clemens von Alexandrien 7, 45, 87, 136ff., 139ff., 142ff., 145ff., 148ff., 151ff., 154, 159, 161f., 164, 170, 173, 176, 188f., 194f., 220, 222, 261f., 268, 369
Clemens von Rom 210
Commodus, Marcus Aurelius, Kaiser 166
Constantius II., Kaiser 271, 354
Copres, Apa 235
Cracco, Giorgio 14
Crispina von Theveste 406
Cyprian, Bischof von Karthago 97, 166, 205, 207ff., 210, 217, 354f.

Damasus, Papst 373f., 440
Daniel 333
Dante Alighieri 264, 338
Decius, Kaiser 190

Delphidius 378
Diognetos 29
Diokletian, Kaiser 263
Dionysia 283
Domitian, Titus Flavius, Kaiser 57
Dorotheus von Gaza 246 ff., 249, 252
Drijvers, Han 14

Ecdicia 412
Egeria 337
Elchasai 212
Elias 276
Emmelia 288, 296, 312
Empedokles 197
Ephraim 337 f., 342, 346
Epiktet 40
Epiphanius von Salamis 387 ff.
Epiphanius von Theben, Apa 265
Euchrotia 378 f.
Eupraxia 13, 284, 286 f.
Eurydike 26 f.
Eusebius von Cäsarea 175, 205, 218 f., 222
Eustathius, Bischof von Sebaste 298 f., 312
Eustochium 283, 374, 382, 389
Eutychius 446
Evagrius von Pontus 248 f., 291, 377, 380 ff., 393, 429, 452

Faustina die Jüngere 29
Febronia 281, 284
Felix von Nantes, Bischof 441
Firmus 350
Flacilla 294
Flavian, Bischof 341
Foucault, Michel 12

Galen 24, 26, 30, 33, 46 ff., 439, 441
Gilliam, Elizabeth 14
Gorgonia 296, 312
Gregor I., Papst 443 f.

Gregor von Nazianz 275, 292, 296, 298, 373, 380
Gregor von Nyssa 288 f., 295 f., 301 ff., 304 ff., 307 ff., 310 ff., 313 f., 317 f., 339, 341, 344, 346, 353, 407 f., 417
Gregor von Tours 441
Gregoria 385

Hadrian, Kaiser 448
Harvey, Susan 14
Hegesippus 86
Herakleitos 145
Hermas 80, 84 ff., 87, 103, 112, 142, 150, 240, 367
Hesekiel 362
Hierakas 257 f., 266
Hieronymus, Sophronius Eusebius 8, 93, 97, 115, 163, 208, 277, 291 f., 326, 335, 345 f., 350, 352, 365, 372 ff., 375 ff., 378 ff., 382 ff., 385 ff., 388 ff., 391 ff., 394, 396, 404 ff., 407, 409, 418, 421, 427 f., 435, 439 f., 444, 452
Himerius von Tarragona 365
Hippolytus 162, 166
Homer 375
Honoratus 333 f.
Honorius, Papst 440
Horsiesius 258
Hyacinthus, Priester 166

Ignatius, Bischof von Antiochien 73
Irenäus von Lyon 82 f., 87 f., 103, 112, 158, 199
Isidor von Pelusium 328

Jeremia 110
Jeremias, Apa 269 f.
Jesaias 152
Jesus von Nazareth 7, 45 ff., 52 ff., 55 ff., 58 ff., 61, 63 ff., 66 ff., 71 f., 74, 77, 80, 82 f., 86, 88, 92,

98ff., 102ff., 105, 107f., 112, 115, 119ff., 124, 126ff., 129f., 132f., 135, 137ff., 141ff., 145f., 150ff., 164, 167, 172, 178f., 183, 186ff., 189f., 196, 199, 202, 205f., 208f., 211, 244, 249, 251, 257, 266, 271f., 277, 282f., 285f., 291f., 301, 313, 318, 321, 331, 357f., 360f., 363, 371, 374, 378, 383, 390, 394, 403, 406, 411, 414, 416, 432, 435, 438f., 452, 454ff.

Johannes Cassianus 245, 248f., 252, 429ff., 432f., 443

Johannes Chrysostomus 163, 293, 295, 314ff., 317ff., 320ff., 323ff., 326ff., 329ff., 332f., 335, 338ff., 341ff., 344, 346, 364, 385, 388, 411, 417, 423, 429, 433, 449, 452

Johannes Climacus 227, 244, 250ff., 253

Johannes der Täufer 54, 152, 184, 206

Johannes von Gaza 265

Joseph 363

Joseph, Erzdiakon 265

Josephus 52f., 62

Jovian, Kaiser 36

Jovinian 366ff., 383

Julian, Bischof von Eclanum 417ff., 420ff., 423ff., 426, 428, 433, 435

Julian Apostata, Kaiser 273, 326, 328

Justin 47f., 72, 74ff., 79f., 118ff., 155, 439

Justinian I., Kaiser 29, 439f., 445

Konstantin 8, 36, 38, 192, 217, 219, 221, 223, 248, 282

Laetus 175
Laqueur, Tom 14

Lecky, William 11f.
LeGoff, Jacques 451
Leonides 151, 164, 186
Leontius 446
Licinius, Kaiser 155

Makrina 274, 281, 283, 288f., 291, 295ff., 300, 308ff., 312ff., 334, 337, 350

Mani 112, 205, 211ff., 214ff., 217, 399f.

Marcella 167, 373, 375ff., 379, 389, 392, 404

Marcellina 349f.

Marcia 166

Marcion 7, 98, 101ff., 104f., 120, 158

Marcus 130

Maria 9, 128, 284, 338, 353, 360ff., 363, 416, 454ff.

Maria Magdalena 128, 133

Maris von Omeros 334

Mark Aurel, Kaiser 29, 42, 46, 118, 441, 451

Matrona von Konstantinopel 281ff.

Maximinus Daia, Kaiser 203

Melania die Ältere 274, 283, 290ff., 293f., 337, 350, 352, 374ff., 377, 380f., 386, 392f., 404, 419

Melania die Jüngere 352, 419f.

Melito von Sardes 83

Methodius von Olympus 193, 198ff., 201ff., 205, 208, 210, 239, 257, 317, 411

Momigliano, Arnaldo 15

Monica 397f., 401

Montanus 90f.

Moses 45, 74, 81, 146f., 235, 388

Moses, Apa 432

Most, Glenn 14

Musonius Rufus 37, 45

Mygdonia 113, 223

Nanas 94
Naucratius 297 f.
Nebridius 403
Nectarius 294, 335
Nehemia 256
Nemesinus 446
Nikolaos, Diakon 162
Nonna 296, 312

Olympias von Konstantinopel 163, 274, 276, 290, 292 ff., 295 f., 327 f., 352
Origenes 7 f., 118, 136, 151 f., 164, 166 f., 174 ff., 177 ff., 180 ff., 183 ff., 186 ff., 189 ff., 192 ff., 195 f., 199, 201 ff., 205, 207, 219, 223, 239, 241 f., 248, 257, 277, 285 f., 296, 298 f., 303, 309 f., 353, 355 f., 359, 370, 373, 375, 379 ff., 385 ff., 388 f., 391, 402 f., 415, 421, 432, 443, 452

Pachomius 230, 235, 239, 258 f., 269, 275
Pagels, Elaine 14
Paham, Apa 265
Palladius 235, 378, 381 f.
Pambo, Apa 235, 237, 290
Pammachius 384
Pantaenus 137
Paphnutius 231, 260, 268, 430
Papnute 265
Patricius 397
Patrick 438
Paula 283, 352, 373 ff., 376, 379, 386, 389, 392, 404
Paulina 29
Paulinus von Nola 392 412, 418
Paulus von Samosata, Bischof von Antiochien 207
Paulus von Tarsos 7, 9, 17, 19 f., 22, 27, 46, 58 ff., 61 ff., 64 ff., 67 ff., 70 ff., 73 f., 77, 80, 82, 86, 101, 108, 119, 121, 151, 153, 171 f., 179 f., 185, 195, 216, 248, 313, 318, 328, 337, 356, 365, 383, 420
Pelagius 393, 417 f., 420 f.
Penelope 147
Perpetua 88 ff., 91 f., 156, 169, 173, 406
Peter 289, 300
Petrus 55, 128, 151, 153, 180
Petrus der Galater 332 f.
Peyroux, Catherine 14
Philo von Alexandrien 52 f., 62, 67, 81, 353, 356
Philoxenus von Mabbug 248 ff.
Piamun 275
Pinianus 419 f.
Pionius, Priester 171
Platon 198, 279, 310
Plinius der Ältere 52
Plotin 191, 193 ff., 199, 202, 217, 249, 305, 310, 353, 356, 402 f.
Plutarch 26, 28, 32, 45, 72, 126 f., 148, 321, 441
Poimen, Apa 239
Pollianos 26 f.
Polykarp, Bischof von Smyrna 87 f., 103
Polykrates von Ephesus 105
Porphyrius 193, 195 ff., 198, 202, 205, 219, 402
Praetextatus 29
Priscillian 378
Probina 38
Procopius von Cäsarea 329
Procopius von Eleutheropolis 218

Qarîs 223
Quartillosa 156
Quillen, Carol 14
Quintilian 33, 38

Regnault, Lucien 246
Rhode 84 f.

Richard II., König von England 328
Rogatianus 194 f.
Romanianus 403
Romanos Melodos 330 f., 456
Rostovtzeff, Michael 15
Rousseau, Jean-Jacques 380
Rufinus von Aquileia 291 f., 352, 386 f., 389, 392, 394, 396, 418, 421, 454
Russiana 275
Rusticus 118

Sabina 171
Salomo 181
Sara, Amma 280
Sarapion 263
Saturus, Priester 90
Seridos, Apa 246
Shakespeare, William 328
Silvanos, Abbas 235
Simplicia 351
Siricius, Papst 365 ff.
Sisoes, Apa 235, 239, 254
Sokrates 152, 198, 309
Soranus 21, 33
Sosipatra 312 f.
Stephan 388
Symeon Stylites 341, 447
Symeon von Emesa 344
Synesius von Cyrene 303

Tabennesiotes 259
Talis, Amma 381
Tatian 7, 98, 101 ff., 105, 107 f., 115, 120, 138
Tatiana 167
Tekousa 217
Terentius 276
Tertullian, Quintus Septimius Florens 7, 31, 80, 82, 87, 91 ff., 94 ff., 97 ff., 103, 105, 112, 130, 133 f., 164, 168 ff., 173, 354, 388 f., 448
Thamyris 19 f., 27, 172

Thekla 19 f., 22, 27, 68, 76 f., 171 ff., 198, 201, 216, 223, 282 f., 287 f., 291 f., 296, 335 ff., 393, 406
Theodor 254
Theodora, Kaiserin 29, 329, 440
Theodora 391
Theodoret, Bischof von Cyrrhus 332 ff., 335, 338, 364
Theodosius I., Kaiser 292, 294, 362, 390
Theodosius II. 10
Theodotus von Ancyra 217
Theophilus 293
Theosebeia 302, 306
Therasia 412, 418
Thomas 112 ff., 115, 211
Tiberianus 439
Trajan 10

Valentinus 7, 117 f., 120 ff., 123 ff., 126 ff., 129 ff., 132, 136, 138 f., 167, 179, 186, 452
Valeria 260
Valerius, Graf 424 f., 429
Verecundus 358, 403
Victor, Bischof 166

Watkins, Susan 14
Williams, Michael 14

Xenophon 321

Zanos, Apa 259
Zeitlin, Froma 14
Zeno, Kaiser 255
Zorzi, Marino 14

	100 n. Chr.	200 n. Chr.

Philo von Alexandrien
±25 v. Chr. – 50 n. Chr.

Mark Aurel 161–180

Decius 249–251

Plotin 205–270

Porphyrius 225–

270* ? *Gegen die Christ[en]*

Origenes 185–254

Clemens von Alexandrien ±150– ±215

Plutarch ±50–120

Jesus ±30

±90* Sammlung der *Evangelien*

±225* *Peri Archôn*

229/30* begibt sich nach Cä[sarea]

Paulus von Tarsos → ±67

248* *Gegen Celsus* 296–37[?]

54* *Brief an die Korinther*

Athanasius ±29[?]

Antonius ±2[?]

Marcion ±140–180

Antonius Pachomius ±2[?]

±120* *Der Hirte* von Hermas

Eusebius von Cäsarea 2[?]

Legende von Paulus und Thekla ±140*

±220* *Thomasakten*

±200* *Brief über die Jungfräulich[keit]*

Soranus 98–138

Galen 140–199

Mani 216–277

Valentinus 130–165

172* *Tatian verläßt Rom und geht nach Syrien*

Justin der Märtyrer 130–165

±165* *Martyrium des Polykarp*

Cyprian von Karthago 248–258

Tertullian 160–220

203* *Martyrium der Perpetua*

177* *Märtyrer von Lyon*

Irenäus ±130– ±200

n. Chr.	Julian 361/3	400 n. Chr.	500 n. Chr.

Konstantin 306–337

Justinian 527–565

Konstantius II. 337–361

Theodosius I. 379–395

* Große Christenverfolgung

Romanos Melodos ±490–±554

312* Bekehrung des Konstantin

312* Märtyrertod des Methodius von Olympus

Dorotheus von Gaza ±500–560

±330* Amun in Nitria

Ephraim 306–373

Johannes Chrysostomus 345–407

Barsanuphius ±470–543

Theodoret von Cyrrhus 393–466

325* Konzil von Nicäa

±450* Sammlung der *Aussprüche der Väter*

3* Konzil von Elvira   Symeon Stylites 396–459   451* Konzil von Chalkedon

Evagrius von Pontus 346–399

Olympias von Konstantinopel 361–408

Johannes Climacus 579–649

Makrina ±325–380

419* Palladius, *Lausiakische Geschichte*

Basilius von Cäsarea 330–379

Gregor von Nyssa ±335–395   Philoxenus von Mabbug 440–523

Eustathius von Sebaste ±300–377

Basilius von Ancyra 336–360   390* Verdammung der Messalier

Gregor von Nazianz 329–389

Ambrosius von Mailand 340–398

Hieronymus ±340–420

386* Hinrichtung des Priscillian   Gregor von Tours 538–594

Melania die Ältere 342–411   393* Verdammung von Jovinian

Marcella 330–410

Paula 347–404   410* Plünderung Roms

Rufinus von Aquileia 345–410

Papst Gregor I. 590–604

Melania die Jüngere 380–434

Paulinus von Nola 356–431

418* Verdammung von Pelagius

Julian von Eclanum ±386–454

Augustinus 354–430

397* *Bekenntnisse*

401 →* *Buchstäblicher Kommentar zur Genesis*

413 →* *Vom Gottesstaat*

419* *Über Ehe und Konkupiszenz*

Johannes Cassianus 360–435

Die Armenier – die Geschichte eines ignorierten Verfolgungsschicksals

Seit der Antike sind die Armenier Opfer erbarmungsloser Machtkämpfe der Weltmächte. Selbst der grausamste Höhepunkt in dieser Leidensgeschichte, der Völkermord der Türken an dem ältesten Christenvolk der Welt im Jahre 1915, wurde beharrlich totgeschwiegen. Wolfgang Gust hat das ganze Drama dieses Genozids anhand neuer Quellen recherchiert und erstmals lückenlos rekonstruiert. Sein Buch klärt nicht nur über ein Kapitel in der mörderischen Geschichte des 20. Jahrhunderts auf, sondern auch über Mechanismen von Radikalismus, Haß und Gewalttätigkeit, die heute wieder aktiv sind und unbeherrschbar zu bleiben drohen, wenn Geschichte dem Vergessen und der Verantwortungslosigkeit anheimfällt.

336 Seiten. Gebunden